## AVERTISSEMENT

*Il faut remarquer ici, que depuis le commencement de la Régence au mois de Septembre 1715 jusqu'en 1720, il n'y eût point de Contrôleur Général des Finances.*

En exécution de l'Edit du mois d'Août 1717, le Roi, par l'Arrêt de son Conseil du 12 Septembre suivant, nomma pour Directeurs de cette Compagnie,

*12 Sept. 1717.*

MESSIEURS

Law, Directeur général de la Banque.
Dartaguette, Receveur général des Finances d'Auch.
Duché, Chevalier d'honneur du Bureau des Finances de la Rochelle.
Moreau, député du commerce de S. Malo.
Piou, député du commerce de la ville de Nantes.
Castanier, Négociant.
Et Mouchard, député du commerce de la Rochelle.

*23 Octob. 1717.* Et par un autre Arrêt du 23 Octobre 1717, le Roi autorisa la nomination qui avoit été faite par les Directeurs de la Compagnie d'Occident, du sieur Urbain de la Barre pour Caissier général de ladite Compagnie. Il quitta le 14 Février 1718, & le sieur Deshayes fut nommé à sa place par une délibération du même jour.

*8 Février 1718.* Par un autre Arrêt du Conseil du 8 Février 1718, le Roi nomma trois Directeurs d'augmentation, qui furent

# HISTORIQUE.

MESSIEURS

Raudot.
D'Hardancourt.
Et Gilly de Montaud.

Par Arrêt du 2 Août 1718, Messieurs Paris Duvernay, la Roche-Sery, Barré & Berger, intéressés au précédent Bail de la Ferme du Tabac, furent aussi nommés Directeurs de la Compagnie, avec pouvoir de régir & administrer les affaires de ladite Compagnie, conjointement avec les Directeurs nommés par les Arrêts des 12 Septembre 1717 & 8 Février 1718.

2 Août 1718.

> *Nota.* Il ne paroît point que ces quatre Directeurs ayent jamais signé d'autres délibérations, que celle du 11 Août 1718; il est à présumer que ce ne fût qu'à l'occasion du privilége du Tabac accordé à la Compagnie d'Occident, par résultat du 4 Septembre 1718, sous le nom de Jean l'Amiral, qu'ils furent nommés Directeurs. Cette Ferme fut réunie à la Compagnie des Indes, sous le nom d'Armand Pillavoine, par Déclaration du Roi du 17 Octobre 1720.

Par délibération du 10 Avril 1719, M. Dupleix (*a*) fut chargé de la Régie générale de la Ferme du Tabac, pour décider par lui-même des choses dont il ne croiroit pas nécessaires de rendre compte à la Compagnie, qui lui donna pouvoir

10 Avril 1719.

(*a*) C'étoit le pere de M. Dupleix de Baquencourt, & de M. Dupleix Gouverneur de Pondichery.

# RECUEIL
## OU
## COLLECTION
### DES TITRES, ÉDITS,

DÉCLARATIONS, ARRETS, REGLEMENS,
& autres Piéces concernant la Compagnie des Indes
Orientales établie au mois d'Août 1664.

*Précédé d'un Avertissement Historique depuis 1717 jusqu'en 1756.*

*Par le Sieur* DERNIS, *Chef du Bureau des Archives de la Compagnie des Indes.*

### TOME QUATRIEME.

### A PARIS,
DE L'IMPRIMERIE D'ANTOINE BOUDET,
IMPRIMEUR DU ROI.

### M. DCC. LVI.

# AVERTISSEMENT HISTORIQUE.

Quoiqu'on ait fait mention dans l'Avertissement du troisiéme volume de cet Ouvrage, des différentes mutations arrivées dans l'administration de la Compagnie depuis 1716, on a cru néanmoins nécessaire de reprendre dans celui-ci l'historique de ces changemens, depuis cette époque jusqu'à présent 1756.

On partira donc dans cet Avertissement de l'Edit du mois d'Août 1717, par lequel le Roi établit une Compagnie d'Occident pour le commerce de la Province de la Louisianne le long du Fleuve de Mississipi.

Dans l'Avertissement du second volume page xlix, il est fait mention de sa découverte par le sieur de la Salle, & des raisons qui déterminerent le Roi Louis XIV à l'accorder au sieur Crozat en 1712, & à la réunir à la Compagnie d'Occident en 1717. Nous prions le Lecteur d'y recourir, s'il le juge à propos, ainsi qu'à l'Avertissement du troisiéme volume page vij, où il en est encore fait une mention succinte, pour l'ordre du travail seulement, & nous nous contenterons de rapporter ici le plan général de tout ce qui s'est passé depuis la formation de cette Compagnie d'Occident jusqu'à présent.

*Tome IV.*  a

# AVERTISSEMENT

de signer seul toutes les lettres : à l'égard des Commissions, elles devoient être signées par les Directeurs en la maniere accoutumée.

Mai 1719. Sa Majesté ayant par son Edit du mois de Mai 1719 réuni la Compagnie des Indes & de la Chine à celle d'Occident, & l'ayant qualifiée Compagnie des Indes, & par un Arrêt du 27 Août suivant, lui ayant accordé pour neuf années le Bail des Fermes générales fait à Aymard Lambert, Sa Majesté par Arrêt du 31 du même mois, nomma pour Directeurs de la Compagnie des Indes, plusieurs Fermiers généraux, qui étoient

| Messieurs | Messieurs |
|---|---|
| Berthelot. | La Live de Bellegarde. |
| Le Gendre. | Lallement de Betz. |
| Adine. | Laugeois. |
| Thiroux. | La porte de Feraucourt. |
| De la Houssaye. | Fillon de Villemur. |
| Perinet. | Savalette. |
| Chevalier. | Montpellier. |
| De la Porte. | Le Normant. |
| Desvieux. | |

17

13 Octob. 1719. Par une délibération du 13 Octobre 1719, il y eut un arrangement pour l'ordre du travail de tous les Directeurs, tant pour le commerce que pour les Fermes, comme il suit.

# HISTORIQUE.

*JOURNAL du travail ordinaire de tous les Directeurs de la Compagnie des Indes, pour l'année commencée au premier Octobre 1719.*

## Messieurs

Armemens ..... { Mouchard, Piou, Morin (*a*), Berthelot, le Gendre & Desvieux.

Achats ...... { Castanier, Fromaget, Morin, de la Porte, Chevalier, Laugeois.

Louisianne ..... { Dartaguette, Cornuau (*b*), Gilly de Montaud, & de la Porte de Feraucourt.

Les Indes ...... { Raudot, Adine, Hardancourt, Fromaget, Lallement de Betz, Thiroux & la Live.

Le castor Guinée .. { Mouchard, Piou, le Gendre & le Normand.

Senégal & Affrique. { Fromaget, Gastebois, Morin, Raudot, Berthelot, Chevalier & de la Porte.

Les Monnoyes .... { Law, Fromaget & Castanier.

(*a*) Il étoit ci-devant Directeur de la Compagnie du Sénégal, & fut prié par délibération du 18 Décembre 1718, d'en continuer la Régie : il se retira en 1733.

(*b*) Nommé par Arrêt du 3 Août 1719 : il se retira par Arrêt du 8 Novembre 1728.

# HISTORIQUE.

Houssaye fut nommé à cette place le 12 Décembre suivant.

Par délibération du 2 Janvier 1721, il fut nommé huit Directeurs honoraires, qui furent : 2 Janvier 1721

MESSIEURS

Le Duc de Vendôme . . 741 voix.
Le Duc de Grammont . . 680.
Le Maréchal d'Etrées . . 716.
Le Duc d'Antin . . . . . 707.
Le Duc de Chaulnes . . 699.
Le Marquis de Mezieres 715.
Le Marquis de Lassay . . 690.
Et de Landivisiau . . . . 705.

Et huit Actionnaires commerçans pour Directeurs;

SAVOIR,

MESSIEURS

Fargez . . . . . . . . . . 311 voix.
Bertrand . . . . . . . . 489.
Peirenc de Moras . . . . 721.
Desmeuves . . . . . . 627.
Saintard . . . . . . . . 548.
Pierre Cavalier . . . . . 690.
Descazeaux . . . . . . 297.
Et Cottin . . . . . . . 244.

Messieurs de la Porte, Lallement de Betz, Laugeois, Dupleix, de Villemur, de la Haye, Perinet, de Joly & Savalette, furent nommés pour la suite des débets des Fermes. 23 Janv. 1721.

Tome IV.

## AVERTISSEMENT

la Compagnie par la diminution des Billets de Banque, ordonnée par l'Arrêt du 21 Mai 1720 jusqu'au 27 du même mois, qu'ils furent rétablis pour leur premiere valeur.

*6 Juin 1720.* — Messieurs Gilly de Montaud, de la Porte, Savalette, Hebert, le Normand, de la Palissade, Mouchard, Godeheu & Fromaget furent nommés pour signer, au nombre de quatre seulement, les Contrats de constitutions de ceux qui voudroient acquérir des rentes sur la Compagnie, au lieu d'Actions rentieres.

*1 Juillet 1720.* — Les mêmes furent nommés pour signer les Contrats de rentes viageres établies par l'Arrêt du 16 Mai 1720.

*15 Juillet 1720.*
*24 Août 1720.*
*Arrêt qui nomme plusieurs Directeurs.* — Messieurs de la Porte, la Palissade, Hebert & Godeheu, qui avoient été nommés pour assister au sceau des Actions, ne pouvant faire cette fonction, & vacquer aux autres départemens qui leur étoient confiés ; il fut délibéré qu'il seroit fait un coffre à trois clefs, dont le sieur Marins premier Commis aux sceaux en avoit une ; le sieur Lanux son Contrôleur une autre, & la troisiéme seroit remise tous les soirs à M. Laugeois.

*8 Nov. 1720.* — Par Arrêt du Conseil de ce jour, le Roi permit à M. Corneau de se retirer.

*12 Déc. 1720.* — Ordre à M. de S. Jouan de revenir de la mer du Sud avec ses vaisseaux, directement à l'Orient.

*12 Déc. 1720.* — Le contrôle général ayant demeuré vacant depuis le mois de Mai 1720, M. le Pelletier de la Houssaye

# HISTORIQUE. vij

1720, les Directeurs de la Compagnie ayant représenté que le travail & les opérations ayant considérablement augmenté, il étoit nécessaire d'augmenter le nombre des Directeurs, ils proposerent Messieurs (a) Law, Godeheu, de la Palissade, la Franquerie, de S. Jouan, Hebert revenu de Pondichery, Dupile, Loubert & de la Live.

Messieurs Dartaguette, de la Porte & Cornuau, furent nommés pour consentir & signer le Contrat de vente du Domaine de Belle-Isle, pour & au nom de la Compagnie. — *9 Avril 1720.*

La Compagnie ayant fait mettre des affiches, qui annonçoient au premier Juin 1720 la vente & adjudication en gros de tous les tabacs & ustenciles de ses Bureaux, Magasins & Manufactures, délibera de nommer pour assister à celle qui se faisoit au Bureau de la rue du Bouloir, Messieurs Lallement de Betz, de la Live, Dupleix Directeur de la Compagnie des Indes ; & à celle qui se faisoit au château du Cocq, Fauxbourg des Porcherons, M. Gilly de Montaud, Desvieux & Godeheu. — *29 Mai 1720.*

Le même jour, M. de S. Jouan fut nommé pour aller par la mer du Sud, faire la visite générale de tous les comptoirs & établissemens de la Compagnie dans les Indes & à la Chine. — *29 Mai 1720.*

Messieurs de la Porte, Gilly de Montaud, Laugeois & Godeheu furent nommés pour aller vérifier la perte faite dans les différentes opérations de — *4 Juin 1720.*

(a) C'étoit William Law, frere du Contrôleur général.

# AVERTISSEMENT

Conseil de la Ferme. { Cornuau, Thiroux, Hardancourt & Dartaguette.

Les 5 grosses Fermes, Tabac. { Law, Berthelot, Piou, le Gendre, Mouchard.

Domaines d'Occident, les Aydes, Formules, Domaines, contrôle des Actes, Greffes, Amortissemens & Francs-fiefs. { Desvieux, Raudot, la Live & Gilly de Montaud, Law, Adine, Lahaye, Perinet, Cornuau, Savalette, Montpellier & Villemur.

Les grandes & petites Gabelles, les Fournissemens, la Franche-Comté, l'Alsace & 3 Evêchés. { Law, de la Porte, Thiroux, Chevalier, Morin, Rigby (a) le Normand, Lallement de Betz, & de la Porte de Forancourt.

Cet arrangement ne subsista que jusqu'au 5 Janvier 1721, le Roi ayant ordonné par Arrêt de son Conseil dudit jour, que les Traités faits avec la Compagnie des Indes demeureroient nuls & résolus : ainsi il ne fut plus question de cet arrangement.

*Janvier 1720.* M. Law fut nommé Contrôleur général des Finances au mois de Janvier 1720, il ne resta en place que jusqu'à la fin du mois de Mai suivant. M. de la Houssaye lui succéda le 12 Décembre de la même année.

*22 Févr. 1720.* Par l'article 12 de la Délibération du 22 Février

(a) Il avoit été nommé par un Réglement du premier Juillet 1719, Directeur général au Port de l'Orient.

# AVERTISSEMENT

Le Roi ayant, par Arrêt de son Conseil du 7 Avril 1721, débouté la Compagnie des Indes de l'opposition par elle formée à l'Arrêt du 26 Janvier précédent, & ordonné que ladite Compagnie, en la personne de ses Directeurs, seroit tenue de compter par état au vrai, au Conseil, de la recette & dépense, tant de ladite Compagnie, que de la Banque y jointe ; sinon & à faute de ce faire dans le temps prescrit, & icelui passé, les Directeurs y seroient contraints à la poursuite & diligence du sieur Tartel Contrôleur général des restes. Et ayant vû par la Requête, contenant ladite opposition, que ladite Compagnie avoit reconnu qu'en cas qu'elle fût déboutée, elle se trouveroit débitrice de plus de six cent cinquante millions envers Sa Majesté, &c.

Et comme après cet aveu (*a*) on ne sçauroit différer plus long-tems de prendre les précautions nécessaires pour la conservation de ce qui est dû à Sa Majesté, d'assurer l'état des Actionnaires, de veiller à toutes les parties de commerce de la Compagnie, &c. Sa Majesté nomma pour Commissaires,

MESSIEURS

Trudaine . . . . . . { Monsieur Dodun fut nommé à sa place, comme on le verra ci-après par Arrêt du 23 Août 1721.

Fagon.
Ferrand.
Machault.

(*a*) Ce sont toujours les termes de l'Arrêt.

# HISTORIQUE.

Par Arrêt du 15 Avril 1721, le Roi nomma quatre Directeurs, qui furent

MESSIEURS

Baillon de Blampignon. } Pour veiller à la conduite & Direction des affaires de la Compagnie & de la Banque, en faire le rapport auxdits sieurs Commissaires, suivre l'exécution de leurs ordonnances, ensemble des états qui seroient arrêtés.
Duché.
Du Moulin.
Moreau.

15 Avril 1721.

Par un autre Arrêt du même jour, il fut ordonné qu'il seroit établi un Commis Directeur général à Paris, un Caissier, un Secrétaire, & un teneur de Livres de la caisse générale.

15 dud. 1721.

*Nota.* Ce Directeur fut M. le Cordier : sa Commission est signée des quatre Commissaires ci-dessus, en date du 22 Avril 1721.

M. Deshayes fut nommé par Arrêt du 13 Mai 1721, Caissier de la nouvelle Régie de la Compagnie des Indes ; il fut ensuite nommé Directeur par l'Arrêt du 30 Août 1723, & mourut en 1730, comme on le verra ci-après.

13 Mai 1721.

M. Geoffrin fut nommé Caissier à sa place au mois de Septembre 1723.

Le Roi, par Arrêt du 18 Mai 1721, nomma Mrs Trudaine, Fagon, Ferrand, de Machault, Richebourg, de Beaussan, la Granville & Angran, pour juger à la requête du sieur Tartel définitivement & en dernier ressort, toutes les demandes & contestations mûes & à mouvoir, concernant

18 Mai 1721.

# HISTORIQUE.

### HUITIÉME DÉPARTEMENT.

Les appointemens des Bureaux de Paris, les menues dépenses, & les affaires contentieuses. } Les sieurs la Boullaye, Fromaget, Raudot.

### NEUVIÉME DÉPARTEMENT.

Les comptes de Barbarie, les Changes, & les Correspondans étrangers, l'ordre des Archives & le commerce du Nord. } Les sieurs Fromaget & la Boullaye.

### DIXIÉME DÉPARTEMENT.

Le détail des armemens & l'achapt des Bois de construction, agrès, apparaux & vivres, même de ceux envoyés dans les Comptoirs. La levée des équipages, vente de tous les retours, tant pour la France que pour l'Etranger, les Magasins généraux de l'Orient & les comptes des armemens. } Les sieurs Baillon, Hardancourt, Castanier, le Cordier.

### ARTICLE XXX.

Les comptes qui concernent la premiere Direction, seront arrêtés par les sieurs Castanier, Godeheu, Fromaget.

### ARTICLE XXXI.

Ceux qui concerneront la derniere Régie, seront arrêtés par les sieurs le Cordier, Duché, Godeheu.

Telle étoit à la mort de M. le Cardinal Dubois 11 Août 17? l'administration de la Compagnie, lorsque M. le Duc d'Orléans fut nommé premier Ministre par commission du Roi du 11 Août 1723, & qu'il reprit les rénes du gouvernement.

# AVERTISSEMENT

Le travail du second Bureau fut divisé en dix parties.

### Premier Département.

Le commerce des Indes orientales, les Comptes des marchandises, &c. } Les sieurs Hardancourt, le Cordier, Raudot & Castanier.

### Second Département.

Le commerce de la Louisianne, la Traite avec l'étranger, le Castor, la Compagnie de Plantin. } Les sieurs Duché, Hardancourt, Raudot.

### Troisième Département.

Le Sénégal. . . . . . . . . . . } Les sieurs le Cordier, Raudot, Fromaget.

### Quatrième Département.

Le commerce de Guinée. . . . . . } Les sieurs Raudot, Castanier, Deshayes.

### Cinquième Département.

L'inspection de la Caisse & la suite des Fonds & des Livres, les Ordonnances de payement & de recette. } Les sieurs Deshayes, Godeheu, Castanier.

### Sixième Département.

L'inspection générale des comptes, les comptes des Employés, & les demandes des Créanciers qui n'étoient point encore payés. } Les sieurs Godeheu, le Cordier, Fromaget.

### Septième Département.

L'achapt des marchandises séches, l'examen des comptes des factures des marchandises. } Les sieurs Castanier, Godeheu, Fromaget, la Boullaye.

# HISTORIQUE.

MESSIEURS

Le Cardinal Dubois, principal Ministre, chef du Conseil, Dodun Contrôleur général des Finances, Président.

Fagon, ............ } Conseillers d'Etat.
De Fortia, ........ }

Dugay Troüin, chef d'Escadre.

Angran, ...........
De Moras, .........
Fontanieu, ........ } Maîtres des Requêtes.
Rouillé, ..........

De Camilly, Capitaine de Vaisseau.

De Fayet, ......... } Capitaines de Frégates.
Rochepierre, ...... }

} 10 Conseillers premier Bure.

Et pour le second Bureau dix Conseillers ;

SAVOIR,

Baillon de Blampignon,
Raudot, ...........
Castanier, ........ } Conseillers.
Duché, ............
De la Boullaye, ...

Godeheu,
Hardancourt,
Le Cordier, } 10 Conseillers second Burea.
Fromaget,
Deshayes,

Les honoraires des Conseillers du second Bureau furent fixés à 12000 liv. chacun, par délibération du 14 Juin 1723.

# AVERTISSEMENT

la Régie de la Compagnie des Indes.

23 Août 1721.    M. Dodun, qui fut enfuite Contrôleur général des Finances, comme on le verra ci-après, fut nommé par Arrêt du 23 Août 1721, au lieu & place de M. Trudaine, ainfi qu'on l'a vû ci-deffus, pour procéder conjointement ou féparément avec M<sup>rs</sup> Fagon, Ferrand & Machault, à la continuation du procès-verbal & inventaire des Regiftres, Papiers & Effets de la Compagnie des Indes & Banque y jointe.

21 Avril 1722.    M. Dodun fut nommé Contrôleur général des Finances : fa Commiffion du Roi eft datée du 21 Avril 1722.

22 Août 1722.    Et celle de M. le Cardinal Dubois principal Miniftre, eft du 22 Août fuivant.

24 Mars 1723.    La Compagnie des Indes ne fut régie par M<sup>rs</sup> les Commiffaires ci-deffus nommés que jufqu'au 24 Mars 1723, que le Roi, par Arrêt de fon Confeil dudit jour changea la forme de fon adminiftration, en ordonnant qu'à l'avenir, & à commencer du 10 Avril fuivant, ladite Compagnie feroit gouvernée & adminiftrée par un confeil partagé en deux Bureaux, dont le premier feroit compofé du Chef, du Préfident & de dix Confeillers choifis entre les Officiers du Confeil de Sa Majefté, & les Officiers de Marine. Et le fecond Bureau feroit compofé de dix Confeillers choifis parmi les perfonnes inftruites au fait du commerce ; & Sa Majefté nomma & choifit pour le premier Bureau,

## AVERTISSEMENT

Août 1723.

Mais par un Arrêt du Conseil du 30 du même mois, le Roi en changea encore la forme ; voici le précis des articles de cet Arrêt.

1. Douze Directeurs propriétaires de 50 Actions chacun.
2. Nomination de douze Directeurs, par le Roi.
3. Administration partagée en douze Départemens.
4. Directeurs en premier dans un Département, seront en second & en troisième en d'autres Départemens.
5. Commités particulieres pour les affaires de chaque Département.

*Nota.* Il fut tenu à cet effet des Regiſtres de délibérations particuliers.

6. Affaires majeures portées aux assemblées des Directeurs.
7. Election de huit Syndics.
8. Voix délibératives des Syndics dans les assemblées & commités.
9. Partage des Syndics dans les douze Départemens.

10. & 11. } La Régie du Tabac. } Il fut nommé par Arrêt du 7 Septembre 1723, comme on le verra ci-après, huit Directeurs qui ont régi le Tabac juſqu'au mois d'Octobre 1729, que la Compagnie en paſſa Bail à Meſſieurs les Fermiers généraux ; on n'en parlera pas plus au long ici, l'histoire en ayant été faite dans le 3ᵉ volume, page xv & suivantes.

12. Quatre Officiers tirés du Conseil de Sa Majesté, Inspecteurs de la Compagnie pour rendre compte à M. le Contrôleur général.

*Nota.*

## HISTORIQUE. xvij

*Nota.* Ces quatre Inspecteurs furent, comme on le verra ci-après : Messieurs de Fortia, Conseiller d'Etat, Landivisiau, Angran & Peirenc de Moras, Maîtres des Requêtes.

13. Assemblée d'administration tous les 15 jours, composée de M. le Contrôleur géneral, des Inspecteurs, des Syndics, & des douze Directeurs.

14. Assistance des huit Régisseurs du Tabac aux assemblées d'administration tous les mois.

15. M. le Duc d'Orléans conserveroit le titre de Gouverneur de la Compagnie, & M. le Duc de Bourbon celui de Vice-Gouverneur.

16. Assemblée générale des Actionnaires chaque année, Bilan général représenté, Election de nouveaux Syndics, &c.

17. Dépôt de 50 Actions, par chaque Directeur.

18. Messieurs de Fortia, Conseiller d'Etat, Landivisiau, Angran & Peirenc de Moras, Maîtres des Requêtes, nommés Inspecteurs de la Compagnie des Indes. ( Ils eurent chacun 6000 liv. d'honoraires par an.)

### Messieurs

19. Baillon de Blampignon.   Le Cordier.
    Raudot.                  Fromaget.
    Castanier.               Deshayes.       } Furent nommés
    Despremenil.             Morin.          } Directeurs.
    Godeheu.                 La Franquerie.  }
    Hardancourt.             Mouchard.       }
                             De Caligny, Secrétaire.
                             Farrouard, Sous-Secrétaire.

*Tome IV.*  c

cellerie, ce jourd'hui rendu en notre Conseil d'Etat pour les causes y contenues, à tous qu'il appartiendra; & fais en outre pour son entiere exécution tous commandemens, sommations & autres actes & exploits requis & nécessaires, sans autre permission; car tel est notre plaisir. Donné à Versailles le vingt-septiéme jour du mois de Décembre, l'an de grace mil sept cent vingt-neuf, & de notre regne le quinziéme. Par le Roi en son Conseil, *signé* FYNARD.

*Le vingt-huitiéme jour de Janvier mil sept cent trente, à la requête de la Compagnie des Indes, qui a élû domicile en la maison de M<sup>e</sup> Faroard, Avocat au Conseil, sise rue des Poitevins, signifié & laissé copie du présent Arrêt, aux fins y contenues, au sieur Pierre Carlier, Adjudicataire des Fermes générales, en son Bureau rue de Grenelle, à l'Hôtel des Fermes, parlant au Suisse dudit Hôtel, auquel a été payé cinq sols par nous Huissier ordinaire du Roi en ses Conseils. Signé* MACE'.

auroit été adjugée. La Compagnie des Indes envoya cette lettre à son Agent pour la remettre à son adresse ; mais soit qu'elle fut arrivée trop tard, ou que, suivant quelques présomptions, l'Agent eut différé de remettre l'ordre au Directeur du Domaine exprès pour laisser faire la vente & en reclamer ensuite les deniers, plutôt que de se charger de marchandises qu'il auroit dû envoyer en France à la Compagnie des Indes, il est toujours certain que cet ordre n'est parvenu au Directeur du Domaine qu'après la vente, laquelle au surplus a été faite par l'autorité du sieur Intendant, publiquement & avec les formalités qui s'observent dans toutes les saisies faites par le Domaine aux Isles Françoises, pourquoi consent que le prix provenu de la vente des marchandises en question soit donné à la Compagnie des Indes, à l'exception des sommes qui doivent lui revenir suivant les Réglemens. Vû aussi l'Arrêt du premier Février 1724, l'Ordonnance dudit sieur Intendant du 23 Août 1727 & autres piéces ; oui le rapport du sieur le Pelletier, Conseiller d'Etat ordinaire & au Conseil Royal, Contrôleur général des Finances, LE ROI ÉTANT EN SON CONSEIL, sans avoir égard audit jugement du 23 Août 1727, en ce qu'il a ordonné la vente de marchandises dont le commerce est prohibé, a ordonné & ordonne que le prix provenu de la vente faite desdites marchandises sera donné & délivré à la Compagnie des Indes, à la déduction néanmoins des sommes revenant audit Carlier, suivant l'article IV de l'Arrêt du premier Février 1724 ; & sur le surplus des demandes, a Sa Majesté mis les parties hors de Cour. FAIT au Conseil d'Etat du Roi, tenu à Versailles le vingt-septiéme jour du mois de Décembre mil sept cent vingt-neuf. *Signé* FYNARD.

LOUIS, PAR LA GRACE DE DIEU, ROI DE FRANCE ET DE NAVARRE, au premier notre Huissier ou Sergent sur ce requis. Nous te commandons & ordonnons qu'à la requête de la Compagnie des Indes tu signifies l'Arrêt ci-attaché sous le contre-scel de notre Chan-

tant des causes principales que d'appel. Vû ladite requête, la réponse de Pierre Carlier, Adjudicataire des Fermes générales, contenant que la Compagnie des Indes n'ayant que le droit exclusif de vente pour l'Etranger, & non la propriété des saisies, & ce droit ne pouvant plus être exercé au moyen de la vente pure & simple qui a été faite à la Martinique en vertu d'un jugement rendu par le sieur Intendant, il ne paroît aucune raison pour dépouiller en cet état le Fermier du Domaine du produit d'une saisie dont il est propriétaire : les marchandises en question auroient dû être à la vérité remises à la Compagnie des Indes après la confiscation & moyennant un certain prix, mais ne l'ayant point été, sans qu'on puisse l'imputer ni aux Fermiers généraux ni même à leur Directeur, qui s'est conformé au jugement du sieur Intendant, la Compagnie ne paroît pas fondée à vouloir s'attribuer le prix d'une saisie vendue à l'ordinaire ; mais de quelque façon qu'il plaise à Sa Majesté de décider sur cet article, il paroît extraordinaire que la Compagnie des Indes conclue contre Carlier à des dommages & intérêts, sous prétexte que la vente a été faite précipitamment & sans formalité de Justice. En effet si elle n'a rien à prétendre dans le prix de la vente des marchandises en question, sur quoi peut-elle fonder sa demande en dommages & intérêts ; si au contraire Sa Majesté adjugeoit les deniers de cette vente, sauf la retenue des prix fixés par les Réglemens & des frais, comme il en est usé dans les saisies qui se remettent en nature, il seroit surprenant que le Fermier du Domaine fût en même-temps condamné à des dommages & intérêts, pour avoir fait au profit de cette Compagnie une saisie aussi considérable, à laquelle ses Agens n'ont participé en rien. Au fond les Directeurs de la Compagnie des Indes sçavent, & ils en conviennent dans leur requête, que sur le premier avis qui fut donné de cette saisie aux Fermiers généraux, ils leur remirent une lettre adressée au Directeur du Domaine, portant ordre de délivrer les marchandises à l'Agent de la Compagnie au prix réglé aussi-tôt après que la confiscation en

le prix des marchandifes foit reftitué à la Compagnie : mais comme la Compagnie fouffre un préjudice confidérable de la précipitation avec laquelle la vente de ces marchandifes a été faite, puifque fi le Directeur du Domaine eut obfervé les formalités néceffaires, le fieur de Ruays fe feroit oppofé à cette vente, & les ballots des marchandifes faifies feroient encore en nature, ce qui fait une différence de plus de quarante mille livres pour la Compagnie, pour raifon de quoi elle eft en droit de fournir fa demande en dommages & intérêts : que d'ailleurs le jugement qui ordonne cette vente n'a point été figné du Directeur de la la Compagnie, ce qui étoit préalable ; que fuivant l'article II du titre XXXIII de l'Ordonnance de 1667, la vente des chofes faifies doit être faite au plus prochain marché public, aux jours & heures des marchés, ce qui n'a point été fait ; qu'enfin il eft des regles d'obferver le terme de la huitaine & de faire les publications ordinaires, avant que de procéder à la vente des chofes faifies, au préjudice de quoi le Directeur du Domaine a fait précipitamment procéder à cette vente dès le 28 Août 1727, cinq jours après le jugement rendu, & qu'il s'eft contenté de faire battre la caiffe le matin du jour que la vente a été faite, fans faire l'énumération en détail des ballots des marchandifes qui devoient être vendues. Requéroit qu'il plût à Sa Majefté recevoir la Compagnie des Indes appellante de l'Ordonnance du fieur Intendant des Ifles du vent de l'Amerique du 23 Août 1727, faifant droit fur fon appel ordonner que l'article IV de l'Arrêt du Confeil du premier Février 1724, fera exécuté felon fa forme & teneur, & conformément à icelui que le produit de la vente des quatorze ballots de marchandifes dont eft queftion fera remis au fieur de Ruays, Directeur de la Compagnie à la Martinique ; & cependant attendu que ladite vente a été faite précipitamment & fans aucune formalité de Juftice, & que la Compagnie en fouffre un préjudice confidérable, condamner Pierre Carlier en tels dommages & intérêts qu'il plaira à Sa Majefté envers la Compagnie, & en tous les dépens,

quence, & se voir condamné à lui remettre lesdits quatorze ballots de marchandises des Indes pour être envoyés à la Compagnie, & en être par elle la vente faite, conformément à l'article IV de l'Arrêt du premier Février 1724, aux offres d'exécuter de sa part au nom de la Compagnie les conditions portées audit article en tout leur contenu. Au lieu de souscrire à cette demande de la part du Directeur du Domaine, il y forma des défenses fort amples, ce qui engagea le sieur Chevalier de Ruays d'y fournir des repliques pour en faire voir l'absurdité, sur quoi le sieur Intendant ordonna que la somme provenant de la vente des quatorze ballots demeureroient déposée dans la caisse du Domaine, & renvoya l'affaire en France, attendu que la Compagnie des Indes & les Fermiers généraux paroissoient avoir des droits respectifs. Dans ces circonstances, la Compagnie observe 1º qu'elle n'a pour légitime contradiction dans cette affaire que Pierre Carlier, Adjudicataire de la Ferme générale d'Occident, qui étoit représenté à la Martinique par le Receveur du Domaine, & que les Fermiers généraux, caution dudit Carlier, instruits de la disposition des Arrêts ont donné leurs ordres pour que les marchandises en question fussent remises à la Compagnie; 2º que le débit des marchandises des Indes est prohibé dans les Colonies Françoises comme en France, & cependant la permission donnée par le sieur Intendant de les vendre à la Martinique, étoit contraire aux défenses expresses portées par tous les Arrêts du Conseil, & emportoit avec elle un abus dont les suites ont dû être très-dangereuses; qu'en troisiéme lieu l'article IV de l'Arrêt du premier Février 1724 est décisif dans la contestation présente; il permet à la Compagnie des Indes seulement de transporter & faire vendre dans les pays étrangers toutes les toiles & étoffes des Indes dont l'entrée est prohibée dans le Royaume, sous la condition de payer tous les frais de saisies & les sommes dûes en pareil cas aux Commis saisissans; ainsi il n'y a pas la moindre difficulté d'infirmer l'Ordonnance du sieur Intendant, & d'ordonner que

rique qui étant trouvé dans la suite avec des marchandises prohibées, ne fût en droit de dire que ces marchandises lui venoient de la vente qui avoit été faite en vertu de l'Ordonnance du sieur Intendant, ce qui formoit un abus considérable qu'il étoit difficile de reparer. Pendant toute cette procédure l'affaire ayant été discutée en France entre la Compagnie & les Fermiers généraux, il fut convenu qu'il n'appartenoit aux Commis des Fermes qui avoient saisi que la rétribution portée par les Arrêts du Conseil, ensemble les frais, & que les quatorze ballots devoient être renvoyés en France pour être ensuite remis à la Compagnie, en payant par le sieur de Ruays la rétribution & les frais, & les Fermiers généraux ne balancerent pas d'en signer l'ordre, qui fut envoyé audit sieur de Ruays ; mais soit que cet ordre soit arrivé trop tard, soit que le Directeur du Domaine fût trop pressé, il fit procéder en exécution de l'Ordonnance du sieur Intendant à la vente des effets contenus dans les quatorze ballots & saisies ; & sans y observer les formalités nécessaires & requises en pareil cas, il précipita tellement cette vente, que cesdites marchandises furent vendues dix-sept mille livres au-dessous de leur valeur à la Martinique, & que si la Compagnie eut fait elle-même cette vente, elle en auroit tiré plus de soixante mille livres : quoi qu'il en soit l'ordre des Fermiers généraux étant arrivé & ayant été communiqué au sieur Intendant, il ne fût plus question que de sçavoir comment on pourroit annuller l'effet de son Ordonnance, & comment la remise de la valeur des marchandises vendues seroit faite à la Compagnie. La chose eut été faite si le Directeur du Domaine eût voulu s'y prêter, mais ayant toujours voulu insister sur un droit qui de l'aveu même des Fermiers généraux ne leur appartenoit pas, le sieur Chevalier de Ruays fut obligé de présenter une nouvelle requête au sieur Intendant, par laquelle il demanda d'être reçu opposant à l'exécution de son jugement du 23 Août, en conséquence qu'il lui fût permis de faire assigner le Directeur du Domaine pour voir juger son opposition bonne & valable, sans tirer à consé-

Ordonnance le 3 Mai 1727, portant qu'il étoit fuffifamment prouvé que le fieur Chapelain, commandant le Jean-René de faint Malo, avoit embarqué fans permiffion du Bureau du Domaine, les quatorze ballots contenus dans le procès-verbal de faifie dont eft queftion, pourquoi il confifqua au profit de qui il appartiendroit lefdits ballots, & condamna le fieur Chapelain en deux mille livres d'amende & aux dépens, & néanmoins que le fieur Chevalier de Ruays & le Directeur du Domaine d'Occident, en leurs qualités, écriroient & produiroient, pour enfuite être ftatué ainfi qu'il appartiendroit fur le profit de la confifcation, & que jufqu'à ce il feroit furfis à la vente defdites marchandifes. Le fieur Chevalier de Ruays auroit pû fe plaindre de cette Ordonnance, en ce qu'il n'avoit pas été ftatué fur fa demande, qui étoit inconteftable; mais il prit le parti d'en écrire en France, afin que les Fermiers généraux euffent à impofer filence au Directeur du Domaine, lequel formoit une auffi mauvaife conteftation; mais avant qu'il pût recevoir réponfe il intervint une Ordonnance diffinitive le 23 Août de la même année 1727, par laquelle le profit de la confifcation prononcée par la précédente Ordonnance fut adjugée à Pierre Carlier, en conféquence que les marchandifes contenues en l'inventaire des ballots dont il s'agit, feroient inceffamment vendues, pour les deniers en provenans être remis à la caiffe du Domaine, & le fieur Chevalier de Ruays débouté de fes conclufions, & condamné aux dépens. La permiffion donnée par cette Ordonnance de vendre des marchandifes des Indes, étoit contraire à tous les Edits & Déclarations; mais le fieur Intendant a cru pouvoir couvrir cette contravention en expliquant les motifs de fon jugement: " Permettons ladite vente en cette Ifle, attendu qu'il nous eft défendu par les Ordonnances d'y fouffrir aucun commerce avec l'Etranger. " Mais pendant qu'il craignoit de faire commerce avec l'Etranger, il introduifoit dans l'Amerique des marchandifes défendues, & il donnoit lieu à un nombre infini de fraudes, n'y ayant point de particulier habitant de l'Ame-

Tome IV. R

que le 25 du même mois il fut fait inventaire de ces marchandises, en vertu d'une Ordonnance du 23 dudit mois, & par cet inventaire il fut constaté que ces ballots étoient remplis de marchandises des Indes: le sieur Chevalier de Ruays, fondé de la procuration de la Compagnie en l'isle de la Martinique, instruit de cette saisie, & ayant lieu de croire que les ballots de marchandises en question provenoient des Vaisseaux de la Compagnie qui étoient de relâche en l'isle de la Martinique de leur voyage des Indes, & avoient été furtivement enlevés de la cargaison de ces navires, sçachant d'ailleurs que par l'Arrêt du premier Février 1724, article IV, il est permis à la Compagnie seule de transporter & de vendre dans les pays étrangers les toiles & étoffes des Indes dont l'entrée, le débit & l'usage sont prohibés dans le Royaume, en payant & remboursant par elle à la Ferme générale tous les frais de procédures & de saisies, & en payant aussi les récompenses dûes, suivant l'Arrêt du 27 Septembre 1719, aux dénonciateurs & saisissans, présenta sa requête au sieur Intendant de l'Amerique, & demanda acte de ce qu'il réclamoit au nom de la Compagnie les quatorze ballots de marchandises, suivant l'inventaire qui en avoit été fait, comme à elle appartenans, en conséquence qu'il lui fût permis de faire assigner le Directeur du Domaine, pour voir dire que les marchandises des Indes dont la vente ne pouvoit être permise à la Martinique au préjudice du privilége de la Compagnie, lui seroient incessamment remises, pour être par lui envoyées en France par les Vaisseaux de la Compagnie prêts à partir, & la vente en être par elle faite à son profit, comme de celles des cargaisons desdits Vaisseaux des Indes, & conformément aux Arrêts du Conseil rendus à ce sujet, se réservant au surplus de faire informer des prévarications faites par les contrevenans aux conventions faites avec elle. Quoique cette demande fût reguliere & conforme aux priviléges de la Compagnie portés par les Arrêts du Conseil connus auxdites Isles de l'Amerique comme en France, cependant le sieur Intendant a rendu une premiere

Ordonnance

# ARREST
## DU CONSEIL D'ÉTAT
## DU ROY,

*QUI ordonne que le prix provenant de la vente des marchandises prohibées faite par Carlier, Adjudicataire des Fermes, sera délivré à la Compagnie des Indes.*

Du 27 Décembre 1729.

*Extrait des Regiſtres du Conſeil d'Etat.*

SUR la requête préſentée au Roi en ſon Conſeil par la Compagnie des Indes, contenant qu'elle a un intérêt ſenſible de ſe pourvoir contre une Ordonnance du ſieur Intendant des Iſles Françoiſes du vent de l'Amérique, du 23 Août 1727, laquelle eſt rendue au profit de Pierre Carlier, Adjudicataire de la Ferme générale du Domaine d'Occident, contre le conſentement & l'avis des cautions dudit Pierre Carlier, & contre la diſpoſition préciſe de l'Arrêt du Conſeil du premier Février 1724; il demeure pour conſtant que le 21 Avril 1727 les Commis du Domaine au département du bourg de ſaint Pierre à la Martinique, firent la ſaiſie de quatorze ballots de marchandiſes dans un navire venant de ſaint Malo, commandé par le Capitaine Chapelain, comme ayant été embarqués ſans permiſſion & ſans en avoir fait la déclaration au Bureau;

en conséquence avons commis le sieur Mellier, Général des Finances & notre Subdélegué à Nantes, pour remplir en notre absence les dispositions qui nous concernent. Fait à Rennes le vingtiéme Septembre mil sept cent vingt-neuf.

*Signé* DE LA TOUR.

GErard Mellier, Conseiller du Roi, Trésorier de France, Général des Finances en Bretagne, Chevalier des Ordres Royaux, Militaires & Hospitaliers de Notre-Dame du Mont-Carmel & de saint Lazare de Jerusalem, Maire & Colonel de la Milice Bourgeoise, & Président du Bureau de Santé de la ville de Nantes, Commissaire & Subdélegué de M. de Galois de la Tour, Intendant de cette Province. Vû l'Arrêt du Conseil, Lettres de Commission sur icelui & l'Ordonnance ci-dessus, en date des trente Août dernier & vingtiéme de ce mois; nous ordonnons que ledit Arrêt du Conseil sera exécuté selon sa forme & teneur. Fait à Nantes le vingt-trois Septembre mil sept cent vingt-neuf.

LOUIS, PAR LA GRACE DE DIEU, ROI DE FRANCE ET DE NAVARRE, Dauphin de Viennois, Comte de Valentinois, Dyois, Provence, Forcalquier & terres adjacentes ; à notre amé & féal Conseiller en nos Conseils, Maître des Requêtes ordinaire de notre Hôtel, le sieur Herault, Lieutenant général de Police de notre bonne Ville, Prévôté & Vicomté de Paris, & aux sieurs Intendans & Commissaires départis pour l'exécution de nos ordres dans les Provinces & Généralités de notre Royaume : SALUT. Nous vous mandons & enjoignons par ces Présentes, signées de nous, de tenir, chacun en droit soi, la main à l'exécution de l'Arrêt dont l'extrait est ci-attaché sous le contre-scel de notre Chancellerie, ce jourd'hui donné en notre Conseil d'Etat, nous y étant, pour les causes y contenues : commandons au premier notre Huissier ou Sergent sur ce requis, de signifier ledit Arrêt à tous qu'il appartiendra, à ce que personne n'en ignore, & de faire pour son entiere exécution tous actes & exploits nécessaires, sans autre permission, nonobstant clameur de Haro, Charte Normande & Lettres à ce contraires : voulons qu'aux copies dudit Arrêt & des Présentes, collationnées par l'un de nos amés & féaux Conseillers-Secrétaires, foi soit ajoûtée comme aux originaux ; car tel est notre plaisir. DONNÉ à Versailles le trentiéme jour d'Août, l'an de grace mil sept cent vingt-neuf, & de notre regne le quatorziéme. *Signé* LOUIS. *Et plus bas ;* Par le Roi Dauphin, Comte de Provence, en son Conseil, *signé* PHELYPEAUX. Et scellé du grand Sceau de cire jaune sur simple queue.

JEan-Baptiste des Gallois, Chevalier, Seigneur de la Tour, Conseiller du Roi en ses Conseils, Maître des Requêtes ordinaire de son Hôtel, Commissaire départi par Sa Majesté pour l'exécution de ses ordres en la Province de Bretagne. Vû l'Arrêt du Conseil ci-dessus & commission du grand Sceau expédiée sur icelui, nous ordonnons que ledit Arrêt sera exécuté suivant sa forme & teneur,

ront saisis condamnés aux amendes & autres peines spécifiées par les Arrêts des 20 Janvier & 22 Février 1716, premier Mai 1724 & 14 Août 1727, qui seront exécutés selon leur forme & teneur : veut Sa Majesté qu'à la requête des sieurs Directeurs de ladite Compagnie des Indes, il soit fait une visite desdites marchandises des Indes qui se trouveront chez lesdits Marchands, Négocians & tous autres de quelque qualité & condition qu'ils puissent être, même qu'il leur soit permis de faire saisir celles qui ne seront pas marquées des marques prescrites par les Arrêts ci-dessus datés ; & Sa Majesté voulant assurer de plus en plus l'exécution desdits Arrêts dans la ville de Paris, & favoriser le débit des Marchands qui font un commerce loyal desdites marchandises, lequel est souvent dérangé par les fraudeurs & colporteurs inconnus, même empêcher que les Détailleurs, qui s'excusent ordinairement des contraventions qu'on leur impute par le peu de connoissance qu'ils disent avoir des véritables marques, ne puissent être trompés, fait très-expresses inhibitions & défenses, sous peine de trois mille livres d'amende, à tous Détailleurs & Détailleuses qui employent lesdites mousselines, toiles de coton blanches & mouchoirs de coton, soye & coton, écorce & soye, & écorce, d'acheter aucunes piéces que des Marchands connus & domiciliés ; sauf aux Détailleurs & Détailleuses à obliger lesdits Marchands de signer leur nom au dos de chaque marque en parchemin qui sera apposée sur les piéces vendues, pour y avoir recours en cas de besoin : enjoint Sa Majesté au sieur Herault, Conseiller en ses Conseils, Maître des Requêtes ordinaire de son Hôtel, Lieutenant général de Police de la ville de Paris, & aux sieurs Intendans & Commissaires départis dans les Provinces & Généralités du Royaume, de tenir la main à l'exécution du présent Arrêt, qui sera lû, publié & affiché par-tout où besoin sera, & exécuté nonobstant toutes oppositions ou empêchemens quelconques. FAIT au Conseil d'Etat du Roi, Sa Majesté y étant, tenu à Versailles le trentiéme jour d'Août mil sept cent vingt-neuf. *Signé* PHELYPEAUX.

ne Sa Majesté qu'après l'appofition des marques portées par l'Arrêt du 28 Avril 1711, fur lefdites piéces de mouffelines, toiles de coton blanches, mouchoirs de coton, foye & coton, écorce & foye, & écorce, toutes les marchandifes des Indes venues fur lefdits Vaiffeaux, feront inceffamment vendues en la maniere accoûtumée, en préfence d'un ou de plufieurs Directeurs de la Compagnie des Indes, & du fieur Richard, en payant les droits d'entrée de toutes les marchandifes, conformément au Tarif de 1664, à l'article XLIV de l'Edit du mois d'Août de la même année, aux Arrêts des 29 Avril & 22 Novembre 1692, 28 Septembre 1726, 24 Août & 14 Septembre 1728; & à l'égard des toiles de coton teintes, peintes ou rayées de couleur, & étoffes provenant des Indes & de la Chine, la vente & adjudication n'en pourra être faite qu'à condition qu'elles feront envoyées à l'Etranger par les Adjudicataires, dans fix mois au plus tard du jour de l'adjudication, dans la forme, pour les pays & avec les précautions prefcrites par l'article VII de l'Arrêt du 11 Juin 1714, & jufqu'auxdits envois elles feront mifes dans les magafins d'entrepôt, conformément aux Arrêts des 18 Mai 1720, 28 Septembre 1726, 24 Août & 14 Septembre 1728 : veut en outre Sa Majefté que conformément à l'article II dudit Arrêt du 14 Août 1727, les toiles de coton blanches, mouffelines & mouchoirs de coton, foye & coton, écorce & foye, & écorce, dont le débit & l'ufage font permis, ne puiffent être vendues dans aucune Province du Royaume, jufqu'à ce qu'il y ait été appofé au chef & à la queue de chaque piéce un fecond plomb & une feconde marque en parchemin dont l'empreinte eft au pied dudit Arrêt, par les perfonnes que la Compagnie des Indes aura prépofées dans chacune des principales Villes du Royaume, en forte que les mouffelines, toiles de coton blanches, mouchoirs de coton, foye & coton, écorce & foye, & écorce, foit en piéces ou en coupons, qui fe trouveront fans lefdites premieres & fecondes marques, feront réputées en contravention, confifquées comme telles, & ceux qui s'en trouve-

Q ij

ront envoyées à l'Etranger : ordonne auſſi Sa Majeſté que toutes leſdites piéces de mouſſelines, toiles de coton blanches, mouchoirs de coton, ſoye & coton, écorce & ſoye, & écorce, ſpécifiées par le premier chapitre dudit inventaire, ſeront marquées aux deux bouts de chaque piéce d'une marque pareille à l'empreinte étant au pied dudit Arrêt du 28 Avril 1711, imprimée ſur un morceau de parchemin, ſigné par le ſieur Dujoncheray Dubois, commis par Arrêt du 13 Novembre 1725, & par le ſieur Eſtoupan, auſſi commis par Arrêt du 30 Mai 1727, ou par l'un d'eux ſeulement, laquelle marque ſera attachée au chef & à la queue de chaque piéce, avec le plomb de ladite Compagnie, en préſence dudit ſieur Subdélégué ou autre qui ſera commis par ledit ſieur des Gallois de la Tour, ſans que les Marchands & Négocians puiſſent être tenus de rapporter leſdites marques, ni de faire mention ſur leurs regiſtres des noms de ceux auxquels ils pourront vendre des piéces entieres, à condition néanmoins que leſdits Marchands & Négocians feront immédiatement après chaque vente publique une déclaration expreſſe de la quantité deſdites toiles de coton blanches, mouſſelines & mouchoirs de coton, ſoye & coton, écorce & ſoye, & écorce, qu'ils auront achetées, leſquelles déclarations ſeront faites dans les Bureaux qui ſeront à cet effet établis par la Compagnie des Indes dans la ville de Paris & dans les autres principales Villes du Royaume, conformément à l'Arrêt du 14 Août 1727, & ſeront en outre leſdites déclarations inſerées dans un regiſtre particulier, paraphé par ceux qui les recevront, dans lequel regiſtre leſdites marchandiſes ſeront ſpécifiées par chapitre diſtinct & ſéparé pour chacun des déclarans, ſans que les Marchands de la ville de Paris, Détailleurs ou autres, puiſſent tirer des Provinces aucunes mouſſelines, toiles de coton blanches, mouchoirs de coton, ſoye & coton, écorce & ſoye, & écorce, même des piéces de ces marchandiſes marquées de la ſeconde marque ordonnée par l'Arrêt du 14 Août 1727, s'ils n'en ont obtenu la permiſſion expreſſe du ſieur Lieutenant général de Police ; ordon-

l'Arrêt du 14 Septembre 1728, portant confirmation de celui du 8 Septembre 1722. A ces causes, requéroient les Directeurs de la Compagnie des Indes, qu'il plût à Sa Majesté sur ce pourvoir. Vû lesdits Arrêts des 10, 24 Février & 13 Mars 1691, Déclaration de Sa Majesté du 9 Mai 1702, Arrêts des 27 Août & 10 Décembre 1709, 28 Avril 1711, 11 Juin 1714, 20 Janvier & 22 Février 1716, l'Edit du mois de Mai 1719, portant réunion des Compagnies des Indes Orientales & de la Chine à celle d'Occident, à présent nommée Compagnie des Indes, l'Arrêt du 9 Mai 1724, l'Edit du mois de Juin 1725, les Arrêts des 28 Septembre 1726, 24 Août & 14 Septembre 1728; oui le rapport du sieur le Pelletier, Conseiller d'Etat ordinaire & au Conseil Royal, Contrôleur général des Finances, LE ROI E'TANT EN SON CONSEIL, a ordonné & ordonne que par le sieur des Gallois de la Tour, Conseiller de Sa Majesté en ses Conseils, Maître des Requêtes ordinaire de son Hôtel, Commissaire départi en la Province de Bretagne, ou par celui qu'il subdéleguera à cet effet, il sera fait en présence du sieur Richard, commis par le Conseil pour l'exécution de l'Arrêt du 18 Mai 1720, l'inventaire de toutes les marchandises qui composent le chargement desdits Vaisseaux le Mars, le Jason, le Bourbon & le Mercure, lequel inventaire sera divisé en trois chapitres, dont le premier comprendra les marchandises sujettes à la marque, comme mousselines, toiles de coton blanches, mouchoirs de coton de Bengale & de Masulipatan, mouchoirs de soye & coton, écorce & soye, & écorce; le deuxiéme, les drogueries & épiceries, comme caffé, thé, poivre, rhubarbe, alun, cochenille, musc, gomme, laque en bois & en feuilles, salpêtre, bois rouge, cauris, soye écrue, soye tani, porcelaines, éventails, rottins & autres; & le troisiéme chapitre sera composé de mouchoirs de Pondichery, toiles teintes, peintes & rayées de couleurs, & étoffes dont l'usage & le débit sont prohibés dans le Royaume, & qui, quoique chargées sur les Vaisseaux de la Compagnie des Indes, ne peuvent y être vendues qu'à condition qu'elles se-

*Tome IV.* Q

permises que prohibées, la vente doit être faite dans la ville de Nantes, après cependant que sur toutes les mousselines, toiles de coton blanches, & mouchoirs de coton de Bengale & de Masulipatan, mouchoirs de soye & coton, écorce & soye, & écorce, sujets à la marque, il leur aura été apposé celle qu'il a plû à Sa Majesté ordonner par Arrêt du 28 Avril 1711, dont l'empreinte est au pied dudit Arrêt, laquelle marque sera imprimée sur un morceau de parchemin, signé par le sieur Dujoncheray Dubois, commis par Arrêt du 13 Novembre 1725, & par le sieur Estoupan, aussi commis par Arrêt du 30 Mai 1727, ou par l'un desdits sieurs seulement, à l'effet qu'il ne soit débité dans le Royaume aucunes des marchandises ci-dessus spécifiées, autres que celles de la Compagnie des Indes, conformément aux Arrêts des 10, 24 Février & 13 Mars 1691, Déclaration de Sa Majesté du 9 Mai 1702, & autres Arrêts & Réglemens rendus en conséquence concernant le commerce de la Compagnie, & notamment à ceux des 10 Décembre 1709 & 4 Juin 1715, rendus en interprétation de celui du 27 Août 1709, aux Arrêts des 11 Juin 1714, 20 Janvier & 22 Février 1716, à l'Edit du mois de Mai 1719, portant réunion des Compagnies des Indes & de la Chine à la Compagnie d'Occident, à présent nommée Compagnie des Indes, & à l'Arrêt du 9 Mai 1724, qui permet à la Compagnie de vendre dans le Royaume des mouchoirs de coton, mouchoirs de soye & coton, écorce & soye, & écorce, apportés dans ses Vaisseaux, & à tous Négocians, Marchands & autres particuliers qui les ont achetés de ladite Compagnie, d'en faire débit & usage, en payant seulement pour toutes lesdites marchandises permises les droits d'entrée portés par le Tarif de 1664, pour les marchandises qui y sont dénommées & contenues, & trois pour cent de la valeur de celles qui n'y sont pas comprises, suivant & conformément à l'article XLIV de l'Edit d'établissement de ladite Compagnie, Arrêts rendus en conséquence, à l'Edit du mois de Juin 1725, à l'Arrêt du 28 Septembre 1726, à celui du 24 Août 1728, rendu en interprétation, & à

l'Arrêt

# ARREST

## DU CONSEIL D'ÉTAT DU ROY,

*QUI ordonne qu'il sera fait Inventaire de toutes les Marchandises qui composent le chargement des Vaisseaux le Mars, le Jason, le Bourbon & le Mercure, appartenant à la Compagnie des Indes; & que lesdites Marchandises seront vendues à la maniere accoutumée.*

Du 30 Août 1729.

Extrait des Registres du Conseil d'Etat.

SUR la requête présentée au Roi étant en son Conseil par les Directeurs de la Compagnie des Indes, contenant que les Vaisseaux le Mars, le Jason & le Bourbon sont arrivés au port de l'Orient les 7 Mai, 15 Juillet & 10 Août dernier, & qu'ils attendent encore actuellement le Vaisseau le Mercure, tous venant des pays des concessions de la Compagnie, chargés de caffé, thé, poivre, rhubarbe, alun, cochenille, musc, gomme, laque en bois & en feuilles, salpêtre, bois rouge, soye écrue, soye tani, porcelaines, éventails, rottins, & autres épiceries & drogueries, toiles de coton blanches & mousselines, toiles teintes, peintes & rayées de couleurs, mouchoirs de coton & autres; de toutes lesquelles marchandises, tant

& fauxbourgs de Paris, & aux sieurs Intendans & Commissaires départis pour l'exécution de nos ordres dans les Provinces & Généralités de notre Royaume : SALUT. Nous vous mandons & enjoignons par ces Présentes, signées de nous, de tenir la main à l'exécution de l'Arrêt ci-attaché sous le contre-scel de notre Chancellerie, ce jourd'hui donné en notre Conseil d'Etat, nous y étant, pour les causes y contenues : commandons au premier notre Huissier ou Sergent sur ce requis, de signifier ledit Arrêt à tous qu'il appartiendra, à ce que personne n'en ignore, & de faire pour son entiere exécution tous actes & exploits nécessaires, sans autre permission, nonobstant clameur de Haro, Charte Normande & Lettres à ce contraires : voulons qu'aux copies dudit Arrêt & des Présentes, collationnées par l'un de nos amés & féaux Conseillers Secrétaires, foi soit ajoûtée comme aux originaux ; car tel est notre plaisir. DONNÉ à Marly le huitiéme jour de Février, l'an de grace mil sept cent vingt-neuf, & de notre regne le quatorziéme. *Signé* LOUIS. *Et plus bas*; Par le Roi Dauphin, Comte de Provence, *signé* PHELYPEAUX. Et scellé du grand Sceau de cire jaune.

ufage des étoffes des Indes, ce qui fait préfumer que l'intention de ladite Cour eft d'attribuer cette connoiffance aux Maîtres des Ports & à leurs Lieutenans, puifqu'en ordonnant l'exécution de l'Edit d'Octobre 1726, qui défend l'introduction des toiles peintes, elle ajoûte en même-temps que les affaires qui naîtront de l'exécution dudit Réglement, circonftances & dépendances, feront traitées devant les Maîtres des Ports & leurs Lieutenans; d'où il eft aifé de juger que le commerce, port & ufage étant une fuite de l'introduction, ladite Cour des Aydes attribue à une autre Jurifdiction la connoiffance de ces contraventions, qui ne doivent être portées que pardevant lefdits fieurs Intendans aux termes de l'Arrêt dudit jour 8 Octobre 1726, enfemble l'Arrêt du Confeil dudit jour 25 Mai 1728, portant le Réglement au fujet des conteftations entre l'Amirauté de France & les Fermiers généraux, fur la compétence des matieres de la contrebande & du commerce prohibé qui fe fait, tant en mer & dans les Ports & rivages du Royaume, qu'aux Ifles & Colonies Françoifes de l'Amérique : & Sa Majefté voulant faire connoître fur ce fes intentions; oui le rapport du fieur le Pelletier, Confeiller d'Etat ordinaire & au Confeil Royal, Contrôleur général des Finances, SA MAJESTE' E'TANT EN SON CONSEIL, fans avoir égard à l'Arrêt de la Cour des Comptes, Aydes & Finances de Montpellier du 16 Décembre 1728, a ordonné & ordonne que les Arrêts du Confeil des 8 Octobre 1726 & 25 Mai 1728, feront exécutés felon leur forme & teneur. FAIT au Confeil d'Etat du Roi, Sa Majefté y étant, tenu à Marly le huit Février mil fept cent vingt-neuf.

*Signé* PHELYPEAUX.

LOUIS, PAR LA GRACE DE DIEU, ROI DE FRANCE ET DE NAVARRE, Dauphin de Viennois, Comte de Valentinois & Dyois, Provence, Forcalquier & terres adjacentes: à notre amé & féal Confeiller en nos Confeils, Maître des Requêtes ordinaire de notre Hôtel, le fieur Herault, Lieutenant général de Police de notre bonne ville

modérées, sous quelque prétexte & occasion que ce fût, enjoignant très-expressément au sieur Lieutenant général de Police à Paris, & aux sieurs Intendans & Commissaires départis dans les Provinces, de tenir la main à l'exécution dudit Arrêt, & de rendre compte à Sa Majesté de mois en mois de ce qui se feroit passé à ce sujet dans leurs différens départemens. Vû aussi l'Arrêt rendu par la Cour des Comptes, Aydes & Finances de Montpellier le 16 Décembre 1728, sur le requisitoire du Procureur général de Sa Majesté en ladite Cour, portant que l'Edit du mois d'Octobre sera exécuté selon sa forme & teneur ; ce faisant que conformément à l'article XVI dudit Edit, les affaires tant civiles que criminelles, concernant le Réglement porté par ledit Edit, & celles qui naîtront de l'exécution d'icelui, circonstances & dépendances dans tous les cas y contenus, seront traitées devant les Maîtres des Ports & leurs Lieutenans, chacun dans l'étendue de leur département, privativement à tous autres Juges, avec défenses au Fermier de se retirer ailleurs, sauf dans les cas mentionnés dans le Réglement du 25 Mai 1728, à peine de nullité des condamnations qu'il y pourroit obtenir : & fait défenses à tous Employés de donner, en conséquence des procès-verbaux par eux dressés, aucune assignation devant d'autres Juges que ceux à qui la connoissance est attribuée par ledit Edit, à peine de nullité desdits exploits, d'interdiction de leurs fonctions, & de deux cens livres d'amende : fait pareillement défenses à tous Procureurs de faire aucunes poursuites sur les assignations qui pourroient avoir été données devant d'autres Juges que devant ceux qui sont en droit d'en connoître par ledit Edit, soit en demandant ou en défendant, à peine d'interdiction de leurs fonctions & de cinq cens livres d'amende. Et comme cet Arrêt semble se renfermer uniquement dans les dispositions de l'Edit d'Octobre 1726, & du Réglement du 25 Mai 1728, sans faire aucune mention de l'Arrêt du 8 Octobre 1726, qui attribue aux sieurs Intendans la connoissance des contraventions qui surviendront sur le fait du commerce, port &

# ARREST
## DU CONSEIL D'ÉTAT
## DU ROY,

*QUI réitere les défenses de faire Commerce, Port & Usage des Etoffes & Toiles peintes des Indes, de la Chine & du Levant.*

Du 8 Février 1729.

*Extrait des Registres du Conseil d'Etat.*

VU par le Roi étant en son Conseil l'Arrêt rendu en icelui le 8 Octobre 1726, par lequel Sa Majesté a ordonné que les Edits, Déclarations & Arrêts de Réglemens, & notamment l'Edit du mois de Juillet 1717, seroient exécutés, ensemble les Arrêts du Conseil des 10 Juin 1721, 5 Juillet 1723 & premier Février 1724, portant défenses de faire aucun commerce, port ni usage des toiles peintes & étoffes des Indes, de la Chine & du Levant, même des toiles de coton blanches & mousselines autres que celles provenant des ventes faites par les Directeurs de la Compagnie des Indes, & que les peines y exprimées contre les contrevenans, de quelque qualité & condition qu'ils fussent, ne pourroient être remises ni

P ij

Sa Majesté que les pagodes d'or continuent d'avoir cours & soient reçues sur le pied de cinq livres cinq sols la piéce, & les fanons d'argent sur le pied de quatre sols six deniers la piéce : défend Sa Majesté à toutes personnes de contrefaire, rogner ou altérer lesdites espéces, à peine de la vie, & même de contribuer sciemment à l'introduction ou exposition de celles qui auroient été contrefaites ou altérées par d'autres, sous pareilles peines : enjoint Sa Majesté aux Gens tenant le Conseil supérieur de l'isle de Bourbon, de tenir la main à l'exécution du présent Arrêt, qui sera lû, publié, affiché & regiftré au Greffe dudit Conseil : ordonne Sa Majesté à tous ses Justiciers de tenir la main, chacun en droit soi, à son exécution, & seront sur icelui toutes Lettres Patentes expédiées. Fait au Conseil d'Etat du Roi, Sa Majesté y étant, tenu à Marly le huitiéme jour de Février mil sept cent vingt-neuf. *Signé* PHELYPEAUX, avec paraphe.

LOUIS, PAR LA GRACE DE DIEU, ROI DE FRANCE ET DE NAVARRE, à nos amés & féaux les Gens tenant le Conseil supérieur de l'isle de Bourbon : SALUT. Nous vous mandons & enjoignons par ces Présentes signées de nous, de tenir la main à l'exécution de l'Arrêt ci-attaché sous le contre-scel de notre Chancellerie, ce jourd'hui donné en notre Conseil d'Etat, nous y étant, que nous voulons être lû, publié, affiché & regiftré en notre Greffe, par lequel nous avons réglé le cours des piastres d'Espagne, des pagodes d'or & des fanons d'argent dans ladite isle de Bourbon ; car tel est notre plaisir. DONNE' à Marly le huitiéme jour de Février, l'an de grace mil sept cent vingt-neuf, & de notre regne le quatorziéme. *Signé* LOUIS. *Et plus bas ;* par le Roi, PHELYPEAUX, avec grille & paraphe. Et scellé & contre-scellé en cire jaune.

# ARREST
## DU CONSEIL D'ÉTAT
## DU ROY,

*CONCERNANT les Espéces d'or & d'argent, & qui en fixe le prix à l'Isle de Bourbon.*

Du 8 Février 1729.

*Extrait des Regiſtres du Conſeil d'Etat.*

LE Roi étant informé que quelques monnoyes des Indes ont cours dans l'iſle de Bourbon ſur le pied, ſçavoir, les pagodes d'or de cinq livres cinq ſols la piéce, & les fanons d'argent de quatre ſols ſix deniers auſſi la piéce, & Sa Majeſté jugeant néceſſaire pour le bien & avantage du commerce d'établir une juſte proportion entre ces eſpéces & la piaſtre d'Eſpagne, qui y a cours auſſi, de maniere qu'elles puiſſent également circuler ; oui le rapport du ſieur le Pelletier, Conſeiller d'Etat ordinaire & au Conſeil Royal, Contrôleur général des Finances ; SA MAJESTÉ E'TANT EN SON CONSEIL, a ordonné & ordonne que la piaſtre d'Eſpagne du poids de ſept gros trebuchant, aura cours & ſera reçue ſur le pied de trois livres douze ſols, les demi-quart, huitiéme & ſeiziéme à proportion, & que celles deſdites eſpéces qui ſe trouveront au-deſſous dudit poids, ne pourront être données qu'en déduiſant ſur la valeur deux deniers pour chaque grain de foiblage : veut

*Tome IV.* P

autre permission, nonobstant toutes oppositions & empêchemens quelconques, pour lesquels ne sera différé; car tel est notre plaisir. DONNÉ à Versailles le vingt-deuxiéme jour de Mars, l'an de grace mil sept cent vingt-neuf, & de notre regne le quatorziéme. *Signé* LOUIS. *Et plus bas;* par le Roi, PHELYPEAUX.

*Regiſtrées, oui & ce requérant le Procureur général de la Commiſſion, pour être exécutées ſelon leur forme & teneur, & ſignifiées à la requête dudit Procureur général à qui il appartiendra, & à ſa diligence imprimées, lûes, publiées & affichées dans tous les lieux, carrefours accoûtumés de la ville, fauxbourgs & banlieue de Paris, dans l'étendue de la Prévôté & Vicomté d'icelle, & par-tout où beſoin ſera, ſuivant le jugement de ce jourd'hui. Fait au Châtelet de Paris en la Chambre de la Commiſſion le vingt ſix Avril mil ſept cent vingt-neuf.* Signé PELLERIN, *Greffier.*

*L'Arrêt du Conſeil & les Lettres Patentes ci-deſſus ont été lûs & publiés à haute & intelligible voix, à ſon de trompe & cri public, en tous les lieux ordinaires & accoûtumés, par moi Aimé-Richard Girault, Huiſſier à cheval au Châtelet de Paris, commis à l'exercice de la charge de Juré-Crieur ordinaire du Roi, de la Ville, Prévôté & Vicomté de Paris, y demeurant, place Baudoyer, Paroiſſe ſaint Gervais, accompagné de Claude Craponne & Louis-François Ambezar, Jurés Trompettes, & Jacques Hallot, commis à l'exercice de la charge de Juré Trompette, le vingt-uniéme Mai mil ſept cent vingt-neuf, à ce que perſonne n'en prétende cauſe d'ignorance, & affichés ledit jour eſdits lieux.* Signé GIRAULT.

ARREST

Sa Majesté y étant, tenu à Versailles le premier jour de Février mil sept cent vingt-neuf. *Signé* PHELYPEAUX.

LOUIS, PAR LA GRACE DE DIEU, ROI DE FRANCE ET DE NAVARRE, à notre amé & féal le sieur Herault, Conseiller en nos Conseils, Maître des Requêtes ordinaire de notre Hôtel, Lieutenant général de Police de la Ville, Prévôté & Vicomté de Paris, & à nos amés & féaux Conseillers les Gens tenant le Siége Présidial du Châtelet de ladite ville : SALUT. Par Arrêt ci-attaché sous le contre-scel de notre Chancellerie, rendu en notre Conseil d'Etat le premier Février dernier, nous avons ordonné que le Réglement fait par notre Déclaration du 27 Décembre 1727, pour la perception des rentes viageres sur l'Hôtel-de-Ville de Paris, sera exécuté selon sa forme & teneur pour celles constituées par la Compagnie des Indes, & ce à commencer pour les six premiers mois de la présente année 1729 ; & en conséquence que ceux qui se trouveront dans le cas de l'article premier de ladite Déclaration, seront punis suivant la rigueur des Ordonnances, & vous avons commis pour, à la requête, poursuite & diligence de notre amé & féal le sieur Moreau, Conseiller en nos Conseils & notre Procureur audit Châtelet, instruire, faire & parfaire le procès aux contrevenans, & iceux juger en dernier ressort au nombre de Juges requis par les Ordonnances, & suivant la rigueur d'icelles, vous ayant à cet effet attribué toute Cour, Jurisdiction & connoissance, & icelle interdite à toutes nos Cours & autres Juges : & voulant que ledit Arrêt ait son entiere exécution, nous vous mandons & ordonnons d'exécuter ledit Arrêt de point en point selon sa forme & teneur, vous attribuant à cet effet toute Cour, Jurisdiction & connoissance, & icelle interdisant à toutes nos Cours & autres Juges. Mandons au premier notre Huissier ou Sergent sur ce requis, de faire, à la requête dudit sieur Moreau pour l'exécution dudit Arrêt & des Patentes, tous commandemens, exploits & autres actes requis & nécessaires, sans

prifes, & qu'elle s'eſt fait une regle de fuivre à l'égard des rentes ce qui fe pratique pour l'Hôtel-de-Ville, elle a recours à Sa Majeſté à ce qu'il lui plaife fur ce lui pourvoir, & ordonner que le Réglement fait par ladite Déclaration fera exécuté felon fa forme & teneur pour les rentes viageres conſtituées fur ladite Compagnie ; & en conféquence que ceux qui fe trouveront dans le cas de l'article premier de ladite Déclaration, feront punis fuivant toute la rigueur des Ordonnances, & leur procès fait & parfait à la requête du Procureur de Sa Majeſté au Châtelet de Paris, & jugés en dernier reſſort par le Lieutenant général de Police de ladite ville, avec le nombre de Confeillers au Préfidial requis par les Ordonnances. Vû ladite requête, lefdits Arrêts & ladite Déclaration ; oui le rapport du fieur le Pelletier, Confeiller d'Etat ordinaire & au Confeil Royal, Contrôleur général des Finances, LE ROI E'TANT EN SON CONSEIL, ayant égard à ladite requête, a ordonné & ordonne que le Réglement fait par fa Déclaration du 27 Décembre 1727, pour éviter les furprifes dans la perception des arrérages des rentes viageres conſtituées fur l'Hôtel-de-Ville de Paris, fera exécuté felon fa forme & teneur pour celles conſtituées par la Compagnie des Indes, & ce à commencer pour les fix premiers mois de la préfente année 1729 : ordonne en conféquence Sa Majeſté que ceux qui fe trouveront dans le cas de l'article premier de ladite Déclaration, feront punis fuivant toute la rigueur des Ordonnances, & leur procès inſtruit, fait & parfait à la requête du Procureur de Sa Majeſté au Châtelet de Paris, & jugés en dernier reſſort par le Lieutenant général de Police de ladite ville de Paris, avec le nombre de Confeillers au Préfidial de Paris requis par les Ordonnances, auxquels Sa Majeſté a attribué & attribue à cet effet toute Cour, Jurifdiction & connoiſſance, icelle interdifant à toutes fes Cours & autres Juges : & fera le préfent Arrêt lû, publié & affiché par-tout où befoin fera, à ce qu'aucun n'en ignore, & pour l'exécution d'icelui toutes Lettres néceſſaires feront expédiées. FAIT au Confeil d'Etat du Roi,

# ARREST
## DU CONSEIL D'ÉTAT
## DU ROY,
## ET LETTRES PATENTES,

CONCERNANT *les Rentes viageres constituées par la Compagnie des Indes.*

Du 1 Février 1729.

*Extrait des Regiſtres du Conſeil d'Etat.*

SUR la requête préſentée au Roi étant en ſon Conſeil par les Syndics & Directeurs de la Compagnie des Indes, contenant que par les Arrêts du 15 Février 1724 Sa Majeſté auroit permis à ladite Compagnie de conſtituer ſur elle des rentes viageres, les unes pures & ſimples, & les autres par forme de Tontine, provenant de la Loterie compoſée ; qu'en conſéquence de cette permiſſion elle a conſtitué des rentes viageres, pour le payement deſquelles elle a fait obſerver juſqu'à préſent par les Rentiers les mêmes formalités preſcrites pour celles conſtituées ſur l'Hôtel-de-Ville de Paris : que Sa Majeſté, pour éviter les ſurpriſes qui pouvoient ſe gliſſer dans la perception des arrérages des rentes viageres qui ſe payent à l'Hôtel-de-Ville, auroit fait un nouveau Réglement par ſa Déclaration du 27 Décembre 1727. Et comme la Compagnie des Indes a un intérêt ſenſible de prévenir de pareilles ſur-

O iij

LOUIS, par la grace de Dieu, Roi de France et de Navarre, au premier notre Huissier ou Sergent sur ce requis. Nous te mandons & commandons par ces Présentes signées de notre main, que l'Arrêt ci-attaché sous le contre-scel de notre Chancellerie, ce jourd'hui donné en notre Conseil d'Etat, nous y étant, pour les causes y contenues, tu signifies au Fermier des droits sur les soyes de la ville de Lyon, & à tous qu'il appartiendra, à ce que personne n'en ignore, & fasses pour son entiére exécution tous actes & exploits nécessaires, sans autre permission; car tel est notre plaisir. Donné à Fontainebleau le quatorziéme jour de Septembre, l'an de grace mil sept cent vingt-huit, & de notre regne le quatorziéme. *Signé* LOUIS. *Et plus bas*, par le Roi, *signé* Phelypeaux. Et scellé.

la requête de la Compagnie des Indes : certificat passé devant Guyot & Beraud, Notaires à Lyon, le 12 Avril 1728, portant que les soyes adressées à Pillet étoient soyes grezes tani, à l'exception de deux petits ballots, dont l'un trame blanche de Nankin, & l'autre trame de tani : acte passé devant ledit Guyot & Gardés, Notaires à Lyon, le 16 dudit mois d'Avril, contenant les protestations de Pillet contre le payement qu'il a été obligé de faire des droits exigés par le Fermier des droits à Lyon, ensemble l'Edit du mois de Janvier 1722, l'Arrêt du Conseil du 27 du même mois : autres Arrêts aussi du Conseil des 8 Septembre 1722, 28 Septembre 1726 & 8 Avril 1727 ; ouï le rapport du sieur le Pelletier, Conseiller d'Etat ordinaire & au Conseil Royal, Contrôleur général des Finances, SA MAJESTÉ ÉTANT EN SON CONSEIL, a ordonné & ordonne que l'Arrêt du 8 Septembre 1722 sera exécuté selon sa forme & teneur, en conséquence qu'en rapportant par les Adjudicataires un acquit de payement à l'entrée du Royaume, du droit de six sols par chaque livre pesant de soye provenant du commerce de la Compagnie des Indes, ces mêmes soyes pourront être librement transportées dans toutes les autres Provinces du Royaume, même dans celles des cinq grosses Fermes, & notamment entrer dans la ville de Lyon, sans être assujetties à aucun droit, tel qu'il puisse être : fait Sa Majesté défenses au Fermier des droits sur les soyes de la ville de Lyon & à ses Commis, d'insérer dans les acquits de payement des droits qu'ils délivreront pour lesdites soyes, aucune limitation de temps pour leur transport ; condamne le même Fermier de rendre & restituer au sieur Pillet les droits de sept sols par livre de soye qu'il a exigés sur celles, tant écrues qu'en trame, provenant du commerce de la Compagnie des Indes, que ledit Pillet a fait entrer au mois d'Avril dernier dans la ville de Lyon, à quoi faire sera ledit Fermier contraint par les voyes ordinaires. FAIT au Conseil d'Etat du Roi, Sa Majesté y étant, tenu à Fontainebleau le quatorziéme jour de Septembre mil sept cent vingt-huit. *Signé* PHELYPEAUX.

ter aucun empêchement, ni qu'on pût exiger la représentation dudit acquit : que cette limitation de temps dans un acquit de payement de droits, dont il n'y avoit point d'exemple dans l'exploitation des Fermes de Sa Majesté, apporteroit, si elle avoit lieu, trop de gêne & d'embarras dans le commerce : qu'à l'égard du fait exposé par le Fermier que les soyes qui avoient été adressées à Pillet, étoient autres que celles que Beranger avoit achetées à la vente de Nantes, celles achetées à Nantes étant écrues, & celles adressées à Pillet étant ouvrées, il étoit justifié par un acte passé devant Guyot & Béraud, Notaires à Lyon, le 12 Avril 1728, que les soyes adressées à Pillet étoient toutes soyes grezes tani, à la reserve de deux petits ballots pesant net cent quatre-vingt-cinq livres, dont l'un trame blanche de Nankin, & l'autre trame de tani, qui étoient bien toujours de celles achetées à la vente de Nantes, & qui ne se trouvoient ainsi dénaturées que par l'avarie qu'elles avoient souffert par le naufrage du bateau sur lequel elles étoient portées, ce qui avoit obligé le propriétaire de les faire beneficier pour pouvoir les mettre en œuvre, pourquoi requéroient lesdits Directeurs qu'il plût à Sa Majesté de ne pas permettre qu'il fût donné atteinte aux priviléges accordés à ladite Compagnie par les différens Edits, Arrêts & Déclarations. Vû pareillement le certificat délivré le 6 Octobre 1727 par le sieur Richard, Receveur à Nantes pour la ville de Lyon du droit de six sols par livre payé pour celles achetées par les sieurs Beranger, à la vente de la Compagnie des Indes de 1727 : autre certificat des Receveur & Contrôleur de la Prévôté de Nantes, du 8 Octobre 1727, justificatif de l'adjudication faite auxdits Beranger pour la quantité de dix balles de soyes écrues, pesant ensemble net deux mille cent soixante-treize livres : procès-verbal d'avarie des soyes chargées pour le compte desdits Beranger, dressé le 9 dudit mois d'Octobre 1727 par Desbois & Guivoteau, Notaires Royaux de la Cour de Nantes : exploit de signification faite le 13 Avril 1728 au Fermier des droits des soyes appartenans à la ville de Lyon, de l'Arrêt du Conseil du 8 Septembre 1722, à

les qui lui avoient été adreſſées étoient ouvrées : que loin d'avoir trop exigé pour ces ſoyes, il avoit donc fait grace en ne les ſaiſiſſant point pour en faire ordonner la confiſcation aux termes des Réglemens. Autre réponſe des Directeurs de la Compagnie des Indes, contenant que l'Arrêt du Conſeil du 8 Septembre 1722, qui ſeul devoit faire la regle du Fermier, ne fixoit aucun délai aux Adjudicataires des ſoyes que la Compagnie fait venir des pays de ſes conceſſions, pour le tranſport deſdites ſoyes du lieu de la vente à celui de leur deſtination; que ce même Arrêt ne limitoit aucun terme aux Adjudicataires ni à leurs Ceſſionnaires, dans les acquits du payement du droit, mais qu'au contraire Sa Majeſté y ordonnoit purement & ſimplement que les ſoyes écrues que la Compagnie avoit fait ou pourroit faire venir des pays de ſes conceſſions, ne payeroient pour tous droits que ſix ſols par chaque livre peſant à leur entrée dans le Royaume; au moyen de quoi elles pourroient être tranſportées dans toutes les autres Provinces du Royaume, même dans celles des cinq groſſes Fermes, ſans payer aucun autre droit, tel qu'il pût être, en rapportant ſeulement un acquit du payement dudit droit de ſix ſols par chaque livre, qui ſeroit payé par la Compagnie ou par les particuliers qui ſeroient Adjudicataires deſdites ſoyes, faiſant Sa Majeſté défenſes très-expreſſes à tous Fermiers, Commis & autres, de percevoir autres ni plus grands droits, à peine de concuſſion : que les articles du titre VI de l'Ordonnance des Fermes de 1687, qui ſervoient de motifs à la prétention du Fermier, étoient ſans application au différend, parce qu'il n'y étoit point queſtion d'un acquit à caution, dans lequel il eſt néceſſaire qu'il y ait un terme fixé pour aſſurer le payement d'un droit dû, mais qu'il s'y agiſſoit d'un acquit de payement des droits, dont Sa Majeſté ordonnoit ſimplement la repréſentation, & au moyen duquel les marchandiſes pouvoient entrer librement dans le Royaume; & étant arrivées à leur premiere deſtination, accompagnées de l'acquit de payement, pouvoient paſſer d'un lieu à un autre ſans qu'il pût être loiſible d'y appor-

*Tome IV.* O

elles étoient devenues sujettes à tout le droit établi par l'Edit de Janvier 1722; faire défenses au même Fermier, ses Préposés ou Commis, d'insérer à l'avenir de semblables limitations de termes dans les acquits de payemens qu'ils auront à délivrer, ou autrement troubler ladite Compagnie dans la joüissance de ses priviléges, à peine de trois mille livres d'amende, & de tous dépens, dommages & intérêts. La réponse dudit Fermier, contenant que la faculté accordée à la Compagnie des Indes par l'Arrêt du 8 Septembre 1722, ne devoit se rapporter qu'au transport qu'elle pouvoit faire elle-même de ses soyes, ou tout au plus à celui qu'en faisoient faire les Adjudicataires, depuis le lieu de la vente jusqu'à celui de la premiere destination, dans un délai fixé, eu égard à la distance des lieux, sans être obligés de les faire préalablement conduire à Lyon, comme on le devoit de toutes les autres soyes : que la limitation de temps pour transporter les soyes aux lieux de leurs destinations, énoncée dans les certificats de payement du droit de six sols, étoit fondée sur l'article XVI du titre II de l'Ordonnance des Fermes de 1687, & sur les III, IV, V, VI, VII & VIII du titre VI de la même Ordonnance : que non-seulement cette limitation étoit de regle étroite dans la régie des Fermes du Roi, à l'instar desquelles devoient nécessairement être régis les droits sur les soyes dont joüissoit la ville de Lyon, puisqu'ils devoient être considérés comme droits Royaux, ne lui ayant été cédés que pour un temps, mais encore qu'elle étoit indispensable dans l'espéce, puisqu'on ne pouvoit l'omettre sans donner faveur à la circulation dans le Royaume des soyes de la qualité de celles de la Compagnie des Indes qui entroient en fraude par différens Ports, au préjudice du privilége exclusif qu'elle avoit d'en faire le commerce ; mais qu'en supposant que cette même limitation de terme eût été exprimée sans fondement, ses Commis avoient encore eu raison de n'avoir aucun égard au certificat que le sieur Pillet avoit voulu appliquer aux soyes qu'il avoit fait entrer à Lyon, puisque ce certificat étoit délivré pour des soyes écrues, & que celles

# ARREST
## DU CONSEIL D'ÉTAT
## DU ROY,

*PORTANT Réglement pour le transport dans toutes les Provinces du Royaume, des Soyes provenant du commerce de la Compagnie des Indes.*

Du 14 Septembre 1728.

*Extrait des Regiſtres du Conſeil d'Etat.*

VU par le Roi étant en ſon Conſeil le mémoire préſenté à Sa Majeſté par la Compagnie des Indes, tendant à ce qu'il plût à Sa Majeſté ordonner l'exécution de l'Arrêt de ſon Conſeil du 8 Septembre 1722, en conſéquence condamner le Fermier des droits ſur les ſoyes appartenant à la ville de Lyon, de rendre & reſtituer au ſieur Pillet, Négociant de la même ville, Ceſſionnaire du ſieur Beranger, Adjudicataire d'une partie de ſoyes écrues, vendues à la vente faite à Nantes par ladite Compagnie au mois de Septembre 1727, une ſomme de ſept cens neuf livres quatorze ſols, qu'il en avoit exigé au-delà du droit de ſix ſols par livre porté par ledit Arrêt, prétendant que le terme fixé pour le tranſport deſdites ſoyes par l'acquit de payement dudit droit de ſix ſols, délivré par le Commis dudit Fermier dans la ville de Nantes, étant expiré,

l'effet de quoi nous avons commis le sieur Mellier, Général des Finances, notre Subdélegué à Nantes, pour remplir les dispositions qui nous concernent dans son exécution. Fait à Rennes le vingt-un Septembre mil sept cent vingt-huit. *Signé* DE LA TOUR.

LOUIS, PAR LA GRACE DE DIEU, ROI DE FRANCE ET DE NAVARRE, Dauphin de Viennois, Comte de Valentinois & Dyois, Provence, Forcalquier & terres adjacentes; à notre amé & féal Conseiller en nos Conseils, Maître des Requêtes ordinaire de notre Hôtel, le sieur Herault, Lieutenant général de Police de notre bonne Ville, Prévôté & Vicomté de Paris; & aux sieurs Intendans & Commissaires départis pour l'exécution de nos ordres dans les Provinces & Généralités de notre Royaume: SALUT. Nous vous mandons & enjoignons par ces Présentes signées de nous, de tenir, chacun en droit soi, la main à l'exécution de l'Arrêt ci-attaché sous le contre-scel de notre Chancellerie, ce jourd'hui donné en notre Conseil d'Etat, nous y étant, pour les causes y contenues: commandons au premier notre Huissier ou Sergent sur ce requis, de signifier ledit Arrêt à tous qu'il appartiendra, à ce que personne n'en ignore, & de faire pour son entiere exécution tous actes & exploits nécessaires, sans autre permission, nonobstant clameur de Haro, Charte Normande & Lettres à ce contraires. Voulons qu'aux copies dudit Arrêt & des Présentes, collationnées par l'un de nos amés & féaux Conseillers-Secrétaires, foi soit ajoûtée comme aux originaux; car tel est notre plaisir. DONNÉ à Fontainebleau le cinquiéme jour de Septembre, l'an de grace mil sept cent vingt-huit, & de notre regne le quatorziéme. Signé LOUIS. Et plus bas; Par le Roi Dauphin, Comte de Provence, signé PHELYPEAUX. Et scellé du grand Sceau de cire jaune.

JEan-Baptiste des Gallois, Chevalier, Seigneur de la Tour, Conseiller du Roi en ses Conseils, Maître des Requêtes ordinaire de son Hôtel, Intendant & Commissaire départi par Sa Majesté pour l'exécution de ses ordres dans la Province de Bretagne. Vû l'Arrêt ci-dessus, ensemble la commission du grand Sceau expédiée sur icelui, nous ordonnons que ledit Arrêt sera exécuté selon sa forme & teneur, à

& ceux qui s'en trouveront saisis, condamnés aux amendes & autres peines spécifiées par les Arrêts des 20 Janvier & 21 Février 1716, premier Mai 1724 & 4 Août 1727, qui seront exécutés selon leur forme & teneur : veut Sa Majesté qu'à la requête des sieurs Directeurs de ladite Compagnie des Indes, il soit fait une visite desdites marchandises des Indes, qui se trouveront chez lesdits Marchands, Négocians, & tous autres de quelque qualité & condition qu'ils puissent être, même qu'il leur soit permis de faire saisir celles qui ne seront point marquées des marques prescrites par les Arrêts ci-dessus datés : & Sa Majesté voulant assurer de plus en plus l'exécution desdits Arrêts dans la ville de Paris, & favoriser le débit des Marchands qui font un commerce loyal desdites marchandises, lequel est souvent dérangé par les Fraudeurs & Colporteurs inconnus, même empêcher que les Détailleurs, qui s'excusent ordinairement des contraventions qu'on leur impute, par le peu de connoissance qu'ils disent avoir des véritables marques, ne puissent être trompés, fait très-expresses inhibitions & défenses, sous peine de 3000 liv. d'amende, à tous Détailleurs & Détailleuses qui employent lesdites mousselines, toiles de coton blanches, & mouchoirs de coton, soye & coton, écorce & soye, & écorce, d'acheter aucunes piéces que des Marchands connus & domiciliés, sauf aux Détailleurs & Détailleuses à obliger les Marchands de signer leur nom au dos de chaque marque en parchemin, qui sera apposée sur les piéces vendues, pour y avoir recours en cas de besoin : enjoint Sa Majesté au sieur Herault, Conseiller en ses Conseils, Maître des Requêtes ordinaire de son Hôtel, Lieutenant général de Police de la ville de Paris, & aux sieurs Intendans & Commissaires départis dans les Provinces & Généralités du Royaume, de tenir la main à l'exécution du présent Arrêt, qui sera lû, publié & affiché par-tout où besoin sera, & exécuté nonobstant toutes oppositions ou empêchemens quelconques. FAIT au Conseil d'Etat du Roi, Sa Majesté y étant, tenu à Fontainebleau le cinquième jour de Septembre mil sept cent vingt-huit. *Signé* PHELYPEAUX.

Lieutenant général de Police : ordonne Sa Majesté qu'après l'apposition des marques portées par l'Arrêt du 28 Avril 1711, sur lesdites piéces de mousselines, toiles de coton blanches, mouchoirs de coton, soye & coton, écorce & soye, & écorce, toutes les marchandises des Indes venues sur lesdits Vaisseaux, seront incessamment vendues en la maniere accoûtumée, en présence d'un ou de plusieurs Directeurs de la Compagnie des Indes, & du sieur Richard, en payant les droits d'entrée de toutes les marchandises, conformément au Tarif de 1664, à l'article XLIV de l'Edit du mois d'Août de la même année, aux Arrêts des 29 Avril & 22 Novembre 1692, 28 Septembre 1726, & 24 Août dernier ; & à l'égard des toiles de coton teintes, peintes ou rayées de couleurs, & étoffes provenant des Indes & de la Chine, la vente & adjudication n'en pourra être faite qu'à condition qu'elles seront envoyées à l'Etranger par les Adjudicataires, dans six mois au plus tard du jour de l'adjudication, dans la forme, pour les pays, & avec les précautions prescrites par l'article VII de l'Arrêt du 11 Juin 1714, & jusques auxdits envois elles seront mises dans le magasin d'entrepôt, conformément auxdit Arrêt des 18 Mai 1720, 28 Septembre 1726 & 24 Août dernier : veut en outre Sa Majesté que, conformément à l'article II dudit Arrêt du 14 Août 1727, les toiles de coton blanches, mousselines & mouchoirs de coton, soye & coton, écorce & soye, & écorce, dont le débit & l'usage sont permis, ne puissent être vendues dans aucune Province du Royaume, jusqu'à ce qu'il y ait été apposé au chef & à la queue de chaque piéce un second plomb & une seconde marque en parchemin, dont l'empreinte est au pied dudit Arrêt, par les personnes que la Compagnie des Indes aura préposées dans chacune des principales Villes du Royaume ; en sorte que les mousselines, toiles de coton blanches, mouchoirs de coton, soye & coton, écorce & soye, & écorce, soit en piéces ou en coupons, qui se trouveront sans lesdites premieres & secondes marques, seront réputées en contravention, confisquées comme telles,

ger : ordonne aussi Sa Majesté que toutes lesdites piéces de mousselines, toiles de coton blanches & mouchoirs de coton, soye & coton, écorce & soye, & écorce, spécifiées par le premier chapitre dudit inventaire, seront marquées aux deux bouts de chaque piéce d'une marque pareille à l'empreinte étant au pied dudit Arrêt du 28 Avril 1711, imprimée sur un morceau de parchemin, signé par les sieurs Pinson de sainte Catherine & Dujoncheray Dubois, commis par Arrêt du 13 Novembre 1725, & par le sieur Estoupan, aussi commis par Arrêt du 30 Mai 1727, ou par l'un d'eux seulement, laquelle marque sera attachée au chef & à la queue de chaque piéce, avec le plomb de la Compagnie, en présence dudit sieur Subdélegué, ou autre qui sera commis par ledit sieur des Gallois de la Tour, sans que les Marchands & Négocians puissent être tenus de rapporter lesdites marques, ni de faire mention sur leurs registres des noms de ceux auxquels ils pourront vendre des piéces entieres ; à condition néanmoins que lesdits Marchands & Négocians feront immédiatement après chaque vente publique une déclaration expresse de la quantité desdites toiles de coton blanches, mousselines & mouchoirs de coton, soye & coton, écorce & soye, & écorce, qu'ils auront achetées, lesquelles déclarations seront faites dans les Bureaux qui seront à cet effet établis par la Compagnie des Indes dans la ville de Paris & dans les autres principales Villes du Royaume, conformément à l'Arrêt du 14 Août 1727, & seront en outre lesdites déclarations insérées dans un registre particulier, paraphé par ceux qui les recevront, dans lequel registre lesdites marchandises seront spécifiées par chapitres distincts & séparés pour chacun des déclarans, sans que les Marchands de la ville de Paris, Détailleurs ou autres, puissent tirer des Provinces aucunes mousselines, toiles de coton blanches & mouchoirs de coton, soye & coton, écorce & soye, & écorce, même des piéces de ces marchandises marquées de la seconde marque ordonnée par l'Arrêt du 14 Août 1727, s'ils n'en ont obtenu la permission expresse du sieur

1726 & à celui du 24 Août dernier, rendu en interprétation. A ces causes, requéroient les Directeurs de la Compagnie des Indes qu'il plût à Sa Majesté sur ce pourvoir. Vû lesdits Arrêts des 10, 24 Février & 13 Mars 1691, Déclaration de Sa Majesté du 9 Mai 1702, Arrêts des 27 Août & 10 Décembre 1709, 28 Avril 1711, 11 Juin 1714, 20 Janvier & 22 Février 1716, l'Edit du mois de Mai 1719, portant réunion des Compagnies des Indes Orientales & de la Chine à celle d'Occident, à présent nommée Compagnie des Indes, l'Arrêt du 9 Mai 1724, l'Edit du mois de Juin 1725, les Arrêts des 28 Septembre 1726 & 24 Août dernier; oui le rapport du sieur le Pelletier, Conseiller d'Etat ordinaire & au Conseil Royal, Contrôleur général des Finances, LE ROI ÉTANT EN SON CONSEIL, a ordonné & ordonne que par le sieur des Gallois de la Tour, Conseiller de Sa Majesté en ses Conseils, Maître des Requêtes ordinaire de son Hôtel, Commissaire départi en la Province de Bretagne, ou par celui qu'il subdéleguera à cet effet, il sera fait en présence du sieur Richard, commis par le Conseil pour l'exécution de l'Arrêt du 18 Mai 1720, inventaire de toutes les marchandises qui composent le chargement desdits Vaisseaux le Lys, le Jupiter, le Solide, la Badine & l'Expédition, lequel inventaire sera divisé en trois chapitres, dont le premier comprendra les marchandises sujettes à la marque, comme mousselines, toiles de coton blanches, mouchoirs de coton de Bengale & de Masulipatan, mouchoirs de soye & coton, écorce & soye, & écorce ; le deuxiéme les drogueries & épiceries, comme caffé, thé, poivre, salpêtre, laque en bois & en feuilles, cauris, bois rouge ; soye écrue, soye tani, porcelaines, verni de toutes espéces, rottins & autres ; & le troisiéme chapitre sera composé de mouchoirs de Pondichery, toiles teintes, peintes & rayées de couleurs, & étoffes dont l'usage & le débit sont prohibés dans le Royaume, & qui, quoique chargés sur les Vaisseaux de la Compagnie des Indes, ne peuvent y être vendues qu'à condition qu'elles seront envoyées à l'Etran-

*Tome IV.*                                         N

tes lesquelles marchandises, tant permises que prohibées, la vente doit être faite dans la ville de Nantes, après cependant que sur toutes les mousselines, toiles de coton blanches, & mouchoirs de coton de Bengale & de Masulipatan, mouchoirs de soye & coton, écorce & soye, & écorce, sujettes à la marque, il leur aura été apposé celle qu'il a plû à Sa Majesté ordonner par Arrêt du 28. Avril 1711, dont l'empreinte est au pied dudit Arrêt, laquelle marque sera imprimée sur un morceau de parchemin, signé par les sieurs Pinson de sainte Catherine & Dujoncheray Dubois, commis par Arrêt du 13 Novembre 1725, & par le sieur Estoupan, aussi commis par Arrêt du 30 Mai 1727, ou par l'un d'iceux seulement ; à l'effet qu'il ne soit débité dans le Royaume aucunes des marchandises ci-dessus spécifiées, autres que celles de la Compagnie des Indes, conformément aux Arrêts des 10, 24 Février & 13 Mars 1691, Déclaration de Sa Majesté du 9 Mai 1702, & autres Arrêts & Réglemens rendus en conséquence, concernant le commerce de ladite Compagnie ; & notamment à ceux des 10 Décembre 1709 & 4 Juin 1715, rendus en interprétation de celui du 27 Août 1709, aux Arrêts des 11 Juin 1714, 20 Janvier & 22 Février 1716, à l'Edit du mois de Mai 1719, portant réunion des Compagnies des Indes & de la Chine à la Compagnie d'Occident, à présent nommée Compagnie des Indes, & à l'Arrêt du 9 Mai 1724, qui permet à la Compagnie de vendre dans le Royaume des mouchoirs de coton, mouchoirs de soye & coton, écorce & soye, & écorce, apportés dans ses Vaisseaux ; & à tous Négocians, Marchands, & autres particuliers qui les ont achetés de ladite Compagnie, d'en faire débit & usage, en payant seulement pour toutes lesdites marchandises les droits d'entrée portés par le Tarif de 1664, pour les marchandises qui y sont dénommées & contenues, & trois pour cent de la valeur de celles qui n'y sont pas comprises, suivant & conformément à l'article XLIV de l'Edit d'établissement de ladite Compagnie, Arrêts rendus en conséquence, à l'Edit du mois de Juin 1725, à l'Arrêt du 28 Septembre

1726

# ARREST
## DU CONSEIL D'ÉTAT,
## DU ROY,

PORTANT qu'il sera fait Inventaire de toutes les Marchandises qui composent le chargement des Vaisseaux le Lys, le Jupiter, le Solide, la Badine & l'Expédition, venant des Ports des concessions de la Compagnie des Indes ; & que lesdites Marchandises seront incessamment vendues en la maniere accoutumée, après l'apposition des marques & autres formalités mentionnées audit Arrêt du Conseil.

Du 5 Septembre 1728.

*Extrait des Regiſtres du Conſeil d'Etat.*

SUR la requête présentée au Roi étant en son Conseil par les Directeurs de la Compagnie des Indes, contenant que les Vaisseaux le Lys, le Jupiter, le Solide, la Badine & l'Expédition, sont arrivés au port de l'Orient les 20 Avril & 10 Août derniers, venant des Pays des concessions de la Compagnie des Indes, chargés de caffé, thé, poivre, salpêtre, laque en bois & en feuilles, cauris, bois rouge, soye écrue, soye tani, porcelaines, vernis, rottins, & autres épiceries & drogueries, toiles de coton blanches & mousselines, toiles teintes, peintes & rayées de couleurs, mouchoirs de coton & autres ; de tou-

lement assujettis aux droits locaux qui sont établis dans lesdites Provinces du Royaume reputées étrangeres, où il y en a : ordonne au surplus Sa Majesté que toutes les autres dispositions de l'Arrêt du 28 Septembre 1726, seront exécutées selon leur forme & teneur, Sa Majesté les confirmant en tant que de besoin. FAIT au Conseil d'Etat du Roi, tenu à Fontainebleau le vingt-quatriéme Août mil sept cent vingt-huit. *Collationné. Signé* DE VOUGNY, pour l'absence de M. GUYOT.

que des droits locaux qui sont établis dans les Provinces du Royaume réputées étrangeres, & ce contre la teneur de tous les précédens Réglemens; Sa Majesté a cru nécessaire d'y pourvoir en expliquant ses intentions: sur quoi oui le rapport du sieur le Pelletier, Conseiller d'Etat ordinaire & au Conseil Royal, Contrôleur général des Finances, LE ROI EN SON CONSEIL, en interpretant l'article III de l'Arrêt du 28 Septembre 1726, a ordonné & ordonne que les Adjudicataires ou Cessionnaires desdits Adjudicataires du thé provenant des ventes de la Compagnie des Indes, payeront pour tous droits d'entrée au Bureau de la Prévôté de Nantes, lorsqu'il sortira de l'entrepôt de ladite Compagnie, trois pour cent du prix de la vente, à la déduction néanmoins de vingt-cinq pour cent sur ledit prix, soit qu'il soit destiné pour la consommation de l'étendue des cinq grosses Fermes, ou pour celle des Provinces du Royaume reputées étrangeres; & qu'à l'égard des porcelaines, indigo des Indes & de la Chine, canelle sauvage & sucre candi, provenant desdites ventes & destinés pour la consommation des cinq grosses Fermes seulement, il sera payé par les Adjudicataires ou Cessionnaires desdits Adjudicataires pour tous droits d'entrée audit Bureau; sçavoir, sur les porcelaines, six livres du cent pesant brut; sur l'indigo, cinq livres du cent pesant net; sur la canelle sauvage, six livres du cent pesant net; & sur le sucre candi, douze livres du cent pesant net: veut Sa Majesté qu'en justifiant des droits payés à Nantes sur le thé, il soit & demeure exempt de tous droits locaux établis dans les Provinces du Royaume reputées étrangeres, aussi bien que de celui d'entrée dans les cinq grosses Fermes: veut aussi Sa Majesté que les porcelaines, indigo, canelle sauvage & sucre candi provenant des ventes de la Compagnie des Indes, & qui seront destinés par lesdits Adjudicataires ou Cessionnaires desdits Adjudicataires, en sortant de l'entrepôt, soit pour la consommation de la Bretagne ou des autres Provinces du Royaume reputées étrangeres, soient & demeurent exempts des droits ci-dessus spécifiés, & seu-

# ARREST
## DU CONSEIL D'ÉTAT
## DU ROY,

EN interprétation de celui du 28 Septembre 1726, concernant les Droits dûs sur les Marchandises y énoncées, provenant des ventes de la Compagnie des Indes.

*Du 24 Août 1728.*

*Extrait des Registres du Conseil d'Etat.*

LE Roi s'étant fait représenter en son Conseil l'Arrêt rendu en icelui le 28 Septembre 1726, portant confirmation des priviléges de la Compagnie des Indes; & Sa Majesté étant informée des difficultés survenues par différentes interprétations qui ont été données à l'article III de cet Arrêt, en ce que la premiere disposition de cet article regle les droits d'entrée que le thé, la porcelaine, l'indigo des Indes & de la Chine, la canelle sauvage & le sucre candi doivent payer pour la consommation du Royaume, sans distinction de l'étendue des cinq grosses Fermes & des Provinces du Royaume reputées étrangeres; & que par la seconde disposition toutes les mêmes espéces destinées pour lesdites Provinces, à l'exception seulement du thé qui n'y est pas compris, sont déclarées exemptes de tous droits, ce qui semble contraire à la premiere disposition, & même emporter une exemption générale, tant des droits réglés par ledit Arrêt

& autres actes & exploits requis & nécessaires, sans autre permission, nonobstant oppositions ou autres empêchemens quelconques, dont si aucuns interviennent, nous nous en reservons & à notre Conseil la connoissance, & icelle interdisons à toutes nos Cours & autres Juges; car tel est notre plaisir. DONNE' à Versailles le trentiéme jour de Décembre, l'an de grace mil sept cent-vingt-sept, & de notre règne le treiziéme. *Signé*, par le Roi en son Conseil, DE LAISTRE. Et scellé.

affranchies des droits de minage, & de tous autres droits généralement de quelque nature qu'ils soient : fait Sa Majesté très-expresses inhibitions & défenses, tant au sieur Basset, Fermier dudit droit, & à tous autres Propriétaires ou Fermiers de droits semblables, tels qu'ils puissent être, d'exiger aucuns droits pour les farines, denrées & marchandises de munitions de guerre ou de bouche, entrées ou à entrer à la Rochelle pour le compte de la Compagnie des Indes, à peine de quinze cens livres d'amende, & de tous dépens, dommages & intérêts : enjoint Sa Majesté au sieur Intendant & Commissaire départi pour l'exécution de ses ordres dans la Généralité de la Rochelle, de tenir la main à l'exécution du présent Arrêt, qui sera exécuté nonobstant oppositions ou autres empêchemens quelconques, dont si aucuns interviennent, Sa Majesté s'en est réservé & à son Conseil la connoissance, & icelle interdit à toutes ses Cours & autres Juges. FAIT au Conseil d'Etat du Roi, Sa Majesté y étant, tenu à Versailles le trentiéme jour de Décembre mil sept cent vingt-sept. *Collationné.*

*Signé* DE LAISTRE.

LOUIS, PAR LA GRACE DE DIEU, ROI DE FRANCE ET DE NAVARRE, à notre amé & féal Conseiller en nos Conseils, Maître des Requêtes ordinaire de notre Hôtel, le sieur Bignon, Intendant & Commissaire départi pour l'exécution de nos ordres en la Généralité de la Rochelle : SALUT. Nous vous mandons & enjoignons de tenir la main à l'exécution de l'Arrêt dont l'extrait est ci-attaché sous le contre-scel de notre Chancellerie, ce jourd'hui rendu en notre Conseil d'Etat, sur la requête à nous présentée en icelui par la Compagnie des Indes : commandons au premier notre Huissier ou Sergent sur ce requis, de signifier ledit Arrêt au sieur Basset y dénommé, & à tous autres qu'il appartiendra, à ce qu'aucun n'en ignore, & de faire en outre pour l'entiere exécution dudit Arrêt, à la requête de la Compagnie des Indes, tous commandemens, sommations & défenses y portées sur les peines y contenues,

par Ordonnance du ſieur Intendant de la Rochelle, elle ne peut ſe pourvoir qu'au Conſeil de Sa Majeſté pour l'exécution de cette Ordonnance, & des Edits, Déclarations & Arrêts ſur leſquels elle eſt fondée. A ces cauſes, requéroit la Compagnie des Indes qu'il plût à Sa Majeſté ordonner que l'article XXV des Lettres Patentes en forme d'Edit du mois d'Août 1717, enſemble la Déclaration du mois de Janvier 1685, l'Edit du mois de Mars 1696 & l'Arrêt du Conſeil du 27 Septembre 1720, ſeront exécutés ſelon leur forme & teneur; en conséquence ordonner que conformément à iceux & à l'Ordonnance du ſieur Intendant de la Rochelle du 13 Décembre 1717, rendue entre le Fermier des droits de minage de la Rochelle & le ſieur Depont, en qualité de Prépoſé par la Compagnie des Indes, les farines & autres denrées qui ſont entrées & qui entreront dans la ville de la Rochelle pour le compte de la Compagnie des Indes, ſeront & demeureront affranchies des droits de minage, & de tous autres droits généralement de quelque nature qu'ils ſoient; faire défenſes, tant aux Propriétaires qu'au ſieur Baſſet, Fermier deſdits droits de minage, & à tous autres, d'exiger aucuns droits pour les farines, denrées & marchandiſes qui ſont entrées & qui entreront à la Rochelle pour le compte de la Compagnie des Indes, à peine de trois mille livres d'amende & de tous dépens, dommages & intérêts. Vû ladite requête, enſemble les piéces juſtificatives du contenu en icelles; ouï le rapport du ſieur le Pelletier, Conſeiller d'Etat ordinaire & au Conſeil Royal, Contrôleur général des Finances, LE ROI EN SON CONSEIL, a ordonné & ordonne l'exécution deſdites Lettres Patentes, Edit, Déclaration & Arrêt de ſon Conſeil concernant les priviléges de la Compagnie des Indes, & que conformément à iceux & à l'Ordonnance contradictoire du ſieur de Creil du 13 Décembre 1717, les farines & autres denrées, & les marchandiſes & autres munitions de guerre & de bouche qui ſont entrées & qui entreront dans la ville de la Rochelle pour le compte de ladite Compagnie, ſeront & demeureront

Tome IV. M

XXV des Lettres Patentes du mois d'Août 1717, rendues en faveur de la Compagnie d'Occident, à préfent la Compagnie des Indes, tous les minots qui entreroient à la Rochelle pour le compte de la Compagnie, feroient & demeureroient affranchis du droit de minage, avec défenfes, tant au Propriétaire du droit de minage qu'au Fermier, d'exiger aucun droit. On ne fait pas quel prétexte peut avoir le fieur Baffet pour ne pas déférer aux défenfes portées par cette Ordonnance, ni pourquoi il s'eft avifé de demander au fieur Depont les droits de minage pour les farines qu'il a fait entrer pour la Compagnie des Indes; fes prétentions font contraires à ce qui a été jugé contradictoirement par le fieur Intendant de la Rochelle le 13 Décembre 1717; elles font auffi oppofées aux priviléges de la Compagnie des Indes, expliqués en termes précis dans les Lettres Patentes en forme d'Edit du mois d'Aout 1717, article XXV; dans l'Edit du mois de Mars 1696, article XVII; dans la Déclaration du mois de Janvier 1685, & dans l'Arrêt du Confeil du 27 Septembre 1720, articles V & X : tous ces Edits, Déclarations & Arrêts portent que les farines & denrées, & les marchandifes & les autres munitions de guerre & de bouche que la Compagnie des Indes envoye dans les pays de fa conceffion, ou qu'elle fait venir pour fon compte, tant des pays étrangers que de ceux foumis à l'obéiffance de Sa Majefté, foit que lefdites chofes foient deftinées pour l'avitaillement ou équipement de fes Vaiffeaux, ou foit que ces chofes doivent être portées ès lieux de fa conceffion, foient exemptes de tous droits d'entrée & de forties, tels qu'ils puiffent être, mis & à mettre, même des droits aliénés par Sa Majefté, ou attribués fous le titre d'Offices créés, & de tous autres généralement de quelque nature qu'ils foient. C'eft en conféquence de tous ces titres que la Compagnie des Indes fe plaint que le fieur Baffet l'a troublée aujourd'hui dans des priviléges dont elle a toujours joüi. Comme la prétention du fieur Baffet concerne le même droit de minage dont la Compagnie a été déchargée & déclarée exempte, conformément à fes titres,

par

# ARREST
## DU CONSEIL D'ÉTAT
## DU ROY,

*QUI décharge la Compagnie de tous droits d'entrée des Marchandises, Munitions de guerre & de bouche qu'elle fera entrer à la Rochelle.*

Du 30 Décembre 1727.

*Extrait des Regiſtres du Conſeil d'Etat.*

SUR la requête préſentée au Roi en ſon Conſeil par la Compagnie des Indes, contenant que le ſieur Baſſet, Fermier du droit de minage pour l'entrée des farines à la Rochelle, fait actuellement des pourſuites contre le ſieur Depont, faiſant pour la Compagnie des Indes à la Rochelle, pour raiſon du droit de minage de 7204 ſacs que ledit ſieur Depont y a fait entrer pour le compte de la Compagnie, depuis le 6 Octobre 1721 juſqu'au 12 Mai 1724. Ces pourſuites ſont d'autant plus mal fondées, qu'au mois de Décembre 1717 s'étant formé une pareille conteſtation entre le ſieur Depont, faiſant alors pour la Compagnie d'Occident, & le ſieur Jouanet, précédent Fermier des droits de minage, le ſieur de Creil, alors Intendant à la Rochelle, ordonna ſur les requêtes & défenſes reſpectives des parties, que, conformément à l'article

qui feront forties des magafins de Nantes, & qu'en conféquence de ladite vérification, la foumiffion de l'Agent de la Compagnie foit bien & dûement déchargée. Fait à Fontainebleau le dix-huit Octobre mil fept cent vingt-fept. *Signé* LE PELLETIER.

M. Doucet, Directeur des Fermes à Nantes, donnera fes ordres pour l'exécution de celui de Monfeigneur le Contrôleur général, dont copie eft ci-deffus. Fait à l'Hôtel des Fermes du Roi, à Paris le vingt-un Octobre mil fept cent vingt-fept. *Signé* MAZADE, D'AUGNY, DE VILLEMUR, DE SALMIS, DE SULY, DE BEAUFORT *&* LE NOIR DE CINDRÉ.

# DÉCISION de Monsieur le Pelletier des Forts touchant l'entrepôt des Marchandises destinées pour Guinée.

### Du 18 Octobre 1727.

LES Fermiers généraux donneront ordre aux Commis de la Prévôté de Nantes de permettre aux Agens de la Compagnie des Indes, de tirer des magasins d'entrepôt de ladite ville les marchandises propres & nécessaires au commerce de Guinée, consistant en cauris, salempouris & guinées bleus, mouchoirs de Pondichery, sanas & taffetas bleus, limancas, fottes, fottamoras, alibanis, tapsels & guingans, sur la demande qui en sera faite auxdits Agens par les Négocians des Ports du Royaume, où l'on justifiera qu'il se fait des armemens pour Guinée, & de faire passer sous acquit à caution, par mer ou par terre, lesdites marchandises spécifiées dans les Ports où se feront lesdits armemens, pour être remises dans les magasins d'entrepôt auxdits Ports, & les acquits à caution déchargés & renvoyés à Nantes, sans que, sous quelque prétexte que ce puisse être, il soit loisible à la Compagnie des Indes ni à ses Agens, de tirer de ses magasins d'entrepôt à Nantes aucunes autres sortes de marchandises pour les faire passer dans les magasins d'entrepôt des Ports du Royaume où se feront les armemens pour Guinée ; à la charge néanmoins que lesdits Agens remettront à la Prévôté de Nantes un état particulier, spécifié par quantité & qualité des marchandises qu'ils feront passer dans chacun des Ports du Royaume, où l'on justifiera qu'il se fait des armemens pour Guinée en prenant l'acquit à caution ; afin que, tant par les Commis de la Prévôté que par l'Inspecteur des manufactures, vérification soit faite sur les acquits à caution déchargés s'ils sont conformes aux nottes des marchandises

PAul-Esprit Feydeau, Chevalier, Seigneur de Brou, la Villeneuve aux Aulnes, Calendes, le Chariot & autres lieux, Conseiller d'Etat, Commissaire départi par Sa Majesté pour l'exécution de ses ordres en Bretagne. Vû le présent Arrêt & la Commission du grand Sceau sur icelui expédiée, scellée en cire jaune; nous Conseiller d'Etat & Commissaire susdit, avons commis le sieur Mellier, Général des Finances & notre Subdélegué à Nantes, pour l'exécution des dispositions du présent Arrêt qui nous concernent. Fait à Rennes le dix-huit Septembre mil sept cent vingt-sept. *Signé* FEYDEAU. *Et plus bas;* Par Monseigneur, RONDEAU.

feils, Maître des Requêtes ordinaire de fon Hôtel, Lieutenant général de Police de la ville de Paris, & aux fieurs Intendans & Commiffaires départis dans les Provinces & Généralités du Royaume, de tenir la main à l'exécution du préfent Arrêt, qui fera lû, publié & affiché par-tout où befoin fera, & exécuté nonobftant toutes oppofitions ou empêchemens quelconques. FAIT au Confeil d'Etat du Roi, Sa Majefté y étant, tenu à Verfailles le trente-uniéme jour d'Août mil fept cent vingt-fept. *Signé* PHELYPEAUX.

LOUIS, PAR LA GRACE DE DIEU, ROI DE FRANCE ET DE NAVARRE, Dauphin de Viennois, Comte de Valentinois, Dyois, Provence, Forcalquier & terres adjacentes ; à notre amé & féal Confeiller en nos Confeils, Maître des Requêtes ordinaire de notre Hôtel, le fieur Herault, Lieutenant général de Police de notre bonne Ville, Prévôté & Vicomté de Paris, & aux fieurs Intendans & Commiffaires départis pour l'exécution de nos ordres dans les Provinces & Généralités de notre Royaume : SALUT. Nous vous mandons & enjoignons par ces Préfentes, fignées de nous, de tenir, chacun en droit foi, la main à l'exécution de l'Arrêt ci-attaché fous le contre-fcel de notre Chancellerie, ce jourd'hui donné en notre Confeil d'Etat, nous y étant, pour les caufes y contenues : commandons au premier notre Huiffier ou Sergent fur ce requis, de fignifier ledit Arrêt à tous qu'il appartiendra, à ce que perfonne n'en ignore, & de faire pour fon entiere exécution tous actes & exploits néceffaires, fans autre permiffion, nonobftant clameur de Haro, Charte Normande & Lettres à ce contraires : voulons qu'aux copies dudit Arrêt & des Préfentes, collationnées par l'un de nos amés & féaux Confeillers-Secrétaires, foi foit ajoûtée comme à l'original ; car tel eft notre plaifir. DONNE' à Verfailles le trente-uniéme jour d'Août, l'an de grace mil fept cent vingt-fept, & de notre regne le douziéme. *Signé* LOUIS. *Et plus bas ;* Par le Roi Dauphin, Comte de Provence, *figné* PHELYPEAUX. Et fcellé de cire jaune fur fimple queue.

second plomb & une seconde marque en parchemin dont l'empreinte est au pied dudit Arrêt, par les personnes que la Compagnie des Indes aura préposées dans chacune des principales Villes du Royaume, en sorte que les mousselines, toiles de coton blanches, mouchoirs de coton, soye & coton, écorce & soye, & écorce, soit en piéces ou en coupons, qui se trouveront sans lesdites premieres & secondes marques, seront réputées en contravention, confisquées comme telles, & ceux qui s'en trouveront saisis condamnés aux amendes & autres peines spécifiées par les Arrêts des 20 Janvier & 22 Février 1716, premier Mai 1724 & 14 du présent mois d'Août, qui seront exécutés selon leur forme & teneur : veut Sa Majesté qu'à la requête des sieurs Directeurs de ladite Compagnie des Indes, il soit fait une visite desdites marchandises des Indes qui se trouveront chez lesdits Marchands, Négocians & tous autres de quelque qualité & condition qu'ils puissent être, même qu'il leur soit permis de faire saisir celles qui ne seront pas marquées des marques prescrites par les Arrêts ci-dessus datés; & Sa Majesté voulant assurer de plus en plus l'exécution desdits Arrêts dans la ville de Paris, & favoriser le débit des Marchands qui font un commerce loyal desdites marchandises, lequel est souvent dérangé par les fraudeurs & colporteurs inconnus, même empêcher que les Détailleurs, qui s'excusent ordinairement des contraventions qu'on leur impute par le peu de connoissance qu'ils disent avoir des véritables marques, ne puissent être trompés, fait très-expresses inhibitions & défenses, sous peine de trois mille livres d'amende, à tous Détailleurs & Détailleuses qui employent lesdites mousselines, toiles de coton blanches & mouchoirs de coton, soye & coton, écorce & soye, & écorce, d'acheter aucunes piéces que des Marchands connus & domiciliés, sauf aux Détailleurs & Détailleuses à obliger lesdits Marchands de signer leur nom au dos de chaque marque en parchemin qui sera apposée sur les piéces vendues, pour y avoir recours en cas de besoin : enjoint Sa Majesté au sieur Herault, Conseiller en ses Con-

qui les recevront, dans lequel regiftre lefdites marchandifes feront fpécifiées par chapitre diftinct & féparé pour chacun des déclarans, fans que les Marchands de la ville de Paris, Détailleurs ou autres, puiffent tirer des Provinces aucunes mouffelines, toiles de coton blanches & mouchoirs de coton, foye & coton, écorce & foye, & écorce, même des piéces de ces marchandifes marquées de la feconde marque ordonnée par l'Arrêt du 14 du préfent mois d'Août, s'ils n'en ont obtenu la permiffion expreffe du fieur Lieutenant général de Police : ordonne Sa Majefté qu'après l'appofition des marques portées par l'Arrêt du 28 Avril 1711, fur lefdites piéces de mouffelines, toiles de coton blanches, mouchoirs de coton, foye & coton, écorce & foye, & écorce, toutes les marchandifes des Indes venues fur lefdits Vaiffeaux, feront inceffamment vendues en la maniere accoûtumée, en préfence d'un ou de plufieurs Directeurs de la Compagnie des Indes, & du fieur Richard, en payant les droits d'entrée de toutes les marchandifes, conformément au Tarif de 1664, à l'article XLIV de l'Edit du mois d'Août de la même année, aux Arrêts des 29 Avril & 22 Novembre 1692, & 28 Septembre 1726 ; & à l'égard des toiles de coton teintes, peintes ou rayées de couleur, & étoffes provenant des Indes & de la Chine, la vente & adjudication n'en pourra être faite qu'à condition qu'elles feront envoyées à l'Etranger par les Adjudicataires, dans fix mois au plus tard du jour de l'adjudication, dans la forme, pour les pays & avec les précautions prefcrites par l'article VII de l'Arrêt du 11 Juin 1714, & jufqu'auxdits envois elles feront mifes dans les magafins d'entrepôt, conformément auxdits Arrêts des 18 Mai 1720 & 28 Septembre 1726 : veut en outre Sa Majefté que conformément à l'article II dudit Arrêt du 14 du préfent mois d'Août, les toiles de coton blanches, mouffelines & mouchoirs de coton, foye & coton, écorce & foye, & écorce, dont le débit & l'ufage font permis, ne puiffent être vendues dans aucune Province du Royaume, jufqu'à ce qu'il y ait été appofé au chef & à la queue de chaque piéce un

*Tome IV.* L

caffé, thé, poivre, turbit, falpêtre, laque en bois & en feuilles, cauris, terramerita, bois rouge, foye écrue, foye tani, porcelaines, verni de toutes efpéces, rottins & autres; & le troifiéme chapitre fera compofé de mouchoirs de Pondichery, toiles teintes, peintes & rayées de couleurs, & étoffes dont l'ufage & le débit font prohibés dans le Royaume, & qui, quoique chargés fur les Vaiffeaux de la Compagnie des Indes, ne peuvent y être vendues qu'à condition qu'elles feront envoyées à l'Etranger : ordonne auffi Sa Majefté que toutes lefdites piéces de mouffelines, toiles de coton blanches & mouchoirs de coton, foye & coton, écorce & foye, & écorce, fpécifiées par le premier chapitre dudit inventaire, feront marquées aux deux bouts de chaque piéce d'une marque pareille à l'empreinte étant au pied dudit Arrêt du 28 Avril 1711, imprimée fur un morceau de parchemin, figné par les fieurs Pinfon de fainte Catherine & Dujoncheray Dubois, commis par Arrêt du 13 Novembre 1725, & par le fieur Eftoupan, auffi commis par Arrêt du 30 Mai dernier, ou par l'un d'eux feulement, laquelle marque fera attachée au chef & à la queue de chaque piéce, avec le plomb de ladite Compagnie, en préfence dudit fieur Subdélegué ou autre qui fera commis par ledit fieur Feydeau de Brou, fans que les Marchands & Négocians puiffent être tenus de rapporter lefdites marques, ni de faire mention fur leurs regiftres des noms de ceux auxquels ils pourront vendre des piéces entieres, à condition néanmoins que lefdits Marchands & Négocians feront immédiatement après chaque vente publique une déclaration expreffe de la quantité defdites toiles de coton blanches, mouffelines & mouchoirs de coton, foye & coton, écorce & foye, & écorce, qu'ils auront achetées, lefquelles déclarations feront faites dans les Bureaux qui feront à cet effet établis par la Compagnie des Indes dans la ville de Paris & dans les autres principales Villes du Royaume, conformément à l'Arrêt du 14 du préfent mois d'Août, & feront en outre lefdites déclarations inferées dans un regiftre particulier, paraphé par ceux

qui

& autres particuliers qui les ont achetées de ladite Compagnie, d'en faire débit & usage, en payant seulement les droits d'entrée portés par le Tarif de 1664, pour les marchandises qui y sont dénommées & contenues, & trois pour cent de la valeur de celles qui n'y sont pas comprises, suivant & conformément à l'article XLIV de l'Edit d'établissement de ladite Compagnie, Arrêts rendus en conséquence, à l'Edit du mois de Juin 1725 & à l'Arrêt du 28 Septembre 1726. A ces causes, requéroient les Directeurs de la Compagnie des Indes, qu'il plût à Sa Majesté sur ce pourvoir. Vû lesdits Arrêts des 10, 24 Février & 13 Mai 1691, Déclaration de Sa Majesté du 9 Mai 1702, Arrêts des 27 Août & 10 Décembre 1709, 28 Avril 1711, 11 Juin 1714, 20 Janvier & 22 Février 1716, l'Edit du mois de Mai 1719, portant réunion des Compagnies des Indes Orientales & de la Chine à celle d'Occident, à présent nommée Compagnie des Indes, l'Arrêt du 9 Mai 1724, l'Edit du mois de Juin 1725 & l'Arrêt du 27 Septembre 1726 ; oui le rapport du sieur le Pelletier, Conseiller d'Etat ordinaire & au Conseil Royal, Contrôleur général des Finances, LE ROI E'TANT EN SON CONSEIL, a ordonné & ordonne que par le sieur Feydeau de Brou, Conseiller en ses Conseils & de son Conseil d'Etat, Commissaire départi en la Province de Bretagne, ou par celui qu'il subdéleguera à cet effet, il sera fait en la présence du sieur Richard, commis par le Conseil pour l'exécution de l'Arrêt du 18 Mai 1720, l'inventaire de toutes les marchandises qui composent le chargement desdits Vaisseaux le Duc du Maine, le Fortuné & l'Afriquain, substitués au navire l'Hercule, le Jason, la Vierge de grace, l'Hercule, substitué au Vaisseau le Triton, l'Argonaute & la Danaé, lequel inventaire sera divisé en trois chapitres, dont le premier comprendra les marchandises sujettes à la marque, comme mousselines, toiles de coton blanches, & mouchoirs de coton de Bengale, de Tranquebar, Masulipatan, mouchoirs de soye & coton, écorce & soye, & écorce ; le deuxiéme, les drogueries & épiceries, comme

nier, venant des Ports des concessions de la Compagnie des Indes, chargés de caffé, thé, poivre, turbit, salpêtre, laque en bois & en feuilles, cauris, terramerita, bois rouge, soye écrue, soye tani, porcelaines, verni de toutes espéces, rottins, & autres épiceries & drogueries, toiles de coton blanches & mousselines, toiles teintes, peintes & rayées de couleurs, mouchoirs de coton & autres; de toutes lesquelles marchandises, tant permises que prohibées, la vente doit être faite dans la ville de Nantes, après cependant que sur toutes les mousselines, toiles de coton blanches, & mouchoirs de coton de Bengale, de Tranquebar & de Masulipatan, mouchoirs de soye & coton, écorce & soye, & écorce, sujets à la marque, il leur aura été apposé celle qu'il a plû à Sa Majesté ordonner par Arrêt du 28 Avril 1711, dont l'empreinte est au pied dudit Arrêt, laquelle marque sera imprimée sur un morceau de parchemin, signé par les sieurs Pinson de sainte Catherine & Dujoncheray Dubois, commis par Arrêt du 13 Novembre 1725, & par le sieur Estoupan, aussi commis par Arrêt du 30 Mai dernier, ou par l'un desdits sieurs seulement, à l'effet qu'il ne soit débité dans le Royaume aucunes des marchandises ci-dessus spécifiées, autres que celles de la Compagnie des Indes, conformément aux Arrêts des 10, 24 Février & 13 Mars 1691, Déclaration de sa Majesté du 9 Mai 1702, & autres Arrêts & Réglemens rendus en conséquence concernant le commerce de ladite Compagnie, & notamment à ceux des 10 Décembre 1709 & 4 Juin 1715, rendus en interprétation de celui du 27 Août 1709, aux Arrêts des 11 Juin 1714, 20 Janvier & 22 Février 1716, à l'Edit du mois de Mai 1719, portant réunion des Compagnies des Indes & de la Chine à la Compagnie d'Occident, à présent nommée Compagnie des Indes, & à l'Arrêt du 9 Mai 1724, qui permet à la Compagnie de vendre dans le Royaume des mousselines, toiles de coton blanches & mouchoirs de coton, mouchoirs de soye & coton, écorce & soye, & écorce, apportées dans ses Vaisseaux, & à tous Négocians, Marchands

# ARREST
## DU CONSEIL D'ÉTAT DU ROY,

PORTANT qu'il sera fait Inventaire de toutes les Marchandises qui composent le chargement des Vaisseaux le Duc du Maine, le Fortuné & l'Afriquain, le Jason, la Vierge-de-Grace, l'Hercule, l'Argonaute & la Danaé, venant des Ports des Concessions de la Compagnie des Indes ; & que lesdites Marchandises seront incessamment vendues en la maniere accoutumée, après l'apposition des marques & autres formalités mentionnées audit Arrêt du Conseil.

#### Du 31 Août 1727.

*Extrait des Regiſtres du Conseil d'Etat.*

SUR la requête présentée au Roi étant en son Conseil par les Directeurs de la Compagnie des Indes, contenant que les Vaisseaux le Duc du Maine, le Fortuné & l'Afriquain, substitués au Vaisseau l'Hercule, le Jason, la Vierge de Grace, l'Hercule, substitué au Triton, l'Argonaute & la Danaé, sont arrivés dans les ports de Brest & de l'Orient les 25 Novembre & 9 Décembre 1726, 6 Mai, 19 Juin, 4 & 21 Juillet, & 11 Août der-

K iij

d'Etat, nous y étant, pour les caúses y contenues : commandons au premier notre Huissier ou Sergent sur ce requis, de signifier ledit Arrêt à tous qu'il appartiendra, à ce que personne n'en ignore, & de faire pour son entiere exécution tous actes & exploits néceffaires, sans autre permission, nonobstant clameur de Haro, Charte Normande & Lettres à ce contraires : voulons qu'aux copies dudit Arrêt & des Présentes, collationnées par l'un de nos amés & féaux Conseillers - Secrétaires, foi soit ajoûtée comme à l'original ; car tel est notre plaisir. DONNÉ à Versailles le quatorziéme jour d'Août, l'an de grace mil sept cent vingt-sept, & de notre regne le douziéme. *Signé* LOUIS. *Et plus bas ;* Par le Roi Dauphin, Comte de Provence, *signé* PHELYPEAUX. Et scellé.

jefté que celles defdites marchandifes qui fe trouveront fans aucune marque, ou avec des marques & plombs faux & contrefaits, foient faifies & confifquées.

## VI.

DE'FEND Sa Majefté à tous fes fujets de quelque qualité & condition qu'ils foient, de contrefaire lefdites premieres & fecondes marques, à peine de trois mille livres d'amende, & d'être pourfuivis extraordinairement & comme pour crime de faux.

## VII.

ORDONNE au furplus Sa Majefté que tous les Edits, Déclarations & Arrêts rendus au fujet des étoffes, toiles & marchandifes des Indes & de la Chine, foient exécutés felon leur forme & teneur, en ce que le préfent Arrêt n'y déroge pas : enjoint Sa Majefté au fieur Herault, Lieutenant général de Police, & aux fieurs Intendans & Commiffaires départis dans les Provinces, de tenir la main à l'exécution du préfent Arrêt, lequel fera lû, publié & affiché par-tout où befoin fera. FAIT au Confeil d'Etat du Roi, Sa Majefté y étant, tenu à Verfailles le quatorziéme jour d'Août mil fept cent vingt-fept. *Signé* PHELYPEAUX.

LOUIS, PAR LA GRACE DE DIEU, ROI DE FRANCE ET DE NAVARRE, Dauphin de Viennois, Comte de Valentinois & Dyois, Provence, Forcalquier & terres adjacentes : à notre amé & féal Confeiller en nos Confeils, Maître des Requêtes ordinaire de notre Hôtel, le fieur Herault, Lieutenant général de Police de notre bonne Ville, Prévôté & Vicomté de Paris, & aux fieurs Intendans & Commiffaires départis pour l'exécution de nos ordres dans les Provinces & Généralités de notre Royaume : SALUT. Nous vous mandons & enjoignons par ces Préfentes fignées de nous, de tenir, chacun en droit foi, la main à l'exécution de l'Arrêt ci-attaché fous le contre-fcel de notre Chancellerie, ce jourd'hui donné en notre Confeil

chandifes au profit de la Compagnie des Indes, conformément aux Arrêts des 20 Mai 1720, 17 Octobre 1721 & premier Février 1724.

### III.

ORDONNE Sa Majefté que la Compagnie des Indes prépofera dans chacune des principales Villes du Royaume, des perfonnes pour appofer lefdites fecondes marques en parchemin & fecond plomb, lefquelles demeureront refponfables en leur propre & privé nom de la vérité des premieres marques qui auront été appofées à la piéce de marchandifes lors de la vente que ladite Compagnie en aura faite.

### IV.

PERMET Sa Majefté auxdits Prépofés par la Compagnie des Indes de percevoir deux fols par chaque marque en parchemin & plomb qu'ils appoferont à la tête & à la queue de chaque piéce de marchandifes, pour leurs peines & foins, & pour les frais de cette feconde marque.

### V.

ET pour affurer de plus en plus le commerce, tant en gros qu'en détail, des toiles de coton blanches, mouffelines & mouchoirs des Indes, provenant des ventes de ladite Compagnie, & dont l'ufage & le débit font permis dans le Royaume, ordonne Sa Majefté que dans un mois au plus tard, à compter du jour de la publication du préfent Arrêt, les Marchands, tant en gros qu'en détail, feront tenus de faire leurs déclarations à l'Hôtel de la Compagnie des Indes à Paris, & pour les Provinces dans les Bureaux qui feront à cet effet établis, de la quantité des toiles de coton blanches, mouffelines & mouchoirs dont ils font chargés, pour lefdites marchandifes être marquées *gratis* de la feconde marque à la tête & à la queue par les perfonnes prépofées par la Compagnie pour appofer lefdites fecondes marques, & qui fe transporteront à cet effet dans les magafins & boutiques defdits Marchands : veut Sa Ma-

dises seroient transportées, une seconde marque à la tête & à la queue de chaque piéce avant qu'elles puſſent être vendues ni expoſées en vente dans aucunes Villes du Royaume. Mais Sa Majeſté étant informée qu'au préjudice de ces diſpoſitions ſi ſouvent réitérées, non-ſeulement il s'expoſe journellement en vente des marchandiſes des Indes introduites dans le Royaume en fraude, qui n'ont aucunes deſdites marques ordonnées, ou qui en ont de contrefaites, mais même qu'il s'en trouve auxquelles on a appoſé une ſeconde marque vraie ſur une premiere fauſſe & contrefaite, ce qui ne peut venir que du peu d'attention ou du peu de connoiſſance de ceux qui ont été commis pour appoſer leſdites ſecondes marques ; à quoi étant néceſſaire de pourvoir, oui le rapport du ſieur le Pelletier, Conſeiller d'Etat ordinaire & au Conſeil Royal, Contrôleur général des Finances, SA MAJESTE' E'TANT EN SON CONSEIL, a ordonné & ordonne ce qui ſuit.

### ARTICLE PREMIER.

L'ARREST du 28 Avril 1711 ſera exécuté ſelon ſa forme & teneur, & en conſéquence ordonne Sa Majeſté qu'il ſera attaché à la tête & à la queue de chaque piéce de marchandiſes des Indes dont le débit & l'uſage ſont permis dans le Royaume, une marque en parchemin, avec un plomb de l'empreinte étant au pied dudit Arrêt, avant que la Compagnie des Indes les puiſſe expoſer en vente.

### II.

VEUT pareillement Sa Majeſté que les Adjudicataires deſdites marchandiſes des Indes, ou leurs Ceſſionnaires, ne puiſſent les vendre, expoſer en vente, ni les débiter dans aucunes Provinces du Royaume, qu'ils n'ayent fait appoſer à la tête & à la queue de chaque piéce un ſecond plomb & une ſeconde marque en parchemin ſemblable à celle qui avoit été ordonnée par l'Arrêt du 30 Août 1724, & dont l'empreinte eſt au pied du préſent Arrêt, à peine de trois mille livres d'amende & de confiſcation deſdites mar-

# ARREST
## DU CONSEIL D'ÉTAT
## DU ROY,

PORTANT *qu'il sera apposé de secondes marques à la tête & à la queue de chacune des piéces de Marchandises provenant de la Compagnie des Indes.*

Du 14 Août 1727.

*Extrait des Regiſtres du Conseil d'Etat.*

LE Roi ayant par plusieurs Edits, Déclarations, Arrêts & Réglemens, défendu l'introduction, vente & débit dans le Royaume des mousselines & toiles de coton blanches autres que celles de la Compagnie des Indes, Sa Majesté auroit par Arrêt du 28 Avril 1711 ordonné qu'avant que ces marchandises pussent être exposées en vente par ladite Compagnie, il y seroit apposé à la tête & à la queue de chaque piéce une marque en parchemin, avec un plomb conforme à l'empreinte étant au pied dudit Arrêt; & pour établir de plus en plus la sûreté dans ce commerce, Sa Majesté auroit en outre ordonné par l'Arrêt du 20 Janvier 1726 & autres subséquens Arrêts, qu'il seroit apposé dans les différentes Provinces du Royaume où ces marchandises

port du sieur le Pelletier, Conseiller d'Etat ordinaire & au Conseil Royal, Contrôleur général des Finances, Sa Majesté' e'tant en son Conseil, a commis & commet le sieur Estoupan, pour, au lieu & place du sieur Pinson de sainte Catherine, & conjointement avec le sieur Dujoncheray Dubois, signer les marques en parchemin qui doivent être attachées au chef & à la queue de chaque piéce de mousselines & toiles de coton blanches, provenant du commerce de ladite Compagnie des Indes, conformément à l'Arrêt du 28 Avril 1711, & autres Arrêts intervenus depuis. Fait au Conseil d'Etat du Roi, Sa Majesté y étant, tenu à Versailles le trente-uniéme jour de Mai mil sept cent vingt-sept. *Signé* Phelypeaux.

# ARREST
## DU CONSEIL D'ÉTAT
## DU ROY,

*QUI commet le Sieur Estoupan pour signer les marques en parchemin au lieu & place du Sieur de Sainte Catherine.*

Du 31 Mai 1727.

*Extrait des Registres du Conseil d'Etat.*

LE Roi s'étant fait représenter l'Arrêt de son Conseil du 13 Novembre 1725, par lequel Sa Majesté avoit commis le sieur Pinson de sainte Catherine pour signer, conjointement avec le sieur Dujoncheray Dubois, au lieu & place des sieurs Dubois & Camiaille, les marques en parchemin qui doivent être attachées au chef & à la queue de chaque piéce de mousselines & toiles de coton blanches, provenant du commerce de la Compagnie des Indes; & Sa Majesté étant informée que les affaires dont ledit sieur Pinson de sainte Catherine est chargé, ne lui permettent pas de vacquer à la signature desdites marques en parchemin, & étant nécessaire d'y pourvoir; oui le rap-

LOUIS, PAR LA GRACE DE DIEU, ROI DE FRANCE ET DE NAVARRE, au premier notre Huissier ou Sergent sur ce requis. Nous te mandons & commandons par ces Présentes, signées de notre main, que l'Arrêt ci-attaché sous le contre-scel de notre Chancellerie, donné en notre Conseil d'Etat, nous y étant, le huitiéme jour d'Avril dernier pour les causes y contenues, tu signifies au Fermier de la ville de Lyon, ses Commis, & à tous autres qu'il appartiendra, à ce que personne n'en ignore, & fais pour son entiere exécution tous actes & exploits nécessaires, sans autre permission ; car tel est notre plaisir. DONNE' à Versailles le vingtiéme Mai, l'an de grace mil sept cent vingt-sept, & de notre regne le douziéme. Signé LOUIS. *Et plus bas ;* par le Roi, PHELYPEAUX.

ladite Compagnie, pour & au nom d'icelle, contenant qu'ils protestoient de nullité desdites sommations, attendu l'Arrêt du 26 Septembre 1726, qui ordonne que la Compagnie joüira du bénéfice de l'entrepôt pendant six mois, pour toutes les marchandises provenant des pays de ses concessions, Sa Majesté permettant de les envoyer à l'Etranger sans payer aucuns droits; que cet Arrêt ne fait que confirmer les priviléges accordés à la Compagnie des Indes par l'article XLIV de l'Edit du mois d'Août 1664, Déclaration du mois de Février 1685, & par l'Edit du mois de Mai 1719, lesquels Edits & Déclarations accordent à la Compagnie l'entrepôt pour toutes les marchandises qu'elle tire de ses concessions. Vû pareillement l'Edit du mois d'Août 1664, la Déclaration du mois de Février 1685, l'Edit du mois de Mai 1719, les Arrêts du Conseil des 27 Janvier 1722 & 28 Septembre 1726, ensemble l'avis des Députés du Commerce; oui le rapport du sieur le Pelletier, Conseiller d'Etat ordinaire & au Conseil Royal, Contrôleur général des Finances, LE ROI E'TANT EN SON CONSEIL, a ordonné & ordonne que lesdits Edits des mois d'Août 1664 & Mai 1719, ladite Déclaration du mois de Février 1685, ensemble ledit Arrêt du Conseil du 28 Septembre 1726, seront exécutés selon leur forme & teneur, en conséquence que conformément à l'article II dudit Arrêt du 28 Septembre 1726, les soyes que la Compagnie des Indes fera venir des pays de ses concessions dans les ports de l'Orient & de Nantes, joüiront de l'entrepôt, & pourront être transportées à l'Etranger par la Compagnie des Indes ou ses Adjudicataires, ou Cessionnaires desdits Adjudicataires, sans payer aucuns droits, conformément audit Arrêt du Conseil du 28 Septembre dernier : fait Sa Majesté très-expresses inhibitions & défenses au Fermier de la ville de Lyon, ses Commis & à tous autres, de percevoir aucuns droits sur lesdites soyes lorsqu'elles seront déclarées pour être transportées à l'Etranger, à peine de concussion. FAIT au Conseil d'Etat du Roi, Sa Majesté y étant, tenu à Versailles le huitiéme jour du mois d'Avril mil sept cent vingt-sept. *Signé* PHELYPEAUX.

# ARREST
## DU CONSELI D'ÉTAT
## DU ROY,

*QUI décharge la Compagnie du Droit sur les soyes.*

Du 8 Avril 1727.

*Extrait des Regiſtres du Conſeil d'Etat.*

VU par le Roi étant en ſon Conſeil les ſommations faites les 2 & 3 Décembre 1726 par Claude Alain, Fermier des droits ſur les ſoyes à Lyon, aux Directeurs de la Compagnie des Indes dans la ville de Nantes, tendantes à ce que leſdits Directeurs, pour & au nom de ladite Compagnie, fuſſent tenus de payer au ſieur Richard, prépoſé à cet effet par la ville de Lyon, les ſix ſols par livre peſant de toutes les ſoyes que leſdits Directeurs audit nom ont expoſé à la vente faite à Nantes le 13 Novembre de la derniere année & jours ſuivans, conformément au poids de chaque ballot ou caiſſe qui compoſe les lots de ſoye compris dans les états imprimés par ladite vente, en conſéquence de l'Arrêt du Conſeil du 27 Janvier 1722, qui établit les droits ſur les ſoyes des conceſſions de la Compagnie des Indes & de la Chine, lequel droit eſt dû à leur arrivée dans les ports de l'Orient & Nantes : les réponſes faites auxdites ſommations par les ſieurs Boyvin d'Hardancourt, Godeheu & Morin, Directeurs de

I ij

jugeant à propos d'expliquer ses intentions, oui le rapport du sieur le Pelletier, Conseiller d'Etat ordinaire & au Conseil Royal, Contrôleur général des Finances, LE ROI E'TANT EN SON CONSEIL, dérogeant en tant que besoin est aux dispositions de l'Edit du mois d'Octobre dernier qui se trouveront contraires au présent Arrêt, a évoqué à soi & à son Conseil toutes les contestations, tant civiles que criminelles, nées & à naître dans l'étendue desdites Provinces de Flandre, Cambresis & Hainault, au sujet des contraventions audit Edit, & icelles a renvoyé & renvoye pardevant les sieurs Intendans & Commissaires départis dans lesdites Provinces, pour être par eux jugées, chacun en droit soi ; sçavoir, celles purement civiles où il n'écherra que des condamnations pécuniaires, à la charge de l'appel au Conseil ; & les contestations sur lesquelles il y aura lieu de prononcer des peines afflictives, en dernier ressort avec le nombre de Gradués requis par l'Ordonnance : permet Sa Majesté auxdits sieurs Commissaires départis dans lesdites Provinces, de commettre pour faire les fonctions de Procureur du Roi & de Subdélegué pour l'instruction, tels Officiers ou Gradués qu'ils voudront choisir : fait Sa Majesté très-expresses inhibitions & défenses à tous Commis & Préposés pour la recherche desdites contraventions, de porter les saisies par eux faites dans tous les cas exprimés par ledit Edit, dans l'étendue desdites Provinces de Flandre, Cambresis & Hainault, ailleurs que pardevant lesdits sieurs Intendans, auxquels Sa Majesté attribue toute Cour, Jurisdiction & connoissance, icelle interdisant à toutes ses Cours & Juges : & sera le présent Arrêt publié & affiché par-tout où besoin sera, & exécuté nonobstant oppositions, appellations ou autres empêchemens quelconques, pour lesquels ne sera différé. FAIT au Conseil d'Etat du Roi, Sa Majesté y étant, tenu à Versailles le dix-huit Mars mil sept cent vingt-sept. *Signé* LE BLANC.

# ARREST
## DU CONSEIL D'ÉTAT
## DU ROY,

*QUI évoque à son Conseil les contestations pour raison des contraventions à l'Edit du mois d'Octobre 1726, survenues dans les Provinces de Flandres, Cambresis & Hainault.*

Du 18 Mars 1727.

*Extrait des Regiſtres du Conseil d'Etat.*

LE Roi en son Conseil s'étant fait repréſenter l'Edit du mois d'Octobre dernier, qui prononce des peines contre ceux qui introduiront dans le Royaume des toiles peintes ou teintes, & autres étoffes des Indes ou du Levant dont la connoiſſance eſt renvoyée aux Maîtres des Ports, leurs Lieutenans & Juges des Traites, & autres Officiers d'Election, tant de Paris que des autres Villes où il n'y a ni Maîtres des Ports, ni Juges des Traites; & Sa Majeſté étant informée que la Juriſdiction des Traites qui étoit ci-devant à Lille a été ſupprimée, & qu'il n'y en a aucune dans le Hainault; qu'il conviendroit de rendre la connoiſſance deſdites affaires uniforme dans la Flandre, le Cambreſis & le Hainault, qui ne compoſent qu'un même département des Fermes: ſur quoi Sa Majeſté

Tome IV. I

dons & ordonnons par ces Préfentes, fignées de notre main, d'exécuter ledit Arrêt de point en point felon fa forme & teneur, vous en attribuant à cet effet toute Cour, Jurifdiction & connoiffance, icelles interdifant à toutes nos Cours & autres Juges : commandons au premier notre Huiffier ou Sergent fur ce requis, de faire à la requête dudit fieur Moreau, pour l'exécution dudit Arrêt & des Préfentes, tous commandemens & autres actes & exploits néceffaires, fans autre permiffion ; car tel eft notre plaifir. DONNE' à Marly le vingt-huitiéme jour de Janvier, l'an de grace mil fept cent vingt-fept, & de notre regne le douziéme. *Signé* L O U I S. *Et plus bas* ; par le Roi, PHELYPEAUX.

*Regiftrés, oui & ce requérant le Procureur général de la Commiffion, pour être exécuté felon leur forme & teneur, & être fignifiés à la requête du Procureur général de la Commiffion par-tout & à qui befoin fera, & à fa diligence imprimés, lûs, publiés & affichés dans tous les lieux & carrefours accoûtumés de cette Ville, & dans l'étendue de la Prévôté & Vicomté de Paris, fuivant le jugement de ce jour d'hui. Fait au Châtelet de Paris en la Chambre de la Commiffion, le quinze Février mil fept cent vingt-fept.* Signé CAILLET, *Greffier*.

*L'Arrêt & les Lettres Patentes ci-deffus ont été lûs & publiés à haute & intelligible voix, à fon de trompe & cri public, en tous les lieux ordinaires & accoûtumés, par moi Aimé-Richard Girault, Huiffier à cheval au Châtelet de Paris, commis à l'exercice de la charge de Juré-Crieur ordinaire du Roi, de la Ville, Prévôté & Vicomté de Paris, y demeurant place Baudoyer, Paroiffe faint Gervais, accompagné de Louis Ambezar & Claude Craponne, Jurés-Trompettes, & Louis-François Ambezar, commis Trompette, le dix-huit Février mil fept cent vingt-fept, à ce que perfonne n'en prétende caufe d'ignorance; & affichés ledit jour efdits lieux.* Signé GIRAULT,

ARREST

autres Cours & Juges: veut & entend Sa Majesté que toutes Lettres nécessaires soient expédiées sur le présent Arrêt, qui sera lû, publié & affiché par-tout où besoin sera, à ce que personne n'en ignore. Fait au Conseil d'Etat du Roi, Sa Majesté y étant, tenu à Marly le vingt-huitiéme jour de Janvier mil sept cent vingt-sept.

*Signé* PHELYPEAUX.

## LETTRES PATENTES.

LOUIS, PAR LA GRACE DE DIEU, ROI DE FRANCE ET DE NAVARRE, à notre amé & féal Conseiller en nos Conseils, Maître des Requêtes ordinaire de notre Hôtel, le sieur Herault, Lieutenant général de Police de notre bonne ville de Paris: SALUT. Par l'Arrêt ci-attaché sous le contre-scel de notre Chancellerie, cejourd'hui rendu en notre Conseil d'Etat, nous y étant, dérogeant en tant que besoin seroit aux dispositions de notre Edit du mois d'Octobre dernier, qui prononce des peines contre ceux qui introduiront dans notre Royaume des toiles peintes ou teintes, & autres étoffes des Indes, nous avons évoqué à nous & à notre Conseil toutes les contestations, tant civiles que criminelles, nées & à naître au sujet des contraventions audit Edit, & icelles vous avons renvoyées pour être par vous jugées; sçavoir, celles purement civiles & où il n'écherra que des condamnations pécuniaires, à la charge de l'appel en notre Conseil, & les condamnations sur lesquelles il y aura lieu de prononcer des peines afflictives en dernier ressort, avec le nombre des Officiers du Châtelet requis par les Ordonnances, & à la requête, poursuite & diligence du sieur Moreau, Conseiller en nos Conseils & notre Procureur audit Châtelet, que nous avons commis pour notre Procureur général de la Commission. A ces causes, nous vous man-

connoiffance du commerce, port & ufage defdites étoffes des Indes dans l'étendue de la ville, fauxbourgs & banlieue de Paris, a été attribuée par différens Arrêts, & notamment par celui du 8 Octobre 1726, au fieur Lieutenant général de Police de ladite Ville, & que d'ailleurs il feroit difficile de feparer à cet égard l'introduction du commerce, port & ufage defdites étoffes, Sa Majefté a jugé à propos d'expliquer de nouveau fes intentions : fur quoi, ouï le rapport du fieur le Pelletier, Confeiller d'Etat ordinaire & au Confeil Royal, Contrôleur général des Finances, SA MAJESTE' ÉTANT EN SON CONSEIL, a ordonné & ordonne que l'Arrêt du 8 Octobre dernier, fera exécuté felon fa forme & teneur ; & dérogeant en tant que befoin eft aux difpofitions de l'Edit du même mois d'Octobre qui fe trouveroient contraires au préfent Arrêt, a évoqué à foi & à fon Confeil toutes les conteftations tant civiles que criminelles, nées & à naître dans l'étendue de la Ville, Prévôté & Vicomté de Paris, au fujet des contraventions audit Edit, & icelles a renvoyé & renvoye pardevant le fieur Herault, Maître des Requêtes ordinaire de fon Hôtel, Lieutenant général de Police de ladite Ville, pour être par lui jugées ; fçavoir, celles purement civiles où il n'écherra que des condamnations pécuniaires, à la charge de l'appel au Confeil ; & les conteftations fur lefquelles il y aura lieu de prononcer des peines afflictives en dernier reffort, avec le nombre des Officiers du Châtelet requis par les Ordonnances, & à la requête, pourfuite & diligence du fieur Moreau, Confeiller en fes Confeils, fon Procureur audit Châtelet, que Sa Majefté a commis pour Procureur général de la Commiffion : fait Sa Majefté très-expreffes inhibitions & défenfes à tous Commis & Prépofés pour la recherche defdites contraventions, de porter les faifies par eux faites dans l'étendue de ladite Ville, Prévôté & Vicomté de Paris, & dans les cas exprimés par ledit Edit, ailleurs que pardevant ledit fieur Lieutenant général de Police, auquel Sa Majefté en attribue toute Cour, connoiffance & Jurifdiction, & icelles interdit à toutes fes

# ARREST
## DU CONSEIL D'ÉTAT,
## DU ROY,
### ET LETTRES PATENTES
#### SUR ICELUI,

*QUI commettent Monsieur Herault, Lieutenant général de Police, & Messieurs les Officiers du Siége Présidial du Châtelet, pour connoître des contraventions qui seront faites dans la Ville, fauxbourgs & banlieue de Paris, à l'Edit du mois d'Octobre dernier, concernant la prohibition du commerce, port & usage des Etoffes des Indes.*

Du 28 Janvier 1727.

*Extrait des Registres du Conseil d'Etat.*

LE Roi en son Conseil s'étant fait représenter l'Edit du mois d'Octobre dernier, qui prononce des peines contre ceux qui introduiront dans le Royaume des toiles peintes ou teintes, & autres étoffes des Indes, dont la connoissance est renvoyée aux Maîtres des Ports, leurs Lieutenans & Juges des Traites, & autres Officiers de l'Election, tant de Paris que des autres Villes où il n'y a ni Maîtres des Ports ni Juges des Traites ; & comme la

H iij

vins ou habitans ayant foin des affaires de la Communauté, feront contraints folidairement & par corps, fauf leur recours contre ceux qui s'en trouveront coupables.

### Article XL.

Et comme rien ne contribue davantage à la défertion que la facilité que les cavaliers, dragons & foldats ont trouvée par le paffé à fe déguifer, en vendant ou troquant leurs chevaux, habillemens, armés & équipages; Sa Majefté a défendu & défend très-expreffément à tous fes fujets de quelque qualité & condition qu'ils foient, de les acheter, troquer ou garder, à peine aux contrevenans de confifcation & de deux cens livres d'amende, payable fans remife ni déport, applicable moitié au Capitaine de la Compagnie à qui ils appartiendront, & moitié à l'Hôpital du lieu ou au plus prochain; & à l'égard des cavaliers, dragons ou foldats qui feront convaincus de les avoir vendus, veut Sa Majefté qu'ils foient condamnés aux galeres à perpétuité.

### Article XLI.

Enjoint Sa Majefté à tous fes fujets de quelque qualité & condition qu'ils foient, de donner aide, affiftance & main-forte à ceux qui conduiront des déferteurs, à peine aux particuliers qui auront refufé de le faire, de punition exemplaire, à ceux qui les auront retirés des mains des conducteurs, de la vie; & aux habitans des Villes dans l'étendue & banlieue defquelles ladite violence aura été commife, de deux cens livres d'amende payable folidairement par le corps de la Communauté, applicable moitié aux Hôpitaux defdites Villes & lieux ou des plus prochains, & l'autre moitié aux conducteurs des mains defquels lefdits déferteurs auront été retirés.

ou le Major ou Officier chargé du détail du Régiment lorsqu'il sera en campagne ou dans les Provinces, sera tenu de requérir le Commandant de faire assembler le Conseil de guerre, pour juger les soldats déserteurs qui auront été conduits à la garnison ou au quartier du Régiment dont ils seront, si dans les vingt-quatre heures l'Officier commandant la Compagnie dont sera le soldat déserteur ne le fait pas juger, à peine auxdits Majors d'être cassés.

### Article XXI.

Défend très-expressément Sa Majesté à tous Gouverneurs ou Commandans dans les Provinces ou places où les troupes seront logées, de quelque caractère qu'ils soient, de surseoir l'exécution d'un jugement rendu, pour quelque cause & sous quelque prétexte que ce soit.

### Article XXII.

Tout cavalier, dragon, soldat ou autre de quelque condition qu'il soit, qui se trouvera atteint & convaincu d'avoir débauché des soldats, cavaliers ou dragons pour leur faire abandonner le service, ou les aura induits à passer d'une Compagnie dans une autre, sera puni de mort sans rémission.

### Article XXVI.

Défend Sa Majesté tant aux cavaliers, dragons & soldats qui sont actuellement dans lesdites Compagnies, qu'à ceux qui s'y engageront ci-après, de déguiser leur nom & le lieu de leur naissance, à peine des galeres perpétuelles.

### Article XXXIX.

Défend Sa Majesté aux habitans des Villes, Bourgs & Villages, de favoriser en aucune maniere le passage des déserteurs, à peine de soixante livres d'amende pour chacun de ceux à l'occasion desquels on justifiera qu'ils auront donné les mains, applicable à l'Hôpital du lieu ou du plus voisin, au payement de laquelle amende les Maire & Eche-

### Article XI.

Ordonne Sa Majesté auxdits Majors, Aydes-Majors & Officiers chargés du détail, à peine d'être privés pour chaque omission d'un mois d'appointemens, d'enregistrer exactement sur un registre particulier tous les congés qui seront expédiés dans leurs Régimens, observant d'y marquer le jour de la date du congé & le temps pour lequel il aura été expédié.

### Article XII.

Ordonne pareillement Sa Majesté auxdits Majors, Aydes-Majors & Officiers chargés du détail, de spécifier dans le corps desdits congés le pays, l'âge, la taille, la couleur des cheveux ou de la perruque, & les autres signes qui pourront faire reconnoître les soldats pour lesquels ils seront expédiés, de maniere qu'ils ne puissent servir pour d'autres que pour eux.

### Article XVII.

Tout cavalier, dragon ou soldat qui se sera absenté de la garnison ou du quartier sans congé expédié en la forme ci-dessus prescrite, ou qui ne s'y sera pas rendu quinze jours après l'expiration dudit congé, sera réputé déserteur, & le Capitaine sera obligé de le dénoncer au Conseil de la Guerre, à peine d'être cassé.

*Nota: Depuis la suppression de ce Conseil, c'est le Secrétaire d'Etat ayant le Département de la Guerre.*

### Article XVIII.

Tout soldat arrêté comme déserteur par son Officier, sera par lui remis dans vingt-quatre heures au Conseil de guerre, à peine à l'Officier qui l'aura arrêté ou fait arrêter, & qui n'aura pas requis le Gouverneur ou Commandant, si c'est dans une Place, ou le Colonel, Mestre de Camp ou Officier commandant dans le quartier, si c'est à la campagne, d'assembler ledit Conseil de guerre, d'être cassé de sa charge.

### Article XIX.

Le Major de la place où la Compagnie sera en garnison,

## Article VIII.

Veut pareillement Sa Majesté que tous cavaliers, dragons & soldats qui seront arrêtés désertant en pays étrangers, soient pendus & étranglés en quelque nombre qu'ils soient, sans pouvoir être admis à tirer au sort ; déclarant Sa Majesté que tous ceux qui seront arrêtés sur la frontiere à une demi-lieue de la place où leur Compagnie sera en garnison, marchant du côté du pays étranger, seront réputés déserter audit pays.

## Article IX.

Défend Sa Majesté à tous Officiers de ses troupes, de quelque caractère qu'ils soient, sous peine d'être cassés, de donner à l'avenir des congés, soit absolus ou pour un temps, quand même ce ne seroit que pour un jour, à aucun cavalier, dragon ou soldat de ses troupes, sur du papier ordinaire, ou sous leurs simples signatures, & auxdits cavaliers, dragons & soldats de s'en servir, à peine d'être punis comme déserteurs : veut Sa Majesté que tous congés, sans exception, soient écrits dans le blanc des cartouches imprimés qu'elle a fait adresser aux Majors & Aydes-Majors de ses Régimens d'infanterie, de cavalerie & de dragons, & scellés du timbre ou cachet qu'elle a fait faire pour chacun desdits Régimens, lequel restera toujours avec les exemplaires des cartouches imprimés, ès mains desdits Majors & Aydes-Majors, & en leur absence aux Officiers chargés du détail.

## Article X.

Lesdits congés seront signés par les Capitaines des Compagnies où seront engagés les soldats pour lesquels ils seront expédiés, par le Colonel, Mestre de Camp ou Commandant du Régiment, par le Major, Ayde-Major ou Officier chargé du détail ; & lorsque lesdits Régimens ou Compagnies seront en garnison dans une Place de guerre, ils seront visés par le Gouverneur ou Commandant.

*Tome IV.*            H

peine audit soldat, cavalier ou dragon qui sera trouvé & arrêté au-delà de ces distances sans ledit congé, d'être puni comme déserteur suivant la rigueur de l'article précédent, quand bien même son Capitaine ou autre Officier affirmeroit lui avoir donné congé verbalement.

### ARTICLE V.

LORSQUE deux soldats déserteurs seront arrêtés ensemble, ou que deux se trouveront amenés dans une place ou quartier en même jour, ils subiront tous deux sans rémission la peine de mort; mais s'il en étoit arrêté un plus grand nombre à la fois, Sa Majesté, pour épargner le sang, trouve bon qu'après qu'ils auront été condamnés à mort par le Conseil de guerre, on les fasse tirer au billet trois à trois, pour être celui des trois sur qui le malheureux sort tombera, passé par les armes, & les deux autres condamnés aux galeres perpétuelles; à l'effet de quoi Sa Majesté veut que par le Prévôt, s'il s'en trouve sur les lieux, ou par les soins du Commandant de la garnison ou du quartier, ils soient conduits dans les prisons Royales de la garnison, s'il y en a, ou dans celles du lieu le plus prochain, & qu'ils soient remis entre les mains des Geoliers desdites Prisons, avec une expédition en forme de la Sentence de condamnation, & un certificat signé de tous les Officiers qui auront assisté au Conseil de guerre, portant qu'en exécution de la présente, lesdits soldats ayant tiré au sort, les billets favorables leur sont échûs; en vertu de laquelle Sentence & dudit certificat ils seront attachés à la premiere chaine qui passera, & conduits sur les galeres de Sa Majesté.

### ARTICLE VII.

N'ENTEND néanmoins Sa Majesté que ceux qui seront convaincus d'avoir déserté étant en faction ou de garde, puissent être admis à tirer au sort; veut Sa Majesté qu'ils soient passés par les armes, en quelque nombre qu'ils soient arrêtés.

ART.

recteurs, Chefs des comptoirs, & à tous Officiers de Justice & des troupes dans les pays concédés à la Compagnie des Indes, de tenir la main à l'exécution de la Présente, laquelle Sa Majesté veut être publiée & affichée par-tout où il appartiendra, à ce qu'aucun n'en puisse prétendre cause d'ignorance. Fait à Marly le vingt-six Janvier mil sept cent vingt-sept. *Signé* LOUIS. *Et plus bas*, Le Blanc.

## *EXTRAIT DE L'ORDONNANCE du Roi, du 2 Juillet 1716, concernant les Déserteurs des Troupes de Sa Majesté.*

### Article III.

Tout cavalier, dragon ou soldat des troupes de Sa Majesté, Françoises & Etrangeres, qui se trouvera avoir quitté depuis ledit jour premier du présent mois, ou qui quittera à l'avenir la Compagnie dans laquelle il sera engagé pour entrer dans une autre Compagnie, ou pour se retirer dans les Provinces du Royaume, sans un congé expédié dans les formes ci-après prescrites, sera mis au Conseil de guerre, & condamné à être passé par les armes jusqu'à ce que mort s'ensuive, après toutefois que le Conseil de guerre aura jugé de la validité de l'engagement, dérogeant pour cet effet Sa Majesté à ladite Ordonnance du 24 Décembre 1684, & à toutes autres rendues en conséquence sur le fait de la désertion.

### Article IV.

Défend Sa Majesté à tout cavalier, dragon ou soldat, de s'éloigner de plus de deux lieues du quartier de sa Compagnie, lorsqu'elle sera dans le Royaume, & d'une demi-lieue lorsqu'elle sera en garnison dans une Place frontiere, sans un congé expédié en la forme ci-après prescrite, à

assez d'Officiers militaires pour composer ledit Conseil, entend Sa Majesté que l'Officier, soit de plume, soit d'épée, qui commandera dans la place ou dans le lieu où un déserteur devra être jugé, assemble chez lui le Conseil de guerre, & qu'il y admette les principaux Employés de la Compagnie des Indes, les Officiers de la garnison & les Officiers des Vaisseaux de ladite Compagnie qui s'y trouveront.

### III.

Pour prévenir les discutions qui pourroient arriver sur le rang entre les différens Officiers & Employés de la Compagnie des Indes, lorsqu'ils seront appellés pour tenir ledit Conseil de guerre chez un Officier de plume, l'intention de Sa Majesté est que l'Officier chez lequel se tiendra ledit Conseil, y préside sans difficulté ; que les Employés qui seront Conseillers ès Conseils supérieurs ou Provinciaux établis dans les Colonies de ladite Compagnie, prennent séance au-dessus des Capitaines ; que les Capitaines de terre & de mer prennent rang entre eux suivant leur ancienneté au service de la Compagnie ; qu'il en soit usé de même entre les Lieutenans ; que les Employés subalternes prennent ensuite leur séance, & que les Enseignes tiennent le dernier rang. Trouve bon néanmoins Sa Majesté qu'au défaut desdits Officiers & Employés, les sergens puissent être admis dans le nombre des Juges, auquel cas ils y auront les dernieres places.

### IV.

Entend Sa Majesté que quand il sera appellé dans un Conseil de guerre des Officiers de plume & de Vaisseau, il soit fait mention dans les jugemens qui interviendront, que ç'a été au défaut d'Officiers militaires & en vertu de la présente Ordonnance.

### V.

Mande & ordonne Sa Majesté aux Gouverneurs & Commandans généraux, aux Commandans particuliers, Di-

que les autres déserteurs des troupes de Sa Majesté, le nombre d'hommes dont lesdits détachemens ont été composés, se trouve considérablement diminué en différens endroits par les désertions, faute de pouvoir faire dans les garnisons des exemples des déserteurs arrêtés, lorsqu'il ne s'y trouve pas un nombre suffisant d'Officiers militaires pour composer un Conseil de guerre, ce qui cause un tort considérable à ladite Compagnie des Indes, & une perte d'hommes toujours très-préjudiciable à l'Etat, par le parti que ces déserteurs prennent chez les Etrangers ; à quoi jugeant nécessaire de pourvoir, & même d'étendre à toutes les troupes généralement entretenues par la Compagnie des Indes, les dispositions desdites Ordonnances de 1721 & 1722, quoique rendues seulement pour la Compagnie d'infanterie entretenue à l'Orient, Sa Majesté a ordonné & ordonne :

### ARTICLE PREMIER.

QUE les sergens, caporaux, anspessades, fusiliers & tambours détachés de ladite Compagnie de l'Orient, & autres étant à la solde de ladite Compagnie des Indes pour les garnisons par elle entretenues dans les forts, postes & comptoirs de ses concessions, qui déserteront, soit pour revenir dans le Royaume ou pour passer au service des Nations étrangères, seront punis des peines portées contre les autres déserteurs des troupes de Sa Majesté, en conformité de son Ordonnance du 2 Juillet 1716, qu'elle veut être exécutée à l'égard desdites troupes, comme si elles y avoient été nommément comprises.

### II.

VEUT Sa Majesté qu'il soit procédé contre lesdits déserteurs en la manière accoutumée dans les troupes de Sa Majesté, & qu'ils soient jugés par des Conseils de guerre, qui seront composés de sept Officiers au moins dans les lieux où il s'en trouvera nombre suffisant ; & à l'égard des garnisons où il ne se trouvera point d'Etat-Major, ni

# ORDONNANCE
## DU ROY,

PORTANT que les Déserteurs des Troupes de la Compagnie des Indes seront punis des mêmes peines que les Déserteurs des Troupes de Sa Majesté.

QUI permet d'admettre ( au défaut d'Officiers Militaires ) dans les Conseils de Guerre, assemblés pour juger lesdits Déserteurs, des Officiers de Plume & de Vaisseau, même des Employés de ladite Compagnie; & qui regle le rang que ces différens Officiers & Employés observeront entre eux.

Du 26 Janvier 1727.

## DE PAR LE ROY.

SA MAJESTÉ étant informée qu'en conséquence de ses Ordonnances des premier Octobre 1721 & 5 Février 1722, la Compagnie des Indes auroit envoyé dans les pays de ses concessions plusieurs détachemens de la Compagnie d'infanterie levée par ordre & sur commissions de Sa Majesté, & entretenue dans le port de l'Orient, tant pour la garde dudit port que pour servir sur les Vaisseaux de ladite Compagnie des Indes & dans ses Colonies: mais que bien que Sa Majesté ait expliqué par la premiere desdites Ordonnances, que les sergens, caporaux, anspessades, fusiliers & tambours de cette Compagnie qui en déserteroient seroient punis des mêmes peines

hibition du commerce, port & ufage des toiles peintes & étoffes des Indes; & étant informé que nonobftant les peines feveres prononcées par les Edits & Réglemens précédemment rendus fur cette matiere, plufieurs perfonnes de différens états & conditions paroiffent encore publiquement revêtues de ces fortes d'étoffes, à quoi il eft d'autant plus important de pourvoir, que cette contravention eft une défobéiffance marquée aux Ordonnances de Sa Majefté. A ces caufes, nous ordonnons que ledit Arrêt du Confeil fera exécuté felon fa forme & teneur, & en conféquence qu'il fera de nouveau réimprimé, lû, publié, colporté & affiché par-tout où befoin fera, à ce que perfonne n'en ignore : mandons aux Commiffaires du Châtelet, chacun dans leurs quartiers, de tenir la main à fon exécution ; & enjoignons à tous Officiers du Guet, prépofés tant pour les barrières de jour que de nuit, de nous donner avis des contraventions, pour fur les procès-verbaux qui feront par eux dreffés, être ftatué ce qu'il appartiendra. Fait le cinq Juin mil fept cent vingt-huit. *Signé* HERAULT. *Et plus bas ;* par Monfeigneur, MILLET.

*L'Arrêt & les Lettres Patentes ci-deffus ont été lûs & publiés à haute & intelligible voix, à fon de trompe & cri public, en tous les lieux ordinaires & accoûtumés, par moi Aimé-Richard Girault, Huiffier à cheval au Châtelet de Paris, commis à l'exercice de la charge de Juré-Crieur ordinaire du Roi, de la Ville, Prévôté & Vicomté de Paris, y demeurant, place Bodoyer, Paroiffe faint Gervais, accompagné de Louis Ambezar & Claude Craponne, jurés Trompettes, & Louis-François Ambezar, commis Trompette, le huitiéme Juin mil fept cent vingt-huit, à ce que perfonne n'en prétende caufe d'ignorance, & affichés ledit jour efdits lieux.* Signé GIRAULT.

fauxbourgs & banlieue de Paris, même dans les Maisons Royales, pour, assisté d'un Commissaire, y faire ou faire faire recherche & perquisition desdites toiles peintes, étoffes des Indes & autres marchandises de contrebande ; enjoignant aux Capitaines & Concierges desdites Maisons Royales, aux Officiers étant dans l'enclos du Temple, de saint Jean de Latran & de l'Abbaye de saint Germain, comme aussi aux Principaux des Colléges, Supérieurs des Couvents, Directeurs des Hôpitaux, & à toutes sortes de personnes de quelque qualité & condition qu'elles puissent être, de donner auxdits Malivoire, Symonnet, Tapin & Fissier, & aux Officiers de Justice dont ils seront accompagnés, l'entrée libre dans lesdits lieux, pour l'entiere exécution du présent ordre, à peine de désobéissance, & d'en répondre en leurs propres & privés noms: enjoint pareillement Sa Majesté au sieur Herault, Conseiller d'Etat en ses Conseils privés, Maître des Requêtes ordinaire de son Hôtel & Lieutenant général de Police de la Ville, Prévôté & Vicomté de Paris, de tenir la main, tant à l'exécution du présent ordre que desdites Ordonnances sur le fait desdites toiles & autres marchandises de contrebande, à l'effet de quoi lesdits Malivoire, Symonnet, Tapin & Fissier lui remettront leurs procès-verbaux de saisies desdites toiles peintes, & autres marchandises de contrebande, & assignations données en conséquence, pour y être par lui pourvû ainsi qu'il appartiendra. Et sera le présent ordre lû, publié & affiché par-tout où besoin sera, à ce qu'aucun n'en prétende cause d'ignorance. FAIT à Marly le huit Janvier mil sept cent vingt-six. *Signé* LOUIS. *Et plus bas,* PHELYPEAUX, *avec paraphe.*

Réné Herault, Chevalier, Seigneur de Fontaine-Labbé, Conseiller du Roi en ses Conseils d'Etat & Privé, Conseiller d'honneur en son Grand Conseil, Maître des Requêtes ordinaire de son Hôtel, & Lieutenant général de Police de la Ville, Prévôté & Vicomté de Paris. Vû ledit Arrêt du Conseil du 8 Octobre 1726, concernant la pro-

l'Arrêt ci-attaché fous le contre-fcel de notre Chancellerie, ce jourd'hui donné en notre Confeil d'Etat, nous y étant, pour les caufes y contenues : commandons au premier notre Huiffier ou Sergent fur ce requis, de fignifier ledit Arrêt à tous qu'il appartiendra, à ce que perfonne n'en ignore, & de faire pour fon entiere exécution tous actes & exploits néceffaires, fans autre permiffion, nonobftant clameur de Haro, Charte Normande & Lettres à ce contraires : voulons qu'aux copies dudit Arrêt & des Préfentes, collationnées par l'un de nos amés & féaux Confeillers-Secrétaires, foi foit ajoûtée comme à l'original ; car tel eft notre plaifir. DONNÉ à Fontainebleau le huitiéme jour d'Octobre, l'an de grace mil fept cent vingt-fix, & de notre regne le douziéme. *Signé* LOUIS. *Et plus bas,* PHELYPEAUX.

SA Majefté ayant par Arrêt du 8 Juillet 1723 ordonné l'exécution de ceux des 10 Juin & 8 Juillet 1721, qui renouvellent les défenfes de l'introduction, port & ufage des étoffes des Indes, de la Chine & du Levant, & des toiles peintes & autres venant des pays étrangers, & ordonné l'exécution des précédens Arrêts ; & défirant que pour l'entiere exécution de ces défenfes, il foit fait des vifites & des perquifitions très-exactes dans la ville, fauxbourgs & banlieüe de Paris, même dans tous les lieux prétendus privilégiés, Sa Majefté a commis & commet les fieurs Malivoire, Symonnet, Tapin & Fiffier, Exempts de Robe-Courte & Huiffiers au Châtelet, pour veiller à l'exécution des Ordonnances, Réglemens & Arrêts concernant la prohibition du port, ufage & commerce defdites toiles peintes, étoffes des Indes & autres marchandifes de contrebande ; leur enjoignant de fe tranfporter dans tous les lieux où ils auront avis qu'il pourra y avoir des marchandifes prohibées par lefdits Réglemens & Arrêts ; dans l'enclos de l'Abbaye faint Germain, dans celui du Temple, dans celui de faint Jean de Latran, dans les Colléges, Hôpitaux & autres lieux prétendus privilégiés de la ville,

*Tome IV.* G

l'Etat, & si préjudiciable aux manufactures du Royaume, elle a cru devoir expliquer de nouveau ses intentions à cet égard; oui le rapport du sieur le Pelletier, Conseiller d'Etat ordinaire & au Conseil Royal, Contrôleur général des Finances, SA MAJESTÉ ÉTANT EN SON CONSEIL, a ordonné & ordonne que les Edits, Déclarations & Arrêts de Réglemens, notamment l'Edit du mois de Juillet 1717, seront exécutés, ensemble les Arrêts de son Conseil des 10 Juin 1721, 5 Juillet 1723 & premier Février 1724, portant défenses de faire aucun commerce, port ni usage des toiles peintes & étoffes des Indes, de la Chine & du Levant, même des toiles de coton blanches & mousselines, autres que celles provenant des ventes faites par la Compagnie des Indes: veut & entend Sa Majesté que les peines y exprimées contre les contrevenans, de quelque qualité & condition qu'ils soient, ne puissent être remises ni modérées, sous quelque prétexte & occasion que ce soit : enjoint expressément au sieur Lieutenant général de Police & aux sieurs Intendans & Commissaires départis dans les Provinces, de tenir exactement la main à l'exécution du présent Arrêt, & de rendre compte à Sa Majesté de mois en mois de ce qui se sera passé à ce sujet dans leurs différens départemens. FAIT au Conseil d'Etat du Roi, Sa Majesté y étant, tenu à Fontainebleau le huitiéme jour d'Octobre mil sept cent vingt-six. *Signé* PHELYPEAUX.

LOUIS, PAR LA GRACE DE DIEU, ROI DE FRANCE ET DE NAVARRE, Dauphin de Viennois, Comte de Valentinois & Dyois, Provence, Forcalquier & terres adjacentes: à notre amé & féal Conseiller en nos Conseils, Maître des Requêtes ordinaire de notre Hôtel, le sieur Herault, Lieutenant général de la Ville, Prévôté & Vicomté de Paris, & les sieurs Intendans & Commissaires départis pour l'exécution de nos ordres dans les Provinces & Généralités de notre Royaume : SALUT. Nous vous mandons & enjoignons par ces Présentes, signées de nous, de tenir chacun en droit soi exactement la main à l'exécution de

l'Arrêt

# ARREST
## DU CONSEIL D'ÉTAT
## DU ROY,
## ET LETTRES PATENTES,

CONCERNANT *la défense des Etoffes des Indes.*

Du Mardi 8 Octobre 1726.

*Extrait des Regiſtres du Conſeil d'Etat.*

LE Roi ayant par différens Edits, Arrêts & Réglemens, fait ſucceſſivement très-expreſſes inhibitions & défenſes de faire aucun commerce, port & uſage des étoffes & toiles peintes venant des Indes, de la Chine & du Levant, à l'exception des toiles de coton blanches & mouſſelines provenant des ventes de la Compagnie des Indes; & par ſon Edit du mois de Juillet 1717 & Arrêts rendus en conſéquence Sa Majeſté ayant prononcé les peines les plus ſeveres contre ceux qui introduiſent leſdites étoffes & toiles peintes dans le Royaume; cependant elle eſt informée qu'au préjudice de tous ſes Réglemens & des défenſes ſi ſouvent réitérées, le débit, port & uſage deſdites étoffes & toiles peintes venant des Indes, de la Chine & du Levant, eſt devenu preſque public: & comme il eſt néceſſaire de reprimer un abus ſi contraire aux intérêts de

PAul-Esprit Feydeau, Chevalier, Seigneur de Brou, la Villeneuve aux Aulnes, Calandes, le Chariot & autres lieux, Conseiller d'Etat & Commissaire départi pour l'exécution des ordres de Sa Majesté en la Province de Bretagne. Vû le présent Arrêt du Conseil & la commission sur icelui expédiée, scellée du grand Sceau de cire jaune; nous Conseiller d'Etat & Commissaire susdit, ordonnons que ledit Arrêt sera exécuté selon sa forme & teneur, pour ce qui nous concerne; en conséquence avons commis le sieur Mellier, Général des Finances & notre Subdélegué, pour faire l'inventaire des marchandises venues sur les Vaisseaux dénommés dans ledit Arrêt. Fait ce dix-sept Octobre mil sept cent vingt-six. *Signé* FEYDEAU. *Et plus bas*, par Monseigneur, *signé* RONDEAU.

GErard Mellier, Conseiller du Roi, Trésorier de France, Général des Finances en Bretagne, Chevalier des Ordres Royaux, Militaires & Hospitaliers de Notre-Dame du Mont-Carmel & de saint Lazare de Jérusalem, Maire & Colonel de la Milice Bourgeoise de Nantes, Commissaire & Subdélegué en cette partie de Monsieur Feydeau de Brou, Conseiller d'Etat, Intendant en Bretagne. Vû l'Arrêt du Conseil ci-dessus, la Commission sur icelui du 4 du présent mois, & l'Ordonnance de mondit sieur l'Intendant du 17 du même mois, qui nous commet à cet égard; nous Commissaire & Subdélegué susdit, ordonnons que ledit Arrêt du Conseil sera exécuté selon sa forme & teneur, pour ce qui nous concerne, lû, publié & affiché par-tout où besoin sera, à ce qu'on n'en ignore. Fait à Nantes le trente-un Octobre mil sept cent vingt-six.

*Signé* MELLIER.

dinaire de son Hôtel, Lieutenant général de Police de la ville de Paris, & aux sieurs Intendans & Commissaires départis dans les Provinces & Généralités du Royaume, de tenir la main à l'exécution du présent Arrêt, qui sera lû, publié & affiché par-tout où besoin sera, & exécuté nonobstant toutes oppositions ou empêchemens quelconques. FAIT au Conseil d'Etat du Roi, Sa Majesté y étant, tenu à Fontainebleau le quatriéme jour d'Octobre mil sept cent vingt-six. *Signé* PHELYPEAUX.

LOUIS, PAR LA GRACE DE DIEU, ROI DE FRANCE ET DE NAVARRE, Dauphin de Viennois, Comte de Valentinois & Dyois, Provence, Forcalquier & terres adjacentes; à notre amé & féal Conseiller en nos Conseils, Maître des Requêtes ordinaire de notre Hôtel, le sieur Herault, Lieutenant général de Police de notre bonne Ville, Prévôté & Vicomté de Paris; & les sieurs Intendans & Commissaires départis pour l'exécution de nos ordres dans les Provinces & Généralités de notre Royaume: SALUT. Nous vous mandons & enjoignons par ces Présentes signées de nous, de tenir, chacun en droit soi, la main à l'exécution de l'Arrêt ci-attaché sous le contre-scel de notre Chancellerie, ce jourd'hui donné en notre Conseil d'Etat, nous y étant, pour les causes y contenues: commandons au premier notre Huissier ou Sergent sur ce requis, de signifier ledit Arrêt à tous qu'il appartiendra, à ce que personne n'en ignore, & de faire pour son entiere exécution tous actes & exploits nécessaires, sans autre permission, nonobstant clameur de Haro, Charte Normande & Lettres à ce contraires. Voulons qu'aux copies dudit Arrêt & des Présentes, collationnées par l'un de nos amés & féaux Conseillers - Secrétaires, foi soit ajoûtée comme à l'original; car tel est notre plaisir. DONNÉ à Fontainebleau le quatriéme jour d'Octobre l'an de grace mil sept cent vingt-six, & de notre regne le douziéme. *Signé* LOUIS. *Et plus bas*; Par le Roi Dauphin, Comte de Provence, PHELYPEAUX. Et scellé.

ou par les Commissaires du Châtelet, les Inspecteurs de Police, ou telles autres personnes qu'il voudra commettre ; & dans les Provinces, par les sieurs Intendans & Commissaires départis, ou leurs Subdélegués ; en sorte que les mousselines, toiles de coton blanches, mouchoirs de coton, soye & coton, écorce & soye, & écorce, soit en piéces & en coupons, qui se trouveront sans lesdites premieres & secondes marques, seront réputées en contravention, confisquées comme telles, & ceux qui s'en trouveront saisis, condamnés aux amendes & autres peines spécifiées par les Arrêts des 20 Janvier & 22 Février 1716, & premier Mai 1724, qui seront exécutés selon leur forme & teneur : veut Sa Majesté qu'à la requête desdits Directeurs de la Compagnie des Indes, il soit fait une visite desdites marchandises des Indes, qui se trouveront chez lesdits Marchands, Négocians, & tous autres de quelque qualité & condition qu'ils puissent être, même qu'il leur soit permis de faire saisir celles qui ne seront pas marquées des marques prescrites par les Arrêts ci-dessus datés : & Sa Majesté voulant assurer de plus en plus l'exécution desdits Arrêts dans la ville de Paris, & favoriser le débit des Marchands qui font un commerce loyal desdites marchandises, lequel est souvent dérangé par les Fraudeurs & Colporteurs inconnus, même empêcher que les Détailleurs, qui s'excusent ordinairement des contraventions qu'on leur impute, par le peu de connoissance qu'ils disent avoir des véritables marques, ne puissent être trompés, fait très-expresses inhibitions & défenses, sous peine de 3000 liv. d'amende, à tous Détailleurs & Détailleuses qui employent lesdites mousselines, toiles de coton blanches, & mouchoirs de coton, soye & coton, écorce & soye, & écorce, d'acheter aucunes piéces que des Marchands connus & domiciliés, sauf aux Détailleurs & Détailleuses à obliger lesdits Marchands de signer leur nom au dos de chaque marque en parchemin, qui sera apposée sur les piéces vendues, pour y avoir recours en cas de besoin : enjoint Sa Majesté au sieur Herault, Conseiller en ses Conseils, Maître des Requêtes or-

difes feront fpécifiées par chapitres diftincts & féparés pour chacun des déclarans, fans que lefdits Marchands de la ville de Paris, Détailleurs ou autres, puiffent tirer des Provinces aucunes mouffelines, toiles de coton blanches & mouchoirs de coton, foye & coton, écorce & foye, & écorce, même de celles marquées à la marque defdits fieurs Intendans & Commiffaires départis, s'ils n'en ont obtenu dudit fieur Lieutenant général de Police une permiffion expreffe : ordonne Sa Majefté qu'après l'appofition defdites marques fur lefdites piéces de mouffelines, toiles de coton blanches, mouchoirs de coton, foye & coton, écorce & foye, & écorce, toutes les marchandifes des Indes venues fur lefdits Vaiffeaux, feront inceffamment vendues en la maniere accoûtumée, en préfence d'un ou de plufieurs Directeurs de la Compagnie des Indes, & du fieur Richard, en payant les droits d'entrée de toutes les marchandifes, conformément au Tarif de 1664, à l'article XLIV de l'Edit du mois d'Août de la même année, & aux Arrêts des 29 Avril & 22 Novembre 1692, & du 28 Septembre dernier ; & à l'égard des toiles de coton teintes, peintes ou rayées de couleurs, & étoffes provenant des Indes & de la Chine, la vente & adjudication n'en pourra être faite qu'à condition qu'elles feront envoyées à l'Etranger par les Adjudicataires, dans fix mois au plus tard du jour de l'adjudication, dans la forme, pour les pays, & avec les précautions prefcrites par l'article VII de l'Arrêt du 11 Juin 1714, & jufques auxdits envois elles feront mifes dans le magafin d'entrepôt, conformément audit Arrêt du 18 Mai 1720 : & ordonne en outre Sa Majefté, conformément à l'article VIII de l'Arrêt du 20 Janvier 1716, que les toiles de coton blanches, mouffelines & mouchoirs de coton, foye & coton, écorce & foye, & écorce, ne pourront être vendues dans aucune Ville, jufqu'à ce qu'il y ait été appofé une feconde marque au chef & à la queue ; fçavoir, à Paris, par le fieur Lieutenant général de Police, qui pourra numeroter & parapher chacune des marques en parchemin, s'il le juge à propos,

foye tani, porcelaines, cabarets, tables & paravents, vernis, bureaux, boëtes, commodes & cabinets du Japon & de la Chine, rottins & autres ; & le troifiéme chapitre fera compofé de mouchoirs de Pondichery, toiles teintes, peintes & rayées de couleurs, & étoffes dont l'ufage & le débit font prohibés dans le Royaume, & qui quoique chargées fur les Vaiffeaux de la Compagnie des Indes, ne peuvent y être vendues qu'à condition qu'elles feront envoyées à l'Etranger : ordonne auffi Sa Majefté que toutes lefdites piéces de mouffelines, toiles de coton blanches & mouchoirs de coton, foye & coton, écorce & foye, & écorce, fpécifiées par le premier chapitre dudit inventaire, feront marquées aux deux bouts de chaque piéce d'une marque pareille à l'empreinte étant au pied dudit Arrêt du 28 Avril 1711, imprimée fur un morceau de parchemin, figné par le fieur Jacques Dubois, commis par Arrêt du 15 Juillet 1721, & par les fieurs du Joncheray Dubois & Pinfon de fainte Catherine, auffi commis par Arrêt du 13 Novembre 1725, ou par l'un d'eux feulement, laquelle marque fera attachée au chef & à la queue de chaque piéce, avec le plomb de ladite Compagnie, en préfence dudit fieur Subdélégué, ou autre qui fera commis par ledit fieur Feydeau de Brou, fans que les Marchands & Négocians puiffent être tenus de rapporter lefdites marques, ni de faire mention fur leurs regiftres des noms de ceux auxquels ils pourront vendre des piéces entieres ; à condition néanmoins que lefdits Marchands & Négocians feront immédiatement après chaque vente publique une déclaration expreffe de la quantité defdites toiles de coton blanches, mouffelines & mouchoirs de coton, foye & coton, écorce & foye, & écorce, qu'ils auront achetés, lefquelles déclarations feront faites à Paris au fieur Lieutenant général de Police ou à celui qu'il commettra, & dans les Provinces aux fieurs Intendans & Commiffaires départis, ou aux perfonnes qui feront par eux commifes, lefquelles déclarations feront par eux inférées dans un regiftre particulier, paraphé par ceux qui les recevront, dans lequel regiftre lefdites marchan-

ticuliers qui les ont achetés de ladite Compagnie, d'en faire débit & usage, en payant seulement les droits d'entrée portés par le Tarif de 1664, pour les marchandises qui y sont dénommées & contenues, & trois pour cent de la valeur de celles qui n'y sont pas comprises, suivant & conformément à l'article XLIV de l'Edit d'établissement de ladite Compagnie, Arrêts rendus en conséquence, à l'Edit du mois de Juin 1725 & à l'Arrêt du 28 Septembre dernier. A ces causes, requéroient les Directeurs de la Compagnie des Indes qu'il plût à Sa Majesté sur ce pourvoir. Vû lesdits Arrêts des 10, 24 Février & 13 Mai 1691, Déclaration de Sa Majesté du 9 Mai 1702, Arrêts des 27 Août & 10 Décembre 1709, 28 Avril 1711, 11 Juin 1714, 20 Janvier & 22 Février 1716, l'Edit du mois de Mai 1719, portant réunion des Compagnies des Indes Orientales & de la Chine à celle d'Occident, l'Arrêt du 9 Mai 1724, l'Edit du mois de Juin 1725, & l'Arrêt du 28 Septembre dernier; oui le rapport du sieur le Pelletier, Conseiller d'Etat ordinaire & au Conseil Royal, Contrôleur général des Finances, LE ROI ÉTANT EN SON CONSEIL, a ordonné & ordonne que par le sieur Feydeau de Brou, Conseiller en ses Conseils & de son Conseil d'Etat, Commissaire départi en la Province de Bretagne, ou par celui qu'il subdéleguera à cet effet, il sera fait en présence du sieur Richard, commis par le Conseil pour l'exécution de l'Arrêt du 18 Mai 1720, l'inventaire de toutes les marchandises qui composent le chargement desdits Vaisseaux le Duc de Chartres, le Neptune, l'Apollon, la Syrene & le saint Louis, lequel inventaire sera divisé en trois chapitres, dont le premier comprendra les marchandises sujettes à la marque, comme mousselines, toiles de coton blanches & mouchoirs de coton de Bengale & de Masulipatan, mouchoirs de soye & coton, écorce & soye, & écorce ; le deuxiéme les drogueries & épiceries, comme poivre, rhubarbe, esquine, thé boüi & verd, aloës, encens, cardamon, laque en bois & en feuille, borax, cauris, bois rouge, bois de sapan, bois de Chine, soye écrue,

*Tome IV.*                                                                    F

feuille, borax, cauris, bois rouge, bois de fapan, bois de
Chine, foye écrue, foye tani, porcelaine, cabarets, tables & paravents, vernis, bureaux, boëtes, tables, commodes du Japon & de la Chine, rottins, & autres épiceries & drogueries, étoffes de foye, damas, fatins unis,
rayés & à fleurs, fatins brodés, toiles de coton blanches
& mouffelines, toiles teintes, peintes & rayées de couleurs, mouchoirs de coton & autres ; de toutes lefquelles
marchandifes, tant permifes que prohibées, la vente doit
être faite dans la ville de Nantes, après cependant que fur
toutes les mouffelines, toiles de coton blanches, & mouchoirs de coton de Bengale & de Mafulipatan, mouchoirs
de foye & coton, écorce & foye, & écorce, fujettes à la
marque, il leur a été appofé celle qu'il a plû à Sa Majefté
ordonner par Arrêt du 28 Avril 1711, dont l'empreinte
eft au pied dudit Arrêt, laquelle marque fera imprimée
fur un morceau de parchemin, figné & paraphé par le fieur
Jacques Dubois, commis par Arrêt du 15 Juillet 1721,
& par les fieurs Dujoncheray Dubois & Pinfon de fainte
Catherine, auffi commis par Arrêt du 13 Novembre 1725,
ou par l'un defdits fieurs feulement ; à l'effet qu'il n'en
foit débité aucunes dans le Royaume que celles de ladite
Compagnie, conformément aux Arrêts des 10, 24 Février
& 13 Mars 1691, Déclaration de Sa Majefté du 9 Mai
1702, & autres Arrêts & Réglemens rendus en conféquence, concernant le commerce de ladite Compagnie,
& notamment à ceux des 10 Décembre 1709 & 4 Juin
1715, rendus en interprétation de celui du 27 Août 1709,
aux Arrêts des 11 Juin 1714, 20 Janvier & 22 Février
1716, à l'Edit du mois de Mai 1719, portant réunion des
Compagnies des Indes & de la Chine à la Compagnie d'Occident, à préfent nommée Compagnie des Indes, & à l'Arrêt du 9 Mai 1724, qui permettent à la Compagnie de
vendre dans le Royaume des mouffelines, toiles de coton
blanches & mouchoirs de coton, mouchoirs de foye &
coton, écorce & foye, & écorce, apportés dans fes Vaiffeaux ; & à tous Négocians, Marchands, & autres particuliers

# ARREST
## DU CONSEIL D'ÉTAT
## DU ROY,

*PORTANT qu'il fera fait Inventaire de toutes les Marchandifes qui compofent le chargement des Vaiffeaux le Duc de Chartres, le Neptune, l'Apollon, la Syrene & le Saint Louis, venant des Ports des Conceffions de la Compagnie des Indes ; lefquelles Marchandifes feront inceffamment vendues en la maniere accoutumée, en préfence des Directeurs de ladite Compagnie, avec les formalités prefcrites par ledit Arrêt.*

Du 4 Octobre 1726.

*Extrait des Regiftres du Confeil d'Etat.*

SUR la requête préfentée au Roi étant en fon Confeil par les Directeurs de la Compagnie des Indes, contenant que les Vaiffeaux le Duc de Chartres, le Neptune, l'Apollon & la Syrene, font arrivés au port de l'Orient les 20 Mai & 20 Septembre derniers, & le Vaiffeau le faint Louis à faint Malo le 20 Septembre auffi dernier, venant des Ports des conceffions de la Compagnie des Indes, chargés de poivre, rhubarbe, efquine, thé boüi & verd, aloës, encens, cardamon, laque en bois & en

me, le tout ainsi que plus au long le contiennent lesdites Lettres à ladite Cour adreſſantes : concluſions du Procureur général du Roi, oui le rapport de M<sup>e</sup> Daniel-Guillaume Tourres, Conſeiller, & tout conſidéré : La Cour a ordonné & ordonne que leſdites Lettres ſeront exécutées au Greffe d'icelle au lendemain de ſaint Martin, & par proviſion ſeront exécutées ſelon leur forme & teneur, & que copies collationnées d'icelles ſeront envoyées ès Siéges des Bureaux des Traites & des Maîtres des Ports du reſſort de la Cour, & ès Siéges des Elections du reſſort de la Cour où il n'y a ni Bureau des Traites ni Maîtres des Ports, pour y être lûes, publiées & enregiſtrées, l'Audience tenante. Fait à Paris en la Chambre de ladite Cour des Aydes le vingt-ſix Octobre mil ſept cent vingt-ſix. Collationné. Signé OLIVIER.

la requête de l'Adjudicataire de nos Fermes générales, ainsi qu'il s'est pratiqué jusqu'à présent.

### XXI.

DÉFENDONS à tous les Fermiers des ponts & passages, Meuniers, Lavandiers, & autres ayant bacs & bateaux sur la riviere, de passer sciemment ou laisser passer les gens portant ou conduisant lesdites marchandises, à peine de trois cens livres d'amende, & à défaut de payement dans le mois du jour de la prononciation du jugement, elle sera convertie en la peine de galeres pour trois ans.

### XXII.

VOULONS que le présent Réglement soit gardé & observé, à commencer du jour de sa publication ; dérogeons à toutes les Ordonnances, Arrêts & Réglemens, & notamment à l'Edit du mois de Juillet 1717, en ce qu'ils ne se trouveront pas conformes à ces Présentes. Si donnons en mandement à nos amés & féaux Conseillers, les Gens tenant notre Cour des Aydes à Paris, que le présent Edit ils ayent à faire lire, publier & regitrer, ( même en temps de vacations ) & le contenu en icelui garder, observer & exécuter selon sa forme & teneur ; car tel est notre plaisir : & afin que ce soit chose ferme & stable à toujours, nous y avons fait mettre notre scel. DONNÉ à Fontainebleau au mois d'Octobre, l'an de grace mil sept cent vingt-six, & de notre régne le douziéme. *Signé* LOUIS. *Et plus bas ; par le Roi*, PHELYPEAUX. *Visa*, FLEURIAU. *Vû au Conseil*, LE PELLETIER. Et scellé du grand Sceau de cire verte, en lacs de soye rouge & verte.

*Vû par la Cour les Lettres Patentes en forme d'Edit, signées Louis, & plus bas, par le Roi, Phelypeaux ; visa, Fleuriau ; vû au Conseil, le Pelletier, données à Fontainebleau au mois d'Octobre présent mois, par lesquelles & pour les causes y contenues, Sa Majesté prononce des peines contre ceux qui introduiront des toiles peintes & étoffes des Indes dans le Royau-*

les qui naîtront d'icelui, circonstances & dépendances, appartiendra en premiere instance aux Maîtres des Ports, leurs Lieutenans & Juges des Traites, auxquels nous l'attribuons par ce présent Edit, chacun dans l'étendue de son ressort, & par appel en nos Cours des Aydes : défendons à tous autres Juges, même aux Officiers de nos Elections, d'en prendre connoissance, à la reserve toutefois de ceux de l'Election de Paris & des autres Elections dans les lieux où il n'y a pas de Maîtres des Ports & Juges des Traites, qui en connoîtront en premiere instance dans l'étendue de leur ressort.

### XVII.

NE sera reçû l'appel des Sentences diffinitives, même dans celles qui porteront peines afflictives, que les sommes auxquelles monteront les condamnations pécuniaires n'ayent été actuellement consignées entre les mains de l'Adjudicataire des Fermes, à l'exception néanmoins de l'amende de trois mille livres portée par les articles VII & VIII, pour laquelle il ne sera consigné que moitié; sur lesquelles consignations seront pris les frais de la conduite des condamnés.

### XVIII.

LES Sentences, soit qu'il y ait appel ou non, passeront en force de chose jugée, & feront pleinement exécutées, si les sommes ne sont payées ou consignées dans le mois du jour de la prononciation ou signification à personne ou domicile.

### XIX.

IL ne sera fait aucune poursuite contre les Employés qui auront tué des contrebandiers en résistant; imposons en ce cas silence à tous nos Procureurs.

### XX.

VOULONS que les jugemens des saisies & confiscations soient poursuivis, & le recouvrement des amendes fait à

voitures, si elles appartiennent aux mêmes Marchands & Voituriers, & lesdits Marchands & Voituriers condamnés chacun & solidairement en trois cens livres d'amende, & à défaut de payement de l'amende dans le même mois du jour de la prononciation du jugement, elle sera convertie en la peine des galeres pour trois ans ; ce qui néanmoins n'aura lieu pour les Maîtres des voitures publiques, que dans le cas où ils seront reconnus complices de la fraude.

### XIII.

LES pere & mere & maris seront civilement & solidairement responsables des amendes prononcées contre leurs femmes, leurs enfans mineurs demeurant avec eux.

### XIV.

LES procès-verbaux signés de deux Commis, Capitaines, Gardes & Archers de nos Fermes générales & du Tabac, & par eux affirmés véritables, sur lesquels ils seront repetés devant l'un de nos Officiers des Traites ou autres, & l'interrogatoire des accusés sur ce qui y est contenu, sans signification des faits & articles, suffiront sans autre procédure pour les condamnations pécuniaires, & seront crûs jusqu'à inscription de faux.

### XV.

LES condamnations portant peines afflictives, ne pourront intervenir qu'après une instruction entiere par audition de témoins, recollement & confrontation, comme dans les autres crimes. N'entendons toutefois comprendre au présent article les conversions qui se feront de droit, en vertu du présent Edit, des condamnations pécuniaires & peines corporelles ; voulons qu'elles soient déclarées par nos Juges sur une simple requête, sans nouvelle instruction.

### XVI.

LA connoissance de toutes les affaires, tant civiles que criminelles, concernant le présent Réglement, & de cel-

E ij

vriers & ouvrieres, d'employer chez eux ou dans des maisons particulieres, ni d'avoir dans leurs magasins, boutiques ou chambres, aucunes desdites étoffes ou toiles, ni aucuns habits, vêtemens ou meubles faits d'icelles, neufs ou vieux.

### IX.

DÉFENDONS à tous nos sujets de quelque qualité & condition qu'ils soient, de retirer dans leurs maisons sciemment, & avec connoissance de cause, les voitures & porteurs desdites marchandises, & de leur donner retraite, à peine d'être déclarés complices de la fraude, & tenus solidairement des amendes qui se trouveront prononcées contre les propriétaires desdites marchandises.

### X.

LES Commis, Capitaines, Gardes & Archers de nos Fermes générales unies, de celle du Tabac, & autres Préposés qui seront convaincus d'avoir fait le commerce desdites marchandises, ou d'y avoir participé en quelque maniere que ce soit, seront punis de mort.

### XI.

DÉCLARONS tous Juges & Officiers compétans pour la capture des gens conduisant, transportant ou débitant lesdites marchandises, sans qu'il soit besoin de décret ni de commission, à la charge qu'ils seront incessamment conduits avec les marchandises & équipages, devant les Maîtres des Ports ou leurs Lieutenans, les Officiers des Traites & ceux de l'Election de Paris, dans le ressort où la capture aura été faite, pour y être par eux jugés aux termes du présent Edit.

### XII.

LES voitures, tant par eau que par terre, qui auront servi à conduire lesdites marchandises, seront confisquées, même les autres marchandises qui seront dans les mêmes

## IV.

Si les condamnés ne payent l'amende dans le mois du jour de la prononciation de la Sentence, elle sera convertie ; sçavoir, celle de deux cens livres en la peine du foüet, & en outre à celle de la marque du C* qui leur sera appliquée avec un fer chaud sur l'épaule ; & celle de trois cens livres à l'égard des hommes, en la peine des galeres pour trois ans, & à l'égard des femmes & filles, à celle du foüet.

## V.

Seront les complices du même fait tenus solidairement de toutes les amendes comprises dans une même condamnation.

## VI.

Défendons à toutes personnes de falsifier, imiter ou contrefaire les marques & plombs ordonnés être apposés sur les marchandises que la Compagnie des Indes a permission de vendre & débiter dans notre Royaume, à peine de cinq cens livres d'amende & des galeres pour trois ans pour les hommes, & du foüet à l'égard des femmes & filles.

## VII.

Voulons que les Marchands & Marchandes tenant boutiques & magasins, chez lesquels on aura trouvé desdites marchandises, soient condamnés en trois mille livres d'amende, qui ne pourra être modérée, même déchûs de l'état & qualité de Marchand, dont sera fait mention sur le registre de leur Corps, où leur nom sera rayé & biffé ; & voulons qu'au payement desdites amendes les condamnés puissent être contraints par corps.

## VIII.

Défendons sous les mêmes peines à tous Fripiers, Tailleurs, Couturieres, Tapissiers, Brodeurs & autres ou-

tre Conseil, & de notre certaine science, pleine puissance & autorité Royale, nous avons par notre présent Edit dit, statué & ordonné, disons, statuons & ordonnons, voulons & nous plaît ce qui suit.

### Article premier.

Toutes personnes qui introduiront dans notre Royaume, terres & pays de notre obéissance, à main armée, & attroupés au nombre de trois & au-dessus, des toiles peintes ou teintes, écorces d'arbres ou étoffes de la Chine, des Indes & du Levant, de soye pure ou mêlées d'or ou d'argent, ou de soye & coton, de quelque nature & qualité qu'elles puissent être, même les toiles de coton & mousselines, autres que celles marquées des marques ordonnées par notre Edit de Juillet 1717, & autres Réglemens, seront punis de mort, & leurs biens confisqués dans les Provinces où la confiscation a lieu, & dans celles où la confiscation n'a pas lieu, ils seront condamnés à une amende, qui sera au moins du quart des biens qui y sont situés.

### II.

Ceux qui seront en moindre nombre de trois, & armés, seront pour la premiere fois condamnés aux galeres pour trois ans, & chacun des contrevenans en trois cens livres d'amende; & en cas de récidive, seront punis de mort.

### III.

Voulons que ceux qui seront pris introduisant & portant sans armes lesdites marchandises à port-col, soient condamnés pour la premiere fois en deux cens livres d'amende; & en cas de récidive, aux galeres pour six ans, & en trois cens livres d'amende: & ceux qui seront pris avec chevaux, harnois, charrettes ou bateaux, condamnés pour la premiere fois en trois cens livres d'amende; & en cas de récidive, aux galeres pour neuf ans, & en quatre cens livres d'amende.

IV.

# ÉDIT DU ROY,

QUI prononce des peines contre ceux qui introduiront dans le Royaume des Toiles peintes ou teintes, Ecorces d'arbres, ou Etoffes de la Chine, des Indes & du Levant.

Donné à Fontainebleau au mois d'Octobre 1726.

LOUIS, PAR LA GRACE DE DIEU, ROI DE FRANCE ET DE NAVARRE, à tous présens & à venir : SALUT. Le feu Roi notre très-honoré Seigneur & bisayeul a par différens Edits, Arrêts & Réglemens, fait de très-expresses défenses pour empêcher l'introduction des toiles peintes, écorces d'arbres, étoffes de la Chine, des Indes & du Levant, de quelque nature & qualité qu'elles puissent être, nous avons à son exemple prononcé des peines pour empêcher ce commerce, & par notre Edit du mois de Juillet 1717 nous en avons ajoûté de nouvelles ; mais étant informé que les peines pécuniaires prononcées contre les contrevenans, qui font pour l'ordinaire gens sans aveu & sans bien, ne produisent aucun effet, parce qu'ils ne sont pas en état d'y satisfaire, nous avons crû nécessaire pour contenir ceux qui voudroient entreprendre ce commerce, si préjudiciable aux Manufactures du Royaume, d'ajoûter des dispositions qui puissent établir une loi certaine sur cette matiere, & mettre nos Officiers en état de prononcer les peines que nous jugeons à propos d'imposer, à l'exemple de ce qui a été prescrit par l'Ordonnance de 1680 sur le fait des Gabelles, & par les Réglemens intervenus en conséquence. A CES CAUSES & autres à ce nous mouvant, de l'avis de no-

subsistance & entretien desdites places. Ordonne Sa Majesté que le présent Arrêt sera exécuté selon sa forme & teneur, nonobstant tous Edits, Déclarations, Arrêts ou Réglemens à ce contraires, auxquels Sa Majesté a dérogé & déroge, & que sur icelui toutes Lettres nécessaires soient expédiées. FAIT au Conseil d'Etat du Roi, Sa Majesté y étant, tenu à Fontainebleau le vingt-huitiéme jour de Septembre mil sept cent vingt-six. *Signé* PHELYPEAUX.

## IV.

Dé'fend Sa Majesté au Receveur de la Prévôté de Nantes, & aux Commis des Fermes, de percevoir sur les marchandises apportées par les Vaisseaux de la Compagnie des Indes, les quatre sols pour livre, soit de ladite Compagnie, soit des Adjudicataires ou Cessionnaires desdits Adjudicataires, lorsque lesdites marchandises seront transportées dans l'étendue des cinq grosses Fermes ou à Lyon, à condition à l'égard des Cessionnaires desdits Adjudicataires, que dans le temps de la livraison desdites marchandises, les Adjudicataires déclareront au Bureau de la Prévôté de Nantes les noms des Cessionnaires de chaque lot de marchandises, & la quantité & qualité d'icelles.

## V.

Sa Majesté a prorogé & proroge pour dix années l'exemption de la moitié des droits sur les marchandises venant de la Colonie de la Loüisianne, & ce à commencer du jour de l'expiration de celle accordée par les Lettres Patentes du mois d'Avril 1717.

## VI.

Veut en outre Sa Majesté que la Compagnie puisse tirer des pays étrangers les marchandises dont elle pourra avoir besoin pour les pays de ses concessions, & les entreposer pendant six mois, en observant les formalités ordinaires, sans être obligée au payement d'aucuns droits.

## VII.

Ordonne que conformément aux Arrêts de son Conseil des 9 Octobre 1706, 15 Août 1712 & 4 Juin 1719, ladite Compagnie soit & demeure exempte du droit de cottimo, de celui de table de mer, poids & casse, droits de foraine, & autres généralement quelconques, mis & à mettre, pour les marchandises venant des places & côtes de Barbarie, & pour celles qu'elle pourra y envoyer pour la

leur forme & teneur, & en conséquence permet Sa Majesté à ladite Compagnie de faire décharger les Vaisseaux venant des pays de ses concessions dans le port de l'Orient, de bord à bord dans des barques, pour être les marchandises en provenant transportées par mer à Nantes: veut Sa Majesté que toutes les marchandises y entrant par mer, qui aux termes de l'Arrêt du 2 Novembre 1700, sont sujettes tant au droit de quarantième de la valeur, qu'à celui de deux sols six deniers du fardeau de cent cinquante livres pesant pour la Prévôté de Nantes, soient & demeurent exemptes desdits droits: défend Sa Majesté de les percevoir, à peine de concussion, Sa Majesté dérogeant à cet effet en faveur de la Compagnie seulement, audit Arrêt du 2 Novembre 1700.

## II.

ORDONNE Sa Majesté que ladite Compagnie jouira du bénéfice de l'entrepôt pendant six mois, pour toutes les marchandises provenant des pays de ses concessions; permet Sa Majesté à ladite Compagnie de les envoyer à l'Etranger sans payer aucuns droits, en observant néanmoins par elle les formalités prescrites en pareil cas.

## III.

ORDONNE Sa Majesté que les marchandises ci-après spécifiées, provenant des pays concédés à la Compagnie des Indes, & destinées pour la consommation du Royaume, payeront à l'avenir pour tous droits d'entrée; sçavoir, le thé, trois pour cent du prix de la vente, à la déduction néanmoins de vingt-cinq pour cent sur ledit prix; les porcelaines, six livres du cent pesant brut; l'indigo provenant des Indes & de la Chine, cinq livres du cent pesant; la canelle sauvage, six livres du cent pesant; & le sucre candi, douze livres du cent pesant. Veut néanmoins Sa Majesté que les porcelaines, indigo, canelle sauvage & sucre candi destinés pour la consommation des Provinces du Royaume reputées étrangeres, soient & demeurent exemptes de tous droits.

# ARREST
## DU CONSEIL D'ÉTAT
## DU ROY,

*PORTANT confirmation des Priviléges accordés à la Compagnie des Indes, & exemption de droits en faveur de ladite Compagnie.*

Du 28 Septembre 1726.

*Extrait des Regiſtres du Conſeil d'Etat.*

LE Roi s'étant fait repréſenter en ſon Conſeil les Edits, Déclarations, Arrêts & Lettres Patentes concernant les priviléges de la Compagnie des Indes; & Sa Majeſté étant informée, qu'il s'eſt mû en différens temps des conteſtations entre ladite Compagnie & les Fermiers généraux, au ſujet deſdits priviléges & exemptions de droits, dont la plupart n'ont été décidées que par des ordres particuliers de Sa Majeſté : ſur quoi étant néceſſaire de pourvoir, oui le rapport du ſieur le Pelletier, Conſeiller d'Etat ordinaire & au Conſeil Royal, Contrôleur général des Finances, LE ROI ETANT EN SON CONSEIL, a ordonné & ordonne ce qui enſuit.

### ARTICLE PREMIER.

VEUT Sa Majeſté que les Edits, Déclarations, Arrêts & Lettres Patentes concernant les priviléges & exemptions accordés à la Compagnie des Indes, ſoient exécutés ſelon

D ij

taires, à condition que le recouvrement desdits droits pourra être fait au nom de Sa Majesté, & aux conditions comprises au mémoire inséré en la délibération de ladite Compagnie des Indes, annéxé à la minute du présent Arrêt, à la charge toutefois par ladite Compagnie des Indes de payer, suivant ses offres, la somme de six millions d'une part, qui sera remise à le Fevre Notaire, pour être par lui distribuée ainsi qu'il sera ordonné par Sa Majesté, & celle de 47952 liv. 9 s. 2 d. d'autre part, pour pareille somme dûe à Sa Majesté par la Compagnie de saint Domingue, laquelle somme sera payée par ladite Compagnie des Indes au sieur Gaudion, Trésorier de la Marine. Fait au Conseil d'Etat du Roi, Sa Majesté y étant, tenu à Paris le dixiéme Septembre mil sept cent vingt. *Signé* FLEURIAU.

qui pourront être vendus dans la Colonie, & qu'au cas qu'au retour ces mêmes Vaisseaux rapportassent d'autres denrées du pays que les syrops, les bâtimens & les denrées ainsi embarquées soient confisquées, à moins qu'elles n'ayent été embarquées au défaut des Vaisseaux François, sur ledit certificat des Gouverneurs & Intendans, pour être portées en France & y être entreposées; lesquelles propositions ont été examinées & approuvées par le Conseil de Marine. La délibération prise le 6 du présent mois de Septembre par les Directeurs de la Compagnie des Indes, auxquels ledit mémoire* a été communiqué, portant que Sa Majesté seroit suppliée de vouloir accorder à la Compagnie la proposition contenue audit mémoire inséré en ladite délibération, aux charges, clauses & conditions portées en icelui : la soumission faite le même jour 6 du présent mois, en conséquence de ladite délibération, pardevant le Fevre & de la Balle, Notaires, par les Directeurs de ladite Compagnie, lesquelles délibération, mémoire y contenu & soumission demeureront annexées à la minute du présent Arrêt : & Sa Majesté trouvant plus convenable de charger la Compagnie des Indes de l'exécution de la proposition contenue audit mémoire, que de la confier à des particuliers, attendu que cette Compagnie au moyen des fonds considérables qu'elle a, sera mieux en état de l'exécuter, & qu'il est juste d'ailleurs de préférer à des particuliers une Compagnie publique dans laquelle la plupart des sujets de Sa Majesté se trouvent intéressés, & que Sa Majesté regarde comme l'établissement le plus important de l'Etat; oui le rapport, SA MAJESTE' E'TANT EN SON CONSEIL, de l'avis de M. le Duc d'Orleans Régent, a accepté & accepte les offres de la Compagnie des Indes, en conséquence a subrogé & subroge ladite Compagnie aux droits, noms, raisons & prétentions appartenant à la Compagnie de saint Domingue, tant en France qu'à l'Amerique & autres lieux, lesquels droits ont été rétrocédés à Sa Majesté par ladite Compagnie de saint Domingue, par acte passé le 2 Avril dernier pardevant Verany & de Mahault, No-

* C'est la même chose que les 16 articles ci-dessus.

Tome IV.                                                                 D

mens François vouluſſent exiger un fret plus fort que celui de cent livres par tonneau, ce que la Société ſera obligée de prouver par des certificats du Gouverneur ou de l'Intendant, elle pourra charger ſes marchandiſes ſur les Vaiſſeaux Hollandois ou Danois, leſquels ſeront obligés d'apporter en droiture leſdites marchandiſes en France, pour y être entrepoſées en cas que la Société ne les deſtine pas pour la conſommation du Royaume, & qu'elle ſe propoſe de les envoyer en pays étrangers. 13º Que la Société ſera exempte des droits de ſortie de ſaint Domingue pour les marchandiſes provenant tant du recouvrement des effets de la Compagnie que du produit des Négres que la Société introduira dans la Colonie. 14º Qu'il plaira à Sa Majeſté d'accorder ſa protection à ladite Société pour toutes les affaires qu'elle pourra avoir à ſaint Domingue, & principalement pour le recouvrement des effets de la Compagnie, & pour les comptes que doivent rendre les Commis de la Compagnie, & qu'à cet effet il en ſera écrit fortement au Gouverneur & à l'Intendant. 15º Qu'il plaira auſſi à Sa Majeſté d'accorder l'évocation à l'Amirauté de Paris de toutes les conteſtations que la Société pourra avoir en France au ſujet de ſon commerce, ainſi que l'avoit la Compagnie de ſaint Domingue. 16º Que la Société payera à Sa Majeſté, outre les ſix millions, ce qui lui eſt dû par la Compagnie de ſaint Domingue, montant à 47952. liv. 9 ſ. 2 d, & qu'enfin Sa Majeſté aura la bonté de prêter à ladite Société pendant le temps de quinze années, un magaſin que la Compagnie a fait bâtir dans le fort ſaint Louis pour y mettre ſes marchandiſes, lequel eſt inutile au ſervice de Sa Majeſté. Et afin de s'aſſurer davantage que les Vaiſſeaux étrangers dont la Société ſe ſervira pour le commerce des Négres, n'introduiront ſous ce prétexte aucune marchandiſe étrangere dans la Colonie, & n'en rapporteront aucune denrée du pays autre que les ſyrops, elle conſent qu'au cas qu'il ſe trouve des marchandiſes étrangeres ſur les Vaiſſeaux qui porteront des Négres, elles ſoient conſiſquées, ainſi que le bâtiment, à la reſerve des Négres,

qui

de quinze années, trente mille Négres, pour les vendre dans ladite isle, sans être tenue de payer aucun droit, à condition néanmoins que si dans moins de quinze années elle introduit les trente mille Négres, le privilége cessera. 8° Que lesdits Négres ne pourront être vendus par ceux qui les auront achetés du Commis de la Société, sans rapporter la quittance qui justifie l'entier payement desdits Négres, à peine de nullité. 9° Que Sa Majesté fera expédier tous les passeports dont la Société aura besoin, tant en temps de paix qu'en temps de guerre, pour les Vaisseaux étrangers qui seront par elle employés au transport desdits trente mille Négres seulement. 10° Que la Société payera les Négres qu'elle tirera de l'Etranger en marchandises de France dont la sortie du Royaume est permise, & avec des syrops de sucre provenant de l'isle de saint Domingue, à la charge que les navires qui seront chargés uniquement de ces syrops pourront aller les porter à l'Etranger, sans payer aucuns droits de sortie dans les Colonies, & sans être obligés d'aborder aux Ports du Royaume. 11° Que la Société s'obligera de n'introduire lesdits Négres & de ne faire sortir les syrops qu'elle donnera en payement que par quatre endroits, qui seront convenus & désignés pour ce commerce, afin qu'il soit plus facile de connoître s'il n'a point été embarqué d'autres denrées du pays sur les bâtimens étrangers, dans lesquels endroits il sera permis à la Société de faire construire des magasins, avec une enceinte de murailles pour la sûreté de ses marchandises, ce qu'elle ne pourra faire néanmoins que du consentement du Gouverneur. 12° Que la Société aura la faculté de décharger les marchandises à fret sur les Vaisseaux de Sa Majesté qui iront à saint Domingue, lorsqu'ils retourneront en France, en payant le fret au prix courant; & à l'égard du reste des denrées du pays, provenant tant de la vente des Négres de la Société que des anciennes dettes des habitans à la Compagnie, la Société les fera embarquer sur les Vaisseaux marchands François, & au défaut des uns & des autres, ou dans le cas que les Capitaines des bâti-

de Mahault, Notaires, le 2 dudit mois d'Avril dernier : le mémoire présenté au Conseil de Marine par différens particuliers, contenant qu'ils offroient de former une société qui feroit le remboursement & le dédommagement de la Compagnie de saint Domingue, supprimée, aux conditions suivantes : 1° Que ladite Société donnera six millions, lesquels seront mis & déposés chez le Fevre Notaire, pour acquitter les dettes de la Compagnie, tant en France qu'ailleurs, & être partagés ensuite entre les Directeurs & Actionnaires de ladite Compagnie, chacun au prorata de son intérêt. 2° Qu'au moyen du payement des six millions, il plaira au Roi subroger la Société dans tous les droits, noms, raisons & prétentions qui appartiennent à ladite Compagnie, tant en France qu'à l'Amerique & autres lieux, lesquels droits ont été rétrocédés à Sa Majesté par ladite Compagnie, & que le recouvrement desdits effets pourra se faire sous le nom de Sa Majesté. 3° Que toutes les terres non concédées par ladite Compagnie & qui sont comprises dans l'étendue du terrain qui lui avoit été accordé, appartiendront à ladite Société, à l'exception de trois concessions que Sa Majesté a accordées depuis la suppression de ladite Compagnie. 4° Que ladite Société pourra disposer desdites terres pendant l'espace de quinze années, & en transférer la propriété, soit par vente à prix d'argent, soit par vente à la charge de rente fonciere. 5° Que les habitans établis dans l'étendue des terres qui ont appartenu à ladite Compagnie, seront tenus de représenter à ladite Société dans un an les concessions qui leur ont été accordées, avec la déclaration des terres par tenans & aboutissans, dont il sera fait état & description sans aucuns frais pour les habitans. 6° Qu'il sera permis à ladite Société de rentrer dans les terres concédées par ladite Compagnie, lesquelles n'auront point été défrichées, conformément aux Réglemens de Sa Majesté, en faisant payer la réunion par les Juges qui ont droit d'en connoître. 7° Que ladite Société aura le privilége exclusif, pour l'isle de saint Domingue seulement, de tirer des Etrangers pendant le cours

que néanmoins il est notoire que lesdits effets proviennent de Noirs dont la Compagnie de saint Domingue avoit fait crédit aux habitans dudit pays, pour les mettre en état d'y faire de nouvelles habitations & d'y augmenter leurs cultures ; mais qu'attendu que les sieurs Intendans ou Commissaires ordonnateurs qui étoient à la Colonie lors de l'introduction desdits Noirs, ne s'y trouvant plus, elle est hors d'état de rapporter lesdits certificats : à quoi Sa Majesté désirant pourvoir, oui le rapport du sieur le Pelletier, Conseiller d'Etat ordinaire & au Conseil Royal, Contrôleur général des Finances, LE ROI E'TANT EN SON CONSEIL, a ordonné & ordonne que la Compagnie des Indes sera exempte de la moitié des droits appartenant à Sa Majesté ou à ses Fermiers, mis ou à mettre aux entrées des Ports & Havres du Royaume, pour les sucres & autres marchandises qu'elle fera venir de ladite Colonie de S. Louis, côte de saint Domingue, provenant du recouvrement des sommes dûes à l'ancienne Compagnie de saint Domingue, à la charge par ladite Compagnie de rapporter des certificats des sieurs Intendans & Commissaires ordonnateurs, portant que les marchandises chargées sur ses Vaisseaux proviennent du recouvrement des dettes de ladite Compagnie de saint Domingue. FAIT au Conseil d'Etat du Roi, Sa Majesté y étant, tenu à Fontainebleau le vingt-quatriéme jour de Septembre mil sept cent vingt-six.

*Signé* PHELYPEAUX.

Ensuit la teneur de l'Arrêt du 10 Septembre 1720, ci-dessus énoncé.

VU par le Roi étant en son Conseil les Lettres Patentes de Sa Majesté du mois d'Avril dernier, portant revocation & suppression de la Compagnie de saint Domingue, établie par Lettres Patentes du mois de Septembre 1698, en vertu du délaissement & transport qui en a été fait à Sa Majesté par acte passé devant Verani &

# ARREST
## DU CONSEIL D'ÉTAT
## DU ROY,

QUI exempte la Compagnie des Indes de la moitié des droits d'entrée dûs aux entrées des Ports & Havres du Royaume, pour les Sucres venant de saint Domingue.

Du 24 Septembre 1726.

*Extrait des Regiſtres du Conſeil d'Etat.*

SUR ce qui a été repréſenté au Roi, étant en ſon Conſeil, par les Syndics & Directeurs de la Compagnie des Indes, que ladite Compagnie a été ſubrogée par l'Arrêt du 10 Septembre 1720 aux droits, noms, raiſons & prétentions qui appartenoient à la Compagnie de ſaint Domingue, établie par Lettres Patentes du mois de Septembre 1698, au moyen de ſix millions de livres qu'elle a rembourſé à ladite Compagnie; qu'elle a commencé à travailler au recouvrement des effets qui lui appartenoient dans ladite iſle, dont quelques-uns ont déja été tranſportés en France; mais que les Fermiers généraux font difficulté de ſe contenter de la moitié des droits dûs à Sa Majeſté ſur leſdits effets, ſous prétexte que la Compagnie n'a point rapporté de certificats des ſieurs Intendans ou Commiſſaires ordonnateurs comme leſdits effets provenoient de la vente des Négres dans ladite Colonie;

six, & de notre regne le onziéme. Par le Roi Dauphin, Comte de Provence, en son Conseil, *signé* RANCHIN, avec grille & paraphe. *A côté est écrit :* Scellé le vingt-neuf Août mil sept cent vingt-six, avec paraphe. Et scellé du grand Sceau de cire jaune.

Commis de ladite Compagnie des Indes & de Pierre le Sueur, sous le nom duquel elle fait l'exploitation dudit privilége, pour le payement desdits droits depuis ledit jour premier Novembre 1723, soient & demeurent nulles, & qu'il soit tenu compte sur ledit abonnement par l'Adjudicataire ou Régisseur de ses Fermes, des sommes qui pourroient avoir été payées par les Commis & Préposés de ladite Compagnie des Indes, pour raison desdits droits depuis ledit jour premier Novembre 1723, à l'exception néanmoins des droits qui sont dûs & pourroient avoir été payés sur les caffés qui entrent & sortent par mer de la ville, port & territoire de Marseille, & sur ceux qui ont été & seront envoyés par terre de ladite ville dans les Pays étrangers, par transit & sur acquit à caution, lesquels droits ne font point partie dudit abonnement. Fait au Conseil d'Etat du Roi, tenu à Versailles le vingtiéme jour d'Août mil sept cent vingt-six. *Collationné*, avec paraphe. *Signé* Ranchin, avec paraphe.

Louis, par la grace de Dieu, Roi de France et de Navarre, Dauphin de Viennois, Comte de Valentinois, Dyois, Provence, Forcalquier & terres adjacentes : au premier notre Huissier ou Sergent sur ce requis. Nous te mandons & commandons que l'Arrêt dont l'extrait est ci-attaché sous le contre-scel de notre Chancellerie, ce jourd'hui rendu en notre Conseil d'Etat, pour les causes y contenues, tu signifies à tous qu'il appartiendra, à ce qu'aucun n'en ignore, & fais en outre pour son entiére exécution, à la requête de la Compagnie des Indes, tous commandemens, sommations, & autres actes & exploits nécessaires, sans autre permission, nonobstant clameur de Haro, Charte Normande & Lettres à ce contraires : voulons qu'aux copies dudit Arrêt & des Présentes, collationnées par l'un de nos amés & féaux Conseillers-Secrétaires, foi soit ajoûtée comme aux originaux ; car tel est notre plaisir. Donne' à Versailles le vingtiéme jour d'Août l'an de grace mil sept cent vingt-

droits de dix sols pour livre pesant, établis par ledit Arrêt du Conseil du 12 Mai 1693 : que comme ces considérations doivent entrer dans la fixation d'un abonnement qui doit subsister pendant tout le temps du privilége exclusif de la vente du caffé accordé à la Compagnie des Indes, lesdits Fermiers généraux estimoient que cet abonnement ne pouvoit être modéré qu'à la somme de trente mille livres par chacun an, & à condition que les droits qui sont dûs sur les caffés qui entrent & sortent par mer de la ville, port & territoire de Marseille, & sur ceux qui ont été & seront envoyés par terre de ladite ville dans les Pays étrangers, par transit & sur acquit à caution, ne feront partie dudit abonnement : & Sa Majesté voulant donner à la Compagnie des Indes de nouvelles marques de sa protection ; oui le rapport du sieur le Pelletier, Conseiller ordinaire au Conseil Royal, Contrôleur général des Finances, SA MAJESTE' E'TANT EN SON CONSEIL, a ordonné & ordonne que la Compagnie des Indes demeurera déchargée du payement des droits d'entrée du Tarif de 1664, de ceux de dix sols par livre pesant de caffé, établi par l'Arrêt du 12 Mai 1693, ensemble des droits de péages, passages, barrages, travers, de Tarifs locaux, & autres dépendans des Fermes générales unies, sur tous les caffés que ladite Compagnie a fait & fera ci-après entrer & transporter dans le Royaume pour la fourniture & approvisionnement des Bureaux, magasins & entrepôts qu'elle a établi & pourra établir dans la suite pour la régie & exploitation du privilége exclusif de la vente & débit du caffé en gros & en détail, à la charge par ladite Compagnie des Indes de payer à l'Adjudicataire ou Régisseur des Fermes générales de Sa Majesté, par chacune année & de quartier en quartier, à compter du premier Novembre 1723, la somme de vingt-cinq mille livres, à laquelle Sa Majesté a modéré & fixé l'abonnement de tous lesdits droits sur le caffé, soit qu'ils soient régis par ledit Adjudicataire général, ou qu'ils soient sous-fermés : en conséquence veut Sa Majesté que les soumissions qui ont été faites par les

dépendans des Fermes unies de Sa Majesté : les mémoires présentés par les Fermiers généraux, contenant qu'outre les droits d'entrée du Tarif de 1664, il est dû un droit de dix sols par livre pesant de tout le caffé qui entre dans le Royaume par le port de Marseille, suivant ledit Arrêt du Conseil du 12 Mai 1693, qui fait défenses à tous Négocians & Marchands d'en faire entrer en France par d'autres Ports, à peine de confiscation & de quinze cens livres d'amende ; que quand même ces défenses ne concerneroient pas la Compagnie des Indes, & que l'intention de Sa Majesté seroit de lui accorder la faculté de faire entrer en France par d'autres Ports que celui de Marseille les caffés provenant de son commerce, ce ne pourroit être qu'à la charge de payer ce nouveau droit de dix sols par livre, outre les trois pour cent que ladite Compagnie convient devoir au lieu de cinq pour cent d'entrée ordonnés par le Tarif de 1664; de maniere que la somme de vingt mille livres que la Compagnie propose de payer par chacun an par forme d'abonnement pour les droits d'entrée sur le caffé, & autres droits dépendans de Sa Majesté, est trop modique ; que ladite Compagnie fait cette proposition sur le fondement des quantités de caffés qu'elle a vendu & débité pendant les années 1724 & 1725 ; que la consommation qu'elle en a faite n'a pas été considérable, parce que pendant ces deux années, qui sont les premieres de l'exploitation de son privilége, il restoit de grandes quantités de caffés entre les mains des Négocians, des Marchands, & même de plusieurs particuliers ; mais qu'on ne peut pas douter que dans la suite la Compagnie des Indes ne fasse une vente & un débit de caffé beaucoup plus considérable ; que d'ailleurs il peut arriver que cette Compagnie seroit obligée dans certaines circonstances de tirer ses caffés de l'étranger pour la fourniture & l'approvisionnement de ses Bureaux, magasins & entrepôts, lesquels caffés ne provenant pas de son commerce, seroient sujets au payement des droits d'entrée de cinq pour cent de leur valeur, & de payer encore les

droits

lieux du Royaume, pour la fourniture & l'approvifionnement des Bureaux, magafins & entrepôts qu'elle a établis pour l'exploitation de fon privilége, proviennent de fon commerce, & ne peuvent être affujettis qu'au payement defdits droits de trois pour cent de la valeur defdits caffés; néanmoins Charles Cordier, chargé de la régie des Fermes générales unies, prétend que lefdits caffés doivent encore payer dix fols par livre pefant du droit établi par l'Arrêt du Confeil du 12 Mai 1693; & que le caffé ne peut entrer dans le Royaume que par le port de Marfeille, à peine de confifcation & de quinze cens livres d'amende, quoique la Compagnie des Indes, conformément à fes priviléges, ait la faculté de faire entrer les caffés provenant de fon commerce par tous les Ports du Royaume : lefdits mémoires contenant encore que comme ladite Compagnie des Indes eft obligée pour la régie de fon privilége, de faire tranfporter d'une Province dans une autre les caffés dont elle a befoin pour la fourniture de fes Bureaux, magafins & entrepôts, il furviendroit fur chaque partie de caffé des difficultés & des conteftations entre fes Commis & les Receveurs & Contrôleurs des Bureaux des Fermes par où lefdits caffés pourroient paffer, au fujet de l'évaluation qu'il conviendroit faire du prix marchand defdits caffés pour la perception defdits droits de trois pour cent d'entrée, ce qui troubleroit & interromproit la régie & exploitation dudit privilége du caffé, & oblige la Compagnie des Indes de fupplier très-humblement Sa Majefté de vouloir ordonner qu'en payant par ladite Compagnie la fomme de vingt mille livres par chacun an à l'Adjudicataire général des Fermes unies de Sa Majefté, par forme d'abonnement, ladite Compagnie pourra faire entrer & tranfporter dans toutes les Villes & lieux du Royaume tous les caffés dont elle aura befoin pour l'exploitation de fon privilége, & demeurera déchargée du payement defdits droits de trois pour cent d'entrée du Tarif de 1664, ainfi que des droits de péages, paffages, barrages, travers, de Tarifs locaux, & autres

# ARREST
## DU CONSEIL D'ÉTAT
## DU ROY,

QUI ordonne que la Compagnie des Indes demeurera déchargée du payement des droits d'entrée du Tarif de 1664, de ceux de dix sols par livre pesant du Caffé, établis par l'Arrêt du 12 Mai 1693.

#### Du 29 Août 1726.

*Extrait des Registres du Conseil d'Etat.*

LE Roi s'étant fait représenter en son Conseil la Déclaration du 10 Octobre 1723, par laquelle Sa Majesté a accordé à la Compagnie des Indes le privilége exclusif de l'entrée, vente & débit du caffé en gros & en détail dans l'étendue du Royaume, à commencer au premier Novembre 1723 : les mémoires présentés par les Directeurs de la Compagnie des Indes, contenant que par Edits des mois d'Août 1664 & Août 1717, Sa Majesté a ordonné que ladite Compagnie payeroit seulement trois pour cent de droit d'entrée des marchandises qu'elle feroit venir en France par ses Vaisseaux ; que les caffés qu'elle a fait entrer & transporter dans les Villes & autres

### V.

Que lorsque ledit Caissier général de la Compagnie délivrera les dividendes échûs des actions déposées, il en fera signer sur le regiftre du dépôt, soit par le propriétaire, s'il a lui-même déposé, soit par celui qui sera fondé de procuration, un reçu, qu'il portera au débit de l'article concernant lesdites actions.

### VI.

Que les actions déposées feront, avec le regiftre du dépôt, mifes dans un coffre fermant à trois clefs, dont une fera gardée par M. Fromaget, Directeur de la Compagnie, une autre par M. Deshayes, pareillement Directeur, & la troifiéme par ledit Caissier général, qui aura en outre à fa garde ledit coffre dans fon Bureau.

### VII.

Qu'au furplus ledit Caissier général signera une ampliation de la préfente délibération, au bas de laquelle il fera fa foumiffion de s'y conformer, & reconnoîtra avoir le coffre du dépôt en fa poffeffion; & ladite ampliation ainfi fignée fera remife entre les mains de M. Deshayes, pour y avoir recours en cas de befoin.

## I.

Que le sieur Pechevin, Caissier général de la Compagnie des Indes, recevra les actions que les propriétaires voudront déposer à la caisse générale de ladite Compagnie, & que pour acte du dépôt qui en sera par eux fait, ledit Caissier leur en fournira ses reconnoissances pardevant Notaires, lesquelles seront visées de deux Directeurs de la Compagnie, & dont il retirera des expéditions en bonne forme, pour être lesdites expéditions annexées auxdites actions déposées.

## II.

Qu'un registre paraphé par l'un des Directeurs de la Compagnie, sera remis audit Caissier général, dans lequel il sera tenu d'ouvrir un compte par débit & crédit à chacun des dépôts qui seront faits, tant des actions que des dividendes attachés auxdites actions, & ce sous les noms des propriétaires même qui feront le dépôt, ou de ceux qui seront par eux fondés de procuration pour déposer lesdites actions, les retirer du dépôt ou se faire remettre les dividendes qui seront exigibles : lequel registre ne pourra être écrit d'une autre main que de celle du Caissier général.

## III.

Que les porteurs de procurations seront tenus de les remettre en original audit Caissier général, si elles sont passées à Paris ; ou si elles sont passées en Province ou dans les Pays étrangers, de déposer lesdites procurations pour minutes, & d'en fournir audit Caissier général une expédition pardevant Notaires.

## IV.

Que le Caissier général fera signer tous ceux qui déposeront sur le registre du dépôt, au bas de l'article qui concernera le dépôt qu'ils auront fait, afin de pouvoir en tout temps reconnoître leurs signatures.

## DELIBERATION de la Compagnie des Indes au sujet d'un nouveau dépôt d'Actions.

### Du 7. Août 1726.

EN exécution de l'article XVIII de l'Edit du mois de Juin 1725, portant confirmation des priviléges accordés, concessions & aliénations faites à la Compagnie des Indes, regiſtré en Parlement le huitiéme dudit mois, le Roi ſéant en ſon Lit de Juſtice, duquel article la teneur ſuit. " Etant informé que pluſieurs particuliers peuvent
,, avoir employé en actions de la Compagnie des Indes
,, des fonds provenant de remboursement d'effets qui te-
,, noient nature de procès; conſidérant qu'il peut y avoir
,, à craindre pour les familles qui ont des fonds conſidé-
,, rables en actions, qu'ils ne ſe diſſipent par la facilité
,, qu'il y a d'en diſpoſer, nous voulons qu'il ſoit libre à
,, l'avenir à tout propriétaire d'actions de les dépoſer avec
,, telles conditions & reſtrictions qu'il jugera à propos, à
,, la caiſſe générale de la Compagnie, où il ſera tenu par
,, le Caiſſier général de ſa main un regiſtre ſecret du
,, compte ouvert deſdites actions dépoſées, tant pour le
,, principal que pour les dividendes, & qu'il ſoit délivré
,, par le Caiſſier général un acte dudit dépôt, qui ſera
,, paſſé devant Notaire, contenant les conditions & reſ-
,, trictions ſtipulées par l'Actionnaire qui aura fait le dé-
,, pôt, auxquelles le Caiſſier général ſera tenu de ſe con-
,, former. ,, Et ſur la demande de quelques Actionnaires qui déſireroient que le contenu audit article XVIII pût à leur égard ſortir ſon plein & entier effet, il a été arrêté, conformément aux termes de l'Edit, & pour revêtir au ſurplus l'exécution de la loi du dépôt d'actions y énoncées d'une forme convenable:

tenu à Verſailles le ſixiéme jour du mois d'Août mil ſept cent vingt-ſix. *Signé* PHELYPEAUX.

LOUIS, PAR LA GRACE DE DIEU, ROI DE FRANCE ET DE NAVARRE, Dauphin de Viennois, Comte de Valentinois, Dyois, Provence, Forcalquier & terres adjacentes; à nos amés & féaux Conſeillers en nos Conſeils, Maîtres des Requêtes ordinaires de notre Hôtel, les ſieurs Intendans & Commiſſaires départis pour l'exécution de nos ordres dans les Provinces & Généralités de notre Royaume : SALUT. Nous vous mandons & enjoignons par ces Préſentes, ſignées de nous, de tenir, chacun en droit ſoi, la main à l'exécution de l'Arrêt dont l'extrait eſt ci-attaché ſous le contre-ſcel de notre Chancellerie, ce jourd'hui donné en notre Conſeil d'Etat, nous y étant, pour les cauſes y contenues : commandons au premier notre Huiſſier ou Sergent ſur ce requis, de ſignifier ledit Arrêt à tous qu'il appartiendra, à ce que perſonne n'en ignore, & de faire en outre pour l'entiere exécution d'icelui tous commandemens, ſommations & autres actes & exploits requis & néceſſaires, ſans autre permiſſion, nonobſtant clameur de Haro, Charte Normande & Lettres à ce contraires : voulons que ledit Arrêt ſoit lû, publié & affiché par-tout où beſoin ſera, & qu'aux copies d'icelui & des Préſentes, collationnées par l'un de nos amés & féaux Conſeillers-Secrétaires, foi ſoit ajoûtée comme aux originaux; car tel eſt notre plaiſir. DONNE' à Verſailles le ſixiéme jour d'Août, l'an de grace mil ſept cent vingt-ſix, & de notre regne le onziéme. *Signé* LOUIS. *Et plus bas;* Par le Roi Dauphin, Comte de Provence, *ſigné* PHELYPEAUX. Et ſcellé.

# ARREST
## DU CONSEIL D'ÉTAT, DU ROY,

*QUI modere les Droits d'entrée sur le Thé à dix sols la livre pesant poids de Marc.*

#### Du 6 Août 1726.

*Extrait des Regiſtres du Conſeil d'Etat.*

LE Roi s'étant fait repréſenter l'Arrêt de ſon Conſeil du 9 Décembre 1718, qui a réduit le droit d'entrée du thé à vingt ſols par livre, & Sa Majeſté étant informée que ce droit eſt encore trop fort pour une marchandiſe dont la meilleure partie ſe trouve de qualité médiocre, ce qui donne lieu à la fraude: à quoi voulant pourvoir, oui le rapport du ſieur le Pelletier, Conſeiller ordinaire & au Conſeil Royal, Contrôleur général des Finances, LE ROI ÉTANT EN SON CONSEIL, a ordonné & ordonne qu'à commencer du jour de la publication du préſent Arrêt, les droits d'entrée ſur le thé ſeront & demeureront réduits à dix ſols par livre peſant poids de marc, ſans que pour raiſon de cette réduction les cautions de l'Adjudicataire général des Fermes puiſſent prétendre aucune indemnité: enjoint Sa Majeſté aux ſieurs Intendans & Commiſſaires départis dans les Provinces & Généralités du Royaume, de tenir la main à l'exécution du préſent Arrêt. FAIT au Conſeil d'Etat du Roi, Sa Majeſté y étant,

*Tome IV.*                                         B

*Délibération qui nomme le Sieur Pechevin Caiſſier général de la Compagnie des Indes.*

### Du 31 Juillet 1726.

EN conséquence de l'état arrêté par Monseigneur le Contrôleur général, déposé au Secrétariat, le ſieur Pechevin a été établi Caiſſier général de la Compagnie des Indes, au lieu & place du ſieur Geoffrin, qui a demandé à ſe retirer, & ſes appointemens ont été réglés à quatre mille livres.

de la Franquerie, l'un des Directeurs de la Compagnie des Indes à l'Orient, ou de celui du Correspondant ou Préposé par ladite Compagnie dans le Port où lesdits Vaisseaux pourroient décharger : ordonne Sa Majesté que lesdites marchandises ne payeront d'autres ni plus grands droits que ceux auxquels elles seroient sujettes si elles étoient transportées de l'Orient ou autres Ports à Nantes par terre. FAIT au Conseil d'Etat du Roi, Sa Majesté y étant, tenu à Versailles le septiéme jour d'Avril mil sept cent vingt-six. *Signé* PHELYPEAUX.

les Commis des Fermes au Port-Louis & à l'Orient ne s'opposent pas au déchargement desdites marchandises de bord à bord des Vaisseaux dans lesquels elles seront apportées dans des barques pour les porter à Nantes, & que par Arrêt du 2 Novembre 1700, Sa Majesté a assujetti au droit du quarantiéme de la valeur pour la Prévôté de Nantes, le coton filé, les cuirs de chevreaux, les soyes écrues, les étoffes de pure soye, les étoffes mêlées de soye, cotonis & chuquelas, les taffetas armoisins, les ceintures & jarretieres de soye, & les étoffes atlas à fleurs d'or, ce qui causeroit un très-grand préjudice à la Compagnie des Indes, si elle n'en étoit pas exempte en les transportant à Nantes par mer, comme elle le seroit en se servant de Rouliers pour les transporter par terre, la constitueroit dans de grandes dépenses, & peut-être dans l'impossibilité de faire la vente : oui le rapport du sieur Dodun, Conseiller ordinaire au Conseil Royal, Contrôleur général des Finances, SA MAJESTE' E'TANT EN SON CONSEIL, a ordonné & ordonne aux Fermiers généraux & aux Commis des Fermes de l'Orient, du Port-Louis ou autres lieux, esquels lesdits Vaisseaux l'Apollon & le Neptune, le Duc de Chartres, l'Hercule, la Syrene, la Minerve & la Danaé, appartenans à ladite Compagnie des Indes, pourroient arriver dans le cours de la présente année, de laisser faire le déchargement desdits Vaisseaux de bord à bord dans des barques, pour être lesdites marchandises en provenant transportées à Nantes par mer : veut Sa Majesté que les soyes écrues & tani, les étoffes de pure soye, les étoffes de soye à fleurs d'argent, les cotons filés, & toutes autres marchandises sujettes au droit de quarantiéme de la valeur, pour la Prévôté de Nantes, porté par l'Arrêt du 2 Novembre 1700, provenant du chargement desdits Vaisseaux, soient exemptes pour cette fois seulement, & sans tirer à conséquence, des droits de la Prévôté de Nantes, pour les marchandises qui seront conduites par mer de l'Orient ou autres lieux à Nantes, lesquelles seront accompagnées du certificat du sieur

# ARREST
## DU CONSEIL D'ÉTAT
## DU ROY,

*PORTANT que les Marchandises qui arriveront par les Vaisseaux l'Apollon & autres, seront transportées par mer à Nantes, & décharge les Etoffes de soye & toutes autres Marchandises, pour cette fois seulement, des droits de la Prévôté de Nantes.*

Du 7 Avril 1726.

*Extrait des Regiſtres du Conſeil d'Etat.*

LE Roi étant informé que la Compagnie des Indes attend dans le courant de cette année les Vaiſſeaux l'Apollon, le Neptune, le Duc de Chartres, l'Hercule, la Syrene, la Minerve & la Danaé, chargés de différentes eſpéces de marchandiſes venant de la Chine, Moka & des Indes Orientales; que ces chargemens étant trop conſidérables pour qu'on puiſſe eſpérer de trouver un nombre ſuffiſant de Rouliers pour tranſporter par terre de l'Orient à Nantes les marchandiſes qui compoſent le chargement de ces Vaiſſeaux, ſans s'expoſer à retarder la vente que la Compagnie des Indes ſe propoſe d'en faire à Nantes au commencement du mois de Septembre prochain, par rapport aux diſpoſitions qu'il convient de faire avant d'indiquer le jour de cette vente; que la Compagnie ayant beſoin d'une permiſſion expreſſe de Sa Majeſté pour que

A iij

mille livres, prononcé contre lesdits sujets contrevenans, une condamnation d'une somme équipolente, tant à la valeur desdits Vaisseaux & chargemens, qu'à celle desdits intérêts & bénéfices, pour tenir lieu de ladite confiscation : ordonne Sa Majesté que le présent Arrêt sera lû, publié & affiché par-tout où besoin sera, afin que personne n'en ignore. FAIT au Conseil d'Etat du Roi, Sa Majesté y étant, tenu à Marly le vingt-sixiéme jour de Février mil sept cent vingt-six. *Signé* PHELYPEAUX.

condition qu'ils puissent être, d'envoyer leurs Vaisseaux dans les pays de la concession de ladite Compagnie, en prenant des passeports de Sa Majesté ou des congés des Amirautés pour des navigations permises, à peine de confiscation desdits Vaisseaux & marchandises de leur chargement, les deux tiers au profit de ladite Compagnie, & l'autre tiers au profit du dénonciateur, & en outre de trois mille livres d'amende, applicable à l'Hôpital de l'Orient.

## II.

Veut Sa Majesté que les saisies qui ont été ou seront ci-après faites des Vaisseaux des particuliers qui auront été envoyés dans les concessions de ladite Compagnie, au préjudice de sondit privilége, soit que lesdites saisies soient faites dans les lieux prohibés, soit après le retour desdits Vaisseaux dans les Ports du Royaume, ou dans ceux des Colonies ou autres où ils pourront être saisis, soient incessamment jugées, & les confiscations & amendes portées par les Edits & Réglemens, prononcées par les Juges qui en doivent connoître.

## III.

Au cas que lesdits Vaisseaux fassent leur retour dans les Pays étrangers, pour éviter les peines portées par les Edits, Déclarations, Arrêts & Réglemens, ordonne Sa Majesté que pour raison de ladite contravention, il sera procédé contre les Propriétaires & Armateurs desdits Vaisseaux.

## IV.

Et que dans le cas où les Vaisseaux & chargemens appartenans aux sujets de Sa Majesté qui auront entrepris sur le commerce de ladite Compagnie, ensemble les intérêts & bénéfices qu'ils auront dans les armemens faits dans les Pays étrangers pour ses concessions, ne pourroient être saisis & arrêtés, il soit, outre ladite amende de trois

seaux dans les pays des concessions de ladite Compagnie, soit en les faisant partir des ports de France avec des congés des Amirautés pour des navigations permises, soit en les faisant partir des Pays étrangers; que même quelques-uns d'entre eux, pour mieux cacher leur fraude, ont obtenu, sous des noms supposés, des passeports des Souverains des lieux où ils faisoient faire les armemens de leurs Vaisseaux, & se sont flattés que lorsqu'ils auroient pû éviter d'être découverts, pris ou arrêtés dans les endroits prohibés, ils ne seroient pas sujets à leur retour aux peines qu'ils ont encourues par leur contravention. Quoique de pareilles entreprises soient manifestement contraires aux Ordonnances & Réglemens faits pour le Commerce maritime, & aux Edits, Déclarations, Arrêts & Lettres Patentes rendus en faveur de la Compagnie des Indes, qui font très-expresses inhibitions & défenses à tous les sujets de Sa Majesté d'entreprendre sur le commerce de ladite Compagnie, à peine de confiscation de leurs Vaisseaux & marchandises, & de trois mille livres d'amende; Sa Majesté a crû que pour soutenir les Loix générales & particulieres de son Royaume sur le fait du commerce, & pour l'intérêt d'une Compagnie dont elle voit avec satisfaction les différens établissemens qu'elle a formés se perfectionner de jour en jour, & le commerce s'augmenter considérablement, il étoit important d'expliquer plus particulierement ses intentions à cet égard; sur quoi ouï le rapport du sieur Dodun, Conseiller ordinaire au Conseil Royal, Contrôleur général des Finances, LE ROI ÉTANT EN SON CONSEIL, a ordonné & ordonne ce qui suit.

### ARTICLE PREMIER.

LES Ordonnances & Réglemens rendus sur le fait du Commerce maritime, ensemble les Edits, Déclarations & Lettres Patentes rendus pour le commerce de la Compagnie des Indes, seront exécutés selon leur forme & teneur; & en conséquence fait Sa Majesté très-expresses & itératives défenses à tous ses sujets, de quelque qualité &

# ARREST
## DU CONSEIL D'ÉTAT
## DU ROY,

CONCERNANT les défenses faites aux particuliers d'envoyer des Vaisseaux & faire commerce dans les pays de la Concession de la Compagnie des Indes.

Du 26 Février 1726.

*Extrait des Registres du Conseil d'Etat.*

E Roi étant informé qu'au préjudice du privilége exclusif accordé à la Compagnie des Indes pour le commerce de ses concessions, par les Edits, Déclarations, Arrêts & Lettres Patentes des mois d'Août 1664, Janvier 1682 & 1685, Mars 1696, Novembre 1712, Août 1717, Mai 1719 & Juin 1725, quelques particuliers n'ont pas laissé d'envoyer des Vais-

dépendant, du 16 Mai 1749. 650
Lettre de Monseigneur le Contrôleur général, concernant M. de Saint Priest, du 21 Juin 1749. 652
Arrêt portant réglement pour le renouvellement des actions, du 5 Août 1749. 653
Autre qui annulle les délibérations, concernant les Aldées d'Archidoüac & de Thedouvanaton, du 6 Juin 1750. 656
Autre qui fixe à trente-cinq mille trois cens soixante-dix-sept le nombre des billets d'emprunt restant dans le public, du 21 Août 1750. 661
Autre qui déboute la Dame Harrisson & autres, ayant droit en la succession de Thomas Crawfort, des demandes portées en leurs Requêtes pour raison de trois mille actions, du 15 Septembre 1750. 664
Autre qui fait défenses au sieur Perrault, faisant les fonctions de Maire de l'Orient, & à tous autres, de troubler les sieurs Dondel en la possession & jouïssance des droits & prérogatives à eux appartenans, du 19 Décembre 1750. 667
Lettre de M. de Montaran à Messieurs les Syndics & Directeurs, concernant Messieurs le Comte de Montmorenci & du Châtelet nommés Syndics, du 29 Décembre 1750. 672

ARREST

# CHRONOLOGIQUE. lxxxvij

Arrêt qui permet aux Syndics & Directeurs de faire faire des Balanciers pour les bulletins, &c. du 28 Septembre 1748. 587

Autre qui ordonne l'exécution de celui du 27 Septembre 1720, & en conséquence que les Vaisseaux des Négocians, munis des permissions de la Compagnie des Indes pour le commerce de Guinée, joüiront des mêmes priviléges & exemptions dont elle joüit, du 3 Décembre 1748. 590

Ensuit l'Arrêt du 27 Septembre 1720 ci-dessus. 597

Bail à féage de l'Isle Saint Michel, du 6 Décembre 1748. 603

Délibération de la Compagnie, concernant le remboursement des billets d'emprunt, du 20 Décembre 1748. 608

Lettre de Monseigneur Machault à M. Rouillé, touchant Messieurs de Crevecœur & de Laître, du 23 Décembre 1748. 609

Arrêt qui ordonne que les propriétaires des terres, dont la Compagnie a eu besoin pour la conduite des eaux des fontaines, recevront leur remboursement, du 24 Décembre 1748. 611

Lettre de Monseigneur Machault à M. Rouillé, au sujet des dividendes du Roi, du 25 Janvier 1749. 614

Arrêt qui ordonne qu'il sera procédé aux informations de la commodité ou incommodité de l'aliénation de l'Isle de Saint Michel, du 11 Février 1749. 615

Déclaration du Roi, qui autorise l'établissement fait en l'Hôtel de la Compagnie des Indes à Paris, d'un dépôt libre & volontaire des actions, & donne à ce dépôt une forme solide & authentique, du 11 Février 1749. 620

Arrêt qui nomme Messieurs de Montaran & de Saint Priest, Commissaires de la Compagnie des Indes, du 13 Février 1749. 625

Autre qui ordonne l'apposition des nouveau plombs, & des marques ordonnées par l'Arrêt du 28 Septembre 1748 sur les mousselines, &c. du 3 Mars 1749. 627

Information de la commodité de l'aliénation de l'Isle de Saint Michel & passage, du 20 Mars 1749. 630

Jugement de Messieurs les Commissaires du Conseil, concernant la succession du sieur de Courbesastre, du premier Avril 1749. 636

Arrêt qui confirme & approuve le bail à féage de l'Isle de Saint Michel, du 21 Avril 1749. 643

Délibération de la Compagnie, pour le remboursement des billets d'emprunt sur le sol pour livre de la vente par Loterie, du 24 Avril 1749. 645

Arrêt qui homologue la délibération ci-dessus. 648

Acte de prise de possession de l'Isle Saint Michel & passage en

Arrêt du Parlement sur la prestation de serment de Messieurs les Directeurs, du 21 Juillet 1747. 537
Déclaration du Roi, en interprétation de l'Edit du mois de Juin en faveur de la Compagnie des Indes, du 3 Août 1747. 538
Lettres-Patentes qui nomment des Commissaires pour passer contrat de constitution de neuf millions de rentes, en faveur de la Compagnie, du 17 Octobre 1747. 544
Délibération, qui nomme le sieur Pêchevin, pour exécuter ce qui est contenu dans les articles III & IV, de l'Edit du Roi du mois de Juin 1747, du 14 Novembre audit an. 547
Quittance du Garde du Trésor royal de cent quatre-vingts millions, en faveur de la Compagnie des Indes, du 27 Novembre 1747. 548
Arrêt qui ordonne que la Compagnie des Indes sera payée de neuf millions de rentes, à raison de sept cens cinquante mille livres par mois, du 3 Décembre 1747. 559
Contrat de constitution par nos Seigneurs les Commissaires du Roi à la Compagnie des Indes de neuf millions, &c. du 17 Décembre 1747. 552
Arrêt qui accorde la main-levée de la Frégate l'Africa, en faveur des sieurs Cossart, & du montant de la vente des Noirs en faveur de la Compagnie des Indes, du 5 Mars 1748. 559
Autre qui nomme M. Gabriel Michel, Directeur de la Compagnie des Indes, à la place de M. Despremenil, du 9 Mars 1748. 562
Autre qui nomme M. Simon Gilly, Directeur de la Compagnie des Indes, à la place du feu sieur Cavalier, du 16 Mars 1748. 564
Délibération de la Compagnie au sujet d'un emprunt de douze cens mille livres, du 9 Mai 1748. 566
Arrêt qui permet à la Compagnie des Indes, de créer douze cens mille livres de rentes, &c. du 13 Mai 1748. 570
Autre qui ordonne l'exécution du Réglement général, pour l'administration de la Compagnie des Indes, approuvé en l'assemblée générale des Actionnaires, tenue le 3 Juin 1748 du 11 dudit mois. 574
Autre qui ordonne que toutes les marchandises de la Compagnie des Indes, seront exemptes du droit du doublement des octrois accordés aux Hôpitaux de Nantes, &c. du 14 Juillet 1748. 583
Autre qui renouvelle les défenses d'introduire dans le Royaume aucunes mousselines & toiles de coton, venant de l'étranger, marquées ou non marquées du plomb de la Compagnie, du 30 Juillet 1748. 585

Ordonnance du roi, qui permet à la Compagnie des Indes, d'engager pour le service des Vaisseaux de ladite Compagnie, tel nombre de matelots qu'elle jugera à propos, du 6 Novembre 1744. 483

Arrêt qui homologue la délibération prise par la Compagnie des Indes en l'assemblée générale des Actionnaires, tenue le 23 Juin 1745, du 26 dudit. 487

Ensuit ladite délibération. 489

Mémoire pour la Compagnie des Indes de France, en réclamation de ses trois Vaisseaux, l'Hercule, le Jason & le Dauphin, & de leur cargaison, du 9 Octobre 1745. 493

Déclaration des Officiers des susdits Vaisseaux, du 6 Octobre 1745. 504

Addition au Mémoire pour la Compagnie de France. 508

Arrêt qui nomme M. Rouillé Inspecteur général de la Compagnie des Indes, du 19 Décembre 1745. 514

Lettre de M. le Contrôleur général Machault, qui nomme M. de Montaran, adjoint de M. Rouillé, du 23 Janvier 1746. 515

Autre *Idem* à M. Rouillé touchant ses honoraires, du 15 Février 1746. Ibid.

Arrêt qui fait défenses d'introduire dans le Royaume aucunes mousselines & toiles de coton venant de l'étranger, &c. du 15 Mars 1746. 516

Décision de M. de Machault au sujet du Dixiéme, en faveur de la Compagnie, du 18 Mai 1746. 518

Arrêt qui nomme des Commissaires pour juger les contraventions à l'Arrêt du 29 Mai 1736, portant réglement pour le commerce du caffé, provenant des Isles Françoises de l'Amérique, du 6 Septembre 1746. 519

Autre qui révoque la permission accordée par celui du 2 Avril 1737 aux Négocians de Marseille, d'introduire pour la consommation du Royaume des caffés des Isles Françoises de l'Amérique, du 28 Octobre 1746. 522

Autre qui nomme M. Claessen, Directeur de la Compagnie des Indes, à la place du feu sieur Dumas, du 15 Novembre 1746. 525

Autre qui ordonne que les marchandises de la Compagnie des Indes pourront être transportées dans les Pays conquis, en payant les droits du Tarif de 1680, du 25 Avril 1747. 527

Edit du Roi, qui réunit aux autres droits de Sa Majesté, le privilége du Tabac, & qui aliéne à la Compagnie des Indes neuf millions de rentes annuelles & perpétuelles, du mois de Juin 1747. 529

Arrêt portant établissement d'un second jour de marché par femaine dans la ville de l'Orient, du 6 Décembre 1740. 435

Autre qui permet aux Maire & Echevins de la ville de l'Orient, d'emprunter la fomme de cinquante mille livres, du 20 Décembre 1740. 439

Autre qui ordonne une nouvelle fixation des droits d'octrois, ci-devant établis dans la ville de l'Orient, du 20 Décembre 1740. 442

Autre qui commet le fieur Maillard du Cygne, pour au lieu & place du fieur Eftoupan de Laval, figner les marques en parchemin, du 10 Janvier 1741. 445

Autre qui caffe la plainte rendue par le Procureur du Conseil de l'Ifle de Bourbon, au fujet du fieur de la Bourdonnaye & autres, du 20 Mars 1741. 447

Autre qui commet le fieur de Saint Pierre, Ingénieur, pour vifiter les carrieres de l'Orient, & qui en proroge l'exploitation, du 3 Avril 1741. 449

Autre du Parlement de Rennes, qui commet les Maire & Echevins de l'Orient, pour faire la Police, du 22 Janvier 1742. 453

Rolle de la fomme, que le Roi en fon Conseil a ordonné être payée par la Compagnie des Indes pour le Dixiéme, &c. du 13 Février 1742. 456

Arrêt qui fixe les honoraires des Directeurs à douze mille livres, du 4 Mars 1742. 457

Autre qui commet le fieur Brue pour au lieu & place du fieur Eftoupan, figner les marques en parchemin, du 6 Mars 1742. 462

Lettres-Patentes, concernant l'Hôtel-Dieu de l'Orient, du mois de Juillet 1742. 464

Arrêt qui nomme M. David, Directeur de la Compagnie des Indes, du 10 Juin 1743. 467

Autre portant confirmation des opérations du *vifa*, la nullité des effets vifés & non vifés, & compenfation d'affignations du Tréfor royal, & autres effets réfultans du compte général de la caiffe du *vifa*, du 29 Septembre 1743. 469

Autre qui permet de bâtir un mur d'enceinte à l'Orient, du 25 Avril 1744. 474

Autre qui ordonne qu'en payant par la Compagnie vingt-cinq mille livres aux fieurs Gaillot & conforts, elle fera déchargée, du 8 Mai 1744. 476

Autre qui ordonne que les droits d'octrois feront levés & perçûs fur tous les vins, cidres, bieres, eaux-de-vie & liqueurs qui feront confommés dans la ville de l'Orient, du 25 Septembre 1744. 478

Arrêt qui ordonne que par l'Adjudicataire général des Fermes, il sera expédié des acquits à caution pour les marchandises prohibées dans le Royaume, provenant des ventes de la Compagnie, destinées pour Dunkerque, du 26 Avril 1738. 401

Autre *Idem* pour les marchandises destinées pour l'Espagne, du 26 Avril 1738. 403

Edit du Roi, qui érige l'Orient en corps de ville, du mois de Juin 1738. 405

Arrêt qui ordonne l'établissement & la perception des droits d'octrois, & deniers patrimoniaux, dans la ville de l'Orient, du 29 Juin 1738. 409

Autre qui ordonne qu'il sera expédié au grand Sceau des provisions des Officiers municipaux de la ville de l'Orient, du 24 Février 1739. 412

Autre qui ordonne qu'à l'avenir la Compagnie des Indes sera régie par huit Directeurs au lieu de six, & que d'eux d'iceux conserveront la qualité, & feront les fonctions de Syndics de ladite Compagnie, du 7 Avril 1739. 415

Autre qui ordonne que M. Saintard, actuellement Syndic de la Compagnie des Indes, fera les fonctions de Directeur de ladite Compagnie, du 7 Avril 1739. 418

Autre qui nomme M. Duvelaer, Directeur de la Compagnie des Indes, à la place de feu M. de Caligny, du 7 Avril 1739. 420

Acte de soumission du sieur Perrault, Maire de l'Orient, touchant les gages de sa charge, du 22 Avril 1739. 422

Arrêt qui proroge pour un an, à commencer du premier Septembre 1739 jusqu'au premier Septembre 1740, la perception par régie des droits d'octrois & patrimoniaux de l'Orient, du 10 Août 1739. 424

Autre qui nomme M. Godeheu de Saimont, Directeur, au lieu & place de M. son pere, du 22 Septembre 1739. 426

Autre au sujet des dédommagemens demandés par les propriétaires des terreins, sur lesquels il a été fait des ouvertures pour la conduite des eaux des fontaines de l'Orient, du 2 Août 1740. 428

Autre qui proroge pour un an, à commencer du premier Septembre 1740, jusqu'au premier Septembre 1741, la perception par régie des droits d'octrois & patrimoniaux de la ville de l'Orient, du 27 Septembre 1740. 431

Ordonnance du Roi, portant augmentation de la Compagnie de Fusiliers entretenue au port de l'Orient, du 20 Octobre 1740. 433

Arrêt qui ordonne la vente à l'Orient des marchandises de la Compagnie, du 6 Septembre 1735. 344

Autre qui ordonne que la Justice sera exercée au port de l'Orient par le Sénéchal d'Hennebond, conjointement avec les Officiers de la Sénéchaussée jusqu'au premier Janvier 1736, du 6 Septembre 1735. 352

Autre en faveur du sieur de Cossigny, contre les sieurs Maupin, Saint Martin & Giblot, du 6 Décembre 1735. 354

Etat des sommes que la Compagnie des Indes a payées pour la Finance, & frais des Offices municipaux du port de l'Orient, du 27 Mars 1736. 361

Arrêt portant nouveau Réglement, pour empêcher l'entrée, le port & usage des toiles peintes, du 10 Avril 1736. 364

Autre portant réglement sur les caffés, provenant des plantations & cultures des Isles Françoises de l'Amérique, du 29 Mai 1736. 369

Autre qui ordonne que la Compagnie sera déchargée du payement de vingt-cinq mille livres aux Fermiers sur le caffé, & qui sera payé par le Trésor royal à ladite Compagnie cinquante mille livres par an, du 5 Juin 1736. 374

Autre qui ordonne que les caffés, provenant de l'Amérique, joüiront de l'entrepôt pendant un an, du 18 Décembre 1736. 377

Ordonnance du Roi, concernant la flamme des Vaisseaux de la Compagnie, du 8 Janvier 1737. 379

Ordonnance de M. l'Amiral de France, pour l'exécution de celle ci-dessus, du 11 Janvier 1737. 380

Lettre de M. de Maurepas à M. de Fulvy, sur l'envoi desdites Ordonnances, du 29 Janvier 1737. 381

Arrêt qui permet aux Négocians de Marseille, d'introduire pour la consommation du Royaume, les caffés provenant du crû des Isles Françoises de l'Amérique, en payant dix livres du cent pesant, & d'en envoyer à Genève en *transit*, sans payer aucuns droits ; le tout en observant les formalités prescrites, du 2 Avril 1737. 382

Autre concernant la vente des Offices municipaux, du 4 Décembre 1737. 385

Autre concernant les Offices municipaux, du 17 Décembre 1737. 389

Autre concernant les Directeurs de l'ancienne Compagnie des Indes Orientales, du premier Avril 1738. 392

Autre en interprétation de celui du 4 Décembre 1737, concernant la vente des Offices municipaux, du premier Avril 1738. 399

Arrêt qui ordonne qu'il sera fait inventaire des marchandises, &c. du 28 Septembre 1733. 281
Autre qui déclare différens écrits, lettres & libelles répandus dans l'Isle de Bourbon, & plusieurs Requêtes présentées à Sa Majesté, calomnieux & injurieux, du 6 Octobre 1733. 288
Edit du Roi, portant rétablissement des Offices de Gouverneurs, Lieutenans de Roi, Majors, Maires, Lieutenans de Maires & autres Officiers des Hôtels-de-ville, du mois de Novembre 1733. 292
Arrêt qui nomme M. Orry de Fulvy, Commissaire de Sa Majesté à la suite des affaires, concernant la Compagnie des Indes, du 15 Décembre 1733. 298
Déclaration du Roi, en interprétation de l'Edit du mois de Novembre, qui rétablit les Offices municipaux, du 20 Décembre 1733. 300
Arrêt portant réglement pour la vente des Offices municipaux, créés & rétablis par Edit du mois de Novembre 1733. 303
Autre qui ordonne que les Officiers Auneurs de toiles de la ville, fauxbourgs & banlieu de Paris, continueront de percevoir leurs droits sur les marchandises de toiles de coton, provenant de la Compagnie des Indes, à raison de onze deniers par aune, & autorise lesdits Officiers dans leurs visites desdites marchandises, pour constater les déclarations des Marchands, du 12 Janvier 1734. 312
Autre qui ordonne qu'à l'avenir les ventes de la Compagnie se feront au port de l'Orient, du 19 Mai 1734. 318
Autre en faveur des Acquereurs des Offices municipaux, créés par Edit de Novembre 1733 pour l'évaluation, le droit annuel, & celui de mutation desdites Offices, du 24 Août 1734. 324
Autre qui fixe l'abonnement fait entre la Compagnie & les Fermiers généraux à trois mille livres par an, du 28 Septembre 1734. 327
Edit du Roi, portant établissement d'un Conseil supérieur à l'Isle de France, du mois de Novembre 1734. 332
Lettre écrite par les Syndics & Directeurs de la Compagnie des Indes à M. le Cardinal de Fleury, & à M. le Garde des Sceaux, concernant les honoraires de M. de Fulvy, Commissaire de ladite Compagnie, du 19 Février 1734. 338
Réponses de M. le Cardinal & de M. le Garde des Sceaux, du 3 Mars 1735. 339 & 340
Arrêt qui permet aux Directeurs de la Compagnie des Indes, de lever les Offices de l'Orient, du 9 Août 1735. 341

Arrêt qui ordonne la suppression des secondes marques en parchemin & en plomb sur les toiles de coton blanches, mousselines & mouchoirs, provenant des pays de la concession de la Compagnie des Indes, du 11 Juin 1732. 231

Autre qui fixe à six livres du cent pesant les droits d'entrée sur les thés, provenant des ventes faites par la Compagnie des Indes à Nantes, & qui seront consommés dans le Royaume ou dans les Provinces réputées étrangéres, du 8 Juillet 1732. 234

Délibération de la Compagnie, concernant l'arrangement au sujet de la concession de la Louisianne, sa retrocession au Roi, & la solde du compte, du 20 Août 1732. 236

Arrêt qui homologue la rétrocession faite à Sa Majesté, de la Province de la Louisianne, du 2 Septembre 1732. 240

Autre qui ordonne qu'il sera fait inventaire des marchandises, &c. du 14 Septembre 1732. 244

Déclaration du Roi, concernant les caffés, provenant des plantations & culture de la Martinique, & autres Isles Françoises de l'Amérique y dénommées, du 27 Septembre 1732. 251

Arrêt concernant le payement des trois cens mille livres pour la Louisianne, & les arrérages de la rente de dix millions de contrats, du 30 Septembre 1732. 258

Autre concernant les marques qui doivent être apposées sur les toiles de coton, &c. du 3 Mars 1733. 261

Autre qui nomme le sieur Cavalier à la place de Directeur de la Compagnie, au lieu du sieur Morin, du 10 Mars 1733. 264

Autre qui ordonne que le 14 Juillet 1733, il sera procédé par les Actionnaires de l'ancienne Compagnie des Indes Orientales, en présence de M. le Lieutenant général de Police, à la nomination des Syndics, à l'effet de soutenir les demandes formées par lesdits Actionnaires, & défendre à celles des Directeurs de la nouvelle Compagnie d'Occident, du 20 Juin 1733. 265

Autre qui fixe à quarante livres du cent pesant les droits d'entrée des cinq grosses Fermes sur les toiles de coton, &c. au lieu de ceux réglés par le Tarif de 1664, du 21 Juillet 1733. 269

Autre qui permet à la Compagnie de se servir des eaux du pré Pontiquiau, & de les faire passer dans le parc de l'Orient, du 22 Août 1733. 273

Autre concernant la Loterie des actions de la Compagnie des Indes, du 24 Août 1733. 277

Autre concernant les droits d'entrée dûs à l'entrée des cinq grosses Fermes du Royaume, & autres droits dûs à l'entrée de Paris sur les toiles de coton, &c. du premier Septembre 1733. 278

Arrêt

## CHRONOLOGIQUE. lxxix

Lettre de M. Orry, Contrôleur général des Finances, à Messieurs les Syndics & Directeurs de la Compagnie des Indes, touchant la Louisianne, du 23 Janvier 1731. 201

Arrêt concernant la rétrocession faite à Sa Majesté par la Compagnie des Indes, de la concession de la Louisianne & du pays des Illinois, du 23 Janvier 1731. 202

Délibération de la Compagnie des Indes, au sujet de la soumission de payer au Roi un million quatre cens cinquante mille livres, du 24 Janvier 1731. 204

Arrêt concernant le payement des dettes de la Compagnie des Indes à la Louisianne, du 24 Février 1731. 205

Autre qui nomme M$^{rs}$. Saintard & de Caligni Syndics de la Compagnie des Indes, du 13 Mars 1731. 207

Autre concernant le payement par la Compagnie, de la somme de quatorze cens cinquante mille livres, du 27 Mars 1731. 208

Lettre de M. Orry à Messieurs les Syndics & Directeurs, concernant M. de Moras, Commissaire de ladite Compagnie, du premier Avril 1731. 211

Lettre de M. le Comte de Maurepas à M. de Moras, du 10 Avril 1731. *Ibid.*

Soumission des Syndics & Directeurs de la Compagnie des Indes, pour le payement à faire au Roi de quatorze cens cinquante mille livres, du 25 Avril 1731. 212

Arrêt qui nomme M. Pinson de Sainte Catherine, Directeur de la Compagnie, du premier Mai 1731. 214

Autre qui fait défenses à toutes personnes de charger ni faire charger aucunes marchandises sur les Vaisseaux de la Compagnie, du 6 Mai 1731. 216

Autre qui ordonne que les Actionnaires de l'ancienne Compagnie des Indes Orientales seront tenus de nommer des Syndics, tant pour soûtenir les demandes par eux formées, ou qui pourroient l'être dans la suite, que pour défendre à celles des Directeurs de la nouvelle Compagnie d'Occident, du 29 Mai 1731. 219

Autre qui nomme les sieurs Michel & Estoupan de Laval, au lieu & place du sieur Dujoncherai Dubois, pour signer les marques en parchemin, du 30 Juin 1731. 223

Délibération de la Compagnie, qui fixe deux Syndics & six Directeurs, du 11 Septembre 1731. 225

Arrêt qui nomme M. de Moras, Maître des Requêtes, en qualité de Commissaire du Roi à la Compagnie des Indes, du 14 Mai 1732. 227

Autre qui permet à la Compagnie de faire ouvrir des carrieres à l'Orient, du 10 Juillet 1732. 229

délivré à la Compagnie des Indes, du 27 Décembre 1729. 127

Arrêt qui ordonne l'exécution dans les ports & ville de Dunkerque des Édits, Déclarations, Arrêts & Réglemens, concernant le commerce de la Compagnie des Indes, & notamment pour le caffé, du 29 Novembre 1729. 136

Autre qui ordonne l'exécution de celui ci-dessus, concernant une saisie de caffé faite à Dunkerque, du 17 Janvier 1730. 152

Autre qui autorise les Syndics & Directeurs de la Compagnie des Indes, à établir une Loterie pour rembourser au public sur le pied de trois mille liv. trois cens trente actions par mois, du 7 Mars 1730. 156

Autre qui défend de contracter à l'avenir aucuns engagemens pour fournir ou recevoir à terme des actions de la Compagnie des Indes, sous le nom de prime, marché-ferme ou autrement, du 7 Mars 1730. 159

Autre portant qu'il sera ouvert une Loterie, &c. & révoque celui du 7 Mars ci-dessus, du 2 Mai 1730. 161

Autre qui ordonne qu'il sera fait inventaire des marchandises, &c. du 26 Août 1730. 166

Autre portant qu'il sera établi en l'Hôtel de la Compagnie des Indes un nouveau dépôt, libre & volontaire, pour tous ceux des Actionnaires qui voudront librement & volontairement y déposer leurs actions, du 27 Août 1730. 174

Autre en interprétation de celui du 14 Août 1727, & qui règle les formalités à observer par les Marchands & Négocians, qui achèteront à Nantes des Marchandises permises, & qui proviendront des ventes de la Compagnie, du 26 Septembre 1730. 178

Autre qui renouvelle les défenses de l'introduction, port & usage des toiles peintes ou teintes, écorces d'arbres ou étoffes de la Chine, des Indes & du Levant, du 28 Novembre 1730. 181

Autre concernant les Déclarations à fournir pour le caffé qui entre ou sort par la ville de Marseille, du 11 Janvier 1731. 184

Délibération de la Compagnie, concernant la rétrocession faite au Roi, de la concession de la Louisianne, du 22 Janvier 1731. 187

Arrêt qui subroge Pierre Vacquier au sieur Pierre le Sueur, pour faire la régie du caffé dans le Royaume, du 23 Janvier 1731. 192

Autre qui ordonne que la Compagnie des Indes ne sera plus régie que par deux Syndics & six Directeurs, du 23 Janvier 1731. 195

Arrêt, qui commet M. Herault, Lieutenant général de Police, &c. pour connoître des contraventions qui seront faites à l'Edit du mois d'Octobre 1726, du 28 Janvier 1727. 61

Autre qui évoque à son Conseil les contestations pour raison des contraventions à l'Edit du mois d'Octobre 1726, survenues dans les Provinces de Flandres, Cambresis & Hainault, du 18 Mai 1727. 65

Autre qui décharge la Compagnie du droit sur les soyes, du 8 Avril 1727. 67

Autre qui commet le sieur Estoupan pour signer les marques en parchemin, au lieu & place du sieur de Sainte Catherine, du 31 Mai 1727. 70

Autre portant qu'il sera apposé de secondes marques à la tête & à la queue de chaque piece de marchandises, du 14 Août 1727. 72

Autre portant qu'il sera fait inventaire des marchandises, &c. du 31 Août 1727. 77

Décision de M. le Pelletier Desforts, Contrôleur général, touchant l'entrepôt des marchandises destinées pour Guinée, du 18 Octobre 1727. 85

Arrêt qui décharge la Compagnie de tous droits d'entrée des marchandises, munitions de guerre & de bouche, qu'elle fera entrer à la Rochelle, du 30 Décembre 1727. 87

Arrêt en interprétation de celui du 28 Septembre 1726, concernant les droits dûs sur les marchandises y énoncées, provenant des ventes de la Compagnie des Indes, du 24 Août 1728. 92

Autre portant qu'il sera fait inventaire des marchandises, &c. du 5 Septembre 1728. 95

Autre portant réglement pour le transport dans toutes les Provinces du Royaume, des soyes provenant du commerce de la Compagnie des Indes, du 14 Septembre 1728. 103

Autre concernant les rentes viageres constituées par la Compagnie des Indes, du premier Février 1729. 109

Autre concernant les especes d'or & d'argent, & qui en fixe le prix à l'Isle de Bourbon, du 8 Février 1729. 113

Autre qui réitére les défenses de faire commerce, port & usage des étoffes & toiles peintes des Indes, de la Chine & du Levant, du 8 Février 1729. 115

Autre, portant qu'il sera fait inventaire, du 30 Août 1729. 119

Autre qui ordonne que le prix provenant de la vente des marchandises prohibées faite par Carlier, Adjudicataire des Fermes, sera

## TOME IV.

ARREST du Conseil d'Etat du Roi, concernant les défenses faites aux particuliers d'envoyer des Vaisseaux, & faire commerce dans les pays de la concession de la Compagnie des Indes, du 26 Février 1726. *page* 1

Autre, portant que les marchandises qui arriveront par les Vaisseaux l'Apollon & autres, seront transportées par mer à Nantes, & décharge les étoffes de soye & toutes autres marchandises, pour cette fois seulement, des droits de la Prévôté de Nantes, du 7 Avril 1726. 5

Autre qui modére les droits d'entrée sur le thé, à dix sols la livre pesant poids de marc, du 6 Août 1726. 9

Délibération de la Compagnie des Indes, au sujet d'un nouveau dépôt d'actions, du 7 Août 1726. 11

Arrêt qui ordonne que la Compagnie demeurera déchargée du payement des droits d'entrée du Tarif de 1664, de ceux de dix sols par livre pesant du caffé, établis par l'Arrêt du 12 Mai 1693. 14

Autre qui exempte la Compagnie des Indes de la moitié des droits d'entrée, dûs aux entrées des Ports & Havres du Royaume, pour les sucres venant de saint Domingue, du 24 Septembre 1726. 20

Autre portant confirmation des Priviléges accordés à la Compagnie des Indes, & exemption de droits en faveur de ladite Compagnie, du 28 Septembre 1726. 27

Edit du Roi, qui prononce des peines contre ceux qui introduiront dans le Royaume des toiles peintes ou teintes, écorces d'arbres, ou étoffes de la Chine, des Indes & du Levant, du mois d'Octobre 1726. 31

Arrêt qui ordonne qu'il sera fait inventaire de toutes les marchandises venant des Indes, du 4 Octobre 1726. 39

Autre concernant la défense des étoffes des Indes, du 8 Octobre 1726. 47

Ordonnance du Roi, portant que les Déserteurs des troupes de la Compagnie des Indes, seront punis des mêmes peines que les Déserteurs des troupes de Sa Majesté, &c. du 26 Janvier 1727. 52

Extrait de l'Ordonnance du Roi, du 2 Juillet 1716, concernant les Déserteurs des troupes de Sa Majesté. 55

# CHRONOLOGIQUE.

Arrêt qui permet à la Compagnie des Indes de faire entrer, vendre & débiter dans le Royaume, les mouchoirs de coton, foye & coton, écorce, & foye & écorce, qu'elle fait venir des pays de fes conceffions par fes Vaiffeaux, &c. du 9 Mai 1724. 675

Déclaration du Roi en interprétation du Réglement & Lettres Patentes du 12 Janvier 1717, concernant le Siége de l'Amirauté établi à Pondichery, du 30 Mai 1724. 679

Arrêt qui ordonne qu'il fera fait inventaire de toutes les marchandifes qui compofent le chargement des Vaiffeaux le Bourbon, la Diane, l'Argonaute, & l'Athalante, &c. du 5 Juin 1724. 681

Autre pour affurer l'état des acquereurs des rentes viageres fur la Compagnie des Indes, du 20 Juin 1724. 689

Autre concernant les billets de la Loterie compofée de la Compagnie des Indes, du 19 Octobre 1724. 691

Autre qui permet le déchargement de bord à bord des marchandifes qui arriveront à la Compagnie pour être tranfportées à Nantes, & qu'elles ne payeront aucuns droits que ceux auxquels elles font fujettes, &c. 695

Lettres Patentes portant établiffement de deux Bureaux de contrôle dans les villes de Limoges & de Clermont-Ferrand, pour la vifite des marchandifes provenant des ventes de la Compagnie des Indes à Nantes, qui paffent en tranfit dans les Provinces reputées étrangéres, du 29 Mai 1725. 698

Arrêt concernant les fraudes, du 13 Mars 1725. 701

Edit du Roi portant confirmation des priviléges, conceffions & aliénations faites à la Compagnie des Indes, du mois de Juin 1725. 703

Edit du Roi portant confirmation des operations du *Vifa*, & de la nullité des effets non vifés, du mois de Juin 1725. 714

Edit du Roi pour la décharge & libération de la Compagnie des Indes, du mois de Juin 1725. 729

Arrêt qui ordonne qu'il fera fait inventaire, du 22 Juin 1725. 740

Autre qui ordonne que toutes les conteftations qui pourront arriver entre la Compagnie & les particuliers, feront jugées en dernier reffort par les Commiffaires nommés par Arrêt du 3 Mars 1723, du 10 Juillet 1725. 748

Autre, qui commet les fieurs Joncheray Dubois, & Pinfon, pour figner les marques, &c. du 13 Novembre 1725. 752

d'action pour l'année 1723. 601
Lettres Patentes en forme d'Édit concernant les Esclaves Négres des Isles de Bourbon & de France, du mois de Décembre 1723. 604
Mémoire instructif pour la vérification des bulletins de la Compagnie des Indes. 620
Arrêt qui ordonne que tous les Adjudicataires de marchandises prohibées, provenant des ventes de la Compagnie, seront tenus de faire viser par l'Inspecteur des manufactures étrangéres établies à Nantes, les acquits à caution qui leur auront été expédiés aux Bureaux des Fermes, &c. du 4 Janvier 1724. 625
Délibération de la Compagnie, concernant la Loterie des rentes viagéres, du 19 Janvier 1724. 628
Arrêt qui régle la forme de procéder pardevant les sieurs Commissaires du Conseil, dans les contestations au sujet des négociations des actions de la Compagnie des Indes, du premier Février 1724. 635
Autre qui accorde à la Compagnie des Indes les droits d'octrois, locaux, de tarif, de péages, passages, & barrages, sur tous les caffés qu'elle fera entrer, sortir ou traverser le Royaume, pour la provision de ses Bureaux, du premier Février 1724. 637
Autre portant nouveau Réglement pour empêcher l'entrée, l'usage & le port des étoffes des Indes, de la Chine & du Levant, &c. du premier Février 1724. 641
Délibération de la Compagnie des Indes au sujet de la Loterie à 100 livres le billet, du 2 Février 1724. 651
Arrêt qui ordonne que tous les caffés venant des Echelles du Levant, pourront entrer dans la ville, port & territoire de Marseille, & sortir librement par mer, ainsi qu'il se pratiquoit avant l'Arrêt du 31 Août 1723, du 8 Février 1724. 652
Autre concernant le privilége exclusif des Loteries, accordé à la Compagnie des Indes, du 15 Février 1724. 655
Autre concernant la faculté accordée à la Compagnie des Indes, pour la conversion volontaire d'un nombre d'actions en rentes purement viagéres, ou viagéres en forme de tontine, du 15 Février 1724. 659
Requête présentée au Roi par les Syndics & Directeurs de la Compagnie des Indes, du 16 Février 1724. 662
Plan de la Loterie viagére, du premier Mars 1724. 666
Délibération de la Compagnie des Indes concernant les opérations de la Compagnie, du premier Mars 1724. 668
Avis aux Actionnaires. 669
Délibération de la Compagnie des Indes, du 15 Mars 1724. 670

# CHRONOLOGIQUE. lxxiij

contestations où la Compagnie des Indes sera partie, du 3 Mai 1723. 533

Arrêt qui permet le déchargement de bord à bord des marchandises de la Compagnie des Indes, du 30 Juin 1723. 535

Autre qui renouvelle les défenses ci-devant faites de l'introduction dans le Royaume & du commerce des étoffes des Indes, &c. du 5 Juillet 1723. 538

Autre pour indiquer une assemblée générale de la Compagnie des Indes, à l'effet de procéder à l'exécution de huit Syndics, du 30 Août 1723. 542

Autre qui régle la forme de l'administration de la Compagnie des Indes, du 30 Août 1723. 544

Autre qui accorde à la Compagnie des Indes le privilége exclusif de la vente du caffé, du 31 Août 1723. 551

Autre qui ordonne que par les Commissaires du Conseil qui seront nommés à cet effet, il sera passé contrat d'aliénation à la Compagnie des Indes du privilége exclusif de la vente du Tabac, du premier Septembre 1723. 554

Autre qui nomme des Commissaires pour juger les contestations au sujet des négociations des actions de la Compagnie des Indes, & de ce qui y a rapport, du 27 Septembre 1723. 557

Autre pour établir un dépôt libre & volontaire des actions de la Compagnie des Indes, du 29 Septembre 1723. 559

Déclaration du Roi, qui régle la maniere dont la Compagnie fera l'exploitation de la vente exclusive du caffé, du 10 Octobre 1723. 561

Arrêt pour la prise de possession du privilége de la vente du caffé, du 12 Octobre 1723. 576

Autre concernant les sieurs Kainkaïd, de Londres, & les sieurs Mouchard & Fromaget, Directeurs de la Compagnie des Indes, du 19 Octobre 1723. 583

Edit du Roi, portant établissement d'un Conseil supérieur à l'Isle de Bourbon, du mois de Novembre 1723. 586

Arrêt pour faire remettre dans les magasins de la Compagnie des Indes, sous deux clefs les caffés que les particuliers ont déclaré avoir en leur possession, du 30 Novembre 1723. 595

Autre qui ordonne que les Commis & Employés de la Compagnie pour l'exploitation du tabac & du caffé, procéderont aux visites & exécutions au sujet des toiles peintes, &c. du 14 Décembre 1723. 596

Délibération de la Compagnie, qui fixe le dividende des actions à 150 livres, du 15 Décembre 1723. 600

Réglement pour le payement du dividende des actions & dixièmes

*Tome IV.* k

à celle d'Occident, du 14 Mars 1722. 475
Arrêt qui ordonne l'exécution de celui du 28 Janvier 1722, au sujet de la livraison du castor par les particuliers, du premier Juin 1722. 478
Autre qui ordonne que les Négocians de saint Malo seront payés par la Compagnie d'un million cinq cens huit mille livres treize sols sept deniers, du 16 Juin 1722. 482
Autre qui permet le déchargement de bord à bord des marchandises venues dans les Ports de France pour être conduites à Nantes, du 8 Juillet 1722. 492
Autre qui ordonne que les comptes & mémoires concernant la régie de Cordier seront arrêtés par Blanchard, du 14 Juillet 1722. 495
Autre qui ordonne qu'il sera fait inventaire des marchandises des Vaisseaux le Maure, la Galathée & l'Indien, du premier Septembre 1722. 497
Autre qui ordonne que les soyes venues des Indes ne payeront que six sols pour livre, du 8 Septembre 1722. 503
Autre qui ordonne qu'il sera fait inventaire des marchandises du Vaisseau le Prince de Conti, du 13 Septembre 1722. 505
Autre, *idem* du Vaisseau la Sirenne, du 22 Septembre 1722. 508
Autre qui permet à la Compagnie des Indes de vendre des velours, du 13 Octobre 1722. 510
Autre qui commet le sieur Laigneau, Procureur du Roi à Hennebon, pour informer des vols faits aux magasins de la Compagnie à l'Orient, du 11 Novembre 1722. 512
Autre qui commet M. l'Intendant de la Rochelle pour dresser procès-verbal des maisons appartenant à la Compagnie, sur la riviere de Charente, du 15 Novembre 1722. 515
Ordonnance pour la levée & payement de quatre Compagnies d'infanterie qui doivent être employées à la garde des Isles de Bourbon & de France, aux Indes Orientales, du 16 Mars 1723. 518
Arrêt qui fixe à cinquante-six mille le nombre des actions de la Compagnie des Indes, du 22 Mars 1723. 520
Autre qui accorde à la Compagnie le privilége de la vente exclusive du Tabac, du 22 Mars 1723. 524
Arrêt qui ordonne qu'il sera passé à la Compagnie des Indes un contrat d'aliénation à titre d'engagement des droits composant le Domaine d'Occident, du 23 Mars 1723. 526
Autre qui forme le Conseil de la Compagnie des Indes, & fixe le dividende des actions, du 24 Mars 1723. 528
Autre qui nomme des Commissaires pour juger les demandes & contestations

CHRONOLOGIQUE. lxxj

tant l'opposition de Messieurs de saint Malo, du 22 Novembre 1721. 437
Arrêt concernant l'inventaire des effets de la Compagnie qui sont à Rochefort, du 2 Décembre 1721. 440
Autre qui commet le sieur Charles Fosse, Secrétaire de la Compagnie des Indes, pour, en l'absence du sieur le Cordier, remplir les fonctions de Commis-Directeur général de la Compagnie des Indes, du 5 Décembre 1721. 442
Edit du Roi qui établit un droit sur les soyes étrangéres, & originaires, & ordonne le rétablissement du passage desdites soyes par la ville de Lyon, du mois de Janvier 1722. 445
Arrêt concernant la veuve Bordenave de Brest, & le sieur Lamothe, du 20 Janvier 1722. 449
Autre qui ordonne que la moitié des marchandises prohibées, saisies par les Commis de la coutume de Bayonne, appartiendra à M. le Duc de Gramont, du 20 Janvier 1722. 451
Autre qui ordonne que dans quinze jours pour toutes préfixions & délais, à compter du jour de la publication, les Actionnaires de l'ancienne Compagnie seront tenus de nommer des Syndics, du 27 Janvier 1722. 454
Autre qui permet à la Compagnie des Indes de faire entrer par les ports de l'Orient & de Nantes les soyes crues qu'elle fera venir des pays de sa concession en payant six sols par chaque livre pesant, du 27 Janvier 1722. 456
Autre qui ordonne l'exécution de celui du 30 Mai 1721, portant établissement du privilége exclusif de la vente du castor, en faveur de la Compagnie des Indes, du 28 Janvier 1722. 459
Ordonnance du Roi concernant le service de la Compagnie d'infanterie, levée en conséquence de l'ordonnance du premier Octobre 1721, du 5 Février 1722. 462
Arrêt qui commet les sieurs Fagon & autres, Commissaires, pour procéder contre le sieur Rodolet, du 22 Février 1722. 464
Lettres Patentes sur ledit Arrêt dudit jour. 468
Arrêt qui permet à la Compagnie d'intéresser dans la cargaison de chaque Vaisseau destiné pour les Indes, les Officiers majors choisis par elle, à condition qu'ils remettront leurs fonds au Caissier de la Compagnie, du 25 Février 1722. 471
Autre qui ordonne l'exécution de celui du 27 Janvier dernier; & que faute par les Actionnaires de l'ancienne Compagnie d'avoir nommé des Syndics en exécution dudit Arrêt, il sera procédé par les Commissaires du Conseil à ce députés, au jugement des demandes & contestations qui sont entre la Compagnie des Indes réunie

Arrêt qui ordonne que tous les Directeurs, Commis & Employés de la Compagnie des Indes, fourniront des états à Messieurs les Commissaires, du 10 Juin 1721. 383

Ordonnance du Roi qui défend l'usage & le commerce des toiles peintes, étoffes des Indes & autres marchandises de contrebande, du 21 Juin 1721. 385

Arrêt en interprétation de celui du 10 Juin 1721, qui renouvelle les défenses de l'introduction dans le Royaume, & du commerce & usage des étoffes des Indes, &c. du 8 Juillet 1721. 388

Autre qui évoque toutes les demandes & contestations contre la Compagnie, du 12 Juillet 1721. 394

Autre qui commet le sieur Dubois pour signer les Bulletins, du 15 Juillet 1721. 397

Autre qui ordonne que le sieur Tartel défendra pour & au nom de la Compagnie des Indes aux demandes formées contre elle, du 15 Juillet 1721. 399

Autre qui surseoit l'exécution de celui du 30 Mai 1721, qui retablit en faveur de la Compagnie des Indes le privilége exclusif de la vente du castor, du 20 Juillet 1721. 402

Autre qui commet le sieur de la Bruyere pour informer contre le nommé Rodolet & autres, du premier Août 1721. 404

Autre qui commet M. Dodun à la place de M. Trudaine, Commissaire de la Compagnie des Indes, du 23 Août 1721. 406

Autre. *Idem* dudit jour. 408

Autre qui nomme le sieur le Cordier, Directeur général de la Compagnie des Indes, pour arrêter les comptes & mémoires de tous les correspondans, du 30 Août 1721. 410

Autre qui décharge la Compagnie des droits de la Prévôté de Nantes, du 16 Septembre 1721. 412

Autre qui ordonne de dresser procès-verbal des pacotilles, du 16 Septembre 1721. 423

Ordonnance du Roi pour la levée d'une Compagnie d'Infanterie, au service & à la solde de la Compagnie des Indes, du premier Octobre 1721. 426

Arrêt pour faire remettre à la Compagnie des Indes les étoffes des Indes & autres qui seront saisies par les Employés des Fermes, du 17 Octobre 1721. 428

Autre concernant la marque des mousselines & toiles de coton blanches, du 18 Octobre 1721. 432

Autre qui commet le sieur de la Bruyere pour juger définitivement le procès criminel qui sera fait aux sieurs Clérisseau & Duchemin, & leurs complices, du 21 Novembre 1721. 435

Autre qui ordonne qu'on passera outre à la vente à Nantes, nonobs-

seau nommé la Paix, de vendre pour la consommation du Royaume les 1500 balles de caffés dont il est chargé, du 27 Août 1720. 321
Arrêt portant suppression des comptes en Banque & viremens de parties, du 26 Décembre 1720. 323
Autre qui nomme des Commissaires du Conseil pour juger les contestations mûes & à mouvoir sur l'exécution de l'Arrêt du 26 Décembre 1720, portant suppression des comptes en Banque & viremens de parties, du 9 Janvier 1721. 326
Autre qui ordonne, que le castor, de quelque qualité qu'il soit, ne pourra entrer dans le Royaume que par les Ports qui sont désignés, du 23 Janvier 1721. 328
Autre qui ordonne que la Compagnie sera tenue de rendre compte de la Banque qui lui a été unie par l'Arrêt du 23 Février 1720, du 26 Janvier 1721. 330
Autre qui déboute la Compagnie des Indes de l'opposition par elle formée à l'exécution de l'Arrêt du 26 Janvier dernier, & ordonne qu'elle sera tenue de compter de la recette & dépense, tant de ladite Compagnie que de la Banque y jointe du 7 Avril 1721. 335
Autre qui commet Messieurs Trudaine, Fagon, Ferrand, & de Machault, Conseillers d'Etat, pour dresser procès-verbal & inventaire des registres, papiers & effets de ladite Compagnie & Banque y jointe, du 7 Avril 1721. 363
Autre concernant la Compagnie des Indes, du 15 Avril 1721. 366
Autre qui renvoie pardevant les Commissaires du Conseil les contestations mues & à mouvoir entre sa Majesté ou la Compagnie des Indes, & le sieur Jean Law, du 29 Avril 1721. 369
Autre qui nomme des Commissaires pour juger les contestations contre la Compagnie des Indes, du 18 Mai 1721. 371
Autre portant rétablissement du privilége exclusif de la vente du castor, en faveur de la Compagnie des Indes, du 30 Mai 1721. 373
Autre qui commet le sieur Camiaille à la place du sieur Cochois, pour signer les marques des mousselines & toiles de coton blanches, du 30 Mai 1721. 375
Autre qui renouvelle les défenses ci-devant faites de l'introduction dans le commerce, port & usage des étoffes des Indes, de la Chine & du Levant, & des toiles peintes & autres, venant desdits pays, du 10 Juin 1721. 377
Autre qui commet le sieur de la Bruyere pour informer contre les malversations commises par le sieur Rodolet, du 10 Juin 1721. 381

des, du 23 Février 1720. 264
Délibération de la Compagnie concernant la Banque, du 22 Février 1720. 270
Arrêt qui accorde à la Compagnie des Indes le privilége de négocier seule à l'exclusion de tous autres ses sujets, depuis la riviere grande de Goa, jusqu'au détroit de Magellan, pour tout le temps qui reste à expirer de ses priviléges, du 11 Avril 1720. 275
Autre qui ordonne que le commerce du castor demeurera libre, & convertit le privilége de la Compagnie en un droit d'entrée, qui lui sera payé à l'entrée du Royaume à raison de neuf sols par livre pesant de castor gras & six sols de castor sec, du 16 Mai 1720. 277
Autre portant suppression des droits de tiers surtaux & quarantiéme, & de tous les droits établis sur les soyes, tant originaires qu'étrangéres, du 18 Mai 1720. 281
Autre portant Réglement pour le commerce qui se fait à Marseille sur les toiles de coton blanches, étoffes de soye pure, ou mêlées d'or & d'argent, d'écorces d'arbres du cru ou fabrique du Levant, du 20 Mai 1720. 288
Autre en faveur de la Compagnie des Indes concernant les toiles peintes, du 20 Mai 1720. 291
Autre qui ordonne que celui du 18 Mai 1720, portant suppression des droits de tiers surtaux, quarantiéme & tous autres droits, sur les soyes, tant étrangéres qu'originaires, n'aura son exécution qu'à commencer du premier Juillet prochain, du 18 Juin 1720. 295
Autre portant qu'il sera ouvert à l'hôtel de la Banque à Paris, & dans toutes les villes du Royaume, où il y a des hôtels des monnoyes un livre de comptes courants & de viremens de parties, dont le fonds ne pourra passer six cens millions, du 13 Juillet 1720. 297
Edit portant que la Compagnie des Indes joüira à perpétuité de tous les droits & priviléges qui concernent son commerce du mois de Juillet 1720. 303
Arrêt qui ordonne l'exécution de l'Edit du présent mois, qui accorde à la Compagnie des Indes la joüissance à perpétuité de tous les droits & priviléges concernant son commerce, du 21 Juillet 1720. 310
Autre portant Réglement pour la vente des marchandises arrivées par les Vaisseaux la Paix, le Comte de Toulouse, & les deux Couronnes, du 6 Août 1720. 313
Autre qui permet aux Directeurs intéressés en l'armement du Vais-

# CHRONOLOGIQUE. lxvij

Arrêt & Lettres Patentes concernant les remontrances du Parlement, du 21 Août 1718. 171

Déclaration du Roi pour convertir la Banque générale en Banque Royale, du 4 Décembre 1718. 181

Arrêt concernant la Banque Royale, du 27 Décembre 1718. 191

Traité entre la Compagnie & Messieurs de saint Malo, du 4 Janvier 1719. 197

Arrêt qui nomme le Directeur, l'Inspecteur, le Trésorier & le Contrôleur de la Banque Royale, du 5 Janvier 1719. 202

Autre qui nomme Commissaires Messieurs Bignon, Pelletier des Forts, Pelletier de la Houssaye, Rouillé du Coudray ; M. Machault, Rapporteur, du 21 Janvier 1719. 204

Assemblée générale de la Compagnie des Indes, du 27 Mars 1719. 207

Arrêt qui homologue la délibération du 4 Janvier audit an, du 8 Mai 1719. 211

Autre qui homologue la délibération du 27 Mars 1719, du 9 Mai 1719. 213

Edit portant réunion des Compagnies Orientales & de la Chine à la Compagnie d'Occident, du mois de Mai 1719. 220

Arrêt qui nomme M. Beauvais le Fer & autres pour signer les marques en parchemin, du 21 Mai 1719. 229

Autre concernant la réunion des Compagnies des Indes Orientales & de la Chine, à la Compagnie d'Occident, du 17 Juin 1719. 231

Soumission des Directeurs des Compagnies des Indes & de la Chine au sujet de l'Edit de réunion, du 23 Juin 1719. 233

Arrêt qui nomme des Directeurs de la Compagnie pour signer les marques des mousselines, du 4 Juillet 1719. 235

Arrêt qui permet la vente à Nantes des marchandises venues des Indes, par les Vaisseaux de la Compagnie, du 13 Août 1719. 239

Arrêt qui renouvelle les défenses d'introduire dans le Royaume, ou faire aucun commerce ni usage des toiles peintes, &c. du 27 Septembre 1719. 247

Autre qui permet à la Compagnie des Indes d'employer telle partie de ses fonds, qu'il sera convenable pour l'accroissement de la pêche & l'établissement des Manufactures, du dix Novembre 1719. 260

Autre qui commet les sieurs Robinot & Cochois pour signer au lieu des Directeurs les marques en parchemin, du 20 Décembre 1719. 262

Autre concernant la réunion de la Banque à la Compagnie des In-

tembre 1716. 67
Arrêt qui ordonne que les Chinois qui se prétendront propriétaires du Vaisseau la Cloche, justifieront dans six mois de leur propriété, du 22 Février 1717. 72
Autre qui défend aux Directeurs de la Compagnie de permettre des pacotilles, du 22 Février 1717. 77
Edit du Roi qui défend à la Compagnie des Indes de donner aucune permission pour porter aucunes marchandises des Indes aux Officiers de ses Vaisseaux, du 8 Mai 1717. 81
Arrêt qui ordonne que par préférence à tous autres créanciers la veuve Phaulkon sera payée de sa pension alimentaire, du 26 Juin 1717. 85
Arrêt qui ordonne la vente dans la ville de Paris, de 5799 piéces de toile de coton blanches & mousselines, du 24 Juillet 1717. 96
Edit du Roi qui prononce des peines contre ceux qui introduiront dans le Royaume des toiles peintes, écorces d'arbres ou étoffes de la Chine, du mois de Juillet 1717. 99
Lettres Patentes en forme d'Edit, portant établissement d'une Compagnie de commerce sous le nom de Compagnie d'Occident, du mois d'Août 1717. 103
Arrêt qui nomme des Directeurs de la Compagnie d'Occident, du 12 Septembre 1717. 123
Arrêt qui nomme des Commissaires pour passer les contrats de rentes de la Compagnie d'Occident, du 24 Septembre 1717. 125
Arrêt qui autorise la nomination faite par les Directeurs de la Compagnie d'Occident, du sieur Urbain de la Barre pour Caissier de la Compagnie, du 23 Octobre 1717. 127
Edit du Roi qui fixe à cent millions le fond de la Compagnie d'Occident, &c. du mois de Décembre 1717. 129
Arrêt qui nomme pour Directeurs de la Compagnie les sieurs Raudot, d'Hardancourt & Gilly de Montaud, du 8 Février 1718. 139
Autre qui ordonne la main levée des marchandises prohibées, apportées des Indes par les Vaisseaux les deux Couronnes & les Lys-Brilhac, &c. du 12 Mars 1718. 141
Autre au sujet des contestations entre les sieurs Neret & Gayot, & la Compagnie d'Occident, du 21 Mars 1718. 153
Autre qui ordonne que plusieurs particuliers dépositaires de castors, les remettront à la Compagnie d'Occident, du 16 Mai 1718. 157
Arrêt concernant le commerce du castor dont le privilége est accordé à la Compagnie d'Occident, du 11 Juillet 1718. 161

CHRONOLOGIQUE. lxv

Arrêt qui ordonne qu'il fera payé quarante mille livres au sieur Crozat, du 12 Août 1715. 673
Arrêt concernant les marchandises du saint Louis saisies à Pondichery, du 14 dudit mois. 676
Arrêt qui juge le Vaisseau la Cloche de bonne prise, du 23 Octobre 1715. 678
Arrêt qui ordonne qu'il sera fait inventaire à Bordeaux pour les poivres, du 19 Novembre 1715. 981

## TOME III.

ARREST du Conseil d'Etat du Roi, concernant les étoffes des Indes, de la Chine & du Levant, toiles de coton peintes, ou blanches, furies, mousselines & autres, avec injonction de faire marquer tous les meubles qui en sont composés suivant les Déclarations, qui en ont été faites ci-devant, à peine de 3000 livres d'amende contre ceux qui ne les ont pas déclarées, du 20 Janvier 1716. *page* 1
Autre rendu entre François de Nerville, Adjudicataire général des Fermes unies, & les Directeurs de la Compagnie des Indes, prenant fait & cause des sieurs Olanier & Audiffret, Marchands à Avignon; Lamaire, Tharreau & Perdriau, Marchands à la Rochelle, &c. du 4 Février 1716. 8
Autre qui ordonne que les toiles peintes, étoffes de la Chine & du Levant, mousselines, &c. seront brulées, du 22 Février 1716. 14
Autre concernant les toiles peintes & mousselines des Indes, & qui confirme plusieurs saisies, ordonne qu'elles seront confisquées & brûlées, du 4 Avril 1716. 20
Lettres Patentes du Roi, portant privilége en faveur du sieur Law & sa Compagnie, d'établir une Banque générale, du 2 Mai 1716. 31
Autre contenant Réglement pour la Banque générale accordée au sieur Law & à sa Compagnie, du 20 Mai 1716. 37
Ordonnance du Roi, portant amnistie générale en faveur des Cavaliers, Dragons & Soldats, qui ont déserté des troupes de Sa Majesté jusqu'au premier du présent mois, &c. du 2 Juillet 1716. 43
Arrêt portant qu'il sera fait inventaire des marchandises des Vaisseaux de la Compagnie, la Paix, les deux Couronnes, & le Lys-Brilhac, du 23 Septembre 1716. 59
Traité entre la Compagnie & Messieurs de saint Malo, du 23 Sep-

*Tome IV.* i

Délibération concernant la suite des Syndics des Actionnaires, du 20 Janvier 1714. 568
Arrêt concernant les toiles peintes, dont sera dressé procès-verbaux par le Lieutenant de Police, du 10 Février 1714. 571
Ordonnance de M. l'Amiral, concernant la prise du Vaisseau le Thomas de Londres, du 19 dudit mois. 575
Arrêt concernant les soyes étrangeres, & celles qui viennent des Indes & de la Chine, du 13 Mars 1714. 577
Arrêt qui régle le payement à faire aux créanciers prétendus privilégiés de la Compagnie des Indes Orientales, du 14 Mai 1714. 585
Déclaration du Roi, portant défenses d'introduire dans le Royaume aucunes soyes ni marchandises de soyeries venant des Indes & de la Chine, du 11 Juin 1714. 606
Arrêt portant réglement sur les toiles de coton peintes ou blanches, &c. du 11 Juin 1714. 609
Arrêt qui décharge la Compagnie de l'assignation donnée aux Requêtes de l'Hôtel, du 23 Juillet 1714. 615
Arrêt qui commet les sieurs Sandrier & Hardancourt pour signer les marques, &c. du 24 Juillet 1714. 619
Arrêt qui ordonne qu'il sera fait inventaire des mousselines, toiles, &c. du 29 Juillet 1714. 621
Arrêt qui ordonne que le dixiéme des prises faites en deça du Cap de Bonne-Espérance appartiendra à M. l'Amiral, du 24 Septembre 1714. 627
Déclaration du Roi, qui proroge pendant dix ans le privilége du commerce des Indes Orientales, en faveur de l'ancienne Compagnie, du 29 Septembre 1714. 629
Arrêt qui déboute les Armateurs du Navire le Comte de Tessé de leur demande, du 20 Octobre 1720. 632
Traité entre la Compagnie & Messieurs de Saint Malo, du 5 Décembre 1714. 637
Arrêt qui homologue le traité fait entre la Compagnie & Messieurs de Saint Malo, du 29 Décembre 1714. 646
Arrêt qui accorde à M. l'Amiral le dixiéme de la prise du Phœnix d'or, du 8 Janvier 1715. 649
Arrêt qui ordonne que les drogueries & épiceries de la Compagnie pour Lyon, ne payeront que le quart des droits du Tarif de 1664, du 15 Janvier 1715. 651
Arrêt concernant les mousselines, toiles de coton des Indes, de la Chine ou du Levant, du 4 Juin 1715. 663
Arrêt portant qu'il sera fait inventaire des marchandises à Brest & au Port-Louis, du 23 Juillet 1715. 667

# CHRONOLOGIQUE. lxiij

Arrêt concernant les marques sur les pieces de mousselines, du 28 Mai 1712. 469

Arrêt concernant les Intéressés en l'armement des Vaisseaux la Princesse, l'Aurore, &c. du 30 Mai 1712. 472

Arrêt qui décharge les soyes provenant du commerce de la Compagnie des Indes, de tous droits & autres impositions, &c. du 14 Juin 1712. 478

Traité entre la Compagnie & le sieur Crozat & consorts, du 20 Juillet 1712. 483

Arrêt qui homologue le traité fait entre la Compagnie & les sieurs Guymont du Coudray & Bille, du 8 Août 1712. 491

Arrêt qui homologue le traité du 20 Juillet précédent, fait avec Messieurs Crozat & consorts, du 8 Août 1712. 493

Déclaration du Roi, portant que la Compagnie des Indes joüira pendant le temps qui reste à expirer de son privilége du dixiéme des prises, &c. du 3 Septembre 1712. 496

Lettres-patentes qui permettent au sieur Crozat de faire seul le commerce dans la province de la Louisianne, du 14 Septembre 1712. 502

Arrêt portant établissement de la Compagnie de la Chine, du 28 Novembre 1712. 511

Arrêt qui nomme des Commissaires pour l'examen des affaires de la Compagie, du 5 Décembre 1712. 514

Arrêt qui ordonne qu'il sera compté par especes, qualités & quantités des marchandises arrivées par les Vaisseaux de la Compagnie, du 24 Janvier 1713. 516

Arrêt qui régle le payement à faire aux créanciers privilégiés de la Compagnie des Indes Orientales, & celui des créanciers chirographaires, du 20 Février 1713. 518

Etat des dettes accepté par les Syndics des créanciers, du 4 Mars 1713. 544

Arrêt qui ordonne que la délibération ci-dessus sera exécutée, du 6 Mars 1713. 547

Arrêt concernant l'inventaire des caffés, provenant du chargement des Vaisseaux, du 7 Août 1713. 549

Arrêt qui ordonne que par le sieur Roujault, Intendant à Rouen, il sera fait inventaire des marchandises des Indes, du 7 Août 1713. 552

Arrêt qui ordonne que par le sieur Ferrand, Intendant de Bretagne, il sera fait inventaire, du 5 Septembre 1713. 557

Suite du traité fait avec M. Crozat & consorts, du 30 Décembre 1713. 562

Arrêt qui homologue la délibération ci-dessus, du 15 Janvier 1714. 565

Vaisseau le saint Louis, représenteront leurs titres devant M. Boucher d'Orsay, du 22 Février 1710. 341

Arrêt qui ordonne que les Marchands seront tenus de payer à la Compagnie leurs billets à leur échéance, du 10 Août 1710. 348

Arrêt qui ordonne qu'il sera fait inventaire du Vaisseau le saint Malo, par M. l'Intendant de Bretagne, du 20 Septembre 1710. 350

Traité entre la Compagnie & Messieurs du Moulin & de Laye, du 27 Septembre 1710. 353

Arrêt qui homologue les actes du 27 Septembre dernier, du 13 Octobre 1710. 357

Arrêt qui ordonne le payement de ce qui est dû aux Officiers qui montoient le Vaisseau le saint Louis, du 20 Octobre 1710. 359

Arrêt concernant les créanciers chirographaires de la Compagnie, du 12 Janvier 1711. 362

Arrêt rendu entre les Directeurs & les porteurs à la grosse aventure, &c. du 18 Janvier 1711. 365

Arrêt qui ordonne l'exécution de l'Arrêt du 18 dudit mois, au sujet du payement de cent mille livres à faire à Madame Hebert, du 26 Janvier 1711. 408

Arrêt qui subroge M. de Machault au lieu & place de M. d'Orsay, du 16 Février 1711. 411

Déclaration du Roi, portant établissement d'un Conseil Provincial à l'Isle de Bourbon, du 7 Mars 1711. 413

Délibération. Etat des dettes chirographaires, du 24 Avril 1711. 418

Traité fait entre la Compagnie & le sieur Crozat & consorts. 422

Arrêt concernant les mousselines & toiles de coton blanches, du 28 Avril 1711. 427

Arrêt qui ordonne que les créanciers chirographaires de la Compagnie des Indes, compris dans l'état arrêté le 24 Avril 1711, seront payés du tiers de leurs capitaux, du 4 Mai 1711. 432

Edit qui décharge la ville de Lyon des octrois & sur-octrois, du mois de Juin 1711. 435

Traité fait au sujet de l'armement du sieur de Roquemador, du 8 Juin 1711. 444

Arrêt qui déclare le nommé Georget mal fondé en ses requêtes, du 28 Juillet 1711. 448

Arrêt qui regle les payemens à faire à quelques créanciers de la Compagnie, des 6 & 18 Août 1711. 451

Traité entre M. de Champigny pour la Compagnie & les sieurs Guymont du Coudray & Bille, du 5 Février 1712. 457

Arrêt qui ordonne la marque des marchandises des Vaisseaux des Indes, du 29 Mars 1712. 463

# CHRONOLOGIQUE.

Arrêt qui décharge la Compagnie de la taxe imposée par les Etats de Bretagne sur les maisons & casernes de l'Orient, du 14 Avril 1708. 286

Demande au Roi de remettre le privilége de la Compagnie à quelque autre, du 4 Août 1708. 289

Arrêt portant qu'il sera tenu une assemblée dans deux mois, en présence de M. le Prévôt des Marchands, du 6 Novembre 1708. 292

Arrêt qui ordonne l'exécution de celui ci-dessus, du 12 Novembre 1708. 295

Concordat entre la Compagnie & M. Crozat & consorts, du premier Décembre 1708. 298

Installation du sieur Bignon, Prévôt des Marchands, du 29 Décembre 1708. 301

Traité entre la Compagnie & le sieur Crozat, Beauvais le Fer & consorts, du 22 Avril 1709. 303

Arrêt qui homologue les actes passés les 22 & 27 Avril dernier entre les Directeurs de la Compagnie & le sieur Crozat, Beauvais le Fer & consorts, &c. du 3 Juin 1709. 311

Vente de deux Vaisseaux à M. Crozat, du 22 dudit mois. 313

Arrêt qui ordonne que les deniers provenant de la prise du Phœnix d'or, seront remis au Trésorier de la Marine, du 6 Juillet 1709. 315

Arrêt qui accorde trente mille livres à ceux qui ameneront le Vaisseau le saint Louis dans un port de France, du 26 Août 1709. 318

Arrêt portant défenses de porter aucunes robes & vêtemens de toiles peintes, &c. du 27 Août 1709. 320

Arrêt qui ordonne que tous les Directeurs & Intéressés de la Compagnie, remettront dans huit jours trois mille six cens livres à la caisse, pour payer les loyers de la maison qu'elle occupe, du 7 Octobre 1709. 329

M. d'Hardancourt député pour les Indes, du 7 Décembre 1709. 331

Arrêt qui permet à la Compagnie des Indes, de vendre ses marchandises, du 10 Décembre 1709. 333

Arrêt qui ordonne que tous les Directeurs remettront leur part & portion de seize mille livres, du 16 Décembre 1709. 335

Arrêt qui ordonne aux créanciers, Actionnaires de la Compagnie, de s'assembler chez M. Boucher d'Orsay, afin d'élire entr'eux des Syndics pour assister aux assemblées générales de la Compagnie, du 11 Janvier 1710. 337

Arrêt qui ordonne que les porteurs de contrats à la grosse sur le

du 28 Janvier 1705. 202
Arrêt qui ordonne l'exécution de celui du 12 Décembre 1702, & autres réglemens concernant les étoffes des Indes, &c. du 17 Février 1705. 204
Nouveaux billets avec les intérêts à dix pour cent, du 18 Février 1705. 208
Arrêt qui homologue les délibérations des 10 & 28 Janvier, au sujet des droits de présence, du 17 Mars 1705. 209
Billets de la Compagnie à ceux qui fourniront des effets autres que des billets, du 18 Avril 1705. 211
Billets *Idem*, du 3 Juin 1705. 212
Arrêts qui homologue les délibérations des 18 Avril & 3 Juin ci-dessus, du 28 Juillet 1705. 213
Arrêt qui ordonne que la requête des Directeurs sera communiquée aux Actionnaires, du 26 Septembre 1705. 216
Lettres-patentes du Roi, portant établissement d'une Compagnie royale pour le commerce de la Chine, du mois d'Octobre 1705. 229
Arrêt qui ordonne que la requête insérée en l'Arrêt du 26 Septembre 1705, sera communiquée aux Actionnaires de la Compagnie, du 3 Novembre 1705. 235
Arrêt portant qu'il sera fait inventaire des marchandises, &c. du 30 Mars 1706. 239
Arrêt qui ordonne l'exécution de celui du 23 Septembre 1704, du 20 Avril 1706. 242
Traité fait entre la Compagnie & M. Jourdan, du 21 Avril 1706. 244
Achat de deux Vaisseaux par M. Jourdan, du 23 Avril 1706. 245
Billets au porteur avec les intérêts à dix pour cent, du 10 Juillet 1706. 247
Renouvellement desdits billets, du 7 Août 1706. 248
Arrêt qui défend le commerce aux Officiers des Vaisseaux & Employés de la Compagnie, du 28 Septembre 1706. 250
Arrêt contre les héritiers & biens-tenans du sieur le Gendre, du 18 Janvier 1707. 253
Arrêt contre les gens des trois Etats de Bretagne, du 2 Juillet 1707. 255
Traité entre la Compagnie & le sieur Martin de la Chapelle, du 5 Novembre 1707. 259
Arrêt concernant M. l'Amiral, du 26 Novembre 1707. 261
Arrêt concernant les prises, du 26 Novembre 1707. 279
Traité fait avec M. Jourdan, du 17 Décembre 1707. 283

# CHRONOLOGIQUE. lix

Arrêt qui permet à la Compagnie de vendre les toiles peintes, indiennes, &c. du 18 Septembre 1702. 126

Arrêt qui ordonne l'exécution de ceux des 21 Février & 16 Mai dernier, sinon & à faute de ce, seront & demeureront purement & simplement déchus de toutes les actions qu'ils auront pû avoir dans le commerce de ladite Compagnie, du 26 Septembre 1702. 128

Arrêt qui ordonne que les Directeurs remettront entre les mains de M. Chamillart un état par eux certifié des Marchands qui ont acheté les toiles peintes & les écorces d'arbres, du 18 Novembre 1702. 131

Surséance du payement des billets de cinquante pour cent, du 24 Novembre 1702. 137

Arrêt qui ordonne que la Déclaration du 9 Mai 1702 sera exécutée, du 12 Décembre 1702. 138

Arrêt qui ordonne l'exécution de la délibération, du 24 Novembre dernier, du 2 Janvier 1703. 142

Droits de préférence de 1702 payés en billets au porteur, du 16 Mars 1703. 144

Arrêt portant qu'il sera fait inventaire des marchandises, &c. du 14 Juillet 1703. 145

Payement de l'emprunt à la grosse aventure, du 9 Janvier 1704. 151

Vaisseau pris par les Anglois, le 20 Mai 1703. Ibid.

Lettre d'avis de la prise dudit Vaisseau. 152

Assemblées fixées à quatre par semaine, du 18 Janvier 1704. 155

Arrêt qui homologue la délibération du 18 Janvier dernier, du 29 Janvier 1704. 157

Arrêt rendu sur les requêtes respectives entre les Directeurs & Actionnaires de la Compagnie, du premier Avril 1704. 159

Arrêt qui évoque au Conseil les contestations d'entre la Compagnie & M. de Bercy, du 13 Mai 1704. 163

Arrêt concernant le sieur Chaperon, du 13 Mai 1704. 165

Arrêt qui fait défenses à M. de Bercy & aux Directeurs de procéder ailleurs que devant Sa Majesté, du 29 Juillet 1704. 167

Arrêt qui ordonne qu'il sera fait inventaire des marchandises de la Compagnie, & ensuite marquées, du 2 Septembre 1704. 170

Arrêt concernant M. de Bercy, du 23 Septembre 1704. 173

Billets au porteur payables en deux ans pour les cinquante pour cent d'emprunt, du 17 Décembre 1704. 201

Délibération touchant les billets au porteur, du 10 Janvier 1705. Ibid.

Délibération concernant les droits de préférence à trois mille livres,

Contrats à la groſſe ſignés par quatre Directeurs, du 7 Décembre 1701. 78

Arrêt qui décharge la Compagnie des aſſignations à elle données par Regnard, du 17 Décembre 1701. 79

Prêt par le Roi de huit cens cinquante mille livres, du 23 dudit mois. 81

Convocation d'une aſſemblée générale, du 23 dudit mois. 84

Arrêt qui ordonne qu'il ſera inceſſamment convoqué une aſſemblée générale, du 30 dudit mois. 86

Aſſemblée générale convoquée. Lettre de M. de Pontchartrain. Procès-verbal du réſultat de l'aſſemblée générale, du 30 Décembre 1701, 2 & 24 Janvier 1702. 88

Arrêt qui ordonne que la délibération priſe par les Directeurs de la Compagnie des Indes Orientales ſera homologuée; & en conſéquence que les Directeurs & Actionnaires de ladite Compagnie, leurs héritiers & légataires ou donataires feront entre les mains du Caiſſier un fonds de cinquante pour cent de leur capital en actions, du 21 Février 1702. 96

Augmentation de cinquante pour cent du capital en actions, du 15 Mars 1702. 100

Billets au porteur, payables en deux ans pour les cinquante pour cent du capital des actions, du 28 Mars 1702. 101

Arrêt qui homologue la délibération priſe par les Directeurs de la Compagnie des Indes Orientales, le 14 Novembre 1701, du 11 Avril 1702. 103

Déclaration du Roi, qui permet à la Compagnie des Indes Orientales de vendre les étoffes des Indes qu'elle a reçues par ſes Vaiſſeaux, tant celles de ſoye pure que celles de ſoye mêlées d'or & d'argent; & aux Marchands qui en acheteront, de les débiter juſqu'au dernier Décembre 1703, du 9 Mai 1702. 105

Arrêt d'enregiſtrement à la Cour de Parlement, du 12 Août 1702. 108

Droits de préſence diſtribués aux Directeurs à l'iſſue des aſſemblées, du 13 Mai 1702. 111

Arrêt qui ordonne que celui du 21 Février, & le préſent Arrêt ſeront exécutés, du 16 Mai 1702. 113

Arrêt qui homologue la délibération priſe au ſujet de l'emprunt fait par la Compagnie le 13 dudit mois, du 16 Mai 1702. 117

Arrêt qui décharge la Compagnie des aſſignations à elle données à la requête de Guibert, dudit jour. 119

Arrêt qui ordonne qu'il ſera fait inventaire, &c. du 22 Août 1702. 121

Billet au porteur pour les cinquante pour cent changés en billets particuliers du ſieur le Noir, du 30 dudit mois. 125

## CHRONOLOGIQUE. lvij

Compagnie des Indes Orientales qui arriveront au Port-Louis ou autres ports du Royaume, du 22 Novembre 1700. 34

Arrêt qui homologue le concordat passé entre la Compagnie des Indes & celle de la Chine, du 9 Novembre 1700. 41

Délibération de la Compagnie, au sujet de la convention des Intéressés du Vaisseau l'Amphitrite, du 20 Novembre 1700. 43

Etat de répartition, du 2 Janvier 1701. 44

Edit de création du Conseil souverain de Pondichery, du mois de Février 1701. 45

Emprunt de cent soixante-neuf mille quatre cens cinquante livres, du 16 Février 1701. 50

Achat de deux cens mille pieces de huit en Espagne, du 13 Mai 1701. *Ibid.*

Arrêt qui ordonne que le prix des marchandises adjugées aux nommés Blandin & Behotte, appartiendra à Templier, à condition que lesdites marchandises seront délivrées aux Directeurs de la Compagnie des Indes, en payant audit Templier le prix des adjudications, du 28 Juin 1701. 52

Arrêt qui ordonne la confiscation des étoffes & des toiles de coton blanches, saisies à la Rochelle, pour n'avoir point été marquées, & être entrées en fraude, du 12 Juillet 1701. 55

Arrêt qui ordonne qu'il sera fait inventaire des marchandises de la Compagnie des Indes, du 19 Juillet 1701. 60

Arrêt qui ordonne la même chose, du 6 Septembre 1701. 64

Déclaration du Roi contre les Marchands, Négocians, Commissionnaires & autres, qui feront entrer & sortir du Royaume des marchandises en fraude, du 20 Septembre 1701. 69

Arrêt qui permet aux Directeurs de la Compagnie royale des Indes Orientales de vendre des étoffes de soye, &c. du 27 Septembre 1701. 73

Achat de cinquante mille pieces de huit en Espagne, du 15 Octobre 1701. 75

Délibération qui retarde le payement de l'intérêt de 1696, du 14 Novembre 1701. *Ibid.*

Emprunt de huit cens mille livres à la grosse aventure, du 21 Novembre 1701. 76

Lettre de M. de Pontchartrain à ce sujet, du 19 dudit mois. 77

Grosse aventure, cinquante pour cent en paix, & soixante-quinze pour cent en guerre, du premier Décembre 1701. *Ibid.*

*Tome IV.* h

Arrêt qui ordonne la vente des marchandises venues sur le Phelypeau & sur l'Etoile d'Orient, du 25. Août 1699. 671

Assemblée extraordinaire, du 5 Novembre 1699. 675

Informer les Actionnaires de l'état présent de la Compagnie, du 12 Novembre 1699. 677

Assemblée générale des Actionnaires, du 10 Décembre 1699. *Ibid.*

Etat des répartitions, du 10 Décembre 1699. 682

---

# TOME II.

ARRÊT du Conseil d'Etat du Roi, qui homologue la délibération prise par les Directeurs & Actionnaires de la Compagnie des Indes Orientales, le 10 du mois de Décembre dernier, pour l'emprunt qui doit être fait par lesdits Directeurs des sommes nécessaires pour la continuation du commerce de ladite Compagnie, du 23 Mars 1700. p. 1.

Arrêt concernant la succession du sieur Phaulkon. 4

Arrêt qui régle la quantité des étoffes de soye, d'or & d'argent, que la Compagnie des Indes peut faire venir des Indes, & vendre en France, après avoir été marquées suivant l'Arrêt du Conseil, du 14 Août 1688; & fait défenses à tous Marchands & autres d'acheter de ladite Compagnie, ni des Marchands de Marseille des toiles peintes, & écorces d'arbres, & d'en faire commerce, & à toutes personnes d'en porter, &c. du 13 Juillet 1700. 7

Arrêt en interprétation de celui du 13 Juillet ci-dessus, qui régle la quantité d'étoffes de soye que la Compagnie peut faire venir des Indes, du dernier Août 1700. 18

Délibération de la Compagnie, du 3 Septembre 1700. 23

Arrêt qui fait défenses à tous Marchands, Négocians & autres personnes de vendre, ni débiter aucunes marchandises venant des Indes, sujettes à la marque, si elles ne sont marquées de celle qui aura été choisie par le sieur de Nointel, Commissaire départi en la Province de Bretagne, à peine de confiscation, & de trois mille livres d'amende, du 7 Septembre 1700. 25

Convention faite entre les Directeurs & le sieur Jourdan, du 8 Octobre 1700. 28

Proposition sur l'affaire du sieur Jourdan, dudit jour. *Ibid.*

Concordat entre la Compagnie des Indes & celle de la Chine, du 23 Octobre 1700. 29

Arrêt qui ordonne que les Commis des Fermes de Sa Majesté, ne pourront visiter ni plomber les marchandises des Vaisseaux de la Compagnie

# CHRONOLOGIQUE.

Nouvelles de Surate, du 8 Mars 1697. 614
Réponse au mémoire de M. de Bercy, du 6 Avril 1697. 616
Arrêt qui ordonne qu'il sera incessamment convoqué une assemblée générale de tous les Actionnaires de la Compagnie, &c. au bureau de ladite Compagnie, du 24 Avril 1697. 619
Lecture de l'Arrêt du 24 Avril 1697. 621
Assemblée générale fixée au 2 Juillet, du 19 Juin 1697. *Ibid.*
Procès-verbal de l'assemblée générale, du 2 Juillet 1697. 622
Arrêt qui confirme & homologue la délibération prise par les Directeurs & Actionnaires de la Compagnie, contenue dans le procès-verbal, du 17 Août 1697. 628
Emprunt de deux cens soixante-quinze mille cent livres, du 7 Septembre 1697. 630
Proposition du sieur Jourdan, du 28 Novembre 1697. *Ibid.*
Lettre de M. de Pontchartrain à M. le Prévôt des Marchands, du 7 Décembre 1697. 631
Mémoire de la Compagnie à M. de Pontchartrain. 632
Affaire de Messieurs Bernard & Crozat, du 30 Novembre 1697. 634
Lettre à M. le Prévôt des Marchands. 635
Arrêt qui déboute les sieurs Crozat & Bernard, de leur requête, du 27 Décembre 1697. 638
Concordat ou traité entre le sieur Jourdan & la Compagnie, du 4 Janvier 1698. 641
Arrêt qui homologue ledit concordat, du 22 Janvier 1698. 644
Proposition pour une Compagnie de la Chine, du 3 Juillet 1698. 645
Arrêt qui ordonne la vente des marchandises venues par le Vaisseau le Postillon, du 22 Juillet 1698. 647
Déclaration du Roi pour l'établissement d'une Compagnie de la mer du Sud, du mois de Septembre 1698. 650
Convocation d'une assemblée générale, du 22 Novembre 1698. 661
Arrêt qui ordonne qu'il sera incessamment convoqué une assemblée générale de tous les Intéressés & Actionnaires de la Compagnie des Indes, du 10 Décembre 1698. 662
Assemblée générale, indiquée au 29 Décembre 1698. 664
Procès-verbal de l'assemblée générale, du 29 Décembre 1698. *Ibid.*
Arrêt qui confirme & homologue la délibération prise par les Directeurs de la Compagnie des Indes, contenues dans leur procès verbal, du 11 Février 1699. 666
Arrêt qui ordonne qu'il sera fait inventaire des marchandises, du 21 Juillet 1699. 668

Arrêt qui ordonne qu'il sera fait inventaire des marchandises, du 3 Avril 1694. 572
Renouvellement des billets, du 26 Juin 1694. 575
Arrêt qui ordonne que les Directeurs de la Compagnie des Indes, pourront faire apporter pendant trois ans des toiles peintes pour cent cinquante mille livres, du 22 Janvier 1695. 576
Billets du sieur le Noir, donnés en payement, du 22 Janvier 1695. 580
Renouvellement des billets. 580, 581
Délibération au sujet de Messieurs de Pontchartrain, pere & fils, du 12 Novembre 1695. 582
Arrêt concernant le Vaisseau le Christianus-Quintus, du 6 Décembre 1695. 584
Renouvellement & rapport des billets, des 7 & 25 Janvier 1696. 585
Arrêt qui confirme tous les articles de société faits entre le sieur Bernard & la Compagnie des Indes, du 10 Mars 1696. 589
Arrêt qui décharge les Directeurs de la Compagnie des Indes, des droits contenus dans la Pancarte de Nantes, du 17 Avril 1696. 592
Renouvellement des billets, du 7 Juillet 1696. 597
Marchandises provenant des prises par les Malouins, du 7 Juillet 1696. 597
Renouvellement des billets, du 28 Juillet 1696. 598
Emprunt de deux cens trente-trois mille livres, du 4 Août 1696. 599
Arrêt qui approuve le traité fait entre le sieur Bernard & la Compagnie des Indes, du 11 Septembre 1696. 600
Arrêt qui ordonne que l'Edit du mois d'Août 1664, & la Déclaration du premier Juillet 1665, seront exécutés selon leur forme & teneur, & en conséquence décharge les Directeurs de la Compagnie des Indes des droits de lods & vente, du 16 Octobre 1696. 603
Don de quatre cens mille livres fait au Roi, du 19 Novembre 1696. 607
Lettre de M. de Pontchartrain, du 26 Novembre 1696. 608
Renouvellement des billets, du 28 Novembre 1696. *Ibid.*
Etat à faire des Intéressés & Actionnaires, du 2 Janvier 1697. *Ibid.*
Arrêt qui ordonne que tous les Marchands qui ont acheté des marchandises à la vente de Nantes, en fourniront des déclarations au sieur d'Argenson, du 6 Février 1697. 611
Renouvellement des billets, du 14 dudit mois. 614
Billets biffés & annullés, du 28 dudit mois. *Ibid.*

CHRONOLOGIQUE. liij

les feu Reines mere & épouse du Roi étoient intéressées en la Compagnie des Indes, du 31 Juillet 1691. 531
Escadre de M. Duquesne, du 22 Août 1691. 532
Plan à prendre pour l'envoi d'une Escadre, du 28 Décembre 1691. *Ibid.*
Droit de présence payé. *Ibid.*
Emprunt à faire pour le payement de la répartition. *Ibid.*
Intérêt payé en billets. 533
Somme de 7500 livres apportée à Monsieur, frere unique du Roi, du 19 Janvier 1692. *Ibid.*
Arrêt qui ordonne que la Compagagnie payera trois pour cent de droits &c. du 29 Avril 1692. 534
Assemblée générale ; discours de M. le Prévôt des Marchands, du 11 Juin 1692. 540
Arrêt portant qu'il ne sera payé que trois livres douze sols pour chacune charge de toiles de coton & autres marchandises, non comprises dans la pancarte de la Traite Domaniale de Nantes de 1512, qui arriveront des lieux de la concession de la Compagnie, du 29 Juillet 1692. 543
Arrêt qui ordonne qu'il sera fait inventaire des toiles de coton, &c. du 16 Août 1692. 548
Arrêt qui ordonne l'exécution de celui du 29 Avril dernier, du 22 Novembre 1692. 550
Emprunt de dix-huit cens mille livres, pour payer l'intérêt de 1691, du 6 Décembre 1692. 555
M. de Pontchartrain a mené M. le Prévôt des Marchands pour prendre séance, du 18 Décembre 1692. 556
Etat de l'intérêt de 1691, du 31 Décembre 1692. 557
Droit de présence payé aux Directeurs. 558
Contrat d'acquisition fait par M. Soulet d'un magasin à Nantes, lieu dit Chezine, pour & au nom de la Compagnie, du 9 Avril 1693. *Ibid.*
Arrêt qui ordonne que le nommé Amyeux, Marchand à Toulouse, payera les droits de la Comptablie de Bourdeaux, du 14 Avril 1693. 566
Intérêt de 1691, payé en billets du sieur le Noir, Caissier, du 5 Décembre 1693. 569
Brevet de Chef perpétuel, & Président de la Compagnie des Indes, pour M. de Pontchartrain le fils, du 17 Décembre 1693. *Ibid.*
Intérêt de 1692, payé suivant la délibération du 5 Décembre 1693. 570
Les Directeurs ne pourront disposer de leur qualité par vente ni cession, du 5 Janvier 1694. 571

des Indes, du 26 Août 1687. 489
Suite de l'Arrêt ci-dessus. 490
Arrêt qui ordonne qu'il sera fait incessamment des visites dans la ville de Paris par le sieur de la Reynie, &c. du 6 Avril 1688. 491
Arrêt qui ordonne que toutes les toiles peintes seront envoyées hors du Royaume, &c. du 17 Mai 1688. 494
Arrêt qui nomme M. le Gendre Directeur de la Chambre de Rouen, du 10 Juin 1688. 497
Arrêt qui confirme les privileges accordés par Sa Majesté à la Compagnie, du 14 Août 1688. 499
Arrêts portant que les Arrêts rendus pour la confirmation des priviléges accordés à la Compagnie des Indes Orientales, seront exécutés, avec défenses de troubler les Directeurs dans leur commerce, du 30 Novembre 1688. 503
Etat de l'intérêt qui doit être payé aux Actionnaires, du 22 Décembre 1688. 506
Gratification accordée par la Compagnie à Messieurs la Loubere & Cerberet, du 29 Décembre 1688. *Ibid.*
Arrêt qui ordonne que les moules servant à peindre les toiles de coton, seront rompus, du premier Février 1689. 509
Arrêt concernant les toiles peintes, du 15 Mars 1689. 511
Etat des intérêts payés aux Actionnaires, du 24 Décembre 1689. 515
Brevet du Roi, qui nomme M. de Pontchartrain, chef perpétuel, Président, & Directeur de la Compagnie des Indes Orientales, au lieu & place de M. le Marquis de Seignelay, du 13 Novembre 1690. 516
Arrêt concernant les toiles de coton & mousselines des Indes, du 10 Février 1691. 517
Arrêt pour la vente des toiles blanches & marchandises arrivées dans le Vaisseau de la Compagnie à Nantes, du 24 Février 1691. 519
Arrêt qui ordonne qu'il sera fait inventaire des toiles de coton, &c. du 13 Mars 1691. 521
Arrêt qui ordonne que les draps de Languedoc, seront exempts de la moitié des droits &c. du 27 Mars 1691. 524
Lettre de cachet du Roi, qui nomme M. Pierre Pocquelin, Directeur, au lieu & place de M. son frere, du 18 Mai 1691. 528
Etat des intérêts dûs aux Intéressés, du 23 Juin 1691. 529
Lettre de M. de Pontchartrain à la Compagnie, du 7 Juillet 1691. 530
Brevet du Roi en faveur du sieur Jean Berthe & Valentin Gotting, de vingt-deux mille cinq cens livres sur les actions, pour lesquelles

## CHRONOLOGIQUE.

Brevet du Roi en faveur du sieur Tausié, par lequel Sa Majesté lui fait don de quinze mille livres, provenant des actions que la feu Reine, mere de Sa Majesté, & de la feu Reine sa femme, avoient dans la Compagnie des Indes, du 24 Avril 1686. 450

Arrêt qui régle les droits qui se doivent percevoir par Jean Fauconnet, Fermier général, sur les toiles & autres ouvrages de coton, du 30 Avril 1686. 451

Arrêt qui ordonne l'exécution de celui ci-dessus, du 11 Mai 1686. 453

Arrêt qui réunit l'Isle de Madagascar au domaine de la Couronne, du 4 Juin 1686. 457

Brevet du Roi en faveur des sieurs Destancheau & Joyeux, qui leur fait don de la part qu'avoit Monseigneur le Dauphin à la Compagnie des Indes, du 7 Juillet 1686. 459

Arrêt qui décharge les Directeurs de la Compagnie des assignations à eux données au Châtelet par divers particuliers, du 8 Septembre 1686. 460

Arrêt qui régle la levée des droits sur les étoffes des Indes, du 15 Octobre 1686. 463

Arrêt concernant les toiles de coton peintes aux Indes ou contrefaites dans le Royaume, & autres étoffes de soye à fleurs d'or & d'argent de la Chine & desdites Indes, du 26 Octobre 1686. 466

Arrêt qui confirme les priviléges accordés par Sa Majesté à la Compagnie des Indes Orientales, du 27 Janvier 1687. 470

Députation vers le Roi de Siam, du premier Février 1687. 475

Pouvoir donné par la Compagnie à M. Cerberet, député à Siam. 476

Arrêt pour l'exécution de celui du 27 Janvier dernier, concernant les toiles peintes, du 8 Février 1687. 477

Supplément des Intéressés, accepté, du 18 Mai 1687. 480

Lettre de Cachet du Roi, qui nomme M. de Bercy pour Directeur de la Compagnie des Indes Orientales, du 25 Juillet 1687. 481

Proposition de M. le Marquis de Seignelay, du 14 Août 1687. 482

M. de Bercy nommé Directeur à la place de M. Mathé de Vitry la Ville, du 16 Août 1687. 484

Etat de la répartition à faire, du 19 Août 1687. 485

Arrêt qui ordonne que le nombre des Directeurs sera augmenté de huit, du 26 Août 1687. 487

Arrêt qui nomme les sieurs le Febvre, Rousseau, Pelletier, Par, Herbert, Chauvin, Gouault & Basin pour Directeurs de la Compagnie

## TABLE GÉNÉRALE

Procès-verbal de l'assemblée générale. 371
Assemblée indiquée au mois de Mai 1684. 390
Bilan clos & arrêté depuis 1675. 391
Arrêt qui ordonne le payement de trois mille livres aux Directeurs de la Compagnie des Indes, du 17 Juillet 1684. 393
Lettres-patentes sur ledit Arrêt dudit jour. 395
Délibération sur plusieurs chefs, du 22 Août 1684. 397
Arrêt qui ordonne la convocation d'une assemblée générale, du 3 Septembre 1684. 401
Assemblée générale de Messieurs les Commissaires, du 11 Septembre 1684. 403
M. Morel, don fait par le Roi de trente mille livres, du 13 Septembre 1684. 409
M. Boucherat, jour assigné pour entendre le rapport du travail sur le bilan, du 4 Octobre 1684. 410
Arrêt qui ordonne le payement du quart en sus des sommes auxquelles montent les actions des Directeurs, du 18 Novembre 1684. 413
Procès-verbal de Messieurs les Commissaires. 416
Arrêt qui proroge le délai d'un mois accordé aux Actionnaires pour payer le quart en sus, du 24 Décembre 1684. 421
Enregistrement pour l'exécution de l'Arrêt, du 18 Novembre 1684. 423
Déclaration du Roi concernant la Compagnie des Indes Orientales, du mois de Février 1685. 425
Arrêt qui nomme plusieurs Directeurs de la Compagnie des Indes, du 21 Février 1685. 432
Enregistrement & exécution de l'Arrêt du 21 Février 1685, du 3 Mars. 434
Enregistrement & exécution de la Déclaration du mois de Février, du 3 Mars 1685. Ibid.
Arrêt qui ordonne que les créanciers de la Compagnie, non compris dans le bilan, représenteront leurs titres devant les Commissaires y dénommés, du 5 Mai 1685. 436
Soumission des Directeurs en faveur des Intéressés, 1685. 439
Etat de la distribution des départemens. 440
Abandon de l'Isle de Madagascar, du 16 Novembre 1685. 443
Arrêt qui ordonne que les créanciers de la Compagnie, non compris dans le bilan, représenteront leurs titres devant les Commissaires y dénommés, du 13 Mars 1686. 445
Arrêt qui choisit & nomme M. de Lagny pour Directeur de la Compagnie des Indes Orientales, au lieu & place du feu sieur Morel, du 8 Avril 1686. 448

## CHRONOLOGIQUE.

Vente à Rouen, du 14 Août 1676. 320
Arrêt qui ordonne que la Chambre particuliere de la ville de Lyon sera composée à l'avenir de six Directeurs, du 7 Novembre 1676. 322
Arrêt qui décharge la Compagnie des assignations & réassignations à eux données, à la requête de Marcara, du 6 Février 1676. 324
Arrêt qui commet les personnes qui doivent composer le Conseil de Surate, du 6 Février 1676. 327
Demande de l'argent dû par le Roi, du 11 Octobre 1676. 329
Demande au Roi des cinquante & soixante-quinze livres par tonneau, du 25 Octobre 1676. 330
Droits des Ports en tonneaux demandés à M. Colbert, du 8 Janvier 1680. 333
Effets existans aux Indes, du 10 Août 1680. 335
Compte à Monseigneur Colbert de la vente de Rouen, du 16 Novembre 1680. 337
Mémoire à M. Colbert, du 18 Novembre 1680. 338
Vente de huit Navires, du 24 Décembre 1680. 341
Billet écrit par M. Colbert, du 30 Décembre 1680. 343
Propositions de M. de l'Etoile, du 10 Janvier 1681. 344
Demandes des quinze cens mille livres promises par M. Colbert, du 15 Janvier 1681. 348
Conférences avec M. de l'Etoile, du 16 Janvier 1681. 349
Moyens proposés pour maintenir le commerce de la Compagnie, du 19 Avril 1681. 351
Arrêt qui permet aux particuliers de faire le commerce des Indes Orientales, du 6 Janvier 1681. 355
Déclaration du Roi, qui permet à ses sujets, même aux étrangers, de passer aux Indes, du 20 Janvier 1682. 359
Fonds de deux cens mille livres fait par les particuliers pour les Indes, du 21 Janvier 1682. 362
Affaires de Surate, du 16 Octobre 1682. 363
Fonds à envoyer aux Indes, fixé à cinq cens mille livres, du 25 Novembre 1682. 365
Brevet de chef perpétuel & Président des Indes Orientales pour M. de Seignelay, du 29 Septembre 1683. 367
Brevet en faveur du sieur Morel de Boistiroux, par lequel Sa Majesté lui fait don de trente mille livres sur les actions que la feu Reine sa compagne & épouse avoit dans la Compagnie des Indes, du 17 Avril 1684. 368
Lettre de cachet pour convoquer une assemblée générale, du 17 Avril 1684. 369

*Tome IV.* g

Lettre des domestiques de M. de Mondevergue, du 10 Janvier 1672.
269
Vente des marchandises, du 24 Juin 1672. 271
Arrivée du Dauphin couronné, du 2 Juillet 1672. 272
Arrêt du Conseil qui régle les droits d'entrée & de sortie du Royaume, des marchandises venant pour la Compagnie, du 12 Juillet 1672.
273
Emprunt fait aux Fermiers d'une somme de cent mille livres, du 27 Août 1672.
276
Armement du Vaisseau le Blancpignon, du premier Décembre 1672.
Ibid.
Armement dudit Vaisseau pour Surate, du 9 Novembre 1673. 277
Lettre de Cachet, qui fixe la cargaison d'un Navire, du 10 Novembre 1673.
278
M. Baron, nommé chef du Conseil de Surate, du 13 Janvier 1674.
279
Arrêt qui décharge la Compagnie du droit d'un pour cent, qui se paye à la Rochelle, du 4 Août 1674.
280
Lettre de Cachet du Roi, pour convoquer une assemblée générale, du 20 Avril 1675.
282
Procès-verbal de ce qui s'est passé à l'assemblée générale, tenue au Palais des Thuilleries, du mois de Mai 1675.
284
Déclaration du Roi, portant qu'il sera fait répartition de dix pour cent à tous Intéressés de la Compagnie du Commerce des Indes Orientales qui ont payé les trois tiers des sommes, pour lesquelles ils ont pris part au fonds capital d'icelle, & encore aux particuliers Intéressés qui ont payé huit mille livres & au-dessus, du 13 Septembre 1675.
303
Etat de ceux qui ont payé les trois tiers. 307
Arrêt du Parlement, qui ordonne l'enregistrement de la Déclaration ci-dessus, du 4 Janvier 1676.
308
Arrêt qui maintient la Compagnie dans les privileges à elle accordés par la Déclaration du mois d'Août 1664, du 15 Février 1676.
310
Arrêt de la Chambre des Comptes, qui ordonne l'enregistrement de la Déclaration du 13 Février 1675, du 2 Mars 1676. 313
Arrêt du Conseil, qui réduit le nombre des Directeurs des Chambres particulieres à deux seulement, du 30 Juin 1676. 315
Arrêt qui prolonge le payement des actions aux termes de la Déclaration du 13 Septembre 1675 jusqu'au premier Janvier 1677, du 30 Juin 1676.
317
Monsieur Foran, Chef d'Escadre, du premier Août 1676.
319

Vente

## CHRONOLOGIQUE. xlvij

M. de Préaux-Mercé envoyé à l'Isle Dauphine, du 28 Mars 1669. 242

M. de Mondevergue continué à l'Isle Dauphine. 243
La Compagnie déchargée des appointemens de M. de Mondevergue. *Ibid.*
Lettre de cachet du Roi touchant les affaires de l'Isle Dauphine. *Ibid.*
La Compagnie désavoue tout ce qui s'est fait dans l'Isle sans ses ordres. 245
Arrêt qui ordonne qu'à la requête du Procureur général de Sa Majesté au Conseil souverain de l'Isle Dauphine, il sera informé par ledit Conseil du divertissement fait en ladite Isle d'une somme de plus de quarante mille livres appartenant à la Compagnie des Indes Orientales, & le procès fait & parfait aux coupables. 246
Lettre du Roi au Grand Mogol, portée sur le Saint François, & adressée à Messieurs de Faye & Caron, du 26 Juin 1669. 248
Copie de la même lettre, envoyée triple à Surate, avec l'original, 1670. 249
Réglement pour les Indes, du 18 Octobre 1670. 250
Le sieur Blot de Lyon, choisi pour Directeur général aux Indes. 251
Arrêt qui supprime le Conseil souverain de l'Isle Dauphine, du 12 Novembre 1670. 252
M. Gueston, nommé Directeur général aux Indes, du 22 Décembre 1670. 254
Lettre du Roi à M. de la Haye, au sujet de la conduite qu'il doit tenir aux Indes, datée de Versailles le 27 Décembre 1670. 255
Lettre de M. Colbert à M. de la Haye, du 28 Décembre 1670. 258
Lettre du Roi à M. de la Haye, du 28 Décembre 1670. *Ibid.*
Rang que doit tenir M. Blot dans l'assemblée, du 23 Janvier 1671. 259
Prestation de serment de M. Blot, du 15 Janvier 1671. 260
Payement de seize mille livres à M. Blot. *Ibid.*
Lettre de Cachet du Roi. *Ibid.*
Lettres-patentes pour l'établissement d'un Conseil à Surate. 261
Députation de Messieurs Chappellier & Chanlatte vers Monseigneur Colbert, pour lui rendre compte des abus & malversations commises aux Indes & à l'Isle Dauphine. 265
Rapport de M. Chappellier, du 5 Septembre 1671. 266
Requête contre M. de Mondevergue, du 10 Septembre 1671. 267
Requête changée, du 29 Octobre 1671. 269

du 10 Décembre 1667. 191
Mémoire pour Monseigneur Colbert, lû & approuvé dans l'assemblée, du 13 Décembre 1667. *Ibid.*
Assemblée pour prendre les moyens de soutenir l'établissement fait à l'Isle Dauphine, du 13 Décembre 1667. 193
Lettre du sieur Parent, de Londres, à la Compagnie, du 13 Janvier 1668. 198
Mesures à prendre pour le départ des Vaisseaux, & pour le payement de ce qui reste dû à la Compagnie, du 31 Mars 1668. 199
Lettre de cachet du Roi, qui ordonne que l'assemblée générale sera remise au 2 Octobre prochain, du 16 Avril 1668. 200
Arrêt qui décharge la Compagnie de toutes sortes de droits d'entrée, &c. du 19 Avril 1668. 202
Examen fait par M. le Prévôt des Marchands, des affaires de la Compagnie, du 30 Août 1668. 205
Rapport de M. le Prévôt des Marchands sur sa députation vers le Roi, du 13 Septembre 1668. 207
Arrêt, par lequel Sa Majesté outre les deux millions de livres qu'elle a déja mis dans le fonds de la Compagnie, fera encore payer pareille somme, du 21 Septembre 1668. 211
Lettre de cachet du Roi, au sujet de la convocation d'une assemblée générale, du 28 Novembre 1668. 216
Assemblée générale, tenue au Palais des Thuilleries, du 15 Décembre 1668. 218
Ordre du Roi sur la retraite de M. de Thou, du 24 Décembre 1668. 224
Arrêt qui défend d'exercer aucune contrainte contre les Intéressés en la Compagnie des Indes, du 22 Décembre 1668. 225
Ordre du Roi aux Officiers des deux Compagnies des Régimens d'Infanterie de la Mothe, ci-devant saint Germain, qui sont en l'Isle Dauphine, de reconnoître le sieur de Chamargou, du 24 Décembre 1668. 228
Mémoire à Monseigneur Colbert, non signé, pour la Compagnie des Indes, duquel il a été donné copie à Messieurs Gueston & Blot, 1669. 229
Dépêches pour M. de Mondevergue, du 5 Février 1669. 236
Assemblée générale, indiquée au château des Thuilleries, du 11 Février 1669. *Ibid.*
Isle ou Baye de Saldaigne, choisie pour relâche, du 7 Mars 1669. 239
Magasins de Féaudick, du 14 Mars 1669. 242
Demande si M. de Mondevergue restera à l'Isle Dauphine, du 26 Mars 1669. *Ibid.*

CHRONOLOGIQUE. xlv

Députation au Roi de M. le Prévôt des Marchands, & de quatre de Messieurs les Directeurs, du 6 Mars 1667. 153

Rapport à la Compagnie par M. le Prévôt des Marchands, du 8 Mars 1667. 154

Mémoire présenté à Monseigneur Colbert, concernant plusieurs affaires de la Compagnie, avec les réponses du Ministre, du 17 Mars 1667. 155

Mémoire pour être présenté à Monseigneur Colbert, au sujet de 300000 livres, du 24 Mars 1667. 157

Demande faite à Monseigneur Colbert, au sujet de l'assemblée générale du 2 Mai, du 2 Avril 1667. 158

Assemblée générale, convoquée au 2 Mai, du 5 Avril 1667. 159

La Compagnie autorisée par ordre de Monseigneur Colbert, à écrire à la Chambre de Lyon, de ne point acquitter les lettres de change de 300000 livres, tirées sur eux, du 14 Avril 1667. Ibid.

M. de Thou & Messieurs Jabach, Chanlatte & Bachelier, nommés pour composer un mémoire, pour le présenter au Roi, du 26 Avril 1667. 161

Ordre du Roi, qui défend aux Directeurs de la Compagnie, de convoquer une assemblée pour le 2 Mai, du 26 Avril 1667. 162

Rapport de M. le Prévôt des Marchands de l'ordre du Roi, qui ordonne à la Compagnie de ne point faire d'assemblée pendant cette année, du 28 Avril 1667. 163

Mémoire dressé pour être présenté au Roi, du 28 Avril 1667. 164

Nomination de Messieurs les Directeurs, pour examiner les livres & écritures de la Compagnie, du 3 Mai 1667. 167

Comptes généraux & particuliers, arrêtés & signés, du 10 Mai 1667. 168

Mémoire présenté à Monseigneur Colbert, du 18 Juillet 1667. 170

Mémoire dressé pour être envoyé à Monseigneur Colbert, du 9 Août 1667. 178

Réglement des dépenses, du 10 Août 1667. 181

Arrêt qui permet à la Compagnie des Indes, de faire saisir & arrêter toutes les pierreries & marchandises venues sur le Navire le saint Paul, du 24 Août 1667. 183

Rapport de M. le Prévôt des Marchands à l'assemblée, du 15 Octobre 1667. 187

Ordre de M. Colbert, d'envoyer au Port-Louis tous les reaux de la Compagnie qui sont à Nantes, du 27 Octobre 1667. 188

Prise par les Biscayens de dix milliers de morues, du 5 Novembre 1667. 190

Qu'il sera dressé un mémoire pour être présenté à M. Colbert,

f iij

Brevet & Lettres-patentes du Roi, portant permiſſion de bâtir une Corderie au Havre & une place à bâtir Vaiſſeaux, du 30 Octobre 1664. 91
Arrêt qui permet aux Syndics & Directeurs de la Compagnie des Indes Orientales, de faire bâtir les Vaiſſeaux dont ils auront beſoin dans tous les Ports du Royaume, ſur toutes les places qu'ils trouveront commodes, préférablement à tous autres; du 14 Décembre 1664. 104
Arrêt qui ordonne de laiſſer entrer & ſortir tous les agrês, apparaux, uſtenciles & marchandiſes, appartenant à la Compagnie des Indes, du 23 Avril 1665. 94
Avis de la Compagnie des Indes aux particuliers François, qui n'ont pas le moyen de s'intéreſſer. 97
Inſtruction pour l'engagement des Colons pour l'Iſle Dauphine. 99
Réſultat du Conſeil & de l'aſſemblée de la Compagnie des Indes pour la nomination des Directeurs, du 20 Mars 1665. 102
Déclaration du Roi en faveur de la Compagnie des Indes, du premier Juillet 1665. 108
Arrêt qui défend aux Cabaretiers & aux créanciers des Employés, de les faire conſtituer priſonniers, du 15 Juillet 1665. 116
Arrêt qui permet à la Compagnie de choiſir les bois néceſſaires pour la conſtruction de ſes Vaiſſeaux, du 15 Juillet 1665. 120
Arrêt qui permet à la Compagnie de faire entrer & mettre dans ſes magaſins les marchandiſes dont elle aura beſoin, du 29 Juillet 1665. 123
Arrêt qui décharge la Compagnie du droit de 35 ſols 11 deniers par muid de ſel, du 26 Août 1665. 126
Arrêt qui ordonne que la Compagnie des Indes Orientales ſera exempte de tous droits d'entrée & de ſortie de munitions de guerre, vivres & autres choſes néceſſaires pour l'avituaillement & armement de ſes Vaiſſeaux, du 30 Septembre 1665. 128
Lettres-patentes, portant injonction d'enregiſtrer le Réglement fait par la Compagnie des Indes au ſujet des Officiers du Conſeil ſouverain de l'Iſle Dauphine, du 20 Novembre 1665. 130
Déclaration pour l'établiſſement de la Compagnie des Indes Orientales au Port-Louis & au Feaudick, du mois de Juin 1666. 132
Arrêt qui permet à la Compagnie de faire arrêter priſonniers les Officiers, Matelots, &c. qui ont déſerté, du 15 Juillet 1666. 135
Requête préſentée au Roi par la Compagnie des Indes, du 19 Février 1667. 139
Mémoire préſenté à Monſeigneur Colbert, du premier Mars 1667. 151

# TABLE GÉNÉRALE, CHRONOLOGIQUE,

*Des pieces contenues dans les Volumes de la collection des privileges de la Compagnie des Indes.*

## TOME I.

Discours d'un fidéle sujet du Roi, pour l'établissement d'une Compagnie Françoise pour le commerce des Indes Orientales. p. 1

Articles & conditions sur lesquelles les Marchands, Négocians du Royaume, supplient très-humblement le Roi de leur accorder sa Déclaration & les graces y contenues, pour l'établissement d'une Compagnie pour le commerce des Indes Orientales, du 26 Mai 1664. 37

Déclaration du Roi, portant établissement d'une Compagnie pour le commerce des Indes Orientales, du mois d'Août 1664. 50

Déclaration du Roi en faveur des Officiers de son Conseil & de ses Cours souveraines, intéressées ès Compagnies des Indes Orientales & Occidentales, du 27 Août 1664, vérifiée en Parlement. 70

Cession faite à la Compagnie des Indes Orientales par les Intéressés en l'Isle de Madagascar, du 3 Septembre 1664. 77

Cession du Duc de Mazarin, en faveur de la Compagnie des Indes, des prétentions sur l'Isle de Madagascar, du 20 Septembre 1664. 82

Liste des Intéressés en la Compagnie des Indes Orientales, qui ont voix actives & passives à la nomination des Directeurs, Caissier & Secrétaire de la Compagnie. 84

Statuts, Ordonnances & Réglemens que la Compagnie établie pour le commerce des Indes Orientales, veut & entend être gardés & observés dans tous les lieux à elle concédés par Sa Majesté. 88

ordre du Roi de Juda, & embarqué pour la Martinique.

Janv. 1743.   Le sieur Levet succéda au sieur Levens, le 15 Janvier 1743, il y a été jusqu'au premier Septembre 1747, qu'il fût aussi enlevé & embarqué pour le Portugal.

Janv. 1749.   Le sieur Pruneau succéda au sieur Levet.

6 Juin 1754.   Le sieur Guestard succéda au sieur Pruneau.

Tel est actuellement ( Mai 1756 ) l'état de la Compagnie, tant à Paris qu'aux Indes Orientales.

# HISTORIQUE. xlj

la Compagnie envoya à Juda. On ne trouve point la date de sa commission, mais il y a une Lettre de la Compagnie du premier Juillet 1723, qui lui marque que ce sera le sieur Derigoin qui le relevera. En effet, — 1723.

Le sieur Derigoin fut nommé au mois de Juin 1723, & il fut révoqué le 7 Novembre 1725. — Juin 1723.

Le sieur Soret succéda par *interim* au sieur Derigoin. — 25 Octob. 1725.

Le sieur Houdoyer de Petitval, nommé par délibération du 10 Juin 1727. Il resta à Juda jusqu'en Septembre 1729, qu'il y fût massacré par les Negres. — 10 Juin 1727.

Le sieur Gallot par *interim* jusqu'au 26 Juin 1730. — 25 Sept. 1729.

Le sieur Mallet de Lamine depuis le 26 Juin 1730 jusqu'au 14 Mars 1731. — 26 Juin 1730.

Le sieur Lavigne jusqu'au 19 Mai 1732, qu'il mourut. — 19 Mai 1732.

Le sieur Levet par *interim* jusqu'au 13 Octobre 1733, qu'il revint en France. — 20 Mai 1732.

Le sieur du Bellay depuis le 13 Octobre 1733, jusqu'au 24 Février 1734, qu'il mourut. — 13 Octob. 1733.

Le sieur de Lisle fut nommé par délibération de ce jour, il mourut le 24 Juin 1737. — 22 Août 1734.

Le sieur Laurent succéda au sieur de Lisle, jusqu'au 6 Septembre 1745, qu'il revint en France. — 8 Juillet 1737.

Le sieur Levens succéda au sieur Laurent jusqu'au mois de Juin 1742, qu'il fût enlevé par — 1742.

*Tome IV.* f

## AVERTISSEMENT

Déc. 1718. bre 1718, moyennant seize cens mille livres, laquelle acquisition fut confirmée par Arrêt du
Janv. 1719. Conseil du 10 Janvier 1719.

Le sieur Brue, qui avoit été nommé Directeur dès le 13 Août 1713, par l'ancienne Compagnie, l'étoit encore en 1721.

1721. M. de Saint-Robert succéda en 1721, à M. Brue; il y resta jusqu'en 1723.

1723. M. du Bellay succéda à M. de Saint-Robert.

1726. M. Levens succéda à M. du Bellay.

1733. M. Lejuge à M. Levens, depuis le 3 Mars jusqu'au 7 qu'il mourut.

1733. M. Devaux succéda à M. Lejuge.

1738. M. David à M. Devaux, jusqu'en 1746, qu'il fut nommé au Gouvernement des Isles de Bourbon & de France.

1746. M. Estoupan de la Brue succéda à M. David.

### GUINÉE ou JUDA.

La liberté du Commerce de Guinée accordée à tous les sujets du Roi, par Lettres Patentes du mois de Janvier 1716, ayant subsisté jusqu'au 27 Septembre 1720, que Sa Majesté, par Arrêt de son Conseil dudit jour, réunit à perpétuité le commerce de Guinée à la Compagnie des Indes, il ne fut point question pendant ce tems-là de Directeur pour être dans ce comptoir.

1720. à 1721. Le sieur Bouchel fut le premier Directeur que la

# HISTORIQUE.

ler également à leur sûreté, il lui étoit enjoint de séjourner chaque année six mois dans l'une, & six mois dans l'autre : & qu'attendu que le succès de cette nouvelle forme de Gouvernement dépend du choix des personnes qui seroient destinées à remplir les places principales, celle de Commandant général desdites Isles fut déférée à M. de Beauvoilliers, qui étoit Gouverneur à Pondichery, comme on l'a vû ci-devant; & M. Dumas qui avoit été long-tems à Pondichery, fut nommé pour remplir la place de Directeur général du Commerce pour les Isles de Bourbon & de France, & présider au Conseil supérieur établi à l'Isle de Bourbon.

Le sieur Maupin fut nommé Commandant des Troupes, Président au Conseil Provincial, à la place du Lieutenant de Roi, & second du Commerce dans ladite Isle, sous les ordres de M. Dumas.   *26 Octob. 1728.*

M. de la Bourdonnais succéda à M. Dumas, ainsi qu'il est marqué ci-devant.   *27 Mai 1735.*

M. David a succédé à M. de la Bourdonnais, a été nommé Gouverneur général des deux Isles. *Voyez ci-devant.*   *10 Mars 1746.*

## SENEGAL.

La Compagnie d'Occident établie par Edit du mois d'Août 1717, fit l'acquisition du privilege de l'ancienne Compagnie du Senegal, le 15 Decem-   *Août 1717.*

xxxviij AVERTISSEMENT.

Il y eût des desseins concertés entre le sieur Hebert, Gouverneur de Pondichery, & Villers, Gouverneur de l'Isle de Bourbon, de s'en emparer.

1714. On ne sçait pas si ces desseins furent envoyés au Ministere de France; quoi qu'il en soit, M. de Pontchartrain ordonna le 13 Octobre 1714, au sieur Dufresne, commandant le Vaisseau le Chasseur, de prendre possession, au nom du Roi, de l'Isle Maurice, & de la nommer Isle de France.

29 Mars 1721. Par délibération du 29 Mars 1721, il est dit de supplier Sa Majesté, d'accorder un ordre au sieur Dulivier, que la Compagnie envoyoit pour Commissaire général dans les Indes, qu'il pût en ladite qualité y présider à tous les conseils qui se tiendroient dans les Indes pendant son séjour, & un Brevet de Gouverneur à l'Isle de France pour le sieur de Nyon.

7 Nov. 1725. Par autre délibération du 7 Novembre 1725, il fut décidé que les ordres seroient donnés au sieur Nyon de s'embarquer sur le premier Vaisseau, & de repasser en France, & au sieur Dioré, Lieutenant de Roi à l'Isle de Bourbon, de passer à celle de France, pour y commander par *interim*, en vertu du Brevet du Roi, dont il étoit porteur.

28 Août 1726. La Compagnie voulant établir une nouvelle forme de Gouvernement dans les Isles de Bourbon & de France, délibéra le 28 Août 1726, qu'il n'y auroit à l'avenir qu'un seul & même Commandant pour ces deux Isles, & afin qu'il pût veil-

de Pondichery, par la retraite volontaire de M. Lenoir, & M. Dumont à la direction générale du Commerce de l'Isle de Bourbon pour y commander en l'absence & sous les ordres de M. de la Bourdonnais.

M. d'Heguerty succéda à M. Dumont le 17 Février 1738, en qualité de Directeur & Commandant de ladite Isle. <sub>1738.</sub>

M. de Saint-Martin succéda à M. d'Heguerty en qualité de Gouverneur particulier de ladite Isle. <sub>1746.</sub>

M. David, qui étoit Directeur de la concession du Senegal, fut nommé Gouverneur général des Isles de Bourbon & de France le 6 Mars 1746, & obtint des Provisions du Roi le 10 dudit, revenu en France en 1753. <sub>1746. 1746.</sub>

M. de Logieres Bouvet, Capitaine de Vaisseau de la Compagnie, a été nommé par délibération du 17 Mars 1750, au Gouvernement particulier de l'Isle de Bourbon. <sub>1750.</sub>

Le 22 Mars 1755, M. Magon fut nommé Directeur, & destiné pour aller à l'Isle de France. <sub>1755.</sub>

## ISLE DE FRANCE,
### ci-devant Isle Maurice.

L'Isle Maurice découverte sous le regne de Henry de Nassau, appartenoit en 1708 aux Hollandois; ils l'avoient en quelque façon abandonnée.

## AVERTISSEMENT

délibération du 7 Novembre que ſi, à l'arrivée de M. Lenoir à Pondichery, M. de Beauvoilliers ſe déterminoit de retourner à l'Iſle de Bourbon, M. Desforges-Boucher auroit à choiſir, ou de ſe contenter à ſervir ſous M. de Beauvoilliers, ou de repaſſer en France ; mais celui-ci revint, & M. Boucher reſta en place.

1726. Par délibération du 18 Septembre 1726, M. Dumas fut nommé Directeur général des Iſles de Bourbon & de France, à 4000 liv. d'appointemens, & 1000 liv. de gratification ſur le Caffé.

1728. Le 6 Octobre 1728, le ſieur Maupin, qui avoit été ci-devant nommé à la majorité de la nouvelle Orléans à la Louiſianne, fut établi à l'Iſle de France, Commandant des Troupes, Préſident du Conſeil, mais ſous les ordres de M. Dumas. En 1730. 1730, par délibération du 20 Septembre, la Compagnie réunit, en la perſonne de M. Dumas, l'autorité civile & militaire, & le nomma au Gouvernement de l'Iſle de Bourbon, vacant par la mort du ſieur Desforges-Boucher.

1735. Par autre délibération du 27 Mai 1735, la Compagnie lui donna ordre de remettre à M. de la Bourdonnais le Gouvernement des Iſles de Bourbon & de France, de partir enſuite pour Pondichery, pour remplacer M. Lenoir.

Par la même délibération, M. de la Bourdonnais fut nommé au Gouvernement deſdites Iſles, en conſéquence de la promotion de M. Dumas à celui

## HISTORIQUE.

Le sieur Vauboulon (a) fut instalé au Gouvernement de ladite Isle en 1689. — 1689.

Le sieur Lecour succéda au sieur Vauboulon, & revint en France en 1701. — 1689.

Le sieur Villers prit possession du Gouvernement de l'Isle de Bourbon le 9 Juin 1701. Il demanda son retour en 1704, à cause de ses grandes indispositions.

Le sieur Charenville obtint le Gouvernement de cette Isle, à la place du sieur Villers, en 1708. — 1708.

Le sieur Parat, qui étoit Lieutenant à Pondichery, fut nommé à la place du sieur Charenville en 1708, & ne fut mis en possession qu'en 1710; il revint en France en 1715. — 1710.

Le sieur Beauvoilliers étoit Major à Pondichery; il fut rappellé en 1717, & nommé Gouverneur de l'Isle de Bourbon. Il s'y comporta si bien qu'il fut nommé par un ordre de M. le Régent du mois de Juillet 1721, Gouverneur de Pondichery, ainsi qu'on l'a vû en son lieu. — 1715. à 1720.

Le sieur Desforges-Boucher étoit dès 1703 Garde-Magasin à l'Isle de Bourbon, après le décès du sieur Pontho. Il succéda à M. Beauvoilliers, & fut nommé Président du Conseil, & Gouverneur de l'Isle, par ordre de S. A. R. en 1722: il l'étoit encore en 1725 ; car il est dit par une — 1722. 1725.

_____

(a) Suivant une lettre de la Compagnie à M. Martin, du 14 Mars 1698, c'est le Pere Hyacinthe qui fit mourir le sieur Vauboulon.

e ij

été égorgé par les Habitans, ce qui ne fut pas vrai, quoiqu'il en eut été menacé, on mit cependant à sa place :

Le sieur Ogeret, qui mourut presque aussi-tôt qu'il eût été mis en possession du Gouvernement.

Le sieur Fleurimont, Lieutenant de ladite Isle, prit la place du sieur Ogeret, & mourut aussi peu de tems après.

Le Pere Hyacinthe, dont il sera bien-tôt fait mention, dit dans une Lettre que c'est lui qui l'engagea à accepter cette place.

1673. M. Baron, chef du Comptoir de Surate, conduisant du secours à M. de la Haye à S. Thomé, en 1673, & passant à l'Isle de Bourbon, devoit faire recevoir Gouverneur de ladite Isle le sieur Auger, Capitaine du Vaisseau qui portoit ce secours ; mais le sieur Auger mourut aussi bien-tôt après.

1675. Le Pere Hyacinthe, Capucin, arriva à l'Isle de Bourbon en 1675, & y resta jusqu'en Novembre 1686. Il en étoit Curé, & s'en fit Gouverneur, en imposant pour loi aux Habitans de n'en point reconnoître d'autre que celui qu'il leur diroit, sinon qu'ils ne feroient point leurs dévotions ; il mourut le 27 Mai 1689, sur le Vaisseau le S. Jean, en revenant de cette Isle en France.

1688. à 1689. Le sieur Drouillard, qui n'avoit que la qualité d'Agent, pilla & vola la Compagnie, ainsi que tous les Habitans.

HISTORIQUE. xxxiij

dant géneral de tous les établissemens François dans les Indes Orientales, qui avoit été omise dans celles qui l'établissoient Gouverneur de la Ville & Fort de Pondichery.

Par déliberation de ce jour, M. Godeheu, en consequence d'une Lettre de M. le Garde des Sceaux du 8 du même mois, fut nommé Commissaire du Roi & de la Compagnie, pour aller remédier à la situation où se trouvoient les affaires de la Compagnie aux Indes : aussi-tôt qu'il y fut arrivé, M. Dupleix, qui en étoit Gouverneur, repassa en France. *18 Août 1753.*

M. Godeheu mit à sa place M. Leyritz, fils de M. Despremenil, & s'en revint ensuite en France.

## ISLE DE BOURBON.

Nous prendrons aussi une époque antérieure à 1717, pour ce qui concerne le Gouvernement de l'Isle de Bourbon, découverte premierement par Mascarin, Portugais, en 1645, & ensuite par Flaccourt d'Orléans en 1654, & dont la Compagnie est en possession depuis 1670. *1670.*

Le sieur Lahure, premier Gouverneur de cette Isle, fut établi par M. de la Haye, avant qu'il se transportât de Surate à la Côte de Coromandel (*a*). Le bruit ayant couru que ledit sieur Lahure avoit

---

(*a*) Voyez l'Avertissement du premier & du second volume.

*Tome IV.* e

## AVERTISSEMENT

pour France le 16 Fevrier 1714, fut renvoyé à Pondichery, en qualité de Commandant général des François; révoqué une seconde fois en Septembre 1718, & enfin revenu en France & nommé Directeur de la Compagnie, le 24 Fevrier 1720.

Le sieur la Pevotiere qui, dès l'année 1708, étoit établi Marchand à Pondichery, succéda au sieur Hebert. On ne trouve point l'époque de sa mort; mais M. de Beauvoilliers, qui étoit Gouverneur de l'Isle de Bourbon, fut nommé par ordre de S. A. R. M. le Duc d'Orléans Régent, du mois de Juillet 1721, pour Gouverneur de Pondichery. Il fut remercié en 1725, avec le choix de reprendre le Gouvernement de l'Isle de Bourbon, dont il étoit ci-devant pourvu, ou de se retirer en France, avec une rente viagere de 1200 liv. Il ne paroît pas qu'il ait accepté le Gouvernement; au contraire, le sieur des Forges-Boucher l'avoit encore en 1725, comme on le verra ci-après, en son lieu.

*Juillet 1721.*

M. Lenoir, par déliberation du 29 Août 1725, fut nommé à cette place: ses provisions du Roi sont du mois de Novembre suivant; il y a resté jusqu'en 1735.

*29 Août 1725.*

M. Dumas succeda à M. Lenoir jusqu'en 1741, & M. Dupleix, Directeur à Chandernagor, succeda à M. Dumas en 1742, qui revint en France, & fut fait Directeur de la Compagnie, au mois de Juin 1743. Les provisions que le Roi accorda à M. Dupleix, lui donnent la qualité de Commandant

*1735.*

*1742.*

# HISTORIQUE.
## PONDICHERY.

Quoique l'historique de l'administration ou de la direction de Pondichery, ne dût, ce semble, commencer qu'en 1717, comme celle de Paris; néanmoins on a cru qu'il ne seroit pas hors de propos de prendre son époque d'un tems plus éloigné, pour faire voir quel étoit le Gouverneur qui étoit en place lors de la création de la Compagnie d'Occident en 1717, & lors de la réunion qui lui fût faite de celle des Indes & de la Chine.

Dès le mois d'Août 1686, M. Hebert, Chevalier de S. Lazare, fut nommé Directeur de la Compagnie des Indes à Pondichery; il fut rappellé en France en 1705, & nommé par le Roi, & par M. de Pontchartrain, pour aller aux Indes Orientales par la mer du Sud sur les Vaisseaux de la Compagnie des Indes qui devoient faire voile en 1706. Il partit le 16 Juillet de cette même année de la rade de Groix, & arriva à la Baye de la Conception au Royaume de Chilly en cinq mois & demi, le 31 Mai 1707 à Pisco près Lima, revint à la Conception en Mai 1708, pour aller à l'Isle de Bourbon, & arriva le 2 Juillet de la même année à Pondichery.

Il fut révoqué de sa place de Gouverneur de Pondichery, le 25 Septembre 1713, à laquelle le sieur du Livier fut établi; quitta Pondichery & s'embarqua sur le Vaisseau les deux Couronnes

*Août 1686.*

*Nota.* M. Martin étoit chef du Comptoir de Pondichery en 1687 il fut nommé Directeur de la Compagnie à la côte de Coromandel en l'année 1688.

AVERTISSEMENT

du 23 Décembre 1748, nomma Mrs le Marquis de Crevecœur & de Laitre, pour le remplacer; mais M. le Marquis de Crevecœur étant mort, sa place a été vacante depuis, jusqu'au 29 Décembre 1750.

Janv. 1749. — Messieurs de Montaran & de Saint-Priest furent nommés Commissaires, M. Rouillé ayant été fait Secrétaire d'Etat de la Marine.

Octob. 1750. — M. le Marquis de Lassay décéda en son Hôtel.

29 Déc. 1750. — M. le Comte de Montmorency, M. le Comte du Chatelet, } Furent nommés à la place de Mrs les Marquis de Crevecœur & de Lassay.

Février 1751. — M. de Silhouette a été nommé Commissaire à la place de M. de Saint-Priest, qui a été fait Intendant de Languedoc.

20 Juin 1751. — M. Godeheu d'Igoville, frere du Directeur de l'Orient, fut nommé Directeur.

20 Juill. 1754. — M. de Sechelles nommé Contrôleur général des Finances.

14 Sept. 1754. — M. Roth, *idem.* nommé Directeur.

8 Octob. 1754. — M. de Moras nommé Commissaire & Contrôleur général, le 12 Avril 1756.

28 Déc. 1754. — M. de Guerchy, nommé Syndic à la place de M. le Duc de Bethune.

22 Mars 1755. — M. Magon, nommé Directeur pour l'Isle de France.

20 Janv. 1756. — M. Casaubon, Syndic, à la place de M. de Verzure.

HISTORIQUE. xxix

ral des Finances, par la retraite volontaire de M. Orry. La place de Commissaire de la Compa- 19 dud. . . gnie qu'occupoit M. de Fulvy, fut donnée à M. Rouillé.

La lettre de M. le Contrôleur général, qui réduit le nombre des douze Syndics ci-devant nommés, à six, n'ayant point été déposée aux archives, ni portée sur le registre des délibérations, on n'en peut donner ici une époque fixe : tout ce que l'on sçait, c'est qu'il ne restât au mois de Décembre 1745, que

MESSIEURS

Le Duc de Bethune (*a*).    Saladin.
Le Marquis de Lassay.    Colabeau.
De Fontpertuis.    Verzure.

M. de Montaran fut nommé Adjoint à M. 23 Janv. 1746. Rouillé.

M. Claessen succéda à M. Dumas.    5 Nov. 1746.

M. Godeheu, fils de celui qui mourut en 1739, 31 Déc. 1746. fut nommé pour aller résider à l'Orient.

M. Michel succéda à M. Despremenil.    9 Mars 1748.

Et M. de Gilly à M. Cavalier.    16 Mars 1748.

M. de Fontpertuis étant décédé, & M. Saladin 23 Déc. 1748. ayant demandé à se retirer, le Roi, suivant une Lettre de M. le Contrôleur général à M. Rouillé

(*a*) Retiré en 1754.

xxviij AVERTISSEMENT

*14 Mars 1742.*   Par un Arrêt du 14 Mars 1742, le Roi supprima les trois pour cent d'honoraires attribués aux Directeurs, & les remit à 12000 liv. par an chacun, comme ils étoient avant l'Arrêt du 23 Janvier 1731, & ce à commencer du premier Juillet 1740.

*4 Mars 1743.*   M. Lenoir étant mort, M. Dumas fut nommé à sa place par Arrêt du 4 Mars 1743.

*10 Juin 1743.*   La retraite volontaire de M. Hardancourt ayant laissé une place de Directeur vacante, M. David, Chef du Bureau des armemens, fut nommé par Arrêt du 10 Juin 1743, pour la remplir.

*30 Janv. 1745.*   C'est en cette année que commença le nouveau Syndicat. Par la délibération de l'Assemblée générale des Actionnaires tenue en présence de M. le Contrôleur général le 30 Janvier 1745, il fut élû douze Syndics,

SAVOIR,

MESSIEURS

Le Duc de Bethune.   Saladin.
Le Marquis de Lassay.   De Loziere.
De S. Port.   Verzure.
De Fontpertuis.   De Laître.
Fournier.   Colabeau.
Gilly.   Narcis.

*6 Déc. 1745.*   M. de Machault fut nommé Contrôleur géné-

# HISTORIQUE. xxvij

15 Décembre 1733, nomma M. Orry de Fulvy, Maître des Requêtes, Commissaire de la Compagnie, (mort le 3 Mai 1751.)

M. Lenoir fut nommé à la place de M. Fromaget.     7 Octob. 1738.

La forme de la direction fut encore changée en cette année. Le Roi, par Arrêt du 7 Avril 1739, ordonna que les deux Syndics établis par l'Arrêt du 23 Janvier 1731, auroient la qualité de Directeurs, & que la Compagnie seroit à l'avenir régie par huit Directeurs, au lieu de six, & qu'un d'eux conserveroit la qualité de Syndic, & en feroit les fonctions, conformément à l'article 10 dudit Arrêt du 23 Janvier 1731.     7 Avril 1739.

M. de Caligny, qui faisoit les fonctions de Syndic, étant mort, Sa Majesté, par l'Arrêt du 7 Avril 1739, ordonna que M. de Saintard feroit les fonctions de Directeur, & que M. Despremenil (revenu de l'Orient) feroit celles de Syndic, au lieu & place de M. de Caligny.     7 Avril 1739.

Et par un autre Arrêt du même jour, M. Duvelaer fut nommé à la place de Directeur, vacante par la mort de M. de Caligny; & il succéda à M. Despremenil à la direction de l'Orient jusqu'en 1746, qu'il fût choisi pour le Département des Indes à Paris, par délibération du 28 Octobre de la même année.     7 Avril 1739.

M. Godeheu le pere étant mort, M. son fils fut nommé Directeur à sa place par Arrêt du 22 Septembre 1739.     22 Sept. 1739.

d ij

AVERTISSEMENT

teur à Paris, & l'augmentation du Commerce, firent demander au Roi, par les Syndics & Directeurs de la Compagnie, qu'il leur fût permis d'admettre un Directeur de plus au partage des six portions assignées par l'Arrêt du 23 Janvier 1731 ; & Sa Majesté nomma par celui du premier Mai de la même année M. de Sainte-Catherine, pour être avec Mrs de Saintard & de Caligny, Syndics, & Mrs Castanier, Despremenil, Godeheu, Hardancourt, Fromaget, & Morin, Directeur de la Compagnie chargé de la Régie de ladite Compagnie, & participer pour un septiéme à la répartition des six portions assignées aux Directeurs de la Compagnie : mais il n'en joüit pas long-tems, étant mort à la vente de Nantes au mois de Juillet suivant. Sa place de Directeur fut supprimée par délibération

12 Sept. 1731. du 12 Septembre 1731, & les fonctions y attachées, ainsi que les trois pour cent d'honoraires, partagés entre les deux Syndics & les six Directeurs, par portions égales.

14 Mars 1732. M. de Moras fut nommé Commissaire par Arrêt de ce jour.

10 Mars 1733. Par un Arrêt du 10 Mars 1733, dont les motifs furent „ que le Roi étant informé que le Sieur „ Morin n'étoit pas en état de remplir les fonc- „ tions de Directeur de la Compagnie des Indes, Sa Majesté nomma M. Cavalier au lieu & place dudit Sieur Morin.

15 Déc. 1733. M. de Moras étant mort, le Roi, par l'Arrêt du

# HISTORIQUE.

déja en place, & M. de Caligny ci-devant Secrétaire. L'Arrêt qui les nomme est du 31 Mars 1731. Les Directeurs ne furent nommés que par l'Arrêt du premier Mai suivant, comme on le verra ci-après.

En exécution de l'article III. de l'Arrêt du 23 Janvier 1731, il fut délibéré de députer un Directeur au port de l'Orient. M. Despremenil fut nommé le 14 Mars suivant, pour y aller résider. *14 Mars 1731*

Par deux Lettres de M. le Contrôleur général, écrites de Versailles le premier Avril 1731, l'une à M. de Moras, Maître des Requêtes, & l'autre aux Syndics & Directeurs, il leur marquoit " que ne lui étant pas possible de suivre journellement les opérations de la Compagnie des Indes, ni se trouver aux assemblées des Directeurs aussi régulièrement qu'il seroit nécessaire, & que sur le compte qu'il en avoit rendu au Roi, Sa Majesté auroit approuvé que M. de Moras fut chargé du soin de veiller avec eux aux intérêts de la Compagnie, & que son intention étoit qu'il suivît toutes les opérations qu'elle feroit, qu'il assistât à toutes ses délibérations, & qu'il n'en fût prise aucune qu'en sa présence, &c. *1 Avril 1731.*

M. de Moras travailla en conséquence, & ne fut nommé que par l'Arrêt du 14 Mai 1732, comme on le verra ci-après.

La retraite volontaire de M. de Fayet, qui étoit à l'Orient, & qui étoit destiné pour être Directeur. *1 Mai 1731.*

7. Reddition de compte à M. le Contrôleur général de toutes les opérations.

8. Députation d'un des quatre Directeurs de Paris, aux ventes de Nantes.

9. En cas de maladie de quelques-uns de ces Directeurs, il en seroit nommé un autre par M. le Contrôleur général.

10. Un des deux Syndics chargé des affaires contentieuses, l'autre des délibérations & des Archives. Suppression du Secrétaire général.

11. Trois pour cent du bénéfice net aux Directeurs, au lieu d'honoraires.

12. Répartition desdits trois pour cent, sçavoir, un septiéme à chacun des six Directeurs, & l'autre septiéme aux deux Syndics par égale portion.

13. Réglement des autres dépenses, tant à Paris, qu'à l'Orient, par un état particulier dressé à cet effet.

14. Interdiction aux Directeurs à l'avenir de tout commerce onéreux à la Compagnie.

15. Suppression des fonctions des quatre Commissaires nommés par l'Arrêt du 30 Août 1723, en qualité d'Inspecteurs de la Compagnie.

16. Assemblées tous les quinze jours, en présence de M. le Contrôleur général, où il lui seroit rendu compte des opérations, &c.

17. Trois signatures des Directeurs dans les choses importantes, ou un Syndic & deux Directeurs.

Mars 1731. Les deux Syndics dont il est fait mention dans l'article premier, furent M. de Saintard, qui étoit
déja

# HISTORIQUE.    xxiij

Caiſſier général, M. Pechevin.  31 Juillet 17

M. de Fayet fut nommé à la Direction géné- Ledit jour.
rale de l'Orient, ce qui porta à neuf le nombre des
Directeurs.

M. Orry ayant été fait Contrôleur général des  20 Mars 173
Finances le 20 Mars 1730, la forme de l'adminiſtration de la Compagnie fut encore changée.
Le Roi par l'Arrêt de ſon Conſeil du 23 Janvier
1731, dont les motifs furent ,, que l'œconomie eſt
,, toujours le premier bénéfice qu'une Compagnie
,, de Commerce puiſſe faire, & qu'il étoit néceſ-
,, ſaire de ſupprimer la plus grande partie des ho-
,, noraires, appointemens, &c. ordonna par l'article premier,

1. Qu'elle ne feroit plus régie que par deux
Syndics & ſix Directeurs, dont un devoit ré-
ſider à l'Orient, un autre à Nantes, & quatre à
Paris.

2. Six Départemens, à la tête deſquels un des ſix
Directeurs.

3. Réſidence d'un des Directeurs à l'Orient, d'un
autre à Nantes, & quatre à Paris.

4.) Le Directeur de l'Orient ſe rendroit à Nantes
& }dans le temps des ventes, chargé de la réception &
5.) envoi des marchandiſes, &c.

6. Un Syndic avec leſdits Directeurs à Paris, chargé
du Commerce de l'Inde, de la Chine, de Moka,
Iſles Françoiſes, &c.

Et deux autres de la ſuite des achats, des fonds
& des grands livres.

# AVERTISSEMENT

*Commité du Senégal, Guinée, la Louisianne, le Canada, les Isles Françoises de l'Amérique, Compagnie de Plantin, Archives de la Compagnie, & affaires ecclésiastiques.*

Administration du [mois] de Juillet 1726.

Directeurs. Syndics avec les Commissaires devant nommés.

Directeurs :
- **L'Abbé Raguet** — Pour les affaires ecclésiastiques, les Archives, la Louisianne & le Canada.
- **Morin** — Pour Guinée & les Isles Françoises de l'Amérique.
- **Despremenil** — Pour le Sénégal, les Armemens & la Compagnie de Plantin.

Syndic : **Desmeuves**.

*Commité pour la Barbarie, les achats, l'examen des comptes, l'inspection des Livres, l'inspection de la Caisse, la suite des fonds, les opérations faites à la rue du Bouloir.*

MESSIEURS

Directeurs :
- **Castanier** — Pour l'inspection des Livres, les opérations faites à la rue du Bouloir, & le commerce de Barbarie.
- **Fromaget** — Pour les achats & l'examen des comptes.
- **Deshayes** (mort au mois de Novemb. 1730) — Pour l'inspection de la Caisse & la suite des fonds.

Syndic : **Saintard**.

# HISTORIQUE. xxj

entraîna celui de M. Paris du Verney, & de ses trois autres Freres. Il ne fut plus question à la Compagnie de M. du Verney, ni de M. de Barrême (*a*), Directeur.

M. le Pelletier Desforts fut nommé Contrôleur général des Finances le 16 du mois de Juin 1726, & M. le Cardinal de Fleury commença les fonctions de premier Ministre au mois de Septembre suivant, mais sans Lettres; il n'en vouloit point. Il mourut en 1743. 16 Juin 1726.

Sur ce qui fut représenté, que quatre de M<sup>rs</sup> les Directeurs se seroient retirés (*b*), que M. Cavalier, Syndic de la Compagnie des Indes, ci-devant attaché spécialement à la suite du commité des Indes, faisoit sa résidence actuelle en Angleterre, où il auroit été chargé des affaires de la Compagnie, & qu'il seroit nécessaire de pourvoir à un nouvel arrangement : on fit celui qui suit. 17 Juillet 1726.

*Commité des Indes.*

| | |
|---|---|
| Directeurs. . . . . . . . . | MESSIEURS D'Hardancourt. Godeheu. |
| Syndic. . . . . . . . . . | Le Cordier. |

(*a*) Il n'avoit été chargé que de la suite des opérations de la Loterie composée.

(*b*) Ce furent Messieurs Baillon, Raudot, la Franquerie, Mouchard.

## AVERTISSEMENT

men : qu'il feroit féparément fon rapport de tous ces mémoires à M. le Contrôleur général, & qu'il propoferoit dans les affemblées générales d'adminiftration ce qui conviendroit au bien de la Compagnie, pour y être ftatué à la pluralité des voix, comme il fe pratique ordinairement.

30 Mai 1724.
M. l'Abbé Raguet ayant été nommé par un Arrêt du Confeil du 30 Mai 1724, Directeur Eccléfiaftique, M. le Contrôleur général le préfenta à l'affemblée du 14 Juin fuivant, & dit que l'intention de S. A. S. étoit " qu'il fût chargé des affaires ,, concernant la Religion, dans les pays concedés ,, à la Compagnie, & de ce qui pourroit regarder ,, l'ordre des archives ; & que ces deux parties d'ad- ,, miniftration fuffent par lui fuivies, de concert ,, avec les Directeurs, qui compofoient les diffé- ,, rens départemens.

29 Nov. 1724.
Par une délibération d'affemblée générale d'adminiftration, il fut délibéré de former le commité des archives, de trois Directeurs & d'un Syndic, & d'y donner pour Adjoints à M. l'Abbé Raguet, Mrs Dartaguette, Mouchard & Deshayes.

1725.
*Nota.* M. Raudot n'a figné fur les regiftres des délibérations que jufqu'au 7 Mars 1725 : il eft à préfumer que ce fût en ce temps-là qu'il paffa auprès M. le Comte de Maurepas, pour la Marine du Roi.

M. Mouchard n'a figné que jufqu'au 10 Octobre 1725.

Juin 1726.
L'exil de M. le Duc de Bourbon, en Juin 1726.

# HISTORIQUE.

*Le Tableau concernant le Réglement fait le 24 Septembre 1723, ayant été rapporté au troisiéme volume, page 550, on prie le Lecteur d'y avoir recours.*

La mort de M. le Duc d'Orléans arrivée subitement le 2 Décembre 1723, occasionna de nouveaux changemens dans l'administration de la Compagnie des Indes.

M. le Duc de Bourbon, qui fut nommé le même jour par commission du Roi, premier Ministre, assista à l'assemblée générale des Actionnaires, qui se tint le 15 Mars 1724.

Cette assemblée élut M. Paris du Verney, pour Syndic général des Actionnaires, & M. Barrême pour Directeur de la Compagnie des Indes ; & par délibération de l'assemblée générale du 5 Avril 1724, il fût décidé que Mrs les Inspecteurs généraux, Syndics & Directeurs, conféreroient avec M. de Fortia, de toutes les affaires qui concerneroient les différens commités, lequel en feroit rapport à M. le Contrôleur général. Par la même délibération, & après communication prise de l'ordre de S. A. S. en date du 18 du mois de Mars précédent, par lequel il étoit prescrit audit Sieur Paris du Verney d'accepter ladite place ; il fût délibéré sur ses fonctions, & arrêté qu'il recevroit tous les mémoires qui lui seroient remis par les Actionnaires, de quelque nature qu'ils fussent : que les Syndics seroient tenus de lui remettre ceux qui leur seroient adressés, & qu'il en feroit l'exa-

# AVERTISSEMENT

*7 Sept. 1723.*    Par un Arrêt du Conseil, Sa Majesté nomma pour cette fois seulement, & sans tirer à conséquence, pour Directeurs de la Compagnie, ayant le Département de la Régie du Tabac, & des affaires qui y seroient jointes,

LES SIEURS

Bonnevie.
De la Gombaude.
Begon.*
Berlan.
Nicolas.
Lhuilier.
Girard.
Laugeois.

\* Le sieur Morel fut nommé à sa place par Arrêt du 11 Avril 1728.

*7 Sept. 1723.*    M. Geoffrin fut nommé Caissier général, au lieu & place de M. Deshayes.

*17 Sept. 1723.*    Il fut tenu le 17 Septembre une assemblée générale des Actionnaires, en présence de Mrs les Ducs d'Orléans & de Bourbon, dans laquelle Messieurs Desmeuves fils, Bertrand, Dartaguette, Cavalier, Saintard, furent nommés Syndics.

*24 Sept. 1723.*    Et par un Réglement du 24 Septembre 1723, les honoraires des douze Directeurs furent fixés à 12000 liv. par an, chacun, ceux du Secrétaire à 6000 liv. & 3000 liv. au Sous-Secrétaire.

Par le même Réglement M. de la Franquerie fut nommé pour aller résider à l'Orient, en qualité d'Ordonnateur en chef.

# ARREST
## DU CONSEIL D'ÉTAT
## DU ROY,

QUI *ordonne l'exécution dans les Port & Ville de Dunkerque, des Edits, Déclarations, Arrêts & Reglemens concernant le commerce de la Compagnie des Indes, & notamment le Privilege exclusif de l'introduction & de la vente du Caffé dans le Royaume.*

Du 29 Novembre 1729.

*Extrait des Regiſtres du Conſeil d'Etat.*

VU au Conſeil d'Etat du Roi les mémoires préſentés à Sa Majeſté au ſujet de la ſaiſie faite le premier Septembre 1729 ſur le ſieur Vanhée, Négociant de la ville de Dunkerque, de cinq cens trente-ſix balles de caffé qui y avoient été déchargées le 22 Juin précédent, venant d'Alexandrie ſur le Mercure, navire Hollandois; le premier deſdits mémoires donné au nom des Magiſtrats & de la Chambre du Commerce de Dunkerque, contenant que par Déclaration du mois de Novembre 1662 ladite Ville ayant été maintenue dans tous les droits, priviléges & franchiſes dont elle joüiſſoit auparavant, il fut permis à tous Négocians, de quelque nation qu'ils puſſent être, d'y aborder en ſûreté, & d'y vendre leurs marchandiſes franchement & quittement de tous droits d'entrée, foraine, domaniale & autres, ſans exception ni reſerve,

dans

dans laquelle franchife ladite Ville, fes Port & Havre avoient été confirmés, tant par Edit du mois de Février 1720 que par les Arrêts & Déclaration des années 1716, 1718 & 1722 : qu'en cet état les Dunkerquois, autant exclus du commerce de France que les Hollandois & les Anglois, non-feulement avoient joui de la liberté de négocier par mer avec l'Etranger, mais encore étoient en droit & en poffeffion de recevoir dans Dunkerque, ville reputée étrangere, les marchandifes qui y étoient apportées de la nature de celles dont l'entrée & la confommation font généralement prohibées dans les autres Villes du Royaume ; enforte que la franchife de leur Port feroit anéantie fans reffource fi l'injufte faifie faite en vertu des priviléges de la Compagnie des Indes fur les ordres furpris de la Cour, venoit à être tolerée : qu'une telle entreprife, qui n'a pour appui que la défenfe faite par la Déclaration de Sa Majefté du 10 Octobre 1723, fous diverfes peines à tous Marchands François & Etrangers de faire entrer aucuns caffés dans l'étendue du Royaume, n'auroit pas été tentée par ladite Compagnie, fi elle avoit fait attention aux termes des Déclarations & Edits donnés en leur faveur pour la maintenue & confirmation de leurs priviléges : qu'en effet ladite Déclaration de 1723 étant un Réglement général, dans lequel il n'y a nulle dérogation expreffe par rapport à Dunkerque, c'étoit vifiblement en faire abus que de s'en prévaloir au préjudice des priviléges d'une Ville étrangere pour fon commerce, & de vouloir y étendre une prohibition dont elle eft affranchie à titre fingulier : qu'ils font fur ce fondés en exemple par la difpofition de l'Edit même du mois de Février 1700, confirmatif de leurs priviléges, lequel entre autres chofes annulle à leur égard les Arrêts des 9 Novembre 1688, 4 Octobre 1691 & 29 Janvier 1692 : que c'eft ainfi qu'à caufe des droits particuliers dont ils jouiffent, un grand nombre d'autres Arrêts généraux concernant les étoffes des Indes, le tabac & autres marchandifes prohibées, n'en ont jamais interrompu le commerce dans la ville de Dunkerque, quoique défendu en général dans le Royau-

Tome IV. S

me : qu'il en est de même du Réglement de 1702 pour les marchandises prohibées qui se trouvoient dans les prises faites en mer, & notamment de l'Arrêt du 10 Juillet 1703, qui avoit ordonné la levée d'un droit de vingt pour cent, accordé à la Chambre du commerce de Marseille, sur toutes les marchandises du Levant, à la perception duquel droit il étoit permis à ladite Chambre de commettre des Contrôleurs dans les autres Ports du Royaume pour tenir regiſtre des marchandises qui y auroient été apportées sans avoir été prises à Marseille, en ce que les fonctions du Contrôleur établi à Dunkerque furent restraintes à la basse ville : qu'ils n'entendent pas s'opposer à un pareil établissement par rapport à l'exercice prétendu du droit de la Compagnie des Indes sur le caffé, sans néanmoins qu'elle puisse l'étendre au-delà dans une ville franche telle que Dunkerque, dont le commerce, par l'inspection que ladite Compagnie prétend avoir sur le caffé & par la faculté de le saisir, souffriroit une atteinte infiniment plus ruineuse. Qu'en joignant à tout ce que dessus les circonstances particulieres des faits, ils ont d'autant plus de confiance qu'il plaira à Sa Majesté anéantir la saisie dont il s'agit, que bien loin qu'il puisse être imputé par la Compagnie des Indes aucune mauvaise foi ni démarche clandestine, le Maître du Vaisseau qui a apporté les cinq cens trente-six balles de caffé, en a fait sa déclaration au Greffe de l'Amirauté, la décharge en a été faite publiquement, & la vente indiquée par affiches répandues dans le Royaume, envoyées en Hollande & ailleurs, & placardées dans Dunkerque, tous devoirs faits & rendus sur la foi de la franchise du port de Dunkerque, & sur la liberté dont ses habitans ont toujours joüi de trafiquer en toutes sortes de marchandises, nulles exceptées : qu'enfin pour preuve décisive de l'exercice actuel de leur privilége, même par rapport au caffé, les Négocians de Marseille étant astreints à ne pouvoir disposer des caffés qu'ils y font venir, si ce n'est en faveur de la Compagnie des Indes, ou en les envoyant à l'Etranger, ils en chargent très-souvent par mer pour Dunkerque, sans que jusqu'ici ladite

Compagnie s'y foit opposée ; ce qui juftifie pleinement le fait qu'ils ont avancé, que la ville de Dunkerque eft autant étrangere en France pour le commerce, que la Hollande & l'Angleterre. Par tous lefquels moyens lefdits Magiftrats & la Chambre du commerce de Dunkerque, requéroient main-levée du caffé faifi, en conféquence que toute faculté fût accordée au fieur Vanhée, Négociant de ladite ville, fur qui la faifie avoit été faite, d'en difpofer comme bon lui fembleroit. Le fecond defdits mémoires préfenté au nom du fieur Andrioli, fujet de l'Empereur, comme étant né dans l'Etat de Milan, demeurant à Amfterdam, qui fe feroit déclaré propriétaire des cinq cens trente-fix balles de caffé apportées d'Alexandrie à Dunkerque fur le navire le Mercure, arrivé à la rade dudit port le 22 Juin dernier, commandé par le Capitaine Auche-volkers Hollandois, contenant fa demande en réclamation dudit caffé, comme lui appartenant, au moyen de ce que la faifie qui en avoit été faite le premier Septembre fuivant fur le fieur Vanhée, fon correfpondant à Dunkerque, étoit contraire aux priviléges de ladite ville, & ce par les raifons au long détaillées dans le mémoire de la Chambre du commerce de la même ville, ci-devant expliquées ; ajoutant ledit fieur Andrioli que la conduite qu'il avoit prefcrite audit Capitaine de s'adreffer à fondit Correfpondant pour fçavoir des Officiers de l'Amirauté fi le caffé dont eft queftion pourroit être admis dans Dunkerque, la permiffion de le décharger expédiée en conféquence par lefdits Officiers, la déclaration au Greffe de l'Amirauté, l'indication folemnelle de la vente, & toutes les autres formalités obfervées, prouvoient de fa part une pleine & entiere affurance en la foi publique ; ce qui autorifoit la révendication de fes effets faifis, & avoit donné lieu à l'intervention des Miniftres de l'Empereur en faveur de la jufte demande dudit fieur Andrioli, fujet de leur Maître ; pour juftifier de laquelle propriété ledit fieur Andrioli a rapporté fept piéces communiquées à la Compagnie des Indes, dont la premiere du 24 Décembre 1728, eft une reconnoiffance da-

S ij

tée d'Alexandrie, signée Bruni, Morin & Truilhard, portant qu'ils ont reçu du sieur Auche-volkers, Capitaine de la frégate le Mercure, les sommes y mentionnées, que les sieurs Gabbuin & Galli de Cadix lui avoient consignées pour être par lesdits sieurs Bruni, Morin & Truilhard, employées suivant les ordres des sieurs Andrioli & Compagnie d'Amsterdam ; la deuxiéme du 17 Janvier 1729, est une autre reconnoissance desdits sieurs Bruni & autres ci-dessus nommés, de différentes marchandises à eux remises par ledit Capitaine, pour être par eux vendues, & le prix en être employé en achat de caffé pour le compte desdits sieurs Andrioli & Compagnie ; la troisiéme du 20 Mars 1729, est le connoissement de sept cent soixante-douze balles de caffé chargées sur ledit navire pour le compte & risque de la même Compagnie ; la quatriéme est un autre connoissement de quatre-vingt-neuf petits ballots de caffé, aussi pour le compte de la même Compagnie ; la cinquiéme est la requête du sieur Vanhée, Correspondant du sieur Andrioli, présenté au Lieutenant général de l'Amirauté, pour obtenir la permission de faire entrer ledit navire dans la rade de Dunkerque, & l'Ordonnance expédiée en conséquence pour être ledit navire conduit dans ladite rade ; la sixiéme est le procès-verbal du 22 Juin 1729, dressé par les Officiers de l'Amirauté, contenant l'examen des patentes de santé & autres formalités observées, ensemble la permission accordée de décharger telle quantité de caffé que ledit Capitaine trouvera à propos ; la septiéme & derniere est le rapport fait par ledit Capitaine à l'Amirauté de Dunkerque, de tout son voyage, par lequel il paroît que ledit navire le Mercure appartient aux sieurs Andrioli & Compagnie, & qu'il a suivi leurs ordres dans tout le cours de sa navigation. Le troisiéme & quatriéme desdits mémoires donnés pour réponse aux deux précédens par la Compagnie des Indes, ledit troisiéme mémoire contenant que pour opposer avec plus de force & d'effet le privilége exclusif de ladite Compagnie, concernant l'introduction & la vente du caffé dans le Royaume, aux prétendus privilèges de Dunkerque sur le fait dont il s'agit, la voye la plus simple d'en faire connoître à Sa Majesté l'extrême différence, est de renfermer d'abord dans leurs justes bornes les droits, privilèges & franchises de la ville de Dunkerque, dont le titre primordial & unique est la Déclaration du mois de Novembre 1662, rendue après que cette ville eut été acquise par la France, & réunie au Royaume: qu'inutilement les Magistrats & la Chambre du commerce de Dunkerque reclament l'Edit de 1700, qui ne contient d'autres dispositions que l'établissement d'une Jurisdiction Consulaire & d'une Chambre de commerce à Dunkerque; qu'à la vérité par Arrêt du 30 Janvier précédent, sur lequel auroit été expédiée la Déclaration du 16 Février de la même année, l'exécution de la Déclaration de 1662 fut ordonnée; mais que cela n'ajoûtoit rien au titre primitif; bien moins encore les Arrêts de 1716, 1718 & 1722, puisqu'à l'égard des deux premiers il y est donné atteinte en deux cas différens aux privilèges de ladite ville, en la maintenant au surplus dans sa franchise, & que le dernier, cité improprement dans le mémoire de Dunkerque comme Déclaration, & daté du 13 Octobre 1722, n'a pour objet que la distinction des marchandises du cru ou fabrique du Royaume, d'avec celles tirées du pays étranger, sortant de Dunkerque pour la consommation de la Flandre Françoise relativement au payement des droits; qu'en rappellant donc les privilèges de Dunkerque à leur principe, deux raisons, l'une générale & l'autre particuliere, fournissent la cause des variations auxquelles cette ville s'est vû justement assujettie; la premiere fondée sur la différence qui se trouve entre un traité d'un peuple libre qui se soumet à un Souverain à de certaines conditions qui les lient respectivement, & une concession qui émane de la seule volonté & bénéficence du Prince; que la ville de Dunkerque se trouvant dans le dernier cas, le Roi a pû, selon les temps & les circonstances, par des motifs d'utilité dans l'ordre général du commerce, ou par d'autres raisons d'Etat, étendre ou restraindre les privilèges de ladite ville dans les occasions où

Sa Majefté l'a jugé néceffaire : la feconde raifon tirée de la fubftance même de la Déclaration de 1662, & des conditions y renfermées, en ce qu'en maintenant la ville de Dunkerque & fes habitans dans tous les droits & priviléges dont ils joüiffoient auparavant, il fut par claufe expreffe enjoint aux Marchands & Négocians qui viendroient s'y habituer, de garder les Statuts & Réglemens qui étoient ou feroient faits pour le fait du trafic & négoce, avec peine contre les contrevenans de demeurer déchûs des priviléges portés par ladite Déclaration ; ce qui rendant cette franchife conditionnelle à leur égard, devoit à bien plus forte raifon affujettir les Marchands & Négocians fujets naturels à tous les changemens qu'il paroîtroit convenable d'y apporter. Que la preuve de ceux qui étoient arrivés jufqu'à la fin de l'année 1699 fe tire de l'aveu même des Magiftrats, Négocians & habitans de ladite ville, dans leur requête inférée en l'Arrêt du 30 Janvier 1700, fur lequel la Déclaration du 16 Février fuivant, portant rétabliffement des franchifes & priviléges contenus en la Déclaration de 1662, fut expédiée. Qu'en effet il avoit été établi différens droits à toutes les entrées du Royaume par mer & par terre, même dans le port de Dunkerque, fur des marchandifes venant des pays étrangers, tant par les Arrêts des 20 Décembre 1687, 4 Octobre 1691, 29 Janvier, 26 Février, 3 Juillet & 28 Octobre 1692, que par l'article III du Tarif arrêté le 8 Décembre 1699 entre la France & la Hollande, en exécution du Traité de commerce conclu à Rifwick. Que depuis la Déclaration du 16 Février 1700, il avoit encore été fait d'autres variations & établi d'autres droits, les uns fur des marchandifes venant pareillement de l'Etranger, par Arrêts des 30 Novembre 1700, 28 Octobre 1713, 22 Septembre 1714 & 24 Juin 1716, les autres qui ne regardent point le commerce étranger, par les Arrêts des 16 Août 1716 & 22 Janvier 1718, quoique cités par la Chambre de Dunkerque, comme portant confirmation des priviléges de la même ville. Que pour ce qui concerne les marchandifes du Levant dont le commerce, par des motifs fupérieurs à toutes autres confidérations, eft en quelque maniere affecté à la ville de Marseille, s'il pouvoit être feulement préfumé que la Déclaration de 1700, donnée en faveur de la ville de Dunkerque, l'eut rétablie, par rapport auxdites marchandifes, dans fes franchifes portées par la Déclaration de 1662, quoique détruites à cet égard par l'Edit de 1669 & par différens Arrêts des 9 Août 1670, 15 Août 1685 & 3 Juillet 1692, rendus au profit de la ville de Marfeille, il demeuroit du moins pour conftant que l'Arrêt du 10 Juillet 1703, qui rétablit Marfeille dans toutes les exemptions & franchifes portées par l'Edit de 1669 & les Arrêts fubféquens, auroit anéanti de nouveau, à l'égard des marchandifes du Levant, ces mêmes priviléges & franchifes de Dunkerque renouvellés par la Déclaration de 1700. Qu'indépendamment des différentes difpofitions qui en ont reftraint & limité l'exercice, ils n'ont pû avoir lieu pour les marchandifes dont l'entrée & la fortie ont été défendues dans toute l'étendue du Royaume, notamment pour certaines marchandifes du crû & fabrique d'Angleterre, & pays en dépendans, tant par l'Ordonnance de 1687 que par différens Arrêts fur ce intervenus : de toutes lefquelles preuves il réfulte qu'avant & depuis l'année 1700 les priviléges de Dunkerque ne fe font pas maintenus dans leur premiere intégrité ; que fes Habitans n'ont pas eu la liberté de tout commerce avec l'Etranger, & que leur franchife ne s'étend pas jufqu'à pouvoir introduire dans leur port toutes marchandifes généralement prohibées dans les autres Ports du Royaume. Que quant au fait particulier des priviléges de la Compagnie des Indes concernant fon commerce, & notamment de fon privilége exclufif touchant l'introduction & la vente du caffé dans le Royaume, fefdits priviléges font fondés fur des titres inconteftables ; fçavoir, la Déclaration de 1664, portant établiffement de la Compagnie Orientale, l'Edit du mois de Mai 1719, donné en faveur de la nouvelle Compagnie des Indes, l'Arrêt du 31 Août 1723, qui lui accorde fpécialement le privilége exclufif du caffé, la Déclaration du 10 Octobre fuivant, touchant le même privilége, & l'Edit du mois de Juin 1725, qui les confirment tous. Que par la Déclaration de 1664 & l'Edit de 1719, le commerce du caffé, comme marchandise des Indes, a été interdit à tout le Royaume, & par conséquent à la ville de Dunkerque. Que si, comme marchandise du Levant, ce commerce a été tantôt expressément défendu, permis en d'autres temps pour le caffé venant de Marseille, & dans les mêmes temps assujetti au payement du droit de vingt pour cent de la valeur, soit que la marchandise vint à droiture du Levant à Dunkerque, soit qu'elle y fût apportée après avoir été entreposée aux pays étrangers, conformément aux Arrêts des 3 Juillet 1692, 12 Mai 1693 & 10 Juillet 1703, en supposant que les choses subsistassent encore sur le même pied, le droit de vingt pour cent seroit dû à la Chambre du commerce de Marseille pour raison du caffé saisi à Dunkerque, qui y a été apporté d'Alexandrie. Mais que l'Arrêt & la Déclaration de 1723, de même que l'Edit de 1725, forment à cet égard un droit nouveau pour établir de la maniere la plus authentique le privilége exclusif de la Compagnie des Indes : que suivant les articles II & VII de la Déclaration de 1723, la Compagnie des Indes a seule le droit de l'introduction & de la vente du caffé dans le Royaume, avec défense à tous Marchands François & Etrangers, & toutes personnes autres que ladite Compagnie, d'en faire entrer par terre ou par mer dans l'étendue du Royaume, à peine de confiscation : qu'il est vrai que pour le caffé seul du Levant, l'article VIII de cette Déclaration porte une exception, mais qu'elle se réduit au seul port de Marseille, en sorte que la défense générale de l'introduction dans le Royaume portée par l'article précédent, ne regarde pas moins la ville & les Négocians de Marseille que les autres Villes, & tous autres Marchands François & Etrangers ; ce qui se prouve invinciblement par l'article IX, qui renferme tout l'avantage de Marseille par rapport au caffé du Levant, dans l'option de le vendre à la Compagnie des Indes ou de l'envoyer par mer à l'Etranger, & ce mot

*Etranger*

*Etranger* s'explique dans l'article XI par ces mots, *hors du Royaume* : que si la ville de Marseille en veut introduire par terre, ce ne peut être que sur les permissions de la Compagnie, qui lui fait part de son privilége moyennant vingt sols par livre pesant, ce qu'elle est en droit de faire en conséquence de l'Edit de 1725, qui lui permet (article VIII & X ) d'exercer ledit privilége comme chose à elle appartenante en pleine propriété : qu'ainsi, quelque opinion qu'ait la ville de Dunkerque d'être aussi étrangere dans le Royaume que l'Angleterre & la Hollande, tout commerce de caffé, même du Levant, étant défendu entre Marseille & toute autre Ville du Royaume, même Dunkerque, & la prohibition étant générale pour tous les Ports du Royaume, à l'exception de celui seul de Marseille, on ne peut douter que le transport des balles de caffé dont il s'agit au port de Dunkerque, ne soit une manifeste contravention. Qu'après avoir ainsi établi les priviléges & les droits de la Compagnie des Indes, la réponse aux objections faites contre ses titres par le mémoire des Magistrats & de la Chambre du commerce de Dunkerque devient facile; que ce n'est en effet qu'un vain prétexte pour éluder la loi, d'alléguer, comme ils font, que la Déclaration de 1723 étant un Réglement général, n'a pû comprendre Dunkerque, parce qu'elle ne contient point de dérogation expresse aux priviléges de cette ville, qui est étrangere par rapport à son commerce ; d'où ils prétendent qu'il s'ensuit que la Déclaration ne faisant nulle mention de Dunkerque, n'y doit pas être exécutée. Que quelquefois à la vérité on déroge expressément dans les Réglemens généraux aux priviléges d'une Ville libre, comme on a dérogé à celui de Dunkerque dans les Arrêts des 9 Novembre 1688, 4 Octobre 1691, 29 Janvier & 3 Juillet 1692, 30 Novembre 1700, 16 Août 1716, 22 Janvier 1718 & par le Tarif du 8 Décembre 1699 ; mais que quelquefois aussi, sans y déroger nommément, les dérogations tacites & par induction ne sont pas moins décisives : qu'en général ne permettre l'entrée que par un tel Port, c'est la défendre aussi expressé-

*Tome IV.* T

ment dans tous les autres que s'ils étoient tous dénommés ; que la permettre par un tel Port & la défendre par tous les autres, c'eſt n'accorder le privilége de l'entrée qu'au ſeul Port déſigné ; que tout ce qui eſt ordonné ou défendu, ſoit à toutes les entrées, ſoit à toutes les ſorties du Royaume, dans le Royaume, dans toute l'étendue du Royaume, comprend les Villes réputées étrangeres & les plus libres qui font partie du Royaume, s'il n'y a exemption ou réſerve expreſſe en leur faveur, comme les Magiſtrats, Négocians & Habitans de Dunkerque en ſont eux-mêmes convenus dans leur requête inſérée en l'Arrêt du 30 Janvier 1700. Qu'en appliquant un raiſonnement ſi ſenſible aux diſpoſitions de la Déclaration de 1723, on voit que la défenſe de faire aucun commerce de caffé y eſt expreſſe pour toute l'étendue du Royaume, & que ſi la ville de Marſeille a été ſouſtraite de cette défenſe générale, ce n'eſt que par l'exception formelle faite en ſa faveur, exception qui fortifie le moyen de la Compagnie des Indes contre Dunkerque, puiſque le ſilence que la loi a gardé à ſon égard, produit néceſſairement pour ſon port & ſa ville une excluſion égale à celle des autres Ports du Royaume ; qu'ainſi, quand même la Compagnie négligeroit de ſe prévaloir de ce que Dunkerque eſt par la Déclaration de 1662 (ſeul titre de ſa franchiſe) aſſujettie formellement à tous les Statuts & Réglemens pour le fait du commerce, & de tirer avantage de l'exécution des Réglemens généraux dans la même Ville, autant de fois qu'il ne s'y eſt point trouvé d'exception en ſa faveur, tous les termes de la Déclaration de 1723 condamnent Dunkerque, & la réduiſent dans la condition de toutes les autres Villes du Royaume, dont celle de Marſeille eſt ſeule exceptée ; que les exemples tirés de l'inexécution de quelques Arrêts & Réglemens généraux dans Dunkerque ne peuvent être d'aucune autorité contre un titre tel que la Déclaration de 1723 : que ceux qu'ils tirent des Arrêts des 20 Juin 1702 & 10 Juillet 1703, le premier concernant les marchandiſes prohibées qui provenoient des priſes faites en mer, & l'autre l'établiſſement dans Dunkerque d'un Contrôleur de la part de la Chambre du commerce de Marseille pour la perception du droit de vingt pour cent accordé à ladite Chambre sur toutes les marchandises du Levant, ne sont encore d'aucun fruit pour eux, parce qu'ils n'ont point de rapport à la matiere dont il s'agit, & que les Magistrats & la Chambre du commerce de Dunkerque n'auroient pas dû citer pour exemple celui du commerce du tabac, puisqu'il n'est défendu que dans une partie du Royaume & dans l'étendue de la derniere Ferme, qui, outre diverses Provinces exceptées, ne comprenoit point celle de Flandre où la ville de Dunkerque est située. Qu'à l'égard des circonstances particulieres du fait en question, si la déclaration du caffé faite à l'Amirauté, l'introduction admise par des Officiers qu'on suppose devoir être instruits des loix, une vente indiquée solemnellement, présentent d'abord à l'esprit une apparence de bonne foi ; toutes ces précautions prises dans une ville qui, quoique située en France, se porte pour être aussi étrangere que la Hollande & l'Angleterre, où l'on ne met aucunes bornes à la franchise de son port, & dont les Habitans prétendent être en droit de trafiquer en toutes sortes de marchandises ( nulles exceptées ) ne rendent pas la conduite qui a été tenue exempte de soupçon de fraude, ou du moins fournissent la présomption fondée d'une tentative faite avec méditation, dont le succès seroit d'autant plus dangereux que par de semblables voyes les loix du Royaume pourroient être éludées par les Etrangers, & même sous leur nom par les sujets naturels : que revêtir un commerce en contravention de tout ce qu'un commerce permis & licite admet de formalités, & trouver des complices de sa contravention, par inadvertance ou autrement, dans la personne de ceux qui devroient s'y opposer, ne sont pas des raisons qui disculpent les sujets naturels ou les Etrangers, ni qui puissent les exempter de la rigueur des loix : qu'en vain même les uns & les autres voudroient alléguer qu'ils les ont ignorées, puisque tout sujet naturel en doit être instruit, & que quant aux Etrangers, tout Négociant qui

T ij

veut commercer dans un autre Etat, doit connoître particulierement les loix qui regardent le commerce qu'il entreprend, n'étant pas moins tenu de s'y conformer que le fujet naturel, enforte que s'il s'agit d'un Port franc ou d'une Ville privilégiée, il doit fçavoir quelle est l'étendue de ses priviléges & de ses franchifes, dans quelles bornes ils font renfermés, & faire attention à tous les changemens qui peuvent y arriver : que les Edits, Déclarations & Réglemens étant des actes publics & à la connoiffance de tout le monde, tout prétexte d'ignorance à cet égard ne peut servir d'excufe ni de raifon, & que par conféquent le Maître du Vaiffeau le Mercure qui a apporté le caffé d'Alexandrie à Dunkerque, les Officiers de l'Amirauté qui en ont reçu la déclaration & permis le déchargement, le Négociant à qui il a été adreffé, qui fe propofoit d'en faire une vente publique, & le propriétaire, quel qu'il foit, fujet ou étranger, qui en a ordonné l'envoi, ont tous également contrevenu aux loix du Royaume, fans que nul d'entr'eux ait aucune défenfe légitime à oppofer au droit incontestable de la Compagnie des Indes, fondé fur ces mêmes loix, en vertu defquelles ladite Compagnie a demandé & obtenu des ordres pour la faifie des cinq cens trente-fix balles de caffé faite à Dunkerque le premier Septembre 1729 fur le fieur Vanhée, Négociant de ladite ville. Le quatriéme & dernier defdits mémoires, donné pour réponfe de la Compagnie des Indes à celui du fieur Andrioli, contenant que quant à la queftion de droit fur le fond & fur l'exercice de fon privilége exclufif, elle perfiftoit dans tous fes moyens ci-deffus déduits pour faire valoir fon droit incontestable pour l'introduction & la vente du caffé dans le Royaume, contre les entreprifes de la ville de Dunkerque & fes prétentions d'une franchife illimitée, & contre telle autre Ville prétendue privilégiée, à l'exception de la feule ville de Marfeille, qui a fa loi & fes conventions particulieres. Que pour ce qui regarde le fait, comme il paroît dans la conduite perfonnelle du fieur Andrioli étranger, une fuite de bonne foi & de confiance, elle prend le parti, faisant céder à cette raison toutes celles qu'elle pourroit opposer au contraire, & dans la circonstance où les Ministres de l'Empereur interviennent pour ledit sieur Andrioli, sujet de leur Maître, de s'en rapporter à la sagesse & à la prudence de Sa Majesté & de son Conseil. A ces causes, requéroit la Compagnie des Indes qu'il plût à Sa Majesté ordonner l'exécution, dans les port & ville de Dunkerque, des Edits, Déclarations, Arrêts & Réglemens concernant son commerce, & notamment son privilége exclusif touchant l'introduction & la vente du caffé dans le Royaume, & en conséquence déclarer la saisie des cinq cens trente-six balles de caffé, faite dans la ville de Dunkerque sur le sieur Vanhée, Négociant de ladite ville, bonne & valable ; ladite Compagnie se rapportant néanmoins à Sa Majesté d'ordonner la main-levée dudit caffé revendiqué par le sieur Andrioli, sujet de l'Empereur, comme lui appartenant, & de la propriété duquel ledit sieur Andrioli a justifié, le tout par grace, & sans que dans aucun temps ni en quelque cas que ce soit, ladite main-levée puisse être tirée à conséquence ni donner atteinte au privilége exclusif de ladite Compagnie ; comme aussi à condition que le sieur Andrioli fera passer ledit caffé à l'Etranger ; que pour en justifier & constater qu'il aura été réellement transporté & déchargé hors du Royaume, le sieur Vanhée, son Correspondant à Dunkerque, sera tenu de faire en son propre & privé nom sa soumission d'en rapporter, dans tel temps qu'il plaira à Sa Majesté d'arbitrer, certificat du Correspondant de ladite Compagnie dans le lieu où ledit caffé sera envoyé & déchargé, à peine d'en payer la valeur à ladite Compagnie ; & encore à la charge par ledit sieur Vanhée de payer & acquitter tous les frais faits à l'occasion de la saisie dudit caffé ; & qu'au surplus sera enjoint par Sa Majesté à tous Juges & Officiers de Justice qu'il appartiendra, de la ville de Dunkerque, de tenir la main, chacun en droit soi, à l'exécution des Edits, Déclarations, Arrêts & Réglemens concernant le commerce de la Compagnie des Indes, & notamment le privilége exclusif de l'introduction & de la vente du caffé dans le Royaume, sous peine d'interdiction desdit Juges & Officiers, même de destitution de leurs Charges, & sous telles autres peines qu'il plaira à Sa Majesté d'ordonner. Le tout vû & considéré; oui le rapport du sieur le Pelletier, Conseiller d'Etat ordinaire & au Conseil Royal, Contrôleur général des Finances, Le Roi étant en son Conseil, a ordonné & ordonne l'exécution dans les port & ville de Dunkerque, des Déclaration du mois d'Août 1664, Edit du mois de Mai 1719, Arrêt du 31 Août 1723, Déclaration du 10 Octobre suivant & Edit du mois de Juin 1725, concernant le commerce de la Compagnie des Indes, & notamment son privilége exclusif touchant l'introduction & la vente du caffé dans le Royaume; en conséquence déclare Sa Majesté la saisie des cinq cens trente-six balles de caffé, faite dans la ville de Dunkerque sur Vanhée, Négociant de ladite ville, bonne & valable; & néanmoins ayant aucunement égard à la demande en revendication desdites cinq cens trente-six balles de caffé, faite par Andrioli, sujet de l'Empereur, a fait & fait main-levée de ladite saisie, par grace, & sans que dans aucun temps ni en quelque cas que ce soit, ladite main-levée puisse être tirée à conséquence ni donner atteinte au privilége exclusif de ladite Compagnie; au moyen de laquelle main-levée ledit Vanhée, Correspondant à Dunkerque dudit Andrioli, pourra disposer dudit caffé sur les ordres dudit Andrioli, à condition néanmoins de le faire passer à l'Etranger; à l'effet de quoi & pour certifier que ledit caffé aura été réellement transporté & déchargé hors du Royaume, ledit Vanhée, en son propre & privé nom, fera sa soumission d'en rapporter dans le terme de quatre mois, à compter de ce jour, certificat du Correspondant de la Compagnie des Indes dans le lieu où ledit caffé aura été envoyé & déchargé, à peine de payer à ladite Compagnie la valeur dudit caffé, & encore à la charge par ledit Vanhée de payer & acquitter tous les frais faits à l'occasion de la saisie dudit caffé: enjoint Sa Majesté à tous Juges & Officiers de Justice qu'il appartiendra dans la ville de Dunkerque, de tenir la main, chacun en droit soi, à l'exécution des Edits, Déclarations, Arrêts & Réglemens concernant le commerce de la Compagnie des Indes, & notamment le privilége exclusif de l'introduction & de la vente du caffé dans le Royaume, sous peine d'interdiction desdits Juges & Officiers, & même de destitution de leurs Charges : ordonne au surplus Sa Majesté que le présent Arrêt sera lû, publié & affiché dans la ville de Dunkerque, & par-tout où il appartiendra. FAIT au Conseil d'Etat du Roi, Sa Majesté y étant, tenu à Versailles le vingt-neuviéme jour de Novembre mil sept cent vingt-neuf. *Signé* BAUYN.

# ARREST
## DU CONSEIL D'ÉTAT, DU ROY,

QUI ordonne l'exécution de celui du 29 Novembre 1729, concernant une saisie de Caffé à Dunkerque, & le Privilége exclusif de la Compagnie des Indes pour l'introduction, vente & débit du Caffé dans le Royaume.

Du 17 Janvier 1730.

*Extrait des Regiſtres du Conseil d'Etat.*

LE Roi s'étant fait repréſenter en ſon Conſeil l'Arrêt rendu en icelui le 29 Novembre 1729, par lequel, en prononçant ſur la conteſtation qui étoit entre la Compagnie des Indes d'une part, & le ſieur Vanhée, Négociant de la ville de Dunkerque, Correſpondant du ſieur Andrioli, ſujet Milanois, Négociant à Amſterdam d'autre, au ſujet d'une ſaiſie de cinq cens trente-ſix balles de caffé faite audit Dunkerque où elles étoient entrées par mer, au préjudice du privilége excluſif de ladite Compagnie des Indes, Sa Majeſté auroit ordonné l'exécution dans les port & ville de Dunkerque, des Déclaration du mois d'Août 1664, Edit du mois de Mai 1719, Arrêt du 31 Août 1723, Déclaration du 10 Octobre ſuivant, & Edit du mois de Juin 1725, concernant le commerce de ladite Compagnie des Indes, & notamment ſon privilége excluſif touchant

chant l'introduction & la vente du caffé dans le Royaume; & enjoint à tous Juges & Officiers de Justice qu'il appartiendroit dans la ville de Dunkerque, de tenir la main, chacun en droit soi, à l'exécution des Edits, Déclarations, Arrêts & Réglemens concernant le commerce de la Compagnie des Indes, & notamment le privilége exclusif de l'introduction & de la vente du caffé dans le Royaume, sous peine d'interdiction desdits Juges & Officiers, même de destitution de leurs Charges. Et Sa Majesté étant informée que l'exécution dudit Arrêt pourroit donner lieu à quelques difficultés, s'il n'étoit regîstré aux Greffes des Amirautés: à quoi voulant pourvoir, oui le rapport du sieur le Pelletier, Conseiller d'Etat ordinaire & au Conseil Royal, Contrôleur général des Finances, SA MAJESTÉ ÉTANT EN SON CONSEIL, a ordonné & ordonne que l'Arrêt rendu en icelui le 29 Novembre 1729, concernant ladite saisie de cinq cens trente-six balles de caffé saisies à Dunkerque sur ledit Vanhée, & le privilége exclusif de la Compagnie des Indes pour l'introduction & la vente du caffé dans le Royaume, sera exécuté selon sa forme & teneur : enjoint Sa Majesté aux sieurs Intendans & Commissaires départis dans les Provinces, aux Officiers des Amirautés, & à tous Juges & Officiers de Justice qu'il appartiendra, tant dans la ville de Dunkerque qu'autres, de tenir la main à ce qu'il soit exécuté, nonobstant oppositions ou autres empêchemens quelconques, dont si aucuns interviennent, Sa Majesté se réserve & à son Conseil la connoissance, icelle interdisant à toutes ses Cours & autres Juges. Mande & ordonne Sa Majesté à M. le Comte de Toulouse, Amiral de France, de tenir la main à l'exécution du présent Arrêt, qui sera regîstré aux Greffes des Amirautés. FAIT au Conseil d'Etat du Roi, Sa Majesté y étant, tenu à Versailles le dix-septiéme jour du mois de Janvier mil sept cent trente.

*Signé* BAUYN.

# LE COMTE DE TOULOUSE
## Amiral de France.

VU l'Arrêt du Conseil d'Etat du Roi ci-dessus à nous adressé, avec ordre de tenir la main à son exécution; mandons & ordonnons aux Officiers des Amirautés du Royaume de le faire exécuter suivant sa forme & teneur, & de le faire enregistrer à leur Greffe, lire, publier & afficher par-tout où besoin sera, en la manière accoutumée. Fait à Marly le cinq Février mil sept cent trente. *Signé* L. A. DE BOURBON. *Et plus bas ;* par son Altesse Sérénissime, *signé* LENFANT.

LOUIS, PAR LA GRACE DE DIEU, ROY DE FRANCE ET DE NAVARRE, Dauphin de Viennois, Comte de Valentinois & Dyois, Provence, Forcalquier & terres adjacentes; à nos amés & féaux Conseillers en nos Conseils, les sieurs Intendans & Commissaires départis pour l'exécution de nos ordres dans les Provinces & Généralités de notre Royaume, aux Officiers des Amirautés, & à tous Juges & Officiers de Justice qu'il appartiendra : SALUT. Par l'Arrêt de notre Conseil du 29 Novembre 1729, ci-attaché sous le contre-scel de notre Chancellerie, avec celui ce jourd'hui donné en notre Conseil d'Etat, nous y étant, par lequel en prononçant sur la contestation qui étoit entre la Compagnie des Indes d'une part, & le sieur Vanhée, Négociant de la ville de Dunkerque, Correspondant du sieur Andrioli sujet Milanois, Négociant à Amsterdam, d'autre, au sujet d'une saisie de cinq cens trente-six balles de caffé faite audit Dunkerque où elles étoient entrées par mer au préjudice du privilége exclusif de ladite Compagnie des Indes, nous avons ordonné l'exécution dans les port & ville de Dunkerque, des Déclaration du mois d'Août 1664, Edit du mois de Mai 1719, Arrêt du 31 Août 1723, Déclaration du 10 Octobre suivant, & Edit du mois de Juin 1725, concernant le commerce de ladite Compagnie des Indes, & notamment son privilége exclusif touchant l'introduction & la vente du caffé dans le Royaume; & enjoint à tous Juges & Officiers de Justice qu'il appartiendroit dans la ville de Dunkerque, d'y tenir la main. A CES CAUSES, nous vous mandons & enjoignons par ces Présentes, signées de nous, de tenir, chacun en droit soi, la main à l'exécution dudit Arrêt de notre Conseil du 29 Novembre 1729 & de celui de ce jourd'hui : commandons au premier notre Huissier ou Sergent sur ce requis, de signifier ledit Arrêt du 29 Novembre 1729, avec celui de ce jourd'hui, à tous qu'il appartiendra, à ce que personne n'en ignore, & de faire pour son entiere exécution tous actes & exploits nécessaires, sans autre permission, nonobstant clameur de Haro, Charte Normande & Lettres à ce contraires : voulons qu'aux copies desdits Arrêts & des Présentes, collationnées par l'un de nos amés & féaux Conseillers-Secrétaires, foi soit ajoûtée comme aux originaux ; car tel est notre plaisir. DONNÉ à Versailles le dix-septiéme jour de Janvier, l'an de grace mil sept cent trente, & de notre regne le quinziéme. *Signé* LOUIS. *Et plus bas* ; par le Roi Dauphin, Comte de Provence, *signé* BAUYN. Et scellé.

# ARREST
## DU CONSEIL D'ÉTAT
## DU ROY,

QUI *autorise les Syndics & Directeurs de la Compagnie des Indes, à établir une Loterie pour rembourser au public, sur le pied de trois mille livres, trois cens trente actions par mois.*

Du 7 Mars 1730.

*Extrait des Registres du Conseil d'Etat.*

SUR la requête présentée au Roi en son Conseil par les Syndics & Directeurs de la Compagnie des Indes, contenant qu'ils voyent avec peine les variations qui arrivent de temps en temps sur le prix des actions de ladite Compagnie, & que pour obvier à cet inconvénient, qui allarment un grand nombre de familles qui ont été obligées de placer en actions les fonds provenant des remboursemens qui leur ont été faits, ils se proposent de soutenir le prix de l'action sur un pied proportionné à son revenu, par le moyen d'une Loterie, s'il plaît à Sa Majesté les y autoriser. Vû ladite requête & le plan de ladite Loterie; oui le rapport du sieur le Pelletier,

Conseiller ordinaire au Conseil Royal, Contrôleur général des Finances, SA MAJESTÉ ÉTANT EN SON CONSEIL, a ordonné & ordonne ce qui suit.

### ARTICLE PREMIER.

Les Syndics & Directeurs de la Compagnie des Indes auront la faculté d'établir une Loterie pour retirer du public trois cens trente actions tous les mois.

### II.

Lesdites trois cens trente actions seront payées sur le pied de trois mille livres l'action.

### III.

Ceux qui voudront mettre à cette Loterie payeront dix livres pour chaque billet; & la Loterie sera fermée quand le nombre de quarante-neuf mille cinq cens billets aura été rempli.

### IV.

La Loterie sera tirée le cinquiéme jour de chaque mois, dans la salle de l'Hôtel de la Compagnie des Indes, en présence des sieurs Inspecteurs, Syndics & Directeurs de ladite Compagnie, & de ceux des Intéressés qui voudront s'y trouver.

### V.

Chacun des trois cens trente premiers billets qui sortiront de la roue, opérera le payement comptant d'une action sur le pied de trois mille livres, sur laquelle somme il sera retenu dix livres pour les frais : & sera par le Secrétaire de la Compagnie tenu un registre paraphé par l'un des sieurs Inspecteurs, où seront enregistrés les numero des billets à mesure qu'ils seront appellés, lequel registre demeurera au Secrétaire, pour y avoir recours en cas de besoin.

## VI.

Les deniers feront reçûs par les perfonnes qui feront à ce prépofées par la délibération de ladite Compagnie, du nom defquelles le public fera averti par des affiches.

## VII.

Les regiftres qui feront tenus pour cette recette, feront cottés & paraphés par l'un defdits fieurs Infpecteurs, ou par l'un des Syndics & Directeurs de ladite Compagnie, dans lefquels regiftres les Receveurs écriront le numero du billet, & le nom du propriétaire d'icelui.

## VIII.

Les dividendes échûs ou à écheoir dans le courant de la demi-année, feront joints aux actions, ou il fera retenu fur les trois mille livres la fomme de foixante-quinze livres pour la valeur du dividende.

## IX.

Ladite Loterie aura lieu à commencer au premier Avril prochain, & fera continuée de mois en mois fans interruption. Fait au Confeil d'Etat du Roi, Sa Majefté y étant, tenu à Verfailles le feptiéme jour de Mars mil fept cent trente, *Signé* Phelypeaux,

# ARREST
## DU CONSEIL D'ÉTAT DU ROY,

*PORTANT défenses de contracter à l'avenir aucuns engagemens pour fournir, ou recevoir à terme, des actions de la Compagnie des Indes, sous le nom de prime, marché ferme ou autrement.*

### Du 7 Mars 1730.

*Extrait des Registres du Conseil d'Etat.*

LE Roi étant informé que le commerce des actions de la Compagnie des Indes, qui s'est fait par vente à prime ou à marché ferme, a donné lieu à des engagemens usuraires & illicites: à quoi Sa Majesté voulant pourvoir, oui le rapport du sieur le Pelletier, Conseiller ordinaire au Conseil Royal, Contrôleur général des Finances, SA MAJESTÉ ÉTANT EN SON CONSEIL, a fait très-expresses inhibitions & défenses à toutes personnes de quelque qualité & condition qu'elles soient, de contracter à l'avenir aucuns engagemens pour fournir ou recevoir à terme des actions de la Compagnie des Indes, sous le nom de prime, marché ferme ou autrement, à peine de nullité desdits engagemens & de trois mille livres d'amende, tant contre le vendeur que contre l'acheteur : veut Sa Majesté qu'il ne puisse être fait à l'avenir aucune vente desdites actions, qu'en les délivrant réellement & en recevant la valeur comptant : veut auſſi Sa Majeſté que les engagemens contractés juſqu'à ce jour, ſoit à prime, ſoit à marché ferme ou autrement, & qui n'ont point encore été conſommés, demeurent nuls & réſolus, & qu'en conſéquence les propriétaires des actions vendues à prime ne puiſſent les retirer du dépôt qu'en rendant à l'acheteur, ſoit en eſpéces, ſoit en actions ſur le pied du cours qu'elles auront le jour de la publication du préſent Arrêt, les ſommes qu'ils auront reçûes pour leſdites primes ; & à l'égard des ventes faites à marché ferme, les vendeurs & les acheteurs retireront reſpectivement les actions qu'ils ont dépoſées : ordonne Sa Majeſté que le préſent Arrêt ſera lû, publié & affiché par-tout où beſoin ſera, & exécuté ſelon ſa forme & teneur, nonobſtant toutes oppoſitions & empêchemens quelconques, dont ſi aucuns interviennent, Sa Majeſté s'eſt réſervé la connoiſſance, & icelle interdit à toutes ſes Cours & autres Juges. FAIT au Conſeil d'Etat du Roi, Sa Majeſté y étant, tenu à Verſailles le ſeptiéme jour de Mars mil ſept cent trente. *Signé* PHELYPEAUX.

# ARREST
## DU CONSEIL D'ÉTAT
## DU ROY,

*PORTANT qu'il sera ouvert une Loterie, qui continuera pendant six années & huit mois pour le remboursement de vingt-cinq mille actions de la Compagnie des Indes.*

*ET révoque celle qui avoit été permise par l'Arrêt du 7 Mars dernier.*

Du 2 Mai 1730.

*Extrait des Registres du Conseil d'Etat.*

LE Roi s'étant fait représenter l'Arrêt de son Conseil du 7 Mars dernier, par lequel Sa Majesté auroit accordé aux Syndics & Directeurs de la Compagnie des Indes la faculté d'établir une Loterie pour retirer du public trois cens trente actions tous les mois, en recevant dix livres de mise par billet : & Sa Majesté étant informée que la Compagnie des Indes ne pourroit fournir les fonds nécessaires à l'exécution de cette Loterie, sans diminuer ceux qui sont destinés à ses différens commerces, ni les Actionnaires en lever les billets sans y employer annuellement presque tout leur dividende, elle auroit jugé à propos de la supprimer. Mais Sa Majesté étant en même-temps instruite que le trop grand nombre d'actions de la Compagnie des Indes occasionne des variations égale-

Tome IV.      X

ment préjudiciables à la solidité de son établissement & à l'utilité des Actionnaires, elle se seroit déterminée, pour leur donner de nouvelles marques de sa protection, de prendre toutes les années sur ses revenus les fonds nécessaires au remboursement d'une certaine quantité d'actions, jusqu'à ce qu'il en ait été retiré vingt-cinq mille; d'en commencer le remboursement sur le pied de treize cens livres, de l'augmenter d'année en année, & de porter les actions jusqu'à trois mille livres, en les faisant payer ainsi dans les dernieres séances de la Loterie dont elle se seroit proposé d'ordonner l'établissement: sur quoi, oui le rapport du sieur Orry, Conseiller ordinaire au Conseil Royal, Contrôleur général des Finances, SA MAJESTÉ ÉTANT EN SON CONSEIL, a ordonné & ordonne:

### ARTICLE PREMIER.

QU'A commencer du présent mois de Mai, l'Adjudicataire général de ses Fermes unies remettra le vingtiéme de chaque mois ès mains du Garde du Trésor Royal en exercice, la somme de quatre cens mille livres, pour être employée en remboursement d'actions de la Compagnie des Indes, en la maniere qui sera ci-après expliquée; au moyen de quoi ledit Adjudicataire ne fournira plus, à commencer du mois de Juin prochain, que cinq cens mille livres par mois pour le remboursement des capitaux des rentes sur la Ville, à laquelle somme Sa Majesté a jugé à propos de fixer les fonds qu'elle y destine.

### II.

QUE la Loterie que Sa Majesté avoit permis par Arrêt du 7 Mars dernier aux Syndics & Directeurs de la Compagnie des Indes d'établir, demeurera révoquée & supprimée, & qu'il en sera ouvert une autre le 25 du présent mois, qui continuera pendant six années & huit mois, pour le remboursement de vingt-cinq mille actions.

## III.

Que les numero de toutes les actions seront mis dans une boëte pour être tirés au sort, & que les Actionnaires dont les numero sortiront, seront remboursés & payés comptant de leurs actions, suivant l'évaluation ci-après;

### Sçavoir,

| | |
|---|---|
| Pendant les mois de Mai & de Juin. | 1300 liv. |
| Pendant les six derniers mois de la présente année. | 1400 liv. |
| Pendant l'année 1731. | 1500 liv. |
| Pendant l'année 1732. | 1600 liv. |
| Pendant l'année 1733. | 1700 liv. |
| Pendant l'année 1734. | 1800 liv. |
| Pendant les six premiers mois de l'année 1735. | 1900 liv. |
| Pendant les six derniers mois. | 2000 liv. |
| Pendant les six premiers mois de 1736. | 2100 liv. |

Et pendant les six derniers mois, ainsi qu'il suit,

| | |
|---|---|
| Juillet. | 2200 liv. |
| Août. | 2300 liv. |
| Septembre. | 2400 liv. |
| Octobre. | 2500 liv. |
| Novembre. | 3000 liv. |
| Et Décembre. | 3000 liv. |

Au moyen de laquelle valeur graduelle les actions seront portées jusqu'à trois mille livres.

## IV.

Que ladite Loterie sera tirée le vingt-cinquième jour de chaque mois, à commencer du présent mois, dans l'Hôtel de la Compagnie des Indes, en présence des sieurs Commissaires, des Syndics & Directeurs de la Compagnie, & de ceux des Actionnaires qui s'y voudront trouver.

## V.

Que chaque numero qui sortira de la boëte opérera le

remboursement comptant d'une action, & qu'il sera tenu par le Secrétaire de la Compagnie un registre paraphé par l'un desdits sieurs Commissaires, où seront enregistrés les numero sortis, lequel registre demeurera au Secrétariat, pour y avoir recours en cas de besoin.

### VI.

Qu'aussi-tôt que la Loterie de chaque mois aura été tirée, ceux des Actionnaires à qui les lots seront échûs, en recevront la valeur du Garde du Trésor Royal, à la seule déduction de dix livres par action pour les frais, en rapportant toutefois dans les trois premiers mois seulement de chaque demi-année, les dividendes de leurs actions pour ladite demi-année; & faute d'y satisfaire, qu'il leur sera retenu soixante-quinze livres, Sa Majesté laissant la joüissance du dividende à ceux dont les numero ne sortiront que dans les trois derniers mois de chaque demi-année.

### VII.

Que les Actionnaires qui auront des lots & qui voudront en recevoir la valeur, seront tenus de faire viser leurs actions par celui ou ceux que les Directeurs de la Compagnie des Indes nommeront à cet effet, & de se présenter dans les trois semaines qui suivront chaque séance de la Loterie; mais que ceux qui ne se trouveront point en état de disposer de leurs actions ni d'en recevoir le remboursement, seront dispensés de les rapporter, auquel cas les fonds qui leur étoient destinés seront distribués à Bureau ouvert dans les huit jours qui précéderont la séance suivante, à ceux qui se présenteront, lesquels recevront la valeur de leurs actions sur le même pied que si le sort avoit fait sortir leurs numero de la boëte, & ce jusqu'à concurrence des fonds restés en caisse & non reclamés.

### VIII.

Que toutes les actions qui auront été remboursées, seront remises de trois mois en trois mois par le Garde du Tréfor Royal aux Directeurs de la Compagnie des Indes, en lui fourniſſant les décharges néceſſaires, pour être brûlées publiquement, avant de tirer la Loterie du mois ſuivant.

## IX.

Qu'il ſera dreſſé des états des actions qui auront été remiſes par le Garde du Tréſor Royal auxdits Directeurs; qu'au pied de ces états ils mettront leur reconnoiſſance, & feront leur ſoumiſſion de payer de ſix mois en ſix mois à Sa Majeſté le dividende deſdites actions, quoiqu'annullées & brûlées, attendu que c'eſt de ſes deniers que le rembourſement en aura été fait; conſentant toutefois Sa Majeſté que pendant la durée de la préſente Loterie, le dividendes deſdites actions ſoit remis de ſix mois en ſix mois au Garde du Tréſor Royal, pour ſervir au rembourſement des vingt-cinq mille actions, conjointement avec les fonds que l'Adjudicataire général de ſes Fermes unies doit lui fournir. Fait au Conſeil d'Etat du Roi, Sa Majeſté y étant, tenu à Fontainebleau le deuxiéme jour de Mai mil ſept cent trente. Signé PHELYPEAUX.

# ARREST
## DU CONSEIL D'ÉTAT
## DU ROY,

*QUI ordonne qu'il sera fait Inventaire de toutes les marchandises qui composent le chargement des Vaisseaux le Royal-Philippe, la Sirenne, l'Argonaute, la Danaé & l'Alcyon, appartenans à la Compagnie des Indes ; & que lesdites marchandises seront vendues à la maniere accoutumée.*

Du 26 Août 1730.

*Extrait des Regiſtres du Conſeil d'État.*

SUR la requête présentée au Roi étant en son Conseil par les Directeurs de la Compagnie des Indes, contenant que les Vaisseaux le Royal Philippe, la Syrenne, l'Argonaute, la Danaé & l'Alcyon, sont arrivés au port de l'Orient les 14 Avril, 24 Juin, 10, 16 & 20 Juillet de la présente année, & qu'ils attendent encore le Vaisseau le Duc de Chartres, venant des Pays des concessions de la Compagnie, chargés de caffé, thé, poivre, rhubarbe, esquine, gomme, laque en bois & en feuilles, cauris, salpêtre, bois rouge, coton filé, soye écrue, porcelaines, éventails, cabarets, peaux d'hermine & petit gris, rottins, & autres épiceries & drogueries, étoffes de soye, damas, satins unis, brodés, rayés & à fleurs, Pekins &

gourgourans, toiles de coton blanches & mousselines, toiles teintes, peintes & rayées de couleurs, mouchoirs de coton & autres; de toutes lesquelles marchandises, tant permises que prohibées, la vente doit être faite dans la ville de Nantes, après cependant que sur toutes les mousselines, toiles de coton blanches, & mouchoirs de coton de Bengale & de Masulipatan, mouchoirs de soye & coton, écorce & soye, & écorce, sujettes à la marque, il leur aura été apposé celle qu'il a plû à Sa Majesté ordonner par Arrêt du 28 Avril 1711, dont l'empreinte est au pied dudit Arrêt, laquelle marque sera imprimée sur un morceau de parchemin, signé par le sieur Dujoncheray Dubois, commis par Arrêt du 13 Novembre 1725, & par le sieur Estoupan, aussi commis par Arrêt du 30 Mai 1727, ou par l'un d'eux seulement; à l'effet qu'il ne soit débité dans le Royaume aucunes des marchandises ci-dessus spécifiées, autres que celles de la Compagnie des Indes, conformément aux Arrêts des 10, 24 Février & 13 Mars 1691, Déclaration de Sa Majesté du 9 Mai 1702, & autres Arrêts & Réglemens rendus en conséquence, concernant le commerce de ladite Compagnie, & notamment à ceux des 10 Décembre 1709 & 4 Juin 1715, rendus en interprétation de celui du 27 Août 1709, aux Arrêts des 11 Juin 1714, 20 Janvier & 22 Février 1716, à l'Edit du mois de Mai 1719, portant réunion des Compagnies des Indes & de la Chine à celle d'Occident, à présent nommée Compagnie des Indes, & à l'Arrêt du 9 Mai 1724, qui permet à la Compagnie de vendre dans le Royaume des mouchoirs de coton, mouchoirs de soye & coton, écorce & soye, & écorce, apportés dans ses Vaisseaux; & à tous Négocians, Marchands, & autres particuliers qui les ont achetés de ladite Compagnie, d'en faire débit & usage, en payant seulement pour toutes lesdites marchandises permises les droits d'entrée portés par le Tarif de 1664, pour les marchandises qui y sont dénommées & contenues, & trois pour cent de la valeur de celles qui n'y sont pas comprises, suivant & conformément à l'article XLIV de l'Edit d'établissement de ladite Compagnie, Arrêts rendus en conséquence, à l'Edit du mois de Juin 1725, à l'Arrêt du 28 Septembre 1726, à celui du 24 Août 1728, rendu en interprétation, & à l'Arrêt du 14 Septembre 1728, portant confirmation de celui du 8 Septembre 1722. A ces causes, requéroient les Directeurs de la Compagnie des Indes qu'il plût à Sa Majesté sur ce pourvoir. Vû les Arrêts énoncés en ladite requête ; oui le rapport du sieur Orry, Conseiller ordinaire au Conseil Royal, Contrôleur général des Finances, LE ROI ÉTANT EN SON CONSEIL, a ordonné & ordonne que par le sieur des Gallois de la Tour, Conseiller en ses Conseils, Maître des Requêtes ordinaire de son Hôtel, Commissaire départi en la Province de Bretagne, ou par celui qu'il subdéléguera à cet effet, il sera fait en présence du sieur Richard, commis par le Conseil pour l'exécution de l'Arrêt du 18 Mai 1720, inventaire de toutes les marchandises qui composent le chargement desdits Vaisseaux le Royal Philippe, la Syrenne, l'Argonaute, la Danaé, l'Alcyon & le Duc de Chartres, lequel inventaire sera divisé en trois chapitres, dont le premier comprendra les marchandises sujettes à la marque, comme mousselines, toiles de coton blanches, mouchoirs de coton de Bengale & de Masulipatan, mouchoirs de soye & coton, écorce & soye, & écorce ; le deuxième, les drogueries & épiceries, comme caffé, thé, poivre, rhubarbe, esquine, gomme, laque en bois & en feuilles, cauris, salpêtre, bois rouge, coton filé, soye écrue, porcelaines, éventails, cabarets, peaux d'hermine & petit gris, rottins & autres ; & le troisième chapitre sera composé de mouchoirs de Pondichery, toiles teintes, peintes & rayées de couleurs, & étoffes dont l'usage & le débit sont prohibés dans le Royaume, & qui, quoique chargées sur les Vaisseaux de ladite Compagnie des Indes, ne peuvent y être vendues qu'à condition qu'elles seront envoyées à l'Étranger : ordonne aussi Sa Majesté que toutes lesdites piéces de mousseline, toiles de coton blanches & mouchoirs de coton, soye & coton, écorce & soye, & écorce, spécifiées par le premier chapitre dudit

inventaire

inventaire, seront marquées aux deux bouts de chaque piéce d'une marque pareille à l'empreinte étant au pied dudit Arrêt du 28 Avril 1711, imprimée sur un morceau de parchemin, signé par le sieur Dujoncheray Dubois, commis par Arrêt du 13 Novembre 1725, & par le sieur Estoupan, aussi commis par Arrêt du 30 Mai 1727, ou par l'un d'eux seulement, laquelle marque sera attachée au chef & à la queue de chaque piéce, avec le plomb de ladite Compagnie, en présence dudit Subdélegué, ou autre qui sera commis par ledit sieur des Gallois de la Tour, sans que les Marchands & Négocians puissent être tenus de rapporter lesdites marques, ni de faire mention sur leurs registres des noms de ceux auxquels ils pourront vendre des piéces entieres ; à condition néanmoins que les Marchands & Négocians feront immédiatement après chaque vente publique une déclaration expresse de la quantité desdites toiles de coton blanches, mousselines & mouchoirs de coton, soye & coton, écorce & soye, & écorce, qu'ils auront achetées, lesquelles déclarations seront faites dans les Bureaux qui seront à cet effet établis par la Compagnie des Indes dans la ville de Paris & dans les autres principales Villes du Royaume, conformément à l'Arrêt du 14 Août 1727, & seront en outre lesdites déclarations insérées dans un registre particulier, paraphé par ceux qui les recevront, dans lequel registre lesdites marchandises seront spécifiées par chapitres distincts & séparés pour chacun des déclarans, sans que les Marchands de la ville de Paris, Détailleurs ou autres, puissent tirer des Provinces aucunes mousselines, toiles de coton blanches & mouchoirs de coton, soye & coton, écorce & soye, & écorce, même des piéces de ces marchandises marquées de la seconde marque ordonnée par l'Arrêt du 14 Août 1727, s'ils n'en ont obtenu la permission expresse du sieur Lieutenant général de Police : ordonne Sa Majesté qu'après l'apposition des marques portées par l'Arrêt du 28 Avril 1711, sur lesdites piéces de mousseline, toiles de coton blanches, mouchoirs de coton, soye & coton, écorce

*Tome IV.*  Y

& foye, & écorce, toutes les marchandiſes des Indes venües ſur leſdits Vaiſſeaux, ſeront inceſſamment vendues en la maniere accoûtumée, en préſence d'un ou de pluſieurs Directeurs de la Compagnie des Indes, & du ſieur Richard, en payant les droits d'entrée de toutes leſdites marchandiſes, conformément au Tarif de 1664, à l'article XLIV de l'Edit du mois d'Août de la même année, aux Arrêts des 29 Avril & 22 Novembre 1692, 28 Septembre 1726, 24 Août & 14 Septembre 1728; & à l'égard des toiles de coton teintes, peintes ou rayées de couleurs, & étoffes provenant des Indes & de la Chine, la vente & adjudication n'en pourra être faite qu'à condition qu'elles ſeront envoyées à l'Etranger par les Adjudicataires, dans ſix mois au plus tard du jour de l'adjudication, dans la forme, pour les pays, & avec les précautions preſcrites par l'article LII de l'Arrêt du 11 Juin 1714, & juſques auxdits envois elles ſeront miſes dans le magaſin d'entrepôt, conformément auxdit Arrêts des 18 Mai 1720, 28 Septembre 1726, 24 Août & 14 Septembre 1728 : veut en outre Sa Majeſté que, conformément à l'article II dudit Arrêt du 14 Août 1727, les toiles de coton blanches, mouſſelines & mouchoirs de coton, ſoye & coton, écorce & ſoye, & écorce, dont l'uſage & le débit ſont permis, ne puiſſent être vendues dans aucune Province du Royaume, juſqu'à ce qu'il y ait été appoſé au chef & à la queue de chaque piéce un ſecond plomb & une ſeconde marque en parchemin, dont l'empreinte eſt au pied dudit Arrêt, par les perſonnes que la Compagnie des Indes aura prépoſées dans chacune des principales Villes du Royaume; en ſorte que les mouſſelines, toiles de coton blanches, mouchoirs de coton, ſoye & coton, écorce & ſoye, & écorce, ſoit en piéces ou en coupons, qui ſe trouveront ſans leſdites premieres & ſecondes marques, ſeront réputées en contravention, confiſquées comme telles, & ceux qui s'en trouveront ſaiſis, condamnés aux amendes & autres peines ſpécifiées par les Arrêts des 20 Janvier & 22 Février 1716, premier Mai 1724 & 14 Août 1727, qui ſeront exécutés ſelon leur forme & teneur:

veut Sa Majesté qu'à la requête des Directeurs de ladite Compagnie des Indes, il soit fait une visite desdites marchandises des Indes, qui se trouveront chez lesdits Marchands, Négocians, & tous autres de quelque qualité & condition qu'ils puissent être, même qu'il leur soit permis de faire saisir celles qui ne seront pas marquées des marques prescrites par les Arrêts ci-dessus datés : & Sa Majesté voulant assurer de plus en plus l'exécution desdits Arrêts dans la ville de Paris, & favoriser le débit des Marchands qui font un commerce loyal desdites marchandises, lequel est souvent dérangé par les Fraudeurs & Colporteurs inconnus, même empêcher que les Détailleurs, qui s'excusent ordinairement des contraventions qu'on leur impute, par le peu de connoissance qu'ils disent avoir des véritables marques, ne puissent être trompés, fait très-expresses inhibitions & défenses, sous peine de 3000 liv. d'amende, à tous Détailleurs & Détailleuses qui employent lesdites mousselines, toiles de coton blanches, & mouchoirs de coton, soye & coton, écorce & soye, & écorce, d'acheter aucunes piéces que des Marchands connus & domiciliés, sauf aux Détailleurs & Détailleuses à obliger lesdits Marchands de signer leur nom au dos de chaque marque en parchemin, qui sera apposée sur les piéces vendues, pour y avoir recours en cas de besoin : enjoint Sa Majesté au sieur Herault, Conseiller d'Etat, Lieutenant général de Police de la ville de Paris, & aux sieurs Intendans & Commissaires départis dans les Provinces & Généralités du Royaume, de tenir la main à l'exécution du présent Arrêt, qui sera lû, publié & affiché par-tout où besoin sera, & exécuté nonobstant toutes oppositions ou empêchemens quelconques. FAIT au Conseil d'Etat du Roi, Sa Majesté y étant, tenu à Versailles le vingt-six d'Août mil sept cent trente.

*Signé* PHELYPEAUX.

LOUIS, PAR LA GRACE DE DIEU, ROI DE FRANCE ET DE NAVARRE, Dauphin de Viennois, Comte de Valentinois & Dyois, Provence, Forcalquier & terres adjacentes ; à notre amé & féal Conseiller en notre Conseil d'Etat, le sieur Herault, Lieutenant général de Police de notre bonne Ville, Prévôté & Vicomté de Paris ; & aux sieurs Intendans & Commissaires départis pour l'exécution de nos ordres dans les Provinces & Généralités de notre Royaume : SALUT. Nous vous mandons & enjoignons par ces Présentes signées de nous, de tenir, chacun en droit soi, la main à l'exécution de l'Arrêt dont l'extrait est ci-attaché sous le contre-scel de notre Chancellerie, ce jourd'hui donné en notre Conseil d'Etat, nous y étant, pour les causes y contenues : commandons au premier notre Huissier ou Sergent sur ce requis, de signifier ledit Arrêt à tous qu'il appartiendra, à ce que personne n'en ignore, & de faire pour son entiere exécution tous actes & exploits nécessaires, sans autre permission, nonobstant clameur de Haro, Charte Normande & Lettres à ce contraires. Voulons qu'aux copies dudit Arrêt & des Présentes, collationnées par l'un de nos amés & féaux Conseillers-Secrétaires, foi soit ajoûtée comme aux originaux ; car tel est notre plaisir. DONNÉ à Versailles le vingt-sixiéme jour d'Août, l'an de grace mil sept cent trente, & de notre regne le quinziéme. *Signé* LOUIS. *Et plus bas* ; Par le Roi Dauphin, Comte de Provence, *signé* PHELYPEAUX.

JEan-Baptiste des Gallois, Chevalier, Seigneur de la Tour, Conseiller du Roi en ses Conseils, Maître des Requêtes ordinaire de son Hôtel, Intendant & Commissaire départi pour l'exécution des ordres de Sa Majesté en la Province de Bretagne. Vû l'Arrêt du Conseil ci-dessus, nous ordonnons que ledit Arrêt sera exécuté selon sa forme & teneur, & en conséquence que par le sieur Vedier, Général des Finances & notre Subdélegué à Nantes, que nous avons commis à cet effet, il sera fait en la présence du sieur Richard, commis par le Conseil pour l'exécution de l'Arrêt du 18 Mai 1720, inventaire de toutes les marchandises qui composent le chargement desdits Vaisseaux le Royal Philippe, la Sirenne, l'Argonaute, la Danaé, l'Alcyon

& le Duc de Chartres, lequel inventaire sera divisé en trois chapitres, dont le premier comprendra les marchandises sujettes à la marque, pour être marquées conformément audit Arrêt: enjoignons audit sieur Vedier de se conformer aux dispositions dudit Arrêt, & de tenir la main à son exécution. Fait le deuxiéme Septembre mil sept cent trente.

*Signé* DE LA TOUR.

# ARREST
## DU CONSEIL D'ÉTAT
## DU ROY,

PORTANT qu'il sera établi en l'Hôtel de la Compagnie des Indes un nouvau dépôt, libre & volontaire, pour tous ceux des Actionnaires qui voudront librement & volontairement y déposer leurs actions.

Du 27 Août 1730.

*Extrait des Regiſtres du Conſeil d'Etat.*

SUR ce qui a été repréſenté au Roi étant en son Conſeil par les Syndics & Directeurs de la Compagnie des Indes, qu'en exécution de l'article XVIII de l'Edit du mois de Juin 1725, par lequel Sa Majeſté, pour les motifs y contenus, auroit voulu qu'il fût libre à tout propriétaire d'actions de les déposer avec telles conditions & reſtrictions qu'il jugeroit à propos, à la caiſſe générale de ladite Compagnie des Indes, où il ſeroit tenu par le Caiſſier général, de ſa main, un regiſtre ſecret de compte ouvert deſdites actions dépoſées, tant pour le principal que pour les dividendes, & qu'il fût délivré par ledit Caiſſier général un acte dudit dépôt, qui ſeroit paſſé devant Notaire, contenant les conditions & reſtrictions ſtipulées par l'Actionnaire qui auroit fait le dépôt, auxquelles le Caiſſier général ſeroit tenu de ſe conformer; la loi du dépôt y énoncé auroit par délibération de la Compagnie des Indes du 7 Août 1726, été revêtue de la forme portée par ledit article ; que néanmoins, encore qu'aux termes de l'Edit il fût libre à tout propriétaire d'actions, sans distinction, de les déposer à la caisse générale de la Compagnie, il n'y en auroit eu de déposées à ladite caisse qu'un petit nombre de la nature de celles dont, conformément aux motifs de l'Edit, il eut été à craindre, pour l'intérêt des familles & le maintien des conventions entre particuliers, qu'elles ne vinssent à se dissiper par la facilité d'en disposer : qu'en effet le dépôt ouvert à la caisse générale sembloit être uniquement réservé pour les actions qu'il convenoit de mettre en sûreté pour raison de dot, tutelle ou autrement, & formoit un dépôt distinct & séparé d'un autre dépôt libre & volontaire, dont Sa Majesté, par l'Arrêt de son Conseil du 29 Septembre 1723, auroit aussi jugé nécessaire d'ordonner l'établissement en l'Hôtel de la Compagnie des Indes pour tous ceux des Actionnaires qui, dans la crainte de divers accidens qui peuvent arriver dans les maisons particulieres, principalement dans les cas de mort & d'absence, les y tenoient ordinairement déposées, & que l'Arrêt du 16 Mai dernier, par lequel il étoit ordonné de retirer toutes les actions dudit dépôt volontaire, ayant déterminé la plûpart des principaux Actionnaires à se présenter aux Syndics & Directeurs de la Compagnie des Indes, pour les engager à solliciter en leur faveur & pour les raisons ci-dessus, l'obtention d'un nouveau dépôt libre & volontaire : lesdits Syndics & Directeurs supplient très-humblement Sa Majesté qu'il lui plût ordonner l'établissement dudit dépôt : à quoi Sa Majesté voulant pourvoir, oui le rapport du sieur Orry, Conseiller ordinaire au Conseil Royal, Contrôleur général des Finances, LE ROI E'TANT EN SON CONSEIL, a ordonné & ordonne ce qui suit.

### ARTICLE PREMIER.

QU'IL sera établi en l'Hôtel de ladite Compagnie un

nouveau dépôt libre & volontaire pour tous ceux des Actionnaires qui voudront librement & volontairement y déposer leurs actions.

### II.

Le sieur Merard sera chargé de recevoir les actions que l'on apportera audit dépôt.

### III.

Lesdites actions, avec un bordereau qui en contiendra le nombre & les numero, seront par les propriétaires même remises au dépositaire, en présence d'un Syndic ou Directeur de la Compagnie, & après qu'elles auront été comptées & trouvées conformes audit bordereau, elles seront confilées en paquets, & lesdits paquets seront cachetés du sceau des armes ou du cachet de chaque propriétaire.

### IV.

Un regiftre paraphé par l'un des sieurs Commissaires du Conseil, Inspecteur de la Compagnie, sera remis au dépositaire, pour y ouvrir à chaque Actionnaire pour chacun des dépôts qui seront faits, un compte par débit & crédit, tant des actions que des dividendes y attachés : ledit dépositaire sera aussi tenu de porter sur un second regiftre, pareillement paraphé, les mêmes écritures en débit & crédit, & lesdits deux regiftres, dont l'un sera destiné pour le Bureau du dépôt & l'autre pour les archives, ne pourront jamais rester dans le même lieu que pour le temps nécessaire à passer les écritures de l'un sur l'autre.

### V.

Chaque propriétaire sera tenu de signer sur l'un & l'autre regiftre son compte en débit & crédit, soit en déposant ses actions & en les retirant du dépôt, soit lorsque le dépositaire aura porté au débit dudit compte les dividendes des actions déposées qu'il délivrera audit propriétaire.

### VI.

## VI.

Les actions déposées seront avec un des registres du dépôt, mises & renfermées dans un coffre fermant à trois clefs, dont une sera gardée par un Syndic de la Compagnie des Indes, une autre par un Directeur de ladite Compagnie, & la troisiéme par un dépositaire, qui aura en outre à sa garde ledit coffre dans son Bureau.

## VII.

Le Bureau pour ledit dépôt volontaire sera ouvert au public, à commencer du jour de la publication du présent Arrêt, les Mardi & Jeudi de chaque semaine, ou la veille en cas de Fête, depuis quatre heures après midi jusqu'à six.

Ordonne au surplus Sa Majesté l'exécution de l'article XVIII de l'Edit du mois de Juin 1725, & de la délibération de la Compagnie des Indes du 7 Août 1726, conforme audit article; & en conséquence ceux des Actionnaires qui voudront déposer leurs actions pour raison de dot, tutelle & autres conventions dans les familles, ou autres particuliers, pourront les mettre en dépôt entre les mains du Caissier général de ladite Compagnie. Fait au Conseil d'Etat du Roi, Sa Majesté y étant, tenu à Versailles le vingt-septiéme jour d'Août mil sept cent trente.

*Signé* PHELYPEAUX.

# ARREST
## DU CONSEIL D'ÉTAT
## DU ROY,

EN interprétation de celui du 14 Août 1727, & qui régle les formalités à observer par les Marchands & Négocians qui acheteront à Nantes des marchandises permises venant des Indes, & qui proviendront des ventes de la Compagnie.

Du 26 Septembre 1730.

*Extrait des Registres du Conseil d'Etat.*

LE Roi s'étant fait représenter en son Conseil l'Arrêt rendu en icelui le 14 Août 1727, par lequel entre autres choses Sa Majesté auroit ordonné que les marchandises provenant des Indes, & dont le débit & l'usage sont permis dans le Royaume, ne pourroient être par les Adjudicataires d'icelles exposées en vente, qu'au préalable & conformément aux différens Arrêts rendus à ce sujet, il n'y ait été apposé par les préposés à cet effet une seconde marque semblable à l'empreinte étant au pied dudit Arrêt; & Sa Majesté étant informée des différens abus qui se pratiquent au préjudice de la disposition dudit Arrêt, en ce que non-seulement plusieurs propriétaires de ces marchandises les vendent & en font commerce sans y avoir fait apposer lesdites secondes marques, mais encore introduisent dans le Royaume de pareilles marchandises venant des pays étrangers, en les faisant entrer dans des balles qui contiennent des marchandises provenant des ventes de la Compagnie, en faisant apposer sur lesdites balles les plombs des Doüanes de Sa Majesté, à quoi étant nécessaire de pourvoir ; oui le rapport du sieur Orry, Conseiller ordinaire au Conseil Royal, Contrôleur général des Finances, SA MAJESTE' E'TANT EN SON CONSEIL, a ordonné & ordonne que l'Arrêt du 14 Août 1727, sera exécuté selon sa forme & teneur, & en conséquence que les propriétaires des marchandises des Indes, provenant des ventes de la Compagnie, dont le débit & l'usage sont permis dans le Royaume, seront tenus de faire marquer lesdites marchandises de la seconde marque ordonnée, avant de les pouvoir exposer en vente, à peine de confiscation desdites marchandises, & de trois mille livres d'amende : défend Sa Majesté aux Marchands, Négocians & tous autres qui achetent lesdites marchandises aux ventes que la Compagnie des Indes en fait, de rompre les plombs qui ont été apposés au Bureau de la Prévôté de Nantes sur lesdites balles, ni déballer lesdites marchandises qu'en présence du préposé à ladite seconde marque, auquel ils seront obligés de représenter les acquits des droits, pour constater la quantité & qualité desdites marchandises, afin que vérification puisse en être faite : ordonne en outre Sa Majesté que les Commis de ses Fermes, qui sont en droit d'ouvrir lesdites balles pour les visiter, dans les lieux où il y a des Bureaux de Doüane, y réapposeront de nouveaux plombs, & n'en permettront l'enlevement que sur le billet du préposé à la seconde marque : entend Sa Majesté que lorsqu'un Marchand ou Négociant voudra envoyer une ou plusieurs piéces desdites marchandises pour les faire blanchir ou dégorger, il sera tenu de faire sa déclaration de la

Z ij

quantité & qualité defdites marchandifes, & fa foumiffion de la repréfenter au retour au prépofé à la feconde marque, lequel appofera *gratis* à chaque piéce de marchandifes, un plomb avec une ficelle, pour pouvoir au retour reconnoître ladite marchandife & y appofer la feconde marque, le tout à peine de trois mille livres d'amende & de confifcation de la marchandife. FAIT au Confeil d'Etat du Roi, Sa Majefté y étant, tenu à Verfailles le vingt-fixiéme jour de Septembre mil fept cent trente.

*Signé* PHELYPEAUX.

# ARREST
## DU CONSEIL D'ÉTAT
## DU ROY,

*QUI renouvelle les défenses de l'introduction, port & usage des Toiles peintes ou teintes, écorces d'arbre ou Etoffes de la Chine, des Indes & du Levant.*

Du 28 Novembre 1730.

*Extrait des Regiſtres du Conſeil d'Etat.*

LE Roi ayant été informé du préjudice que cauſoit aux manufactures de ſon Royaume l'introduction qui s'y faiſoit des étoffes des Indes, de la Chine & du Levant, nonobſtant les défenſes réitérées par les différens Edits, Arrêts & Réglemens intervenus à ce ſujet, a par Edit du mois d'Octobre 1726 ordonné l'exécution deſdits anciens Edits, Réglemens & Arrêts, & même y a ajoûté de nouvelles peines, notamment la peine de mort dans l'article premier de cet Edit ; & par Arrêt de ſon Conſeil du même mois d'Octobre 1726, Sa Majeſté a ordonné des peines très-ſeveres contre ceux qui ſe trouveroient coupables de commerce, port & uſage de ces marchandiſes prohibées : mais ſoit que les différens Juges auxquels la connoiſſance de ces contraventions a été attribuée, ſe ſoient rallentis en ne prononçant point à la rigueur les peines portées par ces Edits & Arrêts, ſoit que la crainte de ces peines diminue & ſe diſſipe lorſque les défenſes ne ſont

Z iij

pas souvent réitérées, Sa Majesté reçoit de nouvelles plaintes, tant de la part des Fabriquans de son Royaume que des Chambres de commerce établies dans ses principales Villes, de ce que l'introduction & le commerce des étoffes des Indes, de la Chine & du Levant se renouvellent de jour en jour ; ce qui cause une diminution considérable dans l'emploi des laines, soyes, lins, chanvres & autres matieres du cru du Royaume, & prive de leur subsistance une multitude d'ouvriers qui demeurent sans travail : à quoi Sa Majesté désirant pourvoir ; ouï le rapport du sieur Orry, Conseiller ordinaire au Conseil Royal, Contrôleur général des Finances, SA MAJESTE' E'TANT EN SON CONSEIL ROYAL DE COMMERCE, a ordonné & ordonne que l'Edit du mois d'Octobre 1726 & l'Arrêt de son Conseil du même mois, concernant l'introduction, port & usage des toiles peintes ou teintes, écorces d'arbre ou étoffes de la Chine, des Indes & du Levant, seront exécutés selon leur forme & teneur, ainsi que tous les autres précédens Réglemens, en ce qui n'y est point dérogé par le présent Arrêt : défend Sa Majesté à tous Juges de prononcer aucune décharge ni modération d'amende, ni d'accorder aucun délai pour en favoriser l'obtention, & leur enjoint de faire exécuter leurs Sentences aussi-tôt qu'elles seront rendues ; enjoint pareillement Sa Majesté aux Maîtres des Ports, leurs Lieutenans, aux Juges des Traites & à ceux des Elections, de faire la conversion des peines pécuniaires qu'ils auront prononcées en peines corporelles, conformément audit Edit & à l'échéance des termes y portés, à peine de répondre du payement des amendes en leur propre & privé nom ; veut Sa Majesté que le Lieutenant général de Police à Paris, & les Intendans & Commissaires départis dans les Provinces, connoissent à l'avenir des contraventions concernant le commerce, port & usage desdites marchandises & étoffes des Indes, de la Chine & du Levant, leur attribuant Sa Majesté à cet effet toute Cour & Jurisdiction pour juger lesdites contraventions en dernier ressort, avec le nombre de Juges ou Gradués requis par les Ordonnances : veut & entend Sa Majesté que le présent Arrêt, ensemble l'Edit du mois d'Octobre 1726, soient lûs, publiés & affichés de six mois en six mois par-tout où besoin sera, en vertu des Ordonnances du sieur Lieutenant général de Police à Paris, & desdits sieurs Intendans & Commissaires départis dans les Provinces, à ce que personne n'en ignore. Fait au Conseil Royal de Commerce, Sa Majesté y étant, tenu à Marly le vingt-huit Novembre mil sept cent trente. *Signé* Phelypeaux.

Louis, par la grace de Dieu, Roi de France et de Navarre, Dauphin de Viennois, Comte de Valentinois & Dyois, Provence, Forcalquier & terres adjacentes : à nos amés & féaux Conseillers en nos Conseils, le sieur Lieutenant général de Police à Paris, & les sieurs Intendans & Commissaires départis pour l'exécution de nos ordres dans les Provinces & Généralités de notre Royaume : Salut. Nous vous mandons & enjoignons par ces Présentes signées de nous, de tenir, chacun en droit soi, la main à l'exécution de l'Arrêt ci-attaché sous le contre-scel de notre Chancellerie, ce jourd'hui donné en notre Conseil Royal de Commerce, nous y étant, pour les causes y contenues : commandons au premier notre Huissier ou Sergent sur ce requis, de signifier ledit Arrêt à tous qu'il appartiendra, à ce que personne n'en ignore, & de faire pour son entiere exécution tous actes & exploits requis & nécessaires, sans autre permission, nonobstant clameur de Haro, Charte Normande & Lettres à ce contraires : voulons qu'aux copies dudit Arrêt & des Présentes, collationnées par l'un de nos amés & féaux Conseillers-Secrétaires, foi soit ajoûtée comme aux originaux ; car tel est notre plaisir. Donné à Marly le vingt-huitiéme Novembre, l'an de grace mil sept cent trente, & de notre regne le seiziéme. *Signé* Louis. *Et plus bas*; Par le Roi Dauphin, Comte de Provence, *signé* Phelypeaux. Et scellé.

# ARREST
## DU CONSEIL D'ÉTAT
## DU ROY,

CONCERNANT *les Déclarations à fournir pour le Caffé qui entre & sort de la Ville de Marseille.*

Du 21 Janvier 1731.

*Extrait des Regiftres du Confeil d'Etat.*

LE Roi s'étant fait repréfenter en fon Confeil l'Arrêt du 31 Août 1723, par lequel Sa Majefté a accordé à la Compagnie des Indes le privilége excluſif de la vente du caffé dans l'étendue du Royaume, la Déclaration du 19 Octobre fuivant & l'Arrêt du 8 Février 1724, par lequel Sa Majefté a ordonné que les caffés venant des échelles du Levant pourront entrer dans la ville, port & territoire de Marfeille, & en fortir librement par mer, à la charge par les Capitaines, Maître des navires & autres bâtimens, de fournir à leur arrivée & avant leur départ au Bureau du poids & caſſe à Marfeille, leurs manifeftes ou déclarations des caffés qui feront chargés fur leur bord, & de leur deftination : & Sa Majefté étant informée que ledit Arrêt du 8 Février 1724 n'a pas fon exécution à Marfeille, attendu que ne prononçant aucune peine faute de faire les déclarations qui y font prefcrites, les Capitaines

nes & Maîtres des navires entrent & sortent du port de Marseille sans faire aucune déclaration, & que cet Arrêt n'assujettissant point les Marchands & Négocians à faire leur soumission de rapporter certificat de déchargement des caffés chargés & destinés pour sortir par mer pour être transportés à l'Etranger, il arrive journellement que les Capitaines & Maîtres des navires les versent en fraude sur les côtes de France. A quoi voulant pourvoir; vû l'Arrêt de notre Conseil du 10 Juillet 1723 & nos Lettres Patentes du 20 Janvier 1724, portant réglement pour l'entrée & sortie des marchandises à Marseille, par lesquelles, en confirmant les priviléges & exemptions accordés en faveur du commerce de Marseille, il est ordonné que les Capitaines, Maîtres de navires, Patrons de barques, remettront au Bureau du poids & casse, dans les vingt-quatre heures de leur arrivée & avant le déchargement, une déclaration par manifeste de toutes les marchandises de leur chargement, & pareille déclaration à la sortie du port de Marseille, contenant la quantité, le poids & la qualité, la marque & le numero des balles, & le nom du Marchand pour le compte de qui elles seront chargées, & le lieu de leur destination, à peine de mille livres d'amende contre les contrevenans; oui le rapport du sieur Orry, Conseiller ordinaire au Conseil Royal, Contrôleur général des Finances, SA MAJESTE' E'TANT EN SON CONSEIL, a ordonné & ordonne que l'Arrêt du 8 Février 1724 sera exécuté selon sa forme & teneur, & en conséquence que les Capitaines, Maîtres de navires & Patrons de barques, seront tenus de fournir dans les vingt-quatre heures de leur arrivée, & avant leur départ du port de Marseille, au Bureau du poids & casse établi dans ladite ville, des manifestes ou déclarations des caffés chargés sur leur bord, & de leur destination, sous peine de mille livres d'amende: ordonne en outre Sa Majesté que les Marchands & Négocians de Marseille propriétaires desdits caffés, seront obligés de faire leur soumission sur le registre du Receveur audit Bureau du poids & casse, de rapporter dans un délai préfix des certificats en bonne forme des personnes qui seront indiquées par ledit Receveur, & désignées par leur soumission, que lesdits caffés sortis par mer auront été déchargés dans le lieu de leur destination, en telles & pareilles espéces & quantités qu'ils auront été déclarés, faute de quoi lesdits caffés seront réputés être entrés en fraude dans le Royaume, & en ce cas lesdits propriétaires seront condamnés de payer à la Compagnie des Indes la valeur desdits caffés, pour tenir lieu de la confiscation d'iceux, & en trois mille livres d'amende : enjoint Sa Majesté au sieur le Bret, Commissaire départi pour l'exécution de ses ordres en Provence, de tenir la main à l'exécution du présent Arrêt, sur lequel toutes Lettres nécessaires seront expédiées. FAIT au Conseil d'Etat du Roi, Sa Majesté y étant, tenu à Marly le vingt-uniéme jour de Janvier mil sept cent trente-un. Signé PHELYPEAUX.

LOUIS, PAR LA GRACE DE DIEU, ROI DE FRANCE ET DE NAVARRE, Comte de Provence, Forcalquier & terres adjacentes : à notre amé & féal Conseiller en notre Conseil d'Etat, le sieur le Bret, premier Président du Parlement d'Aix, & Intendant de Justice, Police & Finance en Provence : SALUT. Nous vous mandons & enjoignons par ces Présentes, signées de nous, de tenir la main à l'exécution de l'Arrêt ci-attaché sous le contre-scel de notre Chancellerie, ce jourd'hui donné en notre Conseil d'Etat, nous y étant, pour les causes y contenues : commandons au premier notre Huissier ou Sergent sur ce requis, de signifier ledit Arrêt à tous qu'il appartiendra, à ce que personne n'en ignore, & de faire pour son entiere exécution tous actes & exploits nécessaires, sans autre permission ; car tel est notre plaisir. DONNE' à Marly le vingt-uniéme jour de Janvier, l'an de grace mil sept cent trente-un, & de notre regne le seiziéme. Signé LOUIS. Et plus bas ; Par le Roi, Comte de Provence, signé PHELYPEAUX.

# DÉLIBÉRATION de la Compagnie concernant la retrocession faite au Roi de la concession de la Louisiane.

### Du 22 Janvier 1731.

SUR ce qui a été représenté que par Lettres Patentes en forme d'Edit du mois d'Août 1717, portant établissement de la Compagnie d'Occident, dans la vûe de soutenir le commerce de la Louisiane, d'augmenter & de perfectionner les différentes cultures & plantations qui pouvoient s'y faire, & de la fortifier à cet effet en peu d'années d'un nombre suffisant de nouveaux Colons, attendu que M. Antoine Crozat, à qui le commerce exclusif en avoit été accordé par Lettres Patentes du 14 Septembre 1712, pendant l'espace & pour le terme de quinze années, venoit d'en remettre au Roi le privilége, par la raison entr'autres que l'exercice qui devoit s'en faire dans toute l'étendue convenable au bien général du Royaume, étoit au-dessus des forces & des facultés d'un particulier, Sa Majesté auroit jugé à propos de transmettre ledit privilége à ladite Compagnie d'Occident, & lui auroit accordé, outre le droit de faire seule, à l'exclusion de tous ses autres sujets, le commerce dans la Province & Gouvernement de la Louisiane, la concession de toutes les terres comprises dans l'étendue de ladite Colonie, & le pays des Sauvages Illinois uni & incorporé au Gouvernement & Province de la Louisiane, ensemble différens autres droits, priviléges, propriétés, facultés, franchises & exemptions, le tout aux reserves, clauses & conditions portées par lesdites Lettres Patentes : que la joüissance de cette concession faite par Sa Majesté à la Compagnie d'Occident, dite depuis & qualifiée *Compagnie des Indes*, auroit été limitée d'abord au terme de vingt-cinq années par les Edits des mois d'Août 1717 & Mai 1719;

enfuite déclarée perpétuelle par l'Edit du mois de Juillet 1720, & confirmée auffi à perpétuité par Edit du mois de Juin 1725 : que depuis le mois d'Août 1717, époque de l'origine de ladite Compagnie, jufqu'à ce jour, elle n'a été principalement occupée que du foin de répondre aux vûes que Sa Majefté avoit eues fur elle pour l'établiffement, le foutien & la perfection de cette Colonie : qu'elle a commencé par y faire paffer en peu d'années plus de nouveaux Colons que le nombre fixé par les titres de fa conceffion, & y a tranfporté des Noirs à proportion : que la quantité de terreins défrichés s'eft multipliée d'année en année, & que différens quartiers fe font fucceffivement formés & établis : qu'elle a pourvû, autant que fes forces l'ont pû permettre, à leur fûreté : qu'à cet effet elle a fait conftruire des Forts en différens lieux, les a munis d'artillerie, & y a entretenu fur pied des troupes confidérables : qu'elle y a même fait bâtir une Ville, *la nouvelle Orleans*, dans une fituation commode & fur les bords du fleuve, pour en faire le chef-lieu de la Colonie, & y établir fon Confeil, la direction de fon commerce & fes principaux magafins : qu'outre tous les fecours fpirituels dont fa premiere attention a été de pourvoir la Colonie en général, & en particulier la nouvelle Orleans d'autres fecours encore, tant pour les habitans dans leurs maladies que pour l'éducation de leurs enfans, elle a fongé à placer des Miffions chez toutes les nations fauvages, dans le deffein non-feulement de les amener à la connoiffance de la vérité, mais de ménager leur alliance & leur amitié en faveur des nouveaux Colons qui fixoient leur habitation près des leurs, & qui fe trouvoient répandus dans une fi vafte étendue de pays, en des poftes trop éloignés les uns des autres pour pouvoir fe fecourir mutuellement, & dont la Compagnie n'eut pû procurer par elle-même la fûreté qu'avec des dépenfes infiniment au-deffus de fes forces : que néanmoins ce qu'il en a coûté depuis treize années à la Compagnie des Indes pour mettre la Colonie de la Louifiane en l'état qu'elle eft aujourd'hui, excéde la fomme de vingt millions : mais que malgré une si grande dépense & la sage précaution de l'établissement des Missions chez les Sauvages, cette Compagnie eut la douleur d'apprendre l'année derniere l'irruption subite des Natchez, nation sauvage dans le poste du même nom, un de ceux de la Colonie où les cultures réussissoient le mieux, ce qui lui fut le plus sensible, le massacre de presque tous les habitans : qu'un si triste évenement inspire à la Compagnie les plus justes craintes, & lui a fait vivement sentir le danger d'en éprouver de pareils, & l'impuissance de les prévenir : que dans ces circonstances elle ne peut perdre de vûe le risque où elle se trouve exposée ; qu'après avoir sacrifié pour soutenir l'établissement de la Louisiane plus de vingt millions de fonds réels, & quand même elle continueroit à s'épuiser par de nouvelles dépenses, beaucoup au-delà de son pouvoir, & toujours néanmoins inférieures aux besoins d'une si vaste Colonie, cette même Colonie, si heureusement située pour l'avantage du Royaume, ne vint à dépérir entre ses mains : qu'il est donc de son devoir de ne plus considérer cette Colonie comme une concession à perpétuité, mais de la regarder seulement comme un précieux dépôt confié à sa garde, & dont elle se rendroit comptable au Roi & à l'Etat, si, se connoissant trop foible pour la garentir de tous événemens, elle différoit plus long-temps à la remettre entre les mains toutes-puissantes de Sa Majesté : qu'elle auroit d'ailleurs un reproche éternel à se faire de continuer des dépenses immenses au préjudice de son commerce & de ses Actionnaires, sans pouvoir opérer le bien que l'Etat attend d'elle à l'égard de la Louisiane : & que s'il plaisoit à Sa Majesté ordonner la réunion à son Domaine de la Province de la Louisiane, ensemble du pays des Sauvages Illinois, dont la garde passe de beaucoup les forces d'une Compagnie de commerce ; ne réserver à la Compagnie des Indes que le privilége exclusif de cette Colonie, aux offres & conditions de la part de ladite Compagnie de transporter & de fournir aux habitans de la Louisiane, sur le pied & aux prix accoûtumés, la quantité de cinq cens Négres par an, & d'ailleurs tout ce qui fera eſtimé être pour leurs beſoins indiſpenſables, ou ( ce qui conviendroit encore mieux aux intérêts de la Compagnie ) agréer la rétroceſſion du privilége dudit commerce excluſif, qu'elle prévoit lui devoir être infiniment onéreux, à la charge de fournir à Sa Majeſté quelque équivalent des offres & conditions ci-deſſus, tel qu'il plairoit à Sa Majeſté & à ſon Conſeil d'arbitrer; en ſuppliant très-humblement Sa Majeſté de vouloir bien traiter favorablement la Compagnie dans l'eſtimation qu'elle ordonnera être faite dudit équivalent, & ce en contemplation des ſommes immenſes que ladite Compagnie a employées depuis treize années pour l'établiſſement d'une Colonie ſi utile à l'Etat : ordonner en outre qu'en conſéquence de ladite rétroceſſion, & au moyen dudit équivalent ladite Compagnie ne pourra en quelque cas, ni ſous quelque prétexte que ce ſoit, être chargée à l'avenir dudit commerce : au ſurplus maintenir ladite Compagnie dans la faculté d'exercer par privilége & préférence ſes droits contre ſes débiteurs à la Louiſiane, & enfin lui continuer les mêmes bontés dont elle a dans tous les temps reſſenti les effets, & l'honneur de ſa puiſſante protection : la Compagnie des Indes ſe trouveroit pour lors dans l'heureuſe ſituation de remplir efficacement, comme Compagnie d'Etat, le double objet qu'elle s'eſt toujours propoſé du bien général du Royaume & de l'avantage particulier de ſes Actionnaires, en portant ſon commerce des Indes Orientales & de la Chine au point de fournir toutes les marchandiſes néceſſaires à la conſommation du Royaume, & de fermer par là pour toujours aux Compagnies étrangeres la ſource des profits que la foibleſſe de ce même commerce & la diſtraction annuelle d'une partie de ces fonds au ſoutien de la Louiſiane, ne leur ont laiſſée ouverte que trop long-temps.

Il a été délibéré d'autoriſer les Syndics & Directeurs de la Compagnie des Indes à préſenter, pour & au nom de ladite Compagnie, leur requête au Roi, à l'effet de ſupplier très-humblement Sa Majeſté qu'il lui plaiſe entrer en conſidération des motifs de la préſente délibération; révoquer en conséquence la concession de la Colonie de la Louisiane, ensemble du pays des Sauvages Illinois, accordée pour le terme de vingt-cinq années, & depuis confirmée à perpétuité par Sa Majesté à la Compagnie des Indes, tant par les Edits du mois d'Août 1717, que par autres Edits des mois de Mai 1719, Juillet 1720 & Juin 1725; ne reserver à ladite Compagnie des Indes que le privilége du commerce exclusif de ladite Colonie, aux offres & conditions de sa part de transporter & de fournir aux habitans de la Louisiane, sur le pied & aux prix accoûtumés, la quantité de cinq cens Négres par an, & d'ailleurs tout ce qui sera estimé être pour leurs besoins indispensables, ou (ce qui conviendroit encore mieux aux intérêts de ladite Compagnie) agréer la rétrocession du privilége dudit commerce exclusif, qu'elle prévoit lui être infiniment onéreux, à la charge de fournir à Sa Majesté quelque équivalent des offres & conditions ci-dessus, tel qu'il plaira à Sa Majesté & à son Conseil d'arbitrer; traiter néanmoins favorablement ladite Compagnie dans l'estimation qu'elle ordonnera être faite dudit équivalent, & ce en contemplation des sommes immenses que ladite Compagnie a employées depuis treize années pour l'établissement d'une Colonie si utile à l'Etat: ordonner en outre qu'en conséquence de ladite rétrocession & au moyen dudit équivalent, ladite Compagnie ne pourra être chargée à l'avenir dudit commerce, en quelque cas ni sous quelque prétexte que ce puisse être: au surplus la maintenir dans la faculté d'exercer par privilége & préférence, ses droits contre ses débiteurs à la Louisiane: & enfin continuer à ladite Compagnie des Indes les mêmes bontés dont elle a dans tous les temps ressenti les effets, & l'honneur de sa puissante protection.

# ARREST
## DU CONSEIL D'ÉTAT,
## DU ROY,

QUI *subroge le Sieur Pierre Vacquier au Sieur Pierre le Sueur, pour faire la régie & exploitation du Privilége de la Vente exclusive du Caffé dans l'étendue du Royaume.*

Du 23 Janvier 1731.

*Extrait des Regiſtres du Conseil d'Etat.*

SUR la requête préſentée au Roi en ſon Conſeil par les Syndics & Directeurs de la Compagnie des Indes, contenant que pour la régie & exploitation des priviléges de la vente excluſive du tabac & du caffé, qui ſe faiſoit ſous le nom de Pierre le Sueur, dans l'étendue du Royaume, il a été dépoſé en exécution des Arrêts de priſe de poſſeſſion aux Greffes des Juriſdictions auxquelles la connoiſſance en eſt attribuée, les empreintes en plomb & en cire des marques & cachets qui ſervoient à marquer également les tabacs & paquets de caffé; mais la Compagnie des Indes ayant affermé le tabac à Pierre Carlier, ſous le nom duquel la vente en eſt faite préſentement, en prenant poſſeſſion de ladite Ferme au premier Octobre dernier, a fait biffer les tenailles, poinçons & cachets qui étoient dans les Bureaux, magaſins & entrepôts des Villes & Généralités du Royaume, enſorte qu'elle eſt obligée de ſe

ſervir

servir des nouvelles empreintes qu'elle a fait faire pour l'exploitation du privilége de la vente du caffé, lequel privilége elle défireroit faire régir à l'avenir sous le nom de Pierre Vacquier, Bourgeois de Paris, au lieu & place dudit sieur le Sueur. A ces causes, requéroient lesdits Syndics & Directeurs qu'il plût à Sa Majesté subroger ledit Pierre Vacquier au lieu & place dudit sieur le Sueur, & en conséquence lui permettre de faire déposer aux Greffes des Jurisdictions auxquelles Sa Majesté a attribué la connoissance de toutes les contestations qui pourroient survenir dans l'exploitation dudit privilége du caffé, circonstances & dépendances, de nouvelles empreintes sur plomb & sur cire des marques & cachets dont la Compagnie entend se servir à l'avenir dans l'exploitation dudit privilége, pour y avoir recours en cas de besoin : à quoi Sa Majesté voulant pourvoir, oui le rapport du sieur Orry, Conseiller ordinaire au Conseil Royal, Contrôleur général des Finances, LE ROI EN SON CONSEIL, a ordonné & ordonne que l'exploitation du privilége du caffé qui s'est faite ci-devant sous le nom de Pierre le Sueur, se fera, à commencer du jour & date du présent Arrêt, pour & au profit de la Compagnie des Indes, sous le nom de Pierre Vacquier, Bourgeois de Paris, que Sa Majesté a subrogé & subroge au lieu & place dudit le Sueur, & en conséquence sera tenu ledit Vacquier de déposer aux Greffes des Elections, & où il n'y a point d'Election aux Greffes des Jurisdictions des Traites ou des Ports, qui connoissent en premiere instance des affaires concernant le privilége du caffé, des nouvelles empreintes sur plomb & sur cire, des marques & cachets dont la Compagnie des Indes entend se servir pour marquer les paquets de caffé, & pour y avoir recours en cas de besoin : fait Sa Majesté défenses à toutes personnes de les imiter ni contrefaire, à peine de faux, tant contre ceux qui les auront fabriqués que contre ceux qui les auront fait faire ou s'en seront servis, de confiscation des caffés qui en auront été marqués, & de trois mille livres d'amende, applicable moitié au dénonciateur & l'autre moitié à l'Hôpital le plus prochain du lieu de la confiscation : & feront sur le préfent Arrêt toutes Lettres néceffaires expédiées. FAIT au Confeil d'Etat du Roi, tenu à Marly le vingt-troifiéme jour du mois de Janvier mil fept cent trente-un. *Collationné. Signé* DE VOUGNY, avec paraphe.

# ARREST
## DU CONSEIL D'ÉTAT
## DU ROY,

*QUI ordonne que la Compagnie des Indes ne sera plus régie que par deux Syndics & six Directeurs.*

#### Du 23 Janvier 1731.

*Extrait des Registres du Conseil d'Etat.*

LE Roi ayant établi par son Réglement du 29 Mai dernier un Conseil Royal de Commerce, dans la vûe de se faire rendre un compte exact de tous les objets qui concernent le commerce & qui intéressent le bien de l'Etat, afin de procurer en toute occasion à ses sujets les avantages qu'ils sont en droit d'espérer de sa protection; & Sa Majesté ayant jugé que la Compagnie des Indes méritoit une attention toute particuliere par rapport à l'utilité de son établissement, à l'importance de ses commerces & au grand nombre de ses sujets qui y sont intéressés, auroit approuvé que cette Compagnie afferniât le privilége de la vente exclusive du tabac, & qu'elle cédât le commerce d'Afrique à une Compagnie particuliere de Négocians de Marseille; & la Compagnie des Indes ayant encore depuis supplié Sa Majesté d'accepter la rétrocession de la Louisiane, & de l'autoriser à se démettre du privilége exclusif du commerce qu'elle y faisoit, Sa Majesté y auroit consenti : & comme par ces différentes dispositions cette Compagnie se trouve débarrassée de plusieurs objets qui l'avoient obligée d'employer un grand nombre de personnes, & que l'Arrêt du 30 Août 1723, qui régloit la forme de son administration, ainsi que ceux qui ont été rendus en conséquence, ne peuvent plus avoir lieu, Sa Majesté étant d'ailleurs persuadée que l'œconomie est toujours le premier & le plus sûr bénéfice que puisse faire une Compagnie de commerce, auroit reconnu la nécessité qu'il y avoit de simplifier l'administration de celle des Indes, de supprimer la plus grande partie des honoraires, appointemens & frais qu'elle paye toutes les années ; de fixer les départemens de ses Directeurs, de mettre cette Compagnie sur le pied que doit être une Compagnie de commerce, & d'y faire maintenir l'ordre & l'exactitude dans le travail par les soins & sous les ordres du sieur Contrôleur général des Finances, qui continuera d'en rendre compte à Sa Majesté. A quoi désirant pourvoir ; oui le rapport du sieur Orry, Conseiller d'Etat, & ordinaire au Conseil Royal, Contrôleur général des Finances, SA MAJESTÉ ÉTANT EN SON CONSEIL, a ordonné & ordonne :

## ARTICLE PREMIER.

Qu'a commencer du jour de la publication du présent Arrêt, la Compagnie des Indes ne sera plus régie que par deux Syndics & six Directeurs seulement.

## II.

Qu'il sera fait six départemens, à la tête desquels il sera établi un desdits Directeurs, qui sera chargé de la suite & expédition des affaires, ensemble de l'examen des comptes qui concerneront son département, dont il fera rapport à l'assemblée d'administration.

### III.

Que des six Directeurs il en résidera un au port de l'Orient, un à Nantes & quatre à Paris.

### IV.

Que le Directeur du port de l'Orient sera chargé de la construction, radoub, armement & désarmement des Vaisseaux de la Compagnie, chargement & déchargement desdits Vaisseaux, réception & envoi des marchandises; qu'il sera tenu de se rendre à Nantes lors des ventes, & toutes les fois que sa présence y sera jugée nécessaire; & qu'enfin il fera généralement tout ce qui conviendra aux intérêts & au commerce de la Compagnie.

### V.

Que le Directeur de Nantes sera chargé de la réception & envoi des marchandises destinées au commerce de la Compagnie, ainsi que de la réception, vente ou envoi des sucres, indigots ou autres marchandises qui arriveront à Nantes pour le compte de la Compagnie; qu'il fera décharger & mettre en magasin toutes les marchandises de retour des Indes qui lui seront envoyées du port de l'Orient; qu'il en fera la disposition pour la vente publique, & ensuite ladite vente, de concert avec les autres Directeurs chargés du département des Indes ou envoyés à Nantes pour y assister, & même avec le Syndic qui pourroit y être pareillement député.

### VI.

Que des quatre Directeurs résidens à Paris, il y en aura un chargé du commerce du Canada, de Guinée & du Sénégal; un autre du commerce de l'Inde & de la Chine, de Moka & des isles de Bourbon & de France, & l'un & l'autre de l'examen des comptes qui concernent leur département, ensemble de l'assortiment de toutes les marchandises convenables, en se conciliant avec les Directeurs de Nantes & de l'Orient ; & que les deux autres Directeurs de Paris feront conjointement chargés de toute la correfpondance, du foin d'ordonner l'achat des matieres & marchandifes néceffaires au commerce de la Compagnie, de la fuite des fonds & de l'examen des grands livres, afin que la balance foit régulierement faite toutes les années.

### VII.

Que les Directeurs réfidens à Paris feront tenus de rendre compte toutes les femaines au fieur Contrôleur général des Finances de la fuite & du progrès de leur département.

### VIII.

Que de ces quatre Directeurs il en fera nommé un toutes les années pour fe rendre à Nantes à la vente des marchandifes que la Compagnie aura reçûes des Indes, de la Chine & des autres lieux de fon commerce.

### IX.

Qu'en cas de maladie ou d'abfence d'un de ces Directeurs, le fieur Contrôleur général nommera, en attendant, tel des autres Directeurs qu'il jugera à propos pour en faire & remplir les fonctions.

### X.

Qu'au lieu des Syndics nommés en exécution de l'Arrêt du 30 Août 1723, il n'y en aura plus que deux, dont le premier fera chargé de la fuite des affaires contentieufes, & d'aller, quand il fera néceffaire, aux ventes & partout ailleurs où le bien de la Compagnie pourra demander fa préfence ; & le fecond de dreffer toutes les délibérations de la Compagnie, d'en tenir des regiftres exacts, & du foin des archives, au moyen de quoi les fonctions du Secrétaire & du fous-Secrétaire nommés par le fufdit Arrêt, devenant inutiles, Sa Majefté les a révoqués.

### XI.

Que les honoraires des six Directeurs continueront de leur être payés sur le pied de douze mille livres chacun jusqu'au premier Mai prochain, que le bilan général de la Compagnie doit être fait ; qu'audit jour leurs honoraires cesseront, & qu'ils ne joüiront plus à l'avenir que de trois pour cent à prendre par chacune année sur les bénéfices résultans nets du commerce de la Compagnie, tous frais d'achats, d'armemens, de comptoirs & de régie défalqués.

### XII.

Que lesdits trois pour cent de bénéfice seront répartis ; sçavoir, un septiéme à chacun des six Directeurs, & l'autre septiéme aux deux Syndics par égale portion.

### XIII.

Que les dépenses & autres frais nécessaires pour la régie de la Compagnie, tant à Paris qu'au port de l'Orient & Nantes, seront réglés par un état particulier qui sera arrêté à cet effet.

### XIV.

Que les Directeurs & Syndics s'engageront à ne faire aucun commerce directement ni indirectement qui puisse préjudicier à ceux que fait la Compagnie.

### XV.

Que les fonctions des quatre Commissaires du Conseil qui ont été nommés par l'Arrêt du 30 Août 1723 pour avoir l'inspection principale de l'administration de la Compagnie, n'étant plus nécessaires, attendu les régies & le commerce dont elle ne se trouve plus chargée, Sa Majesté a jugé à propos de les supprimer.

### XVI.

Qu'il sera tenu tous les quinze jours une assemblée en

préfence du fieur Contrôleur général des Finances, dans laquelle il lui fera rendu compte par les Directeurs de l'état & de l'emploi des fonds, de la fituation générale des affaires de la Compagnie, & du travail que chaque Directeur aura fait dans fon département pendant la derniere quinzaine, & que les Syndics pourront dans cette affemblée propofer & requérir tout ce qu'ils eftimeront être convenable pour la bonne régie & l'avantage du commerce.

## XVII.

Que les projets généraux d'armemens, entreprifes de commerce, arrêtés de comptes & autres affaires principales feront délibérées en ladite affemblée, & que les délibérations qui feront faites à l'avenir feront revêtues de toutes les formalités néceffaires dès qu'elles feront fignées de trois Directeurs, ou de deux Directeurs & un Syndic, nonobftant toutes difpofitions à ce contraires : & feront pour l'exécution du préfent Arrêt toutes Lettres néceffaires expédiées. FAIT au Confeil d'Etat du Roi, Sa Majefté y étant, tenu à Marly le vingt-troifiéme jour de Janvier mil fept cent trente-un. *Signé* PHELYPEAUX.

*LETTRE*

*LETTRE de M. Orry Contrôleur général des Finances, à Mrs. les Syndics & Directeurs de la Compagnie des Indes, écrite de Marly le 23 Janvier 1731.*

SUR le compte que j'ai rendu au Roi, Messieurs, de la délibération qui fut prise hier pour vous autoriser à présenter, pour & au nom de la Compagnie des Indes, votre requête à Sa Majesté, à l'effet de la supplier très-humblement qu'il lui plaise, pour les motifs y énoncés, révoquer la concession de la Colonie de la Louisiane ; ne réserver à la Compagnie des Indes que le privilége du commerce exclusif de cette Colonie, aux offres & conditions de sa part de transporter & de fournir aux habitans de la Louisiane, sur le pied & aux prix accoutumés, la quantité de cinq cens Négres par an, & d'ailleurs tout ce qui sera estimé être pour leurs besoins indispensables, ou ( ce qui conviendroit encore mieux aux intérêts de la Compagnie) agréer la rétrocession du privilége de ce commerce même, qu'elle prévoit lui être infiniment onéreux, à la charge de fournir à Sa Majesté quelque équivalent des offres & conditions ci-dessus, tel qu'il plaira à Sa Majesté & à son Conseil d'arbitrer : le Roi m'ordonne de vous informer de ses intentions à cet égard, & que, voulant traiter favorablement la Compagnie des Indes, Sa Majesté a réduit & fixé la somme de trois millions six cens mille livres, à laquelle le Secrétaire d'Etat de la Marine estimoit que cet équivalent devoit être porté, à celle de quatorze cens cinquante mille livres seulement, payable dans le cours de dix années ; sçavoir, deux cens mille livres dans chacune des trois premieres années, cent cinquante mille livres dans chacune des trois suivantes, & cent mille livres dans chacune des quatre dernieres : ainsi à la réception de la présente vous vous assemblerez pour prendre à ce sujet une délibération conforme aux intentions de Sa Majesté.

Je suis entierement à vous. *Signé* ORRY.

# ARREST
## DU CONSEIL D'ÉTAT
## DU ROY,

*CONCERNANT la retrocession faite à Sa Majesté par la Compagnie des Indes, de la concession de la Louisiane & du pays des Illinois.*

Du 23 Janvier 1731.

*Extrait des Regiſtres du Conſeil d'Etat.*

SUR la requête préſentée au Roi par les Directeurs & Syndics de la Compagnie des Indes, à ce dûement autoriſés par délibération de ladite Compagnie du 22 Janvier dernier, tendante à ce qu'il plût à Sa Majeſté accepter la rétroceſſion de la conceſſion de la Province de la Louiſiane & du pays des Sauvages Illinois, pour être réunis & incorporés à ſon Domaine, enſemble la rétroceſſion du privilége excluſif du commerce de ladite Colonie, en le déclarant libre à tous ſes ſujets : à quoi déſirant pourvoir, oui le rapport du ſieur Orry, Conſeiller d'Etat, & ordinaire au Conſeil Royal, Contrôleur général des Finances, SA MAJESTÉ ÉTANT EN SON CONSEIL, a accepté & accepte la rétroceſſion à elle faite par les Syndics & Directeurs de la Compagnie des Indes, pour & au nom de ladite Compagnie, de la propriété, Seigneurie & Juſtice de la Province de la Louiſiane, & de toutes ſes dépendances, ensemble du pays des Sauvages Illinois, laquelle concession lui avoit été accordée à temps ou à perpétuité par les Edits & Arrêts des mois d'Août & Septembre 1717, Mai 1719, Juillet 1720 & Juin 1725, pour être ladite Province réunie au Domaine de Sa Majesté, ensemble de toutes les places, forts, bâtimens, artillerie, armemens & troupes qui y sont actuellement: accepte pareillement la rétrocession du privilége du commerce exclusif que ladite Compagnie faisoit dans cette concession; au moyen de quoi Sa Majesté déclare le commerce de la Louisiane libre à tous ses sujets, sans que la Compagnie en puisse être chargée à l'avenir, sous quelque prétexte que ce soit: maintient Sa Majesté ladite Compagnie dans les droits qu'elle a contre ses débiteurs de ladite Province, qu'elle lui permet d'exercer quand & comme elle le jugera à propos: & seront pour l'exécution du présent Arrêt toutes Lettres nécessaires expédiées. FAIT au Conseil d'Etat du Roi, Sa Majesté y étant, tenu à Marly le vingt-troisiéme Janvier mil sept cent trente-un. Signé PHELYPEAUX.

# DÉLIBÉRATION de la Compagnie des Indes, au sujet de la soumission de payer au Roi 1450000 livres.

### Du 24 Janvier 1731.

IL a été délibéré d'autoriser les Syndics & Directeurs de la Compagnie des Indes à faire, pour & au nom de ladite Compagnie, leur soumission de payer la susdite somme de quatorze cens cinquante mille livres dans les termes ci-dessus énoncés, à qui par le Roi il sera ordonné, & en la forme qui sera prescrite par Sa Majesté.

# ARREST
## DU CONSEIL D'ÉTAT
## DU ROY,

CONCERNANT *le payement des dettes de la Compagnie des Indes à la Louisiane.*

Du 24 Février 1731.

*Extrait des Regiſtres du Conſeil d'Etat.*

LE Roi ayant agréé la rétroceſſion que la Compagnie des Indes a faite à Sa Majeſté de la Province de la Louiſiane, tant pour la garde & entretien que pour le commerce à faire dans cette Colonie ; & Sa Majeſté étant informée que cette Compagnie eſt débitrice dans cette Colonie de pluſieurs ſommes qu'elle eſt dans le deſſein d'acquitter, & dont il lui convient de ſe libérer, à quoi elle ne peut parvenir ſans au préalable faire ordonner la repréſentation des titres de créances ; oui le rapport du ſieur Orry, Conſeiller d'Etat, & ordinaire au Conſeil Royal, Contrôleur général des Finances, LE ROI ÉTANT EN SON CONSEIL, a ordonné & ordonne que tous ceux à qui la Compagnie des Indes ſe trouvera débitrice à la Louiſiane, feront tenus de repréfenter dans un mois, à compter du jour de la publication du préfent Arrêt, pardevant les fieurs Bruflé & Bru, Confeillers au Confeil fupérieur établi dans la Province de la Louifiane, ou pardevant l'un d'eux feulement, les titres de leurs créances pour être vifés, & enfuite être payés fur les lieux des fommes qui fe trouveront leur être bien & légitimement dûes : leur fait défenfes, pour quelque caufe & fous quelque prétexte que ce foit, de fe pourvoir en Europe pour raifon defdites créances, & à tous Juges d'en connoître, à peine de nullité, caffation de procédures, & de tous dépens, dommages & intérêts. FAIT au Confeil d'Etat du Roi, Sa Majefté y étant, tenu à Verfailles le vingt-quatriéme jour de Février mil fept cent trente-un. *Signé* PHELYPEAUX.

# ARREST
## DU CONSEIL D'ÉTAT
## DU ROY,

*QUI nomme M<sup>rs</sup>. Saintard & de Caligny Syndics de la Compagnie des Indes.*

Du 13 Mars 1731.

*Extrait des Regiſtres du Conſeil d'Etat.*

LE Roi ayant par Arrêt de ſon Conſeil d'Etat du 23 Janvier dernier fixé au nombre de deux les Syndics de la Compagnie des Indes, & étant néceſſaire de pourvoir à leur nomination pour cette premiere fois ſeulement ; oui le rapport du ſieur Orry, Conſeiller d'Etat, & ordinaire au Conſeil Royal, Contrôleur général des Finances, SA MAJESTÉ E'TANT EN SON CONSEIL, a nommé les ſieurs de Saintard & de Caligny, pour cette premiere fois ſeulement. FAIT au Conſeil d'Etat du Roi, Sa Majeſté y étant, tenu à Verſailles le treiziéme jour de Mars mil ſept cent trente-un. *Signé* PHELYPEAUX.

# ARREST
## DU CONSEIL D'ETAT
## DU ROY,

CONCERNANT *le payement, par la Compagnie des Indes, de la somme de* 1450 *mille livres au Trésorier général de la Marine dans le cours de dix années au moyen de quoi ladite Compagnie sera déchargée de fournir les besoins de la Colonie de la Louisiane en vivres, Marchandises, effets, Négres & autres choses généralement quelconques.*

Du 27 Mars 1731.

*Extrait des Regiſtres du Conſeil d'Etat.*

VU par le Roi étant en son Conseil la délibération de la Compagnie des Indes du 22 du mois de Janvier dernier, par laquelle, pour les causes y contenues, les Syndics & Directeurs de ladite Compagnie ont été autorisés à présenter, pour & au nom de ladite Compagnie, leur requête à Sa Majesté, à l'effet de la supplier très-humblement de révoquer la concession de la Province de la Louisiane & du pays des Sauvages Illinois, & agréer la rétrocession du privilége du commerce exclusif de cette Province, qui lui avoit été accordée sous les offres & conditions énoncées en ladite délibération: l'Arrêt du 23 dudit

dit mois, par lequel Sa Majesté a accepté la rétrocession de ladite Province de la Louisiane & de toutes ses dépendances, ensemble du pays des Sauvages Illinois, au moyen de laquelle Sa Majesté a déclaré le commerce de ladite Province libre à tous ses sujets : autre délibération de ladite Compagnie des Indes, du 24 du même mois de Janvier, par laquelle les Syndics & Directeurs sont autorisés de faire, pour & au nom de ladite Compagnie, leur soumission de payer à Sa Majesté la somme de quatorze cens cinquante mille livres, dans les termes y énoncés, à qui il sera ordonné & dans la forme qui sera prescrite par Sa Majesté, au moyen du payement de laquelle somme ladite Compagnie sera & demeurera déchargée de fournir les besoins de ladite Province de la Louisiane, tant en Négres que vivres & marchandises ; oui le rapport du sieur Orry, Conseiller d'Etat, & ordinaire au Conseil Royal, Contrôleur général des Finances, SA MAJESTE' E'TANT EN SON CONSEIL, a homologué & homologue ladite délibération du 24 du mois de Janvier dernier, qui demeurera annexée à la minute du présent Arrêt, pour icelle être exécutée selon sa forme & teneur, & en conséquence a ordonné & ordonne qu'à commencer du premier de Juillet prochain, ladite somme de quatorze cens cinquante mille livres sera payée par le Caissier de ladite Compagnie des Indes dans le cours de dix années consécutives, de six mois en six mois, au Trésorier général de la Marine en exercice, sur ses quittances & en conséquence desdites ordonnances qui en seront expédiées par Sa Majesté ; sçavoir, deux cens mille livres par chacune des trois premieres années, qui écherront au mois de Juillet 1734, cent cinquante mille livres par chacune des trois années suivantes, & cent mille livres par chacune desdites quatre dernieres années, pour raison desquels payemens, montant à ladite somme de quatorze cens cinquante mille livres, les Syndics & Directeurs de ladite Compagnie seront tenus de faire leur soumission en exécution de ladite délibération du 24 Janvier & du présent Arrêt, laquelle soumission sera

*Tome IV.*                                                                              Dd homologuée par Arrêt du Conseil, & au moyen du payement de ladite somme de quatorze cens cinquante mille livres dans les termes ci-devant marqués, Sa Majesté décharge ladite Compagnie des Indes de fournir les besoins de ladite Colonie de la Louisiane en vivres, marchandises, effets, Négres, & autres choses généralement quelconques: veut Sa Majesté que les Trésoriers généraux de la Marine, chacun dans l'année de leur exercice, content par bref état pardevant le Secrétaire d'Etat ayant le département de la Marine, des sommes qu'ils auront reçûes sur celle de quatorze cens cinquante mille livres, & ce suivant les ordonnances de Sa Majesté qui leur seront expédiées, tant pour la recette que pour la dépense. FAIT au Conseil d'Etat du Roi, Sa Majesté y étant, tenu à Versailles le vingt-septiéme Mars mil sept cent trente-un. *Signé* PHELYPEAUX.

*LETTRE de M. Orry Contrôleur général, à M<sup>rs</sup>. les Syndics & Directeurs de la Compagnie des Indes, concernant M. de Moras Commissaire de ladite Compagnie.*

A Versailles le 1 Avril 1731.

COMME il ne m'est pas possible, Messieurs, de suivre journellement les opérations de la Compagnie des Indes, ni de me trouver à ses assemblées de direction aussi régulierement que je le souhaiterois, & que le demandent le bien & l'avantage de la Compagnie; que cependant il est nécessaire que cette partie soit suivie sans interruption, & que je puisse être informé exactement & régulièrement de tout ce qui la concerne & qui l'intéresse, Sa Majesté a approuvé que M. de Moras, Maître des Requêtes, soit chargé du soin de veiller avec vous à ses intérêts, & l'intention du Roi est qu'il suive toutes les opérations que la Compagnie fera; qu'il assiste à toutes ses délibérations, & qu'il n'en soit prise aucune qu'en sa présence, afin que sur le compte qu'il m'en rendra, je sois en état de décider. Je vous fais part de cet arrangement, afin qu'en étant instruits vous ayez attention de vous y conformer.

Je suis, Messieurs, entierement à vous. *Signé* ORRY.

*LETTRE de M. le Comte de Maurepas à M. de Moras, écrite de Versailles le 10 Avril 1731.*

MONSIEUR,

M. le Contrôleur général m'a remis l'Arrêt qui homologue la délibération de la Compagnie des Indes, au sujet de ce qu'elle doit payer pour la décharge du commerce exclusif de la Louisiane, que le Roi a fixé à quatorze cens cinquante mille livres. Comme les Directeurs & Syndics de la Compagnie, aux termes de la délibération & de l'Arrêt, doivent faire leur soumission pour le payement de cette somme, laquelle doit être homologuée par un autre Arrêt, il ne manque pour finir cette affaire que la remise de cette soumission ; je vous prie de vouloir bien me la faire envoyer, afin que je puisse, de concert avec M. Orry, faire expédier l'Arrêt. Si vous n'avez pas copie de celui qui a été rendu, vous la trouverez ci-jointe. Je suis,

MONSIEUR,

Votre très-humble & très-affectionné serviteur, *signé* MAUREPAS.

---

SOUMISSION *des Syndics & Directeurs de la Compagnie des Indes, pour le payement à faire au Roi de* 1450 *mille livres.*

Du 25 Avril 1731.

NOus soussignés Syndics & Directeurs de la Compagnie des Indes, en conséquence de la délibération de ladite Compagnie du 24 du mois de Janvier 1731, & de l'Arrêt du Conseil d'Etat du 27 Mars de la même année, qui a homologué ladite délibération, nous soumettons, pour & au nom de ladite Compagnie des Indes, de faire payer la somme de quatorze cens cinquante mille livres par le Caissier général de ladite Compagnie, dans le cours de dix années consécutives, & de six en six mois, au Trésorier général de la Marine en exercice, sur ses quittances & en conséquence des ordonnances qui en seront expédiées par Sa Majesté ; sçavoir, deux cens mille livres par chacune des trois premieres années, dont le premier payement écherra au premier Janvier 1732, cent cinquante mille livres par chacune des trois années suivantes, & cent mille livres par chacune des quatre dernieres, dont le dernier payement écherra au premier Juillet 1741; au moyen duquel payement de ladite somme de quatorze cens cinquante mille livres, dans les termes ci-dessus énoncés, & de notre présente soumission pour raison dudit payement, laquelle, aux termes dudit Arrêt du 27 Mars dernier, doit être homologuée par Arrêt du Conseil, ladite Compagnie des Indes sera, aux mêmes termes, & demeurera déchargée par Sa Majesté de fournir les besoins de la Province & Colonie de la Louisiane, en vivres, marchandises & effets, Négres, & autres choses généralement quelconques. Fait à Paris en la Compagnie des Indes, le vingt-cinq Avril mil sept cent trente-un.

# ARREST
## DU CONSEIL D'ÉTAT
## DU ROY,

*QUI nomme M. Pinson de sainte Catherine à la place de Directeur de la Compagnie des Indes.*

Du 1 Mai 1731.

*Extrait des Registres du Conseil d'Etat.*

LE Roi ayant par Arrêt de son Conseil d'Etat du 23 Janvier dernier, ordonné que la Compagnie des Indes ne sera plus régie que par deux Syndics & six Directeurs; qu'au lieu d'honoraires fixes lesdits Directeurs ne joüiront plus à l'avenir, & ce à commencer du premier Mai prochain, que de trois pour cent à prendre sur le bénéfice résultant net du commerce de ladite Compagnie, tous frais d'achats, d'armemens, de comptoir & de régie déduits, & que lesdits trois pour cent de bénéfice seront répartis, sçavoir, un septiéme à chacun desdits six Directeurs, & l'autre septiéme aux deux Syndics par égale portion; lesdits Directeurs auroient supplié très-humblement Sa Majesté qu'attendu les affaires restantes à régler concernant le commerce de Barbarie & la Colonie de la Louisiane, nonobstant la rétrocession qui en avoit été faite à Sa Majesté, & l'augmentation du commerce des

Indes Orientales & de la Chine, il leur fût permis d'admettre un Directeur de plus au partage de six portions assignées par ledit Arrêt sur lesdits trois pour cent à six Directeurs seulement, ce qui leur auroit été accordé : & Sa Majesté étant informée qu'une desdites places destinées au sieur de Fayet seroit depuis devenue vacante par sa retraite volontaire, & qu'il seroit convenable d'y pourvoir ; oui le rapport du sieur Orry, Conseiller d'Etat ordinaire au Conseil Royal, Contrôleur général des Finances, SA MAJESTÉ ÉTANT EN SON CONSEIL, a nommé pour cette premiere fois seulement, & sans tirer à conséquence, le sieur Pinson de sainte Catherine à la place de Directeur devenue vacante, pour être ledit sieur de sainte Catherine, conjointement avec les sieurs Saintard & Brinon de Caligny, Syndics, & les sieurs Castanier, Desprémenil, Godeheu, Hardancourt, Fromaget & Merin, Directeurs de la Compagnie des Indes, chargé de la régie de ladite Compagnie, & participer pour un septiéme dans la répartition des six portions assignées aux Directeurs de ladite Compagnie des Indes. FAIT au Conseil d'Etat du Roi, Sa Majesté y étant, tenu à Versailles le premier jour de Mai mil sept cent trente-un.

*Signé* PHELYPEAUX.

# ARREST
## DU CONSEIL D'ÉTAT
## DU ROY,

QUI fait défenses à toutes personnes, de quelque état & condition qu'elles soient, de charger ni faire charger sur les Vaisseaux de la Compagnie des Indes, venant des pays de ses concessions, ou y allant, aucunes marchandises ou effets, sans au préalable les avoir fait comprendre dans les factures du chargement, &c.

Du 6 Mai 1731.

*Extrait des Registres du Conseil d'Etat.*

LE Roi s'étant fait représenter en son Conseil la Déclaration du mois d'Août 1664, pour l'établissement d'une Compagnie de commerce dans les Indes Orientales, par laquelle il est dit, article XXVII, que ladite Compagnie pourra naviger & négocier seule à l'exclusion de tous autres sujets, depuis le Cap de bonne Espérance jusques dans toutes les Indes, avec défenses à toutes personnes d'y faire la navigation & commerce, à peine de confiscation des Vaisseaux, armes, munitions & marchandises, applicable au profit de ladite Compagnie : les Lettres Patentes du mois de Mars 1696, pour l'établissement d'une nouvelle Compagnie Royale du Sénégal, Cap
Verd

Verd & côte d'Afrique, dont l'article VIII contient de pareilles défenses & peines, & en outre une amende de trois mille livres: l'Edit du mois de Mai 1719 de réunion des Compagnies des Indes Orientales & de la Chine à celle d'Occident, nommée depuis & qualifiée Compagnie des Indes; & l'Edit du mois de Juin 1725, qui confirme tous les priviléges accordés à la Compagnie des Indes: & Sa Majesté étant informée qu'au préjudice de ces priviléges & défenses, on embarque frauduleusement dans les Vaisseaux de la Compagnie des Indes venant des pays de ses concessions, plusieurs marchandises & effets, sans les avoir fait comprendre dans les factures du chargement, ce qui forme une contravention qui rend lesdites marchandises & effets sujets à confiscation : sur quoi Sa Majesté voulant faire connoître plus particulierement ses intentions; oui le rapport du sieur Orry, Conseiller d'Etat, & ordinaire au Conseil Royal, Contrôleur général des Finances, LE ROI E'TANT EN SON CONSEIL, a ordonné & ordonne que les Edits, Déclaration & Lettres Patentes qui accordent à la Compagnie des Indes le privilége du commerce exclusif dans les pays de ses concessions, seront exécutés selon leur forme & teneur: fait Sa Majesté défenses à toutes personnes de quelque état & condition qu'elles soient, de charger ni faire charger sur les Vaisseaux de la Compagnie des Indes venant desdits pays ou y allant, aucunes marchandises ni effets, sans au préalable les avoir fait comprendre dans les factures du chargement, à peine de confiscation à son profit, & sous les autres peines énoncées auxdits Edits, Déclaration & Lettres Patentes de concession: permet à ladite Compagnie des Indes de commettre telle personne qu'elle jugera à propos pour en faire la perquisition & saisie sur ses Vaisseaux, soit à leur départ de France, soit à leur arrivée des pays de ses concessions, & ensuite de les faire vendre à son profit, sans qu'elle soit tenue d'en faire autrement juger ni prononcer la confiscation; sur le prix de la vente desquelles marchandises & effets elle pourra accorder, tant aux Commis qu'aux dénonciateurs, une gratification convenable : n'entend néanmoins Sa Majefté ôter à l'Adjudicataire de fes Fermes générales unies, ainfi qu'à celui de la Ferme du privilége de la vente exclufive du tabac, la faculté de faire faire par leurs Commis la vifite dans les Vaiffeaux de la Compagnie des Indes, & d'y faifir concurremment avec ceux qu'elle aura prépofés, & ce au nom, pour le compte & au profit de ladite Compagnie, tous les effets & marchandifes qui y ayant été frauduleufement chargés, ne fe trouveront pas compris dans les factures du chargement, & d'en dreffer procès-verbal à bord des Vaiffeaux, contenant la defcription des chofes faifies, qui fera figné tant par les Prépofés de la Compagnie des Indes que par les Employés des Fermes, pour lefdits effets & marchandifes, après avoir été mis en ballots & par eux cachetés, être envoyés par acquit à caution, mis & dépofés dans les magafins de ladite Compagnie des Indes, fous les clefs tant de fes Commis que de l'Infpecteur des manufactures étrangeres & des Commis defdites Fermes, jufqu'à ce qu'elle en faffe faire la vente : & fera le préfent Arrêt lû, publié & affiché par-tout où befoin fera, afin que perfonne n'en ignore. Fait au Confeil d'Etat du Roi, Sa Majefté y étant, tenu à Marly le fixiéme jour de Mai mil fept cent trente-un. *Signé* Phelypeaux.

# ARREST
## DU CONSEIL D'ÉTAT
## DU ROY,

QUI ordonne que les *Actionnaires de l'ancienne Compagnie des Indes Orientales seront tenus de nommer des Syndics, tant pour soutenir les demandes par eux formées ou qui pourroient l'être dans la suite, que pour défendre à celles des Directeurs de la nouvelle Compagnie d'Occident.*

Du 29 Mai 1731.

*Extrait des Registres du Conseil d'Etat.*

LE Roi étant informé des demandes formées par les Actionnaires de l'ancienne Compagnie des Indes Orientales, établie par Edit du mois d'Août 1664, contre les Directeurs de la nouvelle Compagnie d'Occident, & des difficultés que lesdits Directeurs font d'y répondre jusqu'à ce que lesdits Actionnaires de l'ancienne Compagnie ayent nommé des Syndics dûement autorisés pour procéder avec eux au nom desdits Actionnaires ; &

E e ij

Sa Majefté voulant y pourvoir, oui le rapport du fieur Orry, Confeiller d'Etat & au Confeil Royal, Contrôleur général des Finances, LE ROI E'TANT EN SON CONSEIL, a ordonné & ordonne que les Actionnaires de l'ancienne Compagnie des Indes Orientales, feront tenus de fe trouver, foit en perfonnes ou par Procureurs, le 9 du mois d'Août prochain, à trois heures de relevée, chez le fieur Lieutenant général de Police de la ville de Paris, pour, en fa préfence, procéder à la nomination de l'un ou de plufieurs d'entr'eux, ou de telles autres perfonnes qu'ils jugeront à propos, pour leurs Syndics, à l'effet de foutenir tant les demandes déja formées par lefdits Actionnaires, que celles qui pourroient l'être dans la fuite, & de défendre à celles des Directeurs de la nouvelle Compagnie d'Occident : veut Sa Majefté que par ledit fieur Lieutenant général de Police il foit dreffé procès-verbal de la nomination faite par ceux defdits Actionnaires qui fe trouveront préfens à l'affemblée, & que ladite nomination ait la même force que fi elle étoit faite par tous lefdits Actionnaires : veut en outre Sa Majefté que les procédures qui feront faites par les Syndics nommés dans ladite affemblée, foient cenfées & réputées faites avec tous lefdits Actionnaires, en conféquence que par les fieurs Commiffaires nommés par l'Arrêt de fon Confeil du 3 Mai 1723, pour juger les affaires contentieufes concernant la nouvelle Compagnie d'Occident, il foit procédé définitivement & en dernier reffort au rapport du fieur Rouillé, l'un defdits Commiffaires, au jugement defdites demandes & conteftations, fur les requêtes & piéces qui ont été préfentées jufqu'à préfent par lefdits Actionnaires, ou qui le feront par la fuite par lefdits Syndics, que Sa Majefté a autorifés & autorife à pourfuivre feuls les droits & prétentions de tous lefdits Actionnaires, fans que dans la fuite aucun d'eux, même ceux qui n'auroient pas affifté à la nomination des Syndics, puiffent, fous aucun prétexte, être reçûs à fe pourvoir contre les jugemens qui auront été rendus avec lefdits Syndics : voulant Sa Majefté que lefdits jugemens foient cenfés & réputés rendus contradictoirement avec tous lesdits Actionnaires : enjoint Sa Majesté audit. sieur Lieutenant général de Police, de tenir la main à l'exécution du présent Arrêt, qui sera lû, publié & affiché dans les rues & carrefours de la ville de Paris; au moyen de quoi ordonne Sa Majesté que ladite publication tiendra lieu de signification auxdits Actionnaires, même à ceux qui peuvent faire leur résidence dans les autres Villes du Royaume & dans les Pays étrangers, & vaudra comme si elle avoit été faite au domicile de chacun d'eux en particulier : & sera le présent Arrêt exécuté nonobstant oppositions ou autres empêchemens quelconques, pour lesquels ne sera différé, & dont, si aucuns interviennent, Sa Majesté se réserve & à son Conseil la connoissance, & icelle interdit à toutes ses Cours & autres Juges. FAIT au Conseil d'Etat du Roi, Sa Majesté y étant, tenu à Versailles le vingt-neuviéme jour de Mai mil sept cent trente-un. *Signé* PHELYPEAUX.

R ENé Herault, Chevalier, Seigneur de Fontaine-Labbé & de Vaucresson, Conseiller d'Etat, Lieutenant général de Police de la Ville, Prévôté & Vicomté de Paris. Vû l'Arrêt du Conseil ci-dessus du 29 Mai 1731, nous ordonnons qu'il sera exécuté selon sa forme & teneur, & à cet effet lû, publié & affiché dans les rues & carrefours de la ville de Paris, & en conséquence que les Actionnaires de l'ancienne Compagnie des Indes Orientales feront tenus de se trouver, soit en personnes ou par Procureurs, le neuviéme jour du mois d'Août prochain, à trois heures de relevée, en notre Hôtel, pour y être, en notre présence, procédé conformément audit Arrêt. Fait à Paris le trentiéme Juin mil sept cent trente-un. *Signé* HERAULT. *Et plus bas*; Par Monseigneur, DEON.

*L'Arrêt du Conseil ci-dessus a été lû & publié à haute & intelligible voix, à son de trompe & cri public, en tous les lieux ordinaires & accoutumés, par moi Aimé-Richard Girault, Huissier à cheval au Châtelet de Paris, Juré-Crieur ordinaire du*

Roi, & de la Ville, Prévôté & Vicomté de Paris, y demeurant place Baudoyer, Paroisse saint Gervais, soussigné, accompagné de Louis-François Ambezar, Juré-Trompette, Jacques Hallot & Claude-Louis Ambezar, pourvûs des charges de Jurés-Trompettes, le trois Juillet mil sept cent trente-un, à ce que personne n'en prétende cause d'ignorance; & affiché ledit jour esdits lieux. Signé GIRAULT.

# ARREST
## DU CONSEIL D'ÉTAT
## DU ROY,

*QUI commet les Sieurs Michel & Estoupan de Laval au lieu & place du Sieur Dujoncheray Dubois, pour signer les marques en parchemin.*

Du 30 Juin 1731.

*Extrait des Registres du Conseil d'Etat.*

LE Roi s'étant fait représenter l'Arrêt de son Conseil du 31e jour de Mai 1727, par lequel Sa Majesté avoit commis le sieur Estoupan pour signer, conjointement avec le sieur Dujoncheray Dubois, les marques en parchemin qui doivent être attachées au chef & à la queue de chaque piéce de mousselines & toiles de coton blanches provenant du commerce de la Compagnie des Indes; & Sa Majesté étant informée que les affaires dont ledit sieur Dujoncheray Dubois est chargé au port de l'Orient, sous les ordres du sieur Depremenil, l'un des Directeurs de ladite Compagnie des Indes, ne lui permettent pas de vaquer à la signature desdites marques, & qu'il est même nécessaire, eu égard aux retours considérables que la Compagnie des Indes attend des pays de sa concession, d'augmenter le nombre des personnes pour la signature desdites marques: & étant nécessaire d'y pourvoir, oui le rapport du sieur Orry, Conseiller d'Etat, & ordinaire au Conseil Royal, Contrôleur général des Finances, SA MAJESTE' E'TANT EN SON CONSEIL, a commis & commet les sieurs Michel & Estoupan de Laval, pour, au lieu & place du sieur Dujoncheray Dubois, & conjointement avec le sieur Estoupan, signer les marques en parchemin qui doivent être attachées au chef & à la queue de chaque piéce de mousseline & toiles de coton blanches provenant du commerce de ladite Compagnie des Indes, conformément à l'Arrêt du 28 Avril 1711, & autres Arrêts intervenus depuis. FAIT au Conseil d'Etat du Roi, Sa Majesté y étant, tenu à Fontainebleau le trentiéme jour de Juin mil sept cent trente-un. *Signé* PHELYPEAUX.

*DELIBERATION*

# DÉLIBÉRATION de la Compagnie, qui fixe deux Syndics & six Directeurs.

### Du 12 Septembre 1731.

SUR ce qui a été représenté que par Arrêt du Conseil d'Etat du 23 Janvier dernier, il auroit été attribué aux deux Syndics & six Directeurs chargés de la régie de la Compagnie des Indes, au lieu d'honoraires fixes trois pour cent à prendre à l'avenir par chacune année ; & ce à commencer du premier Mai suivant, sur les bénéfices résultans nets du commerce de ladite Compagnie, tous frais d'achats, d'armemens, de comptoirs & de régie déduits, pour être lesdits trois pour cent répartis, sçavoir, un septiéme à chacun des six Directeurs, & l'autre septiéme aux deux Syndics par égale portion : que M. de sainte Catherine, qui depuis auroit été admis, du consentement des six Directeurs & en ladite qualité, à participer pour un septiéme dans la répartition des six portions à eux assignées sur lesdits trois pour cent, étant décédé au mois de Juillet dernier, il conviendroit que, pour réduire le nombre de ceux qui devoient composer le corps de la direction à deux Syndics & six Directeurs seulement, conformément au susdit Arrêt du 23 Janvier précédent, la place de septiéme Directeur, vacante par sa mort, demeurât supprimée, lesdits deux Syndics pouvant, outre les fonctions dont ils sont actuellement chargés, suppléer, comme en effet ils y suppléent, à celles pour lesquelles ledit septiéme Directeur auroit paru nécessaire ; & que tel seroit à cet égard le vœu unanime des Directeurs, lesquels consentiroient même que les trois pour cent ci-dessus fussent répartis entr'eux & lesdits deux Syndics indistinctement & par égales portions d'un huitiéme pour chacun, pour néanmoins le droit desdits Syndics à cette répartition commencer à n'avoir lieu que du premier Mai 1732, attendu que par délibération du 22

Août dernier, la totalité du septiéme pour lequel ledit feu sieur de sainte Catherine auroit, s'il eût vécu, participé pour l'année courante dans le partage qui doit être fait desdits trois pour cent audit jour premier Mai 1732, a été accordée à sa veuve & à ses enfans. Il a été délibéré de supplier Monseigneur le Contrôleur général que la place de septiéme Directeur de la Compagnie des Indes, vacante par la mort de M. de sainte Catherine, soit & demeure supprimée; que les fonctions attachées à ladite place soient à l'avenir partagées entre les deux Syndics de ladite Compagnie, & qu'en conséquence les trois pour cent assignés au lieu d'honoraires fixes, tant auxdits Syndics qu'aux six Directeurs, nombre auquel ceux qui doivent composer le corps de la direction seront & demeureront réduits, conformément à l'Arrêt du Conseil d'Etat du 23 Janvier de la présente année, & néanmoins, par la raison ci-dessus, à compter seulement de la répartition qui écherra au premier Mai 1733, pour l'année qui doit commencer au premier Mai 1732, répartis, suivant le vœu unanime desdits Directeurs, entr'eux six & les deux Syndics indistinctement & par égale portion d'un huitiéme pour chacun.

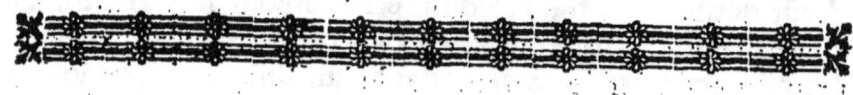

# ARREST
## DU CONSEIL D'ÉTAT, DU ROY,

*QUI nomme M. de Moras, Maître des Requêtes, pour être chargé, en qualité de Commissaire de Sa Majesté, de la suite des affaires concernant la Compagnie des Indes.*

Du 14 Mai 1732.

*Extrait des Registres du Conseil d'Etat.*

LE Roi s'étant fait rendre compte de l'état dans lequel se trouve actuellement la Compagnie des Indes, du progrès & de l'augmentation de son commerce, Sa Majesté a reconnu qu'il seroit du bien & de l'avantage de cette Compagnie de commettre un Officier tiré du corps de son Conseil pour, sous les ordres du sieur Contrôleur général des Finances, suivre régulierement le travail des Directeurs, assister à toutes les délibérations, veiller à l'exécution des Réglemens, & notamment à celui du 23 Janvier 1731, & rendre compte du tout au sieur Contrôleur général des Finances; SA MAJESTE' E'TANT EN SON CONSEIL, a nommé & nomme le sieur Peirenc de Moras, Maître des Requêtes, pour assister en qualité de Commissaire à toutes les assemblées & délibérations de la Compagnie des Indes, pour suivre le travail que les Directeurs, Commis & Employés feront chacun dans leur département, & pour veiller à l'exécution des délibérations & Régle-

F fij

mens, & du tout rendre compte régulierement au sieur Contrôleur général, ainsi que des autres opérations qui peuvent regarder le commerce de la Compagnie des Indes ou l'intérêt de ses Actionnaires : ordonne au surplus Sa Majesté que l'Arrêt du 23 Janvier 1731 sera exécuté en son entier. FAIT au Conseil d'Etat du Roi, Sa Majesté y étant, tenu à Compiégne le quatorziéme jour de Mai mil sept cent trente-deux. *Signé* PHELYPEAUX.

# ARREST
## DU CONSEIL D'ÉTAT
## DU ROY,

*QUI permet à la Compagnie de faire ouvrir des Carrieres à l'Orient.*

#### Du 10 Juin 1732.

*Extrait des Regiſtres du Conſeil d'Etat.*

LE Roi étant informé que pluſieurs particuliers font achat de divers terreins pour ouvrir des carrieres qui ſe trouvent aux environs du port de l'Orient en Bretagne, dans l'eſpérance de ſurvendre à la Compagnie des Indes les pierres dont elle aura beſoin pour ſervir à la conſtruction des bâtimens, magaſins & autres édifices qu'elle a réſolu de faire audit port de l'Orient ; & Sa Majeſté voulant prévenir de pareils abus & faciliter à ladite Compagnie ou à ceux qui entreprendront leſdits bâtimens, le moyen d'avoir à un prix convenable les pierres & autres matériaux : à quoi étant néceſſaire de pourvoir, oui le rapport du ſieur Orry, Conſeiller d'Etat, & ordinaire au Conſeil Royal, Contrôleur général des Finances, LE ROI EN SON CONSEIL, a permis & permet à la Compagnie des Indes & aux Entrepreneurs deſdits bâtimens, de faire ouvrir des carrieres dans les terreins propres à tirer de la pierre aux environs du port de l'Orient en Bretagne, même juſqu'à quatre lieues de diſtance, à la charge d'indemniſer

F fiij

les particuliers propriétaires defdits terreins ou ayant droit, aux prix dont il fera convenu, ou à défaut fuivant ceux qui après eftimation faite, feront fixés par le fieur Intendant de Bretagne, ou par les perfonnes par lui prépofées: & fera le préfent Arrêt exécuté nonobftant oppofitions, appellations & autres empêchemens quelconques, pour lefquels ne fera différé, & dont, fi aucuns interviennent, Sa Majefté fe réferve la connoiffance, & icelle interdit à tous autres Juges. FAIT au Confeil d'Etat du Roi, tenu à Compiégne le dixiéme Juin mil fept cent trente-deux.

Collationné. Signé DE VOUGNY.

LOUIS, PAR LA GRACE DE DIEU, ROI DE FRANCE ET DE NAVARRE, au premier notre Huiffier ou Sergent fur ce requis. Nous te mandons & commandons que l'Arrêt dont l'extrait eft ci-attaché fous le contre-fcel de notre Chancellerie, ce jourd'hui rendu en notre Confeil d'Etat, pour les caufes y contenues, tu fignifies à tous qu'il appartiendra, à ce qu'aucun n'en ignore, & fais en outre pour fon entiére exécution, à la requête de la Compagnie des Indes y dénommée, tous commandemens, fommations, & autres actes néceffaires, fans autre permiffion, nonobftant oppofitions, appellations & autres empêchemens quelconques, pour lefquels ne fera différé, & dont fi aucuns interviennent, nous nous en réfervons la connoiffance, & icelle interdifons à tous autres Juges; car tel eft notre plaifir. DONNE' à Compiégne le dixiéme Juin, l'an de grace mil fept cent trente-deux, & de notre regne le dix-feptiéme. Par le Roi en fon Confeil.

Signé DE VOUGNY.

# ARREST
## DU CONSEIL D'ÉTAT
## DU ROY,

QUI ordonne la suppression des secondes marques en parchemin & en plomb sur les Toiles de coton blanches, mousselines & mouchoirs, provenant des pays de la concession de la Compagnie des Indes.

### Du 11 Juin 1732.

*Extrait des Registres du Conseil d'Etat.*

SUR ce qui a été représenté au Roi étant en son Conseil, que par Arrêt du 28 Avril 1711 il a été ordonné que les toiles de coton blanches & mousselines provenant des pays de la concession de la Compagnie des Indes, dont le débit & l'usage sont permis dans le Royaume, ne pourroient être exposées en vente par ladite Compagnie, qu'au préalable il n'y eût été apposé à la tête & à la queue de chaque piéce une marque de parchemin, avec un plomb conforme à l'empreinte étant au pied dudit Arrêt, & que par autre Arrêt du 20 Janvier 1716, & autres subséquens, il a été pareillement ordonné qu'il seroit apposé dans les différentes Provinces du Royaume où ces marchandises seroient transportées, un second plomb & une seconde marque à la tête & à la queue de chaque piéce, avant qu'elles pussent être vendues ni exposées en vente dans aucunes Villes du Royaume, laquelle seconde marque en parchemin auroit été désignée par une empreinte au pied de l'Arrêt du 30 Août 1724, & ce à peine de trois mille livres d'amende, & de confiscation des marchandises en contravention, au profit de la Compagnie des Indes, conformément aux Arrêts des 20 Mai 1720, 17 Octobre 1721 & premier Février 1724 : cet Arrêt du 30 Août 1724 a été depuis confirmé par celui du 14 Août 1727, qui a permis à ladite Compagnie des Indes de préposer dans chacune des principales Villes du Royaume des personnes pour apposer lesdites secondes marques en parchemin, avec un second plomb ; mais ayant été depuis reconnu que lesdites secondes marques en parchemin & en plomb, sans apporter d'ailleurs aucune utilité, causent une gêne dans le commerce, qui a donné lieu en différens temps aux représentations des Négocians du Royaume : à quoi étant nécessaire de pourvoir, oui le rapport du sieur Orry, Conseiller d'Etat, & ordinaire au Conseil Royal, Contrôleur général des Finances, LE ROI ÉTANT EN SON CONSEIL, a supprimé & supprime les secondes marques en parchemin & en plomb sur les toiles de coton blanches, mousselines & mouchoirs provenant des pays de la concession de la Compagnie des Indes, dont l'apposition a été ci-devant ordonnée par Arrêts des 30 Août 1724 & 14 Août 1727 : ordonne Sa Majesté que l'Arrêt du 28 Avril 1711 sera exécuté selon sa forme & teneur, & en conséquence qu'il sera attaché à la tête & à la queue de chaque piéce des marchandises des Indes dont le débit & l'usage sont permis dans le Royaume, une marque en parchemin, avec un plomb de l'empreinte étant au pied dudit Arrêt, avant que la Compagnie des Indes puisse les exposer en vente, & que toutes celles qui ne se trouveront pas marquées de cette marque soient & demeurent confisquées au profit de la Compagnie des Indes, sous les peines portées par les Arrêts des 20 Mai 1720, 17 Octobre 1721 & premier Février 1724 : ordonne au surplus Sa Majesté que les Edits, Déclarations & Arrêts rendus en faveur du commerce de la Compagnie des Indes, seront exécutés selon leur forme & teneur : enjoint

joint Sa Majesté au sieur Herault, Conseiller d'Etat, Lieutenant général de Police de la ville de Paris, & aux sieurs Intendans & Commissaires départis dans les Provinces & Généralités du Royaume, de tenir la main à l'exécution du présent Arrêt, qui sera lû, publié & affiché par-tout où besoin sera, à ce que personne n'en ignore. Fait au Conseil d'Etat du Roi, Sa Majesté y étant, tenu à Compiégne le onziéme jour de Juin mil sept cent trente-deux. *Signé* PHELYPEAUX.

RENé Herault, Chevalier, Seigneur de Fontaine-Labbé & de Vaucresson, Conseiller d'Etat, Lieutenant général de Police de la Ville, Prévôté & Vicomté de Paris. Vû l'Arrêt du Conseil d'Etat ci-dessus, nous ordonnons que ledit Arrêt sera exécuté selon sa forme & teneur, & à cet effet lû, publié & affiché par-tout où besoin sera, à ce que personne n'en ignore. Fait à Paris ce premier Juillet mil sept cent trente-deux. *Signé* HERAULT. *Et plus bas ;* Par Monseigneur, DEON.

# ARREST
## DU CONSEIL D'ÉTAT
## DU ROY,

*QUI fixe à six livres du cent pesant les droits d'entrée sur les Thés, provenant des ventes faites par la Compagnie des Indes à Nantes, & qui seront consommés dans le Royaume ou dans les Provinces réputées étrangeres.*

Du 8 Juillet 1732.

*Extrait des Registres du Conseil d'Etat.*

LE Roi s'étant fait représenter en son Conseil les Arrêts rendus en icelui les 28 Septembre 1726 & 24 Août 1728, par lesquels il est ordonné que les Adjudicataires & les Cessionnaires des thés provenant des ventes de la Compagnie des Indes, payeront pour tous droits d'entrée au Bureau de la Prévôté de Nantes, lorsqu'ils sortiront de l'entrepôt de ladite Compagnie, trois pour cent du prix de la vente, à la déduction néanmoins de vingt-cinq pour cent sur ledit prix: & Sa Majesté étant informée que l'évaluation qu'il est nécessaire de faire chaque année, tant par rapport aux différens prix des Adjudicataires qu'aux déductions de vingt-cinq pour cent, aux tares & escomptes accordés par ladite Compagnie des Indes aux Adjudicataires, cause des difficultés entre lesdits Adjudicataires ou leurs Cessionnaires, & les Commis du Fermier pour la perception des droits: à quoi Sa Majesté désirant pourvoir, ouï le rapport du sieur Orry, Conseiller d'Etat, & ordinaire au Conseil Royal, Contrôleur général des Finances, LE ROI ÉTANT EN SON CONSEIL, a ordonné & ordonne qu'à l'avenir les thés provenant des ventes de la Compagnie des Indes, destinés pour la consommation du Royaume ou des Provinces du Royaume réputées étrangeres, payeront à l'avenir pour tous droits d'entrée au Bureau de la Prévôté de Nantes, six livres du cent pesant poids de marc, à la déduction des tares seulement accordées aux Adjudicataires suivant les conditions des ventes, & en exécution de l'Ordonnance de 1687 pour les drogueries & épiceries: ordonne Sa Majesté que les autres dispositions contenues dans les Arrêts des 28 Septembre 1726 & 24 Août 1728, seront exécutés suivant leur forme & teneur, en ce qui ne se trouvera pas contraire au présent Arrêt. FAIT au Conseil d'Etat du Roi, Sa Majesté y étant, tenu à Versailles le huit Juillet mil sept cent trente-deux.

Signé PHELYPEAUX.

# DÉLIBÉRATION de la Compagnie concernant l'arrangement au sujet de la concession de la Louisiane, sa retrocession au Roi, & la solde du compte.

### Du 20 Août 1732.

VU le compte de ce qui est dû par la Marine du Roi à la Compagnie des Indes, pour raison tant des fournitures de marchandises & avances d'argent à elle faites par ladite Compagnie dans la Province de la Louisiane, depuis que Sa Majesté en a agréé la rétrocession, que pour les Négres, habitans, vivres & autres effets appartenant à ladite Compagnie, dont la cession convient à la Marine de Sa Majesté, ledit compte réglé & arrêté ainsi & en la maniere qui suit.

POUR fournitures faites à M. Salmon, Commissaire ordonnateur de la Marine à la nouvelle Orleans, en marchandises du magasin général par M. Mac-Mahon, Directeur de la Compagnie audit lieu.

### SÇAVOIR,

| | | | |
|---|---:|---:|---:|
| Préfens aux Sauvages. . . . . . . . . | 15772ˡ· | 2ˢ· | 4ᵈ· |
| Subsistance aux Sauvages en vivres & marchandises. . . . . . . . . | 2430 | 8 | 6 |
| Dépenses au port de la Balize. . . . | 4871 | 9 | 6 |
| Dépenses au comptoir de la Mobile. . | 10690 | 5 | 3 |
| Dépenses au poste des Natchez. . . . | 6626 | 8 | |
| Marchandises de traite, & autres effets, &c. . . . . . . . . . . . | 94503 | 8 | 11 |
| *Idem*, pris au magasin de la Balize. . . | 18503 | 12 | 6 |
| *Idem*, pris à la Mobile. . . . . . | 20531 | 5 | 2 |
| *Idem*, pris aux Natchez. . . . . . | 8765 | 1 | 1 |
| *Idem*, pris au poste des Alibamons. . . | 1947 | | 11 |
| | 184640 | 14 | 10 |

Sur quoi à déduire 4094 liv. 12 s. 5 d. en deux articles de 1279 liv. 17 s. 2 d. & 2814 liv. 15 s. 3 d. dont le compte du Roi est crédité pour bois & munitions à rendre, comme faisant partie de tout ce qui devoit être remis à Sa Majesté par la Compagnie, ci . . . . . . .   4094.<sup>l</sup> 12 s. 5 d.

    Resteroit. . . .  180546  2  5

Et comme toutes les susdites marchandises, montant à la somme de 180546 l. 2 s. 5 d. ne reviennent à la Compagnie des Indes au premier prix coûtant qu'à   109421  16

A quoi il faut ajoûter dix pour cent pour commission, droits, voitures & frais jusqu'à l'embarquement. . . . .   10942  4

Et pour le bénéfice à vingt-cinq pour cent, au lieu de cinquante que ladite Compagnie a toujours pris sur la vente de ses marchandises dans la Colonie.   30091

Le Roi se trouve débiteur à la Compagnie de . . . . . . . . . . . .  150455

A quoi ajoûtant ; sçavoir,

Pour les troupes, les fortifications, &c. les appointemens, gages, Hôpital, &c. . . . . 42346 l. 6 s. 4 d.
Pour les dépenses générales. . . . . . . 15808  14  10   &rbrace;  62663  1  2
Pour l'Hôpital de la nouvelle Orleans. . . . . 4508

Pour les marchandises dont s'est emparé M. Salmon. . . . . . . . . . .   40000
Pour quatorze chevaux, fixés à . . .   800
Pour agrès & apparaux du Vaisseau le Prince de Conty. . . . . . . . .  6000

Pour deux cens quarante-cinq Négres
  remis à M. Salmon, à 700 liv. . . . 171500
Pour huit mille quarts de ris. . . . 24000
Pour l'habitation, circonstances & dépendances. . . . . . . . . 12000
Pour la barque fournie au sieur Broutin. 3555
Pour tout ce qui concerne la Briqueterie. 15000
              TOTAL . . . . 485973   1   2
Surquoi ayant à déduire pour diverses
  remises faites par M. de Salmon à la
  caisse de la nouvelle Orléans en billets
  du Conseil de la Colonie. . . . 40483  19  2
La Marine du Roi doit pour solde de ce
  compte. . . . . . . . . . 445489   2

Et sur ce qui a été représenté que M. le Comte de Maurepas, Secrétaire d'Etat, proposeroit pour le payement de la solde dudit compte, montant à 445489 liv. 2 s. que sur les sommes que les Syndics & Directeurs de la Compagnie des Indes se sont soumis, en exécution de l'Arrêt du Conseil du 27 Mars 1731, de faire payer pour & au nom de la Compagnie des Indes, par le Caissier général de ladite Compagnie, aux Trésoriers généraux de la Marine dans l'année 1733 & les suivantes jusques & compris 1740, il fût retenu par ledit Caissier général, à l'acquit de ladite solde, la somme de vingt-cinq mille livres sur chacun des payemens à faire par lui auxdits Trésoriers généraux aux premier Janvier & premier Juillet 1733 & suivantes, jusques & compris l'année 1739, & sur ceux à faire en 1740 la somme de quarante-cinq mille livres au premier Janvier de ladite année, & celle de cinquante mille quatre cens quatre-vingt-neuf livres deux sols au premier Juillet de la même année 1740, pour parfait payement de la solde dudit présent compte; il a été délibéré de consentir le payement ainsi & dans la forme proposée, de la solde de ce qui est dû par la Marine du Roi à la Compagnie des Indes, pour raison, tant des fournitures des marchandises & avances d'argent à elle faites par ladite Compagnie dans ladite Province de la Louisiane, depuis que Sa Majesté en a agréé la rétrocession, que des Négres, habitations, vivres & autres effets ci-dessus énoncés dont la Compagnie fait cession à la Marine de Sa Majesté ; & qu'au surplus Sa Majesté sera très-humblement suppliée d'ordonner l'homologation de la présente délibération par un Arrêt de son Conseil.

# ARREST
## DU CONSEIL D'ÉTAT
## DU ROY,

*QUI homologue la retrocession faite à Sa Majesté de la Province de la Louisiane.*

#### Du 2 Septembre 1732.

*Extrait des Regiſtres du Conſeil d'Etat.*

LE Roi étant informé que depuis le premier Juillet 1731 il auroit été fait à la décharge de Sa Majeſté, des deniers & marchandiſes de la Compagnie des Indes, différentes dépenſes dans la Province de la Louiſiane, dont elle a bien voulu accepter la rétroceſſion à elle faite par ladite Compagnie, à compter dudit jour premier Juillet 1731; qu'il auroit été pris en outre pour ſon compte des marchandiſes & autres effets dans les magaſins de ladite Compagnie, & qu'il y a d'ailleurs dans leſdits pays des effets qui n'ont pas été compris dans la rétroceſſion, & qui peuvent convenir au ſervice de Sa Majeſté dans ladite Colonie; ſçavoir, les agrès & apparaux provenant du naufrage du Vaiſſeau le Prince de Conty, huit mille quarts ou barils de ris, quatorze chevaux, deux cens quarante-cinq Négres, une habitation & une briqueterie, avec les uſtenciles, circonſtances & dépendances; Sa Majeſté ſe feroit fait repréſenter en ſon Conſeil la délibération de ladite Compagnie

pagnie du 20 du mois d'Août dernier, contenant le compte en détail, tant defdites fommes payées à fa décharge des deniers de la Compagnie, que des marchandifes, fonds & effets dont elle fait ceffion à la Marine : & Sa Majefté ayant reconnu que les dépenfes payées en deniers à fa décharge par la Compagnie depuis le premier Juillet 1731, montoient à foixante-deux mille fix cens foixante-trois livres un fol deux deniers ; que celles payées en marchandifes, enfemble les munitions & marchandifes prifes dans les magafins pour le compte de Sa Majefté, montoient à cent cinquante mille quatre cens cinquante-cinq livres, y compris dix mille neuf cens quarante-deux livres quatre fols, pour dix pour cent de commiffion, droits, voitures & frais jufqu'à l'embarquement fait en France, pris fur la fomme de cent neuf mille quatre cens vingt-une livre feize fols, à laquelle monte le prix de l'achat fait par ladite Compagnie en France, y compris auffi trente mille quatre-vingt-onze livres pour bénéfice de vingt-cinq pour cent fur lefdites deux fommes au profit de la Compagnie, au lieu de cinquante pour cent de bénéfice qu'elle a toujours pris fur la vente de fes marchandifes & effets qu'elle avoit dans les différens poftes de la Colonie, & qui ont été retenus pour le compte de Sa Majefté : que le prix defdits quatorze chevaux y étoit porté à la fomme de huit cens livres, & celui des agrès & apparaux reftant du naufrage du Vaiffeau le Prince de Conty y étoit réduit à la fomme de fix mille livres, quoique l'eftimation eût été portée à neuf mille neuf cens trente-une livres quatre fols quatre deniers : que celui des deux cens quarante-cinq Négres montoit à cent foixante-onze mille cinq cens livres, fur le pied de fept cens livres chacun ; celui des huit mille quarts de ris à vingt-quatre mille livres, à raifon de trois livres le quart ; celui de ladite habitation avec fes uftenciles, circonftances & dépendances, à douze mille livres, la brique payée par la Compagnie pour le compte de Sa Majefté à trois mille cinq cens cinquante-cinq livres, & tout ce qui concerne la briqueterie à la fomme de quinze mille livres, en dédomma-

Tome IV.                  H h

geant en outre le sieur Morant des prétentions qu'il peut y avoir; & qu'enfin toutes les sommes montoient ensemble à celle de quatre cens quatre-vingt-cinq mille neuf cens soixante-treize livres un sol deux deniers, sur laquelle déduisant celle de quarante mille quatre cens quatre-vingt-trois livres dix-neuf sols deux deniers, pour divers payemens faits par le Trésorier de la Marine audit pays à la caisse de la Compagnie à la nouvelle Orleans, il restoit dû à la Compagnie la somme de quatre cens quarante-cinq mille quatre cens quatre-vingt-neuf livres deux sols, pour le payement de laquelle la Compagnie, par ladite délibération du 20 dudit mois d'Août dernier, auroit consenti que sur les sommes que le Caissier général de ladite Compagnie est tenu de payer aux Trésoriers généraux de la Marine, en exécution de l'Arrêt du Conseil du 27 Mars 1731, il fut retenu jusqu'à concurrence de ladite somme de quatre cens quarante-cinq mille quatre cens quatre-vingt-neuf livres deux sols, le tout ainsi & de la maniere expliquée dans ladite délibération; que ladite Compagnie supplioit très-humblement Sa Majesté d'homologuer. Vû aussi l'Arrêt dudit jour 27 Mars 1731; oui le rapport du sieur Orry, Conseiller d'Etat ordinaire & au Conseil Royal, Contrôleur général des Finances, & tout considéré, SA MAJESTÉ ÉTANT EN SON CONSEIL, a homologué & homologue la délibération de la Compagnie des Indes dudit jour 20 Août dernier, laquelle demeurera annexée à la minute du présent Arrêt, pour être exécutée suivant sa forme & teneur; en conséquence a ordonné & ordonne que conformément à icelle lesdits agrès & apparaux provenant du naufrage du Vaisseau le Prince de Conty, huit mille quarts ou barils de ris, quatorze chevaux, deux cens quarante-cinq Négres, habitation & briqueterie, avec leurs ustenciles, circonstances & dépendances, feront & demeureront appartenans à la Marine, & que pour le parfait payement, tant des effets cédés à la Marine par ladite Compagnie, & ci-dessus énoncés, que des dépenses payées à la décharge de Sa Majesté des deniers & marchandises de ladite Compagnie depuis le premier

Juillet 1731, & des munitions & marchandises prises dans ses magasins pour le compte de Sa Majesté, le tout montant à ladite somme de quatre cens quarante-cinq mille quatre cens quatre-vingt-neuf livres deux sols, déduction faite des quarante mille quatre cens quatre-vingt-trois livres dix-neuf sols deux deniers, pour les remises faites par le Trésorier de la Marine audit pays à la caisse de la Compagnie à la nouvelle Orleans, il sera retenu par le Caissier général de la Compagnie sur les sommes que les Syndics & Directeurs de ladite Compagnie sont tenus, en exécution de l'Arrêt du Conseil d'Etat du 27 Mars 1731, de faire payer pour elle & par sondit Caissier aux Trésoriers généraux de la Marine dans l'année 1733 & les suivantes, jusques & compris l'année 1740; sçavoir, celle de vingt-cinq mille livres sur chacun des payemens à faire par ledit Caissier auxdits Trésoriers généraux aux premier Janvier & premier Juillet des années 1733 & suivantes, jusques & compris l'année 1739, & sur ceux à faire en 1740 la somme de quarante-cinq mille livres au premier Janvier de ladite année, & celle de cinquante mille quatre cens quatre-vingt-neuf livres deux sols au premier Juillet de la même année 1740 : & sera au surplus l'Arrêt dudit jour 27 Mars 1731 exécuté selon sa forme & teneur. FAIT au Conseil d'Etat du Roi, Sa Majesté y étant, tenu à Marly le deux Septembre mil sept cent trente-deux. *Signé* MAUREPAS.

# ARREST
## DU CONSEIL D'ÉTAT
## DU ROY,

QUI ordonne qu'il sera fait Inventaire de toutes les Marchandises qui composent le chargement des Vaisseaux le Royal Philippe, la Badine, la Vierge de grace, le Mercure, la Danaé, le Jason, l'Argonaute & la Galatée, appartenans à la Compagnie des Indes; & que lesdites Marchandises seront vendues à la maniere accoutumée.

Du 14 Septembre 1732.

*Extrait des Regiſtres du Conseil d'Etat.*

SUR la requête présentée au Roi étant en son Conseil par les Syndics & Directeurs de la Compagnie des Indes, contenant que les Vaisseaux le Royal Philippe, la Badine, la Vierge de grace, le Mercure, la Danaé, le Jason, l'Argonaute & la Galatée, venant de la Chine, Pondichery & Bengale, sont arrivés au port de l'Orient les 18 Avril, 15 Mai, 8 Juin, 24 & 29 Juillet, & 6 Août de la présente année, chargés de caffé, thé, poivre, rhubarbe, esquine, cardamome, galanga, curcuma, vif-argent, gomme, laque plate ou en feuilles, & pour la teinture, cauris, toutenague, bois rouge, soye écrue, porcelaines, cabarets, rottins, & autres épiceries & drogueries, étoffes de foye, damas, fatins unis, rayés, Pekins & gourgourans, toiles de coton blanches & mouffelines, toiles teintes, peintes & rayées de couleurs, mouchoirs de coton & autres; de toutes lefquelles marchandifes, tant permifes que prohibées, la vente doit être faite dans la ville de Nantes, avec les marchandifes de la côte de Coromandel, attendues par le Vaiffeau le Bourbon, après cependant que fur toutes les mouffelines, toiles de coton blanches, & mouchoirs de coton de Bengale & de Mafulipatan, fujets à la marque, il aura été feulement appofé celle qu'il a plû à Sa Majefté ordonner par Arrêt du 28 Avril 1711, dont l'empreinte eft au pied dudit Arrêt, laquelle marque fera imprimée fur un morceau de parchemin, figné par le fieur Dujoncheray Dubois, commis par Arrêt du 13 Novembre 1725, par le fieur Eftoupan, auffi commis par Arrêt du 30 Mai 1727, & par les fieurs Michel & Eftoupan de Laval, commis par autre Arrêt du 30 Juin 1731, ou par l'un d'eux feulement; à l'effet qu'il ne foit débité dans le Royaume aucunes des marchandifes ci-deffus fpécifiées, autres que celles de la Compagnie des Indes, conformément aux Arrêts des 10, 24 Février & 13 Mars 1691, Déclaration de Sa Majefté du 9 Mai 1702, & autres Arrêts & Réglemens rendus en conféquence, concernant le commerce de ladite Compagnie, & notamment à ceux des 10 Décembre 1709 & 4 Juin 1715, rendus en interprétation de celui du 27 Août 1709, à l'Arrêt du 11 Juin 1714, à l'Edit du mois de Mai 1719, portant réunion des Compagnies des Indes & de la Chine à la Compagnie d'Occident, à préfent nommée Compagnie des Indes, & à l'Arrêt du 9 Mai 1724, qui permet à la Compagnie de vendre dans le Royaume des mouchoirs de coton, mouchoirs de foye & coton, écorce & foye, & écorce, apportés dans fes Vaiffeaux; & à tous Négocians, Marchands, & autres particuliers qui les ont achetés de ladite Compagnie, d'en faire débit & ufage, en payant feulement pour toutes lefdites marchandifes permifes les droits d'entrée portés par le Tarif de 1664, pour les marchandises qui y sont dénommées & contenues ; & trois pour cent de la valeur de celles qui n'y sont pas comprises, suivant & conformément à l'article XLIV de l'Edit d'établissement de ladite Compagnie, Arrêts rendus en conséquence, à l'Edit du mois de Juin 1725, à l'Arrêt du 28 Septembre 1726, à ceux des 24 Août 1728 & 8 Juillet 1732, rendus en interprétation, & à l'Arrêt du 14 Septembre 1728, portant confirmation de celui du 8 Septembre 1722, Sa Majesté ayant dispensé les Marchands & Négocians de l'apposition de la seconde marque par Arrêt du 11 Juin 1732. A ces causes, requéroient les Syndics & Directeurs de la Compagnie des Indes qu'il plût à Sa Majesté sur ce pourvoir. Vû lesdits Arrêts des 10 & 24 Février, & 13 Mars 1691, Déclaration de Sa Majesté du 9 Mai 1702, Arrêts des 27 Août & 10 Décembre 1709, 28 Avril 1711, 11 Juin 1714, l'Edit du mois de Mai 1719, portant réunion des Compagnies des Indes Orientales & de la Chine à celle d'Occident, à présent nommée Compagnie des Indes, l'Arrêt du 9 Mai 1724, l'Edit du mois de Juin 1725, les Arrêts des 28 Septembre 1726, 24 Août & 14 Septembre 1728, & ceux des 11 Juin & 8 Juillet 1732 ; ouï le rapport du sieur Orry, Conseiller d'Etat, & ordinaire au Conseil Royal, Contrôleur général des Finances, LE ROI ÉTANT EN SON CONSEIL, a ordonné & ordonne que par le sieur des Gallois de la Tour, Conseiller en ses Conseils, Maître des Requêtes ordinaire de son Hôtel, Commissaire départi en la Province de Bretagne, ou par celui qu'il subdéleguera à cet effet, il sera fait en la présence du sieur Richard, commis par le Conseil pour l'exécution de l'Arrêt du 18 Mai 1720, inventaire des marchandises qui composent le chargement desdits Vaisseaux le Royal Philippe, la Badine, la Vierge de grace, le Mercure, la Danaé, le Jason, l'Argonaute & la Galatée, ensemble des marchandises attendues par le Vaisseau le Bourbon, lequel inventaire sera divisé en trois chapitres, dont le premier comprendra les marchandises sujettes à la marque, comme mousselines, toiles de coton blanches, mouchoirs de coton de Bengale & de Masulipatan, mouchoirs de soye & coton, écorce & soye, & écorce; le deuxiéme, les drogueries & épiceries, comme caffé, thé, poivre, rhubarbe, esquine, cardamome, galanga, curcuma, vif-argent, gomme, laque plate & en feuilles, & pour la teinture, cauris, toutenage, bois rouge, soye écrue, porcelaines, cabarets, rottins & autres; & le troisiéme chapitre sera composé des mouchoirs de Pondichery, toiles teintes, peintes & rayées de couleur, damas, satins unis, rayés, Pekins, gourgourans, & autres étoffes dont l'usage & le débit sont prohibés dans le Royaume, & qui, quoique chargées sur les Vaisseaux de ladite Compagnie des Indes, ne peuvent y être vendues qu'à condition qu'elles seront envoyées à l'Etranger: ordonne aussi Sa Majesté que toutes lesdites piéces de mousseline, toiles de coton blanches & mouchoirs de coton, soye & coton, écorce & soye, & écorce, spécifiées par le premier chapitre dudit inventaire, seront marquées aux deux bouts de chaque piéce d'une seule & unique marque pareille à l'empreinte étant au pied dudit Arrêt du 28 Avril 1711, sur un morceau de parchemin, signé par le sieur Dujoncheray Dubois, commis par Arrêt du 13 Novembre 1725, par le sieur Estoupan, aussi commis par Arrêt du 30 Mai 1727, & par les sieurs Michel & Estoupan de Laval, commis par autre Arrêt du 30 Juin 1731, ou par l'un d'eux seulement, laquelle marque sera attachée au chef & à la queue de chaque piéce, avec le plomb de ladite Compagnie, en présence dudit Subdélégué, ou autre qui sera commis par ledit sieur des Gallois de la Tour, sans que les Marchands & Négocians puissent être tenus de rapporter lesdites marques, ni de faire mention sur leurs registres des noms de ceux auxquels ils pourront vendre des piéces entieres, ni être assujettis à l'apposition des secondes marques, supprimées par l'Arrêt du 11 Juin dernier: ordonne Sa Majesté qu'après l'apposition des marques portées par l'Arrêt du 28 Avril 1711, sur lesdites piéces de mousseline, toiles de coton blanches, mouchoirs de coton, soye & coton, écorce & soye, & écorce, toutes les marchandises des Indes & de la Chine venues sur lesdits Vaisseaux, seront incessamment vendues en la ville de Nantes en la maniere accoûtumée, en présence d'un ou de plusieurs des Syndics & Directeurs de la Compagnie des Indes, & du sieur Richard, en payant les droits d'entrée de toutes lesdites marchandises, conformément au Tarif de 1664, à l'article XLIV de l'Edit du mois d'Août de la même année, aux Arrêts des 29 Avril & 22 Novembre 1692, 28 Septembre 1726, 24 Août & 14 Septembre 1728 & 8 Juillet 1732; & à l'égard des toiles de coton teintes, peintes ou rayées de couleur, damas, satins & autres étoffes provenant des Indes & de la Chine, la vente & adjudication n'en pourra être faite qu'à condition qu'elles seront envoyées à l'Etranger par les Adjudicataires, dans six mois au plus tard du jour de l'adjudication, dans la forme, pour les pays, & avec les précautions prescrites par l'article VII de l'Arrêt du 11 Juin 1714, & jusques auxdits envois elles seront mises dans le magasin d'entrepôt, conformément auxdit Arrêts des 18 Mai 1720, 28 Septembre 1726, 24 Août & 14 Septembre 1728 & 8 Juillet 1732: veut Sa Majesté qu'à la requête des Syndics & Directeurs de la Compagnie des Indes, il soit fait une visite desdites marchandises des Indes, qui se trouveront chez lesdits Marchands, Négocians, & tous autres de quelque qualité & condition qu'ils puissent être, même qu'il leur soit permis de faire saisir celles qui ne seront pas marquées de ladite marque prescrite par l'Arrêt du 28 Avril 1711 : & Sa Majesté voulant assurer de plus en plus l'exécution dudit Arrêt dans la ville de Paris, & favoriser le débit des Marchands qui font un commerce loyal desdites marchandises, lequel est souvent dérangé par les Fraudeurs & Colporteurs inconnus, même empêcher que les Détailleurs, qui s'excusent ordinairement des contraventions qu'on leur impute, par le peu de connoissance qu'ils disent avoir des véritables marques, ne puissent être trompés, fait très-expresses inhibitions & défenses, sous peine de 3000 liv. d'amende, à

tous

tous Détailleurs & Détailleuses qui employent lesdites mousselines, toiles de coton blanches, & mouchoirs de coton, soye & coton, écorce & soye, & écorce, d'acheter aucunes piéces que des Marchands connus & domiciliés, sauf aux Détailleurs & Détailleuses à obliger lesdits Marchands de signer leur nom au dos de chaque marque en parchemin, qui sera apposée sur les piéces vendues, pour y avoir recours en cas de besoin : enjoint Sa Majesté au sieur Herault, Conseiller d'Etat, Lieutenant général de Police de la ville de Paris, & aux sieurs Intendans & Commissaires départis dans les Provinces & Généralités du Royaume, de tenir la main à l'exécution du présent Arrêt, qui sera lû, publié & affiché par-tout où besoin sera, & exécuté non-obstant toutes oppositions ou empêchemens quelconques. FAIT au Conseil d'Etat du Roi, Sa Majesté y étant, tenu à Fontainebleau le quatorziéme jour de Septembre mil sept cent trente-deux. *Signé* PHELYPEAUX.

LOUIS, PAR LA GRACE DE DIEU, ROI DE FRANCE ET DE NAVARRE, Dauphin de Viennois, Comte de Valentinois & Dyois, Provence, Forcalquier & terres adjacentes; à notre amé & féal Conseiller en notre Conseil d'Etat, le sieur Herault, Lieutenant général de Police de notre bonne Ville, Prévôté & Vicomté de Paris ; & aux sieurs Intendans & Commissaires départis pour l'exécution de nos ordres dans les Provinces & Généralités de notre Royaume : SALUT. Nous vous mandons & enjoignons par ces Présentes signées de nous, de tenir la main, chacun en droit soi, à l'exécution de l'Arrêt dont l'extrait est ci-attaché sous le contre-scel de notre Chancellerie, ce jourd'hui donné en notre Conseil d'Etat, nous y étant, pour les causes y contenues : commandons au premier notre Huissier ou Sergent sur ce requis, de signifier ledit Arrêt à tous qu'il appartiendra, à ce que personne n'en ignore, & de faire en outre pour son entiere exécution tous actes & exploits requis & nécessaires, sans autre permission, nonobstant clameur de Haro, Charte Norman-

*Tome IV.*          I i

de & Lettres à ce contraires. Voulons qu'aux copies dudit Arrêt & des Préfentes, collationnées par l'un de nos amés & féaux Confeillers-Secrétaires, foi foit ajoûtée comme aux originaux ; car tel eft notre plaifir. DONNÉ à Fontainebleau le quatorziéme jour de Septembre, l'an de grace mil fept cent trente-deux, & de notre regne le dix-huitiéme. *Signé* LOUIS. *Et plus bas ;* Par le Roi Dauphin, Comte de Provence, *figné* PHELYPEAUX. Et fcellé du grand Sceau de cire jaune fur fimple queue.

JEan-Baptifte des Gallois, Chevalier, Seigneur de la Tour, Glené, Chezelles, Dompierre & autres lieux, Confeiller du Roi en fes Confeils, Maître des Requêtes ordinaire de fon Hôtel, Commiffaire départi par Sa Majefté pour l'exécution de fes ordres en la Province de Bretagne. Vû l'Arrêt du Confeil ci-deffus, & la Commiffion du grand Sceau expédiée fur icelui, nous ordonnons que ledit Arrêt fera exécuté felon fa forme & teneur, en conféquence que par le fieur Vedier, Général des Finances, notre Subdélegué à Nantes, que nous avons commis à cet effet, il fera en notre abfence procédé à l'exécution des difpofitions qui nous concernent. Fait à Rennes le vingt-cinq Septembre mil fept cent trente-deux. *Signé* DE LA TOUR. *Et plus bas ;* Par Monfeigneur, *figné* PALTEAU.

# DÉCLARATION DU ROY,

*CONCERNANT les Caffés provenant des plantations & culture de la Martinique, & autres Isles Françoises de l'Amérique, y dénommées.*

Donnée à Fontainebleau le 27 Septembre 1732.

*Regiſtrée en la Cour des Aydes.*

LOUIS, PAR LA GRACE DE DIEU, ROI DE FRANCE ET DE NAVARRE, à tous ceux qui ces préſentes Lettres verront : SALUT. Les habitans de l'iſle de la Martinique nous ayant fait repréſenter qu'après avoir perdu depuis quelques années tous leurs cacoyers, ils ſe ſeroient adonnés, pour ſe dédommager de cette perte, à des plantations de cafeyers, qui ont tellement réuſſi & multiplié dans l'iſle, qu'elle produit actuellement des quantités conſidérables de caffés, qui excédent celle qui eſt néceſſaire pour ſa conſommation, ce qui les auroit déterminé à nous ſupplier de leur procurer le débouchement de cet excédent. La protection que ces habitans ſont en droit d'eſpérer de nous, ſuffiroit pour nous déterminer à favoriſer leur induſtrie, & la diſpoſition où nous ſommes de concourir au bien commun des Négocians de notre Royaume, en augmentant leur commerce, ſeroit un motif puissant pour nous engager à écouter favorablement cette demande : mais ayant accordé à la Compagnie des Indes le privilége exclusif pour l'introduction du caffé dans toute l'étendue de notre Royaume, & les établissemens qu'elle a faits pour exercer ce privilége, devant être soutenus, nous avons jugé à propos de faire examiner en notre Conseil les intérêts respectifs de la Compagnie des Indes & de l'isle de la Martinique, & il nous a paru que la seule voye de les conserver seroit d'accorder à l'avenir en quelques Ports & Villes de notre Royaume l'entrepôt des caffés de la Martinique, sous la condition de les faire passer ensuite en pays étrangers ; par-là nous procurerons aux habitans de la Martinique le débit de leurs caffés, nous donnerons aux Négocians de notre Royaume de nouveaux moyens de retirer de cette isle la valeur des marchandises qu'ils y envoyent, ce qui augmentant leurs liaisons réciproques, leur ôtera le prétexte de se servir de voyes indirectes au préjudice de nos défenses ; & nous conserverons en même-temps le privilége exclusif de la Compagnie des Indes, dont les intérêts seront toujours un des principaux objets de notre attention. A CES CAUSES & autres à ce nous mouvant, de l'avis de notre Conseil, & de notre certaine science, pleine puissance & autorité Royale, nous avons par ces Présentes, signées de notre main, dit, statué & ordonné, disons, statuons & ordonnons, voulons & nous plaît ce qui ensuit.

### ARTICLE PREMIER.

Les caffés provenant des plantations & culture de l'isle Françoise de la Martinique, & qui en seront apportés par des Vaisseaux François, & non autres, auront entrée à l'avenir dans les Ports de notre Royaume qui seront désignés, sous la condition néanmoins d'y être mis en entrepôt, & de n'en pouvoir sortir que pour être transportés en Pays étrangers : mais comme l'entrepôt accordé aux caffés de la Martinique deviendroit une exclusion pour ceux du crû des isles de la Guadeloupe, la Grenade & Marie-Galante, toutes dépendantes du Gouvernement des Isles du Vent, & qui ont également besoin de cette culture, nous leur accordons la même entrée & le même entrepôt en France, & sous la même condition de n'en pouvoir sortir que pour l'Etranger.

## II.

NE permettons ledit entrepôt que dans les ports de Marseille, de Bordeaux, de Bayonne, de la Rochelle, de Nantes, du Havre, de Dunkerque & de saint Malo; & la permission du transport des caffés de la Martinique, de la Guadeloupe, de la Grenade & de Marie-Galante, en France, que dans des Vaisseaux, ou autres bâtimens François, du port de cinquante tonneaux au moins : faisons défenses d'en transporter dans de moindre bâtimens, ni d'en faire entrer en d'autres Ports, hors dans les cas de relâche forcé, dont il sera parlé ci-après, à peine de confiscation des caffés, & de trois mille livres d'amende.

## III.

LES Capitaines ou Maîtres des Vaisseaux, navires & autres bâtimens, qui chargeront des caffés à la Martinique, à la Guadeloupe, à la Grenade & à Marie-Galante, seront tenus de rapporter un état signé des Préposés à la perception des droits du Domaine d'Occident, contenant les quantités de caffés de leur chargement, le nombre des balles, & les numeros & poids de chaque balle, ensemble la dénomination du Port du Royaume pour lequel ils seront destinés & où ils devront être entreposés, pour être par lesdits Capitaines ou Maîtres qui aborderont dans les Ports dénommés, ledit état représenté dans les vingt-quatre heures de leur arrivée, au Commis de la Compagnie des Indes, & leur tenir lieu de déclaration desdits caffés, à peine de confiscation des caffés, & de trois mille livres d'amende.

## IV.

DÉFENDONS auxdits Maîtres ou Capitaines de décharger lesdits caffés, en tout ou en partie, avant que d'en avoir fait leur déclaration par la représentation dudit état, à peine de confiscation, tant des caffés déchargés que de ceux qui feront restés à bord, & de trois mille livres d'amende.

### V.

Les caffés seront ensuite mis en entrepôt dans un magasin général, qui sera à cet effet choisi & destiné par les Marchands & Négocians propriétaires desdits caffés, à leurs frais, & qui fermera à deux serrures & deux clefs différentes, pour être une desdites clefs remise au Commis de la Compagnie des Indes, & l'autre entre les mains de celui qui sera pour ce préposé par lesdits propriétaires; & ne pourront lesdits caffés rester entreposés que pendant un an au plus, passé lequel temps ils seront & demeureront confisqués au profit de ladite Compagnie des Indes.

### VI.

Les caffés mis en entrepôt ne pourront en sortir ni être transportés hors du Royaume, que dans les mêmes balles ou autres de même continence que celles dans lesquelles ils seront arrivés, ni être embarqués & chargés que sur la permission que le Commis de la Compagnie des Indes en délivrera aux propriétaires desdits caffés, & en la présence dudit Commis : voulons que la permission ne puisse leur être délivrée qu'après qu'ils lui auront fourni une déclaration, contenant le nom du navire où les caffés devront être embarqués, les quantités desdits caffés, le nombre des balles, les numeros & poids de chaque balle, & le lieu de leur destination en Pays étranger; ensemble leur soumission de rapporter dans le terme de six mois la susdite permission visée des personnes qui seront indiquées par le Commis de la Compagnie des Indes, & dénommées dans la soumission, avec le certificat desdites personnes au dos de ladite permission, pour constater que les caffés auront été réellement transportés & déchargés dans les lieux de leur destination, & en semblables quantités & en pareil nombre de balles du même poids qu'ils auront été déclarés, à défaut de quoi lesdits caffés seront réputés être restés ou rentrés en fraude dans le Royaume, & lesdits propriétaires seront condamnés à payer à la Compagnie des Indes la valeur desdits caffés, à raison de quarante sols la livre poids de marc, pour tenir lieu de la confiscation d'iceux, & en trois mille livres d'amende.

## VII.

ENJOIGNONS à tous Capitaines ou Maîtres des Vaisseaux, navires ou autres bâtimens, qui revenant de la Martinique, de la Guadeloupe, de Grenade & de Marie-Galante en France avec des caffés à bord, ou en transportant de France en Pays étranger, seront contraints par fortune de vent, tempête ou autre cas fortuit, d'aborder & relâcher en d'autres Ports que ceux dénommés, soit dans l'état signé des Préposés à la perception des droits du Domaine d'Occident, soit dans la soumission des propriétaires desdits caffés, de justifier tant de leur relâche forcé que de ce qui s'en sera nécessairement ensuivi à l'égard des caffés de leur chargement, & ce par procès-verbaux en la meilleure forme, & certifiés véritables par des personnes préposées de la part de la Compagnie des Indes, supposé qu'il y en ait dans les lieux du relâche, ou à leur défaut par les Juges desdits lieux ou autres personnes publiques, à peine de confiscation des caffés, & de trois mille livres d'amende.

## VIII.

LA connoissance de toutes les contestations qui pourront survenir au sujet du privilége exclusif de la Compagnie des Indes, pour l'introduction & la vente du caffé dans notre Royaume, & de l'entrepôt accordé pour le caffé de la Martinique, de la Guadeloupe, de Grenade & de Marie-Galante, par notre présente Déclaration, tant pour le civil que pour le criminel, & leurs circonstances & dépendances, appartiendra, conformément à l'article XVIII de notre Déclaration du 10 Octobre 1723, à nos Officiers des Elections, & ceux des Jurisdictions des Traites & des Ports où il n'y a point d'Election, chacun dans l'étendue de son ressort, & par appel à nos Cours des Aydes & autres Cours supérieures où ressortissent lesdites Jurisdictions : faisons défenses à toutes nos autres Cours & Juges d'en connoître, à peine de nullité, cassation de procédures, dépens, dommages & intérêts, & de mille livres d'amende contre les parties qui se seront pourvûes devant eux, d'interdiction des Juges qui auront entrepris sur les autres, & de pareille amende de mille livres.

### IX.

TOUTES les confiscations & amendes qui seront prononcées en exécution de notre présente Déclaration, appartiendront à la Compagnie des Indes : défendons à toutes nos Cours & Juges de les réduire, modérer ni appliquer à d'autres usages, sous quelque prétexte que ce soit.

### X.

ORDONNONS au surplus l'exécution des Déclarations des mois d'Août 1664 & de Février 1685, Edit du mois de Mai 1719, Arrêts du 31 Août 1723, Déclaration du 10 Octobre suivant, Edit du mois de Juin 1725 & Arrêts des 29 Novembre 1729 & 17 Janvier 1730, concernant le commerce de la Compagnie des Indes, & notamment son privilége exclusif touchant l'introduction & la vente du caffé dans le Royaume, en tout ce qui ne sera point contraire à notre présente Déclaration.

Si donnons en mandement à nos amés & féaux Conseillers les Gens tenant notre Cour des Aydes à Paris, & à tous autres nos Juges & Officiers qu'il appartiendra, que ces Présentes ils ayent à faire enregistrer & publier, & le contenu en icelles faire garder & observer de point en point, selon leur forme & teneur, nonobstant tous Edits, Déclarations, Arrêts, Réglemens & autres choses à ce contraires, auxquels nous avons dérogé & dérogeons par ces
Présentes,

Préfentes, aux copies defquelles, collationnées par l'un de nos amés & féaux Confeillers-Secrétaires, voulons que foi foit ajoûtée comme à l'original ; car tel eft notre plaifir. En témoin de quoi nous avons fait mettre notre Scel à cefdites Préfentes. DONNE' à Fontainebleau le vingt-feptiéme jour de Septembre, l'an de grace mil fept cent trente-deux, & de notre regne le dix-huitiéme. *Signé* LOUIS. *Et plus bas* ; par le Roi, PHELYPEAUX. Vû au Confeil, ORRY. Et fcellé du grand Sceau de cire jaune.

*Vû par la Cour les Lettres Patentes en forme de Déclaration, fignées Louis, & plus bas, par le Roi, Phelypeaux ; vû au Confeil, Orry, données à Fontainebleau le vingt-feptiéme Septembre dernier, fcellées du grand Sceau de cire jaune, concernant les caffés provenant des plantations & culture de l'ifle Françoife de l'Amerique, le tout ainfi que plus au long le contiennent lefdites Lettres à la Cour adreffantes : conclufions du Procureur général du Roi, oui le rapport de Me Charles-Pierre Boyetet, Confeiller, & tout confidéré : La Cour a ordonné & ordonne que lefdites Lettres feront regiftrées au Greffe d'icelle au lendemain de faint Martin, & cependant par provifion qu'elles feront exécutées felon leur forme & teneur, & que copies collationnées d'icelles feront envoyées ès Siéges des Elections & Bureaux des Traites du reffort de la Cour, pour y être lûes, publiées & regiftrées, l'Audience tenant. Fait à Paris en la Chambre de ladite Cour des Aydes le vingt-uniéme Octobre mil fept cent trente-deux.* Collationné. *Signé* D'ARBOULIN.

# ARREST
## DU CONSEIL D'ÉTAT
## DU ROY,

*CONCERNANT le payement des 300000 livres pour les Garnisons de la Louisiane & les arrérages de la rente des dix millions de Contracts.*

### Du 30 Septembre 1732.

*Extrait des Registres du Conseil d'Etat.*

VU par le Roi en son Conseil deux Arrêts rendus en icelui, par le premier desquels, en date du 11 Avril 1722, Sa Majesté auroit ordonné qu'il seroit payé par le Garde de son Trésor Royal lors en exercice, au Caissier de la Compagnie des Indes par forme de gratification annuelle, la somme de trois cens mille livres, à compter du premier Janvier 1721, pour être employée tant au payement des garnisons & fortifications de la Louisiane, qu'à autres dépenses pour la régie de ladite Compagnie ; & par le deuxiéme desdits Arrêts, en date du 10 Mars 1725, Sa Majesté auroit ordonné que par le Garde de son Trésor Royal aussi en exercice, il seroit payé à ladite Compagnie, sur la quittance de son Caissier, la somme de trois cens mille livres, pour une année d'arrérages, à raison de trois pour cent, échue le premier Octobre 1724, de dix millions de livres restant dûs à ladite Compagnie des cent millions qu'elle avoit portés au Tréfor Royal, pour lesquels il lui avoit été constitué, en exécution de l'Edit du mois de Décembre 1717, quatre millions de livres de rente, depuis réduits à trois millions de livres de rente, sur le pied de trois pour cent par an, lesquelles sommes de trois cens mille livres d'une part pour les garnisons & fortifications de la Louisiane, & autres dépenses pour la régie de ladite Compagnie des Indes, & de pareilles trois cens mille livres d'autre, pour les arrérages desdits dix millions de principal restant dûs par le Roi à la Compagnie, Sa Majesté lui auroit fait payer pour chacune des années 1723, 1724, 1725 & 1726, par les Gardes de son Tréfor Royal en exercice, lesdites années. Sa Majesté voulant pourvoir au payement des mêmes sommes qui sont dûes à la Compagnie des Indes, à l'égard de la premiere partie pour chacune des années 1727, 1728, 1729 & 1730, & six premiers mois 1731 seulement, attendu que ladite Compagnie a rétrocédé au Roi la concession dudit pays de la Louisiane, à compter du premier Juillet de ladite année 1731, & à l'égard de la seconde partie pour chacune des années 1727, 1728, 1729, 1730, 1731 & la présente année 1732, & pour l'avenir jusqu'au parfait remboursement desdits dix millions de principal, & en confirmant les payemens ci-devant faits par les Gardes de son Tréfor Royal, pour raison de ce en assurer leur décharge ; oui le rapport du sieur Orry, Conseiller d'Etat ordinaire au Conseil Royal, Contrôleur général des Finances, SA MAJESTÉ ÉTANT EN SON CONSEIL, a approuvé & confirmé en tant que besoin est ou seroit, les payemens faits à la Compagnie des Indes, sur les quittances de son Caissier, desdites sommes de trois cens mille livres d'une part, pour les garnisons & fortifications de la Louisiane, & autres dépenses pour la régie de ladite Compagnie pour chacune des années 1723, 1724, 1725 & 1726, & de trois cens mille livres d'autre part, pour les arrérages des dix millions de principal restant dûs à ladite Compagnie des cent millions aussi en principal, pour lesquels Sa Majesté leur avoit constitué quatre millions de livres, depuis réduits à trois millions de livres de rente, & ce pour chacune des années 1725 & 1726 : veut Sa Majesté que lesdites sommes soient passées & allouées en vertu du présent Arrêt, en la dépense des états & comptes des Gardes de son Trésor Royal en exercice lesdites années : ordonne Sa Majesté que la Compagnie des Indes sera payée des mêmes sommes par le Garde de son Trésor Royal en exercice, pour chacune des années 1727 & 1728, des fonds qui seront à cet effet destinés ; & qu'elle en sera pareillement payée à l'égard de ladite premiere partie pour chacune des années 1729, 1730 & six premiers mois 1731 seulement ; & à l'égard de la seconde partie pour chacune des années 1729, 1730, 1731, la présente année 1732 & annuellement à l'avenir jusqu'à parfait remboursement desdits dix millions de principal, & par proportion à ce qui en restera dû par Sa Majesté, suivant les ordonnances qui seront à cet effet expédiées sur son Trésor Royal, lesquels payemens Sa Majesté veut pareillement être passés & alloués sans difficulté en la dépense des états & comptes des Gardes de son Trésor Royal. FAIT au Conseil d'Etat du Roi, Sa Majesté y étant, tenu à Fontainebleau le trentiéme jour de Septembre mil sept cent trente-deux.

*Signé* PHELYPEAUX.

# ARREST
## DU CONSEIL D'ÉTAT
## DU ROY,

CONCERNANT *les marques qui doivent être apposées sur les Toiles de coton blanches, mousselines & mouchoirs, provenant des ventes de la Compagnie des Indes.*

Du 3 Mars 1733.

Extrait des Regiſtres du Conſeil d'Etat.

SUR la requête préſentée au Roi étant en ſon Conſeil par les Syndics & Directeurs de la Compagnie des Indes, contenant qu'il auroit plû à Sa Majeſté ordonner par Arrêts des 28 Avril 1711 & 23 Septembre 1716, qu'il ſeroit appoſé aux deux bouts de chaque piéce de toile de coton blanche, mouſſeline & mouchoirs provenant des pays de ſes conceſſions, une marque imprimée ſur un morceau de parchemin, pareille à l'empreinte de celle qui a été miſe au pied dudit Arrêt du 28 Avril 1711, dont il ſuffiroit ſeulement, pour différencier la précédente façon de marquer les toiles, de changer la poſition des attaches deſdites marques en parchemin, ſous la condition néanmoins que cette marque imprimée continuera d'être ſignée par le ſieur Eſtoupan, commis par Arrêt du 30 Mai 1727, & par les ſieurs Michel & Eſtoupan de Laval, auſſi commis

K k iij

par autre Arrêt du 30 Juin 1731, ou par l'un d'eux seulement, à l'effet qu'il ne soit débité dans le Royaume aucunes des marchandises ci-dessus spécifiées autres que celles de la Compagnie des Indes, conformément aux Edits, Déclarations & Arrêts intervenus en faveur du commerce de ladite Compagnie : à quoi Sa Majesté désirant pourvoir, oui le rapport du sieur Orry, Conseiller d'Etat, & ordinaire au Conseil Royal, Contrôleur général des Finances, LE ROI ÉTANT EN SON CONSEIL, a permis & permet aux Syndics & Directeurs de la Compagnie des Indes de changer la position des attaches desdites marques en parchemin qui doivent être mises aux deux bouts de chaque piéce de toile de coton blanche, mousseline & mouchoirs provenant des pays des concessions de ladite Compagnie, laquelle marque continuera d'être signée par le sieur Estoupan, commis par Arrêt du 30 Mai 1727, & par les sieurs Michel & Estoupan de Laval, aussi commis par autre Arrêt du 30 Juin 1731, ou par l'un d'eux seulement, à l'effet qu'il ne soit débité dans le Royaume aucunes autres toiles de coton blanches, mousselines & mouchoirs, que celles marquées des marques de ladite Compagnie, conformément aux Edits, Déclarations & Arrêts intervenus en faveur du commerce de ladite Compagnie : enjoint Sa Majesté au sieur Hérault, Conseiller d'Etat, Lieutenant général de Police de la ville de Paris, & aux sieurs Intendans & Commissaires départis dans les Provinces & Généralités du Royaume, de tenir la main à l'exécution du présent Arrêt, qui sera lû, publié & affiché par-tout où besoin sera, à ce que personne n'en ignore. FAIT au Conseil d'Etat du Roi, Sa Majesté y étant, tenu à Versailles le troisième jour de Mars mil sept cent trente-trois. Signé PHELYPEAUX.

LOUIS, PAR LA GRACE DE DIEU, ROI DE FRANCE ET DE NAVARRE, Dauphin de Viennois, Comte de Valentinois & Dyois, Provence, Forcalquier & terres adjacentes, à notre amé & féal Conseiller en notre Conseil d'Etat, le sieur Hérault, Lieutenant général de Police de notre bonne Ville, Prévôté & Vicomté de Paris, & aux sieurs Intendans & Commissaires départis pour l'exécution de nos ordres dans les Provinces & Généralités de notre Royaume: SALUT. Nous vous mandons & enjoignons par ces Présentes, signées de nous, de tenir, chacun en droit soi, la main à l'exécution de l'Arrêt ci-attaché sous le contre-scel de notre Chancellerie, ce jourd'hui donné en notre Conseil d'Etat, nous y étant, pour les causes y contenues : commandons au premier notre Huissier ou Sergent sur ce requis, de signifier ledit Arrêt à tous qu'il appartiendra, à ce que personne n'en ignore, & de faire en outre pour son entière exécution tous actes & exploits requis & nécessaires, sans autre permission, nonobstant clameur de Haro, Charte Normande & Lettres à ce contraires : voulons qu'aux copies dudit Arrêt & des Présentes, collationnées par l'un de nos amés & féaux Conseillers-Secrétaires, foi soit ajoûtée comme aux originaux ; car tel est notre plaisir. DONNE' à Versailles le troisiéme jour de Mars, l'an de grace mil sept cent trente-trois, & de notre regne le dix-huitiéme. *Signé* LOUIS. *Et plus bas ;* par le Roi Dauphin, Comte de Provence, *signé* PHELYPEAUX. *Et scellé.*

# ARREST
## DU CONSEIL D'ÉTAT
## DU ROY,

*QUI nomme le Sieur Cavalier à la place de Directeur de la Compagnie des Indes au lieu du Sieur Morin.*

Du 10 Mars 1733.

*Extrait des Regiſtres du Conſeil d'Etat.*

LE Roi étant informé que le ſieur Morin n'eſt plus en état de remplir la place de Directeur de la Compagnie des Indes; & Sa Majeſté jugeant à propos d'y commettre, oui le rapport du ſieur Orry, Conſeiller d'Etat, & ordinaire au Conſeil Royal, Contrôleur général des Finances, SA MAJESTÉ ÉTANT EN SON CONSEIL, a nommé le ſieur Cavalier à la place de Directeur de la Compagnie des Indes, au lieu du ſieur Morin, pour travailler aux affaires de ladite Compagnie conjointement avec les Directeurs nommés par Sa Majeſté par Arrêt du 23 Janvier 1731, & pour joüir des mêmes droits. FAIT au Conſeil d'Etat du Roi, Sa Majeſté y étant, tenu à Verſailles le dixiéme Mars mil ſept cent trente-trois.
*Signé* PHELYPEAUX.

ARREST

# ARREST
## DU CONSEIL D'ÉTAT
## DU ROY,

QUI ordonne que le 14 Juillet 1733, il sera procédé par les Actionnaires de l'ancienne Compagnie des Indes Orientales, en présence de M. le Lieutenant général de Police, à la nomination des Syndics, à l'effet de soutenir les demandes formées par lesdits Actionnaires, & de défendre à celles des Directeurs de la nouvelle Compagnie d'Occident.

Du 20 Juin 1733.

*Extrait des Regiſtres du Conseil d'Etat.*

LE Roi étant informé des demandes formées par les Actionnaires de l'ancienne Compagnie des Indes Orientales, établie par Edit du mois d'Août 1664, contre les Directeurs de la nouvelle Compagnie d'Occident, & des difficultés que lesdits Directeurs font d'y répondre jusqu'à ce que lesdits Actionnaires de l'ancienne Compagnie ayent nommé des Syndics dûement autorisés pour procéder avec eux au nom desdits Actionnaires; & Sa Majesté voulant y pourvoir, oui le rapport du sieur Orry, Conseiller d'Etat, & ordinaire au Conseil Royal, Contrôleur général des Finances, LE ROI ETANT

Tome IV.                                                          Ll

EN SON CONSEIL, a ordonné & ordonne que les Actionnaires de l'ancienne Compagnie des Indes Orientales, seront tenus de se trouver, soit en personnes ou par Procureurs, le Mardi 14 Juillet 1733, chez le sieur Lieutenant général de Police de la ville de Paris, pour, en sa présence, procéder à la nomination de l'un ou de plusieurs d'entr'eux, ou de telles autres personnes qu'ils jugeront à propos, pour leurs Syndics, à l'effet de soutenir tant les demandes déja formées par lesdits Actionnaires, que celles qui pourroient l'être dans la suite, & de défendre à celles des Directeurs de la nouvelle Compagnie d'Occident: veut Sa Majesté que par ledit sieur Lieutenant général de Police il soit dressé procès-verbal de la nomination faite par ceux desdits Actionnaires qui se trouveront présens à l'assemblée, & que ladite nomination ait la même force que si elle étoit faite par tous lesdits Actionnaires: veut en outre Sa Majesté que les procédures qui seront faites par les Syndics nommés dans ladite assemblée, soient censées & réputées faites avec tous lesdits Actionnaires, en conséquence que par les sieurs Commissaires nommés par l'Arrêt de son Conseil du 3 Mai 1723, pour juger les affaires contentieuses concernant la nouvelle Compagnie d'Occident, il soit procédé définitivement & en dernier ressort au rapport du sieur Rouillé, l'un desdits Commissaires, au jugement desdites demandes & contestations, sur les requêtes & pièces qui ont été présentées jusqu'à présent par lesdits Actionnaires, ou qui le seront par la suite par lesdits Syndics, que Sa Majesté a autorisés & autorise à poursuivre seuls les droits & prétentions de tous lesdits Actionnaires, sans que dans la suite aucun d'eux, même ceux qui n'auroient pas assisté à la nomination des Syndics, puissent, sous aucun prétexte, être reçus à se pourvoir contre les jugemens qui auront été rendus avec lesdits Syndics: voulant Sa Majesté que lesdits jugemens soient censés & réputés rendus contradictoirement avec tous lesdits Actionnaires: enjoint Sa Majesté audit sieur Lieutenant général de Police, de tenir la main à l'exécution du présent Arrêt, qui sera lû, publié & affiché dans les rues & carrefours de la ville de Paris; au moyen de quoi ordonne Sa Majesté que ladite publication tiendra lieu de signification auxdits Actionnaires, même à ceux qui peuvent faire leur résidence dans les autres Villes du Royaume & dans les Pays étrangers, & vaudra comme si elle avoit été faite au domicile de chacun d'eux en particulier : & sera le présent Arrêt exécuté nonobstant oppositions ou autres empêchemens quelconques, pour lesquels ne sera différé, & dont, si aucuns interviennent, Sa Majesté se réserve & à son Conseil la connoissance, & icelle interdit à toutes ses Cours & autres Juges. FAIT au Conseil d'Etat du Roi, Sa Majesté y étant, tenu à Compiégne le vingtiéme jour de Juin mil sept cent trente-trois. *Signé* PHELYPEAUX.

René Herault, Chevalier, Seigneur de Fontaine-Labbé & de Vaucresson, Conseiller d'Etat, Lieutenant général de Police de la Ville, Prévôté & Vicomté de Paris. Vû l'Arrêt du Conseil ci-dessus, nous ordonnons qu'il sera exécuté selon sa forme & teneur, & à cet effet lû, publié & affiché dans les rues & carrefours de la ville de Paris, & en conséquence que les Actionnaires de l'ancienne Compagnie des Indes Orientales seront tenus de se trouver, soit en personnes ou par Procureurs, le Mardi 14 Juillet 1733, à trois heures de relevée, en notre Hôtel, pour y être, en notre présence, procédé conformément audit Arrêt. Fait à Paris le vingt-neuviéme Juin mil sept cent trente-trois. *Signé* HERAULT. *Et plus bas ;* Par Monseigneur, DEON.

*L'Arrêt du Conseil ci-dessus a été lû & publié à haute & intelligible voix, à son de trompe & cri public, en tous les lieux ordinaires & accoûtumés, par moi Aimé-Richard Girault, Huissier à cheval au Châtelet de Paris, Juré-Crieur ordinaire du Roi, & de la Ville, Prévôté & Vicomté de Paris, y demeurant rue saint Antoine, devant la rue Cloche-Perche, Paroisse saint Gervais, soussigné, accompagné de Louis-François Ambezar,*

Ll ij

Jacques Hallot & Claude-Louis Ambezar, Jurés-Trompettes, le premier Juillet mil sept cent trente-trois, à ce que personne n'en prétende cause d'ignorance ; & affiché ledit jour esdits lieux.

Signé GIRAULT.

# ARREST
## DU CONSEIL D'ÉTAT
## DU ROY,

*QUI fixe à quarante livres du cent pesant, les droits d'entrée des cinq grosses Fermes sur les Toiles de coton, mousselines unies ou brodées, mouchoirs, basins & autres marchandises semblables & permises, provenant des Ventes de la Compagnie des Indes, au lieu de ceux reglés par le Tarif de 1664.*

Du 21 Juillet 1733.

*Extrait des Regiſtres du Conſeil d'Etat.*

LE Roi étant informé des contestations survenues dans les dernieres ventes des marchandises de la Compagnie des Indes à Nantes, entre les Commis du Fermier & les Marchands adjudicataires desdites marchandises, à l'occasion des visites que lesdits Commis vouloient faire pour assurer la perception des droits fixés par le Tarif de 1664, à raison de dix-huit sols par piéce de dix aunes, & de la difficulté de faire lesdites visites avec l'exactitude convenable, sans risquer de gâter lesdites marchandises, & sans causer un retardement très-préjudiciable auxdits Marchands adjudicataires ou cessionnaires. A quoi Sa Majesté voulant pourvoir & favoriser de plus en plus le commerce de la Compagnie des Indes, & assurer en même-temps la perception des droits de ſes Fermes ; vû les mémoires des cautions du bail des Fermes générales, ſous le nom de Nicolas Deſboves ; ceux des Syndics & Directeurs de la Compagnie des Indes, & de pluſieurs des principaux Négocians qui vont ordinairement aux ventes de la Compagnie des Indes, oui le rapport du ſieur Orry, Conſeiller d'Etat, & ordinaire au Conſeil Royal, Contrôleur général des Finances, LE ROI EN SON CONSEIL, a ordonné & ordonne ce qui ſuit ; ſçavoir,

### ARTICLE PREMIER.

LES droits ſur les toiles de coton, mouſſelines unies ou brodées, mouchoirs, baſins & autres marchandiſes ſemblables, provenant des ventes de la Compagnie des Indes, & qui ſeront deſtinées pour l'étendue des cinq groſſes Fermes, ſeront perçûs à l'avenir dans les lieux où les ventes de la Compagnie ſeront faites, à raiſon de quarante livres du cent peſant brut, poids de marc, au lieu des droits portés par le Tarif de 1664, ſuivant & y compris l'emballage ſur lequel le plomb aura été appoſé ; & celles qui ſeront deſtinées pour Paris, payeront en outre à leur arrivée quatre livres du cent peſant brut, pour le droit de contrôle qui ſe percevoit à raiſon de deux ſols huit deniers par piéce, & les quatre ſols pour livre dudit droit de contrôle ; & pour les marchandiſes ci-deſſus ſpécifiées qui ſeront deſtinées pour la ville de Lyon, les droits en ſeront payés à raiſon de dix-huit livres du cent peſant brut, poids de marc, y compris auſſi l'emballage ſur lequel le plomb aura été appoſé ; ſçavoir, dix livres dans les Bureaux des lieux où les ventes ſeront faites, & huit livres à Lyon, pour tenir lieu des droits de la Doüane de ladite ville ; à l'effet de quoi les Adjudicataires ou leurs Ceſſionnaires continueront de prendre des acquits de payement & à caution, pour la Doüane de Lyon.

### II.

LES Marchands & Adjudicataires, ou leurs Ceſſionnaires; après avoir composé leurs balles & ballots, feront leurs déclarations au Bureau desdits lieux des ventes du nombre des balles & ballots des toiles de coton blanches, mousselines & mouchoirs dont l'entrée & l'usage sont permis dans le Royaume, pour quelque destination que ce soit.

### III.

LESDITES balles ou ballots seront portés aux poids qui seront établis par le Fermier aux endroits les plus proches des magasins des Marchands, & lesdits poids seront, suivant l'usage, servis par les ouvriers & journaliers desdits Marchands, pour y être lesdites balles ou ballots pesés en présence des Commis du Fermier, & ensuite plombés des plombs particuliers aux différentes destinations desdites marchandises; & il ne pourra être fait aucune visite ni ouverture desdites balles ou ballots à Nantes & autres lieux où se feront les ventes, sinon en cas de soupçon de fraude, à la charge cependant des dommages & intérêts des Marchands pour leur retardement, & même des frais d'emballages, s'il n'y a point de contravention : & seront tenus les Commis du Fermier, ainsi que les Marchands & Adjudicataires & Cessionnaires, de certifier les poids desdites balles & ballots aussi-tôt qu'ils auront été pesés & plombés.

### IV.

LES voituriers & conducteurs desdites marchandises, soit par eau ou par terre, seront tenus, sous les peines portées par l'Ordonnance de 1687, de conduire directement leurs marchandises à tous les Bureaux de leur route, d'y représenter leurs acquits de payement ou à caution, pour y faire mettre le vû, & cependant les Commis n'apporteront aucun retardement.

### V.

LES vérifications du nombre des balles & ballots, & du poids, la reconnoissance des plombs & les visites des marchandises contenues dans lesdites balles ou ballots, seront faites dans les lieux des deſtinations pour les Provinces des cinq groſſes Fermes, & pour les Provinces réputées étrangeres, par les Commis du Fermier, & dans les derniers Bureaux de ſortie pour les marchandiſes deſdites ventes deſtinées pour le pays étranger, par terre en tranſit, à l'effet de quoi leſdites balles & ballots ſeront ouverts, & au cas de fraude, les ſaiſies ſeront faites & les marchandiſes confiſquées, ſuivant les Réglemens.

## VI.

ORDONNE Sa Majeſté que les autres diſpoſitions contenues dans les différens Arrêts & Réglemens concernant la Compagnie des Indes & ſes Fermes générales, ſeront exécutées ſelon leur forme & teneur, en ce qui n'y ſera pas dérogé par le préſent Arrêt, lequel ſera exécuté, & ſur icelui toutes Lettres néceſſaires ſeront expédiées. FAIT au Conſeil d'Etat du Roi, tenu à Compiegne le vingt-un Juillet mil ſept cent trente-trois. *Collationné. Signé* GUYOT.

ARREST

# ARREST
## DU CONSEIL D'ÉTAT
## DU ROY,

*QUI permet à la Compagnie des Indes de se servir des eaux du pré Pontiquiau, & de les faire passer dans le parc de l'Orient.*

Du 22 Août 1733.

*Extrait des Registres du Conseil d'Etat.*

SUR la requête présentée au Roi étant en son Conseil par les Syndics & Directeurs de la Compagnie des Indes, pour & au nom de ladite Compagnie, contenant que le grand nombre des ouvriers & matelots qu'elle entretient au port de l'Orient, sont dans une indispensable nécessité, faute d'eau potable, de boire des eaux de puits malsaines & souvent gâtées par les transpirations des marées, ce qui leur cause beaucoup de maladies : que les eaux que la Compagnie prend dans la riviere au-dessus de la ville d'Hennebond, à plus de deux lieues de distance du port de l'Orient, pour les Vaisseaux qu'elle arme audit lieu, se trouvent aussi de mauvaise qualité, par rapport aux marées qui remontent dans ladite riviere ; ce qui auroit obligé la Compagnie, pour éviter les maladies fréquentes des sujets du Roi & pour conserver les équipages des Vaisseaux de la Compagnie, de faire les recherches les plus exactes pour avoir de bonnes eaux : qu'enfin elle auroit trouvé dans les terres, à la distance d'environ une demi-lieue de la ville de l'Orient, des sources appartenantes à différens particuliers, dont les eaux se trouvent bonnes, suivant les épreuves qui en ont été faites, auquel effet elle auroit fait lever le plan du terrein sur lequel lesdites sources sont situées, & de celui qui est nécessaire pour la conduite desdites eaux depuis leurs sources jusques dans le parc du port de l'Orient, duquel terrein elle auroit fait dresser une carte générale, avec les noms des propriétaires. Comme il lui est de la derniere conséquence d'en acquérir la propriété, sans qu'elle puisse y être troublée à l'avenir, & que cette acquisition ne pourra en aucune maniere altérer d'eau les cantons voisins, attendu le nombre d'autres fontaines qu'il y a aux environs, & qui suffisent pour l'usage & la consommation des habitans, les Syndics & Directeurs audit nom requiérent qu'il plaise à Sa Majesté leur permettre de prendre les eaux des sources du pré Pontiquiau de Dejou, des deux prés de Kersabiet, du Favoit & de la Croix blanche, situées derriere la lande de Lanveure, & de conduire ces eaux à travers les terres des terreins des particuliers sur lesquels il conviendra de passer, à condition de dédommager tant les propriétaires des fontaines que ceux des terreins sur lesquels on passera, suivant l'estimation qui en sera faite par des personnes dont les parties conviendront, & en cas de contestation, de s'en rapporter à ce qui sera réglé par le sieur des Gallois de la Tour, Intendant de la Province de Bretagne; d'ordonner qu'il sera pris deux toises de largeur de terrein, une de chaque côté de la conduite en toute la longueur de son cours, qui demeureront en toute propriété à la Compagnie, en les remboursant aux propriétaires en la maniere ci-dessus expliquée, sur lequel terrein il ne sera pas permis de labourer, ni aux riverains d'approcher plus près d'une toise de chaque côté ; d'ordonner pareillement que les particuliers riverains ne pourront planter aucuns arbres plus près de trois toises de chaque côté, pour que les racines ne puissent pas pénétrer dans la tranchée, & y produire des queues de renard qui boucheroient la conduite, & que s'il se trouve des arbres plus près de cette distance, ils seront coupés & abbattus : & Sa Majesté voulant procurer les commodités nécessaires pour le commerce de la Compagnie des Indes ; vû ladite requête & la carte du terrein pour la conduite des eaux ; oui le rapport du sieur Orry, Conseiller d'Etat, & ordinaire au Conseil Royal, Contrôleur général des Finances, LE ROI E'TANT EN SON CONSEIL, a permis & permet aux Syndics & Directeurs de la Compagnie des Indes de se servir des eaux des sources & fontaines du pré Pontiquiau de Dejou, de deux prés de Kersabiet, du Favoit & de la Croix blanche, situées derriere la lande de Lanveure, de faire des regards & réservoirs desdites eaux dans les endroits qui seront jugés nécessaires, & de les faire conduire en tuyaux à travers les terres des terreins des particuliers sur lesquels il conviendra qu'elles passent depuis leurs sources jusques dans le parc du port de l'Orient, suivant le plan qui a été dressé à cet effet, dont copie est annexée à la minute du présent Arrêt : permet en outre Sa Majesté de prendre jusqu'à concurrence de deux toises de largeur du terrein dans toute la longueur de la conduite desdites eaux, dont une toise sera de chaque côté des tuyaux, lesquels demeureront en toute propriété à la Compagnie des Indes, en remboursant par elle aux propriétaires la valeur des terreins, & à la charge de dédommager les propriétaires des fontaines suivant l'estimation qui en sera faite par des experts dont les parties conviendront à l'amiable, sinon, en cas de contestation, ordonne Sa Majesté que les parties se pourvoiront pardevant le sieur Commissaire départi en la Province de Bretagne, que Sa Majesté a commis & commet pour les entendre & régler leurs différens : fait défenses aux propriétaires riverains & à tous autres de planter aucuns arbres qu'à la distance de trois toises de chaque côté dudit terrein, à

M m ij

peine de tous dépens, dommages & intérêts : ordonne que ceux qui se trouveront plantés plus près de cette distance, feront coupés & abbattus par les propriétaires, sinon permet à la Compagnie des Indes de les faire abbattre : & seront sur le présent Arrêt toutes Lettres expédiées. FAIT au Conseil d'Etat du Roi, Sa Majesté y étant, tenu à Versailles le vingt-deuxiéme jour d'Août mil sept cent trente-trois. *Signé* PHELYPEAUX.

LOUIS, PAR LA GRACE DE DIEU, ROI DE FRANCE ET DE NAVARRE, au premier notre Huissier ou Sergent sur ce requis. Nous te mandons & commandons par ces Présentes, signées de notre main, que l'Arrêt dont l'extrait est ci-attaché sous le contre-scel de notre Chancellerie, ce jourd'hui donné en notre Conseil d'Etat, nous y étant, pour les causes y contenues, tu signifies à tous qu'il appartiendra, à ce que personne n'en ignore, & fais en outre pour son entiere exécution tous actes & exploits requis & nécessaires, sans autre permission ; car tel est notre plaisir. DONNE' à Versailles le vingt-deuxiéme jour d'Août, l'an de grace mil sept cent trente-trois, & de notre regne le dix-huitiéme. *Signé* LOUIS. *Et plus bas*; par le Roi, PHELYPEAUX. Scellé & contre-scellé du grand Sceau de cire jaune.

# ARREST
## DU CONSEIL D'ÉTAT
## DU ROY,

CONCERNANT la Loterie d'Actions de la Compagnie des Indes.

Du 24 Août 1733.

*Extrait des Registres du Conseil d'Etat.*

LE Roi s'étant fait représenter l'Arrêt du Conseil du 2 Mai 1730, par lequel Sa Majesté auroit ordonné qu'il seroit pris sur ses revenus les fonds nécessaires au remboursement d'une certaine quantité d'actions de la Compagnie des Indes ; & jugeant à propos de suspendre pour un temps le remboursement desdites actions ; oui le rapport du sieur Orry, Conseiller d'Etat, & ordinaire au Conseil Royal, Contrôleur général des Finances, SA MAJESTÉ ETANT EN SON CONSEIL, a ordonné & ordonne qu'à commencer du 25 du présent mois, la Loterie des actions de la Compagnie des Indes sera suspendue, jusqu'à ce que Sa Majesté en ait autrement ordonné. FAIT au Conseil d'Etat du Roi, Sa Majesté y étant, tenu à Versailles le vingt-quatriéme jour d'Août mil sept cent trente-trois.

Signé PHELYPEAUX.

# ARREST
## DU CONSEIL D'ÉTAT
## DU ROY,

CONCERNANT les Droits dûs à l'entrée des cinq grosses Fermes du Royaume, & autres Droits dûs à l'entrée de la ville de Paris, sur les toiles de coton blanches, mousselines & mouchoirs, provenant de la vente de la Compagnie des Indes.

Du 1 Septembre 1733.

*Extrait des Registres du Conseil d'Etat.*

SUR la requête présentée au Roi étant en son Conseil par les Marchands de la ville de Paris qui fréquentent les ventes de la Compagnie des Indes, contenant qu'ils ont appris que pour assurer les droits dûs à l'entrée des cinq grosses Fermes du Royaume sur les toiles de coton blanches, mousselines & mouchoirs dont ils se rendent Adjudicataires aux ventes de ladite Compagnie, & éviter le dépérissement de leurs marchandises par des visites auxquelles ils étoient assujettis pour vérifier les aunages desdites toiles, les Fermiers généraux & les Syndics & Directeurs de la Compagnie des Indes ont tenu plusieurs conférences, tant pour la sûreté desdits droits que pour prévenir les abus qui pourroient se commettre, & procurer aux Négocians une prompte & facile expédition, sans que les droits de Sa Majesté en souffrent : le résultat de ces conférences a été de supplier Sa Majesté de changer la nature dudit droit de dix-huit sols par pièce de dix aunes de toiles de coton & mousselines dont l'entrée est permise dans le Royaume, & portée par le Tarif de 1664 en celui de quarante livres par cent pesant brut, pour l'entrée des cinq grosses Fermes ; celui du contrôle de la ville de Paris à quatre livres du cent pesant aussi brut, au lieu de deux sols huit deniers par pièce ; & à l'égard de la ville de Lyon, à dix-huit livres du cent pesant, au lieu de dix sols six deniers par pièce de dix aunes du Tarif de 1664 ; sur quoi Sa Majesté a rendu un Arrêt en conformité : les Marchands de Paris toujours soumis aux volontés de Sa Majesté, ont représenté à la Compagnie des Indes qu'en exécutant cet Arrêt ils ne se trouveront pas soulagés, si le droit d'aunage à l'entrée de Paris attribué aux Auneurs de la même ville, ne suit le même sort de celui des droits du Tarif de 1664, parce que le droit des Auneurs se percevant à l'aune, ils entendroient faire déballer les marchandises fines pour les compter & en vérifier les aunages, ainsi que les Fermiers généraux l'avoient prétendu. Les Supplians ont fait connoître aux Auneurs qu'en se conformant à ce qui a été réglé pour les droits de Sa Majesté, la perception de leurs droits de onze deniers par aune étoit plus assurée à dix-huit livres du cent pesant brut ; ils se défendent néanmoins d'y consentir sur des prétextes spécieux, qui ne tendent qu'à fatiguer les Négocians & à porter un préjudice considérable sur des marchandises blanches & fines, qui ne peuvent être touchées avec trop de soin & de délicatesse, & qui causeroient des pertes certaines & considérables aux Négocians, si elles étoient exposées à la visite que les Auneurs en prétendent faire. Les Supplians ont lieu d'espérer que Sa Majesté toujours attentive au bien général du commerce de son Royaume, ne permettra pas qu'ils soient troublés par les Auneurs de Paris ;

& comme les Fermiers généraux, qui perçoivent les droits plus considérables de vingt-deux livres par chaque cent pesant que celui des Auneurs, se sont portés à le prendre sur le poids, par les considérations dans lesquelles ils ont entré & qu'ils ont reconnu justes, Sa Majesté voudra bien aussi ordonner que le droit d'aunage sera perçû de la même maniere à dix-huit livres du cent pesant. Requéroient à ces causes les Supplians qu'il plût à Sa Majesté ordonner que le droit d'aunage sur les toiles de coton blanches & mousselines dont l'entrée est permise dans le Royaume, sera par eux payé à l'entrée de la ville de Paris aux Auneurs de toiles, à raison de dix-huit livres du cent pesant brut ; faire défenses auxdits Auneurs de toiles d'ouvrir les ballots dans lesquels lesdites toiles & mousselines seront renfermées pour être par eux aunées, ni d'en exiger les droits à l'avenir à raison de onze deniers par aune, à peine de tous dépens, dommages & intérêts, & sous telle autre peine qu'il plaira à Sa Majesté d'ordonner. Vû ladite requête ; oui le rapport du sieur Orry, Conseiller d'Etat, & au Conseil Royal, Contrôleur général des Finances, LE ROI EN SON CONSEIL, a ordonné & ordonne que ladite requête sera communiquée aux Auneurs de toiles de la ville de Paris, pour y fournir de réponse dans quinzaine ; pour ce fait, ou faute de ce faire être par Sa Majesté ordonné ce qu'il appartiendra ; & cependant ordonne Sa Majesté que les Marchands de la ville de Paris payeront par provision aux Auneurs de toiles les droits d'entrée en ladite ville, des toiles de coton blanches & mousselines, à raison de dix-huit livres du cent pesant brut, jusqu'à ce qu'autrement il en ait été ordonné. FAIT au Conseil d'Etat du Roi, tenu à Versailles le premier Septembre mil sept cent trente-trois. *Collationné. Signé* GUYOT, *avec paraphe*.

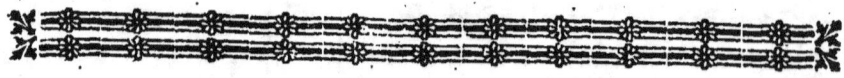

# ARREST
## DU CONSEIL D'ÉTAT,
## DU ROY,

*QUI ordonne que par le Sieur de la Tour ou son Subdélegué, il sera fait Inventaire des marchandises qui composent le chargement des Vaisseaux le Mars, le Duc de Chartres & autres.*

Du 28 Septembre 1733.

*Extrait des Regiftres du Conseil d'Etat.*

SUR la requête préfentée au Roi étant en fon Confeil par les Syndics & Directeurs de la Compagnie des Indes, contenant que les Vaiffeaux le Mars, le Duc de Chartres, l'Athalante, le Philibert, le Dauphin, le faint Louis, le Duc d'Anjou, le Griffon, la Duchesse & la Reine, venant de Moka, la Chine, Pondichery, Bengale & l'iſle Bourbon, font arrivés au port de l'Orient les 19 Avril, 4 & 21 Mai, 2, 12, 15 & 17 Août de la préfente année, chargés de caffé, thé, poivre, bois rouge, cauris, toutenague, cardamome, fené, gomme gutte, galanga, efquine, cinabre, gomme, laque plate ou en feuille & pour la teinture, coton filé, foye écrue, porcelaines, éventails, cabarets, rottins, & autres épiceries & drogueries, étoffes de foye, damas, fatins unis, rayés, Pekins, gourgourans & autres marchandifes prohibées, toiles de coton blanches & mouffelines, toiles teintes, peintes

& rayées de couleurs, mouchoirs de coton & autres ; de toutes lesquelles marchandises, tant permises que prohibées, la vente doit être faite dans la ville de Nantes, après cependant que sur toutes les mousselines, toiles de coton blanches, & mouchoirs de coton de Bengale & de Masulipatan, sujets à la marque, il aura été seulement apposé celle qu'il a plû à Sa Majesté ordonner par Arrêt du 28 Avril 1711, dont l'empreinte est au pied dudit Arrêt, & dont l'apposition a été changée par autre Arrêt du 3 Mars 1733, laquelle marque sera imprimée sur un morceau de parchemin, signé par le sieur Estoupan, commis par Arrêt du 31 Mai 1727, & par les sieurs Michel & Estoupan de Laval, aussi commis par autre Arrêt du 30 Juin 1731, ou par l'un d'eux seulement, à l'effet qu'il ne soit débité dans le Royaume aucunes des marchandises ci-dessus spécifiées, autres que celles de la Compagnie des Indes, conformément aux Arrêts des 10, 24 Février & 13 Mars 1691, Déclaration de Sa Majesté du 9 Mai 1702, & autres Arrêts & Réglemens rendus en conséquence concernant le commerce de ladite Compagnie, & notamment à ceux des 10 Décembre 1709 & 4 Juin 1715, rendus en interprétation de celui du 27 Août 1709, à l'Arrêt du 11 Juin 1714, à l'Edit du mois de Mai 1719, portant réunion des Compagnies des Indes & de la Chine à la Compagnie d'Occident, à présent nommée Compagnie des Indes, & à l'Arrêt du 9 Mai 1724, qui permet à la Compagnie de vendre dans le Royaume des mouchoirs de coton, mouchoirs de soye & coton, écorce & soye, & écorce, apportés dans ses Vaisseaux, & à tous Négocians, Marchands & autres particuliers qui les ont achetés de ladite Compagnie, d'en faire débit & usage, en payant seulement pour toutes les toiles de coton blanches, mousselines, mouchoirs de coton de Bengale & de Masulipatan, les droits d'entrée réglés par l'Arrêt du 21 Juillet dernier, au lieu de ceux portés par le Tarif de 1664; & pour toutes les autres marchandises autres que les toiles de coton blanches, mousselines & mouchoirs ci-dessus spécifiés, les droits d'entrée portés par le Tarif de 1664, pour les marchandises qui y sont dénommées & contenues, & trois pour cent de la valeur de celles qui n'y sont pas comprises, suivant & conformément à l'article XLIV de l'Edit d'établissement de ladite Compagnie, Arrêts rendus en conséquence, à l'Edit du mois de Juin 1725, à l'Arrêt du 28 Septembre 1726, & à ceux des 24 Août 1728 & 8 Juillet 1732, rendus en interprétation, & à l'Arrêt du 14 Septembre 1728, portant confirmation de celui du 8 Septembre 1722, Sa Majesté ayant dispensé les Marchands & Négocians de l'apposition de la seconde marque par Arrêt du 11 Juin 1732. A ces causes, requéroient les Syndics & Directeurs de la Compagnie des Indes, qu'il plût à Sa Majesté sur ce pourvoir. Vû lesdits Arrêts des 10, 24 Février & 13 Mars 1691, Déclaration de Sa Majesté du 9 Mai 1702, Arrêts des 27 Août & 10 Décembre 1709, 28 Avril 1711, 11 Juin 1714, l'Edit du mois de Mai 1719, portant réunion des Compagnies des Indes Orientales & de la Chine à celle d'Occident, à présent nommée Compagnie des Indes, l'Arrêt du 9 Mai 1724, l'Edit du mois de Juin 1725, les Arrêts des 28 Septembre 1726, 24 Août & 14 Septembre 1728, ceux des 8 & 11 Juillet 1732, 3 Mars & 21 Juillet 1733 ; oui le rapport du sieur Orry, Conseiller d'Etat, & ordinaire au Conseil Royal, Contrôleur général des Finances, LE ROI ÉTANT EN SON CONSEIL, a ordonné & ordonne que par le sieur des Gallois de la Tour, Conseiller en ses Conseils, Maître des Requêtes ordinaire de son Hôtel, Commissaire départi en la Province de Bretagne, ou par celui qu'il subdéléguera à cet effet, il sera fait en la présence du sieur Richard, commis par le Conseil pour l'exécution de l'Arrêt du 18 Mai 1720, inventaire des marchandises qui composent le chargement desdits Vaisseaux le Mars, le Duc de Chartres, l'Athalante, le Philibert, le Dauphin, le saint Louis, le Duc d'Anjou, le Griffon, la Duchesse & la Reine, lequel inventaire sera divisé en trois chapitres, dont le premier comprendra les marchandises sujettes à la marque, comme toiles de coton blanches, mousselines, mouchoirs de coton de Bengale & de Masulipatan, mouchoirs de soye & coton, écorce & soye, & écorce; le deuxiéme, les drogueries & épiceries, comme caffé, thé, poivre, bois rouge, cauris, toutenague & cardamome, séné, gomme gutte, galanga, esquine, cinabre, gomme, laque plate ou en feuilles, & pour la teinture, coton filé, soye écrue, porcelaines, éventails, cabarets, rottins, & autres épiceries & drogueries; & le troisiéme chapitre sera composé des mouchoirs de Pondichery, toiles peintes, teintes & rayées de couleurs, damas, satins unis, rayés, Pekins, gourgourans, & autres étoffes dont l'usage & le débit sont prohibés dans le Royaume, & qui, quoique chargées sur les Vaisseaux de ladite Compagnie des Indes, ne peuvent y être vendues qu'à condition qu'elles seront envoyées à l'Etranger: ordonne aussi Sa Majesté que toutes lesdites piéces de toiles de coton blanches, mousselines & mouchoirs de coton, soye & coton, écorce & soye, & écorce, spécifiées par le premier chapitre dudit inventaire, seront marquées aux deux bouts de chaque piéce d'une seule & unique marque pareille à l'empreinte étant au pied dudit Arrêt du 28 Avril 1711, & dont l'apposition a été changée par autre Arrêt du 3 Mars 1733, laquelle marque sera imprimée sur un morceau de parchemin, signé par le sieur Estoupan, commis par Arrêt du 30 Mai 1727, & par les sieurs Michel & Estoupan de Laval, aussi commis par autre Arrêt du 30 Juin 1731, ou par l'un d'eux seulement, laquelle marque sera attachée au chef & à la queue de chaque piéce, avec le plomb de ladite Compagnie, en présence dudit Subdélégué ou autre qui sera commis par ledit sieur des Gallois de la Tour, sans que les Marchands & Négocians puissent être tenus de rapporter lesdites marques, ni de faire mention sur leurs registres des noms de ceux auxquels ils pourront revendre des piéces entieres, ni être sujettes à l'apposition des secondes marques, supprimées par l'Arrêt du 11 Juin 1732: ordonne Sa Majesté qu'après l'apposition des marques portées par les Arrêts des 28 Avril 1711 & 3 Mars 1733, sur lesdites piéces de toiles de coton blanches, mousselines, mouchoirs de coton, foye & coton, écorce & foye, & écorce, toutes les marchandifes des Indes & de la Chine venues fur lefdits Vaiffeaux, feront inceffamment vendues en la ville de Nantes en la maniere accoûtumée, en préfence d'un ou de plufieurs des Syndics & Directeurs de la Compagnie des Indes, & du fieur Richard, en payant les droits d'entrée réglés par l'Arrêt du 21 Juillet dernier, pour toutes les toiles de coton blanches, mouffelines, mouchoirs de coton de Bengale & de Mafulipatan, au lieu de ceux portés par le Tarif de 1664, & pour toutes les autres marchandifes autres que les toiles de coton blanches, mouffelines & mouchoirs ci-deffus fpécifiés, les droits d'entrée portés par le Tarif de 1664, pour les marchandifes qui y font dénommées & contenues, & trois pour cent de la valeur de celles qui n'y font pas comprifes, fuivant & conformément à l'article XLIV de l'Edit du mois d'Août de la même année, aux Arrêts des 29 Avril & 22 Novembre 1692, 28 Septembre 1726, 24 Août & 14 Septembre 1728, & 8 Juillet 1732; & à l'égard des toiles de coton teintes, peintes ou rayées de couleur, damas, fatins & autres étoffes provenant des Indes & de la Chine, la vente & adjudication n'en pourra être faite qu'à condition qu'elles feront envoyées à l'Etranger par les Adjudicataires, dans fix mois au plus tard du jour de l'adjudication, dans la forme, pour les pays & avec les précautions prefcrites par l'article LII de l'Arrêt du 11 Juin 1714, & jufqu'auxdits envois elles feront mifes dans les magafins d'entrepôt, conformément auxdits Arrêts des 18 Mai 1720, 28 Septembre 1726, 24 Août & 14 Septembre 1728, & 8 Juillet 1732: veut Sa Majefté qu'à la requête des Syndics & Directeurs de la Compagnie des Indes, il foit fait une vifite defdites marchandifes des Indes qui fe trouveront chez lefdits Marchands & Négocians, & tous autres de quelque qualité & condition qu'ils puiffent être, même qu'il leur foit permis de faire faifir celles qui ne feront pas marquées des marques prefcrites par les Arrêts des 28 Avril 1711 & 3 Mars 1733; & Sa Majefté voulant affurer de plus en plus l'exécution defdits Arrêts dans la ville de Paris, & favorifer le débit des Marchands qui font un commerce loyal desdites marchandises, lequel est souvent dérangé par les fraudeurs & colporteurs inconnus, même empêcher que les Détailleurs, qui s'excusent ordinairement des contraventions qu'on leur impute sur le peu de connoissance qu'ils disent avoir des véritables marques, ne puissent être trompés, fait très-expresses inhibitions & défenses, sous peine de trois mille livres d'amende, à tous Détailleurs & Détailleuses qui employent lesdites toiles de coton blanches, mousselines, mouchoirs de coton, soye & coton, écorce & soye, & écorce, d'acheter aucunes piéces que des Marchands connus & domiciliés, sauf aux Détailleurs & Détailleuses à obliger lesdits Marchands de signer leur nom au dos de chaque marque en parchemin qui sera apposée sur les piéces vendues, pour y avoir recours en cas de besoin : enjoint Sa Majesté au sieur Herault, Conseiller d'Etat, Lieutenant général de Police de la ville de Paris, & aux sieurs Intendans & Commissaires départis dans les Provinces & Généralités du Royaume, de tenir la main à l'exécution du présent Arrêt, qui sera lû, publié & affiché par-tout où besoin sera, & exécuté nonobstant toutes oppositions ou empêchemens quelconques. FAIT au Conseil d'Etat du Roi, Sa Majesté y étant, tenu à Versailles le huitiéme jour de Septembre mil sept cent trente-trois. Signé PHELYPEAUX.

LOUIS, PAR LA GRACE DE DIEU, ROI DE FRANCE ET DE NAVARRE, Dauphin de Viennois, Comte de Valentinois & Dyois, Provence, Forcalquier & terres adjacentes ; à notre amé & féal Conseiller en notre Conseil d'Etat, le sieur Herault, Lieutenant général de Police de notre bonne Ville, Prévôté & Vicomté de Paris, & aux sieurs Intendans & Commissaires départis pour l'exécution de nos ordres dans les Provinces & Généralités de notre Royaume : SALUT. Nous vous mandons & enjoignons par ces Présentes, signées de nous, de tenir, chacun en droit soi, la main à l'exécution de l'Arrêt ci-attaché sous le contre-scel de notre Chancellerie ; ce jourd'hui donné en notre Conseil d'Etat, nous y étant, pour les causes y contenues : commandons au premier notre Huissier ou Sergent sur ce requis, de signifier ledit Arrêt à tous qu'il appartiendra, à ce que personne n'en ignore, & de faire pour son entiere exécution tous actes & exploits requis & nécessaires, sans autre permission, nonobstant clameur de Haro, Charte Normande & Lettres à ce contraires : voulons qu'aux copies dudit Arrêt & des Présentes, collationnées par l'un de nos amés & féaux Conseillers-Secrétaires, foi soit ajoutée comme aux originaux ; car tel est notre plaisir. DONNÉ à Versailles le huitiéme jour de Septembre mil sept cent trente-trois, & de notre regne le dix-neuviéme. *Signé* LOUIS. *Et plus bas ;* Par le Roi Dauphin, Comte de Provence, *signé* PHELYPEAUX.

JEan-Baptiste des Gallois, Chevalier, Seigneur de la Tour, Glené, Chezelles, Dompierre & autres lieux, Conseiller du Roi en ses Conseils, Maître des Requêtes ordinaire de son Hôtel, Commissaire départi par Sa Majesté pour l'exécution de ses ordres en la Province de Bretagne. Vû l'Arrêt du Conseil ci-dessus & la commission du grand Sceau expédiée sur icelui, nous ordonnons que ledit Arrêt sera exécuté selon sa forme & teneur, en conséquence avons commis le sieur Vedier, Général des Finances, notre Subdélegué à Nantes, & en son absence le sieur Gellée, Secrétaire du Roi, pour l'exécution des dispositions qui nous concernent. Fait le seize Septembre mil sept cent trente-trois. *Signé* DE LA TOUR. *Et plus bas ;* par Monseigneur, *signé* PALTEAU.

# ARREST
## DU CONSEIL D'ÉTAT
## DU ROY,

QUI déclare différents Ecrits, Lettres, & Libelles anonymes, répandus dans l'Isle de Bourbon, & plusieurs Requêtes presentées à Sa Majesté, calomnieux & injurieux.

Du 6 Octobre 1733.

*Extrait des Regiſtres du Conſeil d'Etat.*

LE Roi étant en son Conseil, ayant été informé qu'il s'est répandu dans les Colonies des isles de Bourbon & de France, différentes lettres, écrits & libelles anonymes, les uns signés Dumesnil, les autres signés Feydeau Dumesnil, lesquels y ont été apportés l'année derniere par le Vaisseau de la Compagnie des Indes la Diane, & qui tendent à mettre la désunion dans le gouvernement desdites Colonies, à ôter aux habitans établis en icelles la confiance qu'ils doivent avoir envers la Compagnie des Indes, à laquelle Sa Majesté a concédé lesdites Colonies, & qui est chargée de leur administration, & envers ceux qui y sont préposés par ladite Compagnie pour commander & régir les affaires, & enfin à inspirer aux habitans un mécontentement général : qu'il est même employé dans lesdites lettres & libelles anonymes, des termes insolens, séditieux & capables de porter à la re-
volte,

volte, pour raison de quoi il auroit été informé dans ladite isle de Bourbon, à la requête du Procureur général de Sa Majesté au Conseil supérieur qui y est établi, contre les coupables de pareils excès : & ayant resulté par les procédures qui y ont été faites, que Jean-Charles Feydeau Dumesnil, ci-devant demeurant dans ladite Colonie de l'isle de Bourbon, quartier & Paroisse saint Paul, en est l'auteur, il auroit été rendu Arrêt le 22 Décembre 1732, portant que le procès concernant lesdites lettres & libelles anonymes, seroit envoyé à la Compagnie des Indes, avec les piéces justificatives en original, à l'effet de poursuivre telle réparation qu'il appartiendra ; à quoi le Conseil supérieur s'est déterminé, attendu l'absence dudit Feydeau Dumesnil, dont la mauvaise conduite & les débordemens en ladite Colonie, ont été cause que Sa Majesté y a envoyé ses ordres en 1727 pour le faire repasser en France, & lui faire défenses de retourner dans aucun temps dans ladite Colonie. Sa Majesté étant pareillement informée que le sieur Marion, Capitaine d'infanterie, qui avoit été nommé pour remplir la place de Major de l'isle de France, & le sieur Teinturier, ancien Avocat général au Parlement de Metz, qui avoit passé en ladite isle sous le nom supposé de Ginnecourt, & contre les intentions de la Compagnie des Indes, ont aussi présenté des requêtes au Conseil de Sa Majesté, remplies d'invectives atroces contre le gouvernement des isles de Bourbon & de France, & contre les Officiers qui en composent les Conseils supérieur & provincial, parce que la mauvaise conduite du sieur Marion avoit engagé le Conseil supérieur de Bourbon de délibérer & déterminer son renvoi en France ; & les cabales que ledit sieur Teinturier excitoit parmi les habitans, avoient donné lieu à la Compagnie des Indes d'obtenir un ordre de Sa Majesté le onziéme Janvier 1731 pour son rappel en France, afin de prevenir & empêcher la continuation des désordres qu'ils n'auroient pas manqué de fomenter dans ces Colonies, s'ils y fussent restés plus long-temps. Vû lesdites lettres & libelles anonymes, les informations faites à l'isle de Bourbon

Tome IV.                                                            O o le 23 Juillet 1732, l'Arrêt du Conseil supérieur du 22 Décembre suivant, & les autres piéces mentionnées dans le vû dudit Arrêt: vû aussi les requêtes présentées par lesdits sieurs Marion & Teinturier; & Sa Majesté ayant donné des ordres pour procéder contre lesdits Feydeau Dumesnil, Marion & Teinturier, pour raison desdites lettres, libelles anonymes & requêtes, & voulant empêcher qu'il ne se répande à l'avenir de pareils écrits dans aucunes de ces Colonies des Indes; oui le rapport du sieur Orry, Conseiller d'Etat, & ordinaire au Conseil Royal, Contrôleur général des Finances, & tout considéré, SA MAJESTE' E'TANT EN SON CONSEIL, a déclaré & déclare lesdites lettres & écrits signés Feydeau Dumesnil, & les libelles anonymes par lui envoyés à plusieurs habitans de l'isle de Bourbon, ensemble les requêtes présentées à Sa Majesté par lesdits Marion & Teinturier, calomnieux & injurieux: ordonne qu'il sera procédé contre lesdits Feydeau Dumesnil, Marion & Teinturier, ainsi qu'il appartiendra, & cependant que lesdites lettres & libelles anonymes envoyés par ledit Dumesnil à l'isle de Bourbon, seront brûlés par l'Exécuteur de la haute Justice: fait Sa Majesté très-expresses inhibitions & défenses auxdits Dumesnil, Marion & Teinturier, & à toutes autres personnes de quelque qualité & condition qu'elles soient, d'écrire ni d'envoyer dans les Colonies Françoises aux Indes, aucuns libelles, mémoires ou requêtes tendant à soustraire les habitans de l'obéissance qu'ils doivent aux Gouverneurs, Commandans, Officiers des troupes, Officiers de Justice & autres Employés & Préposés par la Compagnie des Indes pour la régie des affaires desdites Colonies, même à diminuer la confiance qu'ils auroient en tous lesdits Officiers, Employés & Préposés, à peine d'être procédé contre eux selon la rigueur des Ordonnances: enjoint Sa Majesté aux habitans établis dans lesdites Colonies, de rapporter aux Greffes des Conseils supérieurs ou Justices particulieres les plus proches de leur demeure, les mémoires, écrits & libelles aussi-tôt qu'ils les auront reçus; leur fait défenses de les donner en communication, de les faire courir dans le public ni d'en retenir copie, à peine d'être procédé contre eux comme auteurs & fauteurs desdits libelles, & d'être punis suivant la rigueur des Ordonnances : mande & ordonne Sa Majesté aux Gouverneurs des ville & fort de Pondichery, Commandans particuliers, Officiers des Conseils supérieurs de Pondichery & de l'isle de Bourbon, & du Conseil provincial de l'isle de France, & autres ses Officiers qu'il appartiendra, de tenir, chacun en droit soi, la main à l'exécution du présent Arrêt, lequel sera regiftré aux Greffes desdits Conseils supérieurs, lû, publié & affiché par-tout où besoin sera, afin que personne n'en ignore. FAIT au Conseil d'Etat du Roi, Sa Majesté y étant, tenu à Fontainebleau le sixiéme jour d'Octobre mil sept cent trente-trois. *Signé* PHELYPEAUX.

LOUIS, PAR LA GRACE DE DIEU, ROI DE FRANCE ET DE NAVARRE, à nos amés & féaux les Officiers des Conseils supérieurs de Pondichery & de l'isle de Bourbon, & du Conseil provincial de l'isle de France, & autres nos Officiers qu'il appartiendra : SALUT. Nous vous mandons & enjoignons par ces Présentes, signées de nous, de tenir, chacun en droit soi, la main à l'exécution de l'Arrêt dont l'extrait est ci-attaché sous le contre-scel de notre Chancellerie, ce jourd'hui donné en notre Conseil d'Etat, nous y étant, pour les causes y contenues, que nous voulons être lû, publié, affiché & regiftré en vos Greffes; car tel est notre plaisir. DONNE' à Fontainebleau le sixiéme jour d'Octobre, l'an de grace mil sept cent trente-trois, & de notre regne le dix-neuviéme. *Signé* LOUIS. *Et plus bas;* Par le Roi, *signé* PHELYPEAUX.

# ÉDIT DU ROY,

*PORTANT rétablissement des Offices de Gouverneurs, Lieutenans de Roi, Majors, Maires, Lieutenans de Maires, & autres Officiers des Hôtels-de-Ville.*

Donné à Fontainebleau au mois de Novembre 1733.

LOUIS, PAR LA GRACE DE DIEU, ROI DE FRANCE ET DE NAVARRE, à tous présens & à venir : SALUT. Nous avons par notre Edit du mois de Juillet 1724, supprimé les Offices de Gouverneurs, Lieutenans de nous & Majors des Villes closes de notre Royaume, les Offices de Maires, Lieutenans de Maires, Echevins, Jurats, Consuls, Capitouls, Assesseurs, Secrétaires, Greffiers des Hôtels-de-Ville & leurs Contrôleurs anciens mi-triennaux & alternatifs mi-triennaux, ceux d'Archers, Hérauts, Hoquetons, Valets de Ville, Tambours, Portiers, Concierges, & les Syndics des Paroisses & Greffiers des rôles des Tailles ; mais nous

---

*Nota.* L'on s'est contenté d'insérer ici l'Edit du mois de Novembre 1733 qui rétablit les Offices municipaux, parce que c'est en vertu de cet Edit que la Compagnie a acquis les Offices de la Ville & Communauté de l'Orient. Si l'on avoit voulu rapporter tous les anciens Édits & Arrêts, concernant ces Offices, il auroit fallu remonter jusqu'en 1622, ce qui auroit formé un volume de plus de 600 pages. On a donc pensé qu'il suffisoit de partir dans cette Collection de l'Edit du mois de Novembre 1733, parce que c'est le titre primitif, en vertu duquel la Compagnie jouit de ces charges municipales à l'Orient.

sommes informé que depuis la suppression desdits Offices la liberté des élections est presque toujours troublée par des intrigues qui en sont comme inséparables, & que des Officiers ainsi élûs n'ayant que peu de temps à demeurer dans leurs emplois, ne peuvent acquérir une connoissance parfaite des affaires concernant notre service & celui des Villes. Pour remédier à ces abus, nous avons jugé qu'il étoit nécessaire de créer & rétablir dans toutes les Villes & lieux de notre Royaume une partie desdits Offices en titres, pour les fonctions d'iceux être remplies par des Officiers qui dans un état fixe & permanent s'appliqueront avec plus de soin à satisfaire à tous les devoirs attachés à leurs Charges, & dont la finance nous servira à soutenir les dépenses de la guerre, & à éteindre & supprimer des capitaux de rentes sur la ville de Paris & sur les Tailles. A CES CAUSES & autres à ce nous mouvant, & de notre certaine science, pleine puissance & autorité Royale, nous avons par notre présent Edit perpétuel & irrévocable, créé, érigé & rétabli, créons, érigeons & rétablissons en titres d'Offices formés, les Offices de nos Gouverneurs & ceux de Lieutenans de nous dans les Villes closes de notre Royaume, un Office de notre Conseiller-Lieutenant des Prévôts des Marchands de nos villes de Paris & de Lyon, les Offices de nos Conseillers-Maires, Lieutenans de Maires, Echevins, Jurats, Consuls, Capitouls, Assesseurs, Secrétaires, Greffiers des Hôtels-de-Ville, & leurs Contrôleurs anciens mi-triennaux & alternatifs mi-triennaux, & ceux de nos Avocats & Procureurs desdits Hôtels-de-Ville, sans que, sous quelque prétexte que ce soit, ils puissent à l'avenir être supprimés: voulons que les acquéreurs d'iceux en joüissent aux mêmes fonctions, honneurs, rangs, séances, prérogatives, exemptions, droits & priviléges dont avoient droit de joüir les précédens titulaires avant la suppression ordonnée par Edit du mois de Juin 1717, de la même maniere & ainsi qu'il est plus amplement expliqué par les Edits des mois de Juillet 1690, Août 1692, Août 1696, Mai 1702, Janvier 1704, Décembre 1706, Octobre & Décembre 1708, Mars 1709 & Avril 1710, portant création des fufdits Offices, lefquels Edits nous voulons être exécutés felon leur forme & teneur, en tout ce qui ne fe trouvera pas contraire au préfent Edit; à l'effet de quoi il fera attaché fous le contre-fcel des Lettres de provifions qui feront expédiées en notre Grande Chancellerie, un imprimé de chacun defdits Edits, collationné par l'un de nos amés & féaux Confeillers-Secrétaires, Maifon, Couronne de France & de nos Finances; & à l'égard de l'exemption de la Taille perfonnelle & des francs-fiefs, entendons que les acquéreurs defdits Offices n'en jouiffent que dans le cas où leur finance fera de dix mille livres & au-deffus, & que ceux dont les Offices feront au-deffous de dix mille livres, foient taxés d'office, nonobftant tous Edits & Déclarations à ce contraires: attribuons à tous les Offices préfentement créés & rétablis, outre les droits dont joüiffent ceux qui en font actuellement les fonctions, des gages fur le pied de trois pour cent de leur finance principale, à prendre tant fur les deniers communs, patrimoniaux & d'octrois des Villes & Communautés, par préférence à toutes leurs dettes & charges, que fur les fonds qui feront par nous ordonnés, dont fera fait emploi dans nos états, defquels gages les pourvûs defdits Offices feront payés par les Receveurs des deniers communs, patrimoniaux & d'octrois, ou autres ayant le maniement des deniers des revenus defdites Villes & Communautés, ou par les Receveurs généraux de nos Finances, fur les fimples quittances defdits Officiers, qui feront paffées & allouées fans aucune difficulté dans les comptes de ceux qui en auront fait le payement: faifons défenfes à nos Baillifs, Sénéchaux & leurs Lieutenans, aux Prévôts, Vicomtes, Juges-Mages, Syndics & à tous autres, de prendre la qualité de Maires, d'en faire aucunes fonctions dans les Hôtels-de-Ville & autres lieux, ni de troubler les Maires & autres Officiers qui feront pourvûs en vertu du préfent Edit, à peine de trois mille livres d'amende; & fi dans le mois du jour de la publication du préfent Edit lefdits Offices n'étoient pas levés aux revenus casuels, il sera par nous commis aux fonctions d'iceux par Commissions du grand Sceau. La finance principale desdits Offices & six deniers pour livre d'icelle, seront payés sur les quittances du Receveur de nos revenus casuels; sçavoir, la finance principale, un tiers en espéces, un tiers en capitaux de rentes sur l'Hôtel-de-Ville de Paris, & le tiers restant en quittances de rentes sur les Tailles, en fournissant par les propriétaires desdites rentes les quittances de remboursement & autres actes nécessaires pour l'extinction & la suppression entiere desdites rentes : à l'égard des six deniers pour livre, ils seront payés en espéces, étant destinés au payement des frais du recouvrement. Permettons à toutes personnes, gradués ou non gradués, d'acquérir & posséder les Offices anciens mi-triennaux & alternatifs mi-triennaux, avec faculté de les exercer conjointement ou de les désunir, vendre & faire exercer séparément : pourront pareillement lesdits Offices être acquis & exercés par toutes personnes pourvûes d'autres Offices, sans incompatibilité & sans qu'il soit nécessaire d'obtenir Lettres à cet effet, dont nous les avons dispensé & dispensons. Le droit annuel desdits Offices sera réduit à la moitié de ce qu'ils en devroient payer sur le pied de la finance desdits Offices, sans être assujettis au payement du prêt, dont nous les avons déchargés & déchargeons. Les pourvûs desdits Offices entreront en joüissance d'iceux immédiatement après leur réception, à commencer par les acquéreurs des Offices anciens mi-triennaux, pour continuer alternativement d'année en année par les acquéreurs des Offices alternatifs mi-triennaux, en vertu des provisions qui seront scellées en notre Grande Chancellerie ; à l'effet de quoi nous avons révoqué & révoquons par le présent Edit toutes Lettres de Provisions ou de Commissions que nous pourrions avoir ci-devant accordées pour faire les fonctions d'aucuns desdits Offices. Voulons qu'ils soient reçûs & prêtent le serment ordinaire ; sçavoir, les Gouverneurs entre les mains de notre très-cher & féal Chevalier Garde des Sceaux de France , ou pardevant nos Intendans & Commiſſaires départis dans les Provinces & Généralités de notre Royaume, ſur les Commiſſions qui leur feront par lui adreſſées à cet effet; & nos Lieutenans entre les mains des Gouverneurs ou Commandans dans les Provinces, ou de ceux qui feront par eux ſubdélégués : à l'égard des Officiers municipaux, ils feront reçûs & prêteront le ſerment ; ſçavoir, les Maires des Villes où il y a Cours ſupérieures, Archevêché, Evêché ou Préſidial, pardevant les Cours de Parlement de leur reſſort ; les Lieutenans des Prévôts des Marchands des villes de Paris & de Lyon, devant les Prévôts des Marchands deſdites villes ; les Maires des autres Villes, Bourgs & Communautés, devant le plus prochain Juge Royal ; les Lieutenans de Maires, les Echevins, Jurats, Conſuls, Capitouls, Aſſeſſeurs, Secrétaires, Greffiers des Hôtels-de-Ville & leurs Contrôleurs, nos Avocats & Procureurs, devant les Maires des lieux de leur établiſſement, ou autres Officiers en charge créés par le préſent Edit, ſi aucuns ſont inſtallés, ſinon feront reçûs & prêteront ſerment pardevant le plus prochain Juge Royal : diſpenſons les Officiers de Judicature actuellement en charge qui auront été reçûs & prêté ſerment dans aucunes de nos Cours ſupérieures, d'une nouvelle réception & d'un nouveau ſerment pour les Offices de Maires qu'ils acquerront dans le reſſort des mêmes Cours : diſpenſons pareillement d'une nouvelle réception & d'un nouveau ſerment devant le plus prochain Juge Royal les acquéreurs deſdits Offices qui auront été reçûs dans quelque autre Office de Judicature dont ils ſont actuellement pourvûs : voulons que les proviſions des Officiers ainſi diſpenſés de nouvelles réceptions & de nouveaux ſermens, ſoient ſeulement regiſtrés eſdites Cours de Parlement ou auxdites Juſtices Royales : permettons aux acquéreurs des Offices rétablis par le préſent Edit, d'emprunter les deniers néceſſaires pour l'acquiſition d'iceux, & voulons que ceux qui leur prêteront leurs deniers ayent privilége pour raiſon deſdits prêts ſur leſdits Offices ; à l'effet de quoi mention en ſera faite dans les quittances de

finance

finance qui leur seront délivrées : s'il intervient quelque contestation sur l'exécution du présent Edit, voulons qu'elles soient réglées en notre Conseil, auquel nous en avons réservé la connoissance, & icelle interdite à toutes nos Cours & Juges. Si donnons en mandement à nos amés & féaux Conseillers les Gens tenant notre Cour de Parlement, Chambre des Comptes & Cour des Aydes à Paris, que notre présent Edit ils ayent à faire lire, publier & regiſtrer, & le contenu en icelui garder, obſerver & exécuter ſelon ſa forme & teneur ; car tel eſt notre plaiſir. Et afin que ce ſoit choſe ferme & ſtable à toujours, nous y avons fait mettre notre Scel. DONNÉ à Fontainebleau au mois de Novembre l'an de grace mil ſept cent trente-trois, & de notre regne le dix-neuviéme. *Signé* LOUIS. *Et plus bas ;* Par le Roi, PHELYPEAUX. *Viſa*, CHAUVELIN. Vû au Conſeil, ORRY. Et ſcellé du grand Sceau de cire verte en lacs de ſoye rouge & verte.

*Regiſtré, oui ce requérant le Procureur général du Roi, pour être exécuté ſelon ſa forme & teneur, & conformément à la Déclaration du vingtiéme Décembre préſent mois, enregiſtrée ce jourd'hui, & copies collationnées envoyées aux Bailliages & Sénéchauſſées du reſſort, pour y être lû, publié & regiſtré ; enjoint aux Subſtituts du Procureur général du Roi d'y tenir la main, & d'en certifier la Cour dans le mois, ſuivant l'Arrêt de ce jour. A Paris en Parlement le vingt-deux Décembre mil ſept cent trente-trois. Signé* DUFRANC.

# ARREST
## DU CONSEIL D'ÉTAT
## DU ROY,

*QUI nomme M. Orry de Fulry, Maître des Requêtes, pour être chargé en qualité de Commissaire de Sa Majesté, de la suite des affaires concernant la Compagnie des Indes.*

Du 15 Décembre 1733.

*Extrait des Registres du Conseil d'Etat.*

LE Roi ayant par Arrêt de son Conseil du 14 Mai 1732 nommé le sieur Pereinc de Moras, Maître des Requêtes, pour suivre, sous les ordres du sieur Contrôleur général des Finances, le travail des Directeurs de la Compagnie des Indes, assister aux délibérations, & veiller à l'exécution des Réglemens concernant le commerce de cette Compagnie ; & Sa Majesté jugeant à propos de commettre un Officier de son Conseil au lieu & place dudit sieur de Moras, qui est décédé, pour continuer les mêmes fonctions ; oui le rapport du sieur Orry, Conseiller d'Etat, & ordinaire au Conseil Royal, Contrôleur général des Finances, SA MAJESTÉ ÉTANT EN SON CONSEIL, a nommé & nomme le sieur Orry de Fulry, Maître des Requêtes, pour assister en qualité de Commisfaire à toutes les assemblées & délibérations de la Compagnie des Indes, pour suivre le travail que les Directeurs, Commis & Employés feront chacun dans leur département, & pour veiller à l'exécution des délibérations & Réglemens, & de tout rendre compte régulierement au sieur Contrôleur général, ainsi que des autres opérations qui peuvent regarder le commerce de la Compagnie des Indes, ou l'intérêt de ses Actionnaires. FAIT au Conseil d'Etat du Roi, Sa Majesté y étant, tenu à Versailles le quinziéme jour de Décembre mil sept cent trente-trois.

Signé PHELYPEAUX.

# DÉCLARATION
## DU ROY,

EN interprétation de l'Edit du mois de Novembre dernier, qui rétablit les Offices Municipaux.

Donnée à Versailles le 20 Décembre 1733.

*Regiſtrée en Parlement.*

LOUIS, PAR LA GRACE DE DIEU, ROI DE FRANCE ET DE NAVARRE, à tous ceux qui ces préſentes Lettres verront : SALUT. Nous avons par notre Edit du mois de Novembre dernier, créé & rétabli les Offices de Gouverneurs, Lieutenans de nous des Villes cloſes de notre Royaume, les Offices de Maires, Lieutenans de Maire, Echevins & autres Offices municipaux, & attribué auxdits Offices nouvellement rétablis, outre les droits dont jouïſſent ceux qui en font actuellement les fonctions, des gages ſur le pied de trois pour cent de leur finance principale, à prendre tant ſur les deniers communs, patrimoniaux & d'octrois des Villes & Communautés, par préférence à toutes les dettes & charges, que ſur les fonds qui ſeront par nous ordonnés : & nous avons entre autres choses aussi ordonné que les contestations qui pourroient naître en exécution dudit Edit, seroient réglées en notre Conseil, auquel nous en avons réservé la connoissance, & icelle interdite à toutes nos Cours & Juges. Quoique ces dispositions soient les mêmes que celles qui sont contenues dans l'Edit de 1692, portant création des mêmes Offices, & qu'il n'en ait résulté aucun inconvénient, nous avons néanmoins jugé à propos de prevenir tout sujet de contestation à cet égard, & de rassurer plus particulierement les légitimes créanciers des Villes & Communautés de notre Royaume. A CES CAUSES & autres à ce nous mouvant, de l'avis de notre Conseil, & de notre certaine science, pleine puissance & autorité Royale, nous avons par ces Présentes, signées de notre main, dit, déclaré & ordonné, disons, déclarons & ordonnons, voulons & nous plaît, que les gages des nouveaux Officiers ne pourront être pris sur les fonds restans des deniers patrimoniaux & d'octrois, qu'après que les arrérages des rentes & autres dépenses indispensables par nous approuvées auront été acquittées : voulons que lesdits gages soient employés dans les états de nos finances, pour les Villes & lieux où, après les dettes & charges acquittées, il ne se trouvera pas suffisamment de fonds dans lesdits deniers patrimoniaux & d'octrois, pour leur payement : ordonnons au surplus que toutes les contestations qui pourront naître entre les Officiers nouvellement rétablis, ou entre eux & les autres Officiers, seront portées pardevant les Juges ordinaires, & par appel en nos Cours de Parlement, notre intention n'étant de réserver à nous & à notre Conseil que ce qui concerne l'exécution de l'Edit par rapport à la vente des Charges & aux contestations qui pourroient regarder la finance desdits Offices : voulons au surplus que notredit Edit soit exécuté selon sa forme & teneur. Si donnons en mandement à nos amés & féaux Conseillers les Gens tenant notre Cour de Parlement, Chambre des Comptes & Cour des Aydes à Paris, que notre présente Déclaration ils ayent à faire lire, publier & regiſtrer, & le contenu en icelle garder, obſerver & exécuter ſelon ſa forme & teneur; car tel eſt notre plaiſir: en témoin de quoi nous avons fait mettre notre Scel à ceſdites Préſentes. DONNE' à Verſailles le vingtiéme jour de Décembre, l'an de grace mil ſept cent trente-trois, & de notre regne le dix-neuviéme. Signé LOUIS. *Et plus bas;* Par le Roi, PHELYPEAUX. Vû au Conſeil, ORRY. Et ſcellé du grand Sceau de cire jaune.

*Regiſtrée, oui ce requérant le Procureur général du Roi, pour être exécutée ſelon ſa forme & teneur, & copies collationnées envoyées aux Bailliages & Sénéchauſſées du reſſort, pour y être lûes, publiées & enregiſtrées; enjoint aux Subſtituts du Procureur général du Roi d'y tenir la main, & d'en certifier la Cour dans un mois, ſuivant l'Arrêt de ce jour. A Paris en Parlement le vingt-deuxiéme Décembre mil ſept cent trente-trois.* Signé DUFRANC.

# ARREST
## DU CONSEIL D'ÉTAT
## DU ROY,

*PORTANT Réglement pour la vente des Offices Municipaux, créés & rétablis par Edit du mois de Novembre 1733.*

Du 29 Décembre 1733.

*Extrait des Regiſtres du Conſeil d'Etat.*

LE Roi ayant par Edit du mois de Novembre dernier rétabli les Offices de Gouverneurs & Lieutenans de Sa Majeſté, enſemble les Offices municipaux de toutes les Villes & Communautés de ſon Royaume, Sa Majeſté a ordonné par Arrêt de ſon Conſeil du 27 du préſent mois que la vente deſdits Offices ſeroit faite par Jean-Claude le Clercqz, ſes Procureurs & commis; & voulant que ledit Arrêt ſoit exécuté; oui le rapport du ſieur Orry, Conſeiller d'Etat, & ordinaire au Conſeil Royal, Contrôleur général des Finances, SA MAJESTÉ EN SON CONSEIL, a ordonné & ordonne que ledit Arrêt ſera exécuté ſelon ſa forme & teneur ; ce faiſant

### ARTICLE PREMIER.

QU'IL ſera arrêté au Conſeil des rôles de la finance des Offices de Gouverneurs & de Lieutenans de Roi, & des

Offices municipaux rétablis dans toutes les Villes & Communautés du Royaume, pour être ladite finance payée ; sçavoir, un tiers en espéces, un tiers en capitaux de rentes sur l'Hôtel-de-Ville de Paris, & le tiers restant en quittances de rentes sur les Tailles, entre les mains dudit le Clercqz, ses Procureurs ou Commis, lesquels s'obligeront de fournir, un mois après le dernier payement desdites finances, les quittances du Trésorier des revenus casuels.

## II.

Le fonds des gages attribués auxdits Offices, & assignés tant sur les anciens & nouveaux octrois, & deniers patrimoniaux des Villes & Communautés, que sur les Etats du Roi, sera fait, à commencer du premier Janvier prochain, pour être remis, à commencer dudit jour, à ceux qui auront acquis lesdits Offices avant le premier Mars prochain ; & où lesdits Offices n'auroient pas été levés, ès mains dudit le Clercqz, ses Procureurs & Commis, à quoi faire les Receveurs & Payeurs des deniers communs, d'octrois & patrimoniaux des Villes & Communautés, & autres chargés du payement desdits gages, contraints, quoi faisant bien & valablement déchargés.

## III.

Ceux qui seront pourvûs ou commis aux fonctions desdits Offices, entreront en exercice du jour de leur réception, pour exercer comme anciens mi-triennaux pendant une année, après laquelle expirée les alternatifs mi-triennaux entreront en fonctions, & ainsi conséçutivement d'année en année.

## IV.

Veut Sa Majesté que dans les lieux & pays de Taille personnelle, où l'imposition & la levée en sont faites par les Echevins, Consuls, Jurats & autres Officiers de cette nature, ceux présentement rétablis ne puissent être contraints en leurs personnes & biens pour raison de la collecte de la Taille,

Taille, en s'abstenant par eux du maniement des deniers, qui continueront d'être reçûs par les Echevins électifs, en la maniere accoûtumée.

### V.

Les Assesseurs seront établis dans la Province de Bearn, au lieu & place des Députés des Corps de Ville dont les Communautés de ladite Province sont dans l'usage de faire élection ; & seront les titulaires des Offices présentement rétablis, ainsi que ceux que Sa Majesté aura commis en attendant la vente, élûs Jurats préférablement à tous autres.

### VI.

Dans les Provinces & pays d'Etats où les Maires, Consuls, Jurats & autres Officiers municipaux des Villes & Communautés sont en possession d'être députés à la tenue desdits Etats, la députation ne sera à l'avenir déférée qu'à ceux qui seront pourvûs des Offices créés & rétablis par ledit Edit, lesquels en joüiront alternativement entr'eux, ainsi que de tous les honneurs, profits & émolumens qui y sont attachés ; à l'effet de quoi ceux qui auront fait leurs soumissions pour acquérir aucuns desdits Offices, auront entrée auxdits Etats, à l'exclusion des Maires & autres Officiers actuellement en place, en justifiant par lesdits soumissionnaires du payement en espéces du tiers de la finance desdits Offices, & de la Commission qui leur aura été donnée en Chancellerie à cet effet, en attendant le dernier payement du prix de leur acquisition.

### VII.

Veut pareillement Sa Majesté que ceux qui auront fait leurs soumissions pour acquérir aucuns desdits Offices, & qui auront payé le tiers en espéces de la finance desdits Offices, soient eux & leurs enfans exempts de la milice, & ne puissent être augmentés à la capitation pour raison de ladite acquisition.

Tome IV.

## VIII.

Lorsqu'il aura été pourvû ou commis à l'exercice d'aucuns des susdits Offices, les Maires & autres Officiers municipaux ayant l'administration des affaires desdites Villes & Communautés, seront tenus de rendre compte de leur administration auxdits nouveaux pourvûs ou commis, en préférence des sieurs Intendans ou de leurs Subdélégués, faute de quoi contraints.

## IX.

Fait Sa Majesté défenses à toutes personnes de s'immiscer dans les fonctions d'aucuns des susdits Offices, ou de les continuer après qu'il y aura été par elle commis, à peine d'une amende de trois mille livres, qui ne pourra être remise ni modérée.

## X.

Veut & entend Sa Majesté que les acquéreurs des Offices de Maires ne payent pour tous droits de réception dans les Cours supérieures, que soixante livres; & dans les Bailliages, Sénéchaussées & autres Justices, trente livres pour tous droits d'épices, conclusions & du Greffier; & aux Bureaux des Finances, vingt livres pour les droits de présentation, épices, droits du Greffier & enregistrement de leurs provisions; les Gouverneurs & les Lieutenans de Roi, pareille somme de vingt livres pour tous droits d'enregistrement de leurs provisions aux Bureaux des Finances: à l'égard de ceux qui seront pourvûs des autres Offices municipaux, dont la réception doit être faite aux Hôtels-de-Ville, ils ne payeront pour leur réception que dix livres, & pour les droits d'attache des Bureaux des Finances, ils payeront, sçavoir, les Lieutenans de Maires, Echevins, Assesseurs, Procureurs & Avocats du Roi, dix livres, & les Secrétaires, Greffiers & leurs Contrôleurs, cinq livres pour tous droits.

## XI.

Ordonne Sa Majesté que les acquéreurs des susdits Offces municipaux dont la finance sera de mille livres & au-dessous, ne seront tenus de payer aucuns droits de marc d'or, & pour les Lettres qui leur seront expédiées en Chancellerie, que neuf livres pour droit de Sceau & honoraire, & dix sols aux Gardes des rôles : que les acquéreurs des Offices de Gouverneurs ne payeront que vingt-sept livres pour tous droits de marc d'or, y compris les deux sols quatre deniers pour livre d'iceux, & le tiers des droits ordinaires d'enregistrement & de Sceau : & que pour les Offices de Lieutenans de Roi, ainsi que pour les autres Offices municipaux dont la finance sera au-dessus de mille livres, il ne sera payé que le neuviéme des droits ordinaires du marc d'or, & en cas de mutation, sur le pied du tiers de la fixation portée au Tarif arrêté au Conseil le 7 Octobre 1704, & le tiers des droits ordinaires d'enregistrement & de Sceau : à l'égard des Commissions en attendant la vente, il ne sera payé pour le sceau d'icelles que cinq livres, & deux livres dix sols pour l'honoraire, & une livre aux Gardes des rôles, le tout pour la premiere fois seulement, & sans tirer à conséquence.

## XII.

VEUT Sa Majesté qu'après qu'il aura été expédié des provisions à des Adjudicataires d'aucuns desdits Offices, ils en demeurent paisibles possesseurs & propriétaires, sans que les Villes & Communautés puissent être admises, sous quelque prétexte que ce soit, à les déposséder ou le rembourser, sinon de gré à gré : permet néanmoins Sa Majesté aux Villes & Communautés d'acquérir aucuns desdits Offices, à condition de faire par elles leurs soumissions ou encheres, Office par Office, & concurremment avec ceux qui se présenteront pour enchérir ou surenchérir, & sans que les encheres faites par une Ville pour tous les Offices municipaux de ladite Ville, puissent empêcher les particuliers de surenchérir ceux desdits Offices qu'ils auront dessein d'acquérir ; & à la charge par lesdites Villes & Communautés, en cas qu'elles demeurent adjudicataires, de nommer un sujet au nom duquel il sera expédié des Lettres au grand Sceau, qui tiendront lieu de provision, & sans que le pourvû puisse prendre le titre & la qualité, ni faire aucunes fonctions desdits Offices : veut & ordonne Sa Majesté qu'au moyen desdites Lettres, & pendant la vie de celui au nom duquel elles auront été expédiées, les Villes & Communautés puissent continuer d'élire en la maniere ordinaire les Officiers qui leur conviendront pour faire les fonctions des Offices par elles acquis, & que pour conserver ces mêmes Offices, elles soient admises au payement de l'annuel au nom de celui au nom duquel lesdites Lettres auront été expédiées ; au moyen duquel payement elles pourront, après sa mort, donner un nouvel homme, dans les délais ordinaires, auquel il sera expédié de nouvelles Lettres en la forme & maniere ci-dessus ordonnées ; & continuer en conséquence de faire leurs élections en la forme ci-dessus expliquée.

## XIII.

POUR faciliter les offres qui pourront être faites, il sera établi un Bureau général à Paris, & des Bureaux particuliers dans les chefs-lieux des Généralités, où toutes personnes connues & domiciliées seront reçûes à faire des offres, lesquelles offres ne pourront être au-dessous des trois quarts de la finance de ceux qui seront de douze cens livres & au-dessus, & du montant de leur fixation pour ceux dont la finance sera au-dessous de douze cens livres, suivant les états qui en seront arrêtés & visés du sieur de Baudry, Conseiller d'Etat ordinaire & Intendant des finances.

## XIV.

LES Commis des Bureaux des Provinces qui seront chargés de recevoir & d'enregistrer les soumissions ou offres des particuliers ou des Villes, tiendront deux regitres qui seront paraphés par les sieurs Intendans ou leurs Subdélégués, dans l'un desquels regitres ils enregistreront jour par jour & sans aucun blanc la recette qu'ils auront faite des sommes qui leur auront été consignées ; dans l'autre registre ils porteront & enregistreront également sur deux colonnes les soumissions, contenant les offres, les noms, surnoms, qualités & domiciles des soumissionnaires, la nature des Offices, & les noms des Villes & Généralités : ces soumissions seront signées doubles, tant par lesdits Commis que par les soumissionnaires, après quoi il sera coupé & détaché dudit registre une des copies de l'offre étant sur l'une des deux colonnes, laquelle sera remise à celui qui aura fait ladite offre, pour lui servir à justifier la qualité & la date de ses offres ; & pourront toutes personnes prendre communication dudit registre, sans aucuns frais.

### XV.

Il ne sera reçû aucune enchere dans les Bureaux des Provinces ni au Bureau général de Paris, qu'en justifiant par les enchérisseurs de la quittance du payement du sixiéme en espéces du montant total de la finance de l'Office & de l'enchere.

### XVI.

Les Commis du Bureau de Paris qui seront chargés de recevoir les offres ou encheres, seront tenus de les enregistrer dans un registre à deux colonnes, pareil à ceux des Provinces, lequel sera paraphé par le sieur de Baudry, Conseiller d'Etat ordinaire, Intendant des Finances, ainsi que le registre dans lequel ils enregistreront les sommes qui leur auront été consignées : seront en outre tenus lesdits Commis d'envoyer à la fin de chacune semaine dans les différens départemens des Provinces, un extrait des offres & encheres qu'ils auront reçues à Paris, à l'effet d'en informer les particuliers de ces Provinces qui voudront faire leur enchere ou surenchere : & pour donner le temps aux particuliers & aux Villes des Provinces les plus éloignées de faire leur enchere ou surenchere, il ne sera expédié aucunes provisions en faveur de qui que ce soit, domicilié à Paris ou en Provinces, que trente jours après la date de la derniere offre, après lequel délai expiré, personne ne sera admis à faire enchere ou surenchere.

### XVII.

Les encheres seront au moins de trente livres sur les Offices dont la finance se trouvera monter jusqu'à mille livres exclusivement, de soixante livres depuis mille livres jusqu'à deux mille livres, de cent vingt livres depuis deux mille livres jusqu'à quatre mille livres, de deux cens quarante livres depuis quatre mille livres jusqu'à dix mille livres, & de quatre cens cinquante livres depuis dix mille livres jusqu'à quelques sommes que puissent monter lesdites finances : entend Sa Majesté que les particuliers qui feront des encheres ou surencheres sur lesdits Offices, joüiront des gages à proportion de la finance par eux payée, de laquelle finance les encheres & surencheres feront partie.

### XVIII.

Au moyen de l'enregistrement qui sera fait au Bureau de Paris de toutes les encheres, en la forme ci-dessus expliquée, de l'avis qui en aura été donné aux soumissionnaires, & de la communication des registres de Paris & des Provinces, qui sera donnée sans frais à toutes personnes, les enchérisseurs ne seront point tenus de faire signifier leurs encheres & surencheres aux Commis des Provinces ni aux Gardes des rôles à Paris, s'ils ne le jugent à propos ; au dernier cas les Gardes des rôles n'en recevront aucunes qu'il ne leur ait apparu d'une consignation réelle & effective du sixiéme en espéces du montant de la derniere offre.

### XIX.

Les Commis qui seront établis dans les chefs-lieux des Généralités, feront arrêter leurs registres le Samedi de chacune semaine par les sieurs Intendans ou leurs Subdélegués, & enverront le jour suivant au sieur Contrôleur général des Finances un relevé des offres faites en leurs Bureaux, &

un bordereau des sommes par eux reçues. FAIT au Conseil d'Etat du Roi, tenu à Versailles le vingt-neuvième jour du mois de Décembre mil sept cent trente-trois. *Collationné. Signé* EYNARD.

LOUIS, PAR LA GRACE DE DIEU, ROI DE FRANCE ET DE NAVARRE, Dauphin de Viennois, Comte de Valentinois & Dyois, Provence, Forcalquier & terres adjacentes; au premier notre Huissier ou Sergent sur ce requis. Nous te mandons & commandons que l'Arrêt en forme de Réglement, dont l'extrait est ci-attaché sous le contre-scel de notre Chancellerie, ce jourd'hui rendu en notre Conseil d'Etat, concernant la vente des Offices municipaux de toutes les Villes & Communautés de notre Royaume, sous le nom de Jean-Claude le Clercqz, chargé à titre de régie du recouvrement de la vente desdits Offices, tu signifies à tous qu'il appartiendra, à ce qu'aucun n'en ignore, & fais en outre pour son entiere exécution, à la requête dudit le Clercqz, tous commandemens, sommations & autres actes nécessaires, sans autre permission, nonobstant clameur de Haro, Chartes Normandes & Lettres à ce contraires: voulons qu'aux copies dudit Arrêt & des Présentes, collationnées par l'un de nos amés & féaux Conseillers-Secrétaires, foi soit ajoutée comme aux originaux; car tel est notre plaisir. DONNÉ à Versailles le vingt-neuviéme jour de Décembre, l'an de grace mil sept cent trente-trois, & de notre regne le dix-neuviéme. Par le Roi Dauphin, Comte de Provence, en son Conseil, *Signé* EYNARD. Et scellé.

# ARREST
## DU CONSEIL D'ÉTAT
## DU ROY,

QUI ordonne que les Officiers Auneurs de toiles de la Ville, Fauxbourgs & Banlieue de Paris, continueront de percevoir leurs Droits sur les marchandises de toile & coton provenant de la Compagnie des Indes, à raison de onze deniers par aune, & autorise lesdits Officiers dans leurs Visites desdites marchandises, pour constater les déclarations des Marchands.

### Du 12 Janvier 1734.

*Extrait des Registres du Conseil d'Etat.*

VU au Conseil d'Etat du Roi l'Arrêt rendu en icelui le premier Septembre 1733, sur la requête des Marchands de la ville de Paris qui fréquentent les ventes de la Compagnie des Indes, tendante à ce qu'il plût à Sa Majesté ordonner que le droit d'aunage sur les toiles de coton blanches & mousselines dont l'entrée est permise dans le Royaume, sera par eux payé à l'entrée de la ville de Paris aux Auneurs de toiles, à raison de dix-huit livres du cent pesant brut ; faire défenses aux Auneurs de toiles d'ouvrir les ballots dans lesquels lesdites toiles & mousselines seront enfermées pour être par eux aunées, ni d'en

exiger

exiger les droits à l'avenir à raison de onze deniers par aune, à peine de tous dépens, dommages & intérêt : par lequel Arrêt Sa Majesté a ordonné que ladite requête seroit communiquée aux Auneurs de toiles de la ville de Paris, pour y fournir de réponses dans quinzaine, & cependant il a été ordonné que les Marchands de la ville de Paris payeroient par provision aux Auneurs de toiles les droits d'entrée en ladite ville des toiles de coton blanches & mousselines, à raison de dix-huit livres du cent pesant brut, jusqu'à ce qu'autrement il en ait été ordonné ; ledit Arrêt signifié le 27 Octobre suivant. La requête des Syndics & Communauté des Officiers Jurés-Auneurs & Visiteurs de toiles & autres ouvrages de fil & coton de la ville, fauxbourgs & banlieue de Paris, employée pour réponse à celle des Marchands insérée audit Arrêt, & tendante à ce que pour les causes y contenues, il plaise à Sa Majesté leur donner acte de l'opposition par eux formée à l'Arrêt du premier Septembre, rendu sur la requête desdits Marchands ; faisant droit sur l'opposition, & sans avoir égard audit Arrêt, ordonner que lesdits Auneurs de toiles continueront l'exercice de leurs fonctions, & qu'ils joüiront de la perception des droits qui leur sont attribués dans la ville, fauxbourgs & banlieue de Paris, ainsi & de la même maniere qu'il en a été usé par le passé, sans novation, sur chaque aune de toile & non au poids, conformément à l'Ordonnance du mois de Juillet 1681, Edit du mois de Mars 1694, & autres Edits & Déclarations, & notamment en conformité de celui du mois de Juin 1730, qui a rétabli la Communauté desdits Auneurs, & a été vérifié & enregistré par-tout où il a été besoin ; condamner au surplus lesdits Marchands solidairement en quinze mille livres de dommages & intérêts, & aux dépens ; ladite requête signifiée le 21 dudit mois d'Octobre. La requête des Marchands fréquentant les ventes de la Compagnie des Indes, employée pour réponse à celle des Officiers Auneurs de toiles, contenant qu'ils n'ont jamais eu intention de priver les Auneurs de toiles des droits attribués à leurs Offices, qu'ils n'ont d'autre objet que celui de ne pas voir leurs marchandises exposées à être gâtées & défleurées, même volées, si on les déballoit à la Douane: mais comme ces Officiers se renferment dans l'exécution des titres de leur établissement, & que le payement de leurs droits ordonné être perçu au poids par ledit Arrêt, ne leur convient pas, il est indifférent aux Marchands que les Auneurs les perçoivent au désir de cet Arrêt ou autrement, d'abord qu'il sera pourvû à la sûreté de leur commerce, qui ne sera pas dérangé par un déballage qui porteroit un préjudice infini sur les marchandises fines & blanches, dont les balles ne peuvent être ouvertes sans souffrir un dommage évident; l'intention de Sa Majesté n'étant autre que de veiller à la sûreté, à la liberté & à la facilité du commerce, de même qu'à tout ce qui peut assurer la tranquillité des Auneurs sur la perception de leurs droits, lesdits Marchands ne s'opposeront point à des vûes si sages, & pour en donner toute assurance, ils offrent de certifier véritables les factures de toutes les marchandises provenant de la vente de la Compagnie des Indes; les droits des uns & des autres sont à couvert par un Tarif convenu entre eux lors des conférences qui se sont tenues à cet égard. Requéroient à ces causes qu'il plût à Sa Majesté ordonner que les marchandises provenant des ventes de la Compagnie des Indes ne seront point déballées à la Doüane de Paris, aux offres qu'ils font de donner aux Auneurs de toiles la facture du contenu en chacun de leurs ballots, certifié d'eux véritable; & où Sa Majesté jugeroit à propos de faire droit sur l'opposition formée à l'Arrêt du premier Septembre dernier, ordonner que les Auneurs percevront leurs droits sur le pied réglé par l'Edit de leur rétablissement, en se conformant par eux au Tarif convenu & arrêté entre les parties, qui constate les aunages de chaque piéce, lequel Tarif demeurera annexé à la minute de l'Arrêt qui interviendra, pour y avoir recours en cas de besoin. Autre requête des Syndics & Communauté des Officiers Jurés-Auneurs & Visiteurs de toiles à Paris, employée pour réponse à celle desdits Marchands, contenant que quoique les moyens de leurs oppositions soient victorieux, & qu'ils pourroient persister dans les conclusions qu'ils ont prises en l'instance ; néanmoins pour faire connoître auxdits Marchands & à tous autres jusqu'à quel point ils chérissent la paix, ils ajoûteront à leurs premieres conclusions quelques clauses qui réduiront la rigidité & l'étendue des visites qui se sont faites jusqu'à présent : requéroient à ces causes à ce qu'en ajoûtant & augmentant leurs premieres conclusions, il plaise à Sa Majesté ordonner que lesdits Marchands seront tenus lors de l'arrivée dans la ville, fauxbourgs & banlieue de Paris des marchandises sujettes au payement desdits droits attribués aux Auneurs à raison d'onze deniers par aune, de faire chacun leurs déclarations qu'ils certifieront véritables, du nombre des ballots à eux appartenans, & de la qualité, quantité & aunage des piéces desdites marchandises contenues en chaque ballot ; ordonner en outre que pour vérifier & constater si les déclarations sont justes & conformes à ce qui est renfermé dans lesdits ballots, il sera loisible aux Auneurs d'ouvrir & de visiter un ou deux ballots à leur choix du nombre de ceux appartenant à chacun desdits Marchands, à l'ouverture desquels deux ballots dans la totalité de ceux appartenans au même Marchand, ils veulent bien se réduire encore qu'ils soient autorisés par leurs titres à les visiter indéfiniment, & cependant en cas que dans les ballots appartenans à l'un desdits Marchands, il se trouve une plus grande quantité ou différentes qualités ou aunages de marchandises que celles énoncées en la déclaration du Marchand, ordonner audit cas que tous les ballots dudit Marchand seront ouverts pour constater le faux desdites déclarations, pour lequel faux lesdits Marchands seront assujettis à toutes les peines portées par les Edits, Déclarations & Arrêts rendus en faveur des Auneurs, & leur permettre de faire publier & afficher partout où il appartiendra l'Arrêt qui interviendra entre les parties. Vû aussi les mémoires respectifs des parties & les piéces qui y étoient jointes ; oui le rapport du sieur Orry, Conseiller d'Etat & au Conseil Royal, Contrôleur général des Finances, LE ROI EN SON CONSEIL, a reçû & reçoit les Syndics & Officiers Auneurs de toiles opposans à l'Arrêt du premier Septembre dernier; & en conséquence ordonne Sa Majesté que les Marchands de la ville de Paris qui fréquentent les ventes de la Compagnie des Indes, seront tenus lors de l'arrivée dans la ville, fauxbourgs & banlieue de Paris, des marchandises provenant desdites ventes sujettes au payement des droits dûs aux Auneurs de toiles, de faire chacun leurs déclarations qu'ils certifieront véritables, du nombre des ballots à eux appartenans, & de la qualité & quantité de piéces desdites marchandises contenues en chaque ballot, desquelles piéces de marchandises l'aunage sera & demeurera fixé, ainsi qu'il est constaté par l'état convenu & arrêté entre lesdits Auneurs & Marchands, & par eux signé, lequel état demeurera annexé à la minute du présent Arrêt: ordonne Sa Majesté que suivant les déclarations faites par lesdits Marchands, les Auneurs de toile percevront le droit d'onze deniers par aune attribué à leurs Offices, conformément au Tarif du 20 Juin 1724, annexé à l'Edit du mois de Juin 1730: permet Sa Majesté auxdits Officiers d'ouvrir & de visiter un ou deux ballots à leurs choix, appartenans à chacun desdits Marchands, pour vérifier & constater si les déclarations sont justes & conformes à ce qui est renfermé dans lesdits ballots; & en cas que dans les ballots ouverts appartenans à l'un desdits Marchands, il se trouve une plus grande quantité ou une qualité de marchandise différente de celle énoncée en la déclaration, veut & entend Sa Majesté que tous les ballots appartenans audit Marchand soient ouverts, pour constater le faux de sa déclaration, pour lequel faux il sera assujetti à toutes les peines portées par les Edits, Arrêts & Déclarations rendues en faveur des Officiers Auneurs de toiles: ordonne que le présent Arrêt sera lû, publié & affiché par-tout où besoin sera, afin que personne n'en ignore. FAIT au Conseil d'Etat du Roi, tenu à Marly le douziéme jour du mois de Janvier mil sept cent trentequatre. *Collationné.* Signé DE VOUGNY, avec paraphe.

Le vingt-huitiéme Janvier mil sept cent trente-quatre, à la requête des Officiers Auneurs de la ville, fauxbourgs & banlieue de Paris, qui ont élû leur domicile en la maison de Me Daugy, Avocat ès Conseils du Roi, sise à Paris Cour du Palais, Paroisse de la basse Sainte-Chapelle, le présent Arrêt a été signifié, & d'icelui laissé copie aux fins y contenues, aux Marchands de Paris qui fréquentent les ventes de la Compagnie des Indes, au domicile par eux élû en l'Hôtel de ladite Compagnie des Indes, rue neuve des Petits-Champs, parlant au Suisse, auquel a été payé cinq sols, par nous Huissier ordinaire du Roi en ses Conseils. Signé DE SEIGNEROLLES.

# ARREST
## DU CONSEIL D'ÉTAT
## DU ROY,

*QUI ordonne qu'à l'avenir les Ventes de la Compagnie se feront au Port de l'Orient.*

Du 19 Mai 1734.

*Extrait des Registres du Conseil d'Etat.*

LE Roi étant informé de l'établissement que la Compagnie des Indes fait au port de l'Orient, pour y faire dans la suite les ventes des marchandises provenant de son commerce, & Sa Majesté ayant considéré que les dépenses qui se font actuellement pour la construction des magasins & logemens deviendroient inutiles, si ladite Compagnie n'étoit assurée de joüir, tant au port de l'Orient qu'à Nantes, où la plus grande partie de ses marchandises continuera d'être envoyée après les ventes, des priviléges de transit & d'entrepôt dont elle a joüi jusqu'à présent : sur quoi Sa Majesté voulant faire connoître ses intentions, & donner des nouvelles marques de sa protection à ladite Compagnie; oui le rapport du sieur Orry, Conseiller d'Etat ordinaire & au Conseil Royal, Contrôleur général des Finances, LE ROI ÉTANT EN SON CONSEIL, a ordonné & ordonne ce qui suit ; sçavoir,

## ARTICLE PREMIER.

La Compagnie des Indes joüira au port de l'Orient & à Nantes des mêmes priviléges & exemptions dont elle joüit actuellement à Nantes, & en conséquence toutes les marchandises provenant de son commerce qui seront envoyées de l'Orient à Nantes par ladite Compagnie, ses Agens ou Préposés, avant ou après les ventes, même celles qui seront envoyées de Nantes à l'Orient par elle ou par ses Agens & Préposés, seront exemptes des droits de la Prévôté de Nantes, & autres droits dûs sur les marchandises venant par mer à Nantes, de même que toutes celles que la Compagnie aura dans ses magasins au port de l'Orient propres à l'usage du commerce de Guinée, qui seront envoyées à Nantes, à condition que toutes lesdites marchandises seront accompagnées des certificats de la Compagnie des Indes, ou de ses Agens ou Préposés, que les Capitaines ou Maîtres des barques seront obligés de représenter aux Commis des Fermes à leur arrivée leurs connoissemens, & les Voituriers par terre leurs lettres de voiture, le tout signé par l'Agent ou Préposé de la Compagnie des Indes, & visé par le Directeur de la Compagnie à l'Orient, & que les uns & les autres feront leurs déclarations en la maniere ordinaire ; & pourront les Commis du Fermier être présens au déchargement desdites marchandises & à la remise qui s'en fera dans les magasins de ladite Compagnie, pour constater seulement le nombre de caisses, balles & ballots contenus dans les lettres de voitures, connoissemens & certificats.

## II.

Les Adjudicataires des marchandises provenant des ventes de la Compagnie des Indes, & leurs Cessionnaires, joüiront aussi de l'exemption des droits de la Prévôté de Nantes sur lesdites marchandises qu'ils feront venir de l'Orient à Nantes par mer, en observant les formalités prescrites ci-après.

### III.

Les Adjudicataires ou leurs Cessionnaires qui destineront pour Nantes des marchandises dont l'usage est permis dans le Royaume, provenant des ventes qui seront faites à l'Orient, seront tenus d'en faire leurs déclarations au Bureau qui sera établi à l'Orient pendant le temps desdites ventes, & à celui du Port-Louis dans les autres temps, du nombre des caisses, balles & ballots, de les faire plomber du plomb des Fermes, & ensuite peser, & de prendre des acquits à caution qui seront représentés au Bureau de la Prévôté de Nantes, pour la vérification des plombs y être faite, ainsi que du nombre & du poids des caisses, balles & ballots déclarés & compris dans lesdits acquits à caution, lesquels ne pourront être déchargés qu'après que l'ouverture & visite desdites caisses, balles & ballots auront été faits, & les marchandises trouvées conformes en qualités & poids.

### IV.

Les Adjudicataires ou leurs Cessionnaires qui enverront à Nantes des marchandises dont l'usage est défendu dans le Royaume, soit pour être envoyées de là à l'Etranger, soit pour être envoyées pour le commerce de Guinée, feront de même leurs déclarations au Bureau de l'Orient ou du Port-Louis, y représenteront les caisses, balles & ballots pour y être plombés du plomb des Fermes, & prendront des acquits à caution, & feront leurs soumissions de remettre les mêmes caisses, balles & ballots bien plombés dans les magasins de l'entrepôt à Nantes & sous les clefs du Fermier; & seront lesdits acquits à caution déchargés après la vérification des plombs & la remise desdites marchandises dans lesdits magasins, d'où elles ne pourront sortir pour leur destination qu'en observant les formalités prescrites par les Réglemens pour les marchandises dont l'usage est défendu dans le Royaume.

V.

## V.

La Compagnie des Indes joüira, tant à Nantes qu'à l'Orient, du bénéfice d'entrepôt sur les marchandises à elle appartenant jusqu'à la vente d'icelles; & quant aux marchandises provenant de ses ventes, les Adjudicataires ou leurs Cessionnaires joüiront aussi dudit entrepôt pendant six mois.

## VI.

Les marchandises dont l'usage est permis dans le Royaume, qui seront destinées dès l'Orient, où se feront les ventes, pour les Provinces des cinq grosses Fermes, passant par Nantes ou par d'autres Bureaux, acquitteront les droits des cinq grosses Fermes aux Bureaux de l'Orient ou du Port-Louis, & les acquits de payemens seront représentés à Nantes & aux autres Bureaux de la route, conformément à l'Arrêt du 21 Juillet 1733.

## VII.

Les marchandises permises dans le Royaume, ou prohibées, que la Compagnie des Indes, ses Adjudicataires ou Cessionnaires feront passer dans la riviere de Nantes pour être chargées sur des Vaisseaux François ou étrangers, pour les pays étrangers, pourront être versées de bord à bord sur les Vaisseaux qui se trouveront en charge à Paimbœuf pour l'Etranger, en présence des Commis du Fermier, après toutefois que la déclaration en aura été faite à l'Orient ou au Port-Louis, que les caisses, balles & ballots y auront été plombées, & qu'il y aura été pris des acquits à caution, lesquels seront représentés aux Commis du Bureau de Paimbœuf, pour la vérification des plombs y être faite, ainsi que du nombre de caisses, balles & ballots contenus dans lesdits acquits à caution, & ne pourront lesdits acquits à caution être déchargés que sur les certificats d'embarquement des Commis de Paimbœuf; & en outre à l'égard des marchandises prohibées, sur celui de descente dans les pays étrangers: permet Sa Majesté au Commis du Fer-

*Tome IV.*

mier à Paimbœuf d'y faire l'ouverture des caiſſes, balles ou ballots, dans les cas où les plombs ſe trouveroient rompus ou altérés, de faire la viſite des marchandiſes qui s'y trouveront, en préſence des Capitaines & Maîtres des Vaiſſeaux, ou eux dûement appellés, dont il ſera dreſſé procès-verbal, & en cas de fraude, les marchandiſes ſeront ſaiſies & confiſquées, ſuivant les Réglemens.

### VIII.

Les marchandiſes permiſes qui auront été tranſportées de l'Orient à Nantes pour y joüir de l'entrepôt, & qui ſeront enſuite deſtinées pour les Provinces des cinq groſſes Fermes, acquitteront au Bureau de la Prévôté de Nantes les droits des cinq groſſes Fermes, & les acquits ſeront préſentés aux Commis des Bureaux de la route.

### IX.

Les marchandiſes permiſes deſtinées pour paſſer de l'Orient ou de Nantes à l'Etranger par terre, continueront de joüir du bénéfice de tranſit au travers du Royaume, & celles deſtinées pour les Provinces réputées étrangeres, continueront auſſi de joüir du bénéfice de tranſit au travers de l'étendue des cinq groſſes Fermes, & ſeront ſeulement aſſujetties aux droits locaux deſdites Provinces réputées étrangeres, s'il y en a d'établis, à l'exception néanmoins du thé, dont les droits de ſix livres du cent peſant ſeront payés dans les lieux où ſe fera la vente, ainſi qu'ils ont été réglés par l'Arrêt du 8 Juillet 1732, ſoit que ledit thé ſoit deſtiné pour la conſommation des cinq groſſes Fermes ou pour les Provinces réputées étrangeres, & ſans qu'il ſoit tenu d'aucun autre droit ſur la route, conformément audit Arrêt, & ſeront les marchandiſes déclarées en tranſit, aſſujetties aux formalités preſcrites par les Réglemens rendus ſur le fait du tranſit.

### X.

Ordonne Sa Majeſté que les différens Arrêts & Réglemens concernant le commerce de la Compagnie des Indes & ses priviléges, soient exécutés selon leur forme & teneur, en ce qui ne s'y trouve point contraire au présent Arrêt. Fait au Conseil d'Etat du Roi, Sa Majesté y étant, tenu à Versailles le dix-neuviéme jour de Mai mil sept cent trente-quatre. *Signé* Phelypeaux.

# ARREST
## DU CONSEIL D'ÉTAT
## DU ROY,

EN faveur des acquéreurs des Offices Municipaux, créés par Edit de Novembre 1733, pour l'évaluation, le droit Annuel, & celui de mutation desdits Offices.

#### Du 24 Août 1734.

*Extrait des Registres du Conseil d'Etat.*

VU au Conseil d'Etat du Roi l'Edit du mois de Novembre de l'année derniere, par lequel Sa Majesté a modéré le droit annuel des Offices municipaux & autres, créés & rétablis par ledit Edit, à la moitié de ce qu'ils en devroient payer, suivant la Déclaration du 9 du mois d'Août 1722, & les a déchargé du prêt, avec faculté aux acquéreurs d'iceux de les exercer conjointement ou de les défunir, vendre & faire exercer séparément : l'Arrêt du Conseil du 20 Avril dernier, par lequel il est ordonné qu'il sera expédié des Commissions du grand Sceau pour les Offices dont la finance sera de douze cens livres & au-dessus : l'Arrêt du 6 du mois de Juillet aussi dernier, par lequel Sa Majesté a permis aux Seigneurs qui ont acquis ou acquéreront aucuns desdits Offices, de nommer des sujets capables d'en remplir les fonctions, auxquels, sur les nominations desdits Seigneurs, il sera expédié des Commissions en Chancellerie, avec faculté de se réserver les gages attribués auxdits Offices, pour les recevoir par leurs mains & sur leurs simples quittances: & Sa Majesté étant informée que différens particuliers désireroient acquérir lesdits Offices, s'il lui plaisoit expliquer plus précisément ses intentions, tant sur l'évaluation desdits Offices, que sur les droits d'annuel & de mutation qui doivent être payés par les acquéreurs d'iceux: à quoi étant nécessaire de pourvoir; ouï le rapport du sieur Orry, Conseiller d'Etat, & ordinaire au Conseil Royal, Contrôleur général des Finances, LE ROI ÉTANT EN SON CONSEIL, a ordonné & ordonne:

### ARTICLE PREMIER.

QUE les acquéreurs des Offices municipaux créés & rétablis par Edit du mois de Novembre de l'année derniere, joüiront incontestablement & en toute propriété des Offices par eux acquis, en vertu des Provisions ou des Commissions qui leur ont été ou qui leur seront expédiées en Chancellerie.

### II.

QUE l'évaluation de tous lesdits Offices demeurera fixée au sixiéme de la finance principale seulement, sans avoir égard aux six deniers pour livre.

### III.

QUE les acquéreurs desdits Offices au nom desquels il aura été expédié des Provisions ou des Commissions en exécution dudit Edit, & qui voudront conserver lesdits Offices, & avoir la faculté de les résigner avec dispense de quarante jours, seront tenus de payer l'annuel sans aucun prêt, sur le pied du soixantiéme denier de l'évaluation, & ce dans les temps de chaque ouverture de l'annuel, Sa Majesté les déchargeant du droit annuel qu'ils devroient payer suivant la Déclaration du 9 Août 1722, dans les deux mois de la date de leurs Provisions ou Commissions,

& ce pour la premiere fois seulement & sans tirer à conséquence.

### IV.

ORDONNE en outre Sa Majesté qu'en cas de mutation ou de résignation des Offices pour lesquels il a été ordonné qu'il seroit expédié des Commissions, il en sera usé de la même maniere que pour les autres Offices à Provisions, ce faisant que lorsque l'acquéreur desdits Offices aura obtenu la Provision ou la Commission en son nom, sa démission ou la résignation de sa veuve, enfans ou héritiers, ne sera admise qu'en payant par le résignataire les droits de mutation portés par la Déclaration du 9 Août 1722 : n'entend Sa Majesté comprendre dans la présente disposition les acquéreurs desdits Offices qui ne pouvant ou ne voulant les exercer par eux-mêmes, ont commencé ou commenceront par y nommer des sujets capables d'en remplir les fonctions, en se réservant la propriété desdits Offices, auquel cas lesdits acquéreurs pourront de nouveau nommer d'autres sujets, auxquels il sera expédié de nouvelles Provisions ou Commissions du grand Sceau, & ce sur la simple résignation desdits propriétaires & sur la représentation de la quittance de l'annuel, sans être tenus de payer aucuns droits de mutation ; & ne pourront lesdits propriétaires conserver lesdits Offices à leurs veuves, enfans ou héritiers, qu'en payant l'annuel en la maniere ordinaire, sous les noms de ceux qui auront été par eux nommés. FAIT au Conseil d'Etat du Roi, Sa Majesté y étant, tenu à Versailles le vingt-quatriéme jour d'Août mil sept cent trente-quatre.

Signé PHELYPEAUX.

# ARREST
## DU CONSEIL D'ÉTAT
## DU ROY,

*QUI fixe l'abonnement fait entre la Compagnie & les Fermiers généraux à 3000 livres par an.*

Du 28 Septembre 1734.

*Extrait des Regiſtres du Conſeil d'Etat.*

VU au Conſeil d'Etat du Roi la requête préſentée en icelui par les Syndics & Directeurs de la Compagnie des Indes, contenant que les Adjudicataires des marchandiſes des ventes de la Compagnie, ou leurs Ceſſionnaires, ne peuvent étendre leur commerce avec avantage dans les Provinces de Dauphiné, Provence & Languedoc, par rapport aux doubles droits des Doüanes de Lyon & de Valence que le Fermier général des Fermes unies prétend exiger ſur les marchandiſes deſtinées pour ces différentes Provinces en paſſant dans l'étendue deſdites Doüanes ; que ces droits joints aux frais du tranſport ſont aſſez conſidérables pour en interrompre le commerce dans ces Provinces, & y attirer celui des marchandiſes de contrebande, dont le voiſinage de Geneve & des autres pays étrangers favoriſe le verſement, déſordre auquel il n'eſt pas moins de l'avantage de l'Etat de remédier, que de l'intérêt particulier de la Compagnie : qu'à l'égard des marchandises de la Compagnie destinées pour le Dauphiné, il semble qu'elles doivent être seulement assujetties aux droits de la Doüane de Valence dans les lieux de leur destination, & être exemptes de tous les droits de la Doüane de Lyon à leur passage à Lyon, avec d'autant plus de raison que la Doüane de Lyon est ordinairement confondue avec les cinq grosses Fermes, où elle tient en partie lieu des droits d'entrée du Tarif de 1664 ; d'où il s'ensuit que la Compagnie ayant le privilége du transit à travers des cinq grosses Fermes, elle doit également joüir du bénéfice de ce transit en passant de Lyon en Dauphiné ; qu'il en est de même de la Doüane de Lyon pour les marchandises destinées pour la Provence & le Languedoc, & que les droits de la Doüane de Valence exigés en outre sur cette partie ont fait jusqu'à présent si peu d'objet par le défaut de commerce, que l'exemption n'en peut être préjudiciable aux Fermes du Roi : que les Syndics & Directeurs sont encore obligés de représenter que le Fermier général exige sur les marchandises des ventes de la Compagnie qui traversent le Royaume par la destination de Marseille pour le Comtat & la ville d'Avignon, les droits locaux établis sur la route, quoique la ville & port de Marseille, & le Comtat & la ville d'Avignon soient réputées étrangeres, & que la Compagnie, par ses priviléges, soit exempte de tous droits généralement quelconques pour la destination étrangere : requérant lesdits Syndics & Directeurs qu'il plaise à Sa Majesté ordonner que les marchandises provenant des ventes de la Compagnie, & destinées pour le Dauphiné, seront exemptes de tous droits de la Doüane de Lyon, & demeureront seulement assujetties aux droits de la Doüane de Valence ; que celles destinées pour la Provence & le Languedoc par la route de Lyon & du Dauphiné, seront exemptes tant des droits de la Doüane de Lyon que de ceux de la Doüane de Valence ; & que celles destinées pour Marseille, & pour le Comtat & ville d'Avignon, joüiront du bénéfice de transit au travers du Royaume comme pour la destination étrangere.

La

La réponse des Fermiers généraux, contenant que le privilége de la Compagnie des Indes pour les marchandises de ses ventes destinées pour la consommation du Royaume, se réduit à l'exemption des droits d'entrée & de sortie du Tarif de 1664 par bénéfice de transit au travers des cinq grosses Fermes, & qu'elles sont toujours demeurées assujetties aux droits locaux des autres Provinces, non-seulement à ceux dûs à la destination, mais encore à ceux du passage qui se trouvent établis sur la route; que toutes les fois que cette Compagnie a voulu contester les droits locaux du passage, elle y a été condamnée, comme il paroît par les deux Arrêts contradictoires du Conseil des 14 Avril 1693 & 4 Février 1716, l'un pour des marchandises qui passoient de Nantes à la Rochelle par la Xaintonge, où sont dûs les droits locaux de la traite de Charente; l'autre pour des marchandises passant de Nantes à Toulouse par Bordeaux, où sont dûs les droits locaux de la Comptablie, ce qui est précisément le cas des marchandises passant en Dauphiné par Lyon, ou de celles passant en Provence ou Languedoc par l'étendue des Doüanes de Lyon & de Valence; que la Doüane de Lyon est aussi-bien un droit local de passage, pour ce qui ne fait que passer par son étendue pour aller plus loin; qu'elle est un droit d'entrée pour les marchandises étrangeres qui entrent dans le Royaume par Lyon; que sur ce principe le Fermier est fondé à prétendre les droits locaux des Doüanes de Lyon & de Valence sur tout ce qui passe par Lyon pour le Dauphiné, ou pour les Provinces de Languedoc ou de Provence, & que s'il plaisoit au Roi d'accorder sur cela de nouveaux priviléges à la Compagnie des Indes, il seroit de la justice de Sa Majesté d'en passer au Fermier l'indemnité ou de lui en faire remettre l'équivalent; qu'en ce cas il seroit encore important de prendre les mesures nécessaires pour empêcher qu'à la faveur d'une destination supposée pour le Dauphiné, voisin & limitrophe du Lyonnois, & même de la ville de Lyon, l'on ne fraudât les droits de la Doüane de Lyon dûs sur les marchandises destinées en effet pour Lyon

Tome IV.  T t

ou pour le Lyonnois, & de même pour empêcher que les marchandises destinées pour le Dauphiné n'y passent en fraude de la Doüane de Valence, à la faveur d'une destination supposée pour les Provinces de Languedoc & de la Provence, voisine du Dauphiné; qu'à l'égard des marchandises destinées pour aller à Marseille, il faut distinguer celles qui doivent y être embarquées pour passer à l'Etranger, sur lesquelles la Compagnie des Indes est bien fondée à prétendre le transit ou exemption générale des droits locaux d'entrée & de sortie établis sur la route, & celles destinées pour la consommation de cette ville, lesquelles ne peuvent entrer dans le motif du privilége, qui est de droit étroit, ainsi que celles destinées pour le Comtat & la ville d'Avignon, & consiste à favoriser pour l'Etranger la vente & le débouché des marchandises des ventes de la Compagnie des Indes : sur quoi les Fermiers généraux concluent à ce qu'il plaise à Sa Majesté ordonner que les marchandises de la Compagnie des Indes destinées pour le Dauphiné ou pour le Languedoc & la Provence, passant par l'étendue des Doüanes de Lyon & de Valence, continueront de payer comme par le passé, les droits desdites Doüanes, & que celles qui seront destinées pour Marseille, le Comtat & la ville d'Avignon, ne joüiront du bénéfice du transit au travers du Royaume, qu'à la charge de justifier de leur embarquement & descente dans le pays étranger, ou dans le Comtat & la ville d'Avignon : & Sa Majesté voulant régler lesdites contestations; oui le rapport du sieur Orry, Conseiller d'Etat, & ordinaire au Conseil Royal, Contrôleur général des Finances, LE ROI ÉTANT EN SON CONSEIL, ayant aucunement égard à la requête des Syndics & Directeurs de la Compagnie des Indes, a ordonné & ordonne qu'en payant pour chacune année par ladite Compagnie à l'Adjudicataire des Fermes de Sa Majesté, par forme d'abonnement, la somme de trois mille livres, à laquelle somme Sa Majesté a réglé & évalué l'indemnité prétendue par lesdits Adjudicataires, les marchandises provenant des ventes de ladite Compagnie des Indes, déclarées à l'Orient ou à Nantes, ou dans les Bureaux des autres lieux où la vente de ladite Compagnie pourroit être faite, pour passer en Dauphiné par Lyon, feront à l'avenir exemptes de droit de la Doüane de Lyon, & demeureront seulement assujetties à ceux de la Doüane de Valence, à condition, & non autrement, que les Adjudicataires desdites marchandises ou leurs Cessionnaires seront tenus de prendre des acquits à caution, portant soumission de les faire passer dans l'un des Bureaux de Vienne, Valence ou Grenoble : ordonne Sa Majesté qu'au moyen dudit abonnement les marchandises desdites ventes qui seront déclarées pour le Languedoc ou la Provence par la route de Lyon & du Dauphiné, seront à l'avenir exemptes de tous droits des Doüanes de Lyon & de Valence, à la charge par les Adjudicataires de faire pareillement leur soumission de justifier de la descente desdites marchandises dans lesdites Provinces de Languedoc ou de Provence : veut en outre Sa Majesté que lesdites marchandises qui seront déclarées pour Marseille, joüissent à l'avenir du bénéfice du transit au travers du Royaume, de même que si elles étoient déclarées pour passer à l'Etranger, ce qui aura pareillement lieu pour les marchandises destinées pour le Comtat & la ville d'Avignon, qui joüiront du même bénéfice de transit, nonobstant tous Arrêts & Réglemens à ce contraires, & notamment à la disposition de l'Arrêt du 4 Février 1716, à laquelle Sa Majesté, en ce qui concerne le Comtat & la ville d'Avignon, a dérogé & déroge. FAIT au Conseil d'Etat du Roi, Sa Majesté y étant, tenu à Versailles le vingt-huitième jour de Septembre mil sept cent trente-quatre. *Signé* PHELYPEAUX.

# ÉDIT DU ROY,

*PORTANT établissement d'un Conseil Supérieur à l'Isle de France.*

Du mois de Novembre 1734.

LOUIS, PAR LA GRACE DE DIEU, ROI DE FRANCE ET DE NAVARRE, à tous présens & à venir : SALUT. Nous avons par notre Edit du mois de Décembre 1723 établi un Conseil supérieur à l'isle de Bourbon, & un Conseil provincial dans l'isle de France, ci-devant nommée Maurice, pour y rendre la Justice civile & criminelle à tous ceux qui étoient habitués ou s'habitueroient dans la suite dans lesdites isles, & ordonné que lesdits Conseils seroient composés des Directeurs de la Compagnie des Indes, Gouverneur, Conseillers & habitans François, qui seroient choisis par lesdits Gouverneur & Conseillers ; que les jugemens qui seroient rendus par lesdits Directeurs, Gouverneur & Conseillers de l'isle de France, seroient exécutés par provision, en donnant caution, sauf l'appel au Conseil supérieur de l'isle de Bourbon ; & qu'à l'égard des procès criminels, ils seroient instruits & jugés par lesdits Conseils en la forme ordinaire, suivant l'Ordonnance de 1670, contre les esclaves & Négres, & que pour les François créols & Etrangers libres, ils seroient jugés, à la charge de l'appel au Conseil supérieur de l'isle de Bourbon, où les accusés & leur procès seroient envoyés ; mais la Colonie de l'isle de France étant considérablement augmentée, & la longueur des procédures civiles & criminelles, causée par l'appel au Conseil supérieur de l'isle de Bourbon, étant également dangereuse, tant par la facilité qu'il donne aux plaideurs de mauvaise foi de prolonger les procès, que par l'espérance d'impunité qu'il peut faire concevoir aux criminels, nous estimons nécessaire, en supprimant le Conseil provincial de ladite isle de France, d'y établir un Conseil supérieur pour juger en dernier ressort les procès civils & criminels, & d'apporter quelque changement à la disposition des articles III, IV & V, concernant l'établissement du Conseil supérieur à l'isle de Bourbon. A CES CAUSES & autres à ce nous mouvant, de l'avis de notre Conseil, & de notre certaine science, pleine puissance & autorité Royale :

### ARTICLE PREMIER.

NOUS avons éteint & supprimé, & par ces Présentes, signées de notre main, éteignons & supprimons le Conseil provincial établi à ladite isle de France par Edit du mois de Novembre 1723.

### II.

ET de la même autorité nous avons créé, érigé & établi, créons, érigeons & établissons un Conseil supérieur en ladite isle de France, pour y rendre la Justice, tant civile que criminelle, en dernier ressort, sans frais ni épices, à tous ceux qui sont habitués ou s'habitueront dans la suite dans ladite isle de France, ci-devant appellée Maurice, ensemble ceux qui y feront trafic & résidence, & s'y transporteront pour l'exécution de nos ordres, de quelque qualité & condition qu'ils soient.

### III.

LE Conseil sera composé du Gouverneur général, du Directeur général du commerce, de quatre Conseillers, d'un Procureur général & d'un Greffier, lesquels seront pourvûs par nous sur la présentation de la Compagnie des Indes, pour dans le Siége, & aux jours & heures qui seront par eux réglés, y rendre en notre nom la Justice, tant civile que criminelle, suivant l'exigence des cas, &

conformément à la Coûtume de la Ville, Prévôté & Vicomté de Paris.

### IV.

Voulons que les jugemens qui feront rendus par lefdits Gouverneur général, Directeur général & Confeillers au nombre de cinq en matiere civile, ou par l'un d'eux en l'abfence ou légitime empêchement des autres, après avoir appellé avec lui un ou plufieurs Commis ou habitans François capables & de probité pour faire ledit nombre de cinq, foient cenfés & réputés jugemens en dernier reffort, & exécutés fans appel.

### V.

Les procès criminels feront inftruits & jugés diffinitivement & en dernier reffort, en la forme ordinaire, prefcrite par notre Ordonnance de 1670, par lefdits Gouverneur général, Directeur général & Confeillers, où après avoir appellé avec eux le nombre des François capables & de probité fuffifant pour former le nombre de fept ; voulons que ceux qui feront ainfi appellés puiffent être Juges, encore qu'ils ne foient gradués, dont nous les avons difpenfé.

### VI.

Enjoignons audit Confeil fupérieur, dans l'adminiftration de la Juftice aux Noirs efclaves de l'ifle de France, de fe conformer aux difpofitions contenues en nos Lettres Patentes en forme d'Edit, du mois de Décembre 1723 ; voulons néanmoins que les jugemens qui interviendront contre eux, foient également cenfés & réputés en dernier reffort, & exécutés fans appel, nonobftant la difpofition de l'article XXV defdites Lettres, auxquels nous avons dérogé & dérogeons.

### VII.

Voulons pareillement que le Confeil fupérieur de l'ifle de Bourbon foit, ainfi que celui de l'ifle de France, compofé du Gouverneur général, du Directeur général du commerce, de quatre Conseillers, d'un Procureur général & d'un Greffier; que le nombre des Juges, en matieres civiles, soit fixé à celui de cinq, & qu'il ne puisse être moindre de sept en matieres criminelles, nonobstant la disposition des articles III, IV & V de notre Edit du mois de Décembre 1723, auxquels nous avons dérogé & dérogeons à cet égard seulement.

### VIII.

Commettons & ordonnons le Gouverneur général, & en son absence le Directeur général du commerce, & Conseillers, pour en l'absence ou empêchement légitime des autres, présider audit Conseil supérieur de l'isle de France, & avec les Officiers d'icelui, rendre à nos sujets & autres qui sont habitués & qui s'habitueront ci-après dans ladite isle de France, la Justice tant civile que criminelle, en la maniere, aux pouvoirs & prérogatives ci-dessus portés.

### IX.

Les jugemens dudit Conseil seront intitulés de notre nom, & scellés du Sceau de nos armes, semblable à celui par nous établi pour sceller les expéditions du Conseil supérieur de l'isle de Bourbon, qui sera remis à cet effet entre les mains du Gouverneur, que nous en avons établi garde & dépositaire, & en son absence le plus ancien dudit Conseil.

### X.

Dispensons le sieur Mahé de la Bourdonnaye, Gouverneur général des isles de Bourbon & de France, de prêter en personne le serment en tel cas requis & accoûtumé; & voulons qu'en son lieu & place il soit prêté par deux Directeurs de ladite Compagnie des Indes, & reçû par notre très-cher & féal Chevalier Garde des Sceaux de France le sieur Chauvelin.

### XI.

Commettons ledit sieur Mahé de la Bourdonnaye pour

recevoir le serment des Conseillers dudit Conseil, ensemble du Procureur général & du Greffier.

### XII.

Permettons aux Directeurs de notre Compagnie des Indes de révoquer les sieurs Mahé de la Bourdonnaye, de saint Martin, Azema, Giblot, Bourdas, Duhoux, Conseillers, & autres Officiers du Conseil supérieur de l'isle de France, lorsqu'ils le jugeront à propos, à la charge de nous en présenter d'autres, qui seront aussi établis par nous sur leur nomination.

Si donnons en mandement à notre cher & féal Chevalier Garde des Sceaux de France, le sieur Chauvelin, que ces Présentes il fasse lire, le Sceau tenant, & regitrer ès regitres de l'Audience de France, pour le contenu en icelles garder & observer selon leur forme & teneur, cessant & faisant cesser tous troubles & empêchemens, nonobstant toutes Ordonnances, Edits, Déclarations, Réglemens & autres choses à ce contraires, auxquelles nous avons dérogé & dérogeons. Mandons au Gouverneur général des isles de Bourbon & de France, & à tous nos Officiers & Justiciers qu'il appartiendra, de faire lire, publier & regitrer ces Présentes, & icelles garder & observer: enjoignons à tous nos sujets, & à ceux qui se sont habitués & s'habitueront dans lesdites isles de Bourbon & de France, qui y feront trafic & résidence, & s'y transporteront pour l'exécution de nos ordres, de quelque qualité & condition qu'ils soient, d'obéir aux jugemens qui seront rendus par lesdits Conseils supérieurs, à peine de désobéissance, & d'être procédé contre eux suivant la rigueur des Ordonnances; car tel est notre plaisir. Et afin que ce soit chose ferme & stable à toujours, nous avons fait mettre notre Scel à cesdites Présentes, aux copies desquelles, collationnées par l'un de nos amés & féaux Conseillers-Secrétaires, voulons que foi soit ajoûtée comme à l'original, DONNÉ à Fontainebleau au mois de Novembre, l'an de grace mil sept cent trente-quatre, & de notre regne le vingt-quatre. *Signé* LOUIS. *Et au-dessous*
*est*

*eſt écrit*; par le Roi, PHELYPEAUX. *Et à côté*, Viſa, CHAUVELIN. *Et plus bas est écrit*:

*Lû, publié, le Sceau tenant à Fontainebleau le douze Novembre mil sept cent trente-quatre, de l'Ordonnance de Monſeigneur Chauvelin, Chevalier, Garde des Sceaux de France, par nous Conseiller du Roi en ses Conseils, grand Audiencier de France, & enregistré ès registres de l'Audience de France, le quinze desdits mois & an. Signé* OGIER.

Tome IV.  V u

LETTRE *écrite par les Syndics & Directeurs de la Compagnie des Indes à M. le Cardinal de Fleury, concernant les honoraires de M. de Fulvy, Commissaire de ladite Compagnie.*

Du 19 Février 1735.

MONSEIGNEUR,

Nous avons l'honneur de repréfenter à votre Eminence qu'il feroit de la derniere importance pour les intérêts de la Compagnie des Indes, que la perfonne du Confeil du Roi qui a été ou qui feroit nommée à l'avenir, chargée par Sa Majefté de l'infpection générale de cette Compagnie, eut entrée, féance & voix délibérative au Bureau du Commerce ; & qu'à confidérer l'Infpecteur général de la Compagnie des Indes comme devant avoir, indépendamment de fes fonctions ordinaires, des fonctions particulieres dans ce Bureau, d'une utilité infinie pour elle, il conviendroit qu'elle lui attribuât des honoraires.

C'eft, MONSEIGNEUR, le vœu des principaux Actionnaires : ils penfent que nulle bonne raifon ne peut être oppofée à ce qu'ils défirent ; que les départemens des Intendans du commerce fubfiftent en leur entier ; qu'il s'agit d'un nouveau département qui paroît manquer dans la conftitution d'un Bureau, lequel embraffe toutes les autres parties du commerce ; que fi c'eft une nouveauté, elle s'introduit fans engager le Roi en aucune dépenfe, fans nuire à qui que ce foit, & pour le plus grand avantage d'une Compagnie utile à l'Etat ; & que n'y ayant donc à craindre d'oppofition de la part de M. le Contrôleur général, qu'en ce qu'il s'agiroit aujourd'hui d'une perfonne qui lui appartient de fi près, de plus puiffans motifs que ceux que fa modération pourroit lui inspirer, détermineront votre Eminence en faveur d'une si juste demande.

Au reste, MONSEIGNEUR, suivant le sentiment de ces mêmes principaux Actionnaires, ce n'est pas une nouvelle dépense pour la Compagnie.

Précédemment il y a eu quatre Inspecteurs, sur le pied chacun de six mille livres d'honoraires par an, payés par la Compagnie, ce qui faisoit vingt-quatre mille livres.

Ensuite le nombre des Inspecteurs fut réduit à deux, & l'objet de la dépense annuelle à douze mille livres.

Aujourd'hui il n'y a qu'un seul Inspecteur; mais il réunit réellement en sa personne les fonctions de deux au moins : son entrée au Bureau de commerce donnera encore plus d'étendue à ses fonctions, & l'on ne pense pas que ses honoraires puissent être au-dessous de douze mille livres par an, sur-tout si l'on fait attention au besoin indispensable d'un Secrétaire, uniquement occupé pour les affaires de la Compagnie.

Nous sommes, &c.

*Pareille Lettre fut écrite le même jour à M. le Garde des Sceaux Chauvelin.*

---

## RÉPONSE de M. le Cardinal de Fleury.

### À Versailles le 3 Mars 1735.

J'AI reçû, MESSIEURS, la lettre que vous avez pris la peine de m'écrire le 19 du mois dernier. Je ne puis qu'approuver les raisons qui vous déterminent à désirer que l'Inspecteur général de votre Compagnie ait entrée, séance & voix délibérative au Bureau du Commerce, aux honoraires de douze mille francs. Je vois avec plaisir que vous reconnoissez en cela les services de M. Orry & de M. de Fulvy, qui méritent assurément cette attention de votre part. Les ordres seront donnés pour cet arrangement; & je vous prie,

Messieurs, d'être persuadés de la parfaite considération que j'ai pour vous. *Signé* le Cardinal DE FLEURY.

## RÉPONSE de M. le Garde des Sceaux.

A Versailles le 3 Mars 1735.

J'AI reçû, Messieurs, la lettre que vous avez pris la peine de m'écrire sur les motifs qui peuvent engager à donner à l'Inspecteur général de votre Compagnie séance & voix délibérative au Bureau du Commerce, & à lui attribuer des honoraires. Les réflexions que cette lettre contient, font connoître une attention suivie de votre part pour ce qui peut contribuer au bien du commerce en général, & à l'utilité de la Compagnie en particulier. Le Roi approuve que vous suiviez & exécutiez les dispositions que vous proposez, & qui lui paroissent propres à procurer l'avantage que vous avez lieu d'en espérer : vous devez aussi vous le promettre du zèle & des talens de la personne qui est actuellement chargée de l'inspection générale. J'ai pour vous, Messieurs, tous les sentimens que vous pouvez souhaiter. *Signé* CHAUVELIN.

Vû la réponse de son Eminence, comme aussi celle de M. le Garde des Sceaux, il a été délibéré de fixer les honoraires de M. de Fulvy, Maître des Requêtes, en qualité d'Inspecteur général de la Compagnie des Indes, à la somme de douze mille livres par an, pour commencer lesdits honoraires à courir du premier Janvier de la présente année 1735, & que les réponses de son Eminence M. le Cardinal de Fleury & de M. le Garde des Sceaux, seront & demeureront déposées aux archives de ladite Compagnie.

# ARREST
## DU CONSEIL D'ÉTAT
## DU ROY,

*QUI permet aux Directeurs de la Compagnie des Indes de lever les Offices de l'Orient.*

Du 9 Août 1735.

*Extrait des Registres du Conseil d'Etat.*

SUR la requête présentée au Roi étant en son Conseil par les Syndics & Directeurs de la Compagnie des Indes, contenant que Sa Majesté ayant par Edit du mois de Novembre 1733, créé & rétabli les Offices de Gouverneur, Lieutenant de Roi, Maires & autres Officiers municipaux des Villes de son Royaume, ils auroient cru ne pouvoir rien faire de plus agréable à Sa Majesté que de lever ceux de la ville de l'Orient en Bretagne, sur le pied de la fixation qui en a été faite au Conseil; ce qui leur donne lieu d'espérer que Sa Majesté voudra bien réunir les Offices alternatifs mi-triennaux aux anciens mi-triennaux ; leur permettre de les faire exercer par des sujets capables d'en remplir les fonctions, auxquels il sera expédié des provisions en Chancellerie, sur la nomination desdits Syndics & Directeurs, avec faculté de se reserver les gages attribués auxdits Offices, & ordonner que tant qu'ils en seront

V u iij

propriétaires ils pourront de nouveau nommer d'autres sujets, auxquels il sera expédié de nouvelles provisions du grand Sceau, sur la simple procuration desdits propriétaires, & sur la représentation de la quittance de l'annuel, sans être tenus de payer aucun droit de mutation aux revenus casuels, conformément à l'Arrêt du Conseil du 24 Août 1734; qu'il plaira en outre à Sa Majesté ordonner que ceux qui seront ainsi pourvûs joüiront desdits Offices aux mêmes fonctions, honneurs, prérogatives, privilèges, exemptions & droits dont joüissent les pourvûs de semblables Offices dans l'étendue du Royaume, & que les gages y attribués seront employés dans les états des Finances de la Généralité de Paris, pour être payés à commencer du premier Juillet dernier, aux Syndics & Directeurs, sur leur simple quittance, par les Receveurs généraux des Finances de ladite Généralité de Paris, chacun dans l'année de son exercice, auxquels lesdits gages seront passés & alloués sans difficulté dans leurs états & comptes par-tout où besoin sera. Vû ladite requête & les pièces y jointes; oui le rapport du sieur Orry, Conseiller d'Etat, & ordinaire au Conseil Royal, Contrôleur général des Finances, LE ROI EN SON CONSEIL, a permis & permet aux Syndics & Directeurs de la Compagnie des Indes de lever les Offices de Gouverneur, Lieutenant de Sa Majesté, Maires & autres Officiers municipaux de la ville de l'Orient créés & rétablis par Edit du mois de Novembre 1733, & en conséquence ordonne Sa Majesté que les Offices alternatifs mitriennaux seront exercés conjointement avec les anciens mitriennaux, à l'effet de quoi il sera incessamment arrêté un rôle dans lequel lesdits Offices seront employés pour la somme de soixante-dix-neuf mille trois cens livres, non compris les six deniers pour livre; sçavoir, celui de Gouverneur pour douze mille livres, celui de Lieutenant de Sa Majesté pour sept mille cinq cens livres, les deux Offices de Maires réunis pour vingt-quatre mille livres, les deux de Lieutenans de Maires réunis pour douze mille livres, les deux d'Echevins réunis pour quatre mille huit cens livres, les deux d'Assesseurs réunis pour quatre mille livres, les deux de Secrétaires-Greffiers réunis pour six mille livres, les deux de Contrôleurs du Greffe réunis pour trois mille livres, celui d'Avocat du Roi pour deux mille livres, & celui de Procureur de Sa Majesté pour quatre mille livres : permet Sa Majesté auxdits Syndics & Directeurs de faire exercer lesdits Offices par des sujets capables d'en remplir les fonctions, auxquels il sera expédié des provisions en Chancellerie sur leur nomination, & de se reserver la joüissance des gages attribués auxdits Offices : ordonne Sa Majesté que tant que lesdits Syndics & Directeurs seront propriétaires desdits Offices, ils pourront de nouveau nommer d'autres sujets, auxquels il sera expédié de nouvelles provisions du grand Sceau, sur la simple procuration desdits propriétaires & sur la représentation de la quittance de l'annuel, sans être tenus de payer aucun droit de mutation aux revenus casuels, conformément à l'Arrêt du Conseil du 24 Août 1734 : ordonne en outre Sa Majesté que ceux qui seront ainsi pourvûs joüiront des Offices aux mêmes fonctions, honneurs, prérogatives, priviléges, exemptions & droits dont joüissent les pourvûs de semblables Offices dans l'étendue du Royaume, & que les gages y attribués, montant à la somme de deux mille trois cens soixante-dix-neuf livres, seront employés dans les états de la Généralité de Paris, pour être payés à commencer du premier Juillet dernier, auxdits Syndics & Directeurs, sur leurs simples quittances, par les Receveurs généraux des Finances de ladite Généralité de Paris, chacun dans l'année de son exercice, auxquels lesdits gages seront passés & alloués sans difficulté dans leurs états & comptes par-tout où besoin sera : & pour l'exécution du présent Arrêt toutes Lettres nécessaires seront expédiées. Fait au Conseil d'Etat du Roi, tenu à Versailles le neuviéme Août mil sept cent trente-cinq.

*Signé* GUYOT.

# ARREST
## DU CONSEIL D'ÉTAT
## DU ROY,

*QUI ordonne la Vente à l'Orient des Marchandises de la Compagnie des Indes.*

Du 6 Septembre 1735.

*Extrait des Regiſtres du Conſeil d'Etat.*

SUR la requête préſentée au Roi étant en ſon Conſeil par les Syndics & Directeurs de la Compagnie des Indes, contenant que les Vaiſſeaux le Maurepas, le Charolois, le Dauphin, le ſaint Michel, le Heron, le Duc de Chartres, le Comte de Toulouſe, la Ducheſſe, le Philibert, le Triton & la Galatée, venant de Moka, la Chine, Mahé, côte de Malabarre, Pondichery, Bengale & l'iſle de Bourbon, ſont arrivés au port de l'Orient les 5, 7, 28 & 29 Avril, 7 Juin, 11, 20 & 22 Juillet, & 16 Août de la préſente année, chargés de caffé, thé, poivre, cardamome, bois rouge, bois de ſapan, cauris, tourenague, eſquine, galanga, curcuma, gomme laque, cinabre, muſc, coton filé, ſoye tani & de Nankin, porcelaines, éventails, & autres épiceries & drogueries, étoffes de ſoye, damas, ſatins, gourgourans & autres marchandiſes prohibées, toiles de coton blanches & mouſſelines, toiles peintes, teintes & rayées de couleurs, mouchoirs de coton & autres; de toutes leſquelles marchandiſes, tant permiſes que prohibées, la vente doit être faite à l'Orient en Bretagne, conformément à l'Arrêt du 19 Mai 1734,

ainſi

ainsi que des marchandises attendues par les Vaisseaux le Chauvelin & l'Apollon, après cependant que sur toutes les mousselines, toiles de coton blanches, & mouchoirs de coton de Bengale & de Masulipatan, sujets à la marque, il aura été seulement apposé celle qu'il a plû à Sa Majesté ordonner par Arrêt du 28 Avril 1711, dont l'empreinte est au pied dudit Arrêt, & dont l'apposition a été changée par autre Arrêt du 3 Mars 1733, laquelle marque sera imprimée sur un morceau de parchemin, signé par le sieur Estoupan, commis par Arrêt du 30 Mai 1727, & par les sieurs Michel & Estoupan de Laval, aussi commis par autre Arrêt du 30 Juin 1731, ou par l'un d'eux seulement, à l'effet qu'il ne soit débité dans le Royaume aucunes des marchandises ci-dessus spécifiées, autres que celles de la Compagnie des Indes, conformément aux Arrêts des 10, 24 Février & 13 Mars 1691, Déclaration de Sa Majesté du 9 Mai 1702, & autres Arrêts & Réglemens rendus en conséquence, concernant le commerce de ladite Compagnie, & notamment à ceux des 10 Décembre 1709 & 4 Juin 1715, rendus en interprétation de celui du 27 Août 1709, à l'Arrêt du 11 Juin 1714, à l'Edit du mois de Mai 1719, portant réunion des Compagnies des Indes & de la Chine à la Compagnie d'Occident, à présent nommée Compagnie des Indes, & à l'Arrêt du 9 Mai 1724, qui permet à la Compagnie des Indes de vendre dans le Royaume des mouchoirs de coton, mouchoirs de soye & coton, écorce & soye, & écorce, apportés dans ses Vaisseaux; & à tous Négocians, Marchands, & autres particuliers qui les ont achetés de ladite Compagnie, d'en faire débit & usage, en payant seulement pour toutes les toiles de coton blanches, mousselines, mouchoirs de coton de Bengale & de Masulipatan, les droits d'entrée réglés par l'Arrêt du 21 Juillet 1733, au lieu de ceux portés par le Tarif de 1664, & pour toutes les autres marchandises autres que les toiles de coton blanches, mousselines & mouchoirs ci-dessus spécifiés, les droits d'entrée portés par le Tarif de 1664, pour les marchandises qui y sont dénommées & contenues, & trois pour cent de

la valeur de celles qui n'y font pas comprises, suivant &
conformément à l'article XLIV de l'Edit d'établissement
de ladite Compagnie, Arrêts rendus en conséquence, à
l'Edit du mois de Juin 1725, à l'Arrêt du 28 Septembre
1726, à ceux des 24 Août 1728 & 8 Juillet 1732, rendus en interprétation, & à l'Arrêt du 14 Septembre 1728,
portant confirmation de celui du 8 Septembre 1722, Sa
Majesté ayant dispensé les Marchands & Négocians de l'apposition de la seconde marque par Arrêt du 11 Juin 1732.
A ces causes, requéroient les Syndics & Directeurs de la
Compagnie des Indes qu'il plût à Sa Majesté sur ce pourvoir. Vû lesdits Arrêts des 10, 24 Février, & 13 Mars
1691, Déclaration de Sa Majesté du 9 Mai 1702, Arrêts
des 27 Août & 10 Décembre 1709, 28 Avril 1711, 11
Juin 1714, l'Edit du mois de Mai 1719, portant réunion
des Compagnies des Indes Orientales & de la Chine à
celle d'Occident, à présent nommée Compagnie des Indes, l'Arrêt du 9 Mai 1724, l'Edit du mois de Juin 1725,
les Arrêts des 28 Septembre 1726, 24 Août & 14 Septembre 1728, ceux des 11 Juin & 8 Juillet 1732, 3
Mars & 21 Juillet 1733, & 19 Mai 1734; ouï le rapport du sieur Orry, Conseiller d'Etat, & ordinaire au Conseil Royal, Contrôleur général des Finances, LE ROI
ÉTANT EN SON CONSEIL, a ordonné & ordonne que
par le sieur de Pontcarré de Viarme, Conseiller en ses Conseils, Maître des Requêtes ordinaire de son Hôtel, Commissaire départi en la Province de Bretagne, ou par celui
qu'il subdéléguera à cet effet, il sera fait en la présence du
sieur Richard, commis par le Conseil pour l'exécution de
l'Arrêt du 18 Mai 1720, inventaire des marchandises qui
composent le chargement des Vaisseaux le Maurepas, le
Charolois, le Dauphin, le saint Michel, le Heron, le
Duc de Chartres, le Comte de Toulouse, la Duchesse,
le Philibert, le Triton & la Galatée, & des Vaisseaux le
Chauvelin & l'Apollon, attendus, lequel inventaire sera
divisé en trois chapitres, dont le premier comprendra les
marchandises sujettes à la marque, comme toiles de coton

blanches, mousselines, mouchoirs de coton de Bengale & de Masulipatan, mouchoirs de soye & coton, écorce & soye, & écorce; le deuxiéme, les drogueries & épiceries, comme caffé, thé, poivre, cardamome, bois rouge, bois de sapan, cauris, toutenague, esquine, galanga, curcuma, gomme laque, cinabre, musc, coton filé, soye tani & de Nankin, porcelaines, éventails, & autres épiceries & drogueries; & le troisiéme chapitre sera composé des mouchoirs de Pondichery, toiles teintes, peintes & rayées de couleur, damas, satins, Pekins, gourgourans, & autres étoffes dont l'usage & le débit sont prohibés dans le Royaume, & qui, quoique chargées sur les Vaisseaux de la Compagnie des Indes, ne peuvent y être vendues qu'à condition qu'elles seront envoyées à l'Etranger : ordonne aussi Sa Majesté que toutes lesdites piéces de toiles de coton blanches, mousselines & mouchoirs de coton, soye & coton, écorce & soye, & écorce, spécifiées par le premier chapitre dudit inventaire, seront marquées aux deux bouts de chaque piéce d'une seule & unique marque pareille à l'empreinte étant au pied dudit Arrêt du 28 Avril 1711, & dont l'apposition a été changée par autre Arrêt du 3 Mars 1733, laquelle marque sera imprimée sur un morceau de parchemin, signé par le sieur Estoupan, commis par Arrêt du 30 Mai 1727, & par les sieurs Michel & Estoupan de Laval, aussi commis par Arrêt du 30 Juin 1731, ou par l'un d'eux seulement, laquelle marque sera attachée au chef & à la queue de chaque piéce, avec le plomb de ladite Compagnie, en présence dudit Subdélégué, ou autre qui sera commis par ledit sieur de Pontcarré de Viarme, sans que les Marchands & Négocians puissent être tenus de rapporter lesdites marques, ni de faire mention sur leurs regiftres des noms de ceux auxquels ils pourront revendre des piéces entieres, ni être assujettis à l'apposition des secondes marques, supprimées par l'Arrêt du 11 Juin 1732 : ordonne Sa Majesté qu'après l'apposition des marques portées par les Arrêts des 28 Avril 1711 & 3 Mars 1733, sur lesdites piéces de toiles de coton blanches, mousselines, mou-

X x ij

choirs de coton, soye & coton, écorce & soye, & écorce, toutes lesdites marchandises des Indes & de la Chine venues sur lesdits Vaisseaux, & attendues par le Chauvelin & l'Apollon, seront incessamment vendues à l'Orient en Bretagne en la maniere accoûtumée, en présence d'un ou plusieurs Syndics & Directeurs de la Compagnie des Indes, & du sieur Richard, en payant les droits d'entrée réglés par l'Arrêt du 21 Juillet 1733, pour toutes les toiles de coton blanches, mousselines, mouchoirs de coton de Bengale & de Masulipatan, au lieu de ceux portés par le Tarif de 1664, & pour toutes les autres marchandises autres que les toiles de coton blanches, mousselines & mouchoirs ci-dessus spécifiés, les droits d'entrée portés par le Tarif de 1664, pour les marchandises qui y sont dénommées & contenues, & trois pour cent de la valeur de celles qui n'y sont pas comprises, suivant & conformément à l'article XLIV de l'Edit du mois d'Août de la même année, aux Arrêts des 29 Avril & 22 Novembre 1692, 28 Septembre 1726, 24 Août & 14 Septembre 1728, & 8 Juillet 1732; & à l'égard des toiles de coton teintes, peintes ou rayées de couleur, damas, satins, Pekins, gourgourans & autres étoffes provenant des Indes & de la Chine, la vente & adjudication n'en pourra être faite qu'à condition qu'elles seront envoyées à l'Etranger par les Adjudicataires, dans six mois au plus tard du jour de l'adjudication, dans la forme, pour les pays, & avec les précautions prescrites par l'article VII de l'Arrêt du 11 Juin 1714, & jusques auxdits envois elles seront mises dans les magasins d'entrepôt, conformément auxdit Arrêts des 18 Mai 1720, 28 Septembre 1726, 24 Août & 14 Septembre 1728 & 8 Juillet 1732: veut Sa Majesté qu'à la requête des Syndics & Directeurs de la Compagnie des Indes, il soit fait une visite desdites marchandises des Indes, qui se trouveront chez lesdits Marchands & Négocians, & tous autres de quelque qualité & condition qu'ils puissent être, même qu'il leur soit permis de faire saisir celles qui ne seront pas marquées des marques prescrites par les Arrêts des 28 Avril 1711 & 3 Mars 1733: &

Sa Majesté voulant assurer de plus en plus l'exécution desdits Arrêts dans la ville de Paris, & favoriser le débit des Marchands qui font un commerce loyal desdites marchandises, lequel est souvent dérangé par les Fraudeurs & Colporteurs inconnus, même empêcher que les Détailleurs, qui s'excusent ordinairement des contraventions qu'on leur impute, sur le peu de connoissance qu'ils disent avoir des véritables marques, ne puissent être trompés, fait très-expresses inhibitions & défenses, sous peine de 3.000 liv. d'amende, à tous Détailleurs & Détailleuses qui employent lesdites toiles de coton blanches, mousselines, mouchoirs de coton, soye & coton, écorce & soye, & écorce, d'acheter aucunes piéces que des Marchands connus & domiciliés, sauf aux Détailleurs & Détailleuses à obliger lesdits Marchands de signer leur nom au dos de chaque marque en parchemin qui sera apposée sur les piéces vendues, pour y avoir recours en cas de besoin : enjoint Sa Majesté au sieur Herault, Conseiller d'Etat, Lieutenant général de Police de la ville de Paris, & aux sieurs Intendans & Commissaires départis dans les Provinces & Généralités du Royaume, de tenir la main à l'exécution du présent Arrêt, qui sera lû, publié & affiché par-tout où besoin sera, & exécuté nonobstant toutes oppositions ou empêchemens quelconques. Fait au Conseil d'Etat du Roi, Sa Majesté y étant, tenu à Versailles le sixiéme jour de Septembre mil sept cent trente-cinq. *Signé* PHELYPEAUX.

LOUIS, PAR LA GRACE DE DIEU, ROI DE FRANCE ET DE NAVARRE, Dauphin de Viennois, Comte de Valentinois & Dyois, Provence, Forcalquier & terres adjacentes ; à notre amé & féal Conseiller en notre Conseil d'Etat, le sieur Herault, Lieutenant général de Police de notre bonne Ville, Prévôté & Vicomté de Paris ; & à nos amés & féaux Conseillers en nos Conseils les sieurs Intendans & Commissaires départis pour l'exécution de nos ordres dans les Provinces & Généralités de notre Royaume : SALUT. Nous vous mandons & enjoignons par ces Préfentes fignées de nous, de tenir, chacun en droit foi, la main à l'exécution de l'Arrêt ci-attaché fous le contre-fcel de notre Chancellerie, ce jourd'hui donné en notre Confeil d'Etat, nous y étant, pour les caufes y contenues: commandons au premier notre Huiffier ou Sergent fur ce requis, de fignifier ledit Arrêt à tous qu'il appartiendra, à ce que perfonne n'en ignore, & de faire en outre pour fon entiere exécution tous actes & exploits requis & néceffaires, fans autre permiffion, nonobftant clameur de Haro, Charte Normande & Lettres à ce contraires. Voulons qu'aux copies dudit Arrêt & des Préfentes, collationnées par l'un de nos amés & féaux Confeillers-Secrétaires, foi foit ajoutée comme aux originaux; car tel eft notre plaifir. DONNÉ à Verfailles le fixiéme jour de Septembre, l'an de grace mil fept cent trente-cinq, & de notre regne le vingt-uniéme. *Signé* LOUIS. *Et plus bas ;* Par le Roi Dauphin, Comte de Provence, *figné* PHELYPEAUX, avec grille & paraphe. Scellé & contre-fcellé de cire jaune.

JEan - Baptifte Camus de Pontcarré, Chevalier, Seigneur de Viarme, Seugy, Belloy & autres lieux, Confeiller du Roi en fes Confeils, Maître des Requêtes ordinaire de fon Hôtel, Commiffaire départi par Sa Majefté pour l'exécution de fes ordres en la Province de Bretagne. Vû l'Arrêt du Confeil ci-deffus, & Commiffion fur icelui, nous avons fubdélegué le fieur Breart de Boifanger, Sénéchal & notre Subdélegué à Hennebond, pour faire en préfence du fieur Richard, commis par le Confeil pour l'exécution de l'Arrêt du 18 Mai 1720, inventaire des marchandifes qui compofent le chargement des Vaiffeaux mentionnés dans le préfent Arrêt, dans la forme prefcrite par icelui : ordonnons au furplus que ledit Arrêt fera exécuté felon fa forme & teneur dans l'étendue de notre département, lû, publié & affiché par-tout où befoin fera. Fait à Rennes le vingt-un Septembre mil fept-cent-trente-cinq. *Signé* PONTCARRÉ DE VIARME. *Et plus bas ;* Par Monfeigneur, *figné* PALENC.

*NOTA.* Depuis cet Arrêt, tous ceux qui ont été rendus sur cette matiere, ont été renvoyés à M. l'Intendant de Bretagne pour en ordonner l'exécution, & l'on n'en a point gardé des duplicata au Bureau des Ventes à Paris, ce qui interrompt ici la collection de cette matiere seulement. D'ailleurs, quand bien même on en auroit eu des copies pour les faire imprimer, cela n'auroit tout au plus servi qu'à grossir inutilement ce volume, ces Arrêts étant mot pour mot les mêmes que ceux qui ont été rendus précédemment au sujet des ventes.

# ARREST
## DU CONSEIL D'ÉTAT
## DU ROY,

QUI ordonne que la Justice sera exercée au Port de l'Orient par le Sénéchal d'Hennebond, conjointement avec les Officiers de la Sénéchaussée jusqu'au premier Janvier 1736.

Du 6 Septembre 1735.

*Extrait des Registres du Conseil d'Etat.*

LE Roi étant informé que la mouvance & la Justice du port de l'Orient & du parc que la Compagnie des Indes a fait construire audit lieu, sont respectivement prétendues par les Officiers de Sa Majesté d'une part, & par le sieur Prince de Guimené d'autre : & Sa Majesté voulant pourvoir à ce que par provision & jusqu'à ce que ces contestations puissent être terminées, l'exercice de la Justice soit assuré, en telle sorte qu'il puisse être procédé sans délai à la poursuite & à la punition des délits, & que ceux qui auront des demandes à former en Justice, ayent un Juge certain auquel ils puissent s'adresser ; oui le rapport du sieur Orry, Conseiller d'Etat, & ordinaire au Conseil Royal, Contrôleur général des Finances, LE ROI E'TANT EN SON CONSEIL, a ordonné & ordonne que par provision, & sans préjudice du droit des parties au principal, la Justice sera exercée dans lesdits lieux du port &
du

du parc de l'Orient, jufqu'au premier Janvier prochain, par le *Sénéchal d'Hennebond*, conjointement avec les autres Officiers de ladite Sénéchauffée, auquel Sa Majefté en attribue, en tant que de befoin, toute Cour, Jurifdiction & connoiffance, fauf l'appel au Parlement de Bretagne : fait Sa Majefté défenfes à tous autres Juges & à toutes perfonnes de les y troubler, à peine de mille livres d'amende & de caffation de procédure : & feront fur le préfent Arrêt toutes Lettres néceffaires expédiées. FAIT au Confeil d'Etat du Roi, *Sa Majefté* y étant, tenu à Verfailles le fixiéme jour de Septembre mil fept cent trente-cinq.

*Signé* PHELYPEAUX.

LOUIS, PAR LA GRACE DE DIEU, ROI DE FRANCE ET DE NAVARRE, à notre cher & bien amé le Sénéchal d'Hennebond : SALUT. Par l'Arrêt ci-attaché fous le contre-fcel de notre Chancellerie, ce jourd'hui donné en notre Confeil d'Etat, nous y étant, nous avons ordonné, & par ces Préfentes fignées de notre main, ordonnons que par vous, conjointement avec les autres Officiers de ladite Sénéchauffée, la Juftice fera exercée dans les lieux du port & du parc de l'Orient jufqu'au premier Janvier prochain, vous en attribuant, en tant que de befoin, par cefdites Préfentes, toute Cour, Jurifdiction & connoiffance, fauf l'appel en notre Cour de Parlement de Bretagne : commandons au premier notre Huiffier ou Sergent fur ce requis, de fignifier ledit Arrêt à tous qu'il appartiendra, à ce que perfonne n'en ignore, & de faire en outre pour fon entiere exécution tous actes & exploits requis & néceffaires, fans autre permiffion ; car tel eft notre plaifir. DONNE' à Verfailles le fixiéme jour de Septembre, l'an de grace mil fept cent trente-cinq, & de notre regne le vingt-uniéme. *Signé* LOUIS. *Et plus bas ;* Par le Roi, *figné* PHELYPEAUX.

*Lû, publié en l'Audience de la Cour & Sénéchauffée Royale d'Hennebond, le Jeudi vingt-deux Septembre mil fept cent trente-cinq, & enregiftré au Greffe du même Siége le même jour. Signé* CHARLES BREART.

*Tome IV.* Y y

# ARREST

## DU CONSEIL D'ÉTAT,

## DU ROY,

*RENDU en faveur du Sieur de Coffigny contre les Sieurs Maupin, saint Martin & Giblot.*

Du 6 Décembre 1735.

*Extrait des Regiſtres du Conſeil d'Etat.*

VU au Conſeil d'Etat du Roi, Sa Majeſté y étant, la requête préſentée par le ſieur de Coffigny, Chevalier de l'Ordre Militaire de ſaint Louis, Ingénieur ordinaire du Roi, expoſitive qu'en l'année 1731 il accepta, par permiſſion du Roi, la commiſſion que la Compagnie des Indes lui offrit, d'aller aux iſles de Bourbon & de France, pour y examiner l'utilité que cette Compagnie pouvoit retirer des établiſſemens qu'elle y avoit déja, & les dépenſes qui étoient encore néceſſaires pour mettre ces iſles en ſûreté & y procurer les commodités indiſpenſables pour les relâches des Vaiſſeaux qu'elle envoye tous les ans dans les Indes; il auroit ſatisfait à ce que la Compagnie déſiroit, en lui envoyant toutes les obſervations qu'il a faites ſur les lieux, avec les différens projets qu'il croiroit utiles, ſuivis des plans & profils, approuvés, reçûs & ſignés par les Conſeils. La Compagnie des Indes a paru ſi ſatisfaite de ce travail, qu'en 1733 elle ordonna que ſes projets & devis seroient exécutés à l'isle de France, & lui manda d'y repasser pour en prendre la direction, & commander en chef tous les ouvriers qui lui seroient fournis par le Conseil : en conséquence de ces ordres & des nouvelles instructions qu'elle lui envoya, dont le Conseil reçut en même-temps copie, il a employé les ouvriers qui lui furent confiés aux ouvrages convenus pendant sept mois consécutifs, pendant lequel temps, lorsque quelque Noir se trouvoit en faute rélative aux travaux, il lui imposoit (suivant l'usage établi de tout temps sur les lieux) la peine convenable, sans en rendre compte à d'autres qu'au seul Commandant, dans les cas où la faute & la punition lui paroissoient le mériter. Que le premier jour de Décembre 1734, à l'appel du matin, les ouvriers étant tous rassemblés sur la place d'armes pour la distribution journaliere des travaux, ledit sieur de Cossigny voulant, pour l'exemple, les rendre témoin de la punition ordinaire qu'il faisoit infliger à un Noir Indien qui avoit essentiellement manqué à son devoir, fut fort surpris de voir arriver le sieur Bourdas, Procureur du Roi du Conseil, qui de son autorité fit défenses aux troupes du corps-de-garde de ladite place de souffrir qu'à l'avenir le sieur Cossigny fît châtier aucun Noir, en leur disant qu'il n'avoit aucun droit d'exercer un châtiment de cette espéce sur les ouvriers qui lui étoient subordonnés, sans que préalablement lui Procureur du Roi, eût donné ses conclusions. Ledit sieur Cossigny jugeant bien qu'il ne pouvoit plus conserver l'autorité nécessaire sur les ouvriers, si les défenses faites par le Procureur du Roi subsistoient, il en porta ses plaintes au sieur Maupin, Commandant dans ladite isle, pour qu'il reforme un ordre si contraire à ceux de la Compagnie, si nuisible à ses intérêts & à la subordination ; mais le sieur Maupin ne satisfit en rien à ce qui lui étoit demandé, ce qui mit le sieur Cossigny dans la nécessité de présenter une requête au Conseil d'administration, au bas de laquelle le Conseil décida que cette affaire n'étoit pas de sa compétence, mais bien celle du Conseil provincial : il fut donc obligé de s'adresser au Conseil provincial, qui nomma un Commissaire pour informer du fait ; & quelque jours après, l'affaire étant en état d'être décidée, le sieur Maupin alla se promener sur les habitations, d'où il dit qu'il ne devoit revenir de plusieurs semaines : le requérant ayant remarqué que les discours publics & la défense faite par le sieur Bourdas, avoient causé du désordre dans les esprits des ouvriers en général, & qui augmentoit chaque jour, il pria le sieur S. Martin, Commandant en l'absence du sieur Maupin, d'y remédier, en décidant au plutôt avec le Conseil l'affaire qui y étoit pendante ; ledit sieur saint Martin répondit qu'il ne vouloit rien décider pendant l'absence du Commandant : pour lors ledit sieur Cossigny persuadé que de toute part on ne vouloit point déterminer une affaire qui devenoit à chaque instant plus sérieuse pour les conséquences, prit le parti d'envoyer audit sieur saint Martin tous les papiers qui concernoient la conduite & l'exécution des travaux, pour le mettre en état ou le Conseil de suivre à l'avenir les projets de la Compagnie, & déclara qu'il n'iroit pas sur les atteliers, puisqu'il n'y avoit plus l'autorité requise pour se faire obéir. Cette démarche força le sieur Maupin de revenir des habitations ; il assembla le Conseil, qui délibéra de faire une sommation au sieur Cossigny pour reprendre la conduite des travaux, ou déclarer s'il entendoit ne plus s'en mêler : il répondit à la sommation qu'il ne se mêleroit des travaux que lorsqu'il auroit plû au Conseil de remettre le bon ordre & la subordination, en faisant droit sur les fins de sa requête : le lendemain 9 Décembre 1734 le Conseil prit une délibération, par laquelle il fut arrêté que le sieur Cossigny demeureroit à l'avenir remercié du service de la Compagnie des Indes, par conséquent sans fonctions, ses appointemens supprimés, & qu'il seroit renvoyé par les premiers Vaisseaux qui retourneroient en France. Le sieur Maupin fut chargé de l'exécution de la délibération, & d'y employer l'autorité dont il étoit revêtu comme Commandant ; elle fut signifiée le même jour audit sieur de Cossigny, qui répondit verbalement qu'il y souscriroit en ce qui concernoit la premiere partie, qui étoit de rester sans fonctions & sans appointemens; mais qu'à l'égard de son embarquement il ne pouvoit y satisfaire jusqu'à ce qu'il eût reçû les nouveaux ordres de la Compagnie des Indes qui devoient arriver par les premiers Vaisseaux qu'on attendoit de France. Le 3 Mars 1735, le Comte de Toulouse étant en rade prêt à faire voile pour la France, le sieur Maupin envoya un ordre par écrit audit sieur Cossigny, pour qu'il eût à s'embarquer sur ledit navire, auquel ordre il répondit par écrit que le Conseil & le sieur Maupin, qui l'avoient remercié du service, n'avoient aucun droit sur un Officier particulier qui vouloit demeurer dans une isle de l'obéissance du Roi en qualité de simple habitant, à moins qu'on ne lui imputât ou qu'on ne lui prouvât quelque crime personnel qui méritât un bannissement; que d'ailleurs le sieur Contrôleur général & le sieur Orry de Fulvy, Commissaires de la Compagnie des Indes, lui avoient marqué par leurs dernieres lettres qu'ils lui enverroient des ordres nouveaux, & qu'il vouloit les recevoir avant de partir. Cette réponse ne produisit aucun effet, il reçut un troisième ordre par écrit, portant que ses allégations étoient frivoles, qu'il eût à s'embarquer sans délai, sinon qu'on l'y contraindroit par force : il répliqua par écrit qu'on feroit telle violence en sa personne qu'on jugeroit à propos, mais qu'il ne pouvoit partir; & lorsque le Vaisseau fut prêt à appareiller, lesdits sieurs Maupin, saint Martin & Giblot lui envoyerent le Greffier du Conseil pour sçavoir s'il s'embarquoit : ledit sieur Cossigny ne voyant plus alors de ressources, remit au Greffe ses protestations contre la violence exercée en sa personne, contre les dommages & intérêts qui s'ensuivroient de la suspension des travaux de la Compagnie des Indes, & des dommages que lui causoit personnellement son départ forcé, protestations dont il prit acte, ainsi que de toutes les pièces produites de part & d'autre; & pour éviter de se compromettre, il se détermina à s'embarquer à l'instant, dans la situation la plus douloureuse pour lui, puisque se voyant presque deshonoré par les traitemens qu'on lui a faits, on l'a contraint d'abandonner son épouse en état de grossesse, qui par cette raison n'a pû s'embarquer avec lui. Il espére d'avoir suffisamment justifié sa conduite par la simple exposition du fait, & démontré par acte retiré du Greffe la violence commise à son égard par les sieurs Maupin, saint Martin & Giblot, laquelle, outre la cessation de ses appointemens, lui a occasionné des dépenses supérieures de beaucoup à ses facultés, par la longueur du trajet auquel on l'a forcé, outre les fatigues & les risques qu'on lui a fait essuyer. A ces causes requiert qu'il plaise à Sa Majesté casser & annuller la délibération du Conseil de l'isle de France du 9 Décembre 1734, qui a ordonné que le sieur de Cossigny demeureroit révoqué des fonctions d'Ingenieur en chef pour la Compagnie des Indes, & qu'il repasseroit en France ; & attendu que cette révocation est injurieuse & sans aucun fondement valable, ordonner qu'il repassera à l'isle de France pour y reprendre ses fonctions, & condamner lesdits sieurs Maupin, S. Martin & Giblot en tels dommages & intérêts qu'il plaira à Sa Majesté arbitrer. Vû aussi les piéces jointes à la requête; oui le rapport du sieur Orry, Conseiller d'Etat, & ordinaire au Conseil Royal, Contrôleur général des Finances, LE ROI ÉTANT EN SON CONSEIL, a cassé & annullé, casse & annulle la délibération du Conseil de l'isle de France du 9 Décembre 1734, en ce qu'il a été enjoint audit Cossigny de repasser en France par le premier Vaisseau qui y feroit retour : ordonne Sa Majesté que ledit Cossigny repassera à ladite isle de France, pour y continuer ses fonctions tant & si long-temps que la Compagnie des Indes le jugera convenable : condamne lesdits Maupin, saint Martin & Giblot en quinze mille livres de dommages & intérêts envers ledit Cossigny, qu'ils seront tenus de payer par portion égale & solidairement les uns pour les autres, sauf le recours : ordonne Sa Majesté que les Directeurs de la Compagnie des Indes feront faire l'avance audit Cossigny de ladite somme, à la charge par eux d'en faire faire le recouvrement sur lesdits Maupin, saint Martin & Giblot, & leur permet à cet effet de les y contraindre par toutes voyes dûes & raisonnables : & sera le présent Arrêt exécuté nonobstant oppositions ou autres empêchemens quelconques, pour lesquels ne sera différé. Fait au Conseil d'Etat du Roi, Sa Majesté y étant, tenu à Versailles le sixiéme jour de Décembre mil sept cent trente-cinq.

Signé PHELYPEAUX.

LOUIS, PAR LA GRACE DE DIEU, ROI DE FRANCE ET DE NAVARRE, au premier notre Huissier ou Sergent sur ce requis. Nous te mandons & commandons par ces Présentes, signées de notre main, que l'Arrêt dont l'extrait est ci-attaché sous le contre-scel de notre Chancellerie, ce jourd'hui donné en notre Conseil d'Etat, nous y étant, pour les causes y contenues, tu signifies aux sieurs Maupin, saint Martin & Giblot, & à tous qu'il appartiendra, à ce que personne n'en ignore, & fais en outre pour son entiere exécution tous exploits, commandemens, sommations, & autres actes requis & nécessaires, sans autre permission; car tel est notre plaisir. Donné à Versailles le sixiéme jour de Décembre, l'an de grace mil sept cent trente-cinq, & de notre regne le vingt-uniéme. *Signé* LOUIS. *Et plus bas*, par le Roi,

PHELYPEAUX.

*L'an mil sept cent trente-six, le sept Décembre, à la requête de Messieurs les Syndics & Directeurs de la Compagnie des Indes à Paris, poursuite & diligence du sieur Joseph Pechevin, leur Caissier général, demeurant à Paris à l'Hôtel de ladite Compagnie, sis à Paris rue neuve des Petits Champs, où il a élû son domicile, comme ayant payé & remboursé au sieur de Cossigny la somme de quinze mille livres portée en l'Arrêt ci-dessus, j'ai Alexandre-Joseph Borme, Huissier à verge au Châtelet de Paris, y demeurant rue saint Honoré, Paroisse saint Eustache, soussigné, signifié & baillé copie de l'Arrêt du Conseil d'Etat du Roi & de la Commission sur icelui ci-dessus & des autres parts, au sieur Maupin, demeurant à Paris rue du*

Four, Paroisse saint Eustache, à l'image saint Pierre en son domicile, en parlant à sa personne, à ce qu'il n'en ignore, & ait à y satisfaire, & lui ai, parlant que dessus, laissé copie tant dudit Arrêt & Commission ci-dessus, que du présent.

Signé BORME.

ETAT

*ETAT des sommes que la Compagnie des Indes a payées pour la Finance & frais des Offices municipaux du Port de l'Orient.*

Du 27 Mars 1736.

POUR la finance suivant les quittances de M. Bertin, Trésorier des revenus casuels ;

| SÇAVOIR, | Finances. | 6 d. pour liv. | TOTAL. |
|---|---|---|---|
| 1. Pour la Charge de Gouverneur, suivant la quittance de finance de M. Bertin du 27 Mars 1736 | 12000 l. | 300 l. | 12300 l. |
| 2. Pour la Charge de Lieutenant de Roi, suivant une autre quittance du 27 Mars 1736....... | 7500 | 187 l. 10 c. | 7687 l. 10 c. |
| 3. Pour deux Charges de Maire, suivant une autre quittance dudit jour 27 Mars 1736...... | 24000 | 600 | 24600 |
| 4. Pour deux Charges de Lieutenans de Maire, sur une autre quittance du 27 Mars 1736..... | 12000 | 300 | 12300 |
| 5. Pour deux Charges d'Echevins, suivant une autre quittance du 27 Mars 1736......... | 4800 | 120 | 4920 |
| 6. Pour deux Charges d'Assesseurs, suivant une autre quittance du | | | |
| | 60300 | 1507 10 | 61807 10 |

Tome IV.

|  | Finance. | 6. d. pour liv. | TOTAL. |
|---|---|---|---|
| De l'autre part. | 60300 l. | 1507 l. 10 s. | 61807 l. 10 s. |
| 27 Mars 1736. | 4000 | 100 | 4100 |
| 7. Pour deux Charges de Contrôleur du Greffe, suivant une autre quittance du 27 Mars 1736. | 3000 | 75 | 3075 |
| 8. Pour deux Charges de Secrétaire-Greffier, suivant une autre quittance du 27 Mars 1736. | 6000 | 150 | 6150 |
| 9. Pour la Charge d'Avocat du Roi, suivant une autre quittance du 27 Mars 1736. | 2000 | 50 | 2050 |
| 10. Pour la Charge de Procureur du Roi, suivant une autre quittance du 27 Mars 1736. | 4000 | 100 | 4100 |
|  | 79300 | 1982 10 | 81282 10 |

11. Pour les droits des dix quittances de finance ci-dessus, suivant la quittance du sieur Bary, faisant pour M. Bonneau. . . . . . . . . . . . 26

12. Pour les honoraires de M. Bonneau & expéditions en parchemin de huit Commissions d'Echevins, suivant sa quittance du 9 Avril 1738. . . . . . . . . . . . . . . . . . . . . . . . . 60

Pour les frais d'expéditions, Sceau, marc d'or, Garde-rôle & autres frais des susdits Offices municipaux. . . . . . . . . . . . . . . . . . . . . . 1217 4

      TOTAL. . . . . . 82585 14

Pour les épices, vacations & droits du Roi, de la réception faite par la Cour & Sénéchaussée Royale d'Hennebond, des Officiers mu-

*Suite & montant de ci-contre.* . . . . . 82585ˡ 14ᶜ

nicipaux qui composent la Communauté de la ville de l'Orient, suivant un état certifié par le sieur Breart de Boisanger, Sénéchal d'Hennebond, du 25 Mai 1739. . . . . . 904

83489 14

*Nota.* La Compagnie a mandé à M. Duveclar de faire payer cette somme de 904 liv. par M. Boislagate, Caissier à l'Orient, le premier Juin 1739.

Au Notaire d'Hennebond pour l'expédition de dix actes, par lesquels les Officiers titulaires ont reconnu que la Compagnie est propriétaire de leursdits Offices, ont fait leurs soumissions énoncées auxdits actes ci-après, &c. 48

TOTAL jusqu'à ce jour 3 Juin 1739. . . . 83537 14

Les Officiers qui remplirent toutes ces Charges furent les sieurs

PERAU, Maire.
MONISTROL, Lieutenant de Maire.
DE MONTIGNY, Procureur du Roi.
AUBERT, Avocat du Roi.
ESNÉE, premier Echevin.
DRONNEAU le pere, second Echevin.
DRONNEAU le fils, Secrétaire-Greffier.
CORDÉ, Contrôleur du Greffe.
GOUGEARD, premier Assesseur.
DEFFOND, second Assesseur.

Leurs provisions sont datées du 3 Mars 1739, & scellées le 13.

La Compagnie à mesure qu'il y a des places vacantes, soit par mort ou autrement, présente au Roi de nouveaux sujets, à qui Sa Majesté accorde de pareilles provisions.

La réception de tous les Officiers ci-dessus coûta à la Compagnie la somme de 904 liv. qui furent payées à M. Breart de Boisanger le 25 Mai 1739.

# ARREST
## DU CONSEIL D'ÉTAT
## DU ROY,

PORTANT nouveau Réglement pour empêcher l'entrée, le port & usage des toiles peintes ou teintes, écorces d'arbre, ou étoffes de la Chine, des Indes & du Levant.

#### Du 10 Avril 1736.

*Extrait des Regiſtres du Conſeil d'Etat.*

LE Roi s'étant fait repréſenter étant en ſon Conſeil l'Arrêt rendu en icelui le 28 Novembre 1730, par lequel Sa Majeſté, pour les cauſes & raiſons y contenues, a ordonné que l'Edit du mois d'Octobre 1726 & l'Arrêt de ſon Conſeil du même mois, concernant l'introduction, port & uſage des toiles peintes, écorces d'arbre ou étoffes de la Chine, des Indes & du Levant, ſeroient exécutés ſelon leur forme & teneur, ainſi que tous les autres précédens Réglemens, en ce qui n'y étoit point dérogé par ledit Arrêt, avec défenſes à tous Juges de prononcer aucune décharge ni modération d'amende, ni d'accorder aucun délai pour en favoriſer l'obtention, & injonction de faire exécuter leurs Sentences auſſi-tôt qu'elles ſeroient rendues : Sa Majeſté a pareillement enjoint aux Maîtres des Ports, leurs Lieutenans, aux Juges des Traites

& à ceux des Elections, de faire la converfion des peines pécuniaires qu'ils auroient prononcées, en peines corporelles, conformément audit Edit, & à l'échéance des termes y portés, à peine de répondre du payement des amendes en leur propre & privé nom: Sa Majefté a voulu que le Lieutenant général de Police à Paris, & les Intendans & Commiffaires départis dans les Provinces, connuffent à l'avenir des contraventions concernant le commerce, port & ufage defdites marchandifes, & étoffes des Indes, de la Chine & du Levant, leur ayant attribué à cet effet toute Cour & Jurifdiction pour juger lefdites contraventions en dernier reffort, avec le nombre de Juges ou Gradués requis par les Ordonnances. Et Sa Majefté étant informée que les peines feveres prononcées contre ceux qui fe trouvent coupables de commerce, port & ufage de ces marchandifes prohibées, & les publications & affiches qui ont été faites de fix mois en fix mois dans toutes les Villes des Provinces & Généralités du Royaume, des Réglemens qui infligent ces peines, n'ont pû arrêter l'introduction, port & ufage defdites étoffes & marchandifes prohibées; & comme il eft néceffaire de réprimer un abus fi préjudiciable aux manufactures du Royaume, Sa Majefté a jugé à propos d'ajoûter de nouvelles difpofitions aux précedens Réglemens. Vû fur ce les différens Réglemens rendus fur cette matiere; oui le rapport du fieur Orry, Confeiller d'Etat, & ordinaire au Confeil Royal, Contrôleur général des Finances, LE ROI ÉTANT EN SON CONSEIL ROYAL DE COMMERCE, a ordonné & ordonne ce qui fuit.

### ARTICLE PREMIER.

LES Arrêts & Réglemens rendus, notamment ceux des 20 Janvier 1716, 27 Septembre 1719 & 8 Juillet 1721, qui prononcent l'amende de trois mille livres contre ceux qui feront trouvés en contravention aux difpofitions defdits Arrêts & autres Réglemens, & aux Edits des mois de Juillet 1717 & Octobre 1726, concernant le débit, port & ufage des toiles peintes ou teintes, écorces d'arbres, ou étoffes de la Chine, des Indes & du Levant, seront exécutés selon leur forme & teneur, en ce qui n'y est point dérogé par le présent Arrêt; & en conséquence fait Sa Majesté très-expresses inhibitions & défenses à tous Négocians, Marchands & autres personnes de quelque qualité & condition qu'elles soient, de faire commerce, exposer en vente, colporter, débiter ni acheter directement ni indirectement, en gros ni en détail, aucunes toiles peintes ou teintes, écorces d'arbre ou étoffes de la Chine, des Indes & du Levant, à peine de confiscation desdites marchandises, de trois mille livres d'amende & d'interdiction du commerce pour toujours.

### II.

Fait pareillement Sa Majesté très-expresses inhibitions & défenses à toutes personnes, de quelque qualité & condition qu'elles soient, de porter dedans ou dehors leur maison aucun vêtement d'étoffes prohibées, de quelque espéce & nature qu'il puisse être, tels que robes, casaquins, jupes, jupons, tabliers & autres généralement quelconques, & de paroître portant desdites étoffes dans les Églises, Maisons Royales, même dans Versailles, & dans les rues & promenades publiques, & dans tous les lieux privilégiés, à peine de trois cens livres d'amende, & de confiscation desdites étoffes & vêtemens.

### III.

Enjoint Sa Majesté aux Commis des Fermes de saisir & arrêter à l'entrée des Villes tous ceux qui seront porteurs desdites étoffes & vêtemens prohibés, dont ils dresseront leurs procès-verbaux, sur lesquels les contrevenans seront poursuivis.

### IV.

Ordonne Sa Majesté que ceux qui seront trouvés vêtus desdites étoffes prohibées, seront arrêtés, sur les ordres du sieur Lieutenant général de Police, à la sortie des Églises & des promenades publiques, dans l'étendue de la ville & fauxbourgs de Paris, pour être par lui prononcé contre lesdits contrevenans les condamnations prescrites par les Réglemens rendus à cet effet, & par le présent Arrêt, lesquelles peines de confiscation & d'amende ne pourront être remises ni modérées, pour quelque cause que ce puisse être.

### V.

ORDONNE en outre Sa Majesté, que ledit sieur Lieutenant général de Police à Paris, & les sieurs Intendans & Commissaires départis dans les Provinces & Généralités du Royaume, connoîtront de toutes les contraventions au présent Arrêt, circonstances & dépendances, Sa Majesté leur attribuant pour cet effet, conformément à l'Arrêt dudit jour 28 Novembre 1730, & autres Réglemens, toute Cour, Jurisdiction & connoissance, icelle interdisant à toutes ses Cours & autres Juges.

### VI.

SERA au surplus l'Edit du mois d'Octobre 1726, concernant l'introduction desdites étoffes & toiles prohibées, exécuté selon sa forme & teneur: veut Sa Majesté que ledit Edit & le présent Arrêt soient lûs, publiés & affichés de six mois en six mois par-tout où besoin sera, en vertu des Ordonnances dudit sieur Lieutenant général de Police à Paris, & desdits sieurs Intendans & Commissaires départis dans les Provinces & Généralités du Royaume, à ce que personne n'en ignore. FAIT au Conseil Royal de Commerce, Sa Majesté y étant, tenu à Versailles le dix Avril mil sept cent trente-six. *Signé* PHELYPEAUX.

LOUIS, PAR LA GRACE DE DIEU, ROI DE FRANCE ET DE NAVARRE, Dauphin de Viennois, Comte de Valentinois & Dyois, Provence, Forcalquier & terres adjacentes: à nos amés & féaux Conseillers en nos Conseils, le sieur Lieutenant général de Police à Paris, & les sieurs Intendans & Commissaires départis pour l'exécution de nos ordres dans les Provinces & Généralités de notre Royaume:

Salut. Nous vous mandons & enjoignons par ces Présentes signées de nous, de tenir, chacun en droit soi, la main à l'exécution de l'Arrêt ci-attaché sous le contre-sçel de notre Chancellerie, ce jourd'hui rendu en notre Conseil d'Etat, nous y étant, pour les causes y contenues : commandons au premier notre Huissier ou Sergent sur ce requis, de signifier ledit Arrêt à tous qu'il appartiendra, à ce que personne n'en ignore, & de faire pour son entière exécution tous actes & exploits nécessaires, sans autre permission, nonobstant clameur de Haro, Charte Normande & Lettres à ce contraires : voulons que ledit Arrêt soit lû, publié & affiché par-tout où besoin sera, & qu'aux copies d'icelui & des Présentes, collationnées par l'un de nos amés & féaux Conseillers-Secrétaires, foi soit ajoutée comme aux originaux ; car tel est notre plaisir. DONNÉ à Versailles le dixiéme jour d'Avril, l'an de grace mil sept cent trente-six, & de notre regne le vingt-uniéme. *Signé* LOUIS. *Et plus bas* ; Par le Roi Dauphin, Comte de Provence, *signé* PHELYPEAUX. Et scellé.

René Herault, Chevalier, Seigneur de Fontaine-Labbé & de Vaucresson, Conseiller d'Etat, Lieutenant général de Police de la Ville, Prévôté & Vicomté de Paris, Vû l'Arrêt du Conseil ci-dessus, & Lettres de Commission expédiées en conséquence le 10 Avril dernier, nous ordonnons que le susdit Arrêt sera exécuté suivant sa forme & teneur, & à cet effet lû, publié & affiché dans tous les lieux ordinaires & accoûtumés de cette ville & fauxbourgs, à ce que personne n'en prétende cause d'ignorance. Fait à Paris le cinq Mai mil sept cent trente-six. *Signé* HERAULT, *Et plus bas* ; Par Monseigneur, DEON.

ARREST.

# ARREST
## DU CONSEIL D'ÉTAT
## DU ROY,

*PORTANT Réglement sur les Caffés provenant des plantations & cultures des Isles Françoises de l'Amerique.*

Du 29 Mai 1736.

*Extrait des Regiſtres du Conſeil d'Etat.*

LE Roi étant informé que la culture des caffeyers, à laquelle ſe ſont adonnés depuis quelque temps les habitans des iſles Françoiſes de l'Amerique, pour reparer la perte qu'ils ont faite de tous leurs cacaoyers, multiplie tellement l'eſpéce deſdits caffeyers, qu'il eſt aujourd'hui d'une néceſſité indiſpenſable, pour procurer le débit du caffé du crû deſdites iſles, non-ſeulement d'en rendre le commerce & la conſommation libres dans le Royaume, mais même d'en faciliter le paſſage à l'Etranger, en accordant au caffé du crû des iſles un tranſit en franchiſe pour l'Etranger, & en réduiſant à un ſeul droit modique en faveur du caffé du même crû deſtiné pour la conſommation du Royaume, les différens droits d'entrée qui ſe trouvent établis ſur les caffés par les Tarifs, Arrêts &

Réglemens: & Sa Majesté voulant y pourvoir, & mettre lesdits habitans en état de joüir pleinement du fruit de leurs travaux, & des avantages que la nature leur présente, par l'abondance d'une marchandise si utile d'ailleurs au commerce des Négocians & Armateurs du Royaume; ouï le rapport du sieur Orry, Conseiller d'Etat, & ordinaire au Conseil Royal, Contrôleur général des Finances, LE ROI ÉTANT EN SON CONSEIL, a ordonné & ordonne ce qui suit.

ARTICLE PREMIER.

IL sera libre à tous Négocians du Royaume à l'avenir & à commencer du premier Octobre prochain, d'introduire dans les ports de Dunkerque, Calais, Dieppe, du Havre, de Rouen, Honfleur, saint Malo, Nantes, la Rochelle, Bordeaux, Bayonne, Cette & Marseille, les caffés provenant du crû des isles Françoises de l'Amerique, pour être consommés dans le Royaume, à la charge de payer pour droit d'entrée dans les Bureaux des Fermes, pour quelque destination que ce soit, dix livres par cent pesant desdits caffés, poids de marc brut, même pour ceux provenant de la traite des Noirs, à quoi Sa Majesté a réduit & fixé tous les droits desdits caffés, locaux & autres, & sans être sujets aux quatre sols pour livre; à l'exception néanmoins des droits dûs au Domaine d'Occident, qui continueront d'être perçûs comme par le passé, Sa Majesté dérogeant à tous Edits, Déclarations, Arrêts & Réglemens à ce contraires.

II.

LA Compagnie des Indes sera & demeurera maintenue dans le privilége exclusif de l'introduction du caffé, autre que celui desdites isles, en payant par ses Adjudicataires ou Cessionnaires le droit porté en l'article précédent, ainsi qu'ils seront tenus de le payer pour le caffé qu'elle pourra tirer desdites isles, destiné pour la consommation du Royaume.

## III.

Il sera néanmoins permis à la ville de Marseille de continuer à tirer directement des caffés du Levant, sans toutefois que lesdits caffés ni ceux qu'elle tirera des isles Françoises de l'Amérique, puissent, sous quelque prétexte que ce soit, être introduits pour la consommation du Royaume, à peine de confiscation & de mille livres d'amende : permet seulement Sa Majesté de les envoyer par mer à l'Etranger, ou de les faire passer en transit par terre à Geneve, en observant pour ce transit les routes & formalités prescrites par les précédens Réglemens.

## IV.

Les caffés dont l'entrée est permise par les articles I & II du présent Réglement, joüiront dans les Ports du bénéfice de l'entrepôt pendant six mois, sans être sujets à aucun droit autre que celui du Domaine d'Occident dû à l'arrivée, & les Négocians & Propriétaires auront la faculté de les envoyer librement par mer à l'Etranger ; ils joüiront aussi pendant le temps réglé pour l'entrepôt, du bénéfice du transit par terre pour l'Etranger, à la charge d'en déclarer la destination à la sortie de l'entrepôt, pour être expédiés en transit, le tout en observant les conditions prescrites pour pareil entrepôt & transit des marchandises des isles Françoises par les Lettres Patentes du mois d'Avril 1717 & Réglemens depuis intervenus ; & ledit terme passé, lesdits caffés seront sujets aux droits du présent Réglement, pour quelque destination que ce soit.

## V.

La Compagnie des Indes joüira pour ses caffés, tant à Nantes qu'à l'Orient, de l'entrepôt jusqu'à leur vente, & jusques-là ils demeureront enfermés dans ses magasins & sous ses clefs.

## VI.

Les Adjudicataires de ladite Compagnie ou leurs Cessionnaires, joüiront aussi à l'Orient ou Port-Louis, pour la destination étrangere, dudit entrepôt sous la clef du Fermier, & du transit par terre pendant six mois, à compter du jour de la clôture de la vente publique, aux mêmes conditions mentionnées en l'article IV; ils auront aussi la faculté de faire passer après la vente, de l'Orient à Nantes & autres Ports du Royaume où il y a des entrepôts, les caffés qui en proviendront, en prenant au Bureau de l'Orient ou à celui du Port-Louis un acquit à caution, qui sera expédié sur le certificat des Directeurs de ladite Compagnie ou ses Agens, avec soumission de représenter lesdits caffés aux Bureaux des lieux de leur destination, pour y être mis dans l'entrepôt sous la clef du Fermier; au moyen de quoi lesdits caffés seront exempts, tant du droit de Prévôté, droit de saint Nazaire & de tous autres droits à Nantes, conformément aux Arrêts des premier Février 1724 & 20 Août 1726, que de tous droits dépendant de la Ferme générale qui pourroient être dûs dans les autres Ports; & ils joüiront dans lesdits Ports pendant le terme de six mois, à compter du jour de la clôture de la vente publique, qui sera mentionné en l'acquit à caution de l'Orient ou Port-Louis, tant du bénéfice d'entrepôt que de la faculté du transit par terre pour la destination étrangere, après lequel temps lesdits Adjudicataires ou leurs Cessionnaires seront sujets aux droits portés par les articles I & II du présent Réglement, pour quelque destination que ce soit.

### VII.

Au moyen des droits ci-dessus, tous les caffés du crû des isles Françoises de l'Amerique, & ceux provenant des ventes de la Compagnie des Indes, auront leur libre passage dans toute l'étendue du Royaume & pour l'Etranger, sans payer aucuns droits de sortie, droits locaux ou autres dépendant de la Ferme générale.

### VIII.

Il sera libre aux Négocians, pour la facilité de leurs expéditions & de leur commerce, de composer dans le magasin d'entrepôt, en présence du Commis du Fermier des plus grosses ou moindres balles & tonneaux que ceux qu'ils auront entreposés, en payant, pour la consommation du Royaume, le droit porté par le présent Réglement sur le pied du poids brut desdites balles nouvellement formées ou tonneaux nouvellement remplis.

## IX.

Les magasins d'entrepôt seront établis en lieux commodes & à la portée des Commis, aux frais des Négocians, qui seront aussi tenus d'y fournir & entretenir les poids, balances & ustensiles nécessaires. FAIT au Conseil d'Etat du Roi, Sa Majesté y étant, tenu à Versailles le vingt-neuf Mai mil sept cent trente-six. *Signé* PHELYPEAUX.

# ARREST
## DU CONSEIL D'ÉTAT
## DU ROY,

QUI ordonne que la Compagnie des Indes sera déchargée du payement de 25000 livres aux Fermiers sur le Caffé, & qu'il sera payé par le Trésor Royal à ladite Compagnie 50000 livres par an.

Du 5 Juin 1736.

*Extrait des Regiſtres du Conseil d'Etat.*

SUR ce qui a été repréſenté au Roi étant en ſon Conſeil par les Syndics & Directeurs de la Compagnie des Indes, que par Arrêt du Conſeil du 31 Août 1723 & Déclaration du 10 Octobre ſuivant, Sa Majeſté auroit accordé & confirmé à ladite Compagnie le privilége excluſif de l'introduction & vente du caffé dans le Royaume, dont elle a joüi juſqu'à préſent dans ſon entier ; mais que par Arrêt du Conſeil du 29 Mai 1736, qui accorde, à commencer du premier Octobre prochain, l'introduction, vente & conſommation libre dans le Royaume de tous les caffés du crû des iſles Françoiſes de l'Amérique, cette Compagnie ſe trouve privée de l'avantage qu'il avoit plû à Sa Majeſté de lui procurer par le privilége qui lui avoit été ci-devant accordé : les Syndics & Directeurs croyent de leur devoir de faire de très-humbles remontrances à Sa Majesté, & de lui représenter que si l'intérêt du commerce des Colonies Françoises demande indispensablement que les caffés provenant de leur crû puissent entrer librement & être consommés dans le Royaume, il seroit de la justice de Sa Majesté, premierement, de décharger la Compagnie des Indes du payement de la somme de vingt-cinq mille livres, qu'elle est tenue de faire d'année en année, par forme d'abonnement, à l'Adjudicataire des Fermes unies, pour tenir lieu des droits qui font partie de la Ferme, ainsi qu'il a été réglé par l'Arrêt du 20 Août 1726 ; & secondement de statuer sur un dédommagement qui paroît légitimement dû à la Compagnie, pour la perte qu'elle souffrira par la destruction du privilége exclusif que Sa Majesté avoit bien voulu lui accorder ci-devant, par l'anéantissement d'une branche de son commerce à Moka, où elle a été obligée de faire des établissemens à grands frais pour pouvoir en tirer les caffés nécessaires pour la consommation du Royaume. A quoi Sa Majesté voulant pourvoir, & donner en cette occasion de nouvelles marques de son attention, tant pour ce qui peut intéresser le commerce particulier des Colonies Françoises que celui de la Compagnie des Indes, à laquelle elle veut bien donner de nouvelles preuves de sa bienveillance & de sa protection : vû ledit Arrêt du 29 Mai 1736, ensemble celui du 31 Août 1723, la Déclaration du 10 Octobre suivant & l'Arrêt du 21 Août 1726 ; oui le rapport du sieur Orry, Conseiller d'Etat, & ordinaire au Conseil Royal, Contrôleur général des Finances, LE ROI ÉTANT EN SON CONSEIL, a ordonné & ordonne qu'à commencer du premier Octobre prochain la Compagnie des Indes sera déchargée du payement de la somme de vingt-cinq mille livres, qu'elle est tenue de payer annuellement à l'Adjudicataire des Fermes unies, en exécution de l'Arrêt du 20 Août 1726 ; & ayant égard aux représentations des Syndics & Directeurs, sur la perte qui résultera pour ladite Compagnie du nouveau Réglement fait par l'Arrêt du 29 Mai 1736, ordonne Sa Majesté qu'il sera annuellement payé par le Trésor Royal à ladite Compagnie, par forme de dédommagement, la fomme de cinquante mille livres, au moyen de quoi l'Adjudicataire général des Fermes unies aura la joüiffance entiere du droit de dix livres par quintal, auquel Sa Majefté a réduit tous les droits anciennement établis fur les caffés, & joüira feul en outre du profit des amendes & confifcations qui feront prononcées pour raifon des fraudes & contraventions. FAIT au Confeil d'Etat du Roi, Sa Majefté y étant, tenu à Verfailles le cinquiéme jour de Juin mil fept cent trente-fix.

Signé PHELYPEAUX.

ARREST.

# ARREST
## DU CONSEIL D'ÉTAT
## DU ROY,

QUI ordonne que les Caffés provenant des plantations & cultures des Isles Françoises de l'Amerique, joüiront dans les Ports désignés par l'article I du Réglement du 29 Mai 1736, du bénéfice de l'entrepôt pendant un an, au lieu des six mois fixés par l'article IV dudit Réglement.

### Du 18 Décembre 1736.

*Extrait des Regiſtres du Conſeil d'Etat.*

LE Roi s'étant fait repréſenter en ſon Conſeil l'Arrêt rendu en icelui le 29 Mai dernier, portant Réglement ſur les caffés provenant des plantations & cultures des iſles Françoiſes de l'Amerique, par l'article IV duquel il eſt ordonné que les caffés dont l'entrée eſt permiſe par les articles I & II dudit Réglement, joüiront dans les ports déſignés par l'article premier, du bénéfice de l'entrepôt pendant ſix mois, ſans être ſujets à aucun droit autre que celui du Domaine d'Occident dû à l'arrivée, & que les Négocians & Propriétaires auront la faculté de les envoyer librement par mer à l'Etranger ; qu'ils joüiront auſſi pendant le temps réglé pour l'entrepôt du bénéfice du tranſit par terre pour l'Etranger, à la charge d'en déclarer la destination à la sortie de l'entrepôt, pour être expédiés en transit, le tout en observant les conditions prescrites pour pareils entrepôt & transit de marchandises des isles Françoises par les Lettres Patentes du mois d'Avril 1717 & Réglemens depuis intervenus, & que ledit terme passé, lesdits caffés seront sujets aux droits du Réglement dudit jour 29 Mai dernier, pour quelque destination que ce soit: & Sa Majesté étant informée que la grande quantité de caffés qui viennent journellement des Colonies, & que le terme de six mois accordé pour l'entrepôt forcent absolument les Négocians de les envoyer à l'Etranger pour en éviter les droits, d'où il s'ensuit qu'ils sont obligés de les donner à vil prix, & toujours à perte, ce qui n'arriveroit pas si lesdits caffés jouïssoient, comme les autres marchandises du crû des Colonies, du bénéfice d'un an d'entrepôt: à quoi Sa Majesté voulant pourvoir, ouï le rapport du sieur Orry, Conseiller d'Etat, & ordinaire au Conseil Royal, Contrôleur général des Finances, LE ROI ÉTANT EN SON CONSEIL, a ordonné & ordonne que les caffés dont l'entrée est permise par les articles I & II dudit Réglement, jouïront dans les Ports désignés dans ledit article premier, du bénéfice de l'entrepôt pendant un an, au lieu des six mois fixés par l'article IV dudit Réglement, lequel au surplus sera exécuté selon sa forme & teneur. FAIT au Conseil d'Etat du Roi, Sa Majesté y étant, tenu à Versailles le dix-huitiéme jour de Décembre mil sept cent trente-six. *Signé* PHELYPEAUX.

# ORDONNANCE
## DU ROY,

CONCERNANT *la Flamme des Vaisseaux de la Compagnie.*

Du 8 Janvier 1737.

## DE PAR LE ROY.

SA MAJESTÉ voulant donner de nouvelles marques de sa protection à la Compagnie des Indes, elle a ordonné & ordonne, veut & entend que les Vaisseaux appartenant à ladite Compagnie des Indes, arborent la flamme dans les ports, rades & autres lieux où ils pourront se trouver, par préférence à tous autres Vaisseaux de ses sujets, même à ceux armés par ses sujets qui seront commandés par des Officiers de Sa Majesté, à l'exception cependant de ceux armés en guerre qui pourront être commandés par lesdits Officiers ou par des Gardes de la Marine. Mande & ordonne Sa Majesté à M. le Comte de Toulouse, Amiral de France, Gouverneur & Lieutenant général en la Province de Bretagne, de tenir la main à l'exécution de la présente Ordonnance. FAIT à Versailles le huitiéme Janvier mil sept cent trente-sept. *Signé* LOUIS. *Et plus bas,* PHELYPEAUX. *Et scellé.*

*LE COMTE DE TOULOUSE*, *Amiral de France*, *Gouverneur & Lieutenant général pour le Roi en sa Province de Bretagne.*

VU l'Ordonnance du Roi de l'autre part à nous adressée, avec ordre de tenir la main à son exécution: mandons & ordonnons aux Officiers de l'Amirauté & autres sur qui notre pouvoir s'étend, de la faire exécuter suivant sa forme & teneur. Fait à Paris le onze Janvier mil sept cent trente-sept. *Signé* L. A. DE BOURBON. *Et plus bas ;* Par son Altesse sérénissime, *signé* L'ENFANT.

COPIE de la Lettre écrite par Mgr le Comte de Maurepas à M. de Fulvy le 29 Janvier 1737.

MONSIEUR,

JE joints ici copie de l'Ordonnance qui regle que les Vaisseaux de la Compagnie des Indes porteront la flamme par préférence à ceux des Négocians qui seront commandés par des Officiers des Vaisseaux du Roi, à l'exception de ceux armés en guerre ; & je l'envoye dans les Ports, afin qu'il n'arrive plus de difficultés à cet égard.

Je suis,

MONSIEUR,

Votre très-humble & très-obéissant serviteur
*Ainsi signé* MAUREPAS.

# ARREST
## DU CONSEIL D'ÉTAT
## DU ROY,

QUI permet aux négocians de Marseille, d'introduire pour la consommation du Royaume, les Caffés provenant du crû des Isles Françoises de l'Amerique, en payant dix livres du cent pesant, & d'en envoyer à Geneve en transit, sans payer aucuns droits ; le tout en observant les formalités prescrites.

Du 2 Avril 1737.

*Extrait des Registres du Conseil d'Etat.*

SUR ce qui a été représenté au Roi en son Conseil par les Syndics & Directeurs de la Chambre du Commerce à Marseille, que sous prétexte que les caffés que les Négocians de cette ville tirent pour leur commerce du Levant, & qu'ils ont la faculté d'envoyer par transit à Geneve, en payant le droit de transit, pourroient être confondus avec les caffés des isles Françoises de l'Amerique, dont le Roi vient de permettre l'introduction dans le Royaume, à commencer du premier Octobre dernier, par l'Arrêt du 29 Mai précédent, on veut les assujettir à mettre dans un entrepôt, sous la clef du Fermier, tous les caffés qu'ils tireront des isles, faute de quoi on refuse d'expédier lesdits caffés en franchise pour Geneve, autrement qu'en payant le droit du tranfit comme pour le caffé du Levant; ce qui eft contre l'intention de Sa Majefté & contre la faculté qu'ils doivent avoir de difpofer comme bon leur femble de tous leurs caffés à leur arrivée, & de les mettre dans leurs propres magafins : que d'ailleurs l'excluſion qui leur eft donnée par le même article III dudit Arrêt, d'introduire, fous quelque prétexte que ce foit, les caffés des ifles dans le Royaume, & qu'ils croyent fondée fur la même crainte que ces caffés ne fe confondent dans Marfeille avec ceux qu'ils tirent du Levant, & dont Sa Majefté a jugé à propos de défendre l'introduction pour la confommation du Royaume, met trop d'inégalité entre Marfeille & les autres Ports dans le commerce des ifles; mais qu'il feroit aifé de prevenir ces différens inconvéniens, dont ils conviennent, s'il plaifoit à Sa Majefté d'ordonner qu'en laiffant aux Négocians de Marfeille la faculté qu'ils doivent avoir de faire remettre dans leurs magafins, fans aucune formalité, les caffés des ifles, ils auront néanmoins la liberté de faire entrepofer à leur arrivée, fous la clef du Fermier, ainfi qu'ils s'y foumettent, telles parties de ces caffés qu'ils jugeront à propos de deftiner, foit pour la confommation du Royaume, en payant, comme dans les autres Ports, le droit de dix livres par quintal porté par ledit Arrêt du 29 Mai dernier, foit pour être envoyés par tranfit à Geneve, fans payer aucuns droits; ce qui auroit également lieu pour les caffés des ifles qui fe font trouvés dans l'entrepôt au premier Octobre dernier, & qui font actuellement fous la clef du Fermier : fupliant très-humblement lefdits Syndics & Directeurs qu'il plût à Sa Majefté fur ce leur pourvoir. Vû la réponfe des Fermiers généraux, contenant qu'ils n'ont aucune raifon pour s'oppofer à la demande des Négocians de Marfeille, qui peut leur être accordée, aux offres qu'ils font d'entrepofer fous la clef du Fermier, à l'arrivée, les parties de caffé des ifles qu'ils deftineront pour la confommation du Royaume ou pour Geneve, & en prenant telles autres précautions qui paroîtront convenables pour empêcher que les caffés des ifles ne foient confondus avec ceux du Levant : vû auſſi l'Arrêt du 29 Mai dernier, & Sa Majeſté voulant continuer de donner des marques de ſa protection à la ville de Marſeille & à ſon commerce ; oui le rapport du ſieur Orry, Conſeiller d'Etat, & ordinaire au Conſeil Royal, Contrôleur général des Finances, LE ROI EN SON CONSEIL, a permis & permet aux Négocians de Marſeille d'introduire pour la conſommation du Royaume les caffés du crû des iſles Françoiſes, en payant le droit de dix livres par quintal ordonné par l'Arrêt du 29 Mai dernier, & nonobſtant les défenſes portées par l'article III dudit Arrêt, auxquelles Sa Majeſté a dérogé & déroge ; comme auſſi d'envoyer leſdits caffés des iſles à Geneve en tranſit, ſans payer aucuns droits, le tout à la charge d'entrepoſer à l'arrivée ſous la clef du Fermier, les parties deſdits caffés qu'ils deſtineront pour le Royaume ou pour Geneve : ordonne en outre Sa Majeſté que les balles, caiſſes ou futailles deſdits caffés ne pourront ſortir des magaſins d'entrepôt, pour l'une ou l'autre deſtination, qu'après avoir été plombées par les Commis du Fermier d'un plomb particulier, pour ſervir à les reconnoître & à les diſtinguer des caffés du Levant ; comme auſſi que leſdits Négocians ſeront tenus de faire paſſer tout de ſuite & debout, du magaſin d'entrepôt au-dehors de la ville & territoire de Marſeille, leſdites balles plombées, ce qui aura également lieu pour les caffés des iſles qui ſe ſont trouvés dans l'entrepôt au premier Octobre dernier, & qui ſont actuellement ſous la clef du Fermier : ordonne Sa Majeſté que tous les caffés qui n'auront point été ainſi entrepoſés, plombés & expédiés, ſeront réputés indiſtinctement caffés du Levant. FAIT au Conſeil d'Etat du Roi, Sa Majeſté y étant, tenu à Verſailles le deuxiéme jour du mois d'Avril mil ſept cent trente-ſept. *Signé* PHELYPEAUX.

# ARREST
## DU CONSEIL D'ÉTAT
## DU ROY,

*CONCERNANT la vente des Offices Municipaux.*

Du 4 Décembre 1737.

*Extrait des Regiſtres du Conſeil d'Etat.*

LE Roi s'étant fait repréſenter en ſon Conſeil ſon Edit du mois de Novembre 1733, portant rétabliſſement des Offices de Gouverneurs, Lieutenans de Roi, Majors, Lieutenans de Maire, Echevins, Jurats, Conſuls, Capitouls, Aſſeſſeurs, Secrétaires, Greffiers des Hôtels-de-Ville & leurs Contrôleurs anciens, mi-triennaux & alternatifs triennaux, & ceux de ſes Avocats & Procureurs deſdits Hôtels-de-Ville, ſans que, ſous quelque prétexte que ce ſoit, ils puiſſent à l'avenir être ſupprimés, & pour être la finance qui proviendra deſdits Offices, employée à ſoutenir les dépenſes de la guerre, & à éteindre & ſupprimer des capitaux de rentes ſur la ville de Paris & ſur les Tailles: ſa Déclaration du 20 Décembre 1733, donnée en interprétation dudit Edit: l'Arrêt de ſon Conſeil du 29 Décembre 1733, portant Réglement pour la vente deſdits Offices municipaux créés & rétablis par ledit Edit du mois de Novembre 1733; les Arrêts de ſon Conſeil des 30 Jan-

*Tome IV.* Ccc

vier, 9 Mars, 6, 13 & 20 Juillet, & 24 Août 1734, 8, 22 Février & 13 Septembre 1735, rendus en exécution dudit Edit : les rôles arrêtés en son Conseil des Offices qui ont été vendus, & dont les provisions ont été expédiées aux acquéreurs desdits Offices : les états des Commissions qui ont été données en faveur de différens particuliers en attendant la vente desdits Offices. Et Sa Majesté, dans la situation présente des affaires, jugeant à propos de suspendre l'exécution de l'Edit du mois de Novembre 1733, & de rendre pendant tout le temps qu'il plaira à Sa Majesté de faire durer cette suspension, aux Corps & Communautés des Villes de son Royaume la liberté de procéder, suivant les anciens Réglemens, à l'élection des Officiers municipaux dont les Charges n'ont pas encore été levées, & auxquelles il n'a pas encore été pourvû, soit par des provisions, soit par des Arrêts de réunion, & ce jusqu'à ce qu'il en ait été autrement ordonné par Sa Majesté ; oui le rapport du sieur Orry, Conseiller d'Etat, & ordinaire au Conseil Royal, Contrôleur général des Finances, LE ROI ÉTANT EN SON CONSEIL, a ordonné & ordonne qu'à commencer du premier Janvier 1738, l'exécution dudit Edit du mois de Novembre 1733, portant rétablissement desdits Offices, sera & demeurera suspendue jusqu'à ce qu'il en soit autrement ordonné par Sa Majesté, auquel effet elle a sursis & sursoit à la vente de ceux desdits Offices municipaux qui n'ont pas été vendus, & pour raison desquels il n'a point encore été expédié de provisions ou d'Arrêts de réunion ; comme aussi Sa Majesté a révoqué & révoque toutes les Commissions du grand Sceau desdits Offices qui ont été expédiées à différens particuliers en exécution dudit Edit ; en conséquence, & jusqu'à ce qu'il en soit autrement ordonné par Sa Majesté, a permis & permet aux Corps & Communautés des Villes de son Royaume de procéder, suivant les anciens Réglemens, à l'élection des Officiers municipaux dont les charges n'ont pas été levées, & auxquelles il n'a pas encore été pourvû, soit par des Provisions ou par des Arrêts de réunion, dérogeant à cet égard à l'Arrêt de son Conseil du 13 Septembre 1735, sans que lesdits Corps & Communautés des Villes puissent être admises, sous quelque prétexte que ce soit, à déposséder ou rembourser, sinon de gré à gré, les titulaires des Offices qui leur ont été vendus, & pour raison desquels il leur a été expédié des Provisions ou des Arrêts de réunion : fait Sa Majesté très-expresses inhibitions & défenses auxdits Corps & Communautés des Villes, à peine de désobéissance, d'apporter aucun trouble & empêchement aux fonctions, prérogatives, droits, priviléges & exemptions dont les titulaires desdits Offices municipaux ont droit de joüir en vertu de leurs Provisions ou Arrêts de réunion, & en conformité dudit Edit du mois de Novembre 1733 & autres Edits antérieurs concernant lesdits Offices municipaux, lesquels seront exécutés selon leur forme & teneur, en ce qui n'est pas contraire au présent Arrêt : enjoint Sa Majesté aux sieurs Intendans & Commissaires départis, de tenir la main à son exécution. FAIT au Conseil d'Etat du Roi, Sa Majesté y étant, tenu à Versailles le quatriéme jour de Décembre mil sept cent trente-sept. *Signé* PHELYPEAUX.

LOUIS, PAR LA GRACE DE DIEU, ROI DE FRANCE ET DE NAVARRE, Dauphin de Viennois, Comte de Valentinois & Dyois, Provence, Forcalquier & terres adjacentes ; à nos amés & féaux Conseillers en nos Conseils les sieurs Intendans & Commissaires départis pour l'exécution de nos ordres dans les Provinces & Généralités de notre Royaume : SALUT. Nous vous mandons & enjoignons par ces Présentes, signées de nous, de tenir, chacun en droit soi, la main à l'exécution de l'Arrêt ci-attaché sous le contre-sceau de notre Chancellerie, ce jourd'hui donné en notre Conseil d'Etat, nous y étant, pour les causes y contenues : commandons au premier notre Huissier ou Sergent sur ce requis, de signifier ledit Arrêt à tous qu'il appartiendra, à ce que personne n'en ignore, & de faire en outre pour son entiere exécution tous actes & exploits requis & nécessaires, sans autre permission, nonobstant clameur de Haro, Charte Normande & Lettres à ce contraires : voulons qu'aux copies dudit Arrêt & des Préfentes, collationnées par l'un de nos amés & féaux Conseillers-Secrétaires, foi foit ajoûtée comme aux originaux ; car tel est notre plaisir. DONNE' à Versailles le quatriéme jour de Décembre, l'an de grace mil sept cent trente-sept, & de notre regne le vingt-troisiéme. *Signé* LOUIS. *Et plus bas ;* Par le Roi Dauphin, Comte de Provence, *signé* PHELYPEAUX. Et scellé.

# ARREST
## DU CONSEIL D'ÉTAT DU ROY,

*CONCERNANT les Offices Municipaux.*

Du 17 Décembre 1737.

*Extrait des Regiſtres du Conſeil d'Etat.*

LE Roi ayant par Arrêt de ſon Conſeil du 4 du préſent mois, ordonné qu'à commencer du premier Janvier 1738 l'exécution de ſon Edit du mois de Novembre 1733, portant rétabliſſement des Offices municipaux, ſera & demeurera ſuſpendue juſqu'à ce que Sa Majeſté en ait autrement ordonné; à l'effet de quoi Sa Majeſté a révoqué toutes les Commiſſions deſdits Offices qui ont été expédiées au grand Sceau à différens particuliers, & permis en conſéquence aux Corps & Communautés des Villes de ſon Royaume de procéder, ſuivant les anciens Réglemens, à l'élection des Officiers municipaux dont les Charges n'ont pas été levées : & Sa Majeſté voulant expliquer plus particulierement ſes intentions ſur les diſpoſitions dudit Arrêt, enſorte que rien n'en puiſſe retarder l'exécution ; oui le rapport du ſieur Orry, Conſeiller d'Etat, & ordinaire au Conſeil Royal, Contrôleur général des Finances, LE ROI ÉTANT EN SON CONSEIL, en interprétant, en tant que beſoin eſt ou ſeroit, l'Arrêt de ſon Conſeil du 4 du préſent mois, a ordonné & ordonne :

## Article Premier.

Qu'au premier Janvier 1738 il ne fera plus reçû de foumiſſion pour aucuns des Offices municipaux reſtant à vendre, à l'effet de quoi les regiſtres de ſoumiſſions, tenus par les Prépoſés à la vente deſdits Offices, feront audit jour premier Janvier 1738 clos & arrêtés par les ſieurs Intendans & Commiſſaires départis dans les Provinces & Généralités du Royaume, & à Paris par le ſieur de Baudry, Intendant des Finances.

## II.

Faute par les Soumiſſionnaires deſdits Offices d'avoir payé le montant de leurs offres dans le premier Avril prochain, leurs ſoumiſſions demeureront nulles & de nul effet, même celles qui n'auront été payées qu'en partie, ſauf aux Soumiſſionnaires à ſe pourvoir vers Sa Majeſté pour leur rembourſement des ſommes par eux payées à compte.

## III.

N'entend Sa Majeſté comprendre dans les diſpoſitions de l'article ci-deſſus les Villes & Communautés qui ont obtenu des Arrêts de réunion ; leſquelles ſeront tenues de payer dans les délais à elles accordés ce qu'elles doivent de reſte du prix deſdites réunions.

## IV.

Ordonne Sa Majeſté qu'il ſera délivré des quittances & proviſions à ceux dont les ſoumiſſions & offres ont été & feront acceptées avant le premier Janvier prochain, & qui ont payé ou payeront dans le premier Avril ſuivant le montant de leurs offres.

## V.

Permet Sa Majeſté aux Corps des Villes & Communautés de ſon Royaume de procéder dès le mois de Janvier prochain, ſi elles le jugent néceſſaire, aux élections de leurs

Officiers dont les charges n'auront point été vendues, & ce pour cette fois seulement, sans tirer à conséquence, & nonobstant tous Réglemens & usages à ce contraires; leur fait néanmoins défenses de faire élection d'aucuns Officiers municipaux sous les titres d'anciens ou d'alternatifs, lorsqu'il aura été pourvû à l'un ou à l'autre des mêmes Offices.

## VI.

Dans le cas où aucunes desdites Villes & Communautés auroient fait élection d'un ou de plusieurs Officiers dont les Offices se trouveront avoir été vendus au premier Janvier 1738, elles seront tenues d'admettre & d'installer au lieu & place desdits Officiers élûs, ceux qui depuis lesdites élections auront été pourvûs desdits Offices par Provisions du grand Sceau, après néanmoins que lesdits pourvûs auront, pour leurs réceptions, remplis les formalités prescrites par les Ordonnances.

## VII.

Sera au surplus l'Arrêt du 4 du présent mois de Décembre exécuté selon sa forme & teneur : enjoint Sa Majesté aux sieurs Intendans & Commissaires départis dans les Provinces & Généralités du Royaume, de tenir la main à l'exécution du présent Arrêt & de celui du 4 du présent mois. Fait au Conseil d'Etat du Roi, Sa Majesté y étant, tenu à Versailles le dix-septiéme jour de Décembre mil sept cent trente-sept. *Signé* PHELYPEAUX.

# ARREST
## DU CONSEIL D'ÉTAT
## DU ROY,

*CONCERNANT les Directeurs de l'ancienne Compagnie des Indes Orientales.*

Du 1 Avril 1738.

*Extrait des Registres du Conseil d'Etat.*

VU par le Roi étant en son Conseil la requête présentée à Sa Majesté par les sieurs Dodun & de Lagny, Directeurs existans de l'ancienne Compagnie des Indes, contenant qu'encore bien qu'il soit d'usage & de principe constant dans toutes les Compagnies de Commerce maritime que le corps des Intéressés est toujours représenté par ses Directeurs ; cependant le petit nombre auquel les Supplians se trouvent aujourd'hui réduits, restans seuls des vingt Directeurs qui avoient été précédemment choisis & nommés par le feu Roi, dont douze par Arrêt de son Conseil du 21 Février 1685, en conséquence de sa Déclaration des mêmes mois & an, & huit par autre Arrêt du 26 Août 1687, leur fait craindre qu'on ne refuse de connoître en eux le caractère représentatif de tous les Intéressés en l'ancienne Compagnie des Indes : ils sçavent d'ailleurs que par procès-verbal fait pardevant le sieur Herault, Conseiller d'Etat, Lieutenant général de Police de la ville de Paris, le 14 Juillet 1733, en exécution d'un

Arrêt

Arrêt du Conseil du 20 Juin précédent, les Actionnaires de cette Compagnie ont fait choix de cinq Syndics, Actionnaires comme eux, pour les repréſenter & agir pour eux, tant en demandant qu'en défendant, contre la nouvelle Compagnie des Indes : ils n'ignorent pas non plus que la prétention deſdits Syndics eſt que l'ancienne Compagnie des Indes ayant été ſupprimée par Edit du mois de Mai 1719, & ſon commerce réuni à celle d'Occident, qui s'eſt miſe en poſſeſſion tant de ce commerce que de tous les effets & établiſſemens qui lui appartenoient, le pouvoir des Directeurs a ceſſé ; propoſition qui ne peut être vraie tant que l'ancienne Compagnie n'aura pas réglé, compté & entierement fini avec la nouvelle qui lui a ſuccédé, d'autant plus que dans les circonſtances préſentes la geſtion des Directeurs loin de ceſſer, mérite plus que jamais d'être continuée ; le bien & l'avantage de tous les Intéreſſés l'exige, & la nouvelle Compagnie, qui a intérêt d'aſſurer ſon état, le doit néceſſairement déſirer. Ces différentes circonſtances exigent des Supplians qu'ils prennent de juſtes meſures, non-ſeulement pour aſſurer leur état & celui des Repréſentans les Directeurs qui ſont décédés, mais auſſi pour les autoriſer à faire tout ce qui ſera convenable pour le bien commun de tous les Intéreſſés en l'ancienne Compagnie des Indes, tant au ſujet des différentes prétentions & demandes qui regardent l'ancienne Compagnie des Indes en général contre la nouvelle, dans leſquelles les Supplians & les Repréſentans les Directeurs décédés ſont intéreſſés pour plus de deux tiers, que pour celles qui les regardent en particulier, à l'occaſion des droits de préſence pour leſquels ils ont déja formé leurs demandes contre la nouvelle Compagnie des Indes : ils ajoûtent encore qu'étant plus au fait des matieres à régler avec la nouvelle Compagnie que ne le ſont tous les Actionnaires de l'ancienne, il eſt juſte auſſi que les Directeurs, de concert néanmoins avec ces mêmes Actionnaires repréſentés par leurs Syndics, travaillent à toutes les opérations qu'il conviendra pour former & ſoutenir la légitimité des demandes & prétentions de l'ancienne Compagnie des Indes en corps contre la nouvelle, jusqu'à leur entiere confommation, foit à l'amiable entre les deux Compagnies ou par voie de Juftice : à l'égard des prétentions refpectives nées ou à naître, tant de la part des Directeurs de l'ancienne Compagnie des Indes contre les Actionnaires de cette même Compagnie repréfentés par leurs Syndics, que de ces mêmes Actionnaires contre lefdits Directeurs, quoique la conciliation entre eux, en fe communiquant réciproquement & à l'amiable leurs raifons, ne paroiffe pas devoir être difficile à faire; néanmoins, pour la fatisfaction des parties, les droits & actions feroient refpectivement refervés. Dans ces circonftances, & fans entrer dans aucune difcuffion fur les qualités des parties, les Supplians pour fe mettre en état de parer tous inconvéniens, demandoient très-refpectueufement qu'il plût à Sa Majefté leur permettre de faire affembler feulement les héritiers & Repréfentans les Directeurs de l'ancienne Compagnie qui font décédés, pardevant ledit fieur Herault, en la maniere qu'a été convoquée l'affemblée des Actionnaires de la même Compagnie, au fujet de la nomination de leurs Syndics, faite le 14 Juillet 1733, pour dans cette affemblée être procédé à la nomination de trois nouveaux Directeurs, à prendre d'entre les Repréfentans de ceux décédés, lefquels avec les Supplians auroient tout pouvoir d'agir, tant en demandant qu'en défendant, contre la nouvelle Compagnie des Indes, de concert néanmoins, & fans fupériorité de fuffrage, avec les Syndics des Actionnaires nommés par le procès-verbal dudit jour 14 Juillet 1733, en ce qui concerne leurs intérêts communs, même de traiter & tranfiger à l'amiable, fi le cas fe préfente, avec la nouvelle Compagnie, au fujet des prétentions de l'ancienne contre elle, & de faire à cet égard, toujours de concert entre lefdits Directeurs & Syndics, & fans fupériorité de fuffrages, tout ce qu'ils eftimeront convenable au bien commun de tous les Intéreffés, & de paffer à ce fujet tous actes néceffaires, pour raifon de quoi, ainfi que pour tout ce qui concernera l'intérêt commun des Directeurs & des Actionnaires, rien ne pourra être fait qu'en vertu de délibérations qui feront prises & signées au moins de sept desdits Directeurs & Syndics, lesquelles vaudront comme si elles étoient signées de tous : comme aussi d'agir pour & au nom de tous les Directeurs & des Représentans ceux décédés, soit en demandant ou en défendant, tant contre la nouvelle Compagnie des Indes, pour raison de droits & créances particulieres des Directeurs de l'ancienne Compagnie, non communes avec les Actionnaires, que contre les mêmes Actionnaires représentés par leurs Syndics, si le cas y écheoit, même de terminer à l'amiable toutes contestations entre les mêmes parties, si aucunes se présentent, & de passer à cet effet tous actes, transactions & contrats nécessaires, sous telles clauses & conditions qu'ils estimeront convenables, & de faire généralement pour le bien & l'avantage commun à eux & ceux représentans des autres Directeurs décédés, tels accords & conventions qu'ils jugeront à propos, dont les délibérations à ces différens égards, qui seront signées seulement de trois desdits Directeurs, vaudront & auront la même force que si elles étoient de tous les cinq Directeurs : ordonner que l'Arrêt qui interviendra sera lû, publié & affiché en la maniere accoûtumée dans la ville de Paris, & que la publication tiendra lieu de signification aux Directeurs & représentans les Directeurs de l'ancienne Compagnie des Indes, soit qu'ils demeurent dans ladite ville de Paris ou ailleurs, même en Pays étrangers, & vaudra comme si la signification leur en avoit été réellement faite, sans que dans la suite aucuns desdits Directeurs ou Représentans, même de ceux qui n'auroient pas assisté à l'assemblée, puissent être reçûs à se pourvoir contre les Arrêts qui auront été rendus, non plus que contre les actes, accords, transactions & contrats qui auront été faits & passés par les Directeurs qui auront été ainsi nommés, sous quelque prétexte que ce puisse être, lesquels jugemens & actes seront réputés rendus & faits avec tous les Directeurs & Représentans, & ledit Arrêt exécuté nonobstant oppositions ou autres empêchemens: vû aussi la réponse des Syndics des Actionnaires de l'ancienne Compagnie des Indes, contenant que sans préjudice à leurs droits & à ceux des Actionnaires qu'ils représentent, & sans aussi que les qualités puissent nuire ni préjudicier, ils se rapportent à ce qu'il plaira à Sa Majesté d'ordonner sur les fins & conclusions de ladite requête; oui le rapport du sieur Orry, Conseiller d'Etat, & ordinaire au Conseil Royal, Contrôleur général des Finances, LE ROI ÉTANT EN SON CONSEIL, a ordonné & ordonne que les Directeurs de l'ancienne Compagnie des Indes Orientales, & les héritiers & ayans cause ou Représentans ceux desdits Directeurs qui sont décédés, seront tenus de se trouver en personne ou par Procureur, pardevant le sieur Herault, Conseiller d'Etat, Lieutenant général de Police de la ville de Paris, aux jour & heure qui seront par lui indiqués, à l'effet de convenir & nommer trois personnes du nombre desdits Représentans pour Directeurs, auxquels ils donneront pouvoir, conjointement avec les suppliants Directeurs existans, d'agir, tant en demandant que défendant, contre la nouvelle Compagnie des Indes, de concert & sans aucune supériorité de suffrages, avec les Syndics des Actionnaires nommés par procès-verbal du 14 Juillet 1733, en ce qui concernera seulement leurs intérêts communs, même de traiter & transiger à l'amiable, si le cas se présente, avec la nouvelle Compagnie, au sujet des prétentions de l'ancienne en corps contre elle, & de faire à cet égard, toujours de concert avec lesdits Syndics & sans supériorité de suffrages entre eux, tout ce qu'ils estimeront convenable au bien commun de tous les Intéressés, & de passer à cet égard tous actes nécessaires; pour raison de quoi, ainsi que pour tout ce qui concernera l'intérêt commun des Directeurs & Actionnaires, rien ne pourra être fait qu'en vertu de délibérations, qui seront prises & signées du moins de sept desdits Directeurs & Syndics, lesquelles vaudront comme si elles étoient signées de tous, comme aussi d'agir en leurs noms & en celui des représentans les autres Directeurs décédés, soit en demandant ou défendant, tant contre la nouvelle

Compagnie des Indes, pour raison des droits & créances particulieres des susdits Directeurs & représentans, non communes avec les Actionnaires de ladite Compagnie, que contre ces mêmes Actionnaires représentés par leurs Syndics, si le cas y écheoit, même de terminer à l'amiable toutes contestations entre eux tous, s'il s'en présente, & de passer à cet effet tous actes, transactions & contrats nécessaires, sous telles clauses & conditions qu'ils estimeront convenables, sans que la présente disposition puisse nuire ni préjudicier aux droits & actions respectives des parties, & de faire généralement par lesdits Directeurs, pour le bien & l'avantage commun à eux & aux Représentans les autres Directeurs décédés, tels accords & conventions qu'ils jugeront à propos ; à l'effet de quoi, & pour tout ce qui les regardera non commun avec les Actionnaires, les délibérations qui seront prises par lesdits Directeurs, & qui seront signées de trois d'entre eux seulement, vaudront & auront la même force que si elles l'étoient de tous lesdits Directeurs au nombre de cinq. Veut Sa Majesté que par ledit sieur Lieutenant général de Police il soit dressé procès-verbal de ladite assemblée, & que le présent Arrêt soit lû, publié & affiché dans les rues & carrefours de la ville de Paris, au moyen de quoi la publication tiendra lieu de signification aux Directeurs, ainsi qu'aux héritiers & Représentans les Directeurs décédés de l'ancienne Compagnie des Indes, soit qu'ils demeurent dans ladite ville de Paris ou dans les autres Villes du Royaume, même en Pays étrangers, & vaudra comme si la signification en avoit été réellement faite au domicile de chacun d'eux en particulier, sans que dans la suite aucun desdits Directeurs & Représentans, même de ceux qui n'auroient pas assisté à l'assemblée qui sera tenue, puissent être reçûs à se pourvoir contre les jugemens qui auront été rendus, non-plus que contre les actes, transactions, accords & conventions qui auront été faits & passés par les Directeurs qui auront été ainsi nommés, sous quelque prétexte que ce puisse être ; voulant Sa Majesté que lesdits jugemens, actes, accords, tranfactions & conventions foient réputés, rendus & faits avec tous lefdits Directeurs & Repréfentans : & fera le préfent Arrêt exécuté nonobftant oppofitions ou autres empêchemens quelconques, pour lefquels ne fera différé, & dont, fi aucuns furviennent, Sa Majefté fe réferve & à fon Confeil la connoiffance, & icelle interdit à toutes fes Cours & autres Juges. FAIT au Confeil d'Etat du Roi, Sa Majefté y étant, tenu à Verfailles le premier jour d'Avril mil fept cent trente-huit. *Signé* PHELYPEAUX.

René Herault, Chevalier, Seigneur de Fontaine-Labbé & de Vaucreffon, Confeiller d'Etat, Lieutenant général de Police de la Ville, Prévôté & Vicomté de Paris. Vû l'Arrêt du Confeil ci-deffus, nous ordonnons qu'il fera exécuté felon fa forme & teneur, & à cet effet lû, publié & affiché dans les rues & carrefours de la ville de Paris, & en conféquence que les Directeurs de l'ancienne Compagnie des Indes Orientales, & les héritiers & ayans caufe ou Repréfentans ceux defdits Directeurs qui font décédés, feront tenus de fe trouver en perfonne ou par Procureur, le Mardi treiziéme jour du mois de Mai prochain, à trois heures de relevée, en notre Hôtel, pour y être en notre préfence procédé conformément audit Arrêt. Fait à Paris le dix-huitiéme Avril mil fept cent trente-huit. *Signé* HERAULT. *Et plus bas ;* Par Monfeigneur, DEON DE POMMARD.

*L'Arrêt du Confeil ci-deffus a été lû & publié à haute & intelligible voix, à fon de trompe & cri public, en tous les lieux ordinaires & accoûtumés, par moi Jacques Girard, Huiffier à cheval au Châtelet de Paris, Juré-Crieur ordinaire du Roi, & de la Ville, Prévôté & Vicomté de Paris, y demeurant rue des Arcis, Paroiffe faint Merry, fouffigné, accompagné de Louis-François Ambezar, Jacques Hallot & Claude-Louis Ambezar, Jurés-Trompettes, le vingt-cinq Avril mil fept cent trente-huit, à ce que perfonne n'en prétende caufe d'ignorance ; & affiché ledit jour efdits lieux.* Signé GIRARD.

# ARREST
## DU CONSEIL D'ÉTAT,
## DU ROY,

EN interprétation de l'Arrêt du Conseil du 4 Décembre 1737, concernant la Vente des Offices Municipaux.

Du 1 Avril 1738.

*Extrait des Regiſtres du Conſeil d'Etat.*

LE Roi ayant, par Arrêt de ſon Conſeil du 4 du mois de Décembre dernier, permis aux Corps & Communautés des Villes de ſon Royaume de procéder, ſuivant les anciens Réglemens, à l'élection des Officiers municipaux dont les charges n'auroient pas été levées au premier Janvier ſuivant, en exécution de l'Edit de leur création du mois de Novembre 1733, & ce juſqu'à ce que par Sa Majeſté il en fût autrement ordonné : & Sa Majeſté étant informée que les Villes & Communautés où les Baillifs & Sénéchaux étoient avant les Edits de création des Offices municipaux, en poſſeſſion de faire les fonctions de Maire, ou de convoquer les aſſemblées générales & y préſider, pour procéder à l'élection des Offices municipaux, prétendent exclurre deſdites fonctions leſdits Baillifs & Sénéchaux, ſous prétexte que l'exécution de l'Edit de 1733, portant création des Offices municipaux, n'a été que ſuſpendue par l'Arrêt du 4 du mois de Décembre dernier : Sa Majesté auroit résolu d'expliquer plus particulierement ses intentions à cet égard; ouï le rapport du sieur Orry, Conseiller d'Etat, & ordinaire au Conseil Royal, Contrôleur général des Finances, SA MAJESTÉ E'TANT EN SON CONSEIL, en interprétant, en tant que besoin est ou seroit, l'Arrêt de son Conseil du 4 du mois de Décembre dernier, a ordonné & ordonne qu'il en sera usé au sujet des élections des Offices municipaux des Villes & Communautés du Royaume auxquels il n'aura pas été pourvû en exécution de l'Edit du mois de Novembre 1733, de la même maniere & ainsi qu'il se pratiquoit avant les Edits de premieres créations des Offices municipaux; ce faisant que dans les Villes & Communautés où les Offices municipaux n'ont pas été levés, & auxquels il n'aura pas été pourvû, les Baillifs & Sénéchaux rentreront dans toutes les fonctions & prérogatives dont ils étoient en possession avant les Edits de premieres créations des Offices municipaux, & ce jusqu'à ce qu'il en soit autrement ordonné par Sa Majesté, & tant que l'exécution dudit Edit du mois de Novembre 1733 sera suspendue: enjoint Sa Majesté aux sieurs Intendans & Commissaires départis dans les Provinces & Généralités du Royaume, de tenir la main à l'exécution du présent Arrêt. FAIT au Conseil d'Etat du Roi, Sa Majesté y étant, tenu à Versailles le premier jour d'Avril mil sept cent trente-huit. *Signé* PHELYPEAUX.

ARREST

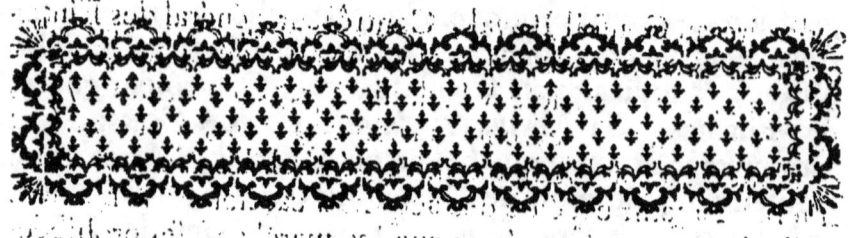

# ARREST
## DU CONSEIL D'ÉTAT
## DU ROY,

QUI ordonne que par l'Adjudicataire général des Fermes, il sera expédié des acquits à caution pour les marchandises prohibées dans le Royaume, provenant des Ventes de la Compagnie des Indes, destinées pour le port de Dunkerque.

Du 26 Avril 1738.

*Extrait des Registres du Conseil d'Etat.*

LE Roi étant informé que l'Adjudicataire général des Fermes unies, fondé sur l'article VII de l'Arrêt du 11 Juin 1714, refuse aux Marchands & Négocians fréquentant les ventes de la Compagnie des Indes à l'Orient, de leur expédier des acquits à caution pour les marchandises prohibées dans le Royaume qu'ils destinent pour le port de Dunkerque, lequel étant réputé franc & libre, mérite au moins autant de faveur que les Ports étrangers, & que ce refus préjudicie au commerce de la Compagnie des Indes, & gêne celui de ces Négocians : à quoi désirant pourvoir, ouï le rapport du sieur Orry, Conseiller d'Etat, &

Tome IV.                                    Eee

ordinaire au Conseil Royal, Contrôleur général des Finances, LE ROI ÉTANT EN SON CONSEIL, dérogeant en tant que de besoin à l'article VII dudit Arrêt du 11 Juin 1714, & autres Arrêts intervenus en conséquence, a ordonné & ordonne que par l'Adjudicataire général des Fermes unies il sera à l'avenir expédié des acquits à caution en la maniere ordinaire & accoûtumée, pour les marchandises prohibées dans le Royaume, provenant des ventes de la Compagnie des Indes, destinées pour le port de Dunkerque; à condition toutefois que lesdites marchandises seront expédiées par mer pour ledit port, & à la charge par lesdits Adjudicataires, ou ceux qui feront leurs soumissions pour eux, de rapporter dans le cours de six mois lesdits acquits à caution déchargés par les personnes préposées à cet effet, lesquelles seront indiquées & dénommées par lesdits acquits à caution. FAIT au Conseil d'Etat du Roi, Sa Majesté y étant, tenu à Versailles le vingt-sixiéme jour d'Avril mil sept cent trente-huit. *Signé* PHELYPEAUX.

# ARREST
## DU CONSEIL D'ÉTAT
## DU ROY,

QUI ordonne que par l'Adjudicataire général des Fermes, il sera expédié des acquits à caution pour les marchandises prohibées dans le Royaume, provenant des Ventes de la Compagnie des Indes, destinées pour les différens ports d'Espagne, y dénommés, &c.

Du 26 Avril 1738.

*Extrait des Regiſtres du Conſeil d'Etat.*

LE Roi étant informé que l'Adjudicataire général des Fermes unies, fondé ſur l'article VII de l'Arrêt du 11 Juin 1714, refuſe aux Marchands & Négocians fréquentant les ventes de la Compagnie des Indes à l'Orient, de leur expédier des acquits à caution pour les marchandiſes prohibées dans le Royaume, qu'ils deſtinent pour les ports de Bilbao, ſaint Sebaſtien & autres des Provinces de Guipuſcoa, Biſcaye & Catalogne, ce qui préjudicie au commerce de la Compagnie des Indes, & gêne celui des Négocians : à quoi déſirant pourvoir, oui le rapport du ſieur Orry, Con-

E e e ij

seiller d'Etat, & ordinaire au Conseil Royal, Contrôleur général des Finances, LE ROI ÉTANT EN SON CONSEIL, dérogeant en tant que de besoin à l'article VII dudit Arrêt du 11 Juin 1714, & autres Arrêts intervenus en conséquence, a ordonné & ordonne que par l'Adjudicataire général des Fermes unies il sera expédié des acquits à caution en la maniere ordinaire & accoûtumée, pour les marchandises prohibées dans le Royaume provenant des ventes de la Compagnie des Indes, destinées pour lesdits ports de Bilbao, saint Sebastien & autres des Provinces de Guipuscoa, Biscaye & Catalogne; à condition néanmoins que lesdites marchandises seront expédiées par mer pour lesdits ports, & à la charge par lesdits Adjudicataires, ou ceux qui feront leurs soumissions pour eux, de rapporter dans le cours de six mois lesdits acquits à caution déchargés par les personnes préposées à cet effet, lesquelles seront indiquées & dénommées par lesdits acquits à caution. FAIT au Conseil d'Etat du Roi, Sa Majesté y étant, tenu à Versailles le vingt-sixiéme jour d'Avril mil sept cent trente-huit.

Signé PHELYPEAUX.

# ÉDIT DU ROY,

QUI érige l'Orient en Corps de Ville.

Donné à Versailles au mois de Juin 1738.

Regiftré au Parlement de Bretagne.

LOUIS, PAR LA GRACE DE DIEU, ROI DE FRANCE ET DE NAVARRE, à tous préfens & à venir : SALUT. Les bourgeois, manans & habitans du lieu appellé l'Orient, dans notre Province de Bretagne, nous ont repréfenté qu'indépendamment de l'établiffement que la Compagnie des Indes a fait au port dudit lieu pour fa marine, celui de fes ventes qu'elle y a tranfportées depuis quelques années y a attiré un fi grand nombre d'habitans, qu'actuellement on y peut compter plus de quatorze mille perfonnes ; que le nombre en augmente tous les jours, dans la vûe de participer au commerce particulier que la Compagnie occafionne, & qu'il devient indifpenfable de faire régir & adminiftrer un nombre auffi confidérable d'habitans d'une façon différente que fi ce lieu étoit refté un fimple bourg : qu'ils efpérent que nous voudrons bien donner une forme à cette ville naiffante, par la création & l'érection d'une Communauté qui, formant un Corps de Ville, veillera & pourvoira aux intérêts, aux néceffités & aux établiffemens utiles & convenables pour les habitans ; ce qui devient d'autant plus aifé, qu'ayant établi en ce lieu, en le confidérant dès 1733 comme une ville déja formée, des Offices municipaux, il ne s'agit plus que d'en donner l'érection en Communauté, afin de lui procu-

E e e iij

rer les mêmes prérogatives des autres Communautés de la Province de Bretagne, & qu'elle foit régie & adminiftrée par les Officiers que nous nommerons ou que nous avons déja nommés pour remplir lefdits Offices municipaux créés en 1733, auxquels lefdits manans & habitans requiérent qu'il nous plaife joindre deux Echevins électifs, & le nombre de Délibérans que nous jugerons convenable pour régir & adminiftrer les affaires qui pourront l'intéreffer. A quoi voulant pourvoir, & dans l'intention de donner aux habitans de l'Orient des marques de notre fatisfaction & de l'envie que nous avons de leur procurer de nouveaux avantages, nous avons, de notre certaine fcience, pleine puiffance & autorité Royale, & pour autre caufe à ce nous mouvant, créé & établi, créons & établiffons audit lieu de l'Orient un corps de Communauté, lequel fera régi & adminiftré par les Officiers municipaux créés par notre Edit du mois de Novembre 1733 ; fçavoir, un Maire, un Lieutenant de Maire, deux Echevins, deux Affeffeurs, un notre Procureur-Syndic, un notre Avocat, un Greffier & un Contrôleur du Greffe : voulons en outre qu'il foit choifi pour les affemblées particulieres, entre lefdits Marchands, Négocians, Commerçans & notables habitans, deux Echevins électifs, qui feront pour cette fois feulement par nous nommés, lefquels, conjointement avec lefdits Maire, Lieutenant de Maire, deux Echevins, deux Affeffeurs, auront féance & voix délibérative : & pour l'adminiftration des affaires générales de ladite ville, outre les Officiers ci-deffus défignés, feront encore choifis entre lefdits Marchands, Négocians, Commerçans & notables habitans, fix Délibérans, qui feront auffi pour cette fois feulement par nous nommés, lefquels auront comme lefdits Officiers & après eux, féance & voix délibérative auxdites affemblées : ordonnons que les deux Echevins électifs ne pourront refter en exercice plus d'un an, & que toutes les années au premier jour de Mai il fera procédé, à la pluralité des voix, par ladite Communauté, à l'élection de deux nouveaux Echevins, lefquels feront pris & choifis dans le nombre des six Délibérans ; qu'il sera également & tout de suite, à la pluralité des voix, procédé à l'élection des deux nouveaux Délibérans, afin que le nombre de six soit toujours complet : permettons à ladite Communauté d'élire pour nouveaux Délibérans ceux desdits Négocians qui auront déja passé par l'échevinage, pourvû néanmoins qu'il se soit écoulé une année entiere depuis qu'ils seront sortis dudit échevinage : voulons au surplus que lesdits Maire, Lieutenant de Maire, Echevins, Assesseurs, Délibérans, notre Procureur-Syndic & Greffier, joüissent de tous les profits, émolumens, honneurs & prérogatives ci-devant accordés auxdits Officiers, & se comportent, tant dans les assemblées générales & particulieres, que dans le maniement & dans l'administration de toutes les affaires de ladite Communauté, suivant les Réglemens faits pour les autres Communautés de notre Province de Bretagne, qui leur seront communs en ce qui ne se trouvera cependant point contraire à notre présent Edit. Si donnons en mandement à nos amés & féaux les Gens tenant notre Cour de Parlement à Rennes, & à tous nos Juges & Officiers qu'il appartiendra, que notre présent Edit ils ayent à faire lire, publier & enregistrer, & du contenu en icelui faire joüir lesdits manans & habitans dudit l'Orient pleinement & paisiblement, & sans aucun trouble & empêchement ; car tel est notre plaisir. Et afin que ce soit chose ferme & stable à toujours, nous y avons fait mettre notre Scel. DONNÉ à Versailles au mois de Juin, l'an de grace mil sept cent trente-huit, & de notre regne le vingt-troisiéme. *Signé* LOUIS. *Et plus bas* ; Par le Roi, PHELYPEAUX. *Visa*, DAGUESSEAU. Vû au Conseil, ORRY. Et scellé.

*Lû & publié en l'audience publique de la Cour, & enregistré au Greffe d'icelle, oui & ce le requérant le Procureur général du Roi, pour avoir effet suivant la volonté de Sa Majesté : ordonne ladite Cour que copies dudit Edit seront, à la diligence dudit Procureur général du Roi, envoyées auxdits Siéges Présidiaux & Royaux de ce ressort, pour, à la diligence de ses Substituts auxdits Siéges, y être pareillement lûes, publiées & enregistrées, à ce que personne n'en ignore; & du devoir qu'ils en auront fait d'en certifier la Cour dans le mois. Fait en Parlement à Rennes le onze Août mil sept cent trente-huit.* Signé LE CLAVIER.

ARREST

# ARREST
## DU CONSEIL D'ÉTAT
## DU ROY,

*QUI ordonne l'établissement & la perception des droits d'octrois & deniers patrimoniaux, dans la Ville de l'Orient.*

Du 29 Juin 1738.

*Extrait des Regiſtres du Conſeil d'Etat.*

SUR la requête préſentée au Roi étant en ſon Conſeil par les habitans de la ville de l'Orient, par laquelle ils repréſentent qu'ayant plû à Sa Majeſté par ſon Edit du préſent mois ériger un Corps de Ville & Communauté audit lieu de l'Orient, ils eſpérent que Sa Majeſté voudra bien leur permettre de lever, ainſi qu'il eſt d'uſage dans toutes les autres Villes de Bretagne, des droits patrimoniaux & d'octrois, pour ſubvenir aux dépenſes néceſſaires, tant pour l'entretien dudit Corps de Ville, que pour les réparations & établiſſemens à faire dans ladite ville, telles qu'un quai ſur le bord de la mer, pour le débarquement de toutes les denrées & marchandiſes qui arrivent journellement, & que les pavés qui ſont à faire dans les places publiques & dans les rues qui ſe trouvent excéder la largeur dont les propriétaires des maiſons peuvent être tenus : à quoi Sa Majeſté déſirant pourvoir, & voulant favoriser une ville naissante qui, par les agrémens & facilités qu'elle veut donner au commerce, cherche à en augmenter les branches. Vû ladite requête & l'avis du sieur Pontcarré de Viarme, Intendant de la Province de Bretagne ; oui le rapport du sieur Orry, Conseiller d'Etat, & ordinaire au Conseil Royal, Contrôleur général des Finances, LE ROI ÉTANT EN SON CONSEIL, a permis & permet aux habitans de la ville de l'Orient de lever & percevoir à l'avenir, à commencer du premier Août de la présente année, les droits de dix sols par barrique de vin indistinctement, de quelque lieu qu'il vienne, & de cinq sols par barrique de cidre & de bierre entrant dans ladite ville par terre ou par mer, soit que ces boissons y soient consommées ou non consommées, lesquels droits seront réputés deniers patrimoniaux : leur permet en outre Sa Majesté de lever pendant quinze années les droits d'octrois de six livres par barrique de vin hors, quatre livres par barrique de vin du pays Nantois, & deux livres par barrique de cidre & bierre qui se débiteront ou vendront en détail par les Hôteliers ou Cabaretiers, tant dans la ville que dans la banlieue, dont les limites seront constatées par le sieur Intendant de ladite Province, qui en dressera un procès-verbal, dont la minute demeurera déposée au Greffe de l'Intendance, & une expédition remise aux archives de ladite Communauté, pour y avoir recours en cas de besoin : ordonne Sa Majesté que lesdits droits patrimoniaux & d'octrois seront payés par toutes personnes habitant tant dans ladite ville que dans le parc & enclos de la Compagnie des Indes, de quelque état ou condition qu'ils soient, exempts ou non exempts, privilégiés ou non privilégiés, même par les Commis & Employés de ladite Compagnie des Indes, sans néanmoins que, sous quelque prétexte que ce puisse être, aucuns desdits droits patrimoniaux & d'octrois puissent être exigés sur les boissons que la Compagnie des Indes fait & fera par la suite entrer, tant par mer que par terre, dans le port de l'Orient, soit qu'elles soient destinées pour la consommation du port, ou qu'elles le soient

pour les armemens, avitaillement, cargaifon de fes Vaiffeaux & tables des Capitaines à la mer, même pour les
boiffons des différens établiffemens qu'elle peut & pourra
avoir par la fuite, tant dans l'intérieur de fon parc & enclos, qu'à l'extérieur dans la ville & banlieue dudit l'O-
rient: veut & entend néanmoins Sa Majefté que fi aucunes defdites boiffons après être entrées dans les magafins
de ladite Compagnie en franchife de tous droits, en reffor-
toient pour être confommées par tels particuliers que ce
pût être, habitant de la ville ou parc de l'Orient, lefdits droits tant patrimoniaux que d'octrois en foient perçûs ainfi que de toutes autres boiffons: ordonne en outre
Sa Majefté que lefdits droits, tant patrimoniaux que d'octrois, feront, pour en conftater le produit, perçûs & adminiftrés pendant le courant d'une année par un Régiffeur
prépofé par la Communauté, & agréé par le fieur Intendant en ladite Province, aux appointemens qu'il trouvera
convenable de lui accorder; & qu'après ledit terme d'une
année il fera par ledit fieur Intendant procédé à l'adjudication defdits droits au plus offrant & dernier enchériffeur,
pour le montant de fon adjudication être payé au terme
d'icelle au Receveur prépofé par ladite Communauté &
agréé par ledit fieur Intendant, & être le produit defdits
droits employé, fur les ordonnances dudit fieur Intendant,
aux établiffemens qu'il jugera néceffaires & convenables,
& au payement des charges locales, qui feront par lui réglées & fixées; & fera ledit Receveur tenu de donner une
bonne & fuffifante caution, & d'en rendre tous les ans fes
comptes à ladite Communauté, lefquels feront enfuite arrêtés par ledit fieur Intendant. Et feront pour l'exécution
du préfent Arrêt toutes Lettres néceffaires expédiées. FAIT
au Confeil d'Etat du Roi, Sa Majefté y étant, tenu à Verfailles le vingt-neuviéme jour de Juin mil fept cent trente-
huit. *Signé* PHELYPEAUX.

# ARREST
## DU CONSEIL D'ÉTAT
## DU ROY,

*QUI ordonne qu'il sera expédié au grand Sceau des Provisions des Offices Municipaux de la Ville de l'Orient.*

Du 24 Février 1739.

*Extrait des Registres du Conseil d'Etat.*

SUR la requête présentée au Roi en son Conseil par les Syndics & Directeurs de la Compagnie des Indes, contenant qu'en exécution de l'Edit du mois de Novembre 1733, portant création & rétablissement des Offices municipaux, Sa Majesté ayant par Arrêt de son Conseil du 9 Août 1735 permis aux suppliants de lever ceux de la ville & communauté de l'Orient en Bretagne, pour les faire exercer par des sujets capables d'en remplir les fonctions, en vertu des provisions qui leur en seroient expédiées en Chancellerie sur la nomination des suppliants, lesquels pourroient se réserver les gages attribués auxdits Offices, il a été en conséquence arrêté un rôle au Conseil le 13 Mars 1736, dans lequel les différentes natures d'Offices municipaux de ladite ville de l'Orient ont été réunis sous les titres d'anciens mi-triennaux & d'alternatifs mi-triennaux en un seul corps d'Office pour chacune nature d'iceux ; que conformément audit rôle il leur a été délivré le 27 du même mois de Mars 1736 des quittances de finances, contrôlées le 12 du mois d'Avril suivant, pour chacune desdites natures d'Offices ainsi réunis; sçavoir, une quittance pour les deux Offices de Maire, une pour les deux de Lieutenans de Maire, une pour les deux d'Echevins, une pour les deux d'Assesseurs, une pour les deux de Secrétaires-Greffiers, une pour les deux de Contrôleurs du Greffe, une pour l'Office d'Avocat & une pour celui de Procureur de Sa Majesté, lesquelles quittances de finance sont devenues surannées par le laps de près de trois années, pour n'avoir pas fait pourvoir auxdits Offices dans les temps portés par le Réglement; ce qui ne se pouvoit faire dans une ville naissante telle que celle de l'Orient, qu'au préalable Sa Majesté n'eût ordonné de la forme de l'administration des affaires communes de ladite ville, & du nombre des sujets à y établir à cet effet: que Sa Majesté y ayant nouvellement pourvû par son Edit du mois de Juin dernier, elle a en même-temps ordonné qu'il sera établi dans ladite ville deux Echevins & deux Assesseurs en titre d'offices; & comme il ne peut être expédié quatre provisions pour ces quatre Offices réunis sur deux quittances de finances, que la désunion n'en soit ordonnée, requéroient à ces causes les supplians qu'il plût à Sa Majesté ordonner qu'il sera expédié au grand Sceau des provisions des Offices municipaux de la ville de l'Orient, sur les quittances de finances qui en ont été expédiées le 27 Mars 1736, en exécution du rôle arrêté au Conseil le 13 du même mois, nonobstant la surannation des susdites quittances; ordonner en outre que les quatre Offices d'Echevins & d'Assesseurs réunis en deux corps d'Offices, sous les titres d'anciens mi-triennaux & d'alternatifs mi-triennaux, seront & demeureront désunis, ce faisant qu'encore qu'il n'ait été expédié que deux quittances de finances pour lesdits quatre Offices employés dans les articles 6 & 7 du rôle du 13 Mars 1736, il sera néanmoins expédié quatre provisions aux noms des sujets qui seront nommés & présentés par les supplians, au moyen de quoi la finance des deux Offices d'Echevins étant de quatre mille huit cens livres, demeurera divifée en deux, à raifon de deux mille quatre cens livres pour chaque Office d'Echevin, & celle des deux Offices d'Affeffeurs étant de quatre mille livres, fera pareillement divifée en deux, à raifon de deux mille livres pour chaque Office d'Affeffeur. Vû ladite requête ; oui le rapport du fieur Orry, Confeiller d'Etat, & ordinaire au Confeil Royal, Contrôleur général des Finances, LE ROI E'TANT EN SON CONSEIL, a ordonné & ordonne qu'il fera expédié au grand Sceau des provifions des Offices municipaux de la ville de l'Orient, fur les quittances de finance qui en ont été expédiées le 27 Mars 1736, en exécution du rôle arrêté au Confeil le 13 du même mois, nonobftant la furannation des fufdites quittances: ordonne en outre Sa Majefté que les quatre Offices d'Echevins & d'Affeffeurs réunis en deux corps d'Offices, fous les titres d'anciens mi-triennaux & d'alternatifs mi-triennaux, feront & demeureront défunis ; ce faifant qu'encore qu'il n'ait été expédié que deux quittances de finance pour lefdits quatre Offices employés dans les articles VI & VII du rôle du 13 Mars 1736, il en fera néanmoins expédié quatre provifions aux noms des fujets qui feront nommés & préfentés par les Syndics & Directeurs de la Compagnie des Indes ; au moyen de quoi la finance des deux Offices d'Echevins étant de quatre mille huit cens livres demeurera divifée en deux, à raifon de deux mille quatre cens livres pour chaque Office d'Echevin, & celle des deux Offices d'Affeffeurs étant de quatre mille livres, fera pareillement divifée en deux, à raifon de deux mille livres pour chaque Office d'Affeffeur, dérogeant Sa Majefté à tous Réglemens contraires aux difpofitions du préfent Arrêt. FAIT au Confeil d'Etat du Roi, tenu à Verfailles le vingt-quatre Février mil fept cent trente-neuf. *Signé* DE VOUGNY.

# ARREST
## DU CONSEIL D'ÉTAT
## DU ROY,

QUI ordonne qu'à l'avenir la Compagnie des Indes sera régie par huit Directeurs au lieu de six, que deux d'iceux conserveront la qualité & feront les fonctions de Syndics de ladite Compagnie.

Du 7 Avril 1739.

*Extrait des Regiſtres du Conſeil d'Etat.*

VU au Conseil du Roi la requête présentée par les Directeurs de la Compagnie des Indes, par laquelle ils ont représenté qu'ayant plû à Sa Majesté de régler par l'Arrêt du 23 Janvier 1731 qu'à l'avenir la Compagnie des Indes seroit régie par deux Syndics & six Directeurs, & qu'il seroit formé six départemens, à la tête de chacun desquels seroit un Directeur, ils auroient, pour l'exécution des intentions de Sa Majesté, fait ce qui auroit dépendu d'eux pour entre eux se charger de la totalité du travail qu'occasionnent toutes les différentes parties relatives à la Compagnie des Indes, & qui intéressent les commerces qu'elle fait, tant à la Chine & aux Indes que dans le Canada, Sénégal, à la côte de Guinée & aux isles Françoises de l'Amerique; mais qu'ayant reconnu dès l'année 1731 que les secours des Syndics leur seroient très-utiles s'ils vouloient partager le travail de la direction, ce qu'ils auroient fait en se chargeant des départemens des armemens & du Sénégal, lesdits Directeurs auroient par délibération du 12 Septembre 1731, arrêté qu'attendu que le travail étoit partagé indistinctement entr'eux & les Syndics, les honoraires le seroient aussi par égales portions, & qu'en conséquence les trois pour cent résultant de bénéfice net de la Compagnie des Indes, & à eux attribués pour leur tenir lieu d'honoraires, seroient divisés en huit portions égales, dont deux appartiendroient aux deux Syndics, & les six autres aux six Directeurs, ce qui ne paroissant pas conforme aux dispositions de l'Arrêt du 23 Janvier 1731, il auroit été délibéré en l'assemblée des Directeurs de se pourvoir par devers Sa Majesté, pour la supplier d'approuver les arrangemens ci-dessus expliqués, & de vouloir bien les confirmer pour l'avenir, en ordonnant que les deux Syndics des Actionnaires de la Compagnie des Indes, établis par l'Arrêt du 23 Janvier 1731, auroient la qualité de Directeurs, & en feront les fonctions aux mêmes titres, émolumens & prérogatives que les six Directeurs établis par le susdit Arrêt; en conséquence, qu'à commencer de la date de l'Arrêt qui interviendra, la Compagnie des Indes au lieu d'être régie par deux Syndics & six Directeurs, conformément à l'article premier de l'Arrêt du 23 Janvier 1731, sera administrée par huit Directeurs, dont deux seront revêtus de la qualité & feront les fonctions de Syndics des Actionnaires, & que les trois pour cent sur le bénéfice net de ladite Compagnie qui doivent tenir lieu d'honoraires auxdits Syndics & Directeurs, continueront, nonobstant la disposition de l'article XII dudit Arrêt, à être partagés en huit portions égales, pour chacune être remise à l'un des huit Directeurs. Sur quoi Sa Majesté désirant pourvoir, vû ladite requête & l'Arrêt du 23 Janvier 1731; ouï le rapport du sieur Orry, Conseiller d'Etat, & ordinaire au Conseil Royal, Contrôleur général des Finances, LE ROI E'TANT EN SON CONSEIL, a en tant que besoin est ou seroit, approuvé & approuve les opérations faites

par

par les deux Syndics de la Compagnie des Indes, en ce qui pouvoit concerner les fonctions attribuées aux seuls Directeurs: ordonne Sa Majesté qu'à l'avenir lesdits deux Syndics établis par l'article premier de l'Arrêt du 23 Janvier 1731, auront la qualité de Directeurs, & en feront les fonctions aux mêmes titres, émolumens & prérogatives que les six Directeurs établis par le susdit article, en conséquence qu'à commencer de la date du présent Arrêt, la Compagnie des Indes sera régie par huit Directeurs, au lieu de six; que deux d'iceux conserveront la qualité & feront les fonctions de Syndics, conformément à l'article X dudit Arrêt du 23 Janvier 1731, & que les trois pour cent accordés auxdits Syndics & Directeurs pour leur tenir lieu d'honoraires, continueront d'être partagés également entre lesdits huit Directeurs: veut & entend au surplus Sa Majesté que ledit Arrêt du 23 Janvier 1731, soit exécuté suivant sa forme & teneur, si ce n'est en ce qui est dérogé. FAIT au Conseil d'Etat du Roi, Sa Majesté y étant, tenu à Versailles le septiéme jour d'Avril mil sept cent trente-neuf. *Signé* PHELYPEAUX.

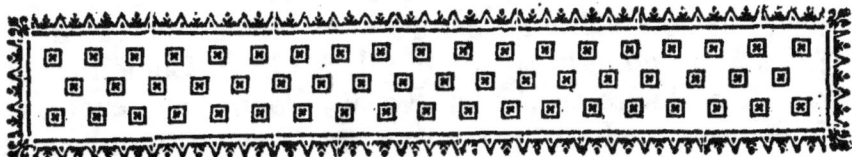

# ARREST
## DU CONSEIL D'ÉTAT
## DU ROY,

*QUI ordonne que M. de Saintard, actuellement Syndic de la Compagnie des Indes, fera les fonctions de Directeur de ladite Compagnie.*

Du 7 Avril 1739.

*Extrait des Regiſtres du Conſeil d'Etat.*

LE Roi s'étant fait repréſenter en ſon Conſeil l'Arrêt du 7 du préſent mois d'Avril, par lequel il auroit ordonné que les deux Syndics de la Compagnie des Indes auroient la qualité & feroient les fonctions de Directeurs, conjointement avec les ſix autres établis par l'Arrêt du 23 Janvier 1731, Sa Majeſté ſe feroit auſſi fait repréſenter celui du 13 Mars de ladite année 1731, par lequel elle auroit nommé les ſieurs de Saintard & de Caligny pour Syndics de ladite Compagnie; & étant informé du décès dudit ſieur de Caligny, il ſeroit néceſſaire de déſigner celui d'entre les Directeurs qui remplira ladite place vacante, ainſi que d'expliquer ſes intentions pour l'exécution de l'Arrêt du préſent mois d'Avril, pour conférer au ſieur de Saintard, actuellement Syndic, la qualité de Directeur de ladite Compagnie des Indes : à quoi défirant pourvoir, vû lefdits Arrêts du 7 du préfent mois & du 13 Mars 1733; oui le rapport du fieur Orry, Confëiller d'Etat, & ordinaire au Confeil Royal, Contrôleur général des Finances, LE ROI ÉTANT EN SON CONSEIL, a ordonné & ordonne que le fieur de Saintard, actuellement Syndic de la Compagnie des Indes, fera, conformément à l'Arrêt du 7 du préfent mois d'Avril, les fonctions de Directeur de la Compagnie, & que le fieur Depremenil, Directeur, fera celle de Syndic, à laquelle Sa Majefté l'a nommé, à la place du fieur Brinon de Caligny. FAIT au Confeil d'Etat du Roi, Sa Majefté y étant, tenu à Verfailles le feptiéme jour d'Avril mil fept cent trente-neuf. *Signé* PHELYPEAUX.

# ARREST
## DU CONSEIL D'ÉTAT
## DU ROY,

*QUI nomme M. du Velaer, Directeur de la Compagnie des Indes, à la place de feu M. de Caligny.*

Du 7 Avril 1739.

*Extrait des Registres du Conseil d'Etat.*

LE Roi s'étant fait représenter en son Conseil l'Arrêt du 7 du présent mois d'Avril, par lequel Sa Majesté auroit ordonné qu'à commencer de la date dudit Arrêt la Compagnie des Indes seroit régie & administrée par huit Directeurs, au lieu de six qui avoient été nommés par l'Arrêt du 23 Janvier 1731 ; & étant informée qu'il ne se trouve actuellement que sept Directeurs, attendu le décès du sieur de Caligny, ci-devant Syndic de ladite Compagnie, qui auroit rempli la huitiéme place, elle se seroit fait rendre compte du mérite des sujets qui travaillant depuis plusieurs années dans cette Compagnie, étoient à portée de pouvoir remplir, à la satisfaction du public, la place actuellement vacante ; & sçachant que le sieur du Velaer a exercé avec zèle & distinction tous les emplois qui lui ont été confiés depuis un nombre d'années considérable, tant aux Indes, à la Chine, que dans la sous-direction & commandement en second qu'il a exercé dans le port de l'Orient pour ladite Compagnie, la place de Directeur vacante ne pouvoit être conférée à personne qui fût plus en état de rendre des services utiles, elle auroit jugé à propos d'expliquer sur ce ses intentions : à quoi désirant pourvoir, oui le rapport du sieur Orry, Conseiller d'Etat, & ordinaire au Conseil Royal, Contrôleur général des Finances, LE ROI ÉTANT EN SON CONSEIL, a nommé & nomme le sieur du Velaer pour remplir la place de Directeur vacante dans la direction de ladite Compagnie, & en joüir aux mêmes titres, émolumens & prérogatives que les sept autres Directeurs. FAIT au Conseil d'Etat du Roi, Sa Majesté y étant, tenu à Versailles le septiéme jour d'Avril mil sept cent trente-neuf. *Signé* PHELYPEAUX.

*ACTE de soumission du S.r Perault, Maire de l'Orient, touchant les gages de sa charge.*

Du 22 Avril 1739.

LE vingt-deuxiéme Avril mil sept cent trente-neuf, avant midi, devant les Notaires Royaux de la Cour & Sénéchaussée d'Hennebond, fut présent en personne le sieur Etienne Perault, Conseiller du Roi, Maire ancien mi-triennal & alternatif mi-triennal de la Ville & Communauté de l'Orient, y demeurant rue & place Despremenil, Paroisse de saint Louis, Evêché de Vannes en Bretagne, lequel dit sieur Perault a volontairement déclaré qu'encore que sur la nomination de Messieurs les Syndics & Directeurs de la Compagnie des Indes, propriétaires desdits Offices de Maire ancien mi-triennal & alternatif mi-triennal, passée devant Perret & son Confrere à Paris le 27 Février 1739, Sa Majesté ait fait expédier & sceller le 13 Mars suivant les provisions dudit Office en faveur dudit sieur Perault; cependant il consent dès-à-présent comme pour lors en tant que besoin seroit, que Messieurs les Syndics & Directeurs de la Compagnie des Indes disposent à leur gré & bon plaisir dudit Office, y nomment & en fassent pourvoir dans la suite tel autre sujet qu'ils aviseront, ainsi que Sa Majesté les y a autorisés par l'Arrêt de son Conseil du 9 Août 1735, sans que ledit sieur Perault puisse en façon quelconque s'y opposer ni prétendre aucune chose sous prétexte d'indemnité pour sa dépossession ou autrement, & sans que Messieurs les Syndics soient tenus en aucuns cas d'expliquer les causes & raisons de changement & révocation, qu'ils pourront faire librement ainsi qu'ils jugeront à propos; ledit sieur Perault reconnoissant que c'est à cette condition expresse qu'ils l'ont nommé, & qu'ils ont fait expédier en conséquence à leurs frais & dépens les provisions dudit Office sous son nom, pour joüir seulement par lui, tant qu'il en fera pourvû, des honneurs, droits & prérogatives perfonnelles attribués aux titulaires defdits Offices de pareille nature fuivant les Réglemens; mais ledit fieur Perault ne pourra prétendre aucuns gages dudit Office, lefquels feront perçûs par Meffieurs les Syndics & Directeurs de la Compagnie des Indes, fur leurs fimples quittances, en conformité de l'Arrêt du Confeil du 9 Août 1735 : & pour l'exécution des Préfentes, ledit fieur Perault fait élection de domicile en fa demeure actuelle audit l'Orient, hypothéquant, &c. s'obligeant, &c. & renonçant, &c. Fait & paffé au fufdit l'Orient en l'étude & au rapport de la Fargue, Notaire Royal, fous le feing dudit Perault & les nôtres, lefdits jour & an que devant. *Per duplicata, figné* PERAULT, ROUMAIN, *Notaire Royal, &* DE LA FARGUE, *Notaire Royal. Et plus bas eft écrit:*

Nous Charles Breart, Ecuyer, fieur de Beranger, Confeiller du Roi, Sénéchal & premier Magiftrat de la Cour & Sénéchauffée d'Hennebond, le Port-Louis & l'Orient, certifions à tous ceux qu'il appartiendra que de la Fargue & Romain font Notaires de cette Cour, & que ce font leurs propres fignatures qui font appofées de l'autre part : en foi de quoi nous avons figné les Préfentes, & appofé le cachet de nos armes. A l'Orient le vingt-cinq Avril mil fept cent trente-neuf. *Signé* CHARLES BREART. *Et fcellé du cachet de fes armes. Et à côté:* Contrôlé à l'Orient le 23 Avril 1739, fol. 49, reçû 19 fols 3 deniers.
*Signé* DE MONTIGNY.

Nota. *Toutes les autres foumiffions, au nom & à la qualité près, font la même chofe.*

# ARREST
## DU CONSEIL D'ÉTAT
## DU ROY,

*QUI proroge pour un an, à commencer du premier Septembre 1739 jusqu'au premier Septembre 1740, la perception par Régie des droits d'octrois & patrimoniaux, établis dans la Ville de l'Orient.*

Du 10 Août 1739.

*Extrait des Regiſtres du Conſeil d'Etat.*

LE Roi s'étant fait repréſenter en ſon Conſeil l'Arrêt rendu en icelui le 29 Juin 1738, portant établiſſement des droits d'octrois & patrimoniaux dans la ville de l'Orient, & par lequel Arrêt Sa Majeſté auroit entr'autres choſes ordonné que leſdits droits, tant patrimoniaux que d'octrois, ſeroient, pour en conſtater le produit, perçûs & adminiſtrés pendant le courant d'une année par un Régiſſeur prépoſé par la Communauté de ladite ville de l'Orient, & agréé par le ſieur Intendant de la Province de Bretagne, & qu'après ledit terme d'une année il ſeroit pardevant ledit ſieur Intendant procédé à l'adjudication deſdits droits au plus offrant & dernier enchériſſeur : Sa Majeſté étant informée qu'il n'eſt pas poſſible de connoître la vraie valeur du produit deſdits droits, principalement dans la circonſtance d'une année auſſi peu favorable que l'a été l'année courante, que la cherté de diverſes denrées a oc-

caſionné

cafionné néceffairement le défaut de confommation, & que pour parvenir, autant que faire fe peut, à l'eftimation du produit defdits droits, il feroit néceffaire de proroger pendant un an ladite perception par régie; au moyen de quoi on fera en état, en prenant une année commune, de procéder en plus grande connoiffance de caufe à l'adjudication du produit defdits droits : à quoi Sa Majefté voulant pourvoir, oui le rapport du fieur Orry, Confeiller d'Etat, & ordinaire au Confeil Royal, Contrôleur général des Finances, SA MAJESTE' ÉTANT EN SON CONSEIL, a ordonné & ordonne que les droits d'octrois & patrimoniaux de la ville de l'Orient continueront d'être perçûs & adminiftrés par le Régiffeur prépofé par la Communauté de ladite ville, & approuvé par ledit fieur Intendant, pendant une année, à commencer au premier Septembre prochain jufqu'au premier Septembre de l'année 1740, ainfi & de la maniere qu'ils l'ont été depuis leur établiffement : ordonne au furplus Sa Majefté que l'Arrêt du Confeil du 29 Juin 1738 fera exécuté fuivant fa forme & teneur, fi ce n'eft en ce qui y eft dérogé par le préfent Arrêt. FAIT au Confeil d'Etat du Roi, Sa Majefté y étant, tenu à Verfailles le dixiéme jour d'Août mil fept cent trente-neuf.

Signé PHELYPEAUX.

# ARREST
## DU CONSEIL D'ÉTAT
## DU ROY,

*QUI nomme M. Godeheu de Saimont Directeur, au lieu & place de M. son pere.*

Du 22 Septembre 1739.

*Extrait des Regiſtres du Conſeil d'Etat.*

LE Roi étant informé du décès du ſieur Georges Godeheu, l'un des Directeurs de la Compagnie des Indes, & de l'utilité des ſervices qu'il lui a rendus depuis qu'il avoit été admis dans cette direction, ſçachant d'ailleurs l'attention avec laquelle il avoit formé le ſieur Charles-Robert Godeheu ſon fils, pour le mettre en état de rendre les mêmes ſervices à cette Compagnie; & étant informé du zèle avec lequel ledit ſieur Godeheu fils s'eſt comporté, tant dans les ventes auxquelles il a aſſiſté ſous les ordres de ſon pere pendant ſept années conſécutives, que dans les voyages qu'il a entrepris pour acquérir une connoiſſance particuliere des différens comptoirs de ladite Compagnie, aux Indes & à la Chine, Sa Majeſté auroit été perſuadée que la place de Directeur vacante n'auroit pû être remplie plus utilement pour la Compagnie que par ledit ſieur Godeheu fils : à quoi déſirant pourvoir, oui le rapport du ſieur Orry, Conſeiller d'Etat, & ordinaire au Conſeil Royal, Contrôleur général des Finances, LE ROI

E'TANT EN SON CONSEIL, a ordonné & ordonne que la place de Directeur de la Compagnie des Indes, vacante par le décès du sieur Godeheu, sera remplie par le sieur Godeheu de Saimont, pour par lui joüir des mêmes titres, honneurs, émolumens & prérogatives dont joüissent les autres Directeurs de ladite Compagnie. FAIT au Conseil d'Etat du Roi, Sa Majesté y étant, tenu à Versailles le vingt-deux Septembre mil sept cent trente-neuf.

*Signé* PHELYPEAUX.

# ARREST
## DU CONSEIL D'ÉTAT
## DU ROY,

*AU sujet des dédommagemens demandés par les propriétaires des terreins, sur lesquels il a été fait des ouvertures pour la conduite des eaux des Fontaines au Port de l'Orient.*

### Du 2 Août 1740.

*Extrait des Regiſtres du Conſeil d'Etat.*

SUR la requête préſentée au Roi étant en ſon Conſeil par la Dame Marguerite Geffroy, femme non commune en biens de Joſeph Huchet, Chevalier, Seigneur, Comte de Cintré, Monfort & autres lieux, autoriſée par Juſtice à la pourſuite de ſes droits; Jacques de Bahuno, Chevalier, Seigneur de Guerolain; Antoine Eudo de Gueroman, Gendarme de la Garde de Sa Majeſté, & Jean-Gabriel Eudo, procédant ſous l'autorité de Jean-Jacques Fraboulet, leur Curateur; Marc le Venier de Brilſiguaire, faiſant tant pour lui que pour ſes ſœurs, enfans & héritiers de feu Joſeph le Venier de Brilſiguaire, en ſon vivant Conſeiller au Siége de l'Amirauté de Vannes; Mathurin le Montagner, Jean Pavie, Albin Pennert,

Laurent Perron, Louis Poëfar, Alain le Marec & Yves Riot, laboureurs de la Paroisse de Pleuver, près la ville de l'Orient, se plaignant de ce que les ouvertures de terre que la Compagnie des Indes a fait faire pour la conduite des eaux de source dans son port de l'Orient, ont dégradé & détérioré les différens terreins par lesquels on les a fait passer, & requérant que l'estimation du dommage causé à chaque propriétaire du terrein pris, sera faite par telle personne que Sa Majesté avisera bon être. Vû aussi la requête en réponse des Syndics & Directeurs de la Compagnie des Indes, par laquelle ils représentent que c'est mal à propos que lesdits sieurs Guerolain & consorts se pourvoyent au Conseil pour obtenir justice sur les dédommagemens de leurs terreins, attendu que par Arrêt du 22 Août 1733 Sa Majesté leur a permis de faire aux environs de l'Orient telles ouvertures de terres qui seroient crues nécessaires pour la découverte & pour la conduite des eaux de source au port de l'Orient, & concluent à ce qu'il plaise à Sa Majesté, conformément audit Arrêt, ordonner que faute par les parties de convenir à l'amiable du dédommagement dont il s'agit, elles se retireront pardevant le sieur Commissaire départi en la Province de Bretagne, pour leur être fait droit ainsi qu'il appartiendra. Vû aussi ledit Arrêt du 22 Août 1733, oui le rapport du sieur Orry, Conseiller d'Etat, & ordinaire au Conseil Royal, Contrôleur général des Finances, SA MAJESTE' a ordonné & ordonne que l'Arrêt du 22 Août 1733 sera exécuté selon sa forme & teneur; en conséquence que faute par les parties de convenir à l'amiable sur les dédommagemens dûs pour raison des fontaines & terreins sur lesquels passent les conduites des eaux, elles conviendront d'experts pour les régler, & qu'au cas que lesdits experts ne convinssent pas entr'eux, lesdites parties se retireront devant le sieur Commissaire départi en la Province de Bretagne, pour leur être fait droit ainsi qu'il appartiendra. FAIT au Conseil d'Etat du Roi, Sa Majesté y étant, tenu à Compiegne le deux d'Août mil sept cent quarante. *Signé* PHELYPEAUX.

LOUIS, PAR LA GRACE DE DIEU, ROI DE FRANCE ET DE NAVARRE, à notre amé & féal Conseiller en nos Conseils le sieur Intendant & Commissaire départi pour l'exécution de nos ordres en la Province de Bretagne : SALUT. Nous vous mandons & enjoignons par ces Présentes, signées de nous, de tenir la main à l'exécution de l'Arrêt ci-attaché sous le contre-scel de notre Chancellerie, ce jourd'hui donné en notre Conseil d'Etat, nous y étant, pour les causes y contenues : commandons au premier notre Huissier ou Sergent sur ce requis, de signifier ledit Arrêt à tous qu'il appartiendra, à ce que personne n'en ignore, & de faire en outre pour son entiere exécution tous actes & exploits requis & nécessaires, sans autre permission ; car tel est notre plaisir. DONNE' à Compiegne le deux Août mil sept cent quarante. *Signé* LOUIS. *Et plus bas ;* Par le Roi, *signé* PHELYPEAUX.

JEan-Baptiste-Elie Camus de Pontcarré, Chevalier, Seigneur de Viarme, Seugy, Belloy & autres lieux, Conseiller du Roi en ses Conseils, Maître des Requêtes ordinaire de son Hôtel, Intendant & Commissaire départi par Sa Majesté pour l'exécution de ses ordres en la Province de Bretagne. Vû l'Arrêt du Conseil ci-dessus, ensemble la Commission sur icelui expédiée ; nous ordonnons que le Présent sera exécuté selon sa forme & teneur, lû, publié & affiché tant à l'Orient qu'ailleurs où besoin sera, & avons commis le sieur de Montigny, notre Subdélégué, pour l'exécution des dispositions qu'il contient. Fait à Rennes le vingt-quatre Octobre mil sept cent quarante. *Signé* PONTCARRÉ DE VIARME. *Et plus bas ;* Par Monseigneur, *signé* SOLIER.

# ARREST
## DU CONSEIL D'ÉTAT
## DU ROY,

*QUI proroge pour un an, à commencer du premier Septembre 1740 jusqu'au premier Septembre 1741, la perception par Régie des droits d'octrois & patrimoniaux de la Ville de l'Orient.*

### Du 27 Septembre 1740.

*Extrait des Regiſtres du Conſeil d'Etat.*

LE Roi ayant par l'Arrêt de ſon Conſeil du 10 Août 1739, & pour les cauſes y contenues, ordonné que les droits patrimoniaux & ceux d'octrois établis par Arrêt du Conſeil du 29 Juin 1738 dans la ville de l'Orient, continueroient d'être perçûs & adminiſtrés par le Régiſſeur prépoſé par la Communauté de ladite ville, pendant une année, à commencer du premier Septembre 1739 juſqu'au premier Septembre de la préſente année 1740, ainſi & de la maniere qu'ils l'avoient été depuis leur établiſſement : & Sa Majeſté étant informée que les motifs de la cherté des denrées qui l'année précédente avoient déterminé à accorder la prorogation de la régie, ſont d'autant plus puiſſans aujourd'hui, que le produit deſdits octrois pendant cette derniere année s'eſt trouvé de beaucoup plus modique encore que celui de l'année antérieure, enſorte que ledit produit ne peut servir de regle, ainsi qu'on avoit présumé qu'il l'auroit pû faire, pour l'estimation d'année commune, nécessaire aux fins de procéder à l'adjudication, suivant & aux termes des dispositions de l'Arrêt du 29 Juin 1738: enfin Sa Majesté considérant que l'espérence d'une année plus abondante pourra donner lieu à une plus grande consommation, & par conséquent mettre à portée de parvenir à connoître & à constater, autant que faire se peut, la vraie valeur desdits droits, qui est l'objet important, afin de procéder par enchere à leur adjudication au plus offrant & dernier enchérisseur; ouï le rapport du sieur Orry, Conseiller d'Etat, & ordinaire au Conseil Royal, Contrôleur général des Finances, SA MAJESTÉ ÉTANT EN SON CONSEIL, a ordonné & ordonne que la perception & administration des droits patrimoniaux & ceux d'octrois de la ville de l'Orient continueront d'être faites par le Régisseur préposé par la Communauté de ladite ville, & approuvé par le sieur Intendant de la Province de Bretagne, pendant une année, à commencer du premier du présent mois de Septembre jusqu'au premier Septembre de l'année prochaine 1741, ainsi & de la manière qu'elles l'ont été depuis leur établissement: ordonne au surplus Sa Majesté que l'Arrêt du Conseil du 29 Juin 1738, qui a ordonné l'établissement desdits droits, sera exécuté selon sa forme & teneur, si ce n'est en ce qui y est dérogé par le présent Arrêt. FAIT au Conseil d'Etat du Roi, Sa Majesté y étant, tenu à Fontainebleau le vingt-septiéme jour de Sepembre mil sept cent quarante. *Signé* PHELYPEAUX.

ORDONNANCE

# ORDONNANCE
## DU ROY,

*PORTANT augmentation de la Compagnie de Fusiliers entretenue au Port de l'Orient.*

#### Du 20 Octobre 1740.

## DE PAR LE ROY.

SA MAJESTÉ s'étant fait rendre compte des représentations des Directeurs de la Compagnie des Indes, sur ce que par l'Ordonnance du premier Octobre 1721 il lui auroit plû fixer à cent hommes la Compagnie d'infanterie qu'ils sont chargés d'entretenir pour la garde du port de l'Orient, & pour fournir aux recrues qu'ils sont obligés d'envoyer tous les ans aux Indes; ce qui ne se trouve pas à beaucoup près suffisant, tant pour la sûreté dudit port que pour fournir & recruter vingt-deux Compagnies de cent hommes chacune, qui sont répandues dans les établissemens qu'elle posséde dans l'Inde & à la côte de Guinée, & encore pour fournir sur chacun des Vaisseaux un nombre de fusilliers proportionné à leur capacité : Sa Majesté auroit agréé la proposition qui lui a été faite par lesdits Directeurs

Tome IV.             Iii

d'augmenter la Compagnie d'infanterie destinée pour la garde du port de l'Orient, de sept Officiers & de deux cens hommes, & de faire en outre les recrues nécessaires pour completer les troupes qu'ils entretiennent dans les différens établissemens de cette Compagnie ; en conséquence elle a permis & permet aux Directeurs de faire faire incessamment les levées qui leur sont nécessaires, tant pour mettre la Compagnie destinée à la garde du port de l'Orient au nombre de trois cens hommes à l'avenir, avec sept nouveaux Officiers qu'il convient d'y établir, pour ladite Compagnie être dorénavant composée d'un Capitaine commandant, un Capitaine en second, un premier Lieutenant, un second Lieutenant, un sous-Lieutenant, six Enseignes, quatorze sergens, quatorze caporaux, quatorze anspessades, deux cens cinquante soldats, huit fiffres & tambours, que pour fournir aux recrues des troupes entretenues dans les établissemens de ladite Compagnie, pour lesdites nouvelles levées servir conformément à ce qui est réglé par les cinq articles énoncés en l'Ordonnance de création de ladite Compagnie du premier Octobre 1721, & être payés des mêmes appointemens & solde qui y sont détaillés. Mande & ordonne Sa Majesté aux Gouverneur & ses Lieutenans généraux en Bretagne, au sieur Marquis de Brancas, qui y commande pour son service, au sieur Pontcarré de Viarme, Intendant de ladite Province, & à tous autres ses Officiers qu'il appartiendra, de tenir la main à l'exécution de la Présente. FAIT à Fontainebleau le vingt Octobre mil sept cent quarante. *Signé* LOUIS. *Et plus bas,* DE BRETEUIL.

# ARREST
## DU CONSEIL D'ÉTAT
## DU ROY,
## ET LETTRES PATENTES,
### SUR ICELUI,

*PORTANT* établissement d'un second jour de marché par semaine dans la Ville de l'Orient.

Du 6 Décembre 1740.

*Extrait des Regiſtres du Conſeil d'Etat.*

SUR ce qui a été repréſenté au Roi étant en ſon Conſeil par les Maire, Echevins & notables habitans de la ville de l'Orient en Bretagne, que n'étant permis aux Boulangers, Fariniers & Marchands de bled, forains & autres, d'expoſer en vente dans ladite ville le pain, la farine, & autres grains & denrées que le Samedi de chaque ſemaine, ce ſeul jour de marché auroit été ſuffiſant tant que ce lieu n'a été peuplé qu'à un certain point ; mais aujourd'hui cette ville, le centre du commerce & des établiſſemens de la Compagnie des Indes, devenue plus conſidérable & augmentant encore journellement, tant par le grand nombre d'Officiers, ouvriers, matelots & autres employés qu'elle entretient à son service, que par la multitude de particuliers qui viennent de toutes parts pour s'y établir ; cette ville se trouve dans le cas qu'un seul marché par semaine ne peut pas à beaucoup près être suffisant pour fournir le pain & les autres denrées nécessaires à la consommation & à la subsistance de tant d'habitans ; en sorte qu'il en résulte nécessairement une augmentation de prix qui devient extrêmement onéreuse, non-seulement aux ouvriers & matelots de la Compagnie des Indes, mais même à ses Employés & Officiers, & en général à tous les habitans de ladite ville : que dans ces circonstances un des principaux moyens de remédier à cet inconvénient & de procurer à cette ville un soulagement avantageux à cet égard, est d'établir à l'avenir par chaque semaine un second jour de marché, pendant lequel l'introduction, l'exposition, vente & débit du pain, des farines, grains & autres denrées soient licites & permis, ainsi & de la même maniere qu'il s'est pratiqué & se pratique pendant le jour de marché actuellement établi le Samedi dans ladite ville de l'Orient. A quoi Sa Majesté voulant pourvoir, & désirant de procurer à ladite ville tout ce qui peut être avantageux & utile à ses habitans : vû l'avis du sieur de Pontcarré de Viarme, Intendant de la Province de Bretagne ; oui le rapport du sieur Orry, Conseiller d'Etat, & ordinaire au Conseil Royal, Contrôleur général des Finances, LE ROI E'TANT EN SON CONSEIL, a ordonné & ordonne qu'il sera établi à l'avenir dans la ville de l'Orient un second jour de marché, qui se tiendra le Mercredi de chacune semaine, pendant lequel jour, à l'instar du marché qui s'y tient actuellement les jours de Samedi, il sera licite & permis à tous Boulangers, Fariniers & Marchands de bled, forains & autres, d'y introduire, exposer, vendre & débiter leur pain, leurs farines & grains, & autres denrées, suivant & ainsi qu'il est d'usage : en conséquence ordonne Sa Majesté audit sieur Intendant de la Province de Bretagne, & aux Officiers de Ville & de Police de ladite ville de l'Orient, de tenir la main, chacun en droit soi, à l'exécution du présent Arrêt, lequel sera lû, publié & affiché par-tout où besoin sera, & sur lequel toutes Lettres nécessaires seront expédiées. FAIT au Conseil d'Etat du Roi, Sa Majesté y étant, tenu à Versailles le sixiéme jour de Décembre mil sept cent quarante. Signé PHELYPEAUX.

## LETTRES PATENTES.

LOUIS, PAR LA GRACE DE DIEU, ROI DE FRANCE ET DE NAVARRE, à nos amés & féaux les Gens tenant notre Cour de Parlement de Bretagne, séant à Rennes : SALUT. Sur les représentations qui nous ont été faites par les Maire & Echevins de la ville de l'Orient, que n'y ayant eu jusqu'à présent qu'un seul jour de marché par semaine, pendant lequel il soit permis d'exposer & vendre dans ladite ville le pain, les farines & grains nécessaires pour la subsistance de ses habitans, il seroit d'une extrême & indispensable nécessité d'y établir pour l'avenir un second jour de marché par chaque semaine, afin que les habitans de ladite ville, dont le nombre augmente chaque jour par les établissemens & le commerce de la Compagnie des Indes, puissent plus commodément se pourvoir des denrées nécessaires à leur subsistance ; nous avons fait rendre ce jourd'hui en notre Conseil d'Etat, nous y étant, un Arrêt qui ordonne qu'il sera à l'avenir établi un second jour de marché par chaque semaine, & pour l'exécution duquel nous avons ordonné que toutes Lettres nécessaires seroient expédiées. A CES CAUSES, & autres considérations plus amplement détaillées dans ledit Arrêt, de l'avis de notre Conseil, qui a vû ledit Arrêt ci-attaché sous le contre-scel de notre Chancellerie, nous avons ordonné, & par ces Présentes, signées de notre main, ordonnons qu'il sera établi à l'avenir dans la ville de l'Orient un second jour de marché, qui se tiendra le Mercredi de chacune semaine, pendant lequel jour, à l'instar du marché qui s'y tient actuellement les jours de Samedi, il sera licite & permis à tous Boulangers, Fariniers & Marchands de bled, forains & autres, d'y introduire, expoſer, vendre & débiter leur pain, leurs farines & grains, & autres denrées, ſuivant & ainſi qu'il eſt d'uſage; en conſéquence ordonne Sa Majeſté audit ſieur Intendant de la Province de Bretagne, & aux Officiers de Ville & de Police de ladite ville de l'Orient, de tenir la main, chacun en droit ſoi, à l'exécution du préſent Arrêt, lequel ſera lû, publié & affiché par-tout où beſoin ſera. Si vous mandons que ces Préſentes vous ayez à faire lire, publier & regiſtrer, & le contenu en icelles garder, obſerver & exécuter ſuivant leur forme & teneur, nonobſtant tous Edits, Déclarations, Réglemens & Lettres à ce contraires, auxquels nous avons dérogé & dérogeons par ces Préſentes, aux copies deſquelles, collationnées par l'un de nos amés & féaux Conſeillers-Secrétaires, voulons que foi ſoit ajoûtée comme à l'original; car tel eſt notre plaiſir. Donné à Verſailles le ſixiéme jour de Décembre, l'an de grace mil ſept cent quarante, & de notre regne le vingt-ſixiéme. *Signé* LOUIS. *Et plus bas*; Par le Roi, *ſigné* PHELYPEAUX. Et ſcellé.

# ARREST
## DU CONSEIL D'ÉTAT
## DU ROY,

*QUI permet aux Maire & Echevins de la Ville de l'Orient, d'emprunter la somme de cinquante mille livres.*

Du 20 Décembre 1740.

*Extrait des Registres du Conseil d'Etat.*

SUR la requête présentée au Roi étant en son Conseil par les Maire & Echevins de la ville de l'Orient, contenant qu'il auroit plû à Sa Majesté par l'Arrêt de son Conseil du 29 Juin 1738 leur permettre la levée & perception des droits d'entrées & d'octrois sur les boissons qui entrent & se débitent dans ladite ville, pour le produit d'iceux être employé aux établissemens à faire dans ladite ville, tels que la construction des quais & calles sur le bord de la mer, pour le débarquement & embarquement des marchandises qui y arrivent & s'y commercent journellement, & la construction des pavés qui sont à faire dans les places publiques & dans les rues, & autres ouvrages arrêtés sur les devis, & autorisés par les Arrêts des 3. Juillet de ladite année 1738 & premier Février de la présente année : mais que depuis le premier Septembre de ladite année 1738, qu'a commencé la perception defdits droits, leur produit jufqu'à préfent eft de beaucoup au-deffous de la dépenfe pour l'approvifionnement des pavés & autres matériaux que l'Adjudicataire defdits travaux a faits pour lefdits ouvrages; qu'il eft cependant indifpenfable pour la commodité & l'avantage du commerce, d'accélérer l'exécution, tant des quais & pavés projettés, que du refervoir pour l'approvifionnement de l'eau & des fontaines publiques, & de l'abreuvoir pour les chevaux: que pour parvenir à les entreprendre, le feul produit des octrois n'étant pas fuffifant, lefdits Maire & Echevins n'auroient point trouvé d'expédient plus fimple & plus efficace que celui d'emprunter une fomme de cinquante mille livres à conftitution: que pour mettre ce parti en ufage ils auroient dans une affemblée de Ville, tenue le 13 Août dernier, paffé une délibération, laquelle a été approuvée le 31 dudit mois par le fieur Intendant & Commiffaire départi en la Province de Bretagne, tendante à fupplier Sa Majefté, en homologuant ladite délibération, d'accorder à ladite Communauté la permiffion de faire l'emprunt de ladite fomme de cinquante mille livres, au moyen de laquelle & du produit annuel des octrois, elle fe trouveroit en état de fournir aux dépenfes néceffaires des travaux ci-deffus énoncés. Vû ladite requête & la délibération y jointe du 13 Août dernier, approuvée le 31 dudit mois par le fieur Intendant & Commiffaire départi en la Province de Bretagne; Sa Majefté voulant procurer à ladite ville toutes les facilités dont elle a befoin pour fon accroiffement & la commodité de fon commerce; oui le rapport du fieur Orry, Confeiller d'Etat, & ordinaire au Confeil Royal, Contrôleur général des Finances, LE ROI E'TANT EN SON CONSEIL, a homologué & homologue la délibération des Maire & Echevins de la ville de l'Orient du 13 Août dernier, approuvée le 31 dudit mois par le fieur Intendant & Commiffaire départi en la Province de Bretagne; & en conféquence a accordé & accorde aufdits Maire & Echevins la permiffion & faculté d'emprunter la fomme de cinquante mille livres, dont fera fait emploi

ploi & destination aux ouvrages publics de ladite ville, ordonnés par les Arrêts des 3 Juillet 1738 & premier Février de la présente année, & conformément aux clauses & conditions de ladite délibération, lequel emprunt pourra être fait par un ou plusieurs contrats, suivant & ainsi qu'il sera plus avantageux à ladite Communauté. FAIT au Conseil d'Etat du Roi, Sa Majesté y étant, tenu à Versailles le vingtiéme jour de Décembre mil sept cent quarante.

Signé PHELYPEAUX.

# ARREST

## DU CONSEIL D'ÉTAT DU ROY,

*QUI ordonne une nouvelle fixation des droits d'octrois, ci-devant établis dans la Ville de l'Orient.*

Du 20 Décembre 1740.

*Extrait des Regiſtres du Conſeil d'Etat.*

VU au Conſeil d'Etat du Roi, Sa Majeſté y étant, la requête des Maire & Echevins de la ville de l'Orient, par laquelle ils expoſent qu'il auroit plû au Roi par l'Arrêt de ſon Conſeil du 29 Juin 1738. leur permettre la levée & perception des droits & deniers patrimoniaux, & de ceux d'octrois; ſçavoir, les deniers patrimoniaux ſur le pied de dix ſols par barrique de vin indiſtinctement, de quelque lieu qu'ils viennent, & de cinq ſols par barrique de cidre & de bierre entrant dans ladite ville par terre ou par mer, ſoit que ces boiſſons y ſoient conſommées ou non conſommées; & les droits d'octrois ſur le pied de ſix livres par barrique de vin hors, quatre livres par barrique de vin du pays Nantois, & de deux livres par barrique de cidre & de bierre qui ſe débiteront ou vendront en détail, tant dans la ville que dans la banlieue dudit l'Orient : ce qui auroit servi de prétexte aux débitans vins d'augmenter le prix des vins de l'intérieur de la Province d'un sol par pot, & ceux de dehors de dix-huit deniers, qui produisent auxdits débitans vingt & trente sols sur chacune barrique, lesquelles sommes sont à charge au public sans être utiles à la ville : que par l'examen & l'expérience que lesdits Maire & Echevins ont faite dans l'exercice de la perception desdits droits, ils ont remarqué que dans l'Arrêt du 29 Juin 1738, qui en ordonne l'établissement, il a été omis d'y insérer les vins du crû des Evêchés de Rennes, S. Malo & Vannes, appellés communément vins Bretons : que cette omission de cette qualité de vins, dont il se fait une grande consommation dans l'Orient, pourroit être regardée comme une exclusion, dont les particuliers & Négocians qui en font venir, & les Cabaretiers qui les débitent, pourroient se prévaloir, pour prétendre n'être assujettis à aucuns droits d'entrée ni d'octroi, ce qui occasionneroit des contestations qu'il est important de prevenir. Dans ces circonstances ils auroient crû qu'il étoit de leur devoir de supplier Sa Majesté d'y avoir tel égard qu'elle jugeroit à propos ; pour quoi requéroient qu'il plût à Sa Majesté, en dérogeant, en tant que besoin seroit, à l'Arrêt du Conseil du 29 Juin 1738, leur permettre de lever & percevoir à l'avenir, & à commencer du premier Janvier 1741, sur tous les vins, cidres & bierres qui se débiteront ou vendront en détail par les Hôteliers ou Cabaretiers, tant dans la ville de l'Orient que dans la banlieue, la barrique attentée à cent pots ; sçavoir, par chaque barrique de vin hors de la Province, sept livres dix sols, à raison d'un sol six deniers par pot ; cinq livres par chaque barrique de vin du crû du Comté Nantois, à raison d'un sol par pot ; & deux livres dix sols, tant par chaque barrique de vin des autres Evêchés de la Province, appellés vins Bretons, que par chaque barrique de cidre ou bierre, à raison de six deniers par pot : à quoi Sa Majesté ayant égard, & voulant traiter favorablement lesdits Maire & Echevins de la ville de l'O-

K k k ij

rient ; oui le rapport du sieur Orry, Conseiller d'Etat, & ordinaire au Conseil Royal, Contrôleur général des Finances, LE ROI E'TANT EN SON CONSEIL, ayant égard à ladite requête, a ordonné & ordonne qu'à commencer du premier Janvier de l'année prochaine 1741, lesdits droits d'octrois établis dans la ville de l'Orient par l'Arrêt du 29 Juin 1738, seront fixés & perçûs sur le pied de sept livres dix sols par chaque barrique de vin hors, au lieu de six livres ; cinq livres par chaque barrique de vin du pays Nantois, au lieu de quatre livres ; & deux livres dix sols par chaque barrique des vins du crû des Evêchés de Rennes, saint Malo & Vannes, appellés communément vins Bretons ; & pareil droit de deux livres dix sols par chaque barrique de cidre & bierre, au lieu de deux livres, toutes icelles barriques attentées à cent pots ; lesquels dits droits seront payés par ceux & ainsi qu'il est porté par ledit Arrêt du 29 Juin 1738 : défend Sa Majesté au Receveur desdits droits de faire aucune composition d'iceux, pour quelque raison, dans quelque temps & circonstances, & sous quelque prétexte que ce puisse être, à peine d'en être tenu & chargé personnellement : ordonne au surplus Sa Majesté que ledit Arrêt du 29 Juin 1738 sera exécuté selon sa forme & teneur, en ce qui n'y est point dérogé par le présent Arrêt. FAIT au Conseil d'Etat du Roi, Sa Majesté y étant, tenu à Versailles le vingtiéme jour de Décembre mil sept cent quarante. *Signé* PHELYPEAUX.

# ARREST
## DU CONSEIL D'ÉTAT, DU ROY,

*QUI commet le Sieur Maillard du Cygne, pour, au lieu & place du Sieur Eftoupan de Laval, figner les marques en parchemin.*

Du 10 Janvier 1741.

*Extrait des Regiftres du Confeil d'Etat.*

LE Roi s'étant fait repréfenter l'Arrêt de fon Confeil du 30 Juin 1731, par lequel Sa Majefté avoit commis les fieurs Michel & Eftoupan de Laval pour figner, conjointement avec le fieur Eftoupan, les marques en parchemin qui doivent être attachées au chef & à la queue de chaque piéce de moufelines & toiles de coton blanches provenant du commerce de la Compagnie des Indes : & Sa Majefté étant informée que les affaires dont ledit fieur Eftoupan de Laval eft chargé, ne lui permettent plus de vacquer à la fignature defdites marques ; oui le rapport du fieur Orry, Confeiller d'Etat ordinaire au Confeil Royal, Contrôleur général des Finances, SA MAJESTE' E'TANT EN SON CONSEIL, a commis & commet le fieur Maillard du Cygne pour, au lieu & place du fieur Eftoupan de Laval, & conjointement avec les fieurs Eftoupan & Michel, figner les marques en parchemin qui doivent être

attachées au chef & à la queue de chaque piéce de mouſ-
feline & toiles de coton blanches provenant du commerce
de ladite Compagnie des Indes, conformément à l'Arrêt
du 28 Avril 1711, & autres Arrêts intervenus depuis. Fait
au Conſeil d'Etat du Roi, Sa Majeſté y étant, tenu à Verſailles le dix Janvier mil ſept cent quarante-un.

Signé PHELYPEAUX.

# ARREST
## DU CONSEIL D'ÉTAT
## DU ROY,

*QUI casse la plainte rendue par le Procureur du Conseil de l'Isle de Bourbon, au sujet du Sieur de la Bourdonnaye & autres.*

#### Du 20 Mars 1741.

*Extrait des Registres du Conseil d'Etat.*

SUR la requête présentée au Roi étant en son Conseil par Georges-Husquin Baudouin, Ecuyer, sieur de Bellecourt, Louis Jacquelin de Seytna, Simon-Charles le Noir, & autres habitans de l'isle de Bourbon, contenant, &c. oui le rapport du sieur Pineau de Lucé, Chevalier, Conseiller du Roi en ses Conseils, Maître des Requêtes ordinaire de son Hôtel, Commissaire à ce député, après en avoir communiqué au Bureau des cassations, & tout consideré : LE ROI EN SON CONSEIL, ayant égard à ladite requête, a cassé & annullé la plainte rendue par le Procureur du Conseil de l'isle de Bourbon le 17 Juin 1737 & tout ce qui s'en étoit ensuivi, & notamment l'Arrêt diffinitif du 30 Septembre 1738 : fait défenses audit Procureur général de rendre de pareilles plaintes à l'avenir, & aux Officiers dudit Conseil de pareils Arrêts : permet Sa Majesté aux sieurs de Bellecourt, de Seytna & le Noir, de prendre à partie le sieur Mahé de la Bourdonnaye, Dumont, Devillarmoy, Lanux, Santuery, Despeignes, Durant, de Lassale, Dejean, Destourelles & d'Heguerty, Officiers du Conseil de l'isle de Bourbon, lesquels sont assignés au Conseil pour répondre sur ladite prise à partie, ensemble sur les demandes en restitution, dommages & intérêts qui seront formées à l'occasion de ladite prise à partie, dans le délai d'un an ; permet en outre Sa Majesté auxdits de Bellecourt, Seytna & le Noir de faire imprimer le présent Arrêt. FAIT au Conseil d'Etat Privé du Roi, tenu à Versailles le vingtiéme jour de Mars mil sept cent quarante-un. *Signé* PUJOL, avec paraphe. *A côté :* Collationné, avec paraphe.

# ARREST
## DU CONSEIL D'ÉTAT
## DU ROY,
CONCERNANT LES CARRIERES DE L'ORIENT,

*Qui commet le Sieur de Saint - Pierre, Ingenieur, pour les visiter, & qui en proroge, l'exploitation.*

Du 3 Avril 1741.

*Extrait des Regiſtres du Conſeil d'Etat.*

VU au Conseil d'Etat du Roi les requêtes préſentées en icelui par les Syndics & Directeurs de la Compagnie des Indes, & par les Maire, Echevins & habitans de la ville & Communauté de l'Orient, tendantes à être reçûs oppoſans à l'exécution de l'Ordonnance des Officiers de Vannes, rendue le 12 Novembre dernier, par laquelle ces Officiers ont interdit au premier Avril prochain l'exploitation de toutes les carrieres d'où ſe tire la pierre dure dans les rades & ances du Port-Louis,

& fur les bords des rivieres de Blavet & de Scorf ; & que jufqu'à ce qu'il ait été fait définitivement droit fur ladite oppofition, il foit permis aux Entrepreneurs des travaux, tant du port que de la ville de l'Orient, de continuer l'exploitation de celle des carrieres qui leur font néceffaires pour lefdits ouvrages, après néanmoins que par tel Ingenieur qu'il plaira à Sa Majefté de commettre, il aura été vû, examiné & ordonné les entourages & ouvrages néceffaires pour empêcher que les décombres ne nuifent aux rades & profondeurs du port, & dreffé par ledit Ingenieur procès-verbal de l'exécution defdits ouvrages : les moyens fur lefquels ils fondent leurs demandes font, que fi cette Ordonnance avoit lieu, elle détruiroit la poffibilité d'exécuter les ouvrages commencés, tant pour la Compagnie des Indes dans le port de l'Orient que pour les habitans de ladite ville, qui pour fe conformer à l'exécution des plans & devis arrêtés au Confeil de Sa Majefté, & exécuter les Arrêts qui ont ordonné que ladite ville feroit pavée, ont fait avec des Entrepreneurs des marchés, qui, s'ils n'avoient leur exécution, donneroient lieu non-feulement à des dommages & intérêts, mais cauferoient une perte irréparable à ceux des habitans qui pour reformer les alignemens qu'on a donnés à leur maifon, fe font trouvés dans le cas d'être obligés d'en abattre une partie, & mettroient les Directeurs de la Compagnie dans la néceffité d'abandonner les quais, magafins & pavés de l'enclos, tous ouvrages commencés en vertu d'Arrêts du Confeil, qui non-feulement les ont approuvés, mais même ont ordonné que tous ceux des propriétaires des terreins avoifinans les bords de la mer, feront tenus de fouffrir l'ouverture des carrieres qui pourroient fe trouver fur leurdit terrein. A quoi Sa Majefté défirant pourvoir : vû les Arrêts du Confeil qui y font joints des 17 Juin 1732, 3 Juillet 1738 & premier Février 1741, lefquels ont ordonné la conftruction des magafins, l'ouverture des carrieres & le pavé de ladite ville de l'Orient ; oui le rapport, LE ROI E'TANT EN SON CONSEIL, a évoqué & évoque en tant que befoin eft ou feroit, l'oppofition que lefdits

Directeurs de la Compagnie des Indes & les habitans de ladite ville de l'Orient ont formée à l'Ordonnance des Officiers de l'Amirauté de Vannes du 12 Novembre dernier, & avant faire droit diffinitivement fur icelle, a prorogé & proroge l'exploitation des carrieres ouvertes pour l'exécution de tous les ouvrages entrepris tant dans le port que pour la ville de l'Orient, jufqu'au premier Novembre prochain : ordonne Sa Majefté que par le fieur de Saint-Pierre, l'un de fes Ingenieurs & de la Compagnie des Indes, qu'elle a commis & commet à cet effet, il fera procédé à l'examen des carrieres les plus utiles pour l'exécution des ouvrages commencés tant dans le port que dans la ville de l'Orient, & dreffé enfuite par lui procès-verbal des ouvrages qu'il eftimera convenir pour entourer lefdites carrieres de façon que leurs décombres ne puiffent nuire aux rades & ports dudit l'Orient : fait défenfes Sa Majefté à tous propriétaires & Entrepreneurs de faire exploiter icelles fans préalablement avoir fait recevoir & reconnoître par ledit fieur de Saint-Pierre les ouvrages qu'il aura précédemment ordonnés ; & dans le cas de conteftation fur l'exécution, ordonne Sa Majefté que les parties fe pourvoiront devant les Officiers de l'Amirauté de Vannes, qu'elle a commis & commet à l'effet de faire exécuter le préfent Arrêt, fur lequel toutes Lettres néceffaires feront expédiées : enjoint aux Syndics & Directeurs de la Compagnie des Indes de veiller avec attention à ce que les ouvrages qui feront tant pour ladite Compagnie que pour les habitans de la ville, ne puiffent nuire ni préjudicier audit port de l'Orient : mande & ordonne Sa Majefté à M. le Duc de Penthievre, Amiral de France, Gouverneur de la Province de Bretagne, de tenir la main à l'exécution du préfent Arrêt, qui fera regiftré au Greffe de l'Amirauté de Vannes. FAIT au Confeil d'Etat du Roi, Sa Majefté y étant, tenu à Verfailles le trois Avril mil fept cent quarante-un.

*Signé* PHELYPEAUX.

*Et au dos eft écrit :*

*LE DUC DE PENTHIEVRE*, *Amiral de France, Gouverneur*, & *Lieutenant général pour le Roi en sa Province de Bretagne.*

VU l'Arrêt du Conseil d'Etat du Roi ci-dessus à nous adressé, avec ordre de tenir la main à son exécution : mandons & ordonnons aux Officiers de l'Amirauté de Vannes de le faire exécuter suivant sa forme & teneur, & de le faire enregistrer au Greffe. Fait à Versailles le huit Avril mil sept cent quarante-un. *Signé* L. J. M. DE BOURBON. *Et plus bas ;* Par son Altesse sérénissime, *signé* ROMIEU.

# ARREST
## DU PARLEMENT
## DE RENNES,

*QUI commet les Maire & Echevins de l'Orient pour faire la Police.*

Du 22 Janvier 1742.

*Extrait des Regiſtres de Parlement.*

LE Procureur général du Roi, entré en la Cour, a remontré que l'Orient qui n'étoit il y a peu d'années qu'un hameau, eſt devenu depuis quelque temps ſi peuplé & ſi conſidérable, qu'il a plû au Roi de l'ériger en Ville par Edit du mois de Juin 1738, & d'y créer un Corps de Communauté compoſée d'un Maire & de pluſieurs autres Officiers : un établiſſement auſſi grand demande, quoique nouveau, que la police y ſoit faite de maniere que le Public n'y ſoit pas opprimé, & qu'il y trouve les mêmes avantages & les mêmes reſſources que dans les autres Villes de la Province; on n'a pas donné juſqu'à préſent à cet objet ſi intéreſſant ( entr'autres pour les artiſans, ouvriers & mercénaires ) toute l'attention qu'il méritoit, & ce n'eſt que depuis quelques jours que le Procureur général du Roi a été informé que les Boulangers, Bouchers & les Marchands ſe ſont rendus maîtres, non-ſeulement de leurs poids & meſures, mais encore du prix du pain, de la viande, & de toutes les denrées les plus

Lliij

nécessaires à la vie ; que les Poissoniers, Poulailliers & Regratiers vont sur les quais pour y attendre les bateaux, & sur les chemins qui conduisent à l'Orient, qu'ils y achetent le poisson, le gibier, les volailles & autres provisions de cette nature, pour empêcher qu'elles soient exposées en vente aux marchés, pour ensuite les vendre arbitrairement chez eux, ce qui les a fait monter à un prix excessif à l'oppression publique ; que les fouriners alterent ou gâtent la pâte que les particuliers portent à cuire à leurs fours ; & en un mot, qu'il n'y a aucun exercice de police dans cette Ville : ce mal vient de ce que les Juges de la Jurisdiction de Trefaven, dont releve l'Orient, n'y résident point, qu'ils n'y viennent de Pontcorff, dont ils sont domiciliés, que de huit jours en huit jours en Eté, & en Hyver, de quinze jours en quinze jours, & souvent de mois en mois, pour y tenir avec précipitation une audience, après laquelle ils s'en retournent le même jour, sans s'embarrasser de faire la police, de recevoir les plaintes du Public, & d'y statuer aussi sommairement que les Ordonnances & les Réglemens le prescrivent : enfin, lorsque quelque particulier a lieu de se plaindre, il ne trouve sur le lieu ni Commissaire, ni Juge, à qui il puisse s'adresser ; mais quand les Juges & Procureur Fiscal de Trefaven seroient les plus disposés à remédier à tous ces désordres, ils seroient hors d'état de le faire par leur absence continuelle : c'est pour les faire cesser que le ministere public vient proposer à la Cour d'attribuer la connoissance de la Police à la Communauté de l'Orient, qui, composée des plus notables de la Ville, intéressés à ce que les Habitans, & particuliérement les gens de journées & les ouvriers ne soient pas opprimés par la cherté des vivres & denrées, est en état de veiller à l'exécution des Réglemens de Police, & sçaura mettre un frein à l'avarice des Marchands & Négocians, & aux injustices qu'ils font au Public, sans qu'il lui en coute rien ; ledit Procureur général du Roi retiré : sur ce ouy le rapport de Me. Armand-Charles Robin des Treans, Conseiller, Doyen de la Cour, la matiere mise en délibération ;

LA COUR faisant droit sur les remontrances & conclusions du Procureur général du Roi, attendu la non-résidence des Juges de Trefaven à l'Orient, a commis par provision les Maire, Lieutenant de Maire, Echevins & autres Officiers de la Communauté de ladite Ville de l'Orient, pour faire la Police en icelle, y fixer le prix du pain, de la viande & autres denrées, & faire tous les Réglemens concernant la Police, pour être exécutés par provisions, parce qu'ils seront préalablement homologués par la Cour; a permis à ladite Communauté de nommer de six en six mois quatre Commissaires de Police, pour faire les défenses, & rapporter les procès-verbaux requis & nécessaires, lesquels prêteront serment sans frais entre les mains de ladite Communauté; enjoint auxdits Commissaires de Police de déposer dans 24 heures leurs procès-verbaux au greffe de la Communauté, & à ladite Communauté d'y statuer aussi sans frais, dans trois jours, sur les conclusions du Procureur syndic, sauf l'appel en la Cour; ordonne au surplus que les Juges de Trefaven continueront de connoître des matieres contentieuses; comme querelles, batteries, & autres de pareille nature; & que le présent Arrêt sera lû, publié & affiché par-tout où besoin sera, à ce que personne n'en ignore, & enregistré au greffe de la Communauté, à laquelle il est enjoint de certifier la Cour dans le mois des diligences qu'elle aura faites à ce sujet. FAIT en Parlement à Rennes, le vingt-deux Janvier mil sept cent quarante-deux. *Ainsi signé*, L. C. PICQUET, Greffier; *& à côté est écrit*, délivré à Monsieur le Procureur général du Roi. *Signé*, DE CHASTEAUGIRON.

*ROLLE de la somme que le Roi en son Conseil a ordonné & ordonne être payée par la Compagnie des Indes pour le Dixiéme, auquel Sa Majesté a bien voulu régler celui qui lui est dû par ladite Compagnie, en exécution de la Déclaration du 29 Août 1741, qui ordonne la levée du Dixiéme du revenu des biens du Royaume.*

Du 13 Février 1742.

### ARTICLE UNIQUE.

Nᵃ. L'original est entre les mains de M. Pechevin.

LA Compagnie des Indes payera par chacun an de quartier en quartier, à compter du premier Octobre dernier pour le Dixiéme, auquel Sa Majesté a bien voulu régler celui qui lui est dû par ladite Compagnie, conformément à la Déclaration du 29 Août 1741, la somme de neuf cens mille livres, cy . . . 900000 l.
Somme totale du présent rôle, neuf cens mille livres.

Laquelle somme de neuf cens mille livres sera payée par le Caissier de la Compagnie des Indes, entre les mains du Garde du Trésor Royal, chacun en leur année d'exercice. Fait & arrêté au Conseil Royal des Finances, tenu à Versailles le treiziéme jour de Février mil sept cent quarante-deux. *Collationné, avec paraphe. Signé,* DEVOUGNY, *avec paraphe.*

ARREST

# ARREST
## DU CONSEIL D'ÉTAT
## DU ROY,

QUI fixe les honoraires de Messieurs les Directeurs de la Compagnie des Indes à 12000 livres chacun, à commencer du 1 Juillet 1740, & qui déroge à l'article XI. de l'Arrêt du 23 Janvier 1731, qui leur attribue trois pour cent à prendre sur les bénéfices nets résultans de son commerce.

Du 4 Mars 1742.

*Extrait des Regiſtres du Conſeil d'Etat.*

VU au Conseil d'Etat du Roi, Sa Majesté y étant, les Mémoires des Syndics & Directeurs de la Compagnie des Indes, par lesquels ils auroient représenté que nonobstant les inconvéniens qu'ils auroient prévûs devoir résulter de l'exécution de l'Article XI. de l'Arrêt du Conseil d'Etat du 23 Janvier 1731, lequel auroit ordonné que les honoraires des Directeurs continueroient de leur être payés sur le pied de 12000 liv. chacun, jusqu'au premier Mai suivant, que le bilan de la Compagnie devoit être fait; qu'audit jour leurs honoraires cesseroient, & qu'ils ne jouiroient plus à l'avenir que de trois pour cent, à prendre par chacune année sur les bénéfices résultans nets du

Commerce de la Compagnie, tous frais d'achats, d'armemens, de comptoirs & de régie défalqués ; qu'en conséquence, depuis le premier Juillet 1732, jusqu'au dernier Juin 1740, ils se seroient par obéissance & par soumission conformés à ce qui leur étoit ordonné par le susdit article, & qu'il auroit été fait & arrêté toutes les années avec la plus scrupuleuse exactitude un bilan général des effets, tant actifs que passifs du commerce de la Compagnie des Indes, pour en constater le bénéfice résultant net, tous frais d'achats, d'armemens, de comptoirs, & de régie défalqués, sans néanmoins en avoir déduit les pertes survenues, tant par les banqueroutes, que par différens naufrages arrivés, soit dans la navigation d'Inde en Inde, soit dans la navigation d'Europe aux Indes, au Sénégal & aux Isles Françoises de l'Amérique, soit dans la navigation particuliere, à fret pour le transport à l'Orient des marchandises, tant du Royaume qu'étrangeres, destinées au commerce de la Compagnie des Indes ; qu'eux-mêmes envisageant les risques auxquels est sujet un commerce uniquement maritime & aussi étendu qu'est celui de la Compagnie, ils auroient dès le mois de Septembre 1732, fait des représentations à Sa Majesté, tendantes à lui remontrer que, quoique son intention en rendant l'Arrêt du 23 Janvier 1731 ait paru être de les traiter plus favorablement qu'ils ne l'étoient par la fixation des 12000 liv d'honoraires annuels par chacun d'eux, qui leur avoient été attribués originairement, ils se trouveroient néanmoins réduits beaucoup au-dessous, si on déduisoit sur les bénéfices de la Compagnie les pertes occasionnées par les naufrages, puisqu'il ne seroit pas juste qu'en se donnant tout entiers à un travail suivi qui les occupe sans aucun relâche, ils devinssent en quelque façon responsables d'événemens qui ne peuvent leur être imputés, & fussent privés des honoraires qu'ils se flattent de bien mériter ; mais que n'ayant point été statué sur leurs représentations, & le bilan du premier Juillet 1731 au dernier Juin 1732, ayant été dressé & approuvé, sans que les pertes ci-dessus énoncées eussent été déduites sur les bénéfices, ils auroient continué de faire faire toutes les années dans la même forme, & sans déduction desdites pertes le bilan de la Compagnie, jusques & compris celui du premier Juillet 1739 au 30 Juin 1740. Que par le résultat de celui du premier Juillet 1731 au dernier Juin 1732, ils auroient touché chacun la somme de 12850 liv. 16 s. 4 d. que celui qui a été clos & arrêté le dernier Juin 1733, leur a procuré 14889 liv. 12 s. 9 den. celui qui a été clos & arrêté le dernier Juin 1734, 15099 liv. 6 s. celui qui a été clos & arrêté le dernier Juin 1735, 12536 liv. 13 s. celui qui a été clos & arrêté le dernier Juin 1736, 11172 liv. 12 s. 6 den. celui qui a été clos & arrêté le dernier Juin 1737, 13636 liv. 14 s. 5 den. celui qui a été clos & arrêté le dernier Juin 1738, 15224 l. 14 s. celui qui a été clos & arrêté le dernier Juin 1739, 18263 l. 15 s. 3 den. celui qui a été clos & arrêté le dernier Juin 1740, 10410 liv. 9 s. & qu'après la confection de celui du premier Juillet 1740 au dernier Juin 1741, ils auroient trouvé qu'il leur procuroit 20161 liv. 17 s. 5 den. à chacun, mais que dans le cours de cette année les naufrages avoient occasionné des pertes si considérables, que même sans rappeller quelques pertes de même nature, qui n'ont point été déduites sur les bénéfices résultans des anciens, si l'on vouloit déduire seulement celles qui sont survenues dans cette derniere année il ne leur reviendroit à chacun que 3666 liv. 12 s. Que cette différence leur auroit paru si grande, qu'ils ont cru devoir faire de nouvelles représentations à Sa Majesté, & de la supplier de constater leur état, & de les mettre à l'abri de toutes les recherches, tant pour le passé que pour l'avenir, soit en interprétant l'Arrêt du 23 Janvier 1731, par un autre qui déclareroit formellement que l'intention de Sa Majesté a toujours été que les pertes successives arrivées & celles qui arriveront dans la suite par les naufrages, ne fussent point déduites sur les bénéfices du Commerce, lorsqu'il s'est agi & lorsqu'il s'agira des trois pour cent sur les mêmes bénéfices accordés aux Directeurs, pour leur tenir lieu d'honoraires, & qu'en conséquence les sommes qu'ils ont reçues jusqu'à ce jour, & celles qu'ils pourroient recevoir annuellement par la suite, relativement à la forme qui a été observée dans la confection des bilans, sans déduction desdites pertes, leur sont & seront légitimement acquises, & qu'ils n'en pourront être recherchés, sous quelque prétexte que ce puisse être, si mieux n'aime, en approuvant la forme des bilans antérieurs clos & arrêtés jusqu'au dernier Juin 1740, & en les déchargeant de toutes recherches & répétitions, faute d'avoir déduit sur les bénéfices le montant des pertes de toute nature, les rétablir pour la suite dans leur premier état, en leur fixant des honoraires annuels, à commencer du premier Juillet 1740; qu'ils ne dissimuleront point à Sa Majesté, que ce dernier parti, quoique moins avantageux pour eux, conviendroit cependant beaucoup mieux, en ce qu'en recevant des honoraires moins forts que ceux qu'ils auroient lieu d'espérer pour le produit des trois pour cent, qui ne peuvent manquer d'augmenter à mesure que le commerce de la Compagnie des Indes devient plus étendu, du moins ils auront l'avantage de n'être exposés à aucune critique ni à aucune recherche, & on ne pourra leur imputer d'avoir cherché à former des bilans à leur avantage ; qu'à la vérité il paroît que Sa Majesté, par l'Arrêt de son Conseil du 23 Janvier 1731, auroit eu en vûe de rendre la condition desdits Directeurs plus avantageuse, & de faire dépendre cet avantage de l'augmentation du commerce & du bénéfice de la Compagnie des Indes, dans l'espérance que participant aux bénéfices ils redoubleroient de soins & d'attentions; que la façon dont ils se sont acquittés de leur devoir depuis un grand nombre d'années, doit être un sûr garand de la conduite qu'ils tiendront à l'avenir, & que le motif du bien de l'État, qui est si inséparable de l'avantage de la Compagnie des Indes, est plus que suffisant pour animer leur zéle ; sur quoi Sa Majesté voulant expliquer ses intentions, & donner aux Directeurs de la Compagnie des Indes des marques de sa satisfaction, & leur procurer un état fixe, afin que libres des inquiétudes de toutes sortes de recherches, ils puissent continuer à vacquer aux détails qui leur sont confiés avec plus de tranquillité : oui le rapport du Sieur ORRY, Conseiller d'Etat ordinaire au Conseil Royal, Contrôleur général des Finances, LE ROI ÉTANT EN SON CONSEIL, en interprétant en tant que besoin est ou seroit l'Arrêt du Conseil du 23 Janvier 1731, qui attribue pour honoraires aux Directeurs de la Compagnie des Indes, à commencer du premier Mai de ladite année, trois pour cent, à prendre par chacune année sur les bénéfices résultans nets du commerce de ladite Compagnie tous les frais d'achats, d'armemens, de comptoirs, & de régie défalqués, a approuvé & approuve la forme dans laquelle les bilans des années 1731, 1732, 1733, 1734, 1735, 1736, 1737, 1738, 1739 & 1740 ont été faits, quoique sans déduction des pertes qu'a supporté le commerce de ladite Compagnie ; & pour prévenir toute difficulté par la suite, a ordonné & ordonne que sans avoir égard à l'article XI. dudit Arrêt du 23 Janvier 1731, auquel elle a dérogé & déroge, les honoraires desdits Directeurs de la Compagnie des Indes seront dorénavant fixés à douze mille livres pour chacun d'eux, par année, à commencer du premier Juillet 1740. FAIT au Conseil d'Etat du Roi, Sa Majesté y étant, tenu à Versailles, le quatriéme jour de Mars mil sept cent quarante-deux. *Signé* PHELYPEAUX.

# ARREST
## DU CONSEIL D'ÉTAT
## DU ROY,

*QUI commet le Sieur Brue pour au lieu & place du Sieur Estoupan, signer les marques en parchemin.*

#### Du 6 Mars 1742.

*Extrait des Registres du Conseil d'Etat.*

LE ROI s'étant fait représenter les Arrêts de son Conseil des 3 Mai 1727, 30 Juin 1731 & 10 Janvier 1741, par lesquels Sa Majesté auroit commis les sieurs Estoupan, Michel & Maillard du Cygne, pour signer conjointement les marques en parchemin qui doivent être attachées au chef & à la queue de chaque piece de mousselines & toiles de coton blanches, provenant du commerce de la Compagnie des Indes; & Sa Majesté étant informée que par le décès du sieur Estoupan, l'un desdits, arrivé le 17 Février dernier, il seroit nécessaire de pourvoir à son remplacement. Oui le rapport du Sieur Orry, Conseiller d'Etat ordinaire, & au Conseil Royal, Contrôleur général des Finances, SA MAJESTÉ ÉTANT EN SON CONSEIL a commis & commet le sieur Brue, pour au lieu & place du sieur Estoupan, & conjointement avec les sieurs Michel & Maillard du Cygne, signer les marques en parchemin qui doivent être attachées au chef & à la queue de chaque piece de mouffelines & toiles de coton blanches, provenant du commerce de la Compagnie des Indes, conformément à l'Arrêt du 28 Avril 1711, & autres intervenus depuis. FAIT au Confeil d'Etat du Roi, Sa Majefté y étant, tenu à Verfailles le fix Mars mil fept cent quarante-deux. *Signé* PHELYPEAUX.

# LETTRES PATENTES
CONCERNANT L'HÔTEL-DIEU
## DE LA VILLE DE L'ORIENT.

Du mois de Juillet 1742.

*Extrait des Regiſtres du Greffe de la Communauté de la Ville de l'Orient.*

LOUIS, PAR LA GRACE DE DIEU, ROI DE FRANCE ET DE NAVARRE, A tous préſens & à venir, SALUT. Nos chers & bien amés les Maire, Procureur du Roi, Echevins & habitans de notre Ville de l'Orient en Bretagne, nous ont très-humblement fait repréſenter, que la Demoiſelle Droneau s'étant depuis pluſieurs années dévoüée au ſervice des pauvres, elle auroit de ſes propres deniers acquis un terrein en la ville de l'Orient, au haut de la rue du Faouedie, ſur lequel elle a fait bâtir une maiſon où elle reçoit les pauvres qu'elle fait ſubſiſter au moyen des quêtes & des charités des perſonnes pieuſes de cette ville ; que deſirant mettre la derniere main à une ſi bonne œuvre, & appréhendant que par ſon décès cet établiſſement ne ſe détruiſit, elle auroit par contrat du 8 Septembre 1740 fait don à la Communauté dudit terrein & maiſon, avec les meubles y étant, pour y recevoir les pauvres ; qu'il y a tout lieu d'eſpérer qu'avec les ſecours que la Compagnie des Indes

*Nota.* Ces Lettres Patentes ne s'étant point trouvées à Paris ni aux Archives, on a été obligé de les faire venir de l'Orient où elles ont été enregiſtrées au Greffe de la Communauté.

a

a coutume de donner, ceux que la Communauté peut fournir, & les charités publiques; cet établissement augmentera dans la suite, d'autant qu'il est absolument nécessaire dans un port comme celui de l'Orient, où il vient journellement une quantité d'ouvriers de tout pays; lesquels, lorsqu'ils tombent malades, n'ont aucune retraite, & périssent souvent faute d'un léger secours; mais comme cet établissement ne peut avoir de solidité qu'autant qu'il sera par nous approuvé & confirmé, ils nous ont très-humblement fait supplier de leur accorder nos Lettres de confirmation sur ce nécessaires. A CES CAUSES, de l'avis de notre Conseil, & voulant contribuer en tout ce qui dépend de nous, aux besoins des pauvres, & leur faciliter les secours nécessaires, nous avons, de notre grace spéciale, pleine puissance & autorité royale, loué & approuvé & confirmé, & par ces Présentes signées de notre main, louons, approuvons & confirmons ledit établissement à l'Orient, sous le titre d'HÔTEL-DIEU; ce faisant, ordonnons que ledit Hôtel-Dieu sera gouverné & administré suivant & conformément aux Réglemens faits ou à faire par les Recteurs & Administrateurs d'icelui, auxquels nous permettons d'accepter tous dons, legs, aumônes & gratifications qui lui seront faits, soit par testament, donations entre-vifs à cause de mort, ou autrement, en quelque sorte & maniere que ce puisse être; confirmons en tant que besoin, ceux qui pourroient lui avoir été faits jusqu'à présent, sans qu'il soit tenu de nous payer aucuns droits d'amortissement pour les biens qu'il peut avoir, ou pourra acquérir, ou qui lui seront donnés, légués & délaissés, en quelque sorte & maniere que ce soit, ni à nos successeurs Rois, dont nous lui avons fait & faisons don par ces Présentes, sans préjudice cependant des droits d'indemnité qui pourroient nous être dûs, ou aux Seigneurs particuliers, auxquels nous n'entendons nuire ni préjudicier: voulons au surplus que ledit Hôtel-Dieu jouisse de toutes les exemptions & privileges dont jouissent les Hôtels-Dieu de notre Royaume. Si donnons en mandement à nos amés & féaux Conseillers, les Gens tenant notre Cour de Parlement à Rennes, & à tous autres nos Officiers & Justiciers qu'il appartiendra, que ces Présentes ils ayent à faire regiftrer, & du contenu en icelles faire joüir & ufer ledit Hôtel-Dieu pleinement, paifiblement & perpétuellement, ceffant & faifant ceffer tous troubles & empêchemens contraires ; car tel eft notre plaifir : & afin que ce foit chofe ferme & ftable à toujous, nous avons fait mettre notre Scel à cefdite Préfentes. DONNÉES à Verfailles au mois de Juillet mil fept cent quarante-deux, & de notre regne le vingt-feptiéme. *Ainfi figné* LOUIS. *Et plus bas ;* Par le Roi, PHELYPEAUX, & à côté eft encore écrit ; *Vifa. Signé*, DAGUESSEAU.

# ARREST
## DU CONSEIL D'ÉTAT
## DU ROY,

*QUI nomme M. David Directeur de la Compagnie des Indes.*

#### Du 10 Juin 1743.

*Extrait des Regiſtres du Conſeil d'Etat.*

SUR les repréſentations faites au Roi par le ſieur Boyvin d'Hardancourt, l'un des Directeurs de la Compagnie des Indes, qu'après quarante-cinq années de ſervice, ſa ſanté ne lui permettoit plus de ſuivre avec la même activité les opérations qui intéreſſent ladite Compagnie, & qui exigent un travail ſuivi & aſſidu; il ſe trouve obligé de demander la permiſſion de ſe retirer, pour que ſa place pût être remplie par quelqu'un, dont les ſervices ſeroient plus utiles que ceux qu'il pourroit rendre actuellement: Sa Majeſté auroit bien voulu lui permettre de ſe retirer dudit ſervice, ce qui faiſant vaquer une des huit places de Directeurs, fixées par l'Arrêt du Conſeil du 23 Janvier 1731, il eſt néceſſaire de remplacer ledit ſieur Boyvin d'Hardancour; & étant informé des ſervices qu'a rendus pendant plus de vingt années le ſieur David, l'un des Secrétaires de ladite Compagnie dans différens départemens qui lui ont été confiés, de ſon attachement pour les intérêts de ladite Compagnie, & de sa capacité pour remplir ladite place qui se trouve vacante par la retraite dudit sieur Boyvin d'Hardancourt : oui le rapport du sieur Orry, Conseiller d'Etat ordinaire, & au Conseil royal, Contrôleur général des Finances, LE ROI ETANT EN SON CONSEIL, a ordonné & ordonne que le sieur David, Secrétaire de la Compagnie, sera reçu dans la place de Directeur de la Compagnie des Indes, vacante par la retraite du sieur Boyvin d'Hardancourt, qu'il y fera les mêmes fonctions, & joüira des mêmes titres, honneurs, émolumens & prérogatives que les sept autres Directeurs de ladite Compagnie. FAIT au Conseil d'Etat du Roi, Sa Majesté y étant, tenu à Versailles le dixiéme Juin mil sept cent quarante-trois. *Signé* PHELYPEAUX.

# ARREST
## DU CONSEIL D'ÉTAT
## DU ROY,

*PORTANT confirmation des opérations du Visa, la nullité des effets visés ou non visés & compensation d'assignation du trésor Royal, & autres effets résultans du compte général de la Caisse du Visa.*

Du 29 Septembre 1743.

*Extrait des Registres du Conseil d'Etat.*

VU par le Roi, Sa Majesté étant en son Conseil, la délibération des Directeurs de la Compagnie des Indes, du 10 Janvier 1730, énoncée dans un Arrêt du Conseil du 24 du même mois, qui autorise les compensations qui étoient à faire, résultantes du compte général de la caisse du *visa*, par laquelle lesdits sieurs Directeurs ont arrêtés : que ladite Compagie ayant rendu à la Chambre des Comptes, ceux dont elle étoit tenue envers le Roi, tant à cause de la Banque royale, que pour les Fermes générales & du Tabac, remettroit à Sa Majesté, au moyen des indemnités qui lui ont été accordées, & après la correction jugée à la Chambre de tous lesdits comptes par elle rendus, & les quittances d'iceux retirées, tous les effets énoncés dans un bordereau inféré dans ladite délibération, qui avoient été dans leur temps acquittés par ladite Compagnie, ou

Nnn iij

pour elle pris de ceux qui lui étoient redevables, montant lors lefdits effets à la fomme de 7012668 liv. 16 fols 6 deniers, fans en demander à Sa Majefté ni prétendre aucune valeur, fi ce n'eft néanmoins qu'il peut retrouver dans la fuite quelque prétention antérieure de la part du Roi contre la Compagnie, auquel cas Sa Majefté feroit très-humblement fuppliée d'en ordonner la compenfation fur lefdites valeurs, defquelles il y avoit 177181 liv. 16 fols, en ordonnances fur le Tréfor royal, 6316776 liv. 6 deniers, en affignations du Tréfor royal, 416950 liv. en billets de la Banque royale, vifés & non vifés; & 101761 liv. en certificats de liquidation, mais dont il ne refte effectivement aujourd'hui en leurs mains, fuivant un état certifié par eux véritable, que lefdites 177181 liv. 16 fols dans les mêmes ordonnances, 6313983 liv. 5 fols en affignations du Tréfor royal, 416850 liv. en billets de la Banque royale, & lefdites 101761 liv. en certificats de liquidation. Tous ces effets actuellement exiftans, énoncés par ordre dans ledit état, & montant à la fomme de 7009776 liv. 1 fol, le furplus du contenu au bordereau, montant à 2892 liv. 15 fols, confiftant : fçavoir, en 2642 l. 15 fols 6 deniers, pour partie d'une affignation du Tréfor royal, qui étoit de 97652 liv. 13 fols 2 deniers, & qui a été par ladite Compagnie employée à retirer & compenfer des effets dont elle étoit tenue, qui étoient à la caiffe du Tréfor royal, & tant en une affignation du Tréfor royal de 150 liv. qu'en un billet de la Banque royale de 100 liv. qui fe font trouvés perdus & adhirés, & ladite Compagnie fe trouvant aujourd'hui en état de fatisfaire à l'engagement par elle contracté, & s'agiffant en ftatuant fur fa décharge, de régler la maniere dont il fera procédé à l'extinction de ces effets. Vû ladite délibération, ledit état, & les effets y énoncés, enfemble fix certificats, fignés des fieurs Philippe & de Montaran, premier Commis du Tréfor royal, en date des 9 & 14 Mai dernier, étant au pied d'états defdites affignations du Tréfor royal, defquels il réfulte que des 6313983 liv. 5 fols d'affignations, il a été de celles qui ont été expédiées sur l'exercice de l'année 1719, montantes à 85343 liv. fait recette au profit de Sa Majesté dans l'état au vrai dudit exercice, arrêté au Conseil royal des Finances, le premier Avril 1732; de celles sur l'exercice 1720, montantes à 6591 liv. 13 sols 9 deniers, dans l'état au vrai de l'exercice de l'année 1725, arrêté le 27 Janvier 1739; de celles sur l'exercice 1721, montantes à 3397763 8 sols 3 deniers, dans les états au vrai des exercices 1721 & 1724, arrêtés le 22 Décembre 1733, & 5 Novembre 1737; de celles sur l'exercice 1722, montantes à 2356355 14 sols 10 deniers, dans ledit état au vrai de l'exercice 1725; de celles sur l'exercice 1723, montantes à 463662 liv. 7 sols 9 deniers, dans l'état au vrai dudit exercice, arrêté le 18 Janvier 1735; & de celles de l'exercice 1724 de 4267 livres 5 deniers, dans l'état au vrai dudit exercice, arrêté ledit jour 5 Novembre 1727. Oui le rapport du sieur Orry, Conseiller d'Etat ordinaire, & au Conseil royal, Contrôleur général des Finances : SA MAJESTE' E'TANT EN SON CONSEIL, conformément à la disposition tant des Arrêts de son Conseil, des 5, 31 Janvier, & 26 Février 1723, portant réglement pour la conversion des assignations du Trésor royal, que de l'Edit du mois de Juin 1725, portant confirmation des opérations du *visa*, & la nullité des effets visés ou non visés, & relativement à l'engagement contracté par ladite délibération des sieurs Directeurs de la Compagnie des Indes du 10 Janvier 1730, dont expédition en forme, demeurera annexée à la minute du présent Arrêt, a ordonné & ordonne, que tous & un chacun les effets ou valeurs énoncées tant dans ledit bordereau que dans le nouvel état, certifié desdits sieurs Directeurs, qui demeurera pareillement annexé à la minute du présent Arrêt, montant ensemble à la somme de sept millions neuf mille sept cens soixante-seize livres un sol, feront & demeureront éteints & annullés, comme Sa Majesté les a par le présent Arrêt d'abondant annullés & éteints, sans que ladite Compagnie puisse jamais en prétendre, ni demander aucune valeur contre Sa Majesté, si ce n'est dans le cas où par la suite des temps, il se trouvât de la part de Sa Majesté quelque prétention contre la Compagnie antérieure à ladite délibération ; pour raison de quoi Sa Majesté a bien voulu réserver, & réserve à ladite Compagnie tous & tels droits, si aucuns il y a, qui peuvent lui être acquis sur lesdits effets, pour sur le montant d'iceux être fait telles compensations que de droit, & jusqu'à concurrence de ladite somme de sept millions neuf mille sept cens soixante-seize livres un sols, ainsi qu'il pourroit appartenir : veut en conséquence Sa Majesté que lesdits sieurs Directeurs remettent incessamment : sçavoir, lesdites Ordonnances sur le Trésor royal, montantes ensemble à cent soixante-dix-sept mille cent quatre-vingt-une livre seize sols, entre les mains du sieur Contrôleur général des Finances, pour être en sa présence incendiées ; lesdites assignations du Trésor royal montantes ensemble à six millions trois cens treize mille neuf cens quatre-vingt-trois livres cinq sols, à chacun des sieurs Gardes de son Trésor royal de qui elles sont émanées, pour être par eux incendiées, au moyen de la recette qui en a été par eux faite dans les états au vrai de leurs exercices, & tant lesdits billets de la Banque royale visés ou non visés, montans à quatre cens seize mille huit cens cinquante livres, que lesdits certificats de liquidation, montans à cent un mille sept cens soixante-une liv. au sieur Bernard, Maître des Requêtes, ci-devant Commis pour différentes opérations, résultantes du *visa* & de la liquidation des effets royaux, & que Sa Majesté a pour ce commis & commet, pour être en sa présence pareillement incendiés ; procès-verbal de récollement desdits billets & certificats sur ledit état certifié, par lui préalablement fait. Veut néanmoins Sa Majesté que de ladite somme de sept millions neuf mille sept cens soixante-seize livres un sol, il soit fait recette à son profit, mais pour mémoire seulement, par le sieur Paris de Montmartel, Garde de son Trésor royal, en exercice la présente année, dans l'état au vrai & compte de son exercice de ladite présente année, en lui remettant par lesdits sieurs Directeurs avec le présent Arrêt,

Arrêt, les certificats de la remise qu'ils auront faite auxdits sieurs Gardes du Trésor royal, chacun en droit soi, des assignations émanées d'eux, ou de leurs prédécesseurs (desquels certificats ils ne seront tenus de se charger, ni faire aucune mention dans aucuns de leurs états & comptes) & le procès-verbal de récollement & de brulement desdits billets & certificats de liquidation, dont du tout leur sera fourni reconnoissance par ledit sieur Paris de Montmartel, sur l'ampliation de laquelle ladite recette de sept millions neuf mille sept cens soixante-seize livres un sol, sera en vertu du présent Arrêt admise pour mémoire seulement dans ledit état au vrai & compte de l'exercice de la présente année; ordonne en outre Sa Majesté que de ladite recette & dudit présent Arrêt, il soit par l'Auditeur, rapporteur dudit compte, fait mention sur eux des exercices des années 1719, 1721, 1723, 1724 & 1725, en marge de celle qui a été faite en chacun d'iceux pour raison desdites assignations, suivant les certificats desdits sieurs Philippe & de Montaran, qui demeureront aussi annexés à la minute du présent Arrêt. FAIT au Conseil d'Etat du Roi, Sa Majesté y étant, tenu à Fontainebleau le vingt-neuvieme jour de Septembre mil sept cent quarante-trois. Signé PHELYPEAUX.

Tome IV.          O o o

# ARREST
## DU CONSEIL D'ÉTAT
## DU ROY,

*QUI permet de bâtir un mur d'enceinte à l'Orient.*

Du 15 Avril 1744.

*Extrait des Regiſtres du Conſeil d'Etat.*

VU au Conſeil d'Etat du Roi, la requête des Maire & Echevins de la ville de l'Orient en Bretagne, par laquelle ils auroient repréſenté, que depuis que par Edit du mois de Juin 1738, ledit lieu avoit été érigé en ville, & une grande quantité de maiſons y avoient été bâties ſur les alignemens du plan, approuvé par Arrêt du 3 Mai 1736, ils n'auroient point juſqu'à préſent penſé à la clôture de ladite ville, parce que ſuivant le plan des fortifications qui en ont été anciennement tracées, elles en devroient naturellement fournir l'enceinte. Mais la multitude de gens qui frequentent la ville de l'Orient, & le nombre conſiderable d'habitans qui s'y trouvent actuellement établis, exigeant qu'on y faſſe obſerver une police, qui ne peut être exactement exercée dans un lieu ouvert de toutes parts, les Maire & Echevins, au nom de la Communauté, n'oſant eſperer que les fortifications projettées, ſoient encore de long-temps exécutées, ſe trouvent obligés d'avoir recours à Sa Majeſté, pour la ſupplier de leur permettre de faire faire aux frais & dépens de ladite Communauté, sur les revenus de ses octrois en dedans du terrein destiné pour les fortifications, un mur de clôture de douze à quinze pieds de hauteur, sur deux pieds & demi d'épaisseur, avec des tourelles aux encoignures pour le soutien dudit mur, à quoi Sa Majesté désirant pourvoir: oui le rapport du sieur Orry, Conseiller d'Etat ordinaire, & au Conseil Royal, Contrôleur général des Finances, LE ROI ÉTANT EN SON CONSEIL, ayant égard à la requête des Maires, Echevins & Communauté de la ville de l'Orient, leur a permis & permet, de faire à leurs frais & dépens en dedans du terrain destiné pour les fortifications, un mur de clôture de telle hauteur & épaisseur qui seront jugées convenables, avec des tourelles dans les encoignures pour le soutien dudit mur; & ce, conformément aux plan & devis qui en seront dressés par le sieur de Saint-Pierre, Ingenieur, & approuvés par le sieur Intendant de la Province de Bretagne, auquel est enjoint de tenir la main à l'exécution du présent Arrêt. FAIT au Conseil d'Etat du Roi, Sa Majesté y étant, tenu à Versailles le quinzieme jour d'Avril mil sept cent quarante-quatre.

Signé PHELYPEAUX.

# ARREST
## DU CONSEIL D'ÉTAT
## DU ROY,

EN interprétation de celui du 18 Septembre 1742, qui ordonne qu'en payant par la Compagnie 25000 aux Sieurs Gaillot & consorts, elle sera déchargée.

#### Du 8 Mai 1744.

*Extrait des Registres du Conseil d'Etat.*

VU au Conseil d'Etat du Roi, la requête présentée par les Syndics & Directeurs de la Compagnie des Indes, par laquelle ils auroient conclu à ce qu'il plût à Sa Majesté interpréter en tant que de besoin l'Arrêt du Conseil du 18 Septembre 1742, en ce que par ledit Arrêt qui ordonne l'exécution de l'accord & transaction passé le 30 Août 1725, entre la Compagnie des Indes & les Intéressés en l'ancienne Compagnie du Canada ; Sa Majesté auroit entr'autres choses ordonné qu'au par delà de la somme principale de vingt-cinq mille livres, que ladite Compagnie des Indes aux termes de ladite transaction, devoit payer aux sieurs Gaillot & consorts, représentans les Intéressés en ladite somme depuis le mois de Janvier 1726 jusqu'à l'actuel payement ; cette interprétation devenant nécessaire, puisque ( ayant, pour l'exécution dudit Arrêt, fait signifier à tous les Intéressés, que la Compagnie étoit prête, & offroit de payer les sommes ordonnées, en rapportant main-levée pure & simple de toutes les saisies & oppositions qui avoient été faites entre ses mains par divers créanciers ; ce qui devoit, selon toutes les apparences, & pour l'exécution dudit Arrêt du Conseil, cesser les intérêts) les créanciers desdits Gaillot & consorts, insistent pour en être payés jusqu'à l'actuel payement, se fondant sur les termes précis & littéraux dudit Arrêt du Conseil ; ce qui étoit absolument contraire à l'intention de Sa Majesté, & aux intérêts de la Compagnie des Indes, qui étant en état de réaliser les offres qu'elle fait, a toujours été considérée comme les effectuantes par un dépôt qu'elle fait dans sa propre caisse, avec autant de sûreté que dans toute autre, lequel sans difficulté feroit cesser les intérêts des sommes principales, dont elle se reconnoît débitrice, & dont elle ne conserve les capitaux, que parce que ceux à qui ils appartiennent, sont hors d'état de les recevoir. A quoi Sa Majesté désirant pourvoir, vû ledit Arrêt du Conseil du 18 Septembre 1742 : oui le rapport du sieur Orry, Conseiller d'Etat ordinaire, & au Conseil Royal, Contrôleur général des Finances, LE ROI ÉTANT EN SON CONSEIL, en interprétant en tant que besoin seroit, l'Arrêt du 18 Septembre 1742, a ordonné & ordonne, qu'en payant par ladite Compagnie aux sieurs Gaillot & consorts, ou leurs représentans, la somme de vingt-cinq mille livres avec les intérêts, depuis le mois de Janvier 1726 jusqu'au 17 Octobre 1742, qu'elle a fait des offres de payer ladite somme ; & celle de mille livres que Sa Majesté a fixée par ledit Arrêt pour les frais, elle sera bien & valablement déchargée envers lesdits Gaillot & consorts, leurs représentans & créanciers, de toutes prétentions au sujet du bénéfice sur les Castors reçus pendant l'année 1717, pour le compte de l'ancienne Compagnie du Canada, & de tous dépens faits à ce sujet. FAIT au Conseil d'Etat du Roi, Sa Majesté y étant, tenu à Maubeuge, le huit Mai mil sept cent quarante-quatre.

*Signé* PHELYPEAUX.

# ARREST
## DU CONSEIL D'ÉTAT
## DU ROY,

QUI *ordonne que les droits d'Octrois seront levés & perçus sur tous les Vins, Cidres, Biéres, Eaux-de-vie & Liqueurs, qui seront consommés dans la Ville de l'Orient.*

Du 25 Septembre 1744.

*Extrait des Registres du Conseil d'Etat.*

SUR la requête présentée au Roi, étant en son Conseil, par les Maire & Echevins de la ville de l'Orient, contenant que Sa Majesté a bien voulu par l'Arrêt du Conseil du 15 Avril dernier, permettre à cette ville de faire construire à ses frais & dépens un mur d'enceinte pour en former la clôture, suivant les plans & devis qui en seroient dressés par le sieur de Saint-Pierre, Ingenieur du Roi, & approuvés par le sieur Intendant de la Province de Bretagne ; mais que comme les fonds provenant des octrois accordés à ladite ville par les Arrêts du Conseil des 29 Juin 1738 & 20 Décembre 1740, sont absorbés, & ont à peine suffi pour les différens ouvrages que les supplians ont jusqu'à présent entrepris & exécutés pour procurer les facilités du commerce & l'utilité des habitans de ladite ville, tels que sont le pavé actuellement fait dans les principales rues, un grand chemin allant de l'Orient au passage de

Saint-Chriſtophe, pour la communication de cette ville avec celle de Hennebond, & divers autres embelliſſemens néceſſaires & indiſpenſables, ils ſont actuellement hors d'état d'exécuter le projet de la conſtruction dudit mur d'enceinte, ſans un nouveau ſecours: que dans ces circonſtances ils ne trouvent point d'expédiens plus ſimples ni plus prompts pour ſubvenir à la dépenſe de ces nouveaux ouvrages, que celui de demander à Sa Majeſté la permiſſion d'aſſujettir toutes les ſortes de boiſſons qui ſe conſommeront par les bourgeois & habitans, au demi-droit de ce que payent actuellement les boiſſons que débitent & conſomment les hôteliers & cabaretiers de la ville de l'Orient, en conſéquence deſdits Arrêts; & d'aſſujettir pareillement les eaux-de-vie qui juſqu'à préſent ont joüi de l'exemption de tous octrois, à un droit égal à celui qui ſe perçoit dans quelques autres villes de la même province, c'eſt-à-dire, celles qui viendront pour le compte du Fermier des devoirs, à quatre ſols par pot, & celles que les bourgeois & habitans voudront faire arriver pour leur compte particulier, à deux ſols ſeulement: qu'ils ont d'autant plus lieu d'eſpérer que Sa Majeſté approuvera leur propoſition, que par ce moyen tous les bourgeois & habitans, aiſés ou mal-aiſés, ſe trouveront contribuer proportionnément à leurs aiſances & facultés, à ce nouvel établiſſement, ſi utile pour une ville auſſi peuplée que l'eſt celle de l'Orient; de façon que cette ville ſe trouvera en peu de temps fermée & en ſûreté, au moyen de ſon propre fonds. A ces cauſes, requéroient les ſuppliants qu'il plût à Sa Majeſté leur permettre de lever & percevoir à titre de nouveaux octrois, à commencer du premier Octobre prochain, pour le temps qui reſte à expirer des anciens octrois, ou tel autre qu'il plaira à Sa Majeſté, ſur tous les vins, cidres, biéres, eaux-de-vie entrant dans ladite ville & banlieue pour y être conſommés, & qui juſqu'à préſent n'ont été aſſujettis à aucun octroi: ſçavoir, par chaque barrique de vin hors de la province, trois livres quinze ſols; par chaque barrique de vin du pays Nantois, deux livres dix ſols; par chaque barrique des vins du crû des

Evêchés de Rennes, Saint-Malo & Vannes, appellés communément vins Bretons, vingt-cinq fols, & pareil droit par chaque barrique de cidre & biére, toutes lefdites barriques attentées à cent pots; & deux fols par chaque pot d'eau-de-vie & liqueurs venant pour le compte & fous le nom defdits bourgeois & habitans; ordonner pareillement que les eaux-de-vie que le Fermier des devoirs fera arriver pour être vendues, diftribuées & confommées dans ladite ville & banlieue, feront affujetties à payer quatre fols par pot, ainfi qu'il eft d'ufage dans plufieurs villes de ladite Province; ordonner auffi que la régie & perception defdits nouveaux droits fera faite par les fupplians, ainfi & de la même maniere qu'elles fe font pour les octrois actuellement établis : pour le produit defdits nouveaux octrois être employé à la conftruction du mur qui doit former l'enceinte & la clôture de ladite ville; laquelle perception fera faite en conféquence des déclarations que chacun defdits bourgeois & habitans qui feront arriver lefdites boiffons, fera tenu d'en faire au bureau des devoirs avant l'entrée dans ladite ville, dans lequel bureau ils repréfenteront les lettres d'avis & de voiture, ou les connoiffemens qui leur auront été adreffés; & en cas de fauffeté dans lefdites déclarations, tant fur les quotités que qualités, les condamner, outre la confifcation des boiffons fauffement déclarées, en cent livres d'amende pour chacune des barriques non comprifes ou fauffement dénommées dans lefdites déclarations : & pour faciliter & contribuer à l'augmentation du commerce, ordonner la reftitution des droits perçus fur chacune des barriques qui reffortiront de ladite ville & banlieue, tant pour être confommées à la mer, que pour être confommées hors de ladite ville & banlieue; & en cas de conteftation pour raifon defdits droits & defdites déclarations, en attribuer la connoiffance au fieur Intendant de la Province de Bretagne. Vû ladite requête, la délibération de ladite ville du 14 de ce mois, enfemble l'avis du fieur Intendant de Bretagne; Oui le rapport du fieur Orry, Confeiller d'Etat, ordinaire, & au Confeil Royal, Contrôleur général des

Finances,

Finances, LE ROI EN SON CONSEIL, a ordonné & ordonne qu'à commencer du premier Novembre prochain il sera perçu pendant le temps de neuf années, sur tous les vins, cidres, biéres, eaux-de-vie & liqueurs qui entreront & seront déclarés pour la consommation des bourgeois & habitans, tant de la ville que de la banlieue de l'Orient, à titre d'octroi : sçavoir, par chaque barrique de vin hors de la province, trois livres quinze sols ; par chaque barrique de vin du pays Nantois, deux livres dix sols ; par chaque barrique de vin du crû des Evêchés de Rennes, Saint-Malo & Vannes, appellés communément vins Bretons, vingt-cinq sols ; pareil droit de vingt-cinq sols par chaque barrique de cidre & biére, toutes les susdites barriques attentées à cent pots ; & deux sols par chaque pot d'eau-de-vie entrant pour le compte des bourgeois & habitans. Ordonne pareillement Sa Majesté que les eaux-de-vie que le Fermier des devoirs fera arriver pour être vendues & consommées, tant dans ladite ville que dans la banlieue, payeront quatre sols par pot, pour raison dudit nouvel octroi. Veut Sa Majesté que la régie desdits nouveaux droits soit faite ainsi & de la même maniere qu'elle se fait pour les octrois établis par les Arrêts des 29 Juin 1738 & 20 Décembre 1740 : pour le produit en être employé à la construction du mur qui doit former l'enceinte & la clôture de ladite ville ; & que pour régler la perception desdits droits chacun des bourgeois & habitans soit tenu, avant de faire entrer lesdites boissons dans ladite ville & banlieue, de faire sa déclaration au bureau des devoirs, où il représentera les connoissemens, factures & lettres de voitures de ceux qui leur auront expédié lesdites boissons ; & en cas de fausseté dans lesdites déclarations, que toutes les pieces & barriques omises ou faussement dénommées, soient & demeurent acquises & confisquées au profit de ladite ville ; & que ceux qui auront fait de fausses déclarations, soient en outre condamnés en cent livres d'amende par chacune des barriques qui se seront trouvées en contravention, laquelle sera prononcée par le sieur Intendant de la province de Bretagne, auquel

Sa Majesté a attribué & attribue la connoissance de toutes les contestations qui pourront survenir au sujet desdits octrois, icelle interdisant à toutes ses Cours & autres Juges. Et pour favoriser le commerce des habitans de ladite ville, ordonne Sa Majesté que les droits perçus pour toutes les boissons qui ressortiront, soit pour la mer, soit pour le dehors desdites ville & banlieue, seront restitués par le Receveur sur les ordres qu'il en recevra des Officiers de ladite ville, qui ne les délivreront qu'après s'être assurés de la sortie desdites boissons hors de la banlieue. N'entend au surplus Sa Majesté que les vins & boissons arrivant dans ladite ville & banlieue de l'Orient, pour le compte des Fermiers des devoirs, hôteliers & cabaretiers de ladite ville & banlieue, soient assujettis au nouvel octroi ordonné être levé par le présent Arrêt, ni qu'ils puissent payer d'autres & plus grands droits que ceux établis par les Arrêts des 29 Juin 1738 & 20 Décembre 1740, lesquels seront exécutés selon leur forme & teneur. Enjoint Sa Majesté au sieur Intendant de la province de Bretagne, de tenir la main à l'exécution du présent Arrêt, sur lequel toutes lettres nécessaires seront expédiées. FAIT au Conseil d'Etat du Roi, tenu à Metz le vingt-cinquième jour de Septembre mil sept cent quarante-quatre. *Collationné. Signé* DE VOUGNY.

# ORDONNANCE DU ROY,

*QUI permet à la Compagnie des Indes d'engager pour le service des Vaisseaux de ladite Compagnie, tel nombre de Matelots étrangers qu'elle jugera à propos.*

Du 6 Novembre 1744.

## DE PAR LE ROY.

SA MAJESTÉ voulant continuer de donner à la Compagnie des Indes des marques de sa protection, en facilitant de plus en plus les moyens de former les équipages des navires que ladite Compagnie fait armer annuellement pour son commerce, elle a permis & permet à la Compagnie des Indes d'engager pour le service des vaisseaux de ladite Compagnie, tel nombre de matelots étrangers qu'elle jugera à propos, pourvû qu'ils n'ayent pas été habitués & classés dans les ports du Royaume, lesquels, tant qu'ils ne s'embarqueront point sur d'autres vaisseaux que ceux de la Compagnie, seront dispensés de l'enrôlement dans les classes, & des regles & formalités prescrites à l'égard des matelots classés : dispense pareillement Sa Majesté desdites regles & enrôlemens, les particuliers de l'intérieur du Royaume qui n'auront navigué sur aucun autre vaisseau que ceux de la Compagnie des Indes, & dont les peres n'auront point été originairement matelots. Permet Sa Majesté à ladite Compagnie de faire tenir au port de l'Orient un registre, dans lequel seront employés les matelots étrangers & les particuliers de l'intérieur du Royaume non classés, qui se seront engagés pour servir sur les vaisseaux de ladite Compagnie, lesquels ne pourront être inscrits sur lesdits registres qu'après qu'ils auront été présentés au Commissaire général de la marine ordonnateur au Port-Louis, à l'effet de vérifier s'ils n'ont pas déja été classés dans quelques-uns des différens départemens du Royaume. Et afin que ledit Commissaire ait une connoissance suffisante desdits matelots étrangers, & autres uniquement affectés au service des vaisseaux de la Compagnie des Indes, pour ne pas les enrôler dans les classes, en les confondant avec les autres matelots sujets audit enrôlement, Sa Majesté veut qu'il lui soit remis un double du registre que la Compagnie fera tenir à l'Orient pour les susdits matelots. Entend Sa Majesté qu'il ne soit fait aucune difficulté dans le tems des revûes qui seront faites des équipages des vaisseaux de la Compagnie des Indes, par les Commissaires & autres Officiers préposés auxdites revûes, pour raison de la paye, du nombre, ni de la qualité en laquelle ladite Compagnie aura employé dans les rôles desdits équipages les susdits matelots étrangers & autres non classés, uniquement affectés à son service. Mande & ordonne Sa Majesté à M. le Duc de Penthievre, Amiral de France, Gouverneur & Lieutenant général en la province de Bretagne, à l'Intendant général de la marine ayant l'inspection des classes des matelots, & au Commissaire général de la marine ordonnateur au Port-Louis, de tenir la main à l'exécution de la présente Ordonnance. Fait au camp devant Fribourg, le six Novembre mil sept cent quarante-quatre. *Signé* LOUIS. *Et plus bas*, PHELYPEAUX.

## LE DUC DE PENTHIEVRE

*Amiral de France, Gouverneur & Lieutenant Général pour le Roi en sa Province de Bretagne.*

VU l'Ordonnance du Roi ci-dessus à nous adressée. Mandons & ordonnons à l'Intendant de la marine ayant l'inspection des classes des matelots, & au Commissaire général de la marine ordonnateur au Port-Louis, chacun en droit soi, de tenir la main à son exécution. FAIT à Paris le quatorze de Novembre mil sept cent quarante-quatre. *Signé* L. J. M. DE BOURBON. *Et plus bas*, Par Son Altesse Sérénissime. *Signé* ROMIEU.

EN conséquence de l'Ordonnance ci-dessus, la Compagnie des Indes donne avis qu'elle prendra & engagera à son service, pour six années au moins, tous gens de mer, mousses, matelots & Officiers-mariniers étrangers qui voudront y entrer, pour être employés sur ses vaisseaux, sans pour ce être sujets aux classes de la marine du Roi, dont Sa Majesté les dispense, pourvû qu'ils n'y ayent pas été précédemment compris.

La Compagnie accordera à chacun desdits mousses, matelots & Officiers-mariniers étrangers ci-dessus, des salaires proportionnés à leurs forces & talens, depuis la somme de sept livres dix sols jusqu'à celle de cinquante livres par mois, c'est-à-dire, que les mousses auront par mois depuis sept livres dix sols jusqu'à dix livres, les matelots demi-hommes depuis dix livres jusqu'à vingt livres, les matelots formés depuis vingt livres jusqu'à trente livres, & les Officiers-mariniers depuis trente livres jusqu'à cinquante livres.

S'il arrive que quelques-uns de ces matelots & Officiers-mariniers deviennent invalides par vieillesse, accident ou infirmité, la Compagnie s'oblige de leur faire donner jusqu'à leur mort, sans plus exiger de service de leur part, la moitié des salaires du grade où ils se trouveront pour lors.

Les Correspondans de la Compagnie dans les lieux où ces matelots s'engageront, leur donneront de quoi se conduire jusqu'à l'Orient, où ils s'adresseront à M. Duvelaër, Commandant dans ce port, qui les fera inscrire sur les registres de la Compagnie.

Indépendamment de ces matelots étrangers, la Compagnie prendra encore pour le service de ses vaisseaux, tout homme depuis l'âge de douze & quatorze ans jusqu'à vingt-cinq, qui voudra s'adonner à la mer, auquel il sera réglé des salaires convenables à l'Orient, suivant ses forces & capacité.

Ces nouveaux mariniers seront aussi exempts des classes pendant tout le tems qu'ils seront au service de la Compagnie, qui leur fera les mêmes conditions que celles ci-dessus expliquées pour les matelots étrangers.

Attendu les circonstances présentes de la guerre, outre les salaires qui seront fixés, comme il est dit ci-dessus, aux gens de mer, tant François qu'étrangers, qui s'engageront pour servir sur les vaisseaux de la Compagnie, au lieu du port-permis qu'elle leur a accordé pendant la paix, sçavoir, de soixante-dix livres aux Officiers-mariniers, & de quarante livres aux matelots, elle permettra aux Officiers-mariniers d'employer dans l'Inde cent quarante livres, & seulement aux matelots, & non autres, quatre-vingts livres, le tout monnoie de France, en marchandises non prohibées, pour leur être remises à leur retour, avec pleine & entiere liberté d'en disposer à leur gré. FAIT & délibéré en l'Hôtel de la Compagnie des Indes le sept Août mil sept cent quarante-cinq.

Les Syndics & Directeurs de la Compagnie des Indes. *Signé* LE DUC DE BETHUNE, LASSAY, COLABEAU, CASTANIER, CAVALIER & DAVID.

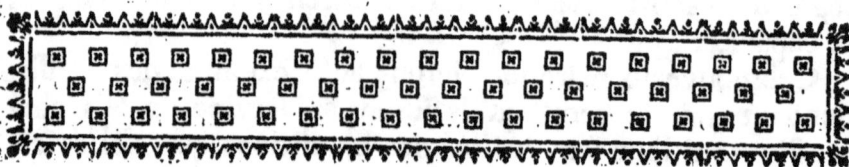

# ARREST
## DU CONSEIL D'ÉTAT,
## DU ROY,

*QUI homologue la Deliberation prise par la Compagnie des Indes en l'Assemblée générale des Actionnaires, tenue le 23 Juin 1745.*

Du 26 Juin 1745.

*Extrait des Registres du Conseil d'Etat.*

VU au Conseil d'Etat du Roi, la requête présentée par les Syndics & Directeurs de la Compagnie des Indes, tendante à ce qu'il plût à Sa Majesté décharger ladite Compagnie de l'imposition du Dixiéme, & homologuer la délibération prise en l'assemblée générale de ladite Compagnie le vingt-trois du présent mois, notamment en ce qui concerne l'hypotheque & privilege spécial d'une partie de la Ferme du Tabac & de son produit jusqu'à dûe concurrence, pour sûreté du principal & rente des sommes que ladite Compagnie a délibéré d'emprunter, ainsi que d'autoriser l'établissement d'un dépôt volontaire, pour sûreté des sommes que quelques Actionnaires pourront emprunter, à l'effet de satisfaire par eux-mêmes audit emprunt. Et Sa Majesté desirant donner à ladite Compagnie de nouvelles preuves de sa protection & de la satisfaction avec laquelle elle voit les Actionnaires se porter à assurer par eux-mêmes un état fixe & invariable à la Compagnie des Indes, & à faire fleurir les différentes branches de son commerce : oui le rapport du Sieur Orry, Conseiller d'Etat ordinaire & au Conseil Royal, Contrôleur général des Finances, LE ROI E'TANT EN SON CONSEIL, faisant droit sur ladite requête, a ordonné & ordonne que la Compagnie des Indes demeurera, à commencer du premier Janvier de la présente année 1745, déchargée de l'imposition du Dixiéme ordonné être levé par la Déclaration du 29 Août 1741, & en conséquence, dispensée de l'exécution du rôle arrêté au Conseil le 23 Février 1742, sans que pour ce, les parties prenantes sur elle, & notamment les Rentiers viagers, puissent prétendre être exempts de ladite imposition, dont il sera fait retenue comme par le passé. Et ayant égard à la délibération prise dans l'assemblée générale de ladite Compagnie le 23 du présent mois, que Sa Majesté a homologuée & homologue dans tout son contenu, pour être exécutée suivant sa forme & teneur, permet à ladite Compagnie, conformément à l'Article III. de stipuler dans l'emprunt de vingt-cinq millions qu'elle a délibéré de faire pour le soûtien & l'augmentation de son commerce, que les rentes qu'elle constituera pour raison dudit emprunt, demeureront exemptes du Dixiéme, & que conformément à l'Article V. pour sûreté, tant des capitaux que des intérêts dudit emprunt, la Ferme du Tabac & le produit d'icelle demeureront, tant en principal qu'en revenus, affectés & hypothequés ausdites rentes, jusqu'à dûe concurrence. Autorise au surplus Sa Majesté, en tant que de besoin, le dépôt volontaire stipulé par l'Article VI. de la susdite délibération, qui sera exécuté suivant sa forme & teneur, & conformément aux réglemens particuliers qui seront convenus & arrêtés par la Direction de ladite Compagnie, pour la facilité & sûreté des prêteurs & dépositaires. FAIT au Conseil d'Etat du Roi, Sa Majesté y étant, tenu au camp de Chin, le vingt-sixiéme jour de Juin mil sept cent quarante-cinq. Signé PHELYPEAUX.

*DELIBERATION*

# DÉLIBÉRATION prise par la Compagnie des Indes dans l'Assemblée générale des Actionnaires, tenue en l'Hôtel de ladite Compagnie le 23 Juin 1745.

CE JOURD'HUI vingt-trois Juin mil sept cent quarante-cinq, en l'assemblée générale de la Compagnie des Indes, tenue en présence de Monseigneur le Contrôleur général, accompagné de M. de Fulvy, Commissaire du Roi, le rapport de la situation de la Compagnie ayant été fait par Messieurs les Syndics élûs en la précédente assemblée générale, tenue le trente Janvier dernier, ils ont fait lecture de la requête par eux présentée au Roi, tendante à la confirmation des privileges de la Compagnie, à l'obtention de la décharge du Dixiéme sur le Dividende des Actions & sur les autres parties de son commerce, & des autres graces y énoncées; il a été représenté que la Compagnie avoit actuellement besoin de vingt-cinq millions de livres pour le soûtien & la continuation de son commerce, ce qui ayant été unanimement reconnu, il a été délibéré:

### ARTICLE PREMIER.

Qu'en conséquence de l'examen de l'état actuel de son commerce, elle empruntera des Actionnaires une somme d'environ vingt-cinq millions, revenant pour chaque action à cinq cens livres.

### II.

Qu'il résulte du susdit examen qu'elle se trouve en état de recevoir pour comptant dans sa caisse, sur le pied de soixante-quinze livres chacun, les quatre Dividendes des années 1744 & 1745, payables en 1745 & 1746.

### III.

Que pour faciliter le payement des susdites cinq cens livres, elle autorise par la présente délibération le sieur Pe-

chevin son caissier, à recevoir des porteurs jusqu'à la fin de la présente année 1745, les susdits quatre Dividendes, faisant ensemble trois cens livres, ci . . . . 300 liv.
& en argent comptant . . . . . . . . 200

TOTAL . . . 500 liv.

Pour raison duquel payement il sera délivré des billets d'emprunt, portant intérêt jusqu'au parfait remboursement au denier vingt, sans retenue du dixiéme; le tout dans la forme qui sera réglée par l'administration.

### IV.

Et comme la Compagnie reçoit dès-à-présent pour comptant quatre Dividendes, dont trois ne sont payables que successivement dans le restant de la présente année & dans le courant de l'année prochaine; il a été déliberé que les susdits billets d'emprunt ne porteront intérêt que trois mois après le payement effectif desdites cinq cens livres; qu'ainsi les billets d'emprunt pris dans le courant du mois de Juillet prochain, porteront intérêt au profit du porteur, à compter du premier Octobre 1745, & seront payables lesdits intérêts au mois d'Octobre 1746, & ainsi successivement de mois en mois par ordre de numero.

### V.

Que pour sûreté du capital & du payement des intérêts, la Compagnie affectera & hypothequera jusqu'à dûe concurrence, par privilege & préférence, le produit de la Ferme du Tabac.

### VI.

Que les susdits quatre Dividendes qui n'auront point été portés à la caisse de la Compagnie, avec deux cens livres d'argent, avant le premier Janvier 1746, seront & demeureront nuls & de nulle valeur; & que pour faciliter aux Actionnaires les moyens de s'aider pour exécuter l'emprunt proposé, la Compagnie ouvrira un Bureau de dépôt volontaire, à l'effet duquel il sera tenu un registre dans la meilleure forme, sur lequel les prêteurs & emprunteurs seront les maîtres de coucher les conditions dont ils seront convenus entr'eux; le tout dans la forme qui sera réglée par l'administration.

## VII.

La Compagnie se soumet, pour sûreté du remboursement des susdits billets d'emprunt, à ne pouvoir repartir aux Actionnaires plus de cent trente-cinq livres par an pour chaque action, jusqu'après le parfait remboursement desdits billets d'emprunt.

## VIII.

La Compagnie s'engagera aussi à rembourser lesdits billets d'emprunt, sans acception de personne, & par l'événement d'une lotterie qui sera tirée à l'effet dudit remboursement; & en conséquence, il sera dressé, après le tirage, un état des numéros qui devront être remboursés, dont les porteurs seront tenus de venir recevoir le remboursement aux termes indiqués par des affiches publiques qui seront apposées à cet effet, faute de quoi la Compagnie sera déchargée du payement des intérêts.

## IX.

Il sera tenu tous les ans le 20 Decembre ou premier jour non fêté suivant, une assemblée générale des Actionnaires, dans laquelle la Direction rendra compte de l'état de la Compagnie & des succès de son commerce, pour en conséquence être délibéré sur toutes les affaires de ladite Compagnie, être statué sur la quotité du Dividende qui devra être reparti aux Actionnaires, & sur le remboursement qu'elle pourra faire des billets d'emprunt : la premiere desdites assemblées demeure dès-à-présent indiquée pour le 20 Decembre prochain, & cependant Messieurs les Syndics sont autorisés à avancer le tems de la tenue de ladite assemblée, & à convoquer des assemblées extraordinaires quand ils jugeront convenable & nécessaire d'en demander la permission à Sa Ma-

Q q q ij

jefté; dans ces derniers cas ils feront tenus d'indiquer lefdites affemblées quinze jours à l'avance, par des affiches publiques.

### X.

Il fera nommé fix Syndics à l'effet des fonctions qui leur font commifes par les Arrêts & Réglemens; que pour cette premiere fois Sa Majefté fera très-humblement fuppliée de les choifir dans le nombre des douze nommés par la délibération du 30 Janvier dernier; que cependant jufqu'à la nomination que Sa Majefté en fera, les fonctions des Syndics actuels continueront, & que dans la premiere affemblée du 20 Decembre prochain, ainfi que dans les futures affemblées annuelles, il fera préfenté au Roi douze fujets, entre lefquels Sa Majefté aura la bonté de choifir les fix qui lui feront le plus agréable.

### XI.

SA MAJESTE' fera très-humblement fuppliée d'homologuer la préfente délibération par un Arrêt de fon Confeil, notamment la difpofition concernant le dépôt indiqué par l'Article VI. & d'ordonner l'exécution de ladite délibération. *Signé enfin par les Actionnaires, Syndics & Directeurs, & vifé* ORRY.

# MEMOIRE

*POUR la Compagnie des Indes de France, en réclamation de ses trois Vaisseaux, l'Hercule, le Jason & le Dauphin, & de leur cargaison.*

#### Du 9 Octobre 1745.

C'EST avec une confiance respectueuse, que la Compagnie des Indes de France a eu l'honneur de porter à Leurs Hautes Puissances, le 28 du mois de Septembre dernier, sa demande en réclamation de ses trois Vaisseaux l'Hercule, le Jason, & le Dauphin & de leur cargaison, deux desquels sont déja arrivés dans les ports de la République en Europe.

L'appui que cette Compagnie a reçu de son Souverain dans cette importante occasion, & la connoissance qu'elle a des lumieres & de la justice de Leurs Hautes Puissances ne lui permettent aucun doute sur le succès.

Pour se convaincre que cette réclamation n'a rien que de régulier, il ne faut que comparer la conduite que M. Imhof Gouverneur de Batavia a tenue, par rapport à ces Vaisseaux, avec les Traités qui subsistent entre la Couronne de France & les Provinces-Unies, & qui font la loi commune des deux Compagnies.

L'on passe ici sous silence les détails du séjour que le chef d'Escadre Anglois Barnett fit à Batavia, pour se concerter avec M. Imhof, & se préparer à l'attaque de ces trois Vaisseaux de la Compagnie des Indes de France, qui revenoient de la Chine à l'Orient : projet qui leur réussit, à la faveur de l'ignorance totale où étoient ces Navires, de la guerre des deux Couronnes.

Mais ce qu'il est important d'observer, c'est le nombre

de Volontaires & de Matelots Hollandois que M. Imhof avoit prêtés à M. Barnett. C'est le zéle qu'il eut pour le pourvoir de Pilotes qui fussent expérimentés dans ces mers & dans leurs détroits, & la magnificence avec laquelle l'un d'eux en fut récompensé au retour. Le Gouverneur d'une place ennemie de la France n'auroit pû aller plus loin : premiere contravention à tous les Traités, lesquels n'ont eu pour but que de resserrer de plus en plus l'amitié & la bonne correspondance entre les deux Nations.

Après le combat du 5 Février, M. Barnett bien sûr des dispositions dans lesquelles il avoit laissé M. Imhof, ne balance point à retourner avec son Escadre & sa prise à Batavia, M. Imhof n'hésite point à l'y recevoir : seconde contravention à l'article onziéme du Traité de 1739, qui porte en termes formels : *Qu'il ne sera donné asyle ni retraite dans les ports respectifs à ceux qui auront fait des prises sur les sujets de Sa Majesté ou des Etats Généraux.*

M. Imhof ne se contente pas d'accueillir M. Barnett & de célébrer son retour avec éclat, il se rend encore l'acheteur de sa prise : troisiéme contravention au même article onziéme qui ordonne : *Que dans le cas où des Vaisseaux qui auroient fait des prises sur les sujets de l'une des Puissances, auroient été forcés d'entrer dans les ports ou havres de l'autre, par tempête ou péril de la mer, l'on les feroit sortir le plutôt qu'il seroit possible.*

Après avoir ainsi violé toutes les regles en faveur de M. Barnett, M. Imhof les transgresse encore au préjudice des Matelots François : il leur assigne dans son propre gouvernement l'Isle d'Edam pour prison : il permet qu'ils y soient gardés par des détachemens Anglois : il souffre qu'ils y soient traités avec une dureté infinie, qu'ils soient réduits à ne recevoir que quatre onces de nourriture par jour, & à n'y pouvoir suppléer qu'en cherchant des crables sur le rivage, & cela dans la vûe de les forcer à prendre promptement parti sur les Vaisseaux Anglois ou Hollandois. Il n'y a presque aucune des dispositions des Traités, contre laquelle ce ne soit là une contravention des plus expresses.

La précipitation, compagne ordinaire des demandes illicites, met le fceau à toute cette manœuvre ; c'eft le 5 de Février que le combat s'eft donné ; c'eft le 13 que l'Efcadre eft venue à Batavia, & une piece non fufpecte, fçavoir le paffeport figné & donné par M. Barnett lui-même aux Officiers François, démontre que tout l'ouvrage de cette vente étoit confommé avant le 22 du même mois v. ft.

Mais plus il s'eft pris de précautions à Batavia pour rendre la rencontre & la prife de ces Vaiffeaux affurée, & le partage de cette proye immanquable, plus on a travaillé pour acquérir à la Compagnie des Indes de France le droit de revendiquer ces mêmes Vaiffeaux qu'elle retrouve en nature dans les ports de la République.

Sa proprieté n'ayant été fufpendue que par l'exécution d'un plan de contraventions concertées, fuivies & foutenues jufqu'au bout avec une aveugle perfévérance, il fuffit à la Compagnie des Indes de France de les avoir développées, pour ne pas craindre l'événement de fa réclamation, dans un Etat qui ne méconnoît pas l'avantage que trouvent fes fujets à l'obfervation réciproque des Traités.

Qu'on ne dife plus, pour colorer l'infraction qui en a été faite, que M. Barnett étoit pourvu de la faculté de déclarer ou de faire déclarer par fon Confeil de guerre fes prifes pour bonnes. Ici cela eft abfolument indifférent, parce que ce n'eft pas fur le caractere des prifes, que tombe l'exclufion ordonnée par la Loi, la Loi au contraire ne cherche qu'à tendre aux prifes une main fecourable dès qu'elles font faites au préjudice de l'une des deux Nations contractantes, fa jufte févérité ne regarde que le Vaiffeau de l'ennemi : comme il eft le conducteur de la prife, c'eft à lui à qui le port doit être fermé, il peut obtenir pour toute grace d'y attendre la fin de l'orage, mais il ne fçauroit s'y deffaifir de fa proye fans perdre les droits qu'il avoit fur elle, il ne fçauroit y contracter valablement, le Traité annullant d'avance tout ce qui pourroit aller contre les intérêts de la prife ; & s'il en étoit autrement, s'il ne tenoit qu'à une Puiffance qui feroit en guerre avec l'une des deux autres, de remettre des Patentes de Juge aux Commandans de ses Vaisseaux pour leur ouvrir l'entrée des ports qui leur sont interdits, cette sage précaution du Traité seroit bientôt illusoire; aussi le Traité n'admet-il à cet égard aucune distinction d'une prise jugée, à une prise non jugée, d'une prise qui est bonne, à une prise qui n'est pas bonne: il suffit qu'un Vaisseau quelconque amene une prise Françoise dans un des ports de la République, *aut vice versâ*, pour que l'asyle & la retraite lui en soient refusés, à plus forte raison pour que s'il y entre, il n'y puisse rien être contracté de valable, relativement à cette prise, & tendant à la dénaturer. Les termes de la Loi y sont exprès, l'on ne sçauroit vouloir l'interpréter sans la détruire, parce que le but des deux Puissances contractantes ayant été, d'un côté de rendre les prises qu'on voudroit faire sur elles plus difficiles, & de se faciliter de l'autre les moyens de recouvrer ces mêmes prises, ni l'un ni l'autre de ces objets ne se trouveroit rempli, s'il dépendoit d'un Gouverneur mal intentionné de donner cette entorse à la Loi, & d'accorder à l'aggresseur une bienveillance que le Traité réserve toute entiere à l'ami malheureux.

Ces principes ne sçauroient être contredits, & ils démontrent la justice de la réclamation que fait aujourd'hui la Compagnie des Indes de France. Mais comme on se porte difficilement à croire qu'un homme dans la place qu'occupe M. Imhof, ait pu commettre des fautes aussi capitales, sans qu'il ait eu du moins quelque prétexte, l'on cherche à le justifier, & il a cherché, dit-on, à se justifier lui-même, en alléguant que les Traités faits entre la Couronne de France & la République des Provinces-Unies n'avoient pour objet que l'Europe, & qu'ils ne s'étendoient pas jusqu'aux Indes. L'on s'appuie sur la disposition du premier article du Traité de 1739, qui est limitée à *l'Europe* pour en inférer que ce même mot d'*Europe* doit être sous-entendu dans les autres dispositions du même Traité, & nommément dans l'article onziéme, parce que c'est cet article qui décide la question principale. Mais rien de plus aisé que de lever l'équivoque.

Cet article onziéme du Traité de 1739, est tiré mot à mot

d'après

d'après l'article douziéme du Traité d'Utrecht qui est lui-même tiré mot à mot d'après l'article vingt-troisiéme du Traité de 1662. C'est ce Traité de 1662 qui a admis à quelques égards une distinction de l'Inde à l'Europe : c'est donc à ce Traité de 1662 qu'il faut remonter, pour trouver la vérité, c'est-à-dire, pour discerner si cet article vingt-troisiéme qui prohibe l'entrée des ports des deux Puissances aux Vaisseaux qui auroient fait des prises sur les sujets de l'une ou de l'autre est dans le cas de la regle générale qui comprend le dehors comme le dedans de l'Europe, ou s'il est dans le cas de l'exception & de la limitation au-dedans de l'Europe seulement :

Voici ce que porte le premier article du Traité de 1662.

*Il y aura à l'avenir entre le Roi & ses successeurs Rois de France & de Navarre, & ses Royaumes d'une part, & les Seigneurs Etats Généraux des Provinces-Unies des Pays-Bas d'autre, & leurs Etats & Terres appartenantes, & leurs sujets réciproquement, une sincere, ferme & perpetuelle amitié & bonne correspondance, tant par mer que par terre, en tout & par-tout, tant dehors que dedans l'Europe.*

Et voici ce que porte le second :

*De plus il y aura entre Sa Majesté & ses successeurs Rois de France & ses Royaumes, & lesdits Seigneurs Etats Généraux & leurs Etats & Terres appartenantes, une alliance étroite & fidelle confédération pour se maintenir & se conserver mutuellement l'un l'autre en la tranquillité, paix, amitié, & neutralité par mer & par terre, & en la possession de tous les droits, franchises & libertés dont ils joüissent, ou ont droit de joüir, ou qui leur sont acquis ou qu'ils acquerront par les Traités de Paix, d'amitié & neutralité qui ont été faits ci-devant, & qui seront faits ci-après, conjointement & de commun concert avec des autres Rois, Républiques, Princes, & villes : le tout pourtant dans l'étendue de l'Europe seulement.*

La seule lecture de ces deux articles suffit pour en fixer le sens & l'étendue, & pour ôter toute ambiguité. L'on voit évidemment que si les deux Puissances contractantes jugerent à propos de borner à leurs possessions d'Europe la garantie mutuelle qu'elles se promettoient, elles n'en furent pas moins résolues à vouloir que les effets de la bonne amitié & de la bonne correspondance entre les deux nations s'étendissent d'un bout du monde à l'autre. De là vient que les sujets respectifs, entre lesquels doivent se répandre les fruits de cette harmonie, sont nommés & introduits comme parties contractantes dans ce premier article. De là l'énergie des mots qui sont employés pour en caractériser l'étendue : *Tant par mer que par terre, en tout & par-tout, tant au dehors qu'au dedans de l'Europe.* De là enfin le mot *pourtant* est-il employé dans le second article qui borne la garantie à l'Europe seule, pour ajouter une nouvelle force aux termes qui avoient servi à énoncer l'étendue prescrite dans l'article premier.

Ce Traité de 1662 renferme un second point qui est limité à l'Europe, sçavoir celui de la liberté du commerce : & la raison en est évidente ; les Compagnies des Indes étant déja formées, & en possession du commerce exclusif de ces contrées, leurs Souverains ne pouvoient plus le communiquer aux sujets l'un de l'autre : il fallut donc bien en faire dès-lors la réserve expresse. C'est là le fondement de ce qui fut arrêté par l'article dix-neuviéme du Traité de 1662. *Les sujets & habitans des pays de l'obéissance de Sa Majesté & desdits Seigneurs Etats Généraux vivront, converseront, & fréquenteront les uns avec les autres en toute bonne amitié & correspondance, & joüiront entr'eux de la liberté du commerce & navigation dans l'Europe, en toutes les limites des Etats de l'un & de l'autre, de toutes sortes de marchandises & denrées, dont le commerce & transport n'est défendu généralement & universellement à tous, tant sujets qu'Etrangers par les loix & ordonnances des Etats de l'un & de l'autre.*

C'est du contenu en cet article qu'on fit la matiere de l'article sixiéme du Traité d'Utrecht, & du premier article du Traité de 1739. Il n'y a eu que l'ordre des articles entre eux de changé. N'est-il donc pas bien absurde de donner à cela un air de nouveauté, & de prétendre que le Traité de 1739 ait été plus borné à l'Europe que ne l'étoient les Traités précédens.

Bien loin donc que ces deux réserves, l'une de la garantie réciproque, & l'autre de la liberté du commerce, donnent atteinte à l'universalité de toutes les autres dispositions qui furent dictées par les vûes d'une amitié & d'un intérêt commun ; au contraire, elles la fortifient par l'application des maximes triviales. *Exceptio firmat regulam, negatio unius est affirmatio alterius.*

Dans le temps en effet que cette République s'occupoit des moyens d'affermir les grands établissemens qu'elle avoit formés aux Indes avec tant de peines, présumera-t-on qu'elle eut voulu les priver du bénéfice de l'important article qui ordonne *que les ports respectifs ne pourront servir d'asyle aux vaisseaux ennemis qui auroient fait des prises sur les sujets de l'une ou l'autre Nation ?*

Assurer à ces établissemens la protection réciproque des deux Puissances, étoit-ce déroger à aucun de leurs privileges ? Et s'il y avoit eu quelque raison de ne les vouloir pas associer à cet avantage, le mot d'*Europe* ou des *Indes* qui est si souvent répété, quand il est nécessaire, y auroit-il été obmis tant de fois en 1662, en 1713 & en 1739.

Ne sent-on pas au contraire que plus l'objet de ces Compagnies nées & naissantes étoit prétieux, que plus les hasards auxquels elles étoient nécessairement exposées étoient grands, & plus il étoit digne de l'attention de leurs Souverains de multiplier les précautions pour elles. Un Armateur qui a fait des prises en Europe peut aisément se passer des ports de France ou d'Hollande, & à cet égard la loi qui défend d'en recevoir est d'une médiocre utilité. Mais par rapport à ces mers de l'Inde dont l'étendue est si vaste, & où les ports se trouvent bornés à un si petit nombre, il n'y a qu'un excès de prévention qui puisse empêcher de convenir de la nécessité qu'il y avoit de tourner les Traités comme ils le sont, c'est-à-dire, de façon que ni les Escadres ennemies, ni les Armateurs particuliers, ni les Pirates ne fussent tentés de s'y introduire.

C'est aussi pour cela que le huitiéme article du Traité d'Utrecht n'ordonne pas moins la restitution des dommages & des prises irrégulieres qui arriveroient au-delà de la ligne, que de celles qui se feroient en deçà de la ligne, & que, dans chacun des Traités, l'on a eu soin d'inserer l'article le plus positif & le plus universel contre l'approche des Forbans.

Ne seroit-ce pas enfin le comble de l'illusion, de prétendre que des Traités qui ont eu pour but de ne faire qu'une même famille, pour ainsi dire, des deux Nations en Europe, leur eussent néanmoins réservé le droit de se nuire & de se détruire dans les régions plus éloignées?

L'immensité de l'intérêt qu'a cette République de maintenir les magnifiques établissemens qu'elle possede au dehors de l'Europe sous la sauvegarde des Traités, fait qu'on pourroit s'étonner du soin qu'on a pris pour détruire une objection qui croule d'elle-même de toutes parts.

Mais si les Traités s'expliquent si clairement eux-mêmes, tant sur l'étendue & les bornes qu'ils doivent avoir, que sur l'attention que les sujets respectifs se doivent pour entretenir la bonne amitié & la bonne correspondance entre les deux nations ; ils ne sont pas moins clairs pour établir quelle est la justice qu'on doit attendre des Souverains à qui les plaintes des contraventions seroient portées.

C'est dans le terme de trois mois au plus qu'il doit être pourvu par les Conseils suprêmes aux demandes en réclamation.

Pendant ce temps-là, les effets réclamés ne doivent être ni vendus ni même déchargés.

Enfin les prises & les dommages résultans des contraventions doivent être portées en compte ; & tout ce qui a été pris doit être rendu avec compensation de tous les dommages qui en seront provenus. C'est la Loi écrite en différens articles des Traités de 1662 & de 1713, & qui est rappellée dans les Articles XXIII, XXV, XXXI, XXXVI, XLI, & XLIII, du Traité de 1739.

Ce Traité veut que les inadvertances, que les inobservations, que les moindres plaintes qui se feroient de quelques contraventions, on les répare incessamment.

Les dispositions de ce Traité sont d'autant plus obligatoires, qu'il n'a été renouvellé qu'après la rupture de l'Angleterre avec l'Espagne; les conséquences qui naissent de cette époque sautent aux yeux.

Il ne faut que le lire attentivement, pour sentir qu'on ne sçauroit, sans l'enfreindre, se refuser à la restitution que demande aujourd'hui la Compagnie des Indes de France.

Que des Pirates, aux Indes comme en Europe, viennent y faire la moindre capture, non-seulement les ports respectifs ne doivent leur donner asyle ni retraite; ils doivent au contraire les châtier, leur enlever leurs prises & les rendre à elles-mêmes.

Des Vaisseaux ayant commission d'un Prince ne sont pas traités avec la même rigueur. On n'a pas le droit de leur enlever leur prise: mais s'ils s'en dessaisissent eux-mêmes mal-à-propos, si les prises se retrouvent en nature hors de leurs mains, elles rentrent dans leur liberté naturelle, elles se revendiquent elles-mêmes. Les ports de la nation amie où elles se retrouvent, représentent pour elles les propres ports de leur Souverain; elles se retrouvent libres dans les uns comme dans les autres. Les Traités ne semblent faits que pour exprimer cette parfaite égalité. Et ce ne seroit pas en faisant valoir le plus insoutenable de tous les achats, qu'on pourroit éluder une restitution si juste.

Veut-on sçavoir en effet quel est le traitement que méritent ceux qui se laissent aller à la tentation d'acheter des Vaisseaux amis, de l'ennemi qui s'en seroit emparé; il n'y a qu'à ouvrir les Traités faits entre la République même & l'Angleterre *.

*Et si par rencontre quelques sujets de Sa Majesté ou desdits Seigneurs Etats Généraux soit par permutation ou échange, ou par quelqu'autre manière que ce soit, ont eu quelque Vaisseau ou marchandises de l'un ou l'autre des sujets, les susdits sujets seront en ce cas obligés de rendre sans aucun délai ledit Vais-*

(a) Traité de 1667. Art. 21,

*seau ou lesdites denrées ou marchandises aux proprietaires ; & ce sans aucun dédommagement ou restitution de l'argent donné ou promis pour lesdits effets, pourvû qu'ils puissent justifier pardevant le Conseil de Sa Majesté ou pardevant lesdits Seigneurs Etats Généraux qu'ils en sont propriétaires.*

Or si telle est la peine que prononce ce Traité contre des acheteurs de bonne foi, contre de simples Navigateurs à qui les Traités des Souverains sont ordinairement inconnus, qu'auroient dit les Traités de 1662, de 1713, & de 1739, de tout Gouverneur de place, qui pour devenir acheteur à vil prix de prises faites sur l'une ou l'autre Nation, auroit ouvert ses ports aux auteurs de la prise, s'ils avoient présumé qu'il s'en trouveroit jamais de part ou d'autre, qui se rendissent coupables d'une pareille infraction?

En vain objecteroit-on que c'est dans un Traité de la République avec une autre Puissance que cette peine se trouve prononcée : en matiere de délits, de punitions, & de réparations, toutes les Nations policées adoptent à peu près les mêmes principes, toutes en cela se proposent le même but qui est de favoriser le commerce honnête de leurs sujets & de leurs Alliés, & de contenir dans de justes bornes les entreprises que des vûes trop intéressées ne font que trop souvent hasarder. Lorsque des Nations sont d'accord entre elles sur la bonne amitié & sur la bonne correspondance qu'elles se sont vouées, lorsqu'il est convenu qu'elle s'exerceroit, *tant par mer que par terre, en tout & par-tout, tant au dehors qu'au dedans de l'Europe*, il ne sçauroit plus rester d'incertitude sur la maniere dont les contraventions doivent être réparées.

Que des Vaisseaux qu'on avoit crus perdus reviennent ainsi à leurs légitimes propriétaires, & que ce soit le fruit des mesures qui avoient été préméditées pour en rendre la perte irrémédiable ; cela n'est mortifiant que pour ceux qui se sont laissés aveugler par l'appas d'un gain illégitime ou d'une passion plus injuste encore, & qui sans y être autorisés par le droit de la guerre, ont sciemment prêté leur ministere au plus odieux de tous les actes d'hostilité. *Qui damnum suâ culpâ sentit, non sentire videtur*. La Compagnie d'Hollande envieroit-elle à celle de France le recouvrement d'un bien, sur lequel M. Imhof n'a pû lui acquérir à elle-même aucun droit? La restitution pure & simple de ces trois Vaisseaux & de leur cargaison ne sçauroit dédommager la Compagnie de France du préjudice énorme que la collusion de M. Imhof avec M. Barnett lui a causés à tant d'égards, & lui causera vraisemblablement encore.

Peut-elle donc moins attendre de l'équité & de la fidélité de Leurs Hautes Puissances pour l'exécution de leurs Traités, dans une occasion sur laquelle toute la France a les yeux ouverts, & où est intervenu le nom respectable du Roi?

SALADIN D'ONEX.
*Syndic de la Comp. des Indes de France.*

## Déclaration des Officiers des susdits Vaisseaux.

LE sixiéme d'Octobre 1745, pardevant moi Samuel Favon, Notaire public admis par la Cour d'Hollande, résidant à la Haye, en présence des témoins sous nommés, furent présens Messieurs Joseph Fouquet, de Rumeil, François Surville, Charles Souchet du Fresne, Jean-Paul Saint-Romain, & Julien Magon de la ville Bague, tous Officiers dans les Vaisseaux de la Compagnie des Indes de France, le Dauphin, le Jason, & l'Hercule, étant lesdits sieurs comparans, présentement en cette ville, logés chez la Demoiselle de la Roche, rue de Calvermarck, lesquels ont dit, déclaré certifié & attesté, ainsi qu'ils disent, déclarent, certifient & attestent par ces Présentes, en faveur de tous ceux qu'il appartiendra, être très-vrai & véritable, ce qui suit.

Et premierement lesdits sieurs déposans déclarent que lesdits trois Vaisseaux sus nommés, revenant de la Chine en Europe, furent attaqués le cinquiéme Février dernier, dans le détroit de Banka, par le chef d'Escadre Barnett, Commandant deux Vaisseaux de guerre Anglois, & qu'après un combat de trois heures, lesdits Vaisseaux de ladite Compagnie des Indes furent contraints de céder à la force, & de se rendre.

Secondement, qu'après le combat, le chef d'Escadre Barnett resta deux jours à Banka, pour y regrayer ses Vaisseaux.

Troisiémement, que delà il fit voile pour Batavia, avec les trois prises & l'un de ses Vaisseaux, & qu'il envoya l'autre, dans le détroit de la Sunde avec sept des Officiers & Subrecargues François, pour y attendre deux Vaisseaux de la Compagnie d'Angleterre, revenans de la Chine, & s'y embarquer pour aller faire leur déclaration des prises à l'Amirauté de Londres, & que la vérité de ce fait résulte de la piéce, dont copie est ci-après insérée, & que lesdits

sieurs

sieurs déposans déclarent avoir vû en original.

Quatriémement, que le 13 du même mois, le chef d'Escadre Barnett, avec ses trois prises & le reste des Officiers & équipages arriva à Batavia.

Cinquiémement, que les Officiers François descendirent à Batavia, après en avoir obtenu la permission de M. le Baron d'Imhoff, & que les Equipages François furent conduits le jour de leur arrivée sur l'Isle Edam, appartenante à la République, mais où mondit sieur le baron d'Imhoff a permis qu'ils fussent gardés par un détachement Anglois, & où ils ont été traités avec une excessive dureté, afin de les engager par-là à prendre parti avec les Hollandois; du moins les déposans déclarent de le pouvoir croire, puisque mondit sieur Baron d'Imhoff envoyoit de temps en temps un Officier les solliciter à cela, & qu'avant le départ desdits déposans, vingt-cinq d'entre eux avoient déja succombé à ses sollicitations réitérées, & étoient entrés dans les troupes de Batavia.

Sixiémement, lesdits sieurs déposans déclarent & certifient de plus, que pendant le temps qu'ils ont été à bord des Vaisseaux de guerre Anglois, ils y ont vû des Volontaires Hollandois, dont ils ont appris qu'ils y avoient été placés par mondit sieur Baron d'Imhoff: mais que la mémoire des sieurs déposans, ne leur rappelle le nom que des sieurs Usclas, Armenault & Jongmas.

Septiémement, qu'entre autres les déposans y ont vû un Pilote Hollandois, qu'ils comprirent bien d'abord qu'il avoit été donné aux Anglois par le Gouverneur de Batavia, & que ce qui ne permit point aux déposans d'en douter, c'est qu'au premier moment de l'arrivée de M. Barnett, le Commandeur de la rade, qui se transporta à bord, lui demanda devant les déposans s'il avoit été content de ce Pilote, à quoi il répondit qu'oui, & que lui seul avoit mené les Vaisseaux, & qu'il en feroit son rapport à mondit sieur le Baron d'Imhoff.

Huitiémement, que sur un tel témoignage dudit sieur Barnett, le Gouverneur a jugé à propos de recompenser ce

Pilote, & de le faire de simple patron de Boot qu'il étoit, second Capitaine de Vaisseau.

Neuviémement, que fort peu de jours après l'arrivée dudit sieur Barnett à Batavia, les trois Vaisseaux François qu'il venoit de prendre, furent achetés du Gouverneur, & selon le rapport unanime, pour la somme de soixante-douze mille livres sterlings.

Dixiémement, qu'il n'en a fait partir que deux pour l'Europe, avec leur cargaison entiere.

Onziémement, lesdits sieurs déposans déclarent encore, d'avoir été les témoins oculaires, que bien loin que mondit sieur Gouverneur de Batavia refusât aucuns secours audit sieur chef d'Escadre Barnett, il l'a aidé au contraire, en toutes choses de son pouvoir; qu'il lui a fourni tout ce qui pouvoit être nécessaire pour ses Vaisseaux; qu'il a tout fait carener, de même que le Vaisseau de la Compagnie de France, nommé le Favori, qui avoit été pris à la rade d'Achem, & dont il a fait un cinquiéme Vaisseau de guerre.

En douziéme lieu, qu'il est enfin de notoriété publique, que ledit sieur chef d'Escadre Barnett avoit séjourné à Batavia, près de six semaines pour y rafraîchir ses équipages, avant l'expédition du 5 Février, & que c'est par là qu'il s'est mis en état de frapper son coup à jeu sûr.

Suit simple copie de l'article troisiéme de cette déclaration.

Nous soussignés ci-devant Capitaine commandant les Vaisseaux de la Compagnie des Indes, le Dauphin, l'Hercule & le Jason, nous nous obligeons à notre arrivée en France de nous informer si le Vaisseau l'Hork, Capitaine la Cessels, sur lequel sont embarqués les sieurs Lars de la Crochais, Hays, & la Pallissade, Officiers des Vaisseaux le Jason & l'Hercule, & aussi si le Vaisseau le Staffort, Capitaine Baker, sur lequel sont embarqués les sieurs Celier, Marguerin & Laval, Officiers & Subrecargues des Vaisseaux le Dauphin & l'Hercule, sont arrivés à bon port en Angleterre ; & au cas que par quelque accident, ces Navires Anglois ci-dessus nommés ne pouvoient se rendre à leur destination, nous nous engageons de faire comparoître à l'Amirauté d'Angleterre deux Officiers ou Subrecargues des Vaisseaux François ci-dessus nommés, pour rendre compte des prises faites dans le détroit de Banka le 5 Février dernier par M. Barnett, chef d'Escadre de Sa Majesté Britannique, & ont signé D. Butler, Détrovergne, Magon de la Métris, & du Frenne de la Ville Herbe, donnant lesdits sieurs déposans pour raison certaine de leur sçavoir comme est susdit; offrant en tout temps, & lorsqu'ils en seront requis, de confirmer leur présente déposition par serment solemnel.

FAIT & passé à la Haye, en présence de Jean-Jacques Favon, & Zacharias Jean van Kervel, témoins à ce requis, la minute originale de la présente est bien & dûment signée.

Ce que j'affirme.

S. FAVON, *Notaire publique*.

COPIE.  By Curtis Barnett Esquad. Comander in Chief of his Majestys Ships and Vessels on a particular Service.

The Bearer Monsr. François Surville late Ensigne of the Hercules belonging to the Frensch East India Company taken by the Squadron under my Comand. having my Leave to Return to France on his Parole in the Hercules a Ship of the Dutch East India Company.

I desire all his Majestys Officers, to Suffer him to pass Vithout hinderance or Molestation.

Given under my hand Seal on board the Preston in Batavia Road this 22 day of February 1744. 5.

( geteekent. )

C. BARNETT. (*L. S.*)

Accordeert met het Origineele ten Protocollen van my ondergeschreeven Notaris ter bewaringe gedeposeert. Actum Hage den 9. October 1745.

( geteekent. )

S. FAVON. *Notaris publicq.*

*Addition au Mémoire pour la Compagnie des Indes de France.*

LORSQUE le Traité de Navigation & de Commerce conclu entre Sa Majesté très-Chrétienne & les Etats Généraux à Utrecht le 11 Avril de l'année 1713 fut expiré, & qu'il fut renouvellé à Versailles le 21 Décembre de l'année 1739, l'on n'eut garde de donner atteinte au premier des deux Traités qui avoient été signés la même année 1713. Mais comme dans le renouvellement, l'on jugea à propos de faire quelques transpositions dans l'ordre des articles, & que celui qui borne le commerce au dedans de l'Europe, devint le premier de tous, au lieu qu'il n'étoit que le sixiéme dans les Traités d'Utrecht, de Riswick & de Nimegue, le dix-neuviéme dans celui de 1662 : cela a donné naissance à un préjugé assez généralement répandu dans ces Provinces, que le Traité de 1739 ne regardoit plus que l'Europe ; peut-être même est-ce cette funeste méprise qui a fait donner M. le Gouverneur de Batavia & son Conseil dans les écarts où il sont tombés ; mais c'est une pure illusion, qui ne sçauroit durer plus long-temps, sans être extrêmement dangereuse à tous les Commerçans & Navigateurs des deux Nations, & que les Seigneurs Etats Généraux sçauront dissiper dans peu, par la décision que la Compagnie des Indes de France attend avec respect de leur justice & de leurs profondes lumieres.

L'on ne sçauroit disconvenir que le Traité de Paix qui fut conclu à Utrecht en 1713 entre le Roi & les Etats Généraux, & qui étoit la base du Traité de navigation & de commerce, qui fut conclu le 11 Avril de la même année, ne soit pareillement la base du Traité de 1739, & qu'il ne subsiste en force & en vigueur dans toutes ses dispositions, s'il n'y a pas été dérogé par quelqu'une des dispositions du

Traité de 1739. Or, l'on ne dira pas que l'article premier du Traité de 1739 déroge à aucune des dispositions du Traité de Paix de 1713, puisqu'il n'est que l'exacte copie de l'article sixiéme des Traités antécédens : donc les deux Nations vivent encore aujourd'hui sous la foi de cet engagement réciproque, qui porte :

*Il y aura de plus entre ledit Seigneur Roi & lesdits Seigneurs Etats Généraux, leurs sujets & habitans réciproquement, une sincére, ferme, & perpétuelle amitié & bonne correspondance, tant par mer que par terre, & en tout & par-tout, tant au dehors qu'au dedans de l'Europe.*

Donc tout ce qui est du ressort de la bonne amitié & d'une sincére correspondance, doit avoir son plein & entier effet aujourd'hui, en tout & par-tout, tant par mer que par terre, tant au dehors qu'au dedans de l'*Europe*.

Donc il n'a pas été plus permis à Batavia qu'il ne l'eut été à Rotterdam, d'y *donner asyle & retraite à celui qui venoit de faire des prises sur les sujets de Sa Majesté très-Chrétienne*. Donc la réparation de cette contravention est dûe dans son entier, & dans toute l'étendue dont elle est susceptible.

Ce Traité de 1739, après avoir rappellé dans les dix premiers articles les précautions qu'il falloit prendre en faveur du commerce intérieur de l'Europe, eu égard aux différentes Loix & Ordonnances des deux Etats, passe dans les articles suivans à ce qui concerne la sûreté de la navigation : les prises des Vaisseaux en mer sont un objet si important, que les deux puissances n'ont cherché dès les premiers Traités qu'elles ont faits ensemble, qu'à y pourvoir autant qu'il seroit possible, en exigeant l'une de l'autre tous les secours mutuels qu'elles pouvoient se procurer : c'est ce qui avoit été établi par le XXII article du Traité de 1662, par le IX du Traité de 1678, par le XIV de celui de 1697, par le XII du Traité de 1713 : & c'est ce qu'on a eu grand soin de renouveller par le Traité de 1739.

Il n'y a personne qui ne sente que ces articles doivent

nécessairement s'étendre d'un bout du monde à l'autre, s'il considére que la mer s'étend dans toutes les parties du monde, & que l'on peut prendre des Vaisseaux dans toutes les mers : c'est là la cause des précautions qui sont énoncées dans l'article III des Traités de *Ryswick* & d'*Utrecht*, & dans le XXIII du Traité de 1739, relativement à chaque partie du monde & à leur éloignement. Comme donc lorsqu'il s'agit du commerce de l'*Europe*, l'*Europe* se trouve expressément & privativement nommée dans le Traité, de même quand le Traité parle des prises faites en mer par les ennemis de l'une ou de l'autre puissance, ni le mot d'*Europe*, ni aucun autre terme restrictif n'y est employé, parce qu'il n'y avoit d'autres bornes à y assigner que celles de la mer même.

Tant d'accidens arrivent à la mer dans les voyages de longs cours, tant de cas de relâche, de naufrage & autres de ce genre, qu'il ne faut que de l'humanité pour désirer qu'on pût trouver par-tout des secours faciles & indépendamment de tous Traités. Mais par quel phénomene est-ce dans le sein de la nation la plus commerçante de l'*Europe* qu'on a pû trouver croyable cette étonnante proposition, que c'est dans les bornes étroites de la plus petite partie du monde que ces devoirs réciproques doivent être renfermés ?

Tout le monde entend pourquoi le commerce des deux nations est limité à l'*Europe*, c'est que celui de l'*Inde* est par sa nature nécessairement exclusif. Mais pourquoi restraindre à l'*Europe* de bons offices qui peuvent être plus essentiels ailleurs, quand le sens commun s'y oppose, & que le Traité ne le dit pas ?

Si le commerce de l'une ou l'autre nation avoit à souffrir quelque chose de cette généralité, il pourroit être permis de chercher à contrarier le sens naturel de ces expressions : mais c'est visiblement tout le contraire ; c'est une vérité qui n'a pas besoin de preuves. Il n'y eut jamais rien de plus important pour cette République que de favoriser la navigation en général, & en particulier celle de sa florissante Compagnie.

C'est à quoi songeoit aussi de son côté le Ministre des Finances de France dans le temps que fut fait ce Traité de 1662. La sureté du commerce que les sujets du Roi faisoient alors au-delà du *Cap de Bonne Espérance*, ne lui paroissant pas suffisamment établie, il ne tarda pas d'en réunir les différentes branches & les différens établissemens en une seule & même Compagnie, qui fut formée sous ses auspices en 1664.

Nous en trouvons la preuve dans le supplément au Corps Diplomatique, les articles de son établissement sont rapportés à la page 377 du troisiéme volume : voici le vingtiéme.

*Que Sa Majesté comprendra dans ladite concession la propriété de l'Isle de* Madagascar *ou* S. Laurent, *avec les Isles circonvoisines, Forts, Habitations & Colonies appartenantes à ses sujets, dont Sa Majesté sera très-humblement suppliée de permettre à la Compagnie de traiter à l'amiable avec ceux qui peuvent avoir obtenu le don de Sa Majesté desdites choses, sinon régler ladite indemnité, après avoir fait examiner les intérêts des parties par les Commissaires qui seront à cet effet députés, en sorte que la Compagnie en puisse paisiblement joüir.*

Cela est plus que suffisant, pour prouver que le commerce & les établissemens des sujets du Roi dans ces pays-là, étoient antérieurs au Traité de 1662. Et quoique les Lettres-patentes qui leur donnerent une forme permanente d'administration, soient postérieures de quelques mois; cette proximité de date ne sert qu'à développer encore mieux l'intention du Roi & de ses Ministres dans le choix des expressions qui terminerent le premier article du Traité.

Cette Compagnie obtint du Roi, *que Sa Majesté eut la bonté de lui promettre de la proteger & défendre envers & contre tous, & d'employer la force de ses armes en toutes occasions pour la maintenir dans la liberté entiere de son commerce & navigation, & pour lui faire raison de toutes injures & mauvais traitemens, & en cas qu'aucune nation voulut entreprendre contre ladite Compagnie de faire escorter ses envois, & retours à ses frais & dépens, par tel nombre de Vaisseaux de* guerre que la Compagnie auroit befoin, non-feulement par toutes les côtes de l'Europe & de l'Afrique, même jufques dans les Indes.

Comment concilier cet engagement du Roi envers la Compagnie, avec le fyftême que les différens Traités de navigation & de marine ne doivent point s'étendre jufques-là?

Si à la paix de Rifwick l'on convient de fe rendre toutes les places de part & d'autre dont on peut s'être emparé, ce n'est qu'en termes vagues que l'article eft exprimé. Mais nommément, il eft dit *que le fort & habitation de Pondichery feroit rendu à la Compagnie des Indes Orientales établie en France.*

C'eft ici le premier exemple où la fignification de cet article du Traité de 1739 ait fait un doute; mais les conféquences fatales de la liberté que s'eft donné la Régence de Batavia de l'expliquer felon fes vûes, empêchent bien qu'on ne puiffe regarder ce doute comme un doute raifonnable. En recevant M. Barnett dans fon port, en le débarraffant de fes prifes, la Régence de Batavia l'a mis à fon aife pour prolonger fon féjour dans ces climats; c'eft pour porter le ravage dans les tranquilles poffeffions de la Compagnie des Indes de France qu'ils ont fi fraternellement tranfigé fur la valeur & le payement des premieres captures.

Nous lifons cependant dans le XXX article du Traité de 1739: *Que Sa Majefté vouloit que les fujets des Seigneurs Etats Généraux fuffent traités dans tous les pays de fon obéiffance auffi favorablement que fes propres fujets.* Et à l'article XXXII que la volonté de L. H. P. à l'égard des fujets du Roi étoit auffi la même.

Telle étant l'intention des deux puiffances, telle étant l'union qu'elles ont cherché à faire regner entre les fujets refpectifs: pouvoit-on la croifer plus ouvertement? pouvoit-on engendrer plus de maux tout à la fois qu'a fait la Régence de Batavia?

Ce fimple coup d'œil met à portée de juger, fi c'eft dans la conduite de M. Imhof, ou dans la réclamation de la Compagnie

pagnie des Indes de France, qu'on doit trouver le véritable sens du Traité.

De deux interprétations, dont l'une lie toutes les dispositions du Traité entr'elles, & l'autre les rend nécessairement contradictoires, dont l'une tend au bien & l'autre au mal, dont l'une est humaine & l'autre inhumaine ; le choix sera-t-il long-temps embarrassant ?

Soit donc que l'on examine la lettre & l'esprit de tous ces Traités : soit que l'on considére les conséquences, tout concourt à démontrer qu'on ne sçauroit excepter aucune partie de la terre, de la protection générale qu'ils renferment, sans les rompre.

SALADIN D'ONEX.

# ARREST
## DU CONSEIL D'ÉTAT
## DU ROY,

*QUI nomme M. Rouillé Inspecteur général de la Compagnie des Indes.*

#### Du 19 Décembre 1745.

*Extrait des Registres du Conseil d'Etat.*

LE Roi ayant permis au sieur Orry de Fulry, Conseiller d'Etat, Intendant des Finances, & Commissaire de Sa Majesté à la Compagnie des Indes, de remettre ladite commission, & Sa Majesté jugeant nécessaire de pourvoir au remplacement dudit sieur de Fulry: oui le rapport du sieur Machault, Conseiller ordinaire du Conseil Royal, Contrôleur général des Finances, SA MAJESTÉ ÉTANT EN SON CONSEIL, a commis & commet le sieur Rouillé, Conseiller d'Etat, pour faire à l'avenir les mêmes fonctions de Commissaire à la Compagnie des Indes, dont étoit ci-devant chargé le sieur Orry de Fulry. FAIT au Conseil d'Etat du Roi, Sa Majesté y étant, tenu à Versailles le dix-neuviéme jour de Décembre mil sept cent quarante-cinq. *Signé* PHELYPEAUX.

*LETTRE de Monseigneur le Contrôleur général à la Compagnie, qui nomme M. de Montaran adjoint de M. Rouillé.*

### A Marly le 23 Janvier 1746.

MONSIEUR Rouillé a désiré, Messieurs, d'avoir un adjoint dans ce travail, que lui donne la place de Commissaire du Roi à la Compagnie des Indes. J'en ai rendu compte au Roi, & Sa Majesté a nommé M. de Montaran, Intendant de Commerce, pour travailler, conjointement avec M. Rouillé, aux affaires de la Compagnie.

Je suis, Messieurs, entierement à vous. *Signé* MACHAULT.

---

*LETTRE de Monseigneur le Contrôleur général à M. Rouillé, touchant ses honoraires.*

### Du 15 Février 1746.

MONSIEUR,

J'AI proposé au Roi de fixer les honoraires de la place que vous remplissez de son Commissaire de la Compagnie des Indes : Sa Majesté les a réglés à douze mille livres par année, payables sur le produit des Actions qui lui appartiennent ; ainsi vous pouvez vous en faire faire le payement, mois par mois, ou comme vous le jugerez à propos, par le Caissier de la Compagnie des Indes, à qui il en sera tenu compte sur la partie qu'il a à payer au Roi, pour les dividendes des Actions qui appartiennent à Sa Majesté : j'envoie à cet effet la décision à M. de Boulogne. Je vous prie de me croire très-véritablement, Monsieur, &c.

*Signé* MACHAULT.

# ARREST
## DU CONSEIL D'ÉTAT
## DU ROY,

**QU**I fait défenses d'introduire dans le royaume aucunes Mousselines & Toiles de coton venant de l'étranger, marquées ou non marquées des plombs & bulletins de la Compagnie des Indes ; & aux Commis des Fermes dans les bureaux du Dauphiné, d'y expédier pour les provinces de Languedoc & de Provence, aucuns mouchoirs de coton de la manufacture de Rouen.

#### Du 15 Mars 1746.

*Extrait des Regiſtres du Conſeil d'Etat.*

LE ROI étant informé de la contrebande qui se fait en Dauphiné & en Bugey, de mousselines venant de Suisse, marquées de faux plombs & bulletins imitant ceux de la Compagnie des Indes, & de mouchoirs de coton fabriqués en Suisse, à l'imitation de ceux de la manufacture de Rouen, avec les marques contrefaites de cette manufacture. Et Sa Majesté voulant remedier au préjudice que cette contrebande cause, tant au commerce de la Compagnie des Indes, qu'à celui de ladite manufacture de Rouen; oui le rapport du sieur de Machault, Conseiller ordinaire au Conseil Royal, Contrôleur général des Finances, LE ROI ÉTANT EN SON CONSEIL, fait très-expresses inhibitions & défenses à tous marchands, négocians & autres, d'introduire dans le Royaume aucunes mousselines & toiles de coton généralement quelconques, venant de l'étranger, marquées ou non marquées des plombs & bulletins de la Compagnie des Indes, sous les peines portées par les réglemens concernant la contrebande en étoffes prohibées. Fait pareillement Sa Majesté très-expresses inhibitions & défenses aux Commis des Fermes dans les bureaux de la province de Dauphiné, d'y expédier à l'avenir pour les provinces de Languedoc & de Provence, sous quelque prétexte que ce soit, aucuns mouchoirs de coton de la manufacture de Rouen. Veut Sa Majesté que lesdits mouchoirs ne puissent être expédiés pour lesdites provinces, dans d'autre bureau que celui de la doüane de Lyon. FAIT au Conseil d'Etat du Roi, Sa Majesté y étant, tenu à Versailles le quinziéme Mars mil sept cent quarante-six. *Signé* PHELYPEAUX.

# DECISION de M. de Machault au sujet du Dixiéme en faveur de la Compagnie des Indes.

### Du 18 Mai 1746.

SUR la requête préfentée au Roi, par la Compagnie des Indes, tendante à ce qu'elle fût déchargée de l'impofition du Dixiéme, dont l'abonnement étoit réglé à neuf cens mille livres, Sa Majefté, par Arrêt de fon Confeil du 26 Juin 1745, s'eft expliquée ainfi qu'il fuit.

« Le Roi étant en fon Confeil, faifant droit fur la requête
» de la Compagnie des Indes, a ordonné & ordonne, qu'el-
» le demeurera, à commencer du premier Janvier 1745,
» déchargée de l'impofition du Dixiéme, ordonné être
» levé par la Déclaration du 29 Août 1741 : & en confé-
» quence difpenfée de l'exécution du rôle, arrêté au Con-
» feil le 23 Février 1742, fans que pour ce, les parties
» prenantes fur elle, & notamment les Rentiers viagers
» puiffent prétendre être exempts de ladite impofition,
» dont il fera fait retenue, comme par le paffé. »

Lors de la reddition de cet Arrêt, l'intention de Sa Majefté a été, & étoit que le Dixiéme qui feroit retenu, tant fur les Rentiers que fur les autres parties prenantes, refteroit en bénéfice à la Compagnie, ainfi que M. Orry & M. de Fulry en ont expreffément affuré la Compagnie.

Les Syndics & Directeurs fupplient très-humblement M. le Contrôleur général, de vouloir bien confirmer cette difpofition.

Telle eft encore aujourd'hui la difpofition de Sa Majefté, 18 Mai mil fept cent quarante-fix. *Signé* MACHAULT.

# ARREST
## DU CONSEIL D'ÉTAT
## DU ROY,

QUI nomme des Commissaires pour juger les contraventions à l'Arrêt du Conseil du 29 Mai 1736, portant réglement pour le commerce des Caffés provenant des Isles & Colonies Françoises de l'Amérique.

Du 8 Septembre 1746.

*Extrait des Registres du Conseil d'Etat.*

LE ROI s'étant fait représenter en son Conseil, l'Arrêt rendu en icelui le 29 Mai 1736, portant réglement pour le commerce des Caffés, provenant des Isles & Colonies Françoises de l'Amérique, par les articles II & III, duquel Arrêt il auroit été ordonné entr'autres dispositions, que la Compagnie des Indes demeureroit maintenue dans le privilége exclusif de l'introduction du Caffé autre que celui desdites Isles & Colonies ; & cependant il auroit été permis à la ville de Marseille de continuer à tirer directement des Caffés du Levant, sans que, sous quelque prétexte que ce fût, lesdits Caffés pûssent être introduits pour la consommation du Royaume, à peine de confiscation & de mille livres d'amende. Et Sa Majesté étant informée qu'il s'est commis, au préjudice de l'exclusion & des défenses portées par ledit Arrêt en faveur de ladite Compagnie, plusieurs contraventions sur lesquelles il n'a pû être statué, attendu que ledit Arrêt n'a point indiqué les Juges autorisés à en connoître ; à quoi Sa Majesté jugeant nécessaire de pourvoir : oui le rapport du sieur de Machault, Conseiller ordinaire au Conseil Royal, Contrôleur général des Finances, LE ROI ÉTANT EN SON CONSEIL, a commis & commet le sieur Lieutenant général de Police de la ville, prévôté & vicomté de Paris, & les sieurs Intendans & Commissaires départis dans les Provinces & généralités du Royaume, à l'effet de connoître, chacun en droit soi, dans l'étendue de leur département, des contraventions actuellement survenues, ou qui pourroient survenir à l'avenir, au privilége & aux défenses portées par lesdits articles II & III dudit Arrêt, & pour statuer sur lesdites contraventions en conformité desdits deux articles ; leur attribuant à cet effet Sa Majesté toute jurisdiction & connoissance, qu'elle interdit à toutes ses Cours & autres Juges ; le tout sauf l'appel au Conseil. Ordonne Sa Majesté que sur le présent Arrêt toutes lettres nécessaires seront expédiées. FAIT au Conseil d'Etat du Roi, Sa Majesté y étant, tenu à Versailles le huitiéme jour de Septembre mil sept cent quarante-six. *Signé* PHELYPEAUX.

LOUIS, PAR LA GRACE DE DIEU, ROI DE FRANCE ET DE NAVARRE, Dauphin de Viennois, Comte de Valentinois & Dyois, Provence, Forcalquier & terres adjacentes ; à notre amé & féal Conseiller en nos Conseils le sieur Lieutenant général de Police de notre bonne ville, prévôté & vicomté de Paris, & aux sieurs Intendans & Commissaires départis pour l'exécution de nos ordres dans les Provinces & Généralités de notre Royaume : SALUT. Nous vous mandons & enjoignons par ces Présentes, signées de nous, de tenir, chacun en droit soi, la main à l'exécution de l'Arrêt dont extrait est ci-attaché sous le contre-scel de notre Chancellerie, ce jourd'hui donné en notre Conseil d'Etat, nous y étant, pour les causes y contenues : commandons au premier notre Huissier ou Sergent

gent sur ce requis, de signifier ledit Arrêt à tous qu'il appartiendra, à ce que personne n'en ignore, & de faire en outre pour l'entiere exécution d'icelui tous actes & exploits nécessaires, sans autre permission, nonobstant clameur de Haro, Charte normande & lettres à ce contraires. Voulons qu'aux copies dudit Arrêt & des Présentes, collationnées par l'un de nos amés & féaux Conseillers-Secrétaires, foi soit ajoutée comme aux originaux; car tel est notre plaisir. DONNÉ à Versailles le huitiéme jour de Septembre, l'an de grace mil sept cent quarante-six, & de notre regne le trente-deuxiéme. *Signé* LOUIS. *Et plus bas;* Par le Roi, Dauphin, Comte de Provence, *signé* PHELYPEAUX. Et scellé.

Tome IV.                                                        Vu

# ARREST
## DU CONSEIL D'ÉTAT
## DU ROY,

QUI *révoque la permiſſion accordée par celui du 2 Avril 1737, aux Négocians de Marſeille, d'introduire pour la conſommation du royaume, des Caffés des Iſles Françoiſes de l'Amérique.*

### Du 28 Octobre 1746.

*Extrait des Regiſtres du Conſeil d'Etat.*

LE ROI s'étant fait repréſenter l'Arrêt de ſon Conſeil du 2 Avril 1737, par lequel Sa Majeſté, ſur les repréſentations des Syndics & Directeurs de la Chambre du commerce de Marſeille, auroit entr'autres choſes, permis aux Négocians de cette ville d'introduire pour la conſommation du Royaume, les caffés du crû des Iſles Françoiſes de l'Amérique, en payant le droit de dix livres par quintal, impoſé par l'Arrêt de ſon Conſeil du 29 Mai 1736, & ce nonobſtant les défenſes portées par l'article III de cet Arrêt, auxquelles il auroit été dérogé à cet effet : & Sa Majeſté étant informée que ces Négocians, au lieu de tirer de cette permiſſion l'avantage qu'elle avoit eu en vûe de leur procurer par rapport au commerce qu'ils peuvent faire auxdites Iſles, ladite permiſſion leur a ſervi de prétexte pour faire paſſer journellement dans l'intérieur du Royaume, des caffés venant du Levant, ſous la fauſſe dénomination de caffé desdites Isles, & ce au préjudice des défenses portées par lesdits Arrêts de son Conseil susdatés; à quoi voulant pourvoir : oui le rapport du sieur de Machault, Conseiller ordinaire au Conseil Royal, Contrôleur général des Finances, LE ROI ÉTANT EN SON CONSEIL, en révoquant la permission accordée par l'Arrêt de son Conseil du 2 Avril 1737, aux Négocians de Marseille, d'introduire pour la consommation du Royaume, du caffé venant des Isles Françoises de l'Amérique, a ordonné & ordonne que l'article III de celui du 29 Mai 1736 sera exécuté; en conséquence & conformément audit article, ordonne Sa Majesté que lesdits caffés ne pourront à l'avenir être introduits de Marseille pour la consommation du Royaume, à peine de confiscation & de mille livres d'amende. Ordonne au surplus Sa Majesté, que lesdits Arrêts de son Conseil susdatés, seront exécutés en ce qui n'y est pas contraire au présent, de même que celui du 8 Septembre dernier, & notamment en ce qui concerne les défenses d'introduire directement ou indirectement de Marseille, pour la consommation du Royaume, des caffés venant du Levant, & les formalités prescrites pour faire passer ces caffés & ceux des Isles & Colonies Françoises de l'Amérique, en *transit* par terre, de Marseille à Genève; le tout sous les peines portées par lesdits Arrêts. Enjoint Sa Majesté au sieur Intendant & Commissaire départi en Provence, de tenir la main à l'exécution du présent Arrêt, qui sera lû, publié & affiché par-tout où besoin sera, & sur lequel seront toutes lettres nécessaires expédiées. FAIT au Conseil d'Etat du Roi, Sa Majesté y étant, tenu à Fontainebleau le vingt-huit Octobre mil sept cent quarante-six. *Signé* PHELYPEAUX.

LOUIS, PAR LA GRACE DE DIEU, ROI DE FRANCE ET DE NAVARRE, Dauphin de Viennois, Comte de Valentinois & Dyois, Provence, Forcalquier & terres adjacentes : à notre amé & féal Conseiller en nos Conseils, Maître des Requêtes ordinaire de notre Hôtel, le sieur Intendant & Commissaire départi pour l'exécution de nos ordres en Provence. SALUT. Nous vous mandons & ordonnons par ces Présentes signées de notre main, de procéder à l'exécution de l'Arrêt ci-attaché sous le contre-scel de notre Chancellerie, cejourd'hui rendu en notre Conseil d'Etat, nous y étant, pour les causes y contenues: commandons au premier notre Huissier ou Sergent sur ce requis, de signifier ledit Arrêt à tous qu'il appartiendra, à ce que personne n'en ignore, & de faire pour son entiere exécution, tous actes & exploits nécessaires, sans autre permission ; car tel est notre plaisir. DONNE' à Fontainebleau le vingt-huitiéme jour d'Octobre, l'an de grace mil sept cent quarante-six, & de notre regne le trente-deuxiéme. *Signé* LOUIS. *Et plus bas* ; Par le Roi, Comte de Provence.

*Signé* PHELYPEAUX.

# ARREST
## DU CONSEIL D'ÉTAT
## DU ROY,

*QUI nomme M. Claeſſen Directeur de la Compagnie des Indes à la place du feu Sieur Dumas.*

Du 15 Novembre 1746.

*Extrait des Regiſtres du Conſeil d'Etat.*

LE ROI ayant, par Arrêt de ſon Conſeil du 7 Avril 1739, ordonné qu'à l'avenir la Compagnie des Indes ſeroit régie & adminiſtrée par huit Directeurs, au lieu de ſix qui avoient été nommés par autre Arrêt de ſon Conſeil du 23 Janvier 1731 : & Sa Majeſté étant informée du décès du ſieur Dumas l'un des Directeurs, elle auroit jugé qu'il ne pouvoit être remplacé plus utilement que par un ſujet qui, par ſon expérience au fait du commerce maritime & ſes ſervices, fut en état de contribuer au bien & à l'avantage de la Compagnie ; à quoi déſirant pourvoir : oui le rapport du ſieur de Machault, Conſeiller ordinaire au Conſeil Royal, Contrôleur général des Finances, LE ROI ÉTANT EN SON CONSEIL, a nommé & nomme le ſieur Nicolas Claeſſen, actuellement député de la Rochelle au bureau du Commerce, pour remplir la place de Directeur de la Compagnie des Indes, vacante par le décès du sieur Dumas, & joüir de ladite place aux mêmes titres, émolumens & prérogatives que les autres Directeurs de ladite Compagnie. FAIT au Conseil d'Etat du Roi, Sa Majesté y étant, tenu à Fontainebleau le quinze Novembre mil sept cent quarante-six.

*Signé* PHELYPEAUX.

# ARREST
## DU CONSEIL D'ÉTAT
## DU ROY,

QUI ordonne que les marchandises de la Compagnie des Indes pourront être transportées dans les pays conquis, en payant les droits du Tarif de 1680.

### Du 25 Avril 1747.

*Extrait des Registres du Conseil d'Etat.*

LE ROI ayant, par Arrêt de son Conseil du 7 Mars dernier, augmenté les droits de l'entrée du Pays conquis, sur les marchandises y spécifiées, venant des Pays & Etats, dont les denrées & marchandises sont sujettes aux droits imposés par le Tarif du 20 Décembre 1680.; & les Marchands & Négocians François, & des Pays conquis, qui font commerce dans le Brabant & le Haynaut, ayant fait représenter à Sa Majesté, que si ces augmentations avoient lieu sur les marchandises, qui proviendront de la vente, qui sera incessamment faite au port de l'Orient, pour le compte de la Compagnie des Indes, & qui seront ensuite transportées par mer dans lesdites Provinces, ces marchandises qui viendront directement de France, se trouveroient assujetties aux mêmes droits, que celles qui viennent des Pays étrangers ; ce qui mettroit lesdits Négocians hors d'état de profiter de l'avantage, que trouvent ceux qui achettent directement lesdites marchandifes aux comptoirs de ladite compagnie : à quoi Sa Majesté voulant pourvoir, & pour procurer l'avantage du commerce à ses sujets ; ouï le rapport du sieur de Machault, Conseiller ordinaire au Conseil Royal, Contrôleur général des Finances, LE ROI ÉTANT EN SON CONSEIL, a ordonné & ordonne, que les marchandises de la Compagnie des Indes, qui seront par elle vendues dans les ventes ordinaires faites à l'Orient aux Marchands & Négocians François, & des Pays conquis, & dont la destination sera pour lesdits Pays conquis, pourront être transportées dans ledit Pays, par les bureaux où se perçoivent les droits du Tarif de 1680, en payant seulement ceux desdits droits, auxquels elles étoient assujetties avant l'Arrêt du 7 Mars dernier, pourvû que lesdites marchandises soient marquées d'un plomb, qui constate qu'elles proviennent des ventes de ladite Compagnie, & qu'elles ne soient transportées qu'après avoir, par les Marchands ou Voituriers, des acquits & contestations aux bureaux des Fermes générales de Sa Majesté à l'Orient, lesquelles contiendront le nom de l'acheteur, le lieu desdites Provinces, pour lequel elles seront destinées, & soumissions de les faire arriver à leur destination, dans le délai de trois mois du jour de la date desdits acquits à caution ; passé lequel temps elles seront assujetties aux augmentations ordonnées par ledit Arrêt du 7 Mars dernier, ainsi que celles qui ne seront pas plombées, ou dont les plombs ne seront pas reconnus sains & entiers ; sera au surplus ledit Arrêt du 7 Mars dernier exécuté selon sa forme & teneur. FAIT au Conseil d'Etat du Roi, Sa Majesté y étant, tenu à Versailles le vingt-cinquiéme jour d'Avril mil sept cent quarante-sept.

Signé DE VOYER D'ARGENSON.

EDIT.

# ÉDIT DU ROY,

QUI réunit aux autres droits du Roi le Privilége de la vente exclusive du Tabac dans l'étendue du Royaume à compter du premier Juillet de la présente année, ainsi qu'il l'étoit avant l'aliénation à titre d'engagement qui en a été fait à la Compagnie des Indes.

ET porte création & aliénation au profit de ladite Compagnie de neuf millions de livres de rentes annuelles & perpétuelles au denier vingt, qui seront affectées & hypothequées par préférence & privilège spécial sur le produit de ladite Ferme du Tabac.

Donné au Camp du Parc au mois de Juin 1747.

LOUIS, PAR LA GRACE DE DIEU, ROI DE FRANCE ET DE NAVARRE: à tous présens & à venir, SALUT. Par notre Edit du mois de Décembre 1717, regiftré en notre Cour de Parlement, nous avons fixé le fonds de la Compagnie d'Occident, aujourd'hui Compagnie des Indes, à la somme de cent millions, laquelle somme a depuis été remise en notre Tréfor royal. Pour demeurer quitte avec ladite Compagnie de quatre-vingt-dix millions fur lesdits cent millions, nous lui avons, par contrat passé par les Commissaires de notre Conseil, aliéné à titre d'engagement, le privilége exclusif de la vente du Tabac, dont le produit étoit alors de deux millions cinq cens mille livres. La Compagnie devenue propriétaire dudit

Tome IV. X x x

privilége, pour en joüir à quelque somme que le produit en pût monter, a travaillé si utilement pour l'augmenter, que dès 1730 le prix de la Ferme du Tabac a été porté à huit millions, & qu'il a paru dès ce temps-là qu'il étoit susceptible d'une augmentation plus considérable. Nous avons crû alors devoir la comprendre dans le bail de nos Fermes générales : mais ne pouvant pas déterminer avec précision l'augmentation qu'elle pourroit encore produire, nous en avons depuis 1738 fixé le prix, par rapport à la Compagnie, aux mêmes huit millions qu'elle en avoit retirés par le bail de 1730, nous réservant de lui tenir compte de ladite augmentation lorsqu'elle seroit connue & constatée par une plus longue joüissance, comme devant légitimement lui appartenir au titre dudit contrat d'engagement, & tant qu'il subsistera. Le produit de ladite Ferme a depuis tellement augmenté, que nous nous sommes déterminés, pour le bien de nos finances, à la retirer de la Compagnie des Indes, & la réunir à nos autres revenus; & ayant connu par l'examen qui en a été fait, & dont nous nous sommes fait rendre compte dans notre Conseil royal de Commerce, que la différence qui se trouve entre le prix de cette Ferme, lors de ladite aliénation, & son produit actuel, est l'effet de la bonne régie que la Compagnie en a faite, & doit être attribuée aux fonds considérables qu'elle a dépensés pour la mettre en valeur, & qu'elle auroit pû utilement employer dans son commerce : il est de notre justice, non-seulement de lui faire raison de ce que nous avons retiré de ladite Ferme depuis 1738, outre & pardessus les huit millions qui lui ont été annuellement payés; mais encore de lui tenir compte de toutes les dépenses utiles qu'elle a faites pour l'améliorer. Nous avons d'ailleurs fait examiner en notre Conseil royal de Commerce les représentations faites par les Syndics & Directeurs, soit par rapport aux dépenses qu'a occasionné à ladite Compagnie la Traite des Négres qu'elle a conduits dans nos Colonies Françoises de l'Amérique, soit par rapport aux pertes qu'elle a souffertes depuis la guerre, & aux dépenses excessives qu'elle est obligée de faire pour la sûreté de l'approvisionnement de ses établissemens dans les Indes, pendant que son commerce diminue considérablement ; comme aussi les demandes qu'ils ont crû devoir former au nom de ladite Compagnie, tant pour raison du privilége exclusif du commerce de S. Domingue, dont elle a été privée, que pour la non-jouïssance du droit par tonneau d'exportation & d'importation des marchandises de son commerce, établi par l'Edit du mois d'Août 1664, & confirmé depuis par plusieurs autres Edits, dont le payement a été suspendu depuis 1731, & voulant en même temps que nous augmentons nos revenus, rendre à ladite Compagnie des Indes la justice que nous reconnoissons lui être dûe, tant sur la plus value de de ladite Ferme du Tabac, que sur celles des demandes & représentations desdits Syndics & Directeurs, que nous avons jugé être fondées, & désirant même de lui donner de nouvelles marques de la protection que nous ne cesserons jamais de lui accorder, & lui fixer un état stable, & procurer la sûreté des Actionnaires, nous avons liquidé dans notredit Conseil les indemnités, demandes & prétentions ladite Compagnie à la somme de quatre-vingts millions, qui joints aux quatre-vingt-dix millions, prix de son contrat d'aliénation à titre d'engagement, & aux dix millions restans de son ancien fonds fait en 1717, qui lui sont encore dûs, formeront un capital de cent quatre-vingts millions, pour lequel notre intention est, en rentrant dans la propriété de ladite Ferme du Tabac, de créer & aliéner au profit de ladite Compagnie neuf millions de rente annuelle & perpétuelle, qui seront affectés & hypothéqués par préférence & privilege spécial sur le produit de ladite Ferme, en confirmant au surplus ladite Compagnie dans tous les droits, privileges & prérogatives qui lui ont été attribués, & dont elle a joüi, ou dû joüir, & notamment dans la jouïssance du droit par tonneau d'exportation & d'importation des marchandises de son commerce. A CES CAUSES, & autres à ce nous mouvant, de l'avis de notre Conseil, & de notre certaine science, pleine puissance & autorité royale, nous avons par notre présent Edit, perpétuel & irrévocable, dit, statué & ordonné, disons, statuons & ordonnons, voulons & nous plaît ce qui suit.

### ARTICLE PREMIER.

LE privilege de la vente exclusive du Tabac dans l'étendue de notre Royaume, Pays, Terres & Seigneuries de notre obéissance, sera & demeurera réuni, comme nous le réunissons à nos autres droits, à compter du premier Juillet de la présente année, ainsi qu'il l'étoit avant l'aliénation à titre d'engagement qui en a été fait à la Compagnie des Indes.

### II.

POUR nous acquitter envers ladite Compagnie des Indes des cent millions de son ancien fonds, porté en notre Trésor royal, en conséquence de notre Edit du mois de Décembre 1717, & des quatre-vingts millions, à quoi nous avons liquidé les indemnités, demandes & prétentions de ladite Compagnie, nous avons de la même autorité que dessus, créé & aliéné au profit de ladite Compagnie des Indes neuf millions de livres de rente annuelle & perpétuelle, au denier vingt, franche & quitte de toute retenue, diminution ou réduction pour quelque cause & prétexte que ce soit, & sous quelque dénomination que ce puisse être, au payement de laquelle rente le produit de la Ferme dudit privilege de la vente exclusive du Tabac, sera & demeurera spécialement, & par privilege affecté & hypothéqué, sans que le produit de ladite Ferme, jusqu'à concurrence de cette rente, puisse être employé, ni diverti à aucun autre usage, pour quelque raison que ce soit.

### III.

VOULONS en conséquence que par le garde de notre Trésor royal en exercice, il soit expédié à ladite Compagnie des Indes & au nom de son Caissier général des quittances de Finance jusqu'à la concurrence dudit capital de cent quatre-vingts millions, & qu'il en fasse recette dans ses états & comptes conformément auxdites quittances de Finance qu'il en aura expédiées, sur lesquelles lesdits neuf millions de rente seront vendus & aliénés à ladite Compagnie par les Commissaires de notre Conseil, qui seront nommés à cet effet, & les contrats de constitution en seront passés pardevant Jourdain & Doyen, Notaires au Châtelet de Paris, les grosses desquels contrats seront délivrées à ladite Compagnie sans frais, nous réservant de pourvoir d'un salaire raisonnable auxdits Notaires.

### IV.

LADITE Compagnie des Indes joüira, à commencer dudit jour premier Juillet de la présente année, & pourra disposer desdits neuf millions de rente, comme de sa propre chose, vrai & loyal acquêt, en vertu des contrats de constitution qui lui en seront passés, & sera payée des arrérages de mois en mois & par avance, à raison de sept cens cinquante mille livres par mois, sur les quittances du Caissier général de ladite Compagnie, visées par l'un des Syndics & l'un des Directeurs d'icelle, sur lesquelles il en sera tenu compte à l'Adjudicataire de nos Fermes générales unies, & ladite somme de neuf millions de livres passée annuellement dans la dépense de ses états & comptes sans difficulté, en rapportant pour la premiere fois seulement copies collationnées du présent Edit & de la commission dudit Caissier général.

### V.

POURRONT les Syndics & Directeurs de ladite Compagnie emprunter les sommes dont elle aura besoin pour les opérations de son commerce, soit par contrats de constitution, actions rentieres, ou rentes viageres, ainsi qu'il sera déterminé par les délibérations qui seront prises à cet effet, & par nous autorisées, & affecter & hypothéquer jusqu'à concurrence des emprunts qui pourront être faits, lesdits neuf millions de rente au principal de cent quatre-vingts millions, sauf néanmoins les engagemens qu'elle pourroit avoir précédemment contractés, auxquels lesdits neuf millions demeureront hypothéqués comme l'étoit le produit de ladite Ferme du Tabac.

## VI.

Permettons à tous étrangers non naturalisés demeurans en notre Royaume, Pays, Terres & Seigneuries de notre obéissance, même à ceux demeurans hors de notre Royaume d'acquérir des rentes sur ladite Compagnie des Indes, soit perpétuelles, soit viageres, lorsqu'elle empruntera à constitution, ainsi que nos propres sujets, pour en joüir & disposer entre-vifs par testament, ou autrement, en principaux & arrérages ; & en cas qu'ils n'en eussent pas pas disposé de leur vivant, voulons que leurs héritiers, donataires, légataires, ou autres les représentans leur succédent, encore qu'ils fussent étrangers & non régnicoles, même qu'ils fussent sujets des Princes & Etats avec lesquels nous sommes, ou pourront être en guerre ; & en conséquence que lesdites rentes soient exemptes de toutes lettres de marque & de représailles, droits d'aubaine, bâtardise, confiscation & autres droits qui pourroient nous appartenir, auxquels nous avons renoncé & renonçons.

## VII.

Voulons au surplus que ladite Compagnie des Indes soit & demeure maintenue & confirmée, comme nous la maintenons & confirmons dans tous les privileges, droits, exemptions & prérogatives qui lui ont été attribués, & dont elle joüit, ou doit joüir, & notamment dans la joüissance du droit de cinquante livres par tonneau d'exportation, & de soixante-quinze livres par tonneau d'importation des marchandises de son commerce, & ce, à compter du premier Janvier de la présente année seulement, les arrérages de ce qui pouvoit lui en être dû jusqu'audit jour se trouvant acquittés, comme faisant partie des quatre-vingts millions, dont le fonds de la Compagnie se trouve augmenté. Si donnons en mandement à nos amés & féaux Conseillers les Gens tenant notre Cour de Parlement, Chambres des Comptes & Cour des Aydes à Paris, que notre présent Edit ils aient à faire lire, publier & regiſtrer, & le contenu en icelui garder & obſerver de point en point ſelon ſa forme & teneur, nonobſtant tous Edits, Déclarations, Arrêts, Réglemens, & autres choſes à ce contraires, auxquels nous avons dérogé & dérogeons par le préſent Edit; aux copies duquel collationnées par l'un de nos amés & féaux Conſeillers-Secrétaires, voulons que foi ſoit ajoutée comme à l'original; car tel eſt notre plaiſir : & afin que ce ſoit choſe ferme & ſtable à toujours, nous y avons fait mettre notre ſcel. DONNE' au Camp du Parc au mois de Juin, l'an de grace mil ſept cent quarante-ſept, & de notre regne le trente-deuxiéme. *Signé* LOUIS. *Et plus bas*; Par le Roi, PHELYPEAUX. *Viſa*, DAGUESSEAU. Vû au Conſeil, MACHAULT. Et ſcellé du grand Sceau de cire verte, en lac de ſoie rouge & verte.

*Regiſtré, oui ce requerant le Procureur général du Roi, pour être exécuté ſelon ſa forme & teneur, & être les Articles* XVI *de l'Edit du mois d'Août* 1717, & XV *de celui du mois de Décembre de la même année exécutés ; & en conſéquence ſeront toutes conteſtations entre la Compagnie & les particuliers jugées par les Conſuls de Paris, ſauf l'appel en la Cour, & les Directeurs de ladite Compagnie, actuellement nommés, ou qui le ſeront par la ſuite, prêteront ſerment en la Cour, de bien & fidélement adminiſtrer les affaires de la Compagnie ; & copies collationnées envoyées aux Bailliages & Sénéchauſſées du reſſort, pour y être lûes, publiées & regiſtrées ; enjoint aux Subſtituts du Procureur général du Roi d'y tenir la main, & d'en certifier la Cour dans le mois, ſuivant l'Arrêt de ce jour. A Paris en Parlement le quatorze Juillet mil ſept cent quarante-ſept. Signé*, YSABEAU.

*Regiſtrées en la Chambre des Comptes, oui & ce requerant le Procureur général du Roi, pour être exécutées ſelon leur forme*

& teneur, conformément à la Déclaration du 3 Août préfent mois & an, & à l'Arrêt d'enregiftrement d'icelle en la Chambre de ce jourd'hui, & joüir par ladite Compagnie des Indes, des privileges à elle accordés par Edits, Déclarations & Lettres-patentes, bien & dûement regiftrées en la Chambre, les Sémeftres affemblés le neuf Août mil fept cent quarante-fept.

Signé NOBLET.

Regiftrées en la Cour des Aydes, oui & ce requerant le Procureur général du Roi, pour être exécutées felon leur forme & teneur. Fait à Paris en la Cour des Aydes, les Chambres affemblées le dix-huit Août mil fept cent quarante-fept.

Collationné. Signé D'ARBOULIN,

ARREST

# ARREST
## DU PARLEMENT
*SUR la prestation de serment de Messieurs les Directeurs*

#### Du 21 Juillet 1747.

CE jour, en présence des Gens du Roi, Jacques Duval, Ecuyer, Chevalier de l'Ordre de Saint Michel, Directeur de la Compagnie des Indes, en exécution de l'Arrêt de la Cour du 14 Juillet présent mois, d'enregistrement de l'Edit du mois de Juin de la présente année, a fait ledit serment de bien & fidellement administrer les affaires de la Compagnie des Indes. FAIT en Parlement le vingt-uniéme Juillet mil sept cent quarante-sept.

*Signé* IZABEAU.

*Idem*, de Monsieur Castanier.
Saintard.
Cavalier.
Duvelaer.
David.
Claessen.
Godeheu. } Du 28 Août 1747.
Michel. } Du 23 Août 1749.
Gilly.... } Du 23 Août 1749.

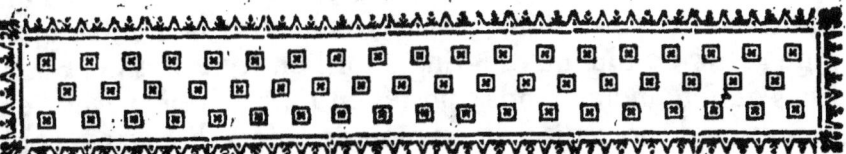

# DÉCLARATION DU ROY,

*EN interprétation de l'Edit du mois de Juin, en faveur de la Compagnie des Indes.*

#### Du 3 Août 1747.

LOUIS, PAR LA GRACE DE DIEU, ROI DE FRANCE ET DE NAVARRE, à tous ceux qui ces présentes Lettres verront, SALUT. Par notre Edit du mois de Juin dernier, nous aurions réuni à nos autres droits, à compter du premier Juillet de la présente année le privilege exclusif de la vente du Tabac, dans l'étendue de notre Royaume, que nous avions aliéné à titre d'engagement à la Compagnie des Indes, par contrat du 19 Novembre 1723, pour demeurer quitte envers ladite Compagnie de la somme de quatre-vingt-dix millions sur celle de cent millions, portée en notre Trésor royal, en exécution de notre Edit du mois de Décembre 1717, regiftré en notre Chambre des Comptes, à laquelle par le même Edit nous aurions fixé le fonds de la Compagnie d'Occident, aujourd'hui la Compagnie des Indes, & créé au profit de ladite Compagnie quatre millions de rente au denier vingt-cinq, au principal de cent millions; nous aurions en même temps liquidé en notre Conseil les indemnités, demandes & prétentions de ladite Compagnie, énoncées en notre

Edit du mois de Juin dernier, à la somme de quatre-vingts millions: & pour demeurer quitte envers ladite Compagnie, tant desdits quatre-vingts millions que des cent millions de son ancien fonds, portés en notre Trésor royal, en exécution de notredit Edit du mois de Décembre 1717, nous aurions par le même Edit du mois de Juin dernier créé & aliéné au profit de ladite Compagnie neuf millions de rente annuelle & perpétuelle au denier vingt franche & quitte de toute retenue, diminution ou réduction, au payement de laquelle rente nous aurions affecté & hypothéqué par privilege le produit de la Ferme du privilege exclusif de la vente du Tabac jusqu'à concurrence desdits neuf millions de rente. Mais nous avons été depuis informé que faute par ladite Compagnie, d'avoir obtenu de nous, & fait regiſtrer en notre Chambre des Comptes de Paris des Lettres de ratification dudit contrat d'aliénation, à titre d'engagement du privilege exclusif de la vente du Tabac, du 10 Novembre 1723, ladite Compagnie se seroit trouvée exposée aux poursuites contre elle, ordonnées être faites par Arrêt de notredite Chambre des Comptes, du 22 Décembre 1730, à la requête de notre Procureur général en notredite Chambre des Comptes, pour compter en icelle du produit de la Ferme du Tabac, depuis le premier Octobre 1723 jusqu'au dernier Septembre 1730: surquoi ladite Compagnie, dans la crainte d'être inquiétée à l'avenir en la personne de ses Directeurs, pour raison de ladite jouïſſance & de la reddition desdits comptes, nous ayant offert de compter du produit net dudit privilege, depuis ledit jour premier Octobre 1723 jusqu'audit jour dernier Septembre 1730. Par nos Lettres-Patentes du 12 Août 1733, nous aurions prescrit la forme en laquelle lesdits comptes seroient rendus, en conséquence desquelles Lettres ladite Compagnie en la maniere accoutumée, sous le nom de Pierre le Sueur du produit net dudit privilege, depuis le premier Octobre 1723 jusqu'au dernier Septembre 1730; au moyen de quoi l'on pourroit présumer, que par nosdites Lettres du 12 Août 1733, & en comprenant dans les baux de nos Fermes générales, depuis le premier Octobre 1730, les droits de la Ferme du Tabac; nous aurions regardé comme nul & non avenu le contrat d'aliénation à titre d'engagement du privilege exclusif de la vente du Tabac du 19 Novembre 1723, & que ladite Compagnie des Indes s'en seroit volontairement & tacitement défiftée, en requerant elle-même l'enregistrement en notre Chambre des Comptes desdites Lettres, du 12 Août 1733, & en se soumettant à leur exécution par les comptes qu'elle auroit rendus de ladite Ferme; cependant nous avons fait connoître dans tous les temps que notre intention a toujours été de faire joüir ladite Compagnie des Indes du produit total de ladite Ferme du Tabac; & c'est sur ces assurances réitérées que la Compagnie nous a fait représenter en différentes occasions, que les fonds que nous lui avions fait remettre depuis 1730, étoient beaucoup au-dessous du bénéfice qu'elle auroit pû retirer de la joüissance des droits de la Ferme du Tabac, dont le produit l'auroit mise en état de soutenir, & même d'augmenter considérablement son commerce. C'est principalement sur ce motif, sur les dépenses que la Compagnie a été obligée de faire pour améliorer cette Ferme, sur la non-joüissance des droits d'exportation & d'importation, établis par l'Edit du mois d'Août 1664, & de quelques autres portions de son commerce, dont elle est privée, ensemble sur les pertes considérables qu'elles a souffertes, & les dépenses excessives qu'elle a été obligée de faire depuis la guerre, que nous avons crû qu'il étoit de notre justice d'accorder à ladite Compagnie une indemnité de quatre-vingts millions : & voulant assurer encore plus particulierement le fond de cette indemnité, nous avons résolu d'expliquer sur ce notre intention, & en même temps de pourvoir aux formalités qui doivent être observées par rapport aux recettes & dépenses à faire par le Garde de notre Trésor royal, & à quelques arrangemens nécessaires au bon ordre de nos Finances, pour l'exécution dudit Edit du mois de Juin dernier. A CES CAUSES, & autres à ce nous mouvant, de notre certaine science, pleine puifance & autorité royale, nous avons par ces Présentes signées de notre main, dit, déclaré & ordonné, disons, déclarons & ordonnons, voulons, & nous plaît:

### Article premier.

Que notre Edit du mois de Juin dernier, soit exécuté selon sa forme & teneur, nonobstant les dispositions de nos Lettres-patentes du 12 Août 1733; en conséquence, voulons que ladite Compagnie jouïsse de ladite somme de quatre-vingts millions, à laquelle nous avons liquidé par ledit Edit les indemnités, demandes & prétentions de ladite Compagnie.

### I I.

Ordonnons qu'elle sera payée en rentes créées par notre Edit de ladite indemnité de quatre-vingts millions, par le Garde de notre Trésor royal en exercice, sur les quittances du Caissier général de ladite Compagnie, passées devant Notaires, en présence de l'un des Syndics, & de l'un des Directeurs d'icelle, qui seront nommés par une délibération qui sera prise à cet effet.

### III.

Ladite Compagnie des Indes fera remettre incessamment en notre Trésor royal la grosse des dix millions de contrats de constitution, passés à son profit les 18 & 28 Février, 16 Mai & 11 Juin 1718, par les Commissaires de notre Conseil, en exécution de notre Edit du mois de Décembre 1717. Comme aussi la grosse du contrat d'aliénation du privilege de la vente exclusive du Tabac dudit jour 19 Novembre 1723, ensemble la quittance de Finance du 21 Février 1724, de la somme de quatre-vingt-dix millions, par elle payée en notre Trésor royal pour le prix de ladite aliénation; pour être les principaux desdits contrats & ladite Finance de quatre-vingt-dix millions, aussi remboursés en rentes créées par notredit Edit, par le Garde de notre Trésor royal en exercice sur pareilles quittances du

Caissier de ladite Compagnie, passées devant Notaires, en présence de celui des Syndics, & de celui des Directeurs de ladite Compagnie, qui auront été nommés par ladite délibération, après que mention aura été faite dudit remboursement, tant sur la minute desdits contrats, que sur celles des contrats de constitution.

### IV.

Les recettes & dépenses ci-dessus réglées seront admises & passées dans l'état au vrai & compte dudit Garde de notre Trésor royal en exercice, sans aucune difficulté, en vertu dudit Edit, des quittances ci-devant prescrites & des Présentes.

### V.

Ordonnons en outre qu'au moyen du payement ci-dessus prescrit desdits quatre-vingt-dix millions d'indemnité, & des autres sommes que nous avons fait remettre à ladite Compagnie, tant pour les arrérages des rentes créées à son profit, par nos Edits des mois de Décembre 1717 & Septembre 1718, que pour le produit des droits de la Ferme du Tabac, jusqu'au premier Juillet de la présente année 1747, nous demeurerons quittes & déchargés des arrérages desdites rentes qui demeurent éteintes & supprimées, & du produit des droits de la Ferme du Tabac, dont la perception a été faite par les Adjudicataires de nos Fermes générales, depuis le premier Octobre 1730, ensemble de toutes autres indemnités & prétentions de ladite Compagnie envers nous pour quelque cause & prétexte que ce soit jusqu'audit jour premier Juillet 1747. Si donnons en mandement à nos amés & féaux Conseillers les Gens tenant notre Chambre des Comptes à Paris, que ces Présentes ils aient à faire lire, publier & regiſtrer, & le contenu en icelles garder & observer de point en point, selon leur forme & teneur, nonobſtant tous Edits, Déclarations, Arrêts, Réglemens & autres choses à ce contraires, auxquelles nous avons dérogé & dérogeons par cesdites Présentes, aux copies defquelles collationnées par l'un de nos amés & féaux Conseillers-Secrétaires, voulons que foi foit ajoutée comme à l'original; car tel est notre plaisir: en témoin de quoi nous avons fait mettre notre Scel à cesdites Présentes. DONNÉ à la Commanderie du Vieux-Jonc le troisiéme jour d'Août, l'an de grace mil sept cent quarante-sept, & de notre regne le trente-deuxiéme. *Signé* LOUIS. *Et plus bas*; Par le Roi, PHELYPEAUX, Scellé. Vû au Conseil, MACHAULT.

*Regiftrées en la Chambre des Comptes, oui & ce requerant le Procureur général du Roi, pour être exécutées selon leur forme & teneur, & joüir par ladite Compagnie des Indes de quatre-vingts millions à elle donnés & octroyés par lesdites présentes Lettres, pour lui tenir lieu de toute indemnité & prétention qu'elle pourra former contre ledit Seigneur Roi, jufqu'au premier Juillet 1747, pour quelque caufe & fous quelque prétexte que ce puiffe être, à la charge par le Garde du Tréfor royal en exercice, de compter tant en recette qu'en dépenfe des fommes énoncées efdites lettres, les Sémeftres affemblés, le neuf Août mil sept cent quarante-sept.* Signé NOBLET.

*Nota.* Cet Édit a aussi été enregistré au Parlement le 14 Juillet 1747, & à la Cour des Aydes le 18 Août suivant.

# LETTRES PATENTES

QUI *nomment des Commissaires du Conseil, pour au nom du Roi, conformément à l'Edit du mois de Juin dernier, passer au profit de la Compagnie des Indes les Contrats de constitution de neuf millions de livres de rente annuelle & perpétuelle au denier vingt.*

Du 17 Octobre 1747.

LOUIS, PAR LA GRACE DE DIEU, ROI DE FRANCE ET DE NAVARRE, à nos amés & féaux les sieurs Dormesson, Conseiller d'Etat ordinaire & au Conseil royal, & Intendant des Finances; de la Houssaye, Conseiller d'Etat, & Intendant des Finances; de Brou, Conseiller d'Etat ordinaire & au Conseil royal; Trudaine, Conseiller d'Etat, & Intendant des Finances; Machault, Conseiller ordinaire au Conseil royal, Contrôleur général des Finances, SALUT. Par notre Edit du mois de Juin dernier, pour nous acquitter envers la Compagnie des Indes, des cent millions de son ancien fonds, portés en notre Trésor royal, en conséquence de l'Edit du mois de Décembre 1717, & des quatre-vingts millions, à quoi nous avons liquidé les indemnités, demandes & prétentions de ladite Compagnie; nous avons créé & aliéné à son profit neuf millions de livres de rente annuelle & perpétuelle au denier vingt, franche & quitte de toute retenue, diminution ou réduction pour quelque cause, & sous quelque prétexte que ce soit, & sous quelque dénomination que ce puisse être, au payement de laquelle rente nous

avons

avons affecté & hypothéqué spécialement, & par privilege le produit de notre Ferme du Tabac, que nous avons par le même Edit réuni à nos autres droits, à compter du premier Juillet dernier, ainsi qu'elle l'étoit avant l'aliénation à titre d'engagement qui en avoit été fait à ladite Compagnie des Indes: & nous avons ordonné en conséquence que par le Garde de notre Trésor royal en exercice, il seroit expédié à ladite Compagnie des Indes, & au nom de son Caissier général, des quittances de Finance, jusqu'à la concurrence dudit capital de cent quatre-vingts millions, sur lesquelles lesdits neuf millions de rente seroient vendus & aliénés à ladite Compagnie par les Commissaires de notre Conseil qui seroient nommés à cet effet, & les contrats de constitution passés devant Jourdain & Doyen, Notaires au Châtelet de Paris, pour être les grosses desdits contrats, délivrés à ladite Compagnie sans frais, & joüir par elle desdits neuf millions de rente, à commencer dudit jour premier Juillet dernier en vertu desdits contrats de constitution, & être payés des arrérages de mois en mois, & par avance; le tout aux autres clauses & conditions portées par notredit Edit, pour l'exécution duquel nous estimons ne pouvoir faire un meilleur choix que de vos personnes. A CES CAUSES, nous vous avons commis, ordonné & député, & par ces Présentes signées de notre main, vous commettons, ordonnons & députons pour, en notre nom, conformément à notredit Edit du mois de Juin dernier, passer au profit de la Compagnie des Indes, les contrats de constitution desdits neuf millions de livres de rente annuelle & perpétuelle au denier vingt, franche & quitte de toute retenue, diminution ou réduction, à prendre spécialement, & par privilege sur le produit de notre Ferme du Tabac, & payable de mois en mois & par avance, à compter du premier Juillet dernier, & ce sur les quittances de Finance, qui auront été expédiées par le Garde de notre Trésor royal en exercice à ladite Compagnie des Indes, & au nom de son Caissier général, jusqu'à la concurrence du capital de cent quatre-vingts millions de la maniere, & ainsi que

Tome IV.　　　　　　　　　　　　　　　Zzz

nous l'avons ordonné; comme auſſi pour ſtipuler par leſdits contrats, les charges, clauſes & conditions que vous jugerez néceſſaires rélativement à notredit Edit; de ce faire, vous donnons pouvoir, autorité & mandement ſpécial; validons dès à préſent, autoriſons & ratiſions par ces Préſentes leſdits contrats de conſtitution de neuf millions de rente annuelle & perpétuelle, qui ſeront par vous paſſés au profit de ladite Compagnie, en vertu des Préſentes; promettant en foi & parole de Roi, ſous l'obligation & hypothéque de tous nos revenus, & ſpécialement du produit de notre Ferme du Tabac, d'avoir agréable, & de tenir ferme & ſtable tout ce qui par vous aura été fait pour raiſon de ce que deſſus, & d'en faire expédier en cas de beſoin toutes Lettres de ratification & autres néceſſaires; car tel eſt notre plaiſir. DONNE' à Fontainebleau le dix-ſeptiéme jour d'Octobre, l'an de grace mil ſept cent quarante-ſept, & de notre regne le trente-troiſiéme. *Signé* LOUIS. *Et plus bas*; PHELYPEAUX. Vû au Conſeil. *Signé* MACHAULT. Scellé du grand ſceau de cire jaune.

# DÉLIBÉRATION qui nomme le Sieur Pechevin pour exécuter ce qui est contenu dans les articles III & IV de l'Edit du Roi du mois de Juin.

## Du 14 Novembre 1747.

DU Mardi 14 Novembre 1747, avant midi, en l'assemblée générale d'administration de la Compagnie des Indes, tenue en l'Hôtel de ladite Compagnie, sis à Paris, rue neuve des Petits-Champs, Paroisse S. Eustache, en présence de Messire Antoine-Louis Rouillé, Conseiller d'Etat, & Messire Jacques-Marie-Jérôme Michau de Montaran, Maître des Requêtes, tous deux Commissaires du Roi, & où étoient haut & puissant Seigneur Louis Madaillan de Lesparre, Marquis de Lassay, demeurant à Paris, rue de l'Université, Paroisse S. Sulpice : sieur Nicolas-Bonaventure Verzure, demeurant rue neuve & Paroisse Saint Eustache ; sieur Charles Colabeau, demeurant rue Vivienne même Paroisse; sieur Jean-Louis Saladin, demeurant Place Louis le Grand, Paroisse S. Roch, tous quatre Syndics de ladite Compagnie ; sieur François Castanier, demeurant rue des Capucins, Paroisse de la Madelaine de la Ville-l'Evêque; sieur Pierre Cavalier, demeurant rue Thevenot, Paroisse S. Sauveur ; sieur Pierre Saintard, demeurant rue du gros Chenet, Paroisse S. Eustache ; sieur Pierre Duvelaer, demeurant rue Notre-Dame des Victoires même Paroisse; sieur Antoine David, demeurant audit Hôtel de la Compagnie ; sieur Nicolas Claessen, demeurant rue neuve des Petits-Champs, Paroisse S. Roch, tous six Directeurs de ladite Compagnie des Indes.

La Compagnie, pour mettre en état le sieur Joseph Pechevin, Caissier général de ladite Compagnie, nommé en ladite qualité par délibération du 31 Juillet 1726, d'exécuter ce qui est ordonné par les articles III & IV de l'Edit du Roi, du mois de Juin dernier, & par les articles II & III de la Déclaration du 3 Août dernier, en interprétation dudit Edit, a autorisé & autorise ledit sieur Pechevin à signer toutes les quittances & decharges des cent quatre-vingts millions de livres mentionnés audit Edit & Déclaration ; remettre au Tréfor royal les grosses des contrats de constitution, quittances de Finances & pieces y énoncées, prêter tout consentement ; accepter pour & au profit de ladite Compagnie un seul contrat d'aliénation & constitution de neuf millions de rente créés par ledit Edit ; passer tous les actes nécessaires pour l'exécution desdits Edit & Déclaration, circonstances & dépendances, le tout en la présence dudit sieur Verzure, l'un des Syndics, & dudit sieur Castanier l'un des Directeurs, lesquels la Compagnie a nommés à cet effet, & pour viser les quittances qui seront données des arrérages desdits neuf millions de livres de rente par ledit sieur Pechevin tant qu'il sera Caissier général de ladite Compagnie, & par ceux qui seront avec lui.

Dont à été expédié le présent acte, en présence & pardevant les Conseillers du Roi, Notaires à Paris, soussignés en ladite assemblée lesdits jour & an, & ont signé la minute des Présentes, demeurée à M<sup>e</sup>. Jourdain l'aîné, Notaire. *Ainsi signé*, LANGLOIS & JOURDAIN. Scellé ledit jour.

---

## QUITTANCE *du Garde du Tréfor Royal de* 180 *millions en faveur de la Compagnie des Indes.*

### Du 27 Novembre 1747.

JE Nicolas-François Fillion de Villemur, Conseiller du Roi en ses Conseils, Garde de son Tréfor royal, confesse avoir reçu en exécution de l'Edit du mois de Juin,

& Déclaration du 3 Août de la présente année 1747 de la Compagnie des Indes, par les mains du sieur Joseph Pechevin, Caissier général de ladite Compagnie, la somme de cent quatre-vingts millions de livres pour le principal de neuf millions de livres de rentes annuelles & héréditaires au denier vingt créées par ledit Edit, à prendre sur le produit de la Ferme du privilege de la vente exclusive du Tabac, lesquels neuf millions de liv. de rentes seront vendus & aliénés à ladite Compagnie par Messieurs les Commissaires du Conseil nommés à cet effet, pour joüir par ladite Compagnie où ses ayans cause par chacun an, à commencer la joüissance du premier Juillet 1747, ainsi qu'il sera plus au long expliqué au contrat de constitution qui en sera expédié conformément audit Edit : de laquelle somme de cent quatre-vingts millions à moi ordonnée, pour être employée au fait de ma charge, je quitte ladite Compagnie & ledit sieur Pechevin qui m'a déclaré que ladite somme de cent quatre-vingts millions de livres, provient de pareille somme, dont en ladite qualité de Caissier général de ladite Compagnie des Indes, & conformément auxdits Edit & Déclaration, il m'a donné quittance, pardevant Me. Jourdain l'aîné & son confrere, Notaires à Paris, le 14 du présent mois: sçavoir, cent millions pour le remboursement de l'ancien fonds de ladite Compagnie, & quatre-vingts millions à quoi ont été liquidés toutes les indemnités, demandes & prétentions d'icelle par lesdits Edit & Déclaration : cette Déclaration faite pour la justification de l'origine, & la décharge particuliere dudit sieur Pechevin. Fait à Paris le vingt-septiéme jour du mois de Novembre mil sept cent quarante-sept. Quittance du Garde du Trésor royal en exercice l'année mil sept cent quarante-sept. *Signé* FILLION DE VILLEMUR. *Au dos est écrit* :

Enregistrée au Contrôle général des Finances, par nous Conseiller ordinaire au Conseil Royal, Contrôleur général des Finances. A Versailles le sixiéme Décembre mil sept cent quarante-sept. *Signé* MACHAULT.

# ARREST
## DU CONSEIL D'ÉTAT
## DU ROY,

QUI ordonne que la Compagnie des Indes sera payée des neuf millions de rente, à raison de 750 mille livres par mois.

Du 3 Décembre 1747.

*Extrait des Registres du Conseil d'Etat.*

VU au Conseil d'Etat du Roi, l'Edit du mois de Juin 1747, par lequel Sa Majesté a retiré de la Compagnie des Indes, & réuni à ses autres droits, à commencer du premier Juillet de ladite année 1747, le privilege de la vente exclusive du Tabac dans l'étendue du Royaume, qui lui avoit été aliéné à titre d'engagement par les Commissaires du Conseil, & a ordonné que pour l'acquittement des cent millions de l'ancien fonds de ladite Compagnie, & des quatre-vingts millions à elle accordés par Sa Majesté, pour toutes indemnités & prétentions, il seroit créé & aliéné au profit de ladite Compagnie des Indes neuf millions de livres de rente annuelle & perpétuelle au denier vingt, à prendre sur les Fermes générales-unies, à commencer dudit jour premier Juillet 1747. Et Sa Majesté étant informée que ladite Compagnie des Indes a touché deux millions deux cens cinquante mille livres pour le quartier de Juillet 1747 : sçavoir, un million de l'Adjudicataire defdites Fermes générales pour un quartier de huit millions, à quoi montoit le prix du bail, fait par ladite Compagnie des Indes à l'Adjudicataire des Fermes sur les quittances du sieur Pechevin son Caissier général, & deux cens cinquante mille livres du sieur de Villemur, Garde du Tréfor royal; ladite Compagnie des Indes ne doit plus être employée sur les états des charges assignées sur les Fermes générales-unies pour lesdits neuf millions de livres, qu'à commencer du premier Octobre de ladite année 1747; à quoi Sa Majesté voulant pourvoir : oui le rapport du sieur de Machault, Conseiller ordinaire au Conseil Royal, Contrôleur général des Finances, LE ROI E'TANT EN SON CONSEIL, a ordonné & ordonne, que la Compagnie des Indes ne sera employée dans l'état des charges & assignations sur les Fermes générales-unies pour les neuf millions de livres de rente créée & aliénée à son profit, par ledit Edit du mois de Juin de la présente année 1747, pour en être payée de mois en mois & par avance, à raison de sept cens cinquante mille livres par mois sur les quittances du Caissier général de ladite Compagnie, visées par l'un des Syndics & l'un des Directeurs d'icelle, sur lesquelles il en sera tenu compte audit Adjudicataire des Fermes générales-unies, & passées annuellement dans la dépense de ses états & comptes sans difficulté, en rapportant pour la premiere fois seulement, conformément à l'article IV de l'Edit du mois de Juin 1747, copie collationnée dudit Edit & de la commission dudit Caissier général. FAIT au Conseil d'Etat du Roi, Sa Majesté y étant, tenu à Versailles le 3 Décembre mil sept cent quarante-sept.

Signé PHELYPEAUX.

# CONTRAT DE CONSTITUTION

*PAR Nosseigneurs les Commissaires du Roi à la Compagnie des Indes de neuf millions de rente, au principal de 180 millions, sur la Ferme du Tabac.*

Du 17 Décembre 1747.

A Tous ceux qui ces présentes Lettres verront ; Gabriel-Jérôme de Bullion, Chevalier, Comte d'Esclimont, Seigneur de Wideville, Crespieres, Mareil-Montainville & autres lieux, Maréchal des Camps & Armées du Roi, son Conseiller en tous ses Conseils, Prévôt de la Ville, Prévôté & Vicomté de Paris, Conservateur des privileges royaux de l'Université de ladite Ville, SALUT. Sçavoir faisons, que pardevant Me Antoine-François Doyen & Jean-François Jourdain, Conseillers, Notaires du Roi à Paris, soussignés, furent présens Monsieur Lefévre d'Ormesson, Conseiller d'Etat ordinaire & au Conseil Royal, & Intendant des Finances, demeurant à Paris en son Hôtel, Place Royale, Paroisse S. Paul,

Monsieur le Pelletier de la Houssaye, Conseiller d'Etat ordinaire, & Intendant des Finances, demeurant à Paris en son Hôtel, rue & Paroisse S. André des Arcs,

Monsieur Feydeau de Brou, Conseiller d'Etat ordinaire & au Conseil Royal, demeurant à Paris en son Hôtel, rue de l'Université, Paroisse S. Sulpice,

Monsieur Trudaine, Conseiller d'Etat & Intendant des Finances, demeurant à Paris en son Hôtel, rue des Audriettes, Paroisse S. Nicolas des Champs,

Monsieur de Machault, Conseiller ordinaire au Conseil Royal,

Royal, Contrôleur général des Finances, Commandeur, Grand Tréforier des Ordres de Sa Majefté, demeurant à Paris en fon Hôtel, rue du grand Chantier, Paroiffe faint Nicolas des Champs.

Tous Commiffaires députés par le Roi, à l'effet de paffer le préfent contrat par Lettres-patentes données à Fontainebleau le 17 Octobre 1747, fignées LOUIS, & plus bas, PHELYPEAUX, & fcellées du grand Sceau de cire jaune, lefquelles Lettres ont été mifes aux Archives de la Compagnie des Indes, & dont copie collationnée eft demeurée annexée à la minute des Préfentes.

Lefquels Seigneurs Commiffaires ont dit, que le Roi par fon Edit du mois de Juin 1747, regiftré en Parlement, en la Chambre des Comptes & en la Cour des Aydes les 14 Juillet, 9 & 18 Août fuivans, a ordonné la réunion aux autres droits de Sa Majefté, à compter du premier Juillet 1747, du privilege de la vente exclufive du Tabac dans l'étendue du Royaume, Pays, Terres & Seigneuries de fon obéiffance, ainfi qu'il l'étoit avant l'aliénation à titre d'engagement qui en a été faite à la Compagnie des Indes, & pour s'acquitter par Sa Majefté envers la Compagnie des Indes des cent millions de fon ancien fonds, portés au Tréfor royal, en conféquence de l'Edit du mois de Décembre 1717, & des quatre-vingt-dix millions, à quoi Sa Majefté a liquidé les indemnités, demandes & prétentions de ladite Compagnie, elle a créé & aliéné au profit de ladite Compagnie des Indes neuf millions de livres de rente annuelle & perpétuelle au denier vingt, franche & quitte de toute retenue, diminution ou réduction pour quelque caufe & prétexte que ce foit, & fous quelque dénomination que ce puiffe être, au payement de laquelle rente le produit de la Ferme dudit privilege de la vente exclufive du Tabac, feroit & demeureroit fpécialement & par privilege affecté & hypothéqué fans que le produit de ladite Ferme, jufqu'à concurrence de cette rente, puiffe être employé ni diverti à aucun autre ufage, pour quelque raifon que ce foit.

Tome IV.                                                           A a a a

En conséquence a été ordonné que par le Garde du Tréfor royal en exercice, il feroit expédié à ladite Compagnie des Indes, & au nom de fon Caiffier général, des quittances de finances jufqu'à la concurrence dudit capital de 180 millions, dont il feroit recette dans fes états & comptes, conformément auxdites quittances qu'il en auroit expédiées, fur lefquelles lefdits neuf millions de rente feroient vendus & aliénés à ladite Compagnie par les Commiffaires du Confeil qui feroient nommés à cet effet, & les contrats de conftitution en feroient paffés pardevant les Notaires fouffignés, les groffes defdits contrats feroient délivrées à ladite Compagnie, fans frais.

Pour, par ladite Compagnie des Indes, joüir, à commencer du premier Juillet de la préfente année 1747, & difpofer defdits neuf millions de rente, comme de fa propre chofe, vrai & loyal acquêt, en vertu des contrats de conftitution qui lui en feroient paffés, & être payée des arrérages de mois en mois & par avance, à raifon de 750 mille livres par mois fur les quittances du Caiffier général de ladite Compagnie, vifées par l'un des Syndics & l'un des Directeurs d'icelle, fur lefquelles en feroit tenu compte à l'Adjudicataire des Fermes générales-unies de Sa Majefté; que les Syndics & Directeurs de ladite Compagnie pourroient emprunter les fommes dont elle aura befoin pour les opérations de fon commerce, foit par contrats de conftitution, actions rentieres, ou rentes viageres, ainfi qu'il fera déterminé par les délibérations qui feront prifes à cet effet, & par Sa Majefté autorifées, & affecter & hypothéquer jufqu'à concurrence des emprunts qui pourroient être faits, lefdits neuf millions de rente au principal de 180 millions, fauf néanmoins les engagemens qu'elle pourroit avoir précédemment contractés, auxquels lefdits neuf millions demeureront hypothéqués, comme l'étoit le produit de ladite Ferme du Tabac, avec faculté à tous Etrangers non naturalifés demeurans dans le Royaume, Pays, Terres & Seigneuries de l'obéiffance de Sa Majefté, même à ceux demeurans hors du Royaume, d'acquérir des rentes fur ladite Compagnie des Indes, soit perpétuelles ou viageres, lorsqu'elle empruntera à constitution, ainsi que les propres sujets de Sa Majesté, pour en joüir & disposer entre-vifs par testament, ou autrement en principaux & arrérages, & en cas qu'ils n'en eussent disposé de leur vivant, que leurs héritiers, donataires, légataires ou autres les représentant leur succedent, en cas qu'ils fussent étrangers & non regnicoles, même qu'ils fussent sujets des Princes & Etats, avec lesquels Sa Majesté est ou pourroit être en guerre ; & en conséquence que lesdites rentes soient exemptes de toutes Lettres de marque & de représailles, droits d'aubeine, bâtardise, confiscation & autres droits qui pourroient appartenir à Sa Majesté, auxquels elle a renoncé par ledit Edit, Sa Majesté ayant au surplus maintenu & confirmé ladite Compagnie des Indes dans tous les privileges, droits & exemptions, prérogatives à elle attribués, & dont elle joüit & doit joüir, & notamment du droit de cinquante livres par tonneau d'exportation, & de soixante-quinze livres de son commerce, & ce à compter du premier Janvier de la présente année seulement, les arrérages de ce qui pourroit lui en être dû jusqu'audit jour, se trouvant acquittés comme faisant partie des quatre-vingts millions, dont le fonds de la Compagnie se trouve augmenté : que depuis ledit Edit du mois de Juin dernier, Sa Majesté, par sa Déclaration du trois Août suivant, rendue en interprétation d'icelui, & registrée en la Chambre des Comptes le neuf dudit mois d'Août, ayant réglé les formalités à observer pour l'exécution dudit Edit, & ordonné que ladite Compagnie des Indes seroit payée en rentes créées par icelui de ladite indemnité de quatre-vingts millions par le Garde du Trésor Royal en exercice, & qu'elle feroit remettre au Trésor Royal les contrats, quittances de finance & autres titres des cent millions de son ancien fonds qui leur seroient aussi remboursées en rentes créées par ledit Edit du mois de Juin, ladite Compagnie des Indes auroit rempli ce qui étoit à faire de sa part, par la quittance donnée au Trésor royal dans la forme prescrite par ladite Déclaration du Roi, tant defdits quatre-vingts millions d'indemnité que des cent millions de fon ancien fonds, avec la remife au Tréfor royal des contrats, quittances de finance & autres titres, ainfi que le tout eft mentionné en ladite quittance paffée devant Me Jourdain & fon confrere, Notaires à Paris, le 14 Novembre 1747.

A ces caufes, lefdits Seigneurs Commiffaires de Sa Majefté, en vertu du pouvoir à eux donné par ledit Edit de Juin 1747, & lefdites Lettres-patentes fufnommées, ont reconnu avoir vendu, aliéné & conftitué, affis & affigné par ces Préfentes, dès maintenant & à toujours, & promettant pour & au nom de Sa Majefté garantir de tous troubles & empêchemens généralement quelconques, fournir & faire valoir en principal & arrérages à ladite Compagnie des Indes, ce acceptant pour elle & fes ayans caufe par le fieur Jofeph Pechevin, Caiffier général de ladite Compagnie, demeurant à Paris, en l'Hôtel d'icelle, rue neuve des Petits-Champs, Paroiffe S. Euftache, à ce comparant en la préfence du fieur Nicolas-Bonaventure Verzure, l'un des Syndics, & du fieur François Caftanier, l'un des Directeurs de ladite Compagnie, l'un & l'autre nommés à cet effet par délibération de l'affemblée générale de ladite Compagnie, reçue par ledit Me Jourdain & fon confrere, Notaires, le 14 Novembre 1747, demeurans, fçavoir ledit fieur Verzure rue neuve & Paroiffe S. Euftache, & ledit fieur Caftanier rue des Capucines, Paroiffe Sainte Marie-Madeleine de la Ville-l'Evêque, neuf millions de livres de rente annuelle, franche & quitte de toute retenue, diminution ou réduction pour quelque caufe & prétexte que ce foit, ou fous quelque dénomination que ce puiffe être.

A l'avoir à prendre fpécialement & par privilege fur le produit de la Ferme du privilege de la vente exclufive du Tabac, laquelle rente dont les arrérages ont commencé à courir du premier Juillet 1747, lefdits Seigneurs Commiffaires audit nom promettent faire bailler & payer à ladite Compagnie & fes ayans caufe par les Fermiers de la

Ferme dudit privilege de la vente exclusive du Tabac, & sur le produit d'icelle, entre les mains dudit sieur Pechevin, Caissier général de ladite Compagnie, & de ceux qui le seront après lui sur leurs quittances visées par l'un des Syndics, & l'un des Directeurs d'icelle, de mois en mois & par avance, dont les six premiers mois commencés au premier Juillet dernier, actuellement exigibles aux termes dudit Edit, seront payés incessamment, si fait n'a été, le premier mois de l'année prochaine se payera le premier Janvier prochain 1748, & ensuite continuer de mois en mois & par avance, tant que ladite rente aura cours. Au payement de laquelle rente & à la garantie du principal d'icelle lesdits Seigneurs Commissaires ont affecté, obligé & hypothéqué spécialement & par privilege, comme dit est, le produit de ladite Ferme du privilege de la vente exclusive du Tabac, sans que le produit de ladite Ferme jusqu'à concurrence desdits neuf millions de rente puisse être employé ni diverti à aucun autre usage, pour quelque raison que ce soit.

Pour par ladite Compagnie des Indes joüir & disposer desdits neuf millions de rente constitués par le présent contrat, comme de sa propre chose, vrai & loyal acquêt.

Cette constitution faite, moyennant la somme de cent quatre-vingts millions de livres, qui est à raison du denier vingt, laquelle somme, suivant lesdits Edit & Déclaration, a été payée par ladite Compagnie par les mains dudit sieur Pechevin, en celles de Me Nicolas-François Fillion de Villemur, Conseiller du Roi en ses Conseils, Garde de son Trésor royal, suivant sa quittance du 27 Novembre dernier, enregistrée au contrôle général des Finances le 6 du présent mois, représentée auxdits Seigneurs Commissaires, & annexée à la minute des Présentes.

Et se sont lesdits Seigneurs Commissaires, audit nom, dessaisis & dévétus au profit de ladite Compagnie des Indes & ayans cause du produit du privilege de la vente exclusive du Tabac, jusqu'à concurrence de la rente présentement constituée, consentant qu'ils en soient saisis & mis en possession, continuant à cet effet leur Procureur le porteur des Présentes, auquel ils donnent tout pouvoir à ce nécessaire.

Rachetables à toujours lesdits neuf millions de rente, en rendant & payant pareille somme de cent quatre-vingts millions de livres avec les arrérages qui en seront lors dûs & échûs, frais & loyaux coûts.

Promettent lesdits Seigneurs Commissaires pour & au nom de Sa Majesté faire exécuter & entretenir le contenu en ces Présentes, sous l'obligation & hypotheque du produit dudit privilege de la vente exclusive du Tabac, qu'ils ont pour ce soûmis à toutes Jurisdictions, renonçant à cet effet à toutes choses nécessaires.

En témoin de quoi lesdits Notaires Garde-Scel ont scellé cesdites Présentes qui furent faites & passées à Paris à l'égard desdits Seigneurs Commissaires en leurs Hôtels, & à l'égard desdits sieurs Syndics, Directeurs, & Caissier général, en l'Hôtel de la Compagnie des Indes, l'an 1747, le 14 Décembre avant midi, & ont signé avec lesdits Me Doyen & Jourdain Notaires, la minute des Présentes demeurée avec M. Jourdain Notaire.

# ARREST
## DU CONSEIL D'ÉTAT,
## DU ROY,

*QUI accorde la main-levée de la Frégate l'Africa en faveur des Sieurs Cossart & du montant de la vente des Noirs en faveur de la Compagnie des Indes.*

#### Du 5 Mars 1748.

*Extrait des Registres du Conseil d'Etat.*

VU par le Roi en son Conseil la requête présentée par Jean Cossart & fils., & Evrard Bouver, Négocians d'Amsterdam, tendante à ce qu'il plût à Sa Majesté les recevoir Appellans de l'Ordonnance du cinq Novembre dernier, qui a déclaré de bonne prise le Navire l'Africa, & les marchandises de son chargement au profit de Sa Majesté; en conséquence, sans s'arrêter tant à ladite Ordonnance qu'à celle des sieurs Commandant en chef & Intendant des Isles Françoises de l'Amérique sous le vent, du 15 Avril précédent, ordonner que ladite Fregate, agrès, apparaux, ensemble les marchandises de son chargement, appartenantes auxdits Cossart & Bouver, même le grelin neuf, le canot & ses avirons, & le grand mât d'hune, pris par le Capitaine de l'Arc-en-ciel, & en cas de vente les deniers qui en sont provenus leur seront rendus & restitués, ou à leurs Préposés à S. Domingue, sans aucune retenue de frais ni autres, à ce faire tous dépositaires seront contraints par toutes voies, même par corps, quoi faisant déchargés. La requête des Syndics & Directeurs de la Compagnie des Indes pour & au nom de ladite Compagnie, tendante à ce qu'il plaise à Sa Majesté les recevoir pareillement Appellans de ladite Ordonnance, faisant droit en leur appel, sans s'arrêter à ladite Ordonnance ni à la procédure faite en l'Amirauté du petit-Goave, ordonner que les deniers provenans de la vente des Négres, appartenans à la Compagnie des Indes, & trouvés à bord de la Frégate l'Africa, feront rendus & restitués sans aucune retenue de frais à ladite Compagnie ou à ses Préposés à S. Domingue, à quoi faire tous dépositaires feront contraints, même par corps, donner pareillement acte aux Supplians de ce qu'ils adhérent à l'appel & aux demandes desdits sieurs Cossart & Bouver, Commissionnaires de ladite Compagnie, par rapport aux engagemens qu'elle a pris avec eux; faisant droit sur ladite adhésion, ordonner que ladite Frégate, ses agrès, apparaux, ensemble les vivres & marchandises de son chargement, leur feront pareillement rendus & restitués, ou les deniers provenans de la vente, du tout aussi sans aucune retenue de frais ni autres, à quoi faire les dépositaires d'iceux contraints par toutes voies, même par corps, quoi faisant déchargés. La Requête du Procureur du Roi en la commission des prises, tendante à ce qu'il plaise à Sa Majesté déclarer les sieurs Directeurs de la Compagnie des Indes de France, & les sieurs Cossart & Bouver non recevables & mal fondés dans l'appel qu'ils ont interjetté de ladite Ordonnance du 5 Novembre dernier, dont ils feront déboutés; en conséquence ordonner que ladite Ordonnance fera exécutée selon sa forme & teneur. Vû aussi la procédure faite en l'Amirauté du petit-Goave, commencée le 9 Avril dernier, les pieces trouvées à bord du Navire l'Africa; l'Ordonnance des sieurs Commandant en chef & Intendant des Isles Françoises de l'Amérique sous le vent, du 15 du mois d'Avril 1747, celle de M. l'Amiral du 5 Novembre suivant, & tout ce qui a été remis par les Parties respectivement; oui le rapport du sieur Comte de Maurepas, Secrétaire

taire d'Etat, ayant le Département de la Marine, LE ROI ÉTANT EN SON CONSEIL, ayant aucunement égard à la requête du Procureur de Sa Majesté en la commission des prises, & sans s'arrêter à celles des Syndics & Directeurs de la Compagnie des Indes, & des sieurs Cossart & fils, & Evrard Bouver, dont ils sont déboutés, a confirmé & confirme ladite Ordonnance du 5 Novembre 1747; & cependant par grace, & sans tirer à conséquence, a fait & fait pleine & entiere main-levée de ladite Frégate l'Africa, & de sa cargaison; en conséquence a ordonné que ladite Frégate, ses agrès, apparaux & marchandises de son chargement appartenans auxdits Cossart & Bouver, ensemble les autres effets trouvés sur ladite Frégate, suivant les inventaires qui ont été faits par les Officiers de l'Amirauté du petit-Goave, ou les deniers qui seront provenus de la vente, tant de ladite Frégate que des marchandises & effets, si aucune a été faite, seront remis & délivrés auxdits Cossart & Bouver ou à leurs Préposés à S. Domingue : ordonne pareillement Sa Majesté que les deniers provenans de la vente des Négres, appartenans à ladite Compagnie des Indes, trouvés à bord de ladite Frégate, seront remis à ladite Compagnie, ou à ses Préposés à S. Domingue; à ce faire tous dépositaires & sequestres seront contraints par toutes voies dûes & raisonnables; quoi faisant ils en seront & demeureront valablement quittes & déchargés : enjoint Sa Majesté aux sieurs Commandant en chef & Intendant des Isles Françoises de l'Amérique sous le vent, & aux Officiers de l'Amirauté du petit-Goave, de tenir la main à l'exécution du présent Arrêt. FAIT au Conseil d'Etat du Roi, Sa Majesté y étant, tenu à Versailles le cinq Mars mil sept cent quarante-huit. *Signé* PHELYPEAUX.

# ARREST
## DU CONSEIL D'ÉTAT
## DU ROY,

*QUI nomme M. Gabriel Michel Directeur de la Compagnie des Indes, à la place du feu Sieur Duval Despremenil.*

#### Du 9 Mars 1748.

*Extrait des Regiſtres du Conſeil d'Etat.*

LE ROI ayant, par Arrêt de ſon Conſeil du 7 Avril 1739, ordonné qu'à l'avenir la Compagnie des Indes ſeroit régie & adminiſtrée par huit Directeurs au lieu de ſix qui avoient été nommés par autre Arrêt de ſon Conſeil du 23 Janvier 1731 ; & Sa Majeſté étant informée du décès du ſieur Duval Despremenil, l'un des Directeurs, elle auroit jugé qu'il ne pouvoit être remplacé plus utilement que par un ſujet, qui par expérience au fait du commerce maritime, fût en état de contribuer au bien & à l'avantage de la Compagnie, à quoi déſirant pourvoir: oui le rapport du ſieur de Machault, Conſeiller ordinaire au Conſeil Royal, Contrôleur général des Finances, LE ROI ÉTANT EN SON CONSEIL a nommé & nomme le ſieur Gabriel Michel, Ecuyer, Négociant à Nantes, pour remplir la place de Directeur de la Compagnie des Indes, vacante par le décès du ſieur Duval Despremenil, & joüir de ladite place aux mêmes titres, émolumens & prérogatives que les autres Directeurs de ladite Compagnie. FAIT au Conseil d'Etat du Roi, Sa Majesté y étant, tenu à Versailles le neuf Mars mil sept cent quarante-huit.

*Signé* PHELYPEAUX.

# ARREST
## DU CONSEIL D'ÉTAT
## DU ROY,

*QUI nomme M. Simon Gilly Directeur de la Compagnie des Indes, à la place du feu Sieur Cavelier.*

Du 16 Mars 1748.

*Extrait des Registres du Conseil d'Etat.*

LE Roi ayant, par Arrêt de son Conseil du 7 Avril 1739, ordonné qu'à l'avenir la Compagnie des Indes seroit régie & administrée par huit Directeurs, au lieu de six, qui avoient été nommés par autre Arrêt de son Conseil du 23 Janvier 1731; & Sa Majesté étant informée du décès du sieur Cavelier, l'un des Directeurs, elle auroit jugé qu'il ne pouvoit être remplacé plus utilement que par un sujet qui par les connoissances qu'il s'est acquises dans le commerce, & ses services, fût en état de contribuer au bien & à l'avantage de la Compagnie, à quoi désirant pourvoir : oui le rapport du sieur de Machault, Conseiller ordinaire au Conseil Royal, Contrôleur général des Finances, LE ROI ÉTANT EN SON CONSEIL a nommé le sieur Simon Gilly, Ecuyer, actuellement Député du commerce de la Province de Languedoc, pour remplir la place de Directeur de la Compagnie des Indes, vacante par le décès du sieur Cavalier, & joüit de ladite place aux mêmes titres, émolumens & prérogatives que les autres Directeurs de ladite Compagnie. Fait à Versailles le seize Mars mil sept cent quarante-huit.

*Signé* Phelypeaux.

---

### OBSERVATION.

Il fut rendu le 4 Mai 1748 un Arrêt du Conseil qui homologue une Déliberation prise dans l'assemblée générale des Actionnaires le 3 du même mois, au sujet d'un plan pour une Loterie de dix mille actions en rentes viageres; mais ce plan n'ayant pas eu son exécution, comme on le verra ci-après, on n'a pas jugé à propos de le rapporter ici.

# DELIBERATION de la Compagnie au sujet d'un emprunt de 1200 mille livres.

## Du 9 Mai 1748.

EN l'assemblée d'administration tenue en présence de Messieurs les Commissaires du Roi, il a été représenté par Messieurs les Syndics, que depuis l'assemblée générale du 3 du présent mois, les apparences de la paix produisent dans le public un effet, qui s'oppose directement à l'exécution du plan de la Loterie, adopté par la délibération du 16 du mois dernier, & approuvé par l'assemblée générale du 3 du présent mois.

Que le prix actuel des Actions de la Compagnie, & la hausse qu'on en prévoit, quand les espérances de paix se réaliseront, ne permettent pas d'espérer que les Propriétaires desdites Actions, les convertissent en billets de la Loterie projettée, au préjudice de l'avantage qu'ils attendent de la plus grande valeur de cet effet.

Messieurs les Syndics ont ajouté, qu'en suivant l'esprit de la délibération sus mentionnée, il leur paroît facile de pourvoir d'une autre maniere, aux vûes qui avoient inspiré le plan de la Loterie. Ils ont dit que les besoins connus de la Compagnie pour l'approvisionnement de ses comptoirs, & la construction, armement & équipement des Vaisseaux à expédier par la premiere partance, avoient été supputés; qu'on avoit aussi prévû qu'il seroit de la derniere importance de se procurer promptement au moment de la paix des fonds suffisans pour relever le commerce de la Compagnie, & lui rendre l'activité si nécessaire au bien de l'Etat, & à l'avantage des Actionnaires. Il leur paroît nécessaire d'ouvrir incessamment un emprunt en rentes viageres constituables sur une ou deux têtes, aux clauses & conditions portées dans le projet ci-après.

### ARTICLE PREMIER.

Il sera ouvert à l'Hôtel de la Compagnie des Indes, au bureau du sieur Pechevin son Caissier, un emprunt, pour lequel il sera aliéné douze cens mille livres de rentes constituables sur une ou deux têtes, en la forme & aux conditions ci-après.

### II.

Les arrérages desdites rentes seront payés de six en six mois après le terme échu, sur le pied de dix pour cent pour celles constituées sur une seule tête, & sur le pied de sept & demi pour cent, pour celles constituées sur deux têtes, dans la forme usitée pour les rentes ci-devant constituées sur ladite Compagnie.

### III.

Pour faciliter ledit emprunt, le sieur Pechevin sera autorisé à commencer au 15 du présent mois de Mai à délivrer jusqu'à la fin du mois de Septembre prochain, des reconnoissances qui ne pourront être moindres de mille livres au capital pour chaque partie de mille livres, pour être le capital constitué sur la Compagnie en rentes viageres.

### IV.

Lesdites reconnoissances seront signées dudit sieur Pechevin, & visées de l'un des Directeurs de la Compagnie, & seront datées en toutes lettres du jour qu'elles seront délivrées : seront lesdites reconnoissances de deux sortes, l'une pour les rentes viageres sur une tête, l'autre pour celles constituables sur deux têtes.

### V.

Pourront tous Notaires au Châtelet de Paris passer les contrats de constitution desdites rentes, conformément aux reconnoissances qui auront été délivrées par ledit sieur Pechevin, & seront annexés à la minute desdits contrats, les extraits baptistaires de celui, ou de celle sur la tête desquels lesdites rentes seront constituées.

### VI.

Seront lesdits contrats numérotés, signés par un Syndic

& deux Directeurs, & délivrés sans frais aux Propriétaires, la Compagnie se chargeant de payer ( en rapportant les reconnoissances qui auront été délivrées par ledit sieur Pechevin ) aux Notaires tous les frais de la passation desdits contrats.

### VII.

LESDITES rentes, dont les fonds seront portés avant le premier Juillet prochain, auront cours du premier Avril dernier, celles dont les fonds seront portés depuis ledit jour premier Juillet jusqu'au premier Octobre suivant, auront cours du premier jour du mois, dans lequel lesdits fonds seront portés, à condition que lesdits contrats en seront passés dans les six mois de la date des reconnoissances, faute de quoi les porteurs desdites reconnoissances seront privés des arrérages, jusqu'au jour de la passation desdits contrats.

### VIII.

SERA Sa Majesté très-humblement suppliée de permettre à tous ses sujets ainsi qu'aux étrangers, demeurans dans le Royaume, même à ceux demeurans hors du Royaume, Pays, Terres & Seigneuries de l'obéissance de Sa Majesté, encore bien qu'ils fussent sujets des Princes & Etats, avec lesquels Sa Majesté est, ou pourroit être en guerre, de s'intéresser audit emprunt, & exempter lesdites rentes & arrérages qui en seront dûs au jour du décès des Rentiers, de toutes lettres de marque, & de représailles, droits d'aubaine, confiscation ou autres qui pourroient appartenir à Sa Majesté.

### IX.

SERA aussi Sa Majesté suppliée d'accepter lesdites rentes de la retenue du Dixiéme, & deux sols pour livres en sus.

### X.

POUR sureté du payement des rentes ci-dessus mentionnées, la Compagnie autorisée par l'Edit du mois de Juin 1747,

1747, affecte & hypothéque jufqu'à dite concurrence les neuf millions qui lui ont été aliénés par Sa Majefté, à prendre par préférence fur le produit de la Ferme du Tabac, & ce fans préjudice des rentes, tant perpétuelles que viageres, que la Compagnie a conftituées précédemment.

La matiere mife en délibération, après avoir été amplement difcutée dans plufieurs affemblées précédentes il a été arrêté unanimement, que le projet d'emprunt ci-deffus tranfcrit, fera adopté fous le bon plaifir de Sa Majefté, comme le plus conforme aux intérêts de la Comgnie, & que la Compagnie fuppliera très-humblement Sa Majefté d'ordonner par un Arrêt de fon Confeil l'exécution dudit projet.

# ARREST
## DU CONSEIL D'ÉTAT
## DU ROY,

QUI permet à la Compagnie des Indes de créer douze cens mille livres de rentes viagéres, à prendre sur les neuf millions de rente à elle constituée par Sa Majesté en exécution de l'Edit du mois de Juin dernier.

#### Du 13 Mai 1748.

*Extrait des Registres du Conseil d'Etat.*

SUR ce qui a été représenté au Roi par les Syndics & Directeurs de la Compagnie des Indes, que par la délibération prise en l'assemblée générale des Actionnaires le 3 de ce mois, ils ont été autorisés, pour satisfaire aux dépenses des expéditions par eux projettées, à créer sur ladite Compagnie dix-huit cens mille livres de rentes viagéres ou perpétuelles, qui devoient être acquises au moyen de dix mille Actions & six millions d'argent, & distribuées par la voie d'une Loterie : que ladite délibération a été homologuée & autorisée par Sa Majesté, par Arrêt du 4 de ce mois, mais que l'augmentation survenue sur le prix des Actions, ne permettant pas d'espérer aujourd'hui le succès de ladite Loterie, ils ont cru plus convenable de faire un emprunt, pour lequel il seroit créé douze cens mille livres de rentes viagéres, soit au denier dix sur une seule tête, sans distinction d'âge soit à raison de sept & demi pour cent sur deux têtes, à l'effet de quoi ils ont pris une délibération le 9 du présent mois, qu'ils supplient très-humblement Sa Majesté de vouloir bien autoriser & homologuer; à quoi voulant pourvoir. Vû ladite délibération, oui le rapport du sieur de Machault, Conseiller ordinaire au Conseil Royal, Contrôleur général des Finances, LE ROI ÉTANT EN SON CONSEIL, en homologuant & autorisant ladite délibération, & conformément à icelle, a ordonné & ordonne ce qui suit.

ARTICLE PREMIER.

PERMET Sa Majesté aux Syndics & Directeurs de la Compagnie des Indes, de créer & constituer au nom de ladite Compagnie, jusqu'à concurrence de douze cens mille livres de rentes viagéres, soit à raison de dix pour cent sur une seule tête, soit à raison de sept & demi pour cent sur les têtes de deux personnes, & de la survivante d'elles, lesquelles rentes seront exemptes du Dixiéme & des deux sols pour livres en sus; & d'affecter & hipothéquer, à la garantie desdites rentes, les neuf millions de livres de rente, que Sa Majesté a fait constituer à ladite Compagnie, en exécution de l'Edit du mois de Juin dernier, sans préjudice des rentes, tant perpétuelles que viagéres, que ladite Compagnie a constituées précédemment.

II.

LES fonds pour l'acquisition desdites rentes viagéres, qui ne pourront être moindres de mille livres en principal, pour chaque partie, seront portés au sieur Pechevin, Caissier de ladite Compagnie, qui en délivrera des reconnoissances signées de lui, & visées par l'un des Directeurs; lesquelles reconnoissances seront datées en toutes lettres & sans chiffres.

Cccc ij

### III.

Les contrats desdites constitutions seront passés par un Syndic & deux Directeurs de ladite Compagnie, & reçus par tels Notaires que les Acquereurs voudront choisir, qui seront tenus de leur délivrer lesdits contrats aux frais de ladite Compagnie, auxquels seront annexés les extraits baptistaires des personnes sur les têtes desquelles lesdites rentes seront constituées, ou actes équipollens, suivant ce qui a été ci-devant prescrit en pareil cas.

### IV.

Lesdites rentes, dont les fonds seront portés avant le premier Juillet prochain, auront cours du premier Avril dernier, celles dont les fonds seront portés depuis ledit jour premier Juillet jusqu'au premier Octobre suivant, auront cours du premier jour du mois, dans lequel lesdits fonds seront portés, à condition que lesdits contrats en seront passés dans les six mois de la date des reconnoissances, faute de quoi les porteurs desdites reconnoissances seront privés des arrérages jusqu'au jour de la passation desdits contrats.

### V.

Les arrérages desdites rentes seront payés de six mois en six mois, aux premiers jours de Janvier & Juillet de chacune année, dans le bureau qui sera établi à cet effet, en la même forme & maniere que les autres rentes viageres constituées par ladite Compagnie, en justifiant de la vie des personnes sur les têtes desquelles lesdites rentes seront constituées : & à l'égard de celles qui seront constituées sur les têtes de deux personnes, il suffira de justifier de la vie de l'une d'elles.

### VI.

Les étrangers non naturalisés, demeurant dans le Royaume, même ceux demeurant hors du Royaume, Pays, Terres & Seigneuries de l'obéissance de Sa Majesté, pourront ainsi que les propres sujets de Sa Majesté, acquérir lesdites rentes, encore bien qu'ils fussent sujets des Princes & Etats avec lesquels Sa Majesté est ou pourroit être en guerre. Veut en conséquence que lesdites rentes & les arrérages qui en seront dûs au jour du décès des Rentiers, soient exemptes de toutes lettres de marques & de représailles, droits d'aubaine, bâtardise, confiscation ou autres qui pourroient appartenir à Sa Majesté, auxquels Sa Majesté a renoncé & renonce. FAIT au Conseil d'Etat du Roi, Sa Majesté y étant, tenu à Versailles le treiziéme Mai mil sept cent quarante-huit. *Signé* PHELYPEAUX.

# ARREST
## DU CONSEIL D'ÉTAT
## DU ROY,

QUI *ordonne l'exécution du réglement général pour l'administration de la Compagnie des Indes, approuvé en l'assemblée générale des Actionnaires de ladite Compagnie, tenue le 3 Juin 1748.*

Du 11 Juin 1748.

*Extrait des Regiſtres du Conſeil d'Etat.*

SUR ce qui a été repréſenté au Roi en ſon Conſeil, par les Syndics & Directeurs de la Compagnie des Indes, que par la délibération priſe en l'aſſemblée générale des Actionnaires de ladite Compagnie, tenue le 3 du préſent mois, le réglement général propoſé pour l'adminiſtration des affaires concernant ladite Compagnie, auroit été unanimement approuvé, & qu'il a été convenu que Sa Majeſté ſeroit très-humblement ſuppliée de vouloir bien en aſſurer l'exécution par ſon autorité; à quoi voulant pourvoir. Vû ledit réglement contenant vingt-huit articles, oui le rapport du ſieur de Machault, Conſeiller ordinaire au Conseil Royal, Contrôleur général des Finances, LE ROI E'TANT EN SON CONSEIL, en homologuant & confirmant le réglement approuvé en l'assemblée générale des Actionnaires de la Compagnie des Indes, tenue le 3 du présent mois, contenant vingt-huit articles, & dont copie certifiée par les Syndics & Directeurs de ladite Compagnie, demeurera annexée à la minute du présent Arrêt, a ordonné & ordonne que ledit réglement sera exécuté selon sa forme & teneur. FAIT au Conseil d'Etat du Roi, Sa Majesté y étant, tenu à Versailles le onze Juin mil sept cent quarante-huit. *Signé* PHELYPEAUX.

Ensuit la teneur dudit réglement.

*REGLEMENT général pour l'administration de la Compagnie des Indes.*

### ARTICLE PREMIER.

LA Compagnie sera régie dès-à-présent & à l'avenir, par six Syndics & huit Directeurs.

### II.

LES Syndics resteront six ans en place, & au bout de six années, il sera procédé tous les ans à l'élection d'un nouveau Syndic en la forme ci-après.

### III.

L'ASSEMBLÉE d'administration proposera à l'assemblée générale quatre sujets choisis parmi les Actionnaires, pour remplir celui de Messieurs les Syndics qui devra sortir: l'assemblée générale en choisira deux, à la pluralité des voix, par scrutin, lesquels seront présentés au Roi, qui nommera celui qui sera le plus agréable à Sa Majesté; si mieux n'aime l'assemblée générale continuer l'ancien Syndic, sous le bon plaisir de Sa Majesté. Il en sera usé de même chaque année pour la sortie d'un ancien Syndic, &

pour le remplacement d'un nouveau, ainsi que pour remplir les places qui viendront à vaquer par mort ou par retraite.

### IV.

Les places des Directeurs étant à vie, en cas de mort ou de retraite de quelqu'un des huit actuellement en place, il sera présenté par l'assemblée d'administration trois sujets au Roi, dans lesquels Sa Majesté sera très-humblement suppliée de choisir celui qui lui sera le plus agréable.

### V.

Lesdits Directeurs seront François d'origine, ou naturalisés, & connu par leur expérience dans le commerce de mer & de terre ; ils seront tenus de déposer cinquante actions de la Compagnie, sans qu'ils puissent, sous quelque prétexte que ce soit, les retirer pendant tout le temps qu'ils feront Directeurs ; ne pourront s'intéresser directement ni indirectement aux achats ou ventes de la Compagnie, ni dans les Vaisseaux que la Compagnie pourroit prendre à fret, non plus que dans les Compagnies des Indes Orientales établies dans les pays étrangers.

### VI.

Le pere & le fils, le beau-pere & le gendre, ou les deux freres, ne pourront être Directeurs en même temps, à moins qu'ils n'en fussent expressément dispensés ; & au cas qu'on jugeât convenable d'accorder cette grace, les deux Directeurs qui seront unis par lesdits liens du sang, ne formeront qu'une voix.

### VII.

Toutes les affaires de la Direction pour l'administration de la Compagnie, seront réparties entre deux départemens généraux, & trois départemens particuliers ; des deux départemens généraux, l'un comprendra tous les armemens & tout le commerce de la Compagnie dans quelque pays que ce puiſſe être, avec tout ce qui peut avoir rapport auxdits commerce & armemens ; l'autre comprendra les caiſſes, les livres, les traites & remiſes, ainſi que les achats & tout ce qui peut y avoir rapport. Le premier département particulier comprendra les ventes, tant publiques que particulieres; le ſecond comprendra l'adminiſtration du port & des magaſins de l'Orient; enfin, le troiſiéme & dernier comprendra la tenue des différens regiſtres des délibérations, les archives, les affaires contentieuſes, avec le détail de l'Hôtel de Paris.

## VIII.

Il y aura quatre Directeurs attachés au premier département général; deux Directeurs veilleront à l'adminiſtration du ſecond; & ſeront les trois autres régis chacun par un Directeur, & la diſtribution des Directeurs dans leſdits départemens ſera réglée dans l'aſſemblée d'adminiſtration, & leſdits départemens pourront être changés par l'adminiſtration, toutes les fois qu'il ſera jugé convenable.

## IX.

Le Directeur, chargé de l'adminiſtration du port de l'Orient, y réſidera, & ſera chargé de la conſtruction, radoubs, armemens, déſarmemens, chargemens & déchargemens des Vaiſſeaux que la Compagnie employera à ſon commerce, & aſſiſtera lors des ventes, le Directeur ou Directeurs qui en ſeront chargés par l'adminiſtration.

## X.

Les aſſemblées d'adminiſtration ſeront compoſées des Syndics & des Directeurs, & ſe tiendront tous les jours depuis dix heures juſqu'à une heure. Les Directeurs de chaque département ſeront tenus de s'y trouver régulierement, & y rapporteront les affaires qui concerneront leur département, ſur des mémoires par eux cotés & paraphés, en marge deſquels ſera fait mention des délibérations qui interviendront, lesquelles délibérations seront souscrites par deux Syndics & trois Directeurs au moins.

## XI.

Les lettres des correspondans & autres, y seront lûes à haute voix, & on déterminera tout de suite les réponses qu'il conviendra de faire, lesquelles seront lûes le lendemain dans ladite assemblée, par le commis en chef du département qu'elles concerneront, à l'heure convenable pour les faire signer avant le départ des courriers, par un Syndic & deux Directeurs au moins; & la même régle sera observée pour la signature de toutes les Ordonnances, tant de payement que de recette: si pendant le temps de ladite assemblée, les lettres de correspondance n'étoient pas arrivées par le retardement des courriers, on s'ajournera à une heure fixe de l'après midi du même jour, pour statuer sur les réponses à faire le lendemain.

## XII.

Il sera tenu un regiftre en bonne forme, qui contiendra toutes les délibérations qui auront été dressées & extraites des feuilles des différens rapports faits par les Directeurs, après quoi lesdites feuilles seront mises en liasses dans les bureaux des départemens qu'elles concerneront; & à l'égard des réponses faites aux lettres que la Compagnie aura reçues, elles seront copiées sur un regiftre tenu à cet effet dans chaque département, pour ce qui peut le concerner; & sera marqué en marge desdites lettres la matiere dont il est question en icelles.

## XIII.

Toutes les affaires de la Compagnie, de quelque nature qu'elles puissent être, excepté celles qui seront réservées à l'assemblée générale, seront décidées à la pluralité des voix dans l'assemblée d'administration.

## XIV.

Messieurs les Commissaires du Roi seront priés de continuer d'assister une fois la semaine, au moins, à ladite assemblée; il leur sera sommairement rendu compte de ce qui aura été convenu depuis la dernière assemblée où ils se seront trouvés, & les affaires les plus importantes seront réservées pour être traitées en leur présence.

## XV.

M. le Contrôleur général sera prié de venir une fois tous les mois à la Compagnie, au jour qu'il lui plaira d'indiquer; & les Directeurs de chaque département lui rapporteront sommairement tout ce qui aura été fait & réglé pendant ce temps.

## XVI.

Les Gouverneurs & Commandans dans l'Inde, aux Isles de France & de Bourbon, & dans les autres établissemens de la Compagnie, les Conseillers des Conseils supérieurs, les Officiers de la Marine & des troupes de la Compagnie, ainsi que tous les Commis & Employés de la Compagnie, tant à Paris qu'à l'Orient, aux Indes & dans les autres établissemens, seront choisis, à la pluralité des voix, dans l'assemblée d'administration, & pourront être pareillement révoqués à la pluralité des voix, si le cas y échéoit.

## XVII.

L'État-major des Vaisseaux qui seront armés pour le service de la Compagnie, ainsi que les Subrecargues & leurs Commis, & autres Employés sur lesdits Vaisseaux, seront aussi nommés & arrêtés dans l'assemblée d'administration; & cependant les commissions des Capitaines qui commanderont les Vaisseaux, les brevets des Officiers & autres principaux employés, ainsi que les lettres & ordres importans que la Compagnie envoie aux Commandans & aux Conseils supérieurs de ses établissemens, devront être visés par M. le Contrôleur général, qui sera supplié de vouloir bien le faire comme par le passé.

### XVIII.

Les bureaux de la Compagnie à Paris resteront dans l'ordre où ils sont établis actuellement, sauf à augmenter ou diminuer selon l'exigence des cas. Seront tenus les Employés de se rendre assidus à leur travail, suivant le réglement particulier qui sera dressé à cet effet: & seront les livres nécessaires au travail de chaque département, cotés & paraphés par premiere & derniere, par un Syndic & deux Directeurs; l'usage auquel lesdits livres ou regiſtres seront destinés, sera pareillement indiqué par un titre étant sur la premiere page d'iceux.

### XIX.

Ne pourra le Caissier général de la Compagnie recevoir ni payer aucunes sommes sur des ordonnances à compte ou définitives, ou ordre particuliers, à moins que lesdites ordonnances ou ordres ne soient signés par un Syndic & deux Directeurs. Ne pourra pareillement accepter ni payer aucune lettre de change tirée sur lui, que sur un état qui en sera dressé sur les avis donnés à la Compagnie, lequel état sera signé par un Syndic & deux Directeurs.

### XX.

Ledit Caissier général sera tenu dans les quatre premiers jours de chaque mois, de présenter à la Direction générale un bordereau exact contenant l'état de sa caisse au dernier du mois précédent; & seront les fonds de ladite caisse vérifiés sur ledit bordereau par deux Syndics & trois Directeurs nommés à cet effet par l'administration, lesquels pourront pareillement vérifier les bordereaux qui auront été fournis à la caisse générale par les Caissiers particuliers.

### XXI.

Les honoraires des Directeurs seront de douze mille francs

par an ; & seront payés tous les trois mois par le Caissier général, sur une ordonnance signée, comme ci-dessus, par un Syndic & deux Directeurs.

### XXII.

Les Syndics auront une inspection générale sur tout ce qui peut regarder les affaires de la Compagnie, & veilleront avec soin à l'exécution des anciens & nouveaux réglemens, tant généraux que particuliers.

### XXIII.

Trois des Syndics seront invités à suivre les départemens : deux s'attacheront plus particulierement au département du commerce & des armemens ; & le troisiéme au département des livres & des caisses, pour y vaquer conjointement avec les Directeurs ; & il ne s'expédiera rien dans tous lesdits départemens, qui ne soit souscrit par l'un d'eux. Ils requerront dans l'assemblée d'administration ce qu'ils croiront convenable & avantageux pour le bien & les intérêts de la Compagnie, & il sera délibéré sur leurs propositions, pour y être statué à la pluralité des voix.

### XXIV.

Comme dans ces temps difficiles, il se présente toujours des affaires & des expéditions plus secrettes, il sera établi un comité secret, composé de deux Syndics & de trois Directeurs, lesquels seront choisis à cet effet par l'assemblée d'administration, & approuvés par M. le Contrôleur général.

### XXV.

Il sera tenu chaque année une assemblée générale des Actionnaires, qui sera & demeurera fixée en Décembre de chaque an ; les Syndics y rendront compte du bilan général de la Compagnie & de la situation de son commerce pendant l'année lors échue. Il y sera délibéré sur la répartition du dividende, & sur les autres affaires importantes qui seront déférées à la décision de ladite assemblée. Les Syndics & Directeurs sont & demeureront autorisés à convoquer des assemblées générales & extraordinaires, lorsqu'il sera jugé convenable, après en avoir demandé la permission à Sa Majesté ; & seront lesdites assemblées générales convoquées par des affiches.

### XXVI.

Les Actionnaires qui voudront assister auxdites assemblées & y avoir voix délibérative, seront tenus de déposer, sous leur nom, vingt-cinq actions entre les mains du Caissier général, en la forme ordinaire, trois jours avant celui de la tenue desdites assemblées, du dépôt desquelles il leur sera délivré un certificat par le Caissier, sur la représentation duquel certificat l'Actionnaire sera admis à l'assemblée, sans que personne puisse y avoir entrée sur la représentation d'un certificat qui ne seroit pas expédié en son nom ; & seront lesdites actions rendues le lendemain desdites assemblées.

### XXVII.

Les réglemens particuliers qu'il conviendra de faire pour la conduite & direction des affaires de la Compagnie & de son commerce tant en Europe que dans les Indes & autres pays à elle concédés, seront dressés par ceux d'entre les Syndics & Directeurs qui seront commis par l'assemblée d'administration, & arrêtés en ladite assemblée sous le bon plaisir de M. le Contrôleur général, qui sera prié de les viser.

### XXVIII.

Seront au surplus les anciens statuts & réglemens de la Compagnie exécutés, excepté en ce à quoi il peut être dérogé par le présent réglement.

Fait & arrêté au Conseil d'Etat du Roi, Sa Majesté y étant, tenu à Versailles le onze Juin mil sept cent quarante-huit. *Signé* PHELYPEAUX.

# ARREST
## DU CONSEIL D'ÉTAT
## DU ROY,

QUI ordonne que toutes les espéces de marchandises que la Compagnie des Indes a apportées, & qu'elle apportera par la suite, des Indes, de la Chine & autres lieux de ses concessions, seront exemptes du droit de doublement des Octrois, accordé aux hôpitaux de la ville de Nantes, tant en entrant qu'en sortant de ladite ville & de son territoire.

Du 14 Juillet 1748.

*Extrait des Regîtres du Conseil d'Etat.*

VU par le Roi étant en son Conseil, l'Arrêt rendu en icelui le 24 Juin 1747, par lequel Sa Majesté, pour les causes y contenues, auroit accordé aux Hôpitaux de la ville de Nantes, la levée & perception à leur profit, d'un doublement des octrois qui se levent actuellement dans ladite ville, sur toutes sortes de marchandises qui y entrent & qui en sortent, en exécution de l'Arrêt du Conseil du 14 Novembre 1741, & conformément au Tarif dressé en conséquence, & Lettres-patentes du 9 Décembre de la même année, pour le temps de trois années & trois mois seulement, à commencer du premier Octobre lors prochain, à l'exception néanmoins des marchandifes venant des Colonies qui y ont été défignées. Et Sa Majefté ayant confidéré qu'il n'a point été fait mention dans cet Arrêt, des marchandifes provenantes des différentes conceffions de la Compagnie des Indes hors l'Europe, ce qui, contre fes intentions, pourroit donner lieu aux Hôpitaux de la ville de Nantes, d'en exiger le doublement de ce droit d'octroi; & voulant maintenir & conferver les privileges & exemptions de ladite Compagnie dans leur entier, & lui donner de nouvelles marques de la protection qu'elle lui a accordée : ouï le rapport du fieur de Machault, Confeiller ordinaire au Confeil Royal, Contrôleur général des Finances, LE ROI E'TANT EN SON CONSEIL, a ordonné & ordonne que toutes les efpeces de marchandifes que la Compagnie a apportées jufqu'à préfent, & qu'elle apportera par la fuite, des Indes, de la Chine & autres lieux de fes conceffions, en telles parties du monde qu'elles foient fituées, encore que lefdites marchandifes ayant été vendues, ou qu'elles foient dans fes mains ou celles de fes Adjudicataires, même de leurs Ceffionnaires, foient & demeurent exemptes & affranchies dans la ville de Nantes & fon territoire, en entrant & en fortant, du droit d'octroi par forme de doublement de celui de la communauté, accordé aux Hôpitaux de ladite ville de Nantes par ledit Arrêt du 24 Juin 1747, & Lettres-patentes données fur icelui : fait Sa Majefté défenfe de le percevoir, à peine de reftitution du quadruple. FAIT au Confeil d'Etat du Roi, Sa Majefté y étant, tenu à Compiegne le quatorziéme jour de Juillet mil fept cent quarante-huit. *Signé* PHELYPEAUX.

ARREST

# ARREST
## DU CONSEIL D'ÉTAT
## DU ROY,

QUI renouvelle les défenses d'introduire dans le royaume aucunes Mousselines & Toiles de coton venant de l'étranger, marquées ou non marquées des plombs de la Compagnie des Indes.

### Du 30 Juillet 1748.

*Extrait des Regiſtres du Conſeil d'Etat.*

SUR la requête préſentée au Roi, étant en ſon Conſeil, par les Syndics & Directeurs de la Compagnie des Indes, contenant que l'intention de la Compagnie étant d'augmenter de plus en plus ſes ventes à l'Orient, elle a fait des diſpoſitions pour les aſſortir de toutes les eſpeces dont la conſommation ſe fait dans le Royaume : que dans ces circonſtances il ſeroit dangéreux pour les Marchands eux-mêmes, qu'il fût introduit des marchandiſes étrangeres, dont le nombre ne pourroit manquer de faire tort au débit des marchandiſes achetées à l'Orient : que d'un autre côté les nouveaux obſtacles qu'on pourroit mettre à l'introduction des marchandiſes étrangeres, attireroient un plus grand nombre de Marchands aux ventes futures de la Compagnie ; pourquoi les Syndics & Directeurs ſupplient Sa Majeſté de renouveller les diſpoſitions de l'Arrêt du Conſeil du 15 Mars 1746, & d'y ajouter des

*Tome IV.*            E e e e

rigueurs qui éloignent les Marchands d'une introduction ruineuse pour eux-mêmes, nuisible aux véritables intérêts de l'Etat, & préjudiciable à ceux de la Compagnie; à quoi Sa Majesté désirant pourvoir, & donner dans toutes les occasions à ladite Compagnie des marques de sa protection : oui le rapport du sieur de Machault, Conseiller ordinaire au Conseil Royal, Contrôleur général des Finances, Le Roi étant en son Conseil, en renouvellant les dispositions de l'Arrêt du 15 Mars 1746, fait très-expresses inhibitions & défenses à tous Marchands, Négocians & autres, d'introduire dans le Royaume aucunes mousselines & toiles de coton généralement quelconques, venant de l'étranger, marquées ou non marquées des plombs & bulletins de la Compagnie des Indes, soit que lesdites mousselines & toiles soient fabriquées aux Indes ou en Europe. Défend Sa Majesté à tous ses sujets de trafiquer, vendre & débiter aucunes mousselines ou toiles de coton, autres que celles qui seroient fabriquées dans le Royaume, ou qui proviendront des ventes publiques de la Compagnie des Indes, à peine de confiscation & d'amende, conformément aux Réglemens concernant la contrebande en effets prohibés. Fait au Conseil d'Etat du Roi, Sa Majesté y étant, tenu à Compiegne le trentiéme jour de Juillet mil sept cent quarante-huit. *Signé* Phelypeaux.

# ARREST
## DU CONSEIL D'ÉTAT
## DU ROY,

QUI permet aux Syndics & Directeurs de la Compagnie des Indes, de faire faire les balanciers & planches nécessaires pour graver de nouveaux Bulletins, pour servir à la marque des Mousselines & Toiles de coton que ladite Compagnie fera vendre à l'avenir.

Du 28 Septembre 1748.

*Extrait des Registres du Conseil d'Etat.*

SUR ce qui a été représenté au Roi, étant en son Conseil, par les Syndics & Directeurs de la Compagnie des Indes, qu'en exécution de l'Arrêt du Conseil du 28 Avril 1711, les mousselines & toiles de coton que l'ancienne & la nouvelle Compagnie ont fait vendre annuellement dans leurs ventes publiques, ont été marquées des plombs & bulletins ordonnés par ledit Arrêt, au moyen de quoi le nombre de ces plombs & bulletins s'étant extrêmement multiplié, il est devenu plus facile non-seulement de les imiter, mais encore d'en abuser, en les appliquant à des mousselines & toiles de coton venant du pays étranger, ce qui en a rendu l'introduction dans le Royaume plus aisée, malgré la vigilance de ceux qui ont été préposés pour l'empêcher: que pour remédier à un abus aussi préjudiciable au commerce de la Compagnie, ils

E eee ij

feroient dans l'intention de faire faire les balanciers & planches néceffaires pour graver de nouveaux bulletins, de même que des coins pour les plombs qui feront attachés aux mouffelines & toiles de coton que la Compagnie fera dorénavant expofer dans fes ventes publiques à l'Orient, fi Sa Majefté veut bien les y autorifer, & approuver que lefdits bulletins foient fignés par les Commis que la Compagnie a nommés à cet effet. Pourquoi lefdits Syndics & Directeurs de la Compagnie des Indes auroient requis qu'il plût à Sa Majefté les autorifer à faire faire des balanciers & planches pour graver de nouveaux bulletins, de même que de nouveaux coins ou poinçons pour les plombs, conformes aux modèles dont les empreintes feront mifes au pied de l'Arrêt qui interviendra, & de faire marquer defdits nouveaux plombs & bulletins les mouffelines & toiles de coton que la Compagnie fera vendre à l'avenir; à l'effet de quoi ceux ordonnés par ledit Arrêt du 28 Avril 1711, feront brifés en préfence du fieur Intendant & Commiffaire départi en Bretagne, ou de fon Subdélégué à l'Orient, dont il fera dreffé procès-verbal; comme auffi ordonner que lefdits nouveaux bulletins feront fignés par l'un des fieurs Brüe, Maillard du Cigne & Lebrun, qui feront commis à cet effet. Et Sa Majefté voulant y pourvoir, oui le rapport du fieur de Machault, Confeiller ordinaire au Confeil Royal, Contrôleur général des Finances, LE ROI E'TANT EN SON CONSEIL, a permis & permet aux Syndics & Directeurs de la Compagnie des Indes, de faire faire les balanciers & planches néceffaires pour graver de nouveaux bulletins, comme auffi de nouveaux coins ou poinçons pour les empreintes des plombs, le tout conforme aux modèles annexés à la minute du préfent Arrêt, & de faire marquer defdits nouveaux plombs & bulletins, les mouffelines & toiles de coton que la Compagnie fera vendre à l'avenir. Veut en conféquence Sa Majefté que ceux ordonnés par l'Arrêt du Confeil du 28 Avril 1711, foient brifés en préfence du fieur Intendant & Commiffaire départi en Bretagne, ou de fon Subdélégué à l'Orient, dont il fera dreffé procès-verbal qui sera envoyé au sieur Contrôleur général des Finances. Ordonne au surplus Sa Majesté que lesdits nouveaux bulletins seront signés par l'un des sieurs Brüe, Maillard du Cigne & Lebrun, qu'elle a commis à cet effet. FAIT au Conseil d'Etat du Roi, Sa Majesté y étant, tenu à Versailles le vingt-huitiéme jour de Septembre mil sept cent quarante-huit. *Signé* PHELYPEAUX.

# ARREST
## DU CONSEIL D'ÉTAT
## DU ROY,

QUI *ordonne l'exécution de celui du 27 Septembre 1720, & en conséquence que les Vaisseaux des Négocians, munis de permissions de la Compagnie des Indes pour le commerce de Guinée, joüiront des mêmes priviléges & exemptions dont elle joüit.*

Du 3 Décembre 1748.

*Extrait des Registres du Conseil d'Etat.*

VU au Conseil d'Etat du Roi, les requêtes & mémoires respectivement présentés en icelui par les sieurs Lemesle & Isambert négocians de Rouen, prenant fait & cause pour les sieurs Martin Frache & Jacques le Gueroult de la Place leurs correspondans au Havre de Grace, d'une part, & les Fermiers généraux de Sa Majesté, d'autre part : & par les Syndics & Directeurs des Chambres du Commerce de Normandie & de Guyenne, les Juges-Consuls de Nantes, & les Syndics & Directeurs de la Compagnie des Indes, parties intervenantes; ladite instance mûe 1° à l'occasion d'une somme de trois cens quatre-vingt-dix-sept livres cinq sols sept deniers, exigée par le Directeur des Fermes au Havre de Grace, dudit sieur Jacques le Gueroult, d'une partie de caves de bois & de flaçons vuides, stockfich, fromages & de flaçons de verre venus de Hollande, & déclarés à leur arrivée au Havre pour la côte de Guinée, laquelle somme ledit le Gueroult auroit payée avec protestation : 2°. de deux contraintes décernées par ledit Directeur, les 15 & 16 Janvier 1745, contre le sieur Frache & ledit sieur le Gueroult, à fin de payement des sommes de seize cens treize livres quatorze sols neuf deniers, & de treize cens quatre-vingt-quatre livres dix-neuf sols quatre deniers, pour droits d'entrée de marchandises tirées par ces Négocians, tant des provinces de France réputées étrangeres, que de celles qu'ils auroient fait venir d'Irlande, même de celles qu'ils auroient tirées des provinces non étrangeres, & de ceux de sortie de la plus grande partie des marchandises du chargement des navires *l'Aimable Françoise* & *l'Espérance*, destinés pour la côte de Guinée, quoique toutes lesdites marchandises eussent été déclarées pour ladite côte : 3°. à l'occasion des ordres donnés par lesdits Fermiers généraux à leur Directeur à Bordeaux, de n'accorder des expéditions pour les eaux-de-vie que l'on voudroit embarquer pour la côte de Guinée, qu'en payant les mêmes droits que l'on paye pour celles destinées pour l'étranger ; & de la soumission exigée en conséquence par le sieur Flock Négociant de ladite ville de Bordeaux, de payer lesdits droits, s'il en étoit ainsi ordonné par le Conseil : les requêtes & mémoires desdits Lemesle & Isambert, Frache & le Gueroult de la Place, tendant à ce qu'il plût à Sa Majesté ordonner que lesdits Frache & le Gueroult de la Place seroient déchargés des droits d'entrée prétendus par ledit Receveur des Fermes au Havre, en vertu des contraintes contr'eux décernées, tant sur les provisions & marchandises tirées des provinces des cinq grosses Fermes, de celles réputées étrangeres, que d'Irlande & de Hollande, que de ceux de sortie généralement quelconques ; comme aussi à ce que ledit Receveur fût condamné à restituer audit le Gueroult de la Place, le montant des droits à lui payés avec protestation, & en outre en trois mille livres de dommages & intérêts : les requêtes & mémoires des Fermiers généraux, tendant à ce qu'il plût à Sa Majesté ordonner l'exécution des Lettres-patentes du mois de Janvier 1716; de l'Arrêt & des Lettres-patentes du mois de Septembre 1728: en conséquence, ordonner que les marchandises qui n'ont pas été nommément exemptées de droits par lesdites Lettres-patentes & autres réglemens postérieurs, acquitteront les droits auxquels elles sont sujettes: les requêtes & mémoires des Syndics & Directeurs des Chambres de Commerce de Normandie & de Guyenne, des Juges & Consuls de Nantes, & des Syndics & Directeurs de la Compagnie des Indes, tendant au contraire à ce qu'il plût à Sa Majesté débouter les Fermiers généraux de leur prétention; en conséquence ordonner que non-seulement les eaux-de-vie, mais encore toutes les autres especes de marchandises destinées par les Négocians pourvûs de permissions de ladite Compagnie pour le commerce de Guinée, seront exemptes de tous droits de sortie, comme elles le sont en vertu de ses privileges, lorsqu'elles sont chargées sur ses propres vaisseaux; ordonner en outre que les droits qui auroient été payés par lesdits Négocians, sur le refus de leurs soumissions, seroient rendus & restitués. Vû aussi les titres & pieces jointes auxdites requêtes & mémoires respectifs desdites parties, sçavoir, de la part desdits Frache & le Gueroult de la Place, & lesdites parties intervenantes, lesdites contraintes décernées par ledit Receveur des Fermes du Havre, contre lesdits Frache & le Gueroult de la Place: l'Edit de 1664, portant création de la Compagnie des Indes Occidentales, à laquelle le commerce des Isles Françoises auroit été attribué, & singuliérement celui de la traite des Négres à la côte de Guinée: l'Arrêt du Conseil du 18 Septembre 1671, qui auroit entr'autres dispositions, ordonné que toutes les marchandises qui seroient chargées dans les vaisseaux de ladite Compagnie des Indes Occidentales & des autres sujets de Sa Majesté, dans les ports du Royaume, pour être portées à la côte de Guinée, jouiroient de l'exemption des droits de sortie, portée par l'Arrêt du 4 Juin précédent: la Déclaration du Roi du mois de Janvier 1685, qui auroit fixé l'étendue de la

concession

concession de la Compagnie de Guinée, formée d'un démembrement de celle du Senegal, & auroit accordé à la nouvelle Compagnie, la même exemption de droits de sortie, portée par l'Arrêt du 18 Septembre 1671 : les Lettres-patentes du mois de Janvier 1716, qui auroient rendu libre le commerce de la côte de Guinée, aux Négocians des ports qui y sont désignés, & auroient spécifié les marchandises destinées au commerce de ladite côte, qui devroient joüir de l'exemption des droits de sortie : autres Lettres-patentes du mois d'Avril 1717, portant réglement pour le commerce des Colonies Françoises de l'Amérique, dont les Articles III & IV auroient entre autres dispositions, exempté de tous droits de sortie, toutes les denrées & marchandises du crû du Royaume, ainsi que les vins & eaux-de-vie de Guyenne, & autres provinces du Royaume : autres Lettres-patentes de 1719, concernant le commerce de la côte de Guinée par le port de Cette, qui auroient nommément exempté de droits de sortie, les eaux-de-vie destinées pour ce commerce : l'Arrêt du Conseil du 27 Septembre 1720, qui auroit accordé & remis à la Compagnie des Indes, le privilege exclusif pour le commerce de la côte de Guinée, & lui auroit accordé la joüissance de l'exemption de tous droits de sortie sur les marchandises destinées pour les lieux de sadite concession, & pour les Isles & Colonies Françoises de l'Amérique, & auroit de plus spécifié qu'outre les droits, privileges & affranchissemens ci-dessus, ladite Compagnie joüiroit pour son commerce à ladite côte de Guinée, de tous ceux dont elle avoit droit de joüir pour son commerce dans la Province de la Louisianne, en conséquence des Lettres-patentes du mois d'Août 1717, comme aussi de tous ceux dont l'ancienne Compagnie de Guinée auroit joüi ou dû joüir en conséquence des Lettres-patentes du mois de Janvier 1685. Vû pareillement les Lettres-patentes du mois d'Août 1717, dont l'article XXX auroit permis à ladite Compagnie de donner des permissions particulieres pour aller traiter dans les pays de sa concession, à telles conditions

Tome IV.                    Ffff

qu'elle jugeroit à propos, & auroit au surplus ordonné que lesdits vaisseaux munis desdites permissions, joüiroient des mêmes droits, privileges & exemptions que ceux de la Compagnie, tant sur les vivres, marchandises & effets qui seroient chargés sur iceux, que sur les marchandises & effets qu'ils rapporteroient: finalement les Edits du mois de Juin 1725 & 1747, qui auroient confirmé la Compagnie des Indes dans ses privileges, & notamment dans ceux portés par ledit Arrêt du Conseil du 27 Septembre 1720. Vû aussi les pieces jointes de la part des Fermiers généraux, sçavoir, un Arrêt du Conseil du 2 Août 1701, contradictoirement rendu entre leurs prédecesseurs & les sieurs Chambellain Saupui & Compagnie Négocians, qui auroit débouté lesdits Négocians de leurs demandes en exemption de droits d'entrée & de sortie sur les marchandises & victuailles de trois navires destinés pour ladite côte de Guinée. Vû pareillement les inductions tirées par lesdits Fermiers généraux, desdites Lettres-patentes du mois de Janvier 1716 & de celles de 1719, pour le commerce de Guinée par le port de Cette: plus, les Lettres-patentes du 7 Septembre 1728, portant réglement pour les marchandises que les Négocians pourroient tirer de Hollande & du Nord pour le commerce de Guinée, & qui auroient spécifié les marchandises qui seroient admises à l'entrepôt accordé par celles de 1716: finalement un ordre du Conseil du 20 Mars 1741, qui auroit continué, jusqu'à ce qu'il en eût été autrement ordonné, l'entrepôt des couteaux flamands, chaudieres, batteries de cuivre, toiles, platilles & plats d'étaim, lequel entrepôt n'avoit été accordé par les Lettres-patentes de 1716 & par des ordres postérieurs, que pour un temps limité; & une décision du Conseil du 24 Juillet 1741, qui auroit permis de continuer à tirer de Hollande & du Nord, en exemption de droits, les canettes & canevettes de grès dont l'entrepôt auroit été borné à deux années par les Lettres-patentes de 1716: de toutes lesquelles pieces les Fermiers généraux auroient induit que les Lettres-patentes de 1716 étoient une Loi actuellement subsistante, Loi particulière des Négocians pour le commerce de Guinée, & que les permissions que la Compagnie des Indes leur accordoit, ne les dispensoit pas d'exécuter. Vû généralement tout ce qui s'est trouvé joint aux requêtes & mémoires respectifs desdites parties, ensemble l'avis des Députés au Bureau du Commerce : ouï le rapport du sieur de Machault, Conseiller ordinaire au Conseil royal, Contrôleur général des Finances, LE ROI EN SON CONSEIL, faisant droit sur les demandes respectives desdites parties, & sans avoir égard à celles des Fermiers généraux, dont Sa Majesté les a déboutés, a ordonné & ordonne que l'Arrêt du 27 Septembre 1720, sera exécuté suivant sa forme & teneur ; en conséquence que les vaisseaux des Négocians à qui la Compagnie des Indes pourra accorder à l'avenir des permissions pour faire le commerce à la côte de Guinée, continueront de joüir, en vertu desdites permissions, sur les vivres, marchandises & effets qui seront chargés sur lesdits vaisseaux, des mêmes droits, privileges & exemptions que ceux de ladite Compagnie. Veut aussi Sa Majesté que lesdites contraintes décernées par le Receveur des Fermes au Havre, contre lesdits Fraché & le Gueroult, & la soumission dudit Flock, demeurent nulles, & que la somme consignée par ledit le Gueroult de la Place, lui soit rendue & restituée, à ce faire le dépositaire de ladite somme contraint par toutes voies dûes & raisonnables, quoi faisant, déchargé. FAIT au Conseil d'Etat du Roi, tenu à Versailles le troisiéme jour du mois de Décembre mil sept cent quarante-huit. Collationné. *Signé* EYNARD.

LOUIS, PAR LA GRACE DE DIEU, ROI DE FRANCE ET DE NAVARRE : au premier notre Huissier ou Sergent sur ce requis. Nous te mandons & commandons que l'Arrêt dont l'extrait est ci-attaché sous le contre-scel de notre Chancellerie, cejourd'hui rendu en notre Conseil d'Etat, pour les causes y contenues, tu signifies à tous qu'il appartiendra, à ce qu'aucun n'en ignore ; & fais en outre pour son entiere exécution, à la requête du sieur Flock,

Négociant à Bordeaux, & des sieurs Lemesle & Hambert, Négocians de Rouen, prenant le fait & cause pour les sieurs Martin Frache & Jacques le Gueroult de la Place leurs correspondans au Havre de Grace, y dénommés tous commandemens, sommations & autres actes & exploits nécessaires, sans autre permission, nonobstant clameur de haro, Charte Normande, & autres Lettres à ce contraires ; car tel est notre plaisir. DONNE' à Versailles, le troisiéme jour de Décembre, l'an de grace mil sept cent quarante-huit, & de notre regne le trente-quatriéme. Par le Roi en son Conseil. *Signé* EYNARD.

Ensuit la teneur de l'Arrêt du 27 Septembre 1720.

# ARREST
## DU CONSEIL D'ÉTAT
## DU ROY,

*QUI accorde & réunit à perpétuité à la Compagnie des Indes le privilége exclusif pour le commerce de la côte de Guinée.*

Du 27 Septembre 1720.

*Extrait des Registres du Conseil d'Etat.*

LE Roi s'étant fait représenter en son Conseil ses Lettres-patentes du mois de Janvier 1716, par lesquelles Sa Majesté auroit permis à tous les Négocians de son Royaume, de faire librement le commerce des Négres, de la Poudre d'Or, & de toutes les autres marchandises qu'ils pourroient tirer des Côtes d'Afrique, depuis la riviere de Serre-Lyonne inclusivement, jusqu'au Cap de Bonne-Espérance ; & Sa Majesté étant informée qu'au lieu des avantages qu'on attendoit de cette liberté générale, il en résulte de très-grands inconvéniens : le concours des différens particuliers qui vont commercer sur cette côte, & leur empressement à accélérer leurs cargaisons pour éviter les frais du séjour, étant cause que les naturels du pays font si excessivement baisser le prix des mar-

F fff iij

chandifes qu'on leur porte, & tellement furacheter les Négres, la Poudre d'Or & les autres marchandifes qu'on y va chercher, que le commerce y devient ruineux & impraticable; Sa Majefté a réfolu d'y pourvoir en acceptant les offres de la Compagnie des Indes, de faire tranfporter par chacun an jufqu'à trois mille Négres, au moins, aufdites Ifles Françoifes de l'Amérique, au lieu du nombre de mille Négres porté par les Lettres-patentes de 1685, s'il plaît à Sa Majefté de rétablir en faveur de ladite Compagnie des Indes le privilege exclufif pour le commerce de ladite côte de Guinée, lequel fera d'autant plus facile à ladite Compagnie & d'autant plus avantageux à l'Etat, que ladite Compagnie fe trouvant en fituation de porter, tant des Indes que du Royaume, toutes les marchandifes néceffaires pour le commerce de ces côtes, & d'y faire des établiffemens par le moyen defquels les Vaiffeaux qu'elle y enverra trouveront à leur arrivée des cargaifons prêtes pour leur retour, elle pourra non-feulement fournir aux Colonies Françoifes de l'Amérique, à un prix raifonnable, le nombre des Négres néceffaires pour l'entretien & l'augmentation de la culture de leurs terres, mais encore faire entrer dans le Royaume une quantité confidérable de Poudres & matieres d'Or, & d'autres marchandifes propres pour le commerce; furquoi voulant Sa Majefté rendre fes intentions publiques: oui le rapport, Sa Majefté étant en fon Confeil, de l'avis de M. le Duc d'Orléans Régent, a ordonné & ordonne ce qui fuit.

### ARTICLE PREMIER.

Sa Majefté a révoqué & révoque la liberté accordée par fes Lettres-patentes du mois de Janvier 1716, pour le commerce de la côte de Guinée, & a accordé & réuni, accorde & réunit à la Compagnie des Indes le privilege à perpétuité de la Traitte des Négres, de la Poudre d'Or & autres marchandifes qui fe tirent des côtes d'Afrique, depuis la riviere de Serre-Lyonne inclufivement, jufqu'au Cap de Bonne-Efpérance, à la charge par ladite Compagnie de faire transporter suivant ses offres par chacun an la quantité de trois mille Négres, au moins, aux Isles Françoises de l'Amérique.

## II.

Fait Sa Majesté très-expresses inhibitions & défenses à tous ses sujets de faire la navigation & commerce desdits pays, soit en partant des ports du Royaume, soit en partant des ports étrangers, pour quelque cause & sous quelque prétexte que ce soit ; comme aussi de transporter des Négres de quelque pays que ce puisse être aux Isles Françoises de l'Amérique, le tout à peine de confiscation des Vaisseaux, armes, munitions & marchandises au profit de ladite Compagnie des Indes.

## III.

Appartiendront à ladite Compagnie des Indes, en pleine propriété, les terres qu'elle pourra occuper dans l'étendue de la présente concession, pour y faire tels établissemens que bon lui semblera, y construire des forts pour sa sûreté, y faire transporter des armes & canons, y établir des Commandans, & le nombre d'Officiers & de soldats qu'elle jugera nécessaire pour assûrer son commerce, tant contre les Etrangers, que contre les naturels du pays ; à l'effet de quoi Sa Majesté permet à ladite Compagnie des Indes de faire avec les Rois Négres tels traités qu'elle avisera.

## IV.

Les prises, si aucunes sont faites par ladite Compagnie, des Navires qui viendront traiter dans les pays qu'elle aura occupés, ou qui au préjudice de son privilege exclusif transporteroient des Négres aux Isles & Colonies Françoises de l'Amérique, seront instruites & jugées en la forme portée par les Ordonnances & Réglemens de Sa Majesté.

## V.

Joüira ladite Compagnie de l'exemption de tous droits de sortie sur les marchandises destinées pour les lieux de la susdite concession, & pour les Isles & Colonies Françoises de l'Amérique, même en cas qu'elles sortent par le Bureau d'Ingrande.

### VI.

A l'égard des marchandises de toutes sortes, que ladite Compagnie fera apporter pour son compte des pays de ladite concession, elles seront exemptes de la moitié des droits appartenans à Sa Majesté ou aux Fermiers, mis ou à mettre aux entrées des ports & havres du Royaume; faisant Sa Majesté défenses à sesdites Fermiers, leurs Commis & tous autres d'en exiger davantage, à peine de concussion & de restitution du quadruple. Veut Sa Majesté que les sucres & autres espèces de marchandises que ladite Compagnie apportera des Isles Françoises de l'Amérique, provenant de la vente & du troc des Négres, joüissent de la même exemption, en justifiant par un certificat du sieur Intendant ausdites Isles, ou d'un Commissaire Ordonnateur, ou du Commis du Domaine d'Occident, que lesdites marchandises embarquées auxdites Isles, proviennent de la vente & du troc des Négres que lesdits Vaisseaux y auront déchargés, lesquels certificats feront mention du nombre des Vaisseaux, & du nombre des Négres qui auront été débarqués auxdites Isles, & demeureront au Bureau des Fermes de Sa Majesté, dont les Receveurs donneront une ampliation sans frais aux Capitaines ou Armateurs.

### VII.

Fait pareillement Sa Majesté défenses aux Maire, Echevins, Consuls, Jurats, Syndics & habitans des Villes, d'exiger de ladite Compagnie aucuns droits d'octroi, de quelque nature qu'ils soient, sur les denrées & marchandises qu'elle fera transporter dans ses magasins & ports de mer, pour les charger dans ses Vaisseaux; Sa Majesté déchargeant ladite Compagnie desdits droits, nonobstant toutes Lettres, Arrêts & clauses contraires.

### VIII.

## VIII.

Sa Majesté décharge ladite Compagnie des Indes des droits de vingt livres par chaque Négre, & de trois livres par tonneau du port des Vaisseaux, imposés par l'Article III desdites Lettres-patentes du mois de Janvier 1716, sur les Négocians qui iroient commercer à ladite côte de Guinée, & lui fait en outre don de tous les forts & comptoirs construits & établis en ladite côte, pour appartenir à ladite Compagnie à perpétuité en toute propriété ; au moyen de quoi Sa Majesté demeurera, pour l'avenir, déchargée de toute la dépense nécessaire pour l'entretien, tant desdits forts & comptoirs, que pour les payemens des garnisons & des appointemens des Directeurs, Commis & autres Employés.

## IX.

Veut Sa Majesté que, par forme de gratification, il soit payé à ladite Compagnie sur les revenus du Domaine d'Occident, treize livres par chaque Negre, qu'elle justifiera avoir porté dans les Isles & Colonies de l'Amérique par un certificat de l'Intendant des Isles, ou des Gouverneurs en son absence, & vingt livres par chacun marc de Poudre d'Or, qu'elle justifiera avoir apporté dans le Royaume par des certificats des Directeurs de la Monnoye de Paris.

## X.

Outre les droits, privileges & affranchissemens ci-dessus joüira ladite Compagnie pour son commerce à ladite côte de Guinée, de tous ceux dont elle a droit de joüir pour son commerce dans la Province de la Louisianne, en conséquence des Lettres-patentes du mois d'Août 1717, ensemble de tous ceux dont a joüi ou dû joüir, en conséquence des Lettres-patentes du feu Roi du mois de Janvier 1685, l'ancienne Compagnie de Guinée, qui avoit été établie par lesdites Lettres-patentes, encore que quelques-uns defdits droits, privileges & affranchiffemens ne foient expreffément déclarés par le préfent Arrêt, fur lequel toutes Lettres néceffaires feront expédiées. FAIT au Confeil d'Etat du Roi, Sa Majefté y étant, tenu à Paris le vingt-feptiéme jour de Septembre mil fept cent vingt. *Signé* FLEURIAU.

# BAIL à féage de l'Isle de saint Michel.

## Du 6 Décembre 1748.

Pardevant les Conseillers du Roi, Notaires au Châtelet de Paris, soussignés, furent présens M^r Jean Boyer, Prêtre, Visiteur de la Congrégation de l'Oratoire, & adjoint du Révérend Pere Procureur général, demeurant à Paris en la Maison de l'Oratoire rue S. Honoré, Paroisse S. Germain l'Auxerrois, au nom & comme fondé de la Procuration spéciale, à l'effet des Présentes du Supérieur & des Prêtres de la Congrégation de l'Oratoire de la ville de Nantes, passée devant Lamy & son confrere Notaires à Nantes, le 2 Octobre de la présente année 1748, dont une expédition faisant mention que la minute a été contrôlée & demeurée annexée à la minute des Présentes, après avoir été dudit sieur Boyer certifiée véritable, signée & paraphée en présence des Notaires soussignés, d'une part;

Et Messieurs les Syndics & Directeurs de la Compagnie des Indes représentés par Charles Colabau, Ecuyer, demeurant à Paris rue Vivienne, Paroisse S. Eustache;

Jean-Louis Saladin, Ecuyer, demeurant Place de Louis le Grand, Paroisse S. Roch;

Pierre Saintard, Ecuyer, Conseiller-Secrétaire du Roi, Maison, Couronne de France & de ses Finances, demeurant rue du gros Chenet, Paroisse S. Eustache;

François Castanier, Ecuyer, demeurant rue neuve des Capucines, susdite Paroisse S. Roch;

Simon Gylly, Ecuyer, demeurant rue de la Jussienne, Paroisse S. Eustache;

Nicolas Claessen, Ecuyer, demeurant rue neuve des Petits-Champs, Paroisse S. Roch;

Pierre Duvelaer, Ecuyer, demeurant rue Notre-Dame des Victoires, même Paroisse S. Eustache;

Et Antoine David, Ecuyer, demeurant en l'hôtel de

ladite Compagnie, rue neuve des Petits-Champs, Paroisse S. Eustache, d'autre part.

Lesquels ont dit que l'Isle de S. Michel située sur la riviere de Blavet, entre le Port-Louis & l'Orient, dans toute son étendue & contour, ensemble le droit de passage féodal sur ladite riviere, nommé le passage de Berk-groës, autrement de Sainte-Catherine, qui s'exerce de la pointe de Kgroës, côte de Plemeur à la pointe de Sainte-Catherine, côte de Rianta, & respectivement de l'un à l'autre côté, appartiennent en toute droiture, propriété & Seigneurie à ladite Maison de l'Oratoire de Nantes, à cause du Prieuré de S. Michel des Montagnes, situé en la Paroisse de Plemeur, Diocèse de Vannes, uni à ladite Maison de l'Oratoire de Nantes, par Bulle de N. S. Pere le Pape, & Lettres-patentes de Sa Majesté, vérifiées où il a été besoin, & desquels ils sont inféodés & en possession depuis ladite union.

Que mesdits sieurs Syndics & Directeurs de ladite Compagnie des Indes ayant en vûe de construire & établir dans ladite Isle des magasins, moulins à vent, & autres édifices, ont proposé à mesdits sieurs de l'Oratoire de Nantes, de céder à ladite Compagnie par bail & asséagement perpétuel, la propriété & joüissance de la totalité de ladite Isle de S. Michel, sous la condition que ladite Compagnie ne payeroit à ladite Congrégation dans aucun cas, même dans celui du décès de l'homme vivant & mourant, que ladite Congrégation pourroit peut-être par la suite demander à la Compagnie, aucuns droits seigneuriaux ou féodaux, ni aucune redevance soit pécuniaire, soit de quelqu'autre nature que ce fût : & comme ladite Isle de S. Michel est, & a toujours été jointe avec la Ferme du droit de passage, dont il a été ci-devant parlé, qui s'exerce au bout de cette Isle par les mêmes Fermiers, & qui par conséquent ne peut être séparé de la possession de ladite Isle, lesdits sieurs Syndics & Directeurs ayant considéré l'avantage que leur Compagnie peut tirer de ce droit de passage, lorsqu'il sera exercé par leurs ordres & sous leurs yeux, ont été d'avis de prendre par le même bail & afféagement le droit dudit passage, conjointement avec ladite Isle ; & mesdits sieurs de la Congrégation de l'Oratoire de leur côté, ayant voulu marquer à ladite Compagnie leur estime & considération, & concourir en ce qui dépendroit d'eux à l'avantage public, en procurant celui de ladite Compagnie, ont consenti aux propositions desdits sieurs Syndics & Directeurs.

Et en conséquence mondit sieur Boyer, audit nom, a par ces Présentes vendu, abandonné & délaissé à titre de féage perpétuel auxdits sieurs Syndics & Directeurs, ce acceptant pour eux & leurs successeurs en ladite place, la propriété & joüissance de la totalité de ladite Isle de Saint Michel, & du droit de passage dudit Berk-groës, autrement de Sainte Catherine, ainsi que le tout se poursuit & comporte, sans aucune exception ni réserve.

Pour par lesdits sieurs Syndics & Directeurs joüir, faire & disposer desdits objets en toute propriété, & comme de chose leur appartenante au moyen des Présentes, à commencer seulement du premier Janvier de l'année prochaine 1749.

Ce bail à féage est fait à la charge pour lesdits sieurs Syndics & Directeurs, ainsi qu'ils s'y obligent pour eux & leurs successeurs en ladite place, de reconnoître tous les 25 ans, qu'ils tiennent ladite Isle & ledit passage du domaine direct dudit Prieuré de S. Michel des Montagnes, sans être tenus d'aucuns droits seigneuriaux & féodaux, ni d'aucune autre redevance pécuniaire, ou de quelque nature que ce soit, dans aucun cas que ce puisse être, quoique non prévû par ces Présentes, ledit sieur Boyer, audit nom, réservant seulement à la Congrégation de l'Oratoire de Nantes sur lesdites Isle & passage son droit de seigneurie & directité, qu'elle ne peut aliéner, de même que tous les droits de direct sur les bâtimens qui pourront par la suite être construits dans l'Isle par autres que par ladite Compagnie.

Plus, à la charge par lesdits sieurs Syndics & Directeurs de faire servir & exercer ledit passage pour hommes de pied & de cheval, ainsi qu'il convient pour le service public, &

d'y faire donner paſſage gratuit auxdits ſieurs de l'Oratoire, leurs Chapelains ou Receveurs, lorſqu'ils s'y préſenteront.

Plus, d'entretenir de groſſes & menues réparations, & en état de décence, la Chapelle de S. Michel étant dans ladite Iſle qui eſt le chef-lieu & le titre dudit Prieuré, afin que leſdits ſieurs Prieur & Chapelain y puiſſent célébrer la Sainte Meſſe, lorſqu'ils le jugeront à propos, & entr'autres le jour & fête de S. Michel, auquel jour de S. Michel il appartiendra auxdits ſieurs de l'Oratoire, leur Receveur ou Fermier, de lever & recevoir le droit de havage & étalage ſur les fruits & denrées qui y ſeront expoſées à vendre.

Et leſdits ſieurs Syndics & Directeurs ne pourront prétendre aucune nomination ni droits honorifiques de ladite Chapelle Priorale de S. Michel, qui demeurera incommutablement attaché à ladite Maiſon de l'Oratoire.

Et enfin le préſent afféagement eſt fait moyennant la ſomme de 300 liv. de rente fonciere perpétuelle, & non rachetable comme repréſentative du fonds, que leſdits ſieurs Syndics & Directeurs s'obligent pour eux & leurs ſucceſſeurs de faire payer au port de l'Orient auxdits ſieurs de l'Oratoire, leur Receveur, ou fournir par chaque année, au premier Septembre, jour de S. Guillés, dont le premier payement ſe fera au premier Septembre de l'année prochaine 1749, pour la portion qui en ſera échûe, à compter du premier Janvier de la même année, temps auquel commencera la joüiſſance deſdits ſieurs Syndics & Directeurs, & enſuite continuer d'année en année à la même époque à perpétuité.

Et pour ſûreté dudit payement & de l'exécution des autres clauſes & conditions ci-devant ſtipulées, leſdits ſieurs Syndics & Directeurs affectent par privilege primitif que ledit ſieur Boyer, audit nom, réſerve expreſſément à ladite Congrégation ladite Iſle de S. Michel, & généralement ſans qu'une obligation déroge à l'autre, tous les autres biens préſens & à venir de ladite Compagnie.

Et les Parties conviennent qu'à défaut de payement exact des arrérages de ladite rente, le préſent bail à féage demeurera nul, sans qu'il soit besoin d'aucune procédure ni formalité judiciaire.

Enfin, lesdits sieurs Syndics & Directeurs s'obligent d'obtenir sur ces Présentes, s'il en est besoin, Lettres-patentes & Arrêt du Conseil à leurs frais, & d'en fournir expédition ainsi que des Présentes, de même à leurs frais, auxdits sieurs de l'Oratoire.

A ce faire étoient présens, & sont intervenus le R. P. Louis de Thomas Delaville, Supérieur général, le P. Nicolas-François Viger, le P. Louis Touars, & le P. Joseph Durand de Fureau, tous trois assistans du Révérend Pere général; le Pere Etienne Renou, Procureur général, tous composans le Conseil de la Congrégation de l'Oratoire.

Lesquels ont déclaré avoir le présent acte pour agréable, & consentent qu'il soit exécuté en tout son contenu, selon sa forme & teneur.

Et pour l'exécution des Présentes, les Parties ont élû domicile, sçavoir, ledit sieur Boyer, audit nom, en la Maison de Messieurs de l'Oratoire de Paris rue S. Honoré, Paroisse S. Germain l'Auxerrois, & lesdits sieurs Syndics & Directeurs en l'Hôtel de ladite Compagnie des Indes susdit, auxquels lieux promettant, obligeant, renonçant. Fait & passé à Paris, à l'égard dudit sieur Boyer & desdits sieurs de l'Oratoire, en leur sale du Conseil, & à l'égard desdits sieurs Syndics & Directeurs en leur Hôtel, ci-devant désigné, l'an 1748, le sixiéme jour de Décembre avant midi, & ont signé la minute des Présentes, demeurée à M Perret, Notaire. Scellé ledit jour.

*Signés* PERRET. MARCHAND.

*DELIBERATION de la Compagnie concernant le remboursement des Billets d'emprunt.*

#### Du 20 Décembre 1748.

L'Assemblée a ensuite délibéré d'admettre la proposition de former un fonds d'amortissement destiné à procurer l'extinction & remboursement des billets d'emprunt créés en vertu de la délibération du 23 Juin 1745, homologuée par Arrêt du Conseil du 26 du même mois, & qu'en conséquence, il sera retenu un sol pour livre sur le net produit des marchandises qui seront vendues en vente publique à l'Orient, & ce à commencer lors de la vente du 27 du mois de Janvier prochain que la Compagnie affectera audit remboursement les rentes viageres, qui s'éteindront à l'avenir au profit de la Compagnie, tant celles provenant de la Loterie composée, que celles créées sur une ou deux têtes, en vertu de l'Arrêt du mois de Mai dernier, & aussi les arrérages des billets d'emprunt qui se trouveront remboursés.

L'assemblée a arrêté que ce remboursement sera exécuté conformément à l'Article VIII de la délibération du 23 Juin 1745, par la voie d'une Loterie qui sera tirée lors, & ainsi qu'il y sera pourvû par l'assemblée d'administration, du montant & du jour de laquelle le Public sera informé d'avance par des affiches, suivant l'usage établi en cas pareil. De plus, l'assemblée a approuvé & ratifié l'emprunt de douze cens mille livres en rentes viageres à dix pour cent sur une tête, & à sept & demi pour cent sur deux têtes, conformément à la délibération prise par l'assemblée d'administration du    Juin dernier, & pour procéder à l'élection de deux nouveaux Syndics, pour remplacer M. de Fontpertuis, défunt, & M. Saladin Doneix, qui a demandé sa retraite : Messieurs les Syndics ayant proposé huit sujets pour remplir ces deux places, la pluralité

lité des suffrages a été pour Messieurs le Marquis de Crevecœur, de Laistre, Fournier, & Vincent de Gournay; & M. le Contrôleur général a été prié par l'assemblée de supplier très-humblement le Roi, de choisir les deux des quatre, dont les personnes seront plus agréables à Sa Majesté.

---

LETTRE *de Mgr. Machault à M. Rouillé touchant Mrs. de Crevecœur & de Laistre.*

Du 23 Décembre 1748.

SUR le compte, Monsieur, que j'ai rendu au Roi de la délibération qui a été prise dans l'assemblée du 20 de ce mois, Sa Majesté a nommé pour Syndics de la Compagnie des Indes M. le Marquis de Crevecœur & M. de Laistre. Je vous prie d'en faire part à Messieurs les Syndics & Directeurs de la Compagnie des Indes : ils l'apprendront avec d'autant plus de plaisir, que le choix qu'a fait Sa Majesté ne peut que leur être fort agréable & à tous les Actionnaires. Je suis très-sincérement, &c.

*Signé* MACHAULT.

# ARREST
## DU CONSEIL D'ÉTAT DU ROY,

*QUI* ordonne que les Proprietaires des terres dont la Compagnie a eu besoin pour la conduite des eaux des Fontaines, recevront leur remboursement.

### Du 24 Décembre 1748.

*Extrait des Registres du Conseil d'Etat.*

SUR la requête présentée au Roi, étant en son Conseil, par les Syndics & Directeurs de la Compagnie des Indes, pour & au nom de ladite Compagnie, contenant que pour procurer des eaux passables & propres pour les armemens & les besoins du port de l'Orient, au lieu des eaux de puits qu'on étoit obligé d'y boire, & qui causoient de fréquentes maladies, elle auroit fait faire des recherches si exactes qu'on auroit enfin découvert des sources à environ une lieue & demie de cette Ville, lesquelles se trouvent sur des terreins appartenans à différens particuliers, & dont les eaux ayant été reconnues bonnes, suivant les épreuves qui en ont été faites, les Supplians auroient obtenu de Sa Majesté le 22 Août 1733 un Arrêt de son Conseil, par lequel, entr'autres choses, elle leur auroit permis d'établir des fontaines, & de passer sur tous les terreins de divers particuliers dans le cours de la conduite, en remboursant les Propriétaires, suivant l'estimation à l'amiable ; sinon, & en cas de contestation, Sa Majesté auroit commis le sieur Commissaire départi pour l'exécution de ses ordres en la Province de Bretagne pour les régler. Depuis cet Arrêt, plusieurs Propriétaires desdits terreins ayant présenté leur requête à Sa Majesté au sujet de l'indemnité qui leur étoit dûe, & les Supplians ayant répondu qu'ils devoient se pourvoir devant le sieur Commissaire départi en Bretagne, conformément à l'Arrêt du 22 Août 1733, Sa Majesté auroit par Arrêt contradictoire du 2 Août 1740, ordonné l'exécution de celui du 22 Août 1733, & en conséquence, que faute par les Parties de convenir à l'amiable sur les dédommagemens dûs pour raison des fontaines & terreins, sur lesquels passent les conduits des eaux, elles conviendroient d'Experts pour les régler ; & qu'en cas que lesdits Experts ne convinssent pas entr'eux, les Parties se retireroient devant ledit sieur Commissaire départi, pour leur être fait droit ainsi qu'il appartiendroit : en vertu de cet Arrêt, le sieur Commissaire départi en Bretagne, ayant par son Ordonnance du 24 Octobre 1740, commis le sieur de Montigny son Subdélégué à l'Orient, pour l'exécution des dispositions qu'il contient, ledit sieur de Montigny auroit fait procéder par trois Experts, dont deux respectivement convenus par les Parties, & autre nommé d'office, à l'estimation des dédommagemens prétendus par les Propriétaires des terreins sur lesquels la Compagnie auroit fait faire des ouvertures pour la conduite des eaux à ces fontaines jusqu'au port de l'Orient, au mesurage desdits terreins, & à l'évaluation du prix d'iceux, le tout en présence des Parties & du sieur Louis de Saint-Pierre, Ingénieur du Roi. Les procès-verbaux tant dudit sieur de Montigny, que desdits trois Experts, séparément commencés le 9 Mai 1741, & finis le 23 Juin suivant, & trois autres procès-verbaux du 26 dudit mois de Juin, justifient parfaitement l'exactitude avec laquelle il a été procédé à toutes ces opérations, soit pour l'estimation des terreins, soit pour celle des dédommagemens dûs distinctement aux Seigneurs fonciers, & aux Domainiers pour arbres abbattus, & pour les foſſés, &c. En conſéquence de ces eſtimations & liquidations, les Supplians ont fait payer la plus grande partie des Seigneurs, Propriétaires, Domainiers compris dans les procès-verbaux ; mais les autres ne s'étant pas préſentés pour recevoir ce qui leur revient à chacun, quoiqu'ils en ayent été requis pluſieurs fois, il eſt de l'intérêt de la Compagnie des Indes de conſommer entiérement l'exécution des Arrêts des 22 Août 1733 & 2 Août 1740, en ſorte qu'elle puiſſe poſſeder à toujours, à titre de propriété libre & incommutable, tous les terreins dont il s'agit, moyennant le payement des ſommes portées aux eſtimations. Les Supplians prennent donc la liberté de recourir à l'autorité de Sa Majeſté, requérant qu'il lui plaiſe ordonner, en tant que de beſoin, que les procès-verbaux, tant du ſieur de Montigny, Subdélégué du ſieur Commiſſaire départi en la Province de Bretagne, que des ſieurs Lebois, Janneſſon & Klero, Experts, du 9 Mai, & finis le 23 Juin 1741, & du 26 dudit mois, ſeront exécutés ſelon leur forme & teneur ; ce faiſant ordonner que ceux des Propriétaires & autres ayant droit, qui n'ont pas encore été payés des ſommes auxquelles ont été eſtimés & évalués par leſdits Experts, les terreins & dédommagemens à eux dûs, à cauſe deſdites fontaines, ſeront tenus de les recevoir dans un mois à compter de la ſommation qui leur en ſera faite de la part des Supplians, & d'en donner bonne & valable décharge à la Compagnie des Indes, ſinon & à faute de ce faire dans ledit temps, & icelui paſſé, ordonner que leſdites ſommes ſeront conſignées par les Supplians, aux riſques deſdits Propriétaires & autres, entre les mains de tel dépoſitaire qu'il plaira à Sa Majeſté de nommer, moyennant laquelle conſignation la Compagnie des Indes ſera & demeurera bien & valablement quitte & déchargée envers leſdits Propriétaires & autres, du prix deſdits terreins & deſdites indemnités, ſans qu'elle puiſſe en aucun temps & ſous quelque prétexte que ce ſoit, être inquiétée & recherchée à ce ſujet. Vû ladite requête, enſemble les cinq procès-verbaux y mentionnés du 9 Mai 1741, & finis le 23 Juin, & du 26 du même mois : oui le rapport du sieur de Machault, Conseiller ordinaire au Conseil royal, Contrôleur général des finances, SA MAJESTÉ ÉTANT EN SON CONSEIL, a ordonné & ordonne que les Arrêts des 22 Août 1733 & 2 Août 1740, ensemble les procès-verbaux faits en conséquence, tant par le sieur de Montigny, Subdélégué du sieur Commissaire départi en la Province de Bretagne, que par les sieurs Lebois, Jannesson & Klao, Experts, du 9 Mai, finis le 23 Juin 1741, & du 26 dudit mois, seront exécutés selon leur forme & teneur ; ce faisant, ordonne Sa Majesté, que ceux des Propriétaires & autres ayant droit qui n'ont pas encore été payés des sommes auxquelles ont été estimés & évalués par lesdits procès-verbaux les terreins & dédommagemens à eux dûs à cause desdites fontaines, seront tenus chacun en ce qui les concerne, de recevoir leur payement dans un mois pour toute préfixion & délai, à compter du jour de la sommation qui leur en sera faite de la part de la Compagnie des Indes, & de lui en donner bonne & valable décharge, sinon & à faute de ce faire dans ledit temps & icelui passé, ordonne Sa Majesté que lesdites sommes seront déposées par la Compagnie des Indes aux périls & risques desdits propriétaires & autres, dont les prétentions ont été liquidées par lesdits procès-verbaux, entre les mains du sieur Bois de la Gaste, Trésorier de la Marine de Sa Majesté à l'Orient, qu'elle a pour ce commis : & au moyen de ladite consignation, veut Sa Majesté que la Compagnie des Indes soit & demeure bien & valablement quitte & déchargée envers lesdits propriétaires & autres, du prix desdits terreins & de toutes indemnités, pour raison desdites fontaines, sans qu'elle puisse à l'avenir & sous quelque prétexte que ce soit, être inquiétée ni recherchée à ce sujet. FAIT au Conseil d'Etat du Roi, Sa Majesté y étant, tenu à Versailles le vingt-quatriéme de Décembre mil sept cent quarante-huit.

*Signé* PHELYPEAUX.

## LETTRE de M. Machault à M. Rouillé au sujet des Dividendes du Roi.

### Du 23 Janvier 1749.

J'Ai rendu compte au Roi, Monsieur, de la grace que la Compagnie des Indes lui demande, au sujet du Dividende des Actions qui appartiennent à Sa Majesté. Elle consent de ne point exiger le Dividende de ces mêmes Actions pour les années 1746, 1747 & 1748, qui étoient payables dans les années 1747, 1748 & 1749, & la Compagnie peut ôter, du compte du Roi, les sommes qu'elle auroit dû y porter, pour raison de ces Dividendes. Je vous prie d'informer la Compagnie de cette nouvelle marque de la protection du Roi.

Je suis, &c.

# ARREST
## DU CONSEIL D'ÉTAT
## DU ROY,

*QUI ordonne qu'il sera procedé aux informations de la commodité ou incommodité de l'aliénation de l'Isle de S. Michel.*

#### Du 11 Février 1749.

*Extrait des Regiſtres du Conſeil d'Etat.*

SUR la requête préſentée au Roi, étant en ſon Conſeil par les Syndics & Directeurs de la Compagnie des Indes, pour & au nom de ladite Compagnie; contenant que cette Compagnie, ayant depuis long-temps regardé comme intéreſſant pour le ſervice public, & pour les opérations de ſon commerce, d'acquérir l'Iſle de Saint Michel, ſituée ſur la riviere de Blavet entre le Port Louis & l'Orient, & le droit de paſſage féodal ſur ladite riviere, nommé le Paſſage de Berk-groës, autrement de Sainte Catherine, qui s'exerce de la pointe de Kgroës, côte de Plemur, à la pointe de Sainte Catherine, côte de Riantes de l'un & de l'autre côté; la Compagnie en auroit traité avec les Prêtres de l'Oratoire de Nantes, à qui cette Iſle & ce droit de paſſage appartiennent en toute droiture & Seigneurie, à cauſe de l'union faite à leur maiſon du Prieuré de Saint Michel des Montagnes, ſitué dans la Paroiſſe de Plemur, Diocèſe de Nantes; & en conſéquence leſdits Supérieur & Prêtres de l'Oratoire de Nantes, autorisés à cet effet des Supérieurs majeurs de leur Congrégation, & stipulans par le sieur Jean Boyer, Visiteur & Adjoint du Procureur général de ladite Congrégation, fondé de leur procuration spéciale, auroient par contrat passé devant Perret, qui en a la minute, & son confrere Notaires à Paris, vendu, abandonné & délaissé à titre de féage perpétuel à la Compagnie des Indes représentée par les Supplians, la propriété & jouissance de la totalité de ladite Isle & dudit droit de passage, ainsi que le tout se poursuit & comporte, sans aucune exception ni réserve, pour en faire disposer par la Compagnie des Indes comme de chose à elle appartenante, à commencer du premier Janvier 1749, à la charge par ladite Compagnie : 1°. de reconnoître tous les vingt-cinq ans qu'elle tient ladite Isle & ledit Passage du domaine direct dudit Prieuré de Saint Michel des Montagnes sans être tenue d'aucuns droits seigneuriaux & féodaux, ni d'aucune autre redevance pécuniaire ou de quelque nature que ce soit dans aucuns cas que ce puisse être, quoique non prévû par ledit contrat ; lesdits Prêtres de l'Oratoire réservant seulement à la Congrégation de l'Oratoire leur droit de Seigneurie & directe qu'elle ne peut aliéner, tant sur lesdites Isle & passage, que sur les bâtimens qui pourroient par la suite être construits dans l'Isle par autres que par la Compagnie : 2°. de faire servir & exercer ledit passage pour homme de pied & de cheval pour le service public, & d'y faire donner passage gratuit aux sieurs de l'Oratoire, leurs Chapelains ou Receveurs lorsqu'ils se présenteront : 3°. d'entretenir de grosses & menues réparations, & en état de décence la chapelle de S. Michel qui est dans ladite Isle, qui est le Chef-lieu & le titre dudit Prieuré, afin que lesdits sieurs Prieur & Chapelain y puissent célébrer la sainte Messe lorsqu'ils le jugeront à propos, & entr'autres le jour & Fête de S. Michel, auquel jour il appartiendra auxdits sieurs de l'Oratoire, leurs Receveurs ou Fermiers, de recevoir le droit de harage & étalage sur les fruits & denrées qui y seront exposés à vendre ;

dre : 4°. de ne pouvoir prétendre de la part de la Compagnie des Indes aucune nomination, ni droits honorifiques de ladite Chapelle Prieurale de S. Michel, qui demeurera incommutablement attachée à la maison de l'Oratoire : 5°. Enfin, de payer la somme de trois cens livres de rentes fonciére, perpétuelle & non rachetable, comme représentative du fonds que la Compagnie des Indes s'oblige de faire payer au port de l'Orient auxdits sieurs de l'Oratoire, leurs Receveurs ou Fermiers par chaque année au premier Septembre jour de S. Guillés, dont le premier payement se fera au premier Septembre 1749, pour la portion qui en sera échue, à compter du premier Janvier de la même année, temps que commencera la joüissance de la Compagnie, & ensuite continuer d'année en année à la même époque à perpétuité ; & pour sureté dudit payement, & de l'exécution des autres clauses & conditions ci-dessus, la Compagnie auroit affecté par privilege primitif, que le sieur Boyer audit nom auroit réservé expressément à ladite Congrégation, ladite Isle de S. Michel, & généralement tous les autres biens présens & à venir de la Compagnie ; & au défaut de payement exact des arrérages de ladite rente, ledit bail à féage demeureroit nul, sans qu'il fût besoin d'aucune procédure ni formalité judiciaire : par le même contrat, les Supplians se sont obligés d'obtenir sur icelui, s'il en étoit besoin, Lettres-patentes ou Arrêt du Conseil à leurs frais, & d'en fournir expédition ainsi que dudit contrat aux sieurs de l'Oratoire. Dans ces circonstances, les Supplians prennent la liberté d'observer à Sa Majesté, que l'Eglise, la Compagnie des Indes & l'Etat trouvent un avantage réciproque dans cette vente, puisque d'un côté elle procure d'abord aux Prêtres de l'Oratoire trois cens livres de rente pour la susdite Isle & ledit passage, qu'ils n'affermoient que cent livres par an ; au moyen de quoi leur revenu se trouve triplé indépendamment des autres profits qu'ils retirent de cette aliénation ; que de l'autre côté, la Compagnie des Indes acquiert un domaine qui lui manquoit à l'Orient, notamment pour s'y débarasser des choses qui ne se mettent point en magasin, & ne peuvent s'emporter, pour être plus à portée dans les ouragans, de donner du secours aux Vaisseaux qui seront dans la rade, & pour prevenir la défertion des soldats, dont la plûpart s'évadent par le passage de cette Isle; enfin, cet arrangement est utile à l'Etat, par la facilité qu'il apporte aux opérations d'un commerce qui lui est si avantageux, & par les commodités qu'il procure, pour la conservation des sujets du Roi, qui étant sur des Vaisseaux en rade, se trouvent assaillis d'une tempête, & ne peuvent recevoir de secours, que ceux qu'on peut tenir toujours prêts dans l'Isle de Saint Michel, où l'on peut aussi conserver les poudres sans crainte d'accident, ni pour la ville de l'Orient, ni pour le Port: les Supplians se flattent donc que Sa Majesté voudra bien donner son approbation à un traité si utile à l'Eglise, à la Compagnie des Indes & à l'Etat; requeroient à ces causes les Supplians qu'il plût à Sa Majesté, agréer, confirmer & homologuer le contrat passé entre les Supplians, pardevant Perret & son confrere, Notaires à Paris, le six Décembre 1748, concernant l'Isle de Saint Michel & le droit de passage qui en dépend, pour être ledit contrat exécuté suivant sa forme & teneur, & joüir par les Prêtres de l'Oratoire de Nantes & par la Compagnie des Indes respectivement de l'effet de tout son contenu, Sa Majesté se réservant la connoissance de l'exécution de l'Arrêt d'homologation qui interviendra sur la présente requête, & icelle interdisant à toutes ses Cours & autres Juges. Vû ladite requête: vû aussi ledit contrat de bail à féage du six Décembre 1748: oui le rapport du sieur de Machault, Conseiller ordinaire au Conseil Royal, Contrôleur général des Finances, SA MAJESTE' ÉTANT EN SON CONSEIL, avant faire droit sur la présente requête, a ordonné & ordonne que par le sieur de Pontcarré de Viarme, Intendant & Commissaire départi pour l'exécution des ordres de Sa Majesté en sa province de Bretagne, ou par tel Officier qu'il jugera à propos de commettre sur les lieux à cet effet, il sera procédé aux informations de la commodité ou incommodité de l'aliénation de ladite Isle de Saint Michel & passage en dépendant, pour ce fait, & lesdites informations, avec l'avis dudit sieur de Viarme, rapportés à Sa Majesté, être par elle statué définitivement sur le tout ainsi qu'il appartiendra. Fait au Conseil d'Etat du Roi, Sa Majesté y étant, tenu à Versailles le onziéme Février mil sept cent quarante-neuf.

*Ainsi signé.* Phelypeaux.

JEAN-BAPTISTE-ELIE CAMUS DE PONTCARRE', *Chevalier, Seigneur de Viarme & autres lieux, Conseiller du Roi en ses Conseils, Maître des Requêtes ordinaire de son Hôtel, Intendant & Commissaire departi pour l'exécution des ordres de Sa Majesté en sa province de Bretagne.*

Vû par nous le présent Arrêt, nous ordonnons qu'il sera exécuté selon sa forme & teneur, & en vertu du pouvoir que Sa Majesté nous a donné par icelui, nous avons commis & commettons le sieur de Montigny notre Subdélégué à l'Orient, pour à la requête & diligence des sieurs Syndics & Directeurs de la Compagnie des Indes, procéder aux informations de la commodité, ou incommodité de l'aliénation de l'Isle de Saint Michel & passage en dépendant, pour ce fait & lesdites informations à nous rapportées, être par nous conformément audit Arrêt, donné notre avis, sur les fins de la requête desdits sieurs Syndics & Directeurs, & insérée audit Arrêt. Fait à Paris le vingt-huitiéme Février mil sept cent quarante-neuf.

*Ainsi signé* Pontcarre' de Viarme.

# DÉCLARATION DU ROY,

QUI autorise l'établissement fait en l'Hôtel de la Compagnie des Indes à Paris, d'un dépôt libre & volontaire des Actions, & donne à ce dépôt une forme solide & authentique.

Donnée à Versailles le 11 Février 1749.

LOUIS, PAR LA GRACE DE DIEU, ROI DE FRANCE ET DE NAVARRE: à tous ceux qui ces présens Lettres verront, SALUT. La Compagnie des Indes, créée sous le nom de Compagnie d'Occident, par nos Lettres-patentes du mois d'Août 1717, & par notre Edit du mois de Décembre de la même année, n'a cessé dans tous les temps de recevoir des preuves de notre protection, & nous avons donné tous nos soins pour mettre nos sujets en état de joüir d'un établissement si avantageux. Comme les Actionnaires, qui composent cette Compagnie, forment une partie considérable de nos sujets, & que les actions qu'ils possédent font une portion essentielle de leur fortune, nous avons crû devoir rappeller les dispositions de nos anciens Edits aux sujets desdites actions, & donner aux Propriétaires d'icelles toutes les facilités qu'il est possible de leur procurer, soit pour rendre les actions susceptibles des conventions que les particuliers voudroient faire ensemble, soit pour prevenir les vols, incendies & autres accidens qui peuvent arriver dans les maisons particulieres, dont la perte totale desdites actions devient une suite indispensable. A l'effet de quoi nous avons jugé nécessaire d'autoriser le dépôt des actions fait par acte pardevant Notaires pour sûreté des conventions y stipulées, & donner une forme solide & authentique au dépôt libre & volontaire, où ceux des Actionnaires, qui voudront préserver leurs actions de tout accident, puissent les déposer librement, & les en retirer toutefois & quantes qu'ils le jugeront à propos, ou les faire passer en d'autres mains par virement de parties, le tout sans les déplacer & sans frais. A ces causes, & autres considérations à ce nous mouvant, de l'avis de notre Conseil, & de notre certaine science, pleine puissance & autorité royale, nous avons par ces Présentes signées de notre main, dit, déclaré & ordonné, disons, déclarons & ordonnons, voulons & nous plaît ce qui suit.

### Article premier.

Voulons, en interprétant les articles XI & XIII de notre Edit du mois de Décembre 1717, que l'établissement fait en l'Hôtel de la Compagnie des Indes à Paris, d'un dépôt libre & volontaire des actions, continue d'avoir lieu pour ceux des Actionnaires qui y ont déposé ou voudront par la suite y déposer leurs actions.

### II.

Lesdites actions avec un bordereau qui en contiendra le nombre, les numeros ainsi que les dividendes y attachés, seront par les propriétaires même remis au dépositaire qui sera commis à cet effet par ladite Compagnie, en présence d'un Syndic & d'un Directeur de la Compagnie qui en répondra audit nom; & après qu'elles auront été comptées & trouvées conformes audit bordereau, lesdites actions seront remises dans le coffre du dépôt, & le bordereau signé tant du déposant que du dépositaire, sera remis au Bureau des Archives de ladite Compagnie.

### III.

Il sera ouvert un compte à chaque particulier qui voudra déposer ses actions pour porter à son crédit les actions, dixiémes d'actions avec les dividendes y attachées, & à son débit les actions, dixiémes d'actions & dividendes qu'il retirera, ou désirera céder & transporter à d'autres particuliers par vente, négociation ou autrement, auxquels particuliers nouveaux Acquereurs, il sera pareillement ouvert un compte en débit & crédit, le tout sans frais.

### IV.

Le dépositaire continuera comme il a fait, d'avoir & de tenir deux regiſtres paraphés en la maniere accoutumée, pour y porter en débit & crédit les comptes des actions dépoſées; leſquels deux regiſtres, dont l'un sera destiné pour le bureau du dépôt, & l'autre pour le bureau des Archives de la Compagnie, ne pourront jamais rester dans le même lieu que pendant le temps nécessaire pour passer les écritures de l'un sur l'autre.

### V.

Les propriétaires seront tenus de signer sur l'un & sur l'autre regiſtre leur compte en débit & crédit, soit en déposant leurs actions & en les retirant du dépôt, soit lorsque le dépositaire aura porté au débit dudit compte le dividende des actions déposées qu'il délivrera audit propriétaire.

### VI.

Les Actionnaires abſens ou étrangers qui auront des actions en compte sur le regiſtre de dépôt de ladite Compagnie, pourront en disposer par procuration; auquel cas le fondé de procuration sera tenu de signer sur lesdits regiſtres, & de remettre au dépositaire l'original de ladite procuration bien & düement légalisée ou l'expédition d'icelle, le tout en bonne forme, pour être & demeurer joint au bordereau des effets déposés.

## VII.

Les actions déposées seront avec un des registres du dépôt ci-dessus mentionnés, mis & renfermés dans un coffre fermant à trois clefs différentes, dont une restera ès mains d'un Syndic, l'autre en celles d'un Directeur de ladite Compagnie, & la troisiéme au dépositaire, qui aura en outre à sa garde ledit coffre dans son bureau.

## VIII.

Ordonnons que l'article XII de notre Edit du mois de Décembre 1717, sera exécuté selon sa forme & teneur. En conséquence que les actions de ladite Compagnie des Indes, dixiémes d'actions & dividendes d'icelles ne pourront être saisis entre les mains du Dépositaire par aucune personne, & sous quelque prétexte que ce puisse être, pas même pour nos propres deniers & affaires. Et en cas qu'il ait été ou qu'il fût fait dans la suite des saisies entre les mains dudit dépositaire, au préjudice, tant de notre Edit du mois de Décembre 1717, que de notre présente Déclaration, nous les avons déclaré & déclarons nulles & comme non avenues.

## IX.

Dans le cas de faillites ou de banqueroutes ouvertes desdits Actionnaires aux termes de l'article premier du titre second de l'Edit du mois de Mars 1673, ou dans le cas de décès d'iceux, permettons de faire saisir & arrêter entre les mains du dépositaire les actions & dixiémes d'actions déposées, sans que les créanciers ou héritiers puissent établir des Commissaires ou Gardiens desdits effets saisis, déclarant nul tout ce qui pourroit être fait au préjudice du présent article.

## X.

Voulons aussi que le dépôt conditionnel, établi à ladite Compagnie des Indes, soit continué, & en conséquence qu'il soit libre à tous propriétaires d'actions de les déposer avec telles conditions & restrictions qu'il jugera à propos, au bureau du dépôt ci-dessus établi. Il sera tenu en la forme ci-dessus un registre secret de compte ouvert desdites actions déposées, tant pour le principal que pour les dividendes, & sera délivré un acte dudit dépôt passé pardevant Notaires, & visé par un Syndic & un Directeur, lequel acte contiendra les conditions & restrictions stipulées par l'Actionnaire qui aura fait ledit dépôt, auxquelles le dépositaire commis par la Compagnie, sera tenu de se conformer. Si donnons en mandement à nos amés & féaux Conseillers, les Gens tenant notre Cour de Parlement à Paris, que ces Présentes ils ayent à faire lire, publier & registrer, & icelles faire observer & exécuter selon leur forme & teneur ; car tel est notre plaisir : en témoin de quoi nous avons fait mettre notre Scel à cesdites Présentes. DONNÉ à Versailles le onziéme jour de Février, l'an de grace mil sept cent quarante-neuf, & de notre regne le trente-quatriéme. *Signé* LOUIS. *Et plus bas*, Par le Roi, PHELYPEAUX. Vû au Conseil, MACHAULT. Et scellé du grand Sceau de cire jaune.

*Registrée, oui ce requerant le Procureur général du Roi, pour être exécutée selon sa forme & teneur, sans que les contestations qui pourroient naître à l'occasion de faillites & banqueroutes, & des saisies, en cas de décès, puissent être portées ailleurs que devant les Juges ordinaires, à la charge de l'appel en la Cour : & copies collationnées envoyées dans les Bailliages & Sénéchaussées du Ressort, pour y être lûes, publiées & registrées ; enjoint aux Substituts du Procureur général du Roi d'y tenir la main, & d'en certifier la Cour dans un mois, suivant l'Arrêt de ce jour. A Paris en Parlement le vingt-un Avril mil sept cent quarante-neuf. Signé* DUFRANC.

ARREST

# ARREST
## DU CONSEIL D'ÉTAT
## DU ROY,

*QUI nomme Mrs. de Montaran & de saint Priest Commissaires de la Compagnie des Indes.*

#### Du 13 Février 1749.

*Extrait des Registres du Conseil d'Etat.*

LE Roi s'étant fait représenter l'Arrêt rendu en son Conseil le 19 Décembre 1745, par lequel Sa Majesté auroit nommé le sieur Rouillé Conseiller d'Etat pour son Commissaire à la Compagnie des Indes, comme aussi l'Arrêt de son Conseil du 25 Janvier 1746, par lequel Sa Majesté, sur la demande dudit sieur Rouillé, auroit commis le sieur de Montaran, Intendant du Commerce, pour travailler conjointement avec lui aux affaires de ladite Compagnie; & ledit sieur Rouillé, à présent Secrétaire d'Etat, ne pouvant plus exercer ladite commission, Sa Majesté jugeant d'ailleurs qu'il est de l'avantage de ladite Compagnie, qu'il y ait deux Commissaires char-

*Tome IV.*                      Kkkk

gés conjointement de l'administration des affaires qui la concernent, & que chacun d'eux puisse en remplir seul les fonctions en cas d'absence de l'un ou de l'autre : oui le rapport du sieur de Machault, Conseiller ordinaire au Conseil Royal, Contrôleur général des Finances, SA MAJESTÉ ÉTANT EN SON CONSEIL, a commis & commet les sieurs de Montaran, Maître des Requêtes, & Intendant du Commerce, & Guignard de Saint Priest, Maître des Requêtes, pour travailler conjointement aux affaires qui concernent ladite Compagnie des Indes : ordonne Sa Majesté qu'en cas d'absence ou autre empêchement dudit sieur de Montaran ou dudit sieur de Saint Priest, l'un d'eux pourra faire seul les fonctions de Commissaire de Sa Majesté à ladite Compagnie. FAIT au Conseil d'Etat du Roi, Sa Majesté y étant, tenu à Versailles le troisième jour de Juin mil sept cent quarante-neuf. *Signé* M. DE VOYER D'ARGENSON.

# ARREST
## DU CONSEIL D'ÉTAT DU ROY,

*QUI ordonne qu'il sera incessamment procédé à l'apposition gratuite des nouveaux plombs & des marques ordonnées par l'Arrêt du Conseil du 28 Septembre 1748, sur toutes les piéces de Mousselines & Toiles de coton fabriquées aux Indes, étant actuellement dans l'intérieur du Royaume.*

Du 3 Mars 1749.

*Extrait des Regiſtres du Conſeil d'Etat.*

SUR ce qui a été représenté au Roi, étant en son Conseil, par les Syndics & Directeurs de la Compagnie des Indes, qu'en exécution de l'Arrêt du Conseil du 28 Septembre dernier, les mousselines & toiles de coton que la Compagnie a fait vendre à l'Orient dans la vente commencée le 27 du mois de Janvier dernier, ont été marquées des plombs & marques ordonnées par ledit Arrêt; que les Marchands qui se sont rendus adjudicataires desdites marchandises, ont observé que celles qui leur restoient des précédentes ventes, se trouvant marquées des anciens plombs & bulletins, deviendroient d'un débit difficile pour eux, s'il n'y étoit pourvû par l'apposition des nouvelles

K kkk ij

marques ; que d'ailleurs le mélange des plombs & bulletins anciens & nouveaux pourroit rendre les anciens plombs suspects d'être fourrés ou contrefaits, ce qui les exposeroit à des recherches qui les troubleroient dans leur commerce : que déférant aux représentations desdits Négocians, les Syndics & Directeurs, pour & au nom de la Compagnie des Indes, consentent de faire marquer sans frais, des nouveaux plombs & bulletins, toutes les toiles & mousselines fabriquées aux Indes, étant actuellement dans l'intérieur du Royaume, & de se conformer pour l'apposition desdites marques, à ce qui sera prescrit à cet égard, pour la commodité du commerce, par le sieur Lieutenant général de Police dans la ville de Paris, & par les sieurs Intendans & Commissaires départis dans les Provinces ; à quoi Sa Majesté voulant pourvoir, & faire cesser tout prétexte de fraude & tout sujet d'inquiétude aux Marchands : oui le rapport du sieur de Machault, Conseiller ordinaire au Conseil Royal, Contrôleur général des Finances, LE ROI E'TANT EN SON CONSEIL, a ordonné & ordonne que par les Préposés commis par la Compagnie des Indes, il sera incessamment procédé à l'apposition gratuite des nouveaux plombs & des marques ordonnées par l'Arrêt de son Conseil du 28 Septembre 1748, sur toutes les pieces de mousselines & toiles de coton fabriquées aux Indes, étant actuellement dans l'intérieur du Royaume ; à l'effet de quoi, tant les préposés de ladite Compagnie, que les Marchands domiciliés & forains, colporteurs ou autres, seront tenus de se conformer à ce qui sera prescrit à cet égard par le Lieutenant général de Police de notre ville de Paris, & par les Intendans-Commissaires départis dans les Généralités. Veut Sa Majesté qu'après l'expiration des délais qui seront fixés pour l'apposition des nouvelles marques, les mousselines & toiles de coton qui se trouveront dépourvûes desdites nouvelles marques, soient censées être entrées en fraude, & que la confiscation en soit prononcée, & ceux qui s'en trouveront saisis, condamnés aux peines portées par les Réglemens. Enjoint au sieur Lieutenant général de Police de la ville de Paris, & aux sieurs Intendans-Commissaires départis dans les Généralités, de tenir la main à l'exécution du présent Arrêt. Fait au Conseil d'Etat du Roi, Sa Majesté y étant, tenu à Versailles le troisiéme jour de Mars mil sept cent quarante-neuf. *Signé* PHELYPEAUX.

LOUIS, PAR LA GRACE DE DIEU, ROI DE FRANCE ET DE NAVARRE, Dauphin de Viennois, Comte de Valentinois & Dyois, Provence, Forcalquier & terres adjacentes : à notre amé & féal Conseiller en nos Conseils, le sieur Lieutenant général de Police de notre bonne ville, Prévôté & Vicomté de Paris, & aux sieurs Intendans & Commissaires départis pour l'exécution de nos ordres dans les Provinces & Généralités de notre Royaume, SALUT. Nous vous mandons & enjoignons par ces Présentes signées de nous, de tenir, chacun en droit soi, la main à l'exécution de l'Arrêt dont l'extrait est ci-attaché sous le contre-scel de notre Chancellerie, ce jour-d'hui donné en notre Conseil d'Etat, nous y étant, pour les causes y contenues : commandons au premier notre Huissier ou sergent sur ce requis, de signifier ledit Arrêt à tous qu'il appartiendra, à ce que personne n'en ignore, & de faire pour l'entiere exécution d'icelui, tous actes & exploits nécessaires, sans autre permission, nonobstant clameur de haro, Charte Normande & Lettres à ce contraires. Voulons qu'aux copies dudit Arrêt & des Présentes, collationnées par l'un de nos amés & féaux Conseillers-Secrétaires, foi soit ajoutée comme aux originaux ; car tel est notre plaisir. DONNE' à Versailles, le troisiéme jour de Mars, l'an de grace mil sept cent quarante-neuf, & de notre regne le trente-quatriéme. *Signé* LOUIS. *Et plus bas* ; Par le Roi Dauphin, Comte de Provence. *Signé* PHELYPEAUX. Et scellé.

**INFORMATION** *de la commodité de l'aliénation de l'Isle de Saint Michel & passage en dépendant.*

Du 20 Mars 1749.

L'AN mil sept cent quarante-neuf le vingtiéme jour du mois de Mars, nous Laurent-André de Montigny, sieur de Rimeur, Avocat en Parlement, & Subdélégué de l'Intendance au département de l'Orient: sçavoir faisons, que vû l'Arrêt du Conseil d'Etat du 11 Février 1749, rendu sur la requête des Syndics & Directeurs de la Compagnie des Indes, qui ordonne que par M. de Pontcarré de Viarme, Intendant en cette province de Bretagne, ou tel Officier qu'il jugera à propos de commettre sur les lieux, il sera procédé aux informations de la commodité ou incommodité de l'aliénation de l'Isle de Saint Michel & passage en dépendant, situé sur la riviere de Blavet, par eux à féage de Messieurs les Prêtres de l'Oratoire de Nantes, par acte devant Perret & son confrere, Notaires au Châtelet de Paris, le 6 Décembre 1748, pour ladite information, avec l'avis de mondit sieur de Pontcarré de Viarme, rapportés à Sa Majesté être définitivement statué ce qu'il appartiendra; Ordonnance de mondit sieur de Viarme du 28 dudit mois de Février, qui nous commet pour procéder auxdites informations; notre Ordonnance du 13 de ce mois rendue sur la réquisition de Messieurs les Syndics & Directeurs, signée Godeheu, Directeur de ladite Compagnie & Commandant en ce port de l'Orient, par laquelle nous avons ordonné, que conformément audit Arrêt du 11 Février 1749 ci-dessus rapporté, il seroit par nous descendu en ladite Isle de Saint Michel, ce jour 20 Mars, pour procéder à ladite information, auquel effet avons nommé d'office les sieurs Perrault, Maire de cette ville; de Saint-Pierre, Ingénieur de la Marine du Roi & de la Compagnie des Indes; Lamy, Capitaine de Port; Aubain, ancien Capitaine des Vaisseaux de la Compagnie; Droneau & Cordé Procureur du Roi, & Contrôleur de la Communauté de cette ville; Fraboulet & de Varennes, tous habitans de l'Orient, pour déposer sur les motifs énoncés audit Arrêt; nous nous serions cedit jour transporté de notre demeure que nous faisons audit l'Orient jusqu'en ladite Isle de Saint Michel, située sur la riviere de Blavet entre le Port-Louis & l'Orient, & au sud de cette Isle, ayant avec nous pour notre Adjoint Me. Valentin Savigny, Greffier de notre subdélégation, de lui le serment pris au cas requis, où étant arrivés environ les neuf heures du matin avec lesdits sieurs Perrault, de Saint-Pierre, Lamy, Aubin, Droneau, Cordé, Fraboulet & de Varennes, y avons trouvé M. de Villeon Audoin, Fermier général du Prieuré de Saint Michel, & le nommé Chaton, Fermier du passage en dépendant, auxquel dits sieurs en général, avons fait donner par notre Greffier lecture entiere dudit Arrêt, de la commission sur icelui & de notre Ordonnance, & après leur avoir fait prêter serment chacun séparément, nous avons reçu leurs dépositions sur les motifs y référés.

M. Etienne Perrault, Conseiller du Roi, & Maire de la ville & Communauté de l'Orient, nous a déclaré qu'il ne trouve dans l'acquisition que la Compagnie veut faire de l'Isle de Saint Michel & passage en dépendant, qu'un très-grand avantage pour l'Etat, pour le public, & pour elle-même; que par les magasins qu'on y pourra construire, & par les chaloupes qu'elle y entretiendra, tous les Vaisseaux mouillés, soit dans la rade du Port-Louis, soit dans la rade de Pennemanek, seront à portée d'en recevoir un prompt secours dans les cas d'accident; que le commerce en retirera par conséquent plus d'avantages, que la conservation des hommes y est attachée, motifs qui tendent tous au bien de l'Etat en général, & dont tous les particuliers ressentiront les effets, & a signé. *Ainsi signé en l'original*, PERRAULT.

Le sieur Louis de Saint-Pierre, Ingénieur du Roi & de

la Marine de la Compagnie des Indes, nous a déclaré que l'acquisition de cette Isle & passage, ne peut être que d'une grande utilité pour l'Etat & la Compagnie par les établissemens qu'elle y pourra faire ; qu'elle y peut faire construire des magasins de cables, cordages & autres ustensiles propres à la navigation ; & que la situation de cette Isle rendra ces dépôts très-utiles aux Vaisseaux du Roi, aux siens & à ceux des Négocians, qui étant pris quelquefois de coups de vent violent dans la rade de Pennemanek, ne peuvent recevoir de secours assez prompts de l'Orient, & même en sont privés pour peu que les vents de sud forcés, coupent toute communication entre le port de l'Orient & la rade ; que la Compagnie établissant sur cette Isle un corps-de-Garde, & étant maîtresse du passage, elle préviendra la désertion de ses soldats, soit de ceux qui seront embarqués dans les Vaisseaux en rade, soit de ceux de la garnison qui s'évadoient ordinairement par ce passage ; que la Compagnie occupant cette Isle, en empêchera les dégradations fréquentes, causées par l'enlevement nocturne qu'on y fait de pierres & de moëlons, ce qu'on apperçoit aisément en jettant les yeux le long des côtes de l'Isle ; dégradations qui ont causé un grand dommage aux deux passes qu'elles forment par les décombremens que l'enlevement des pierres (fait sans précaution) y a entraînés ; que d'ailleurs la Compagnie peut, si elle le juge à propos, avoir un magasin à poudre sur cette Isle pour éviter tous les accidens que la proximité du dépôt où ses poudres sont actuellement, peut occasionner, & a signé. *Ainsi signé en l'original*, DE SAINT-PIERRE.

Le sieur Lami, Capitaine de Port à l'Orient, nous a déclaré qu'il convient que la Compagnie ait des magasins pour ses poudres dans un endroit où le public ne puisse pas communiquer, pour prévenir les accidens qui peuvent arriver en voiturant ses poudres aux Vaisseaux en rade ; que le transport en est très-dispendieux & même difficile à cause des vents violents & contraires qui regnent pendant l'hyver, temps du départ des Vaisseaux de la Compagnie ; qu'elle qu'elle peut avoir dans cette Isle un dépôt d'armes & de cordages propres à secourir ses Vaisseaux, ceux de Sa Majesté & des Négocians dans les grands vents de sud & sudouest, qui regnent ordinairement pendant l'hyver, qui font chasser ses Vaisseaux, & les mettent en risque de se perdre, ainsi que les hommes, sans qu'on puisse leur porter aucun secours du port de l'Orient : que d'ailleurs l'enceinte du port est si petite, qu'il n'est pas possible d'y mettre en ordre & à couvert différens effets de Marine, qui sont embarrassans par leur gros volume, tels que canons, ancres, affuts, & autres effets, dont la conservation peut procurer une grande œconomie, & par conséquent une grande utilité à la Compagnie, & a signé. *Ainsi signé en l'original,* LAMY.

Le sieur Louis-Laurent Aubin sieur Duplessis, ancien Capitaine des Vaisseaux de la Compagnie des Indes, nous a déclaré être du même avis que le sieur Lamy, & a dit de plus que les passes entre Saint Michel & Kergrois & celle entre cette Isle & Sainte Catherine sont si étroites, & par conséquent si dangéreuses, qu'il est fort à souhaiter qu'il se trouve dans cette Isle, qui sépare les deux passes, un secours prompt à porter à tous les Vaisseaux tels qu'ils soient, qui sortent ou qui entrent, ce qu'on ne peut faire de l'Orient que très-lentement, à grands frais, & même point du tout, pour peu que le vent soit forcé, & a signé. *Ainsi signé en l'original,* AUBIN DUPLESSIS.

Le sieur Pierre Droneau, Conseiller & Procureur du Roi, de la ville & Communauté de l'Orient, nous a déclaré que rien ne peut être plus avantageux aux habitans de l'Orient & à leur commerce, que les établissemens qu'il paroît, par la communication qu'il a prise de l'Arrêt du Conseil du 11 Février dernier, que la Compagnie est dans le dessein de faire en cette Isle, puisqu'en y transportant ses magasins à poudre, outre les frais de transport qu'elle épargnera, c'est une sureté qu'elle procure au public, qui a toujours lieu de craindre quelque fâcheux accident de la proximité du dépôt actuel ; que d'ailleurs par cette acquisition le commerce de l'Orient en sera avantagé par les secours que les Vaisseaux & barques trouveront, pour ainsi dire, sous la main; que la communication des habitans du Port-Louis & de l'Orient, en sera par conséquent plus fréquente, & que le passage de Sainte Catherine au Beckergrois étant entre les mains de la Compagnie, le public a lieu d'espérer toutes les facilités & commodités qu'elle pourra procurer à cet égard, & a signé. *Ainsi signé en l'original*, DRONEAU, fils.

Le sieur Christophe Cordé, Contrôleur du Greffe de la ville & Communauté de l'Orient, nous a déclaré être du même avis que le sieur Perrault & Droneau, & a signé. *Ainsi signé en l'original*, CORDÉ.

Le sieur Fraboulet, Bourgeois de l'Orient, nous a déclaré être du même avis que le sieur de Saint-Pierre, & a ajouté que l'Isle de Saint Michel étant voisine de la passe de l'entrée du Port-Louis, extrêmement dangereuse par les écueils qui la forment, les Vaisseaux qui entrent & qui sortent du Port-Louis, qui auroient le malheur de toucher sur ces écueils (comme cela est arrivé plusieurs fois) seroient à portée de recevoir un prompt secours de cette Isle, au lieu que dans le danger pressant où ils se trouvent dans le moment qu'ils échouent, les secours qu'on peut leur envoyer de l'Orient, manque, ou peut arriver trop tard, & a signé. *Ainsi signé en l'original*, FRABOULET.

Le sieur de Varennes aussi Bourgeois de l'Orient, nous a déclaré être du même avis que le sieur Fraboulet, & a ajouté que devant regarder le commerce de la Compagnie comme avantageux à l'Etat, & par conséquent susceptible de tout ce qui peut contribuer au bien public qui est confié à cette Compagnie, l'établissement qu'elle formera sur l'Isle de S. Michel, & les chaloupes qu'elle y entretiendra, la mettront en état de sauver plus aisément tous les mats & bois de construction, que les marées & les vents violents emportent (malgré toutes les précautions) jusqu'au delà du Port-Louis; ce qui fait une perte réelle, & d'autant plus grande qu'elle est difficile à réparer, & que le remplacement qu'il en faut faire est toujours un objet d'une très-grande dépense, & a signé. *Ainsi signé en l'original*, DE VARENNES.

Ensuite ayant demandé à M. de Villon Audouin qu'el étoit son avis sur l'acquisition que la Compagnie vouloit faire de l'Isle de Saint Michel, il nous a déclaré que n'étant que Receveur & Fermier général de Messieurs de l'Oratoire, il n'est pas fondé en pouvoir de leur part pour les représenter; que cependant pour la connoissance qu'il a du traité passé entre Messieurs de l'Oratoire & de la Compagnie des Indes, il ne pouvoit se refuser à l'évidence, & est d'avis que l'avantage de Messieurs les Prêtres de l'Oratoire se trouvoit dans cette aliénation, puisque ces Messieurs au lieu de cent livres de rente qu'ils recevoient de l'Isle de Saint Michel & du passage en dépendant, ils en retireront trois cens livres de rente perpétuelle, que la Compagnie des Indes leur payeroit annuellement suivant ledit traité; qu'au surplus Messieurs les Prêtres de l'Oratoire étant convenus d'eux-mêmes dans le traité, qu'ils désiroient par cette aliénation concourir au bien public, il n'y voyoit aucun motif d'incommodité; que d'ailleurs on parviendra plus aisément à empêcher la dégradation qui se faisoit le long des côtes de cette Isle, & a signé. *Ainsi signé en l'original*, AUDOUIN DE VILLON.

Surquoi Jean le Chaton, Fermier actuel du passage de Sainte Catherine audit Kergrois aussi requis, nous a présenté l'acte de Ferme qu'il tient de cette Isle & du passage au rapport de Brochereuil, Notaire Royal, en date du 18 Janvier 1745, duquel il résulte que M. Audouin de Villon, Fermier général du Prieuré des Montagnes appartenant à Messieurs de l'Oratoire de Nantes, lui a affermé pour quatre années la jouissance de l'Isle de Saint Michel & passage en dépendant, pour en payer par an par ledit Chaton la somme de cent livres.

Et ayant avec ledit sieur de Saint-Pierre fait le tour de cette Isle, avons donné pour assuré qu'il a été fait tout autour des enlevemens considérables de moëlons, & même tout récemment, & qu'il y a beaucoup de décombres, qui nous ont paru avoir été lavés par la mer.

Fait & arrêté sur les lieux lesdits jour & an que devant. *Signé en l'original*, DE MONTIGNY, *&* SAVIGNY, Greffier. Pour ampliation, *Signé* DE MONTIGNY, Subdélégué.

---

*JUGEMENT de Messieurs les Commissaires du Conseil, qui ordonne que le huitiéme restant ès mains du Caissier de la Compagnie des Indes, de la somme de* 99113 *livres* 10 *sols, provenant de la succession du feu sieur de Courbesastre, sera payée au sieur Louis de Courbesastre & consorts.*

### Du 1 Avril 1749.

LES Commissaires généraux du Conseil, députés par Sa Majesté, pour juger en dernier ressort les contestations qui concernent la Compagnie des Indes.

Vû par nous l'instance des requêtes respectives d'entre Emilie-Françoise Courbesastre, veuve du sieur Chrestien-Frederic Schmidt, Contrôleur de l'Arcise à Harford, fille du feu sieur Courbesastre, & de feue Marie Roussel, demanderesse d'une part; les Syndics & Directeurs de la Compagnie des Indes, pour & au nom de ladite Compagnie, défendeurs d'autre part : & Louis-Luc de Courbesastre, Prêtre, Chapelain des quinze Marses de l'Eglise Métropolitaine de Rouen, Marie-Cecile-Catherine de Courbesastre, demeurante à Paris, Aymée-Damienne de Courbesastre, Louis-Philippe de Courbesastre, Jean de Courbesastre, Marie-Anne-Louise de Courbesastre, & Marie-Genevieve de Courbesastre, demeurans à Rouen, tous freres & sœurs majeurs, & héritiers du feu sieur Nicolas de Courbesastre leur frere, Conseiller au Conseil supérieur de Pondicheri, intervenans & demandeurs aussi d'une part; & lesd. Syndics & Directeurs, & ladite veuve Schmidt, défendeurs, d'autre : le Jugement par nous rendu entre Louis-Luc de Courbefaftre, Aymée-Damienne de Courbefaftre, Louis-Philippe de Courbefaftre, Jean de Courbefaftre, Marie-Anne-Louife, & Marie-Genevieve de Courbefaftre, ès noms d'une part ; & Marie-Cecile-Catherine de Courbefaftre & lefdits Syndics & Directeurs de la Compagnie des Indes audit nom, d'autre part, le 12 Mai 1747, par lequel nous aurions donné acte auxdits fieurs & demoifelle de Courbefaftre, de la déclaration faite par lefd. Syndics & Directeurs de la Compagnie des Indes, qu'il avoit été remis à la caiffe du comptoir de Pondichery, douze mille treize pagodes, dix-huit fanons, treize caches, provenant de la fucceffion du fieur Nicolas de Courbefaftre leur frere, & montant par évaluation à quatre-vingt-dix-neuf mille cent treize livres dix fols monnoie de France ; ce faifant ordonné que lefdits Syndics & Directeurs feroient tenus de remettre auxdits Louis-Luc, Aymée-Damienne, Louis-Philippe, Jean, Marie-Anne-Louife, Marie-Genevieve, & Marie-Cecile-Catherine de Courbefaftre, chacun un huitiéme dans ladite fomme de quatre-vingt-dix-neuf mille cent treize livres dix fols ; quoi faire feroit le Caiffier de ladite Compagnie contraint comme dépofitaire, quoi faifant déchargé, & ordonné que le huitiéme reftant pour la part d'Emilie de Courbefaftre, demeureroit ès mains defdits Syndics & Directeurs, jufqu'à ce qu'il en eût été autrement ordonné, fur le furplus des demandes des parties y mentionnées, les aurions mifes hors de cour, dépens compenfés, & ordonné que lefdits Syndics & Directeurs pourroient retenir ceux par eux faits fur les deniers étant entre leurs mains ; la requête à nous préfentée par ladite Emilie-Françoife de Courbefaftre, tendante à ce qu'il nous plut pour les caufes y contenues, ordonner que lefdits Syndics & Directeurs, & la Compagnie des Indes feroient tenus de lui délivrer ou à fon fondé de procuration le huitiéme de la fomme de quatre-vingt-dix-neuf mille cent treize livres dix fols, monnoie de France, pour fa part des douze mille treize pagodes, dix-huit fanons & treize caches, provenant de la succession de Nicolas de Courbesastre son frere, à ce faire contraints, quoi faisant déchargés, & en cas de contestation, condamner les contestans aux dépens de ladite requête, signée de M°. Roussel son Avocat ès conseils, répondue de l'Ordonnance du sieur Choppin, Commissaire à ce député, du 3 Juillet 1747, portant qu'elle seroit communiquée aux Syndics & Directeurs de la Compagnie des Indes, au domicile de M°. Ausonne leur Avocat, pour y répondre dans le délai du réglement, sinon qu'il seroit fait droit, & signifiée par acte, étant ensuite fait par Brisset, Huissier ordinaire du Roi en ses Conseils le 4 du même mois : la requête à nous présentée par lesdits Syndics & Directeurs de la Compagnie des Indes audit nom, tendante à ce qu'il nous plût pour les causes y contenues, leur donne acte de ce qu'ils l'employoient pour réponse à celle de ladite Emilie-Françoise de Courbesastre, veuve Schmidt, signifiée ledit jour 4 Juillet 1747, ce faisant ordonner, avant faire droit sur la demande de ladite veuve Schmidt, qu'elle seroit tenue de justifier par titres suffisans & en forme authentique, qu'elle étoit fille légitime, & issue du mariage de Philippe de Courbesastre avec Marie-Anne Roussel, & qu'elle joüissoit dans le Royaume du droit de cité lesdits Syndics & Directeurs, se réservant de prendre dans la suite telles autres conclusions qu'ils aviseroient pour la conservation des droits de la Compagnie des Indes, ainsi qu'il appartiendroit, & condamner ladite veuve Schmidt & tous contestans aux dépens que lesdits Syndics & Directeurs pourroient en tout cas retenir sur le huitiéme resté en leurs mains, de la somme de quatre-vingt-dix-neuf mille cent treize livres dix sols, provenant de la succession dudit Nicolas-Louis de Courbesastre, au bas de laquelle requête signée de M°. Ausonne leur Avocat, est l'Ordonnance du sieur Choppin d'acte de l'emploi, au surplus en jugeant soit signifié, du 13 Août 1747, & ensuite la signification qui en a été faite le même jour par ledit Brisset, Huissier des Conseils; le Jugement par nous rendu le 3 Septembre 1747, sur la requête y insérée à nous préfentée par lefdits Louis-Luc de Courbefaftre, Marie-Cecile Catherine de Courbefaftre, Louis-Philippe de Courbefaftre, Aymée-Damienne de Courbefaftre, Marie-Anne-Louife & Marie-Genevieve de Courbefaftre, tendante à ce qu'il nous plût pour les caufes y contenues, les recevoir parties intervenantes dans l'inftance pendante pardevant nous, au rapport du fieur Choppin, entre Emilie de Courbefaftre d'une part, & les Syndics & Directeurs de la Compagnie des Indes d'autre part; leur donner acte de ce que pour moyens, écritures & productions, ils employoient le contenu en leurdite requête, procédant au jugement de l'inftance, & où Emilie de Courbefaftre leur fœur feroit déclarée non recevable dans fa demande, à fin du payement du huitiéme dans ladite fomme de quatre-vingt-dix-neuf mille cent treize livres dix fols, provenant de la fucceffion dudit fieur Nicolas-Louis de Courbefaftre, pour la part & portion dont lefdits fieurs Syndics & Directeurs étoient dépofitaires, en vertu du Jugement du 12 Mai 1747: ordonner en ce cas que lefdits fieurs Syndics & Directeurs feroient tenus de leur payer ledit huitiéme, à quoi faire contraints comme dépofitaires, quoi faifant déchargés; condamner les parties qui fuccomberont aux dépens, par lequel Jugement nous aurions reçu lefdits Louis-Luc de Courbefaftre & conforts, parties intervenantes en l'inftance pendante pardevant nous, entre ladite Emilie de Courbefaftre & les Syndics & Directeurs de la Compagnie des Indes, leur aurions donné acte de l'emploi porté par leur requête, & ordonné au furplus que ladite requête feroit & demeureroit jointe à ladite inftance, pour en jugeant y être fait droit conjointement ou féparément, ainfi qu'il appartiendroit : la fignification qui a été faite dudit jugement, étant enfuite de l'expédition d'icelui par Vaffal, Huiffier des Confeils, le dix-huit Septembre 1747 : autre requête à nous préfentée par ladite veuve Schmidt, tendante à ce qu'il nous plût pour les caufes y contenues, lui donner acte de ce qu'elle l'employoit pour réponfe à celle defdits Directeurs de la Compagnie des Indes, fignifiée le 11 Août 1747,

& à celle d'intervention de ses freres & sœurs, insérée en notre Jugement dudit jour 3 Septembre suivant, signifiée le 18 du même mois, en conséquence sans avoir égard aux conclusions des Directeurs de la Compagnie des Indes, dans laquelle ils seroient déclarés non recevables & subsidiairement mal fondés, sans avoir égard pareillement aux conclusions des sieurs & demoiselles de Courbesaftre, dont ils seroient déboutés, adjuger à ladite veuve Schmidt les conclusions qu'elle avoit prises en l'instance, avec dépens; l'ordonnance du sieur Maboul *pro absentia* de D. D. Choppin d'Arnouville, étant au bas d'acte de l'emploi, & soit signifié, du 30 Mai 1748, la signification étant ensuite faite par le Sestre le premier Janvier suivant: autre requête à nous présentée par lesdits Louis de Courbesaftre & consorts, tendante à ce qu'il nous plût pour les causes y contenues, leur donner acte de ce que pour réponse aux deux requêtes de la veuve Schmidt, signifiée les 4 Juillet 1747, & premier Juin dernier, & à celle desdits Syndics, signifiée le 11 Août 1747, ils employoient leursdites requêtes, ce faisant procédant au Jugement de l'instance, corrigeant & rectifiant les conclusions qu'ils y avoient ci-devant prises, déclarer la veuve Schmidt leur sœur non recevable, & en tout cas la débouter de sa demande, à fin du payement du huitiéme dans lesdites quatre-vingt-dix-neuf mille cent treize livres dix sols, provenant de la succession de Nicolas-Louis de Courbesaftre; ordonner que les Syndics & Directeurs de la Compagnie des Indes seroient tenus de leur remettre en leurdite qualité ledit huitiéme, à ce faire le Caissier de la Compagnie contraint comme dépositaire, quoi faisant déchargé; condamner les contestans aux dépens, ladite requête signée de Me. Georges de la Roche leur Avocat aux Conseils, répondue de l'Ordonnance dudit sieur Choppin d'acte de l'emploi; au surplus en jugeant & soit signifié, du 31 Septembre 1748, & signifiée par de Brie, Huissier des Conseils le 7 Janvier 1749: autre requête à nous présentée par lesdits Syndics & Directeurs de la Compagnie des Indes, tendante à ce qu'il nous

plût

plût pour les causes y portées, donner acte de l'emploi d'icelle pour réponse à la requête d'intervention des sieurs & Demoiselles de Courbesastre, inférée au Jugement du 3 Septembre 1747, & à leur requête signifiée le 3 Janvier 1749, comme aussi pour réponses à la requête de la veuve Schmidt, signifiée le premier Juin 1748, procédant au Jugement de l'instance, leur donner acte de ce qu'ils s'en rapportoient à notre prudence, d'adjuger auxdits sieurs & Demoiselles de Courbesastre les conclusions par eux prises en l'instance, & d'ordonner en ce cas qu'ils seroient tenus d'affirmer pardevant ledit sieur Chopin, qu'ils agissoient & réclamoient par eux-mêmes & à leur profit la huitiéme portion dont il s'agissoit, & qu'ils ne prêtoient leurs noms directement ni indirectement à Emilie-Françoise de Courbesastre leur sœur, & condamner les contestans aux dépens, que lesdits Syndics & Directeurs pourroient en tout cas retenir sur ladite huitiéme portion, restée entre les mains du Caissier de la Compagnie des Indes, au bas de laquelle requête est l'ordonnance dudit sieur Commissaire Rapporteur, acte de l'emploi, au surplus en jugeant, & soit signifié, du 21 Février 1749, & ensuite la signification qui a été faite desdites requêtes & ordonnances, par Brisset, Huissier des Conseils le même jour 21 Février. Vû aussi les pieces jointes de la part de ladite Emilie-Françoise de Courbesastre, veuve Schmidt : sçavoir, l'acte de notoriété en forme d'enquête, passé devant le Directeur & Conseillers de la Régence de Cele le 8 Mars 1747, légalisé par le sieur Poussin, Envoyé extraordinaire du Roi dans le Cercle de la basse Saxe le 24 du même mois, concernant la naissance & la filiation de ladite Emilie-Françoise de Courbesastre ; certificat délivré par le sieur Wolmar, Pasteur de S. Jean-Baptiste à Herford, les Calendes dudit mois de Mars 1747, légalisé par ledit sieur Poussin ledit jour 24 du même mois, que ladite Emilie-Françoise de Courbesastre est veuve du sieur Frédéric Schmidt, & copie de notredit Jugement dudit jour 12 Mai 1747, & généralement tout ce qui a été dit, écrit & produit, remis & joint par lesdites parties ès

Tome IV. Mmmm

mains dudit sieur Choppin d'Arnouville, Chevalier, Conseiller du Roi en ses Conseils, Maître des Requêtes ordinaire de son Hôtel, l'un de nous Commissaire à ce député, oui son rapport, & tout considéré.

Nous Commissaires généraux susdits en vertu du pouvoir à nous donné par Sa Majesté, faisant droit sur le tout, avons déclaré & déclarons ladite Emilie-Françoise de Courbesastre, veuve Schmidt, non-recevable dans ses demandes ; ce faisant, ayant égard à celles dudit Louis-Luc de Courbesastre & consorts, que le huitiéme restant ès mains du Caissier de la Compagnie des Indes de la somme de quatre-vingt-dix-neuf mille cent treize livres dix sols, provenant de la succession de Nicolas-Louis Courbesastre, leur sera remis par lesdits Syndics & Directeurs, à quoi faire ledit Caissier contraint, quoi faisant déchargé ; sur le surplus des demandes, avons mis les parties hors de cour, & condamnons la veuve Schmidt aux dépens, tant envers lesdits Syndics & Directeurs qu'envers lesdits Louis-Luc Courbesastre & consorts que nous avons liquidés : sçavoir, ceux faits par lesdits Syndics & Directeurs à soixante-treize livres, & ceux faits par lesdits Courbesastre & consorts à quatre-vingt-treize livres, le tout non compris le cout, copie & signification de notre présent Jugement & droit de contrôle. Pourront en tout cas lesdits Syndics & Directeurs retenir ceux par eux faits sur le huitiéme restant ès mains du Caissier de la Compagnie des quatre-vingt-dix-neuf mille cent treize livres dix sols en question. Fait & arrêté en notre assemblée tenue à Paris le premier Avril mil sept cent quarante-neuf.

Collationné. *Signé* THURIN.

*Le vingt-cinquième jour d'Avril mil sept cent quarante-neuf, signifié & laissé copie à Messieurs Roussel & de la Roche, Avocats des parties adverses, à leurs domiciles, parlant à leurs Clercs, par nous Huissier ordinaire du Roi, en sa grande Chancellerie de France.* Signé LOURDET.

*Et en marge est écrit :* Reçu de M. Ausonne de ses deniers la somme de douze livres six sols pour le contrôle des dépens y mentionnés, ce vingt-quatrième Avril mil sept cent quarante-neuf. *Signé* DUVERNON.

643

# ARREST
## DU CONSEIL D'ÉTAT
## DU ROY,

*QUI confirme & approuve le Bail à feage de l'Isle de saint Michel.*

#### Du 21 Avril 1749.

*Extrait des Registres du Conseil d'Etat.*

VU par le Roi, étant en son Conseil, l'Arrêt rendu en icelui, Sa Majesté y étant, le 11 Février 1749, par lequel, avant faire droit sur la requête y insérée des Syndics & Directeurs de la Compagnie des Indes, pour & au nom de ladite Compagnie, Sa Majesté auroit ordonné que par le sieur de Pontcarré de Viarme, Intendant & Commissaire départi pour l'exécution de ses ordres, en sa Province de Bretagne, ou par tel Officier qu'il jugeroit à propos de commettre, il seroit procédé aux informations de la commodité ou incommodité de l'aliénation de l'Isle de S. Michel & passage en dépendant, pour ce fait & lesdites informations, avec l'avis dudit sieur de Viarme, rapportées à Sa Majesté, être par elle statué définitivement sur le tout, ainsi qu'il appartiendroit; l'Ordonnance dudit sieur de Viarme du 28 du même mois, portant commission au sieur de Montigny son Subdélégué à l'Orient, pour procéder aux informations ordonnées par ledit Arrêt: le procès-verbal fait en conséquence par ledit sieur de

M mmm ij

Montigny le 20 Mars 1749, contenant les auditions séparées du sieur Perrault, Maire de la ville de l'Orient, du sieur de Saint-Pierre, Ingénieur de la Marine du Roi, du sieur Lamy, Capitaine de Port, du sieur Aubin, ancien Capitaine de Vaisseaux, des sieurs Droneau & Condé, Procureur du Roi, & Contrôleur de la ville de l'Orient, & des sieurs Fraboulet & de Varennes tous habitans de ladite Ville, du témoignage desquels & des déclarations des sieurs Audouin de Villon, Receveur général des Peres de l'Oratoire de Nantes, & du nommé Chaton, leur Fermier actuel dudit passage, qui ont comparu audit procès-verbal ; il résulte que le bien de l'Eglise, celui de l'Etat & du Public demandent mutuellement que ladite Isle de S. Michel & le passage en dépendant, soient à l'avenir entre les mains de la Compagnie des Indes qui y procurera des avantages qu'on n'eût jamais pû espérer des Peres de l'Oratoire, lesquels de leur côté trouvent, par cette aliénation, une augmentation considérable dans leurs revenus. Vû aussi l'avis dudit sieur de Viarmé du 4 Avril 1749, par lequel, & pour les mêmes motifs, il estime qu'il y a lieu de confirmer ladite aliénation : oui le rapport du sieur de Machault, Conseiller ordinaire au Conseil royal, Contrôleur général des Finances, & tout considéré : SA MAJESTÉ ÉTANT EN SON CONSEIL, a approuvé, confirmé & homologué, approuve, confirme & homologue le contrat de bail à féage de l'Isle de S. Michel & passage en dépendant, du 6 Décembre 1748, annexé à la minute du présent Arrêt, pour être ledit contrat exécuté suivant sa forme & teneur, & joüir par la Compagnie des Indes, & les Peres de l'Oratoire de Nantes respectivement, de l'effet du contenu en icelui. Sa Majesté se réservant à soi & à son Conseil la connoissance de l'exécution du présent Arrêt, & l'interdisant à toutes ses Cours & autres Juges. FAIT au Conseil d'Etat du Roi, Sa Majesté y étant, tenu à Versailles le vingt-un Avril mil sept cent quarante-neuf. *Signé* PHELYPEAUX.

## DÉLIBÉRATION de la Compagnie des Indes pour le remboursement des Billets d'emprunt sur le sol pour livre de la vente.

### Du 24 Avril 1749.

CE jourd'hui 24 Avril 1749, en l'assemblée d'administration tenue en présence de Messieurs les Commissaires du Roi, il a été dit :

*Loterie des lots d'emprunt*

Qu'en conséquence de la délibération prise en l'assemblée générale du 20 Décembre dernier, il a été procédé à la liquidation du sol pour livre de la vente faite à l'Orient, le 27 Janvier dernier & jours suivans, qui s'est trouvé monter à la somme de quatre cens soixante-cinq mille livres, laquelle, aux temes de ladite délibération, doit être employée au remboursement des billets d'emprunt dûs par la Compagnie, qui se doit faire par voie de Loterie, en exécution de la délibération du 23 Juin 1745, surquoi il a été observé que les dixiémes de billets d'emprunt feroient un embarras considérable dans le tirage de ladite Loterie, si on les y faisoit entrer, & que les fractions à faire sur des arrérages de cinquante sols par an étoient presque impossibles; enfin que leur nombre étoit si peu considérable que la Compagnie étoit en état de s'en libérer à l'échéance, sans rien prendre sur les fonds destinés à ladite Loterie.

A l'égard de la Loterie des billets d'emprunt, il a été observé qu'il étoit inutile de faire la dépense de nouveaux numéros à chaque tirage, en prenant les précautions nécessaires pour conserver dans la roüe ceux qui n'en seroient pas sortis, comme aussi que pour faciliter le remboursement des billets sortis immédiatement après que le Public en aura été instruit par des Listes imprimées, publiées & affichées, il convenoit d'indiquer des jours fixes aux porteurs desdits billets : enfin qu'il convenoit d'instruire le

Public par des affiches que les billets d'emprunt sortis de la roue, & les dixièmes de billets d'emprunt, dont le remboursement sera déterminé, cesseront de porter intérêt au profit des porteurs d'iceux, à compter du jour indiqué pour le remboursement.

Sur quoi il a été unanimement délibéré:

1°. Que tous les dixièmes de billets d'emprunt seront remboursés à l'échéance de la rente qui en sera dûe pour l'année courante, à l'effet de quoi les porteurs seront tenus de rapporter lesdits dixièmes de billets d'emprunt, avec les coupons, qui devront y être attachés, faute de quoi le montant des coupons manquans sera déduit sur le capital du billet qui cessera de produire de nouveau arrérages, à compter du temps indiqué ci-dessus.

2°. Qu'il sera incessamment procédé au tirage de la première Loterie de remboursement de billets d'emprunt jusqu'à concurrence de la somme de quatre cens soixante-cinq mille livres, provenant du sol pour livre de la dernière vente, à l'effet de quoi tous les numeros des billets d'emprunt, à l'exception de ceux qui appartiennent au Roi, seront mis dans une grande roue en présence de Messieurs les Commissaires du Roi, qui en feront mention dans le procès-verbal qui en sera par eux dressé du premier tirage de ladite Loterie, après lequel la roue sera fermée, & les scelés posés sur les ouvertures d'icelles, dont sera pareillement fait mention dans ledit procès-verbal, pour lesdits scelés être reconnus & levés lors du procès-verbal du second tirage; & il en sera ainsi usé successivement à tous les tirages.

3°. Aussi-tôt que chaque Loterie aura été tirée, les porteurs des billets d'emprunt, dont les numéros seront sortis de la roue, seront avertis par des Listes publiques, & affichées, de venir recevoir leur remboursement à la caisse de la Compagnie, au jour qui sera indiqué par lesdites affiches, en rapportant le billet d'emprunt avec les coupons qui devront y être joints, & faute de rapporter tous lesdits coupons, ceux qui se trouveront manquer seront déduits sur les capitaux desdits billets d'emprunt qui cesseront de porter intérêt au profit desdits porteurs, & ce à compter du jour qui sera indiqué, ainsi qu'il vient d'être dit.

4°. Pour accélérer, autant qu'il sera possible, lesdits remboursemens, ils seront faits à Bureau ouvert par le Caissier des Dividendes au jour indiqué par lesdites affiches; & ceux qui n'auront pas pû se présenter ledit jour, pourront venir recevoir leur remboursement tous les Mardis & Jeudis après midi de chaque semaine.

# ARREST
## DU CONSEIL D'ÉTAT
## DU ROY,

QUI *approuve & homologue la délibération de la Compagnie des Indes du 24 Avril dernier, concernant le premier tirage de la Loterie des Billets d'emprunt.*

Du 11 Mai 1749.

*Extrait des Regiſtres du Conſeil d'Etat.*

SUR la requête préſentée au Roi, étant en ſon Conſeil, par les Syndics & Directeurs de la Compagnie des Indes, pour & au nom de ladite Compagnie; contenant, que par délibération du 24 Avril 1749, la Compagnie avoit pris les précautions néceſſaires pour parvenir au remboursement des billets d'emprunt, conformément aux délibérations des 23 Juin 1745 & 20 Décembre 1748, pourquoi ils ſupplient Sa Majeſté de vouloir bien approuver ladite délibération du 24 Avril dernier. Vû lesdites requêtes & délibérations : oui le rapport du ſieur de Machault, Conſeiller ordinaire au Conſeil royal, Contrôleur général des Finances, LE ROI E'TANT EN SON CONSEIL, ayant égard à ladite requête, a approuvé & homologué, approuve & homologue ladite délibération de la Compagnie des Indes, du 24 Avril 1749, laquelle demeurera annexée à la minute du préſent Arrêt, pour être exécutée ſelon ſa forme & teneur ; ordonne en conſéquence

Sa

Sa Majefté, qu'il fera inceffamment procedé au premier tirage de la Loterie de remboursement des billets d'emprunt; comme auffi qu'après chaque tirage de ladite Loterie, les porteurs des billets d'emprunt, dont les numéros seront fortis de la roüe, feront avertis par des liftes publiques & affiches, de venir recevoir leur remboursement à la caisse de ladite Compagnie, au jour qui fera indiqué par lesdites affiches, en rapportant par eux lesdits billets d'emprunt, avec les coupons qui devront y être attachés lors desdits remboursemens, & dans le cas où quelques-uns desdits coupons se trouveroient manquer auxdits billets d'emprunt, veut Sa Majefté qu'il en foit fait déduction fur les capitaux desdits billets d'emprunt, lesquels cefferont de porter intérêt au profit des porteurs, à compter du jour qu'il fera indiqué pour leur remboursement ; ordonne en outre Sa Majefté que tous les dixiémes des billets d'emprunt feront remboursés à la premiere échéance de la rente ou du coupon qui en fera dû, à l'effet de quoi les porteurs d'iceux feront tenus de rapporter lesdits dixiémes des billets d'emprunt, avec les coupons qui devront y être attachés, & dans le cas où quelques-uns desdits coupons se trouveroient manquer, il en fera fait déduction fur les capitaux desdits dixiémes de billets d'emprunt, lesquels cefferont également de porter intérêt, à compter du jour prescrit pour leur remboursement par le présent Arrêt. FAIT au Conseil d'Etat du Roi, Sa Majefté y étant, tenu à Marly le onziéme jour de Mai mil sept cent quarante-neuf.

Signé D'ARGENSON.

*ACTE de prise de possession de l'Isle de saint Michel, & passage en dépendant.*

#### Du 16 Mai 1749.

LE seiziéme jour du mois de Mai 1749, pardevant nous Notaires royaux de la Cour & Sénéchaussée de Hennebon, résidens, l'un en la ville de l'Orient, & l'autre en la ville du Port-Louis, fut présent Ecuyer Charles le Godeheu, l'un des Directeurs de la Compagnie des Indes, & Commandant au Port de l'Orient, demeurant en son Hôtel audit l'Orient, Paroisse de S. Louis, lequel a dit & déclaré, que Messieurs les Syndics & Directeurs de ladite Compagnie des Indes, & au nom d'icelle, auroient par contrat passé devant Me. Perret & son confrere, Notaires à Paris, le 6 du mois de Décembre 1748, insinué au Port-Louis le 21 du mois d'Avril dernier, acquis à titre de féage, des sieurs Supérieurs & Prêtres de la Congrégation de l'Oratoire de Nantes ; la propriété & la joüissance de l'Isle de S. Michel, située sur la riviere de Blavet, entre le Port-Louis & l'Orient dans toute son étendue, avec le droit de passage féodal sur ladite riviere, nommé le passage de Beckergrois, autrement de Sainte-Catherine, qui s'exerce de la pointe de Kirgrois côte de Plemeur, à la pointe de Sainte Catherine côte de Rianta, & respectivement de l'un & l'autre côté, pour & moyennant la somme de 300 liv. de rente fonciere, perpétuelle & non rachetable, en vertu duquel contrat & des Arrêts du Conseil d'Etat du Roi rendus sur icelui, les 11 Février & 21 Avril derniers, qui approuvent, confirment & homologuent ladite aliénation, ledit sieur Godeheu nous a requis de le mettre, au nom de ladite Compagnie des Indes, en possession de ladite Ille de S. Michel, & dudit passage, mentionnés audit contrat de bail à féage susdaté, à quoi inclinant y avons procédé, & de fait nousdits Notaires soussignés, certifions à tous qu'il appartiendra que lesdits jour & an que dessus, avant midi, nous nous sommes, de compagnie avec ledit sieur le Godeheu, embarqués au port de l'Orient dans un canot, par le moyen duquel nous nous sommes rendus à ladite Isle de S. Michel, & descendus à terre, nous avons mis & induit ledit sieur le Godeheu, au nom de ladite Compagnie des Indes, en la réelle & corporelle possession de ladite Isle de S. Michel & de ses dépendances, pour avoir entré & fait entrer avec nous ledit sieur le Godeheu dans une maison couverte de thuiles servant de magasin, édifiée près le rivage de la mer, par laquelle nous sommes allés & venus, avons ouvert, & fermé portes & fenêtres, fait feu & fumée, bû & mangé : après quoi nous nous sommes transportés de compagnie sur & autour des terres de ladite Isle, par lesquelles nous nous sommes promenés, & que nous avons circuité, & dans lesquelles nous avons bêché & tiré des pierres, d'où ensuite nous nous sommes transportés de compagnie avec ledit sieur le Godeheu jusqu'à la pointe de Sainte-Catherine, côte de Rianta, où étant rendus, nous avons trouvé le bateau servant de passage de ladite pointe à celle de Beckergrois, en la Paroisse de Plemeur, conduits par Jean le Chaton & Jacques Muchard, fermiers dudit passage, auxquels nous avons fait sçavoir la teneur de notre commission, & qui nous ont déclaré n'avoir aucuns moyens empêchans pour s'y opposer, dans les droits duquel passage ledit sieur le Godeheu nous a requis de le mettre au nom de ladite Compagnie des Indes en possession ; à quoi inclinant y avons procédé, & de fait nous avons mis & induit ledit sieur le Godeheu, audit nom en la réelle, actuelle & corporelle possession dudit passage, pour avoir entré tous de compagnie dans ledit bateau, touché avirons, fait ramer, hisser & baisser les voiles, & fait le trajet dans ledit bateau de passage, depuis ladite pointe de Sainte-Catherine jusqu'à la pointe de Kergrois, côte de Plemeur, & généralement nous avons fait & observé toutes les formalités requises & accoutumées, pour bonne & valable possession prendre sans aucune opposition de personne.

De tout quoi ledit sieur Godeheu, au nom de ladite Compagnie des Indes, nous a requis de rapporter acte, ce que nous lui avons octroyé pour valoir & servir ainsi qu'il appartiendra. Fait & passé sur les lieux, aux présences du sieur Pacot, Contrôleur pour ladite Compagnie des Indes audit port de l'Orient, du sieur de Saint-Pierre, Chevalier de l'Ordre Militaire de S. Louis, Ingénieur de la Marine du Roi, & de ladite Compagnie, du sieur Lamy, Capitaine de port audit l'Orient, & du sieur Guillois chargé en chef de la conduite des travaux & édifices de ladite Compagnie audit l'Orient, qui ont signé avec ledit sieur Godeheu & nousdits Notaires, ledit jour & an que devant après midi. *Ainsi signé en la minute.* GODEHEU, PACOT, DE SAINT-PIERRE, GUILLOIS, LAMY, DE LA FARGUE, Notaire royal, & PIERRE KSAL, autre Notaire royal, qui garde ladite minute, contrôlée au Port-Louis le 28 Mai 1749, par Ksal, qui a marqué reçu 9 l. 3 s. & enregistrée le même jour par le même, qui a marqué reçu quarante-cinq sols. *Signé* DE LA FARGUE, Notaire royal, *&* KSAL, Notaire royal.

---

*LETTRE de M. le Contrôleur général à Mrs. les Syndics & Directeurs de la Compagnie des Indes, concernant M. de Saint Priest Commissaire du Roi.*

### Du 21 Juin 1749.

M. Rouillé, à présent Secrétaire d'Etat, Messieurs, ne pouvant plus remplir la place de Commissaire du Roi à la Compagnie des Indes, & Sa Majesté ayant jugé qu'il étoit de l'avantage de la Compagnie qu'il y eût deux Commissaires, conjointement chargés de travailler aux affaires qui la concernent, elle a nommé M. de Montaran, Intendant du commerce, & M. de Saint-Priest, Maître des Requêtes, pour remplir ces deux places. Je suis, Messieurs, entiérement à vous. *Signé* MACHAULT.

# ARREST
## DU CONSEIL D'ÉTAT
## DU ROY,

*PORTANT réglement pour le renouvellement des Actions.*

Du 5 Août 1749.

*Extrait des Regiſtres du Conſeil d'Etat.*

SUR ce qui a été repréſenté au Roi, que par Arrêt de ſon Conſeil du 22 Mars 1723, le nombre d'actions de la Compagnie des Indes, fut fixé à cinquante-ſix mille, dont quarante-huit mille actions & quatre-vingts mille dixiémes d'actions qui furent diſtribuées dans le Public, en conformité dudit Arrêt ; mais que depuis ce temps Sa Majeſté ayant jugé à propos, pour en diminuer le nombre, d'en retirer une partie, qui ont été rembourſées de ſes propres deniers, a fait remettre aux Syndics & Directeurs de la Compagnie, dix mille cinq cens quatre-vingt-quinze actions & douze mille quatre cens ſix dixiémes, qui ont été brûlées en exécution de différens Arrêts : que d'un autre côté la Compagnie a retiré cinq mille ſix cens quarante-ſept actions & huit dixiémes d'actions, par le moyen de la loterie compoſée, établie en 1724, ainſi que quatre-vingt-trois actions & huit dixiémes d'actions, provenant des payemens qui lui ont été faits par certains débiteurs, leſquelles ont été auſſi brûlées & annullées ; au moyen de quoi il ne reste plus dans le Public que trente-huit mille quatre cens trente-deux actions huit dixiémes, tant en actions qu'en dixiémes d'actions : que dans ces circonstances les actions & dixiémes d'actions retirées, tant par Sa Majesté que par la Compagnie, étant de différens numéros de tous les milliers, le Public ignore le véritable nombre des actions qui restent dans le Public ; que d'un autre côté le renouvellement des actions oblige la Compagnie de faire imprimer tous les trois ans un bien plus grand nombre d'actions & de dixiémes d'actions que celui qui est nécessaire pour remplacer celles qui restent dans le Public ; qu'en outre il subsiste une différence de prix entre les actions, de maniere que celles dont les numéros sont sortis de la roue dans les tirages de la loterie établie par l'Arrêt du 2 Mai 1730, mais dont les propriétaires n'ont point reçu le remboursement, valent moins sur la place que les actions qui n'ont pas été tirées : qu'enfin il seroit agréable aux Actionnaires de réduire les numéros des actions & dixiémes d'actions, au nombre de celles qui restent dans les mains du Public, & qu'il en résulteroit une économie pour la Compagnie ; mais que la Compagnie des Indes ne sçauroit faire cette opération sans être autorisée par Sa Majesté, & sans qu'il soit ordonné des dispositions qui assurent le sort des dépositaires, tuteurs, curateurs, & autres personnes publiques ou particulieres, qui se trouvent chargées par actes publics ou particuliers, de représenter les mêmes actions dont les numéros sont spécifiés dans lesdits actes, & dont ils ne peuvent se défaisir sans être munis de déclarations en bonne forme, qui autorisent ladite conversion ; à quoi voulant pourvoir : oui le rapport du sieur de Machault, Conseiller ordinaire au Conseil royal, Contrôleur général des Finances, LE ROI ÉTANT EN SON CONSEIL, a ordonné & ordonne que le nombre d'actions restant dans le Public, demeurera fixé à la quantité de trente-huit mille quatre cens trente-deux actions huit dixiémes d'actions, tant en actions qu'en dixiémes d'actions; & que pour parvenir à la réduction des numéros, il sera, par la Compagnie, fait un tableau des quarante-huit mille numéros d'actions & des quatre-vingts mille numéros de dixiémes d'actions, pour en supprimer ceux des actions qui ont été retirées par Sa Majesté & par ladite Compagnie, & être les numéros restans, rapprochés & réduits au nombre d'actions restant dans le Public : comme aussi que lorsque les porteurs viendront retirer leurs actions renouvellées, il sera donné des certificats visés par un Directeur, à ceux qui en demanderont, pour justifier l'échange des numéros. FAIT au Conseil d'Etat du Roi, Sa Majesté y étant, tenu à Compiegne, le cinquiéme jour d'Août mil sept cent quarante-neuf. *Signé* M. P. DE VOYER D'ARGENSON.

# ARREST
## DU CONSEIL D'ÉTAT,
## DU ROY,
## ET LETTRES PATENTES
### SUR ICELUI,

QUI annullent les délibérations concernant les Aldées d'Archioüac & de Thedouvanaton.

#### Du 6 Juin 1750.

*Extrait des Regiſtres du Conſeil d'Etat.*

LE Roi étant informé que le ſieur Dumas, Gouverneur général des Etabliſſemens François dans l'Inde, & chef du Conſeil ſupérieur de Pondichery, auroit par acte du 10 Décembre 1740, & par un codicile exprès, réuni au Domaine de la Compagnie des Indes, les Aldées d'Archioüac & Thedouvanaton, que le Nabab d'Arcatte lui avoit donné, en reconnoiſſance de l'aſyle qui lui fût accordé à Pondichery contre l'armée victorieuſe des Marates qui le pourſuivoit; comme auſſi que ladite Compagnie auroit pris des délibérations les 26 Juin, 7 Septembre 1742, & premier Août 1744, relativement à cet objet ; Sa Majeſté auroit reconnu que ſi la conduite du ſieur Dumas dans l'Inde à la prompte réunion qu'il fit au Domaine de la Compagnie deſdites deux Aldées, ne laiſſoient aucun nuage ſur les

*intentions*

intentions de ce Gouverneur, il étoit cependant à craindre que l'acte de réunion consenti par ledit feu sieur Dumas & le codicile par lui souscrit, ensemble la donation faite par sa veuve & par son frere, quoique demeurée imparfaite par défaut d'acceptation, ne fussent regardés comme les véritables titres de propriété de la Compagnie, attendu la réserve des fruits qui y est inférée au profit dudit sieur Dumas, & que les délibérations qui y ont étendu cette réserve à sa veuve & à son frere, parussent moins l'effet de la libéralité de la Compagnie pour récompense de services rendus, que l'exécution d'une condition que le sieur Dumas n'auroit pas eu droit d'apposer à ladite réunion; & Sa Majesté considérant que rien n'est plus intéressant que de maintenir l'exécution des loix fondamentales du Royaume, qui défendent indistinctement à tous ses sujets de recevoir sans sa permission des dons & présens des Princes étrangers, ont plus singuliérement leur application aux personnes des Gouverneurs & autres Officiers principaux, & voulant prévenir les abus dans une matiere aussi importante; vû ledit acte de réunion du 10 Décembre 1740, le codicile du 25 Octobre 1746, & les délibérations des 26 Juin, 7 Septembre 1742, & premier Août 1744 : oui le rapport du sieur de Machault, Conseiller ordinaire au Conseil royal, Contrôleur général des Finances, LE ROI ÉTANT EN SON CONSEIL, sans s'arrêter à la réserve d'usufruit inférée par le sieur Dumas dans l'acte de réunion des Aldées dont il s'agit, au Domaine de la Compagnie, au legs par lui fait des mêmes Aldées, ni aux délibérations prises par les Directeurs de ladite Compagnie les 26 Juin, 7 Septembre 1742, & premier Août 1744, lesquelles réserves & délibérations Sa Majesté a déclaré nulles, de nul effet, & comme telles, les a cassé & annullé : ordonne Sa Majesté, que le surplus de l'acte de ladite réunion sortira son plein & entier effet; ce faisant, que la Compagnie des Indes, propriétaire des Aldées d'Archioüac & Thedouvanaton, percevra les fruits desdites Aldées, ainsi qu'elle a fait ou dû faire par le passé, sauf à elle à re-

Tome IV.                                                             O o o o

connoître, ainsi qu'elle avisera, les services qui lui ont été rendus par ledit sieur Dumas. Veut & entend Sa Majesté, que les Ordonnances du Royaume soient exécutées suivant leur forme & teneur ; & en conséquence, fait Sa Majesté très-expresses défenses & inhibitions à tous Gouverneurs, Officiers & Employés de ladite Compagnie dans l'Inde, & dans ses autres Établissemens, de recevoir aucuns dons & présens des Princes étrangers, pour eux personnellement, & ne pourront les accepter qu'à la charge d'en faire aussi-tôt la réunion pure & simple au Domaine de ladite Compagnie, à défaut de quoi ladite réunion sera censée faite de plein droit, sans qu'il soit besoin de la faire prononcer ; ordonne Sa Majesté, que ceux qui contreviendront à la disposition du présent Arrêt, soient poursuivis extraordinairement, & punis suivant la rigueur des Ordonnances, & que pour l'exécution d'icelui toutes Lettres-patentes soient expédiées. FAIT au Conseil d'Etat du Roi, Sa Majesté y étant, tenu à Versailles le sixiéme jour du mois de Juin mil sept cent cinquante. *Signé* ROUILLE'.

LOUIS, PAR LA GRACE DE DIEU, ROI DE FRANCE ET DE NAVARRE : à nos amés & féaux Conseillers, les Gens tenans nos Conseils supérieurs établis à Pondichery, à l'Isle de France & à l'Isle de Bourbon, SALUT. Ayant été informé que le sieur Dumas, Gouverneur général des établissemens François dans l'Inde, & chef du Conseil supérieur de Pondichery, avoit par acte du 10 Décembre 1740, & par un codicile exprès, réuni au Domaine de la Compagnie des Indes, les Aldées d'Archioüac & Thedouvanaton, que le Nabab d'Arcatte lui avoit donné en reconnoissance de l'asyle qui lui avoit été accordé à Pondichery contre l'armée victorieuse des Marates qui le poursuivoit ; comme aussi que ladite Compagnie avoit pris des délibérations les 26 Juin, 7 Septembre 1742, & premier Août 1744, relativement à cet objet, nous aurions reconnu que si la conduite du sieur Dumas dans l'Inde & la prompte réunion qu'il avoit faite au Domaine de la Compagnie, desdites deux Aldées, ne laissoient aucun nuage sur les intentions de ce Gouverneur, il étoit cependant à craindre que l'acte de réunion consenti par le feu sieur Dumas, & le codicile par lui souscrit, ensemble la donation faite par sa veuve & par son frere, quoique demeurée imparfaite par défaut d'acceptation, ne fussent regardés comme les véritables titres de propriété de la Compagnie, attendu la réserve des fruits qui y est inférée au profit dudit sieur Dumas, & que les délibérations qui avoient étendu cette réserve à sa veuve & à son frere, parussent moins l'effet de la libéralité de la Compagnie pour récompense des services rendus, que l'exécution d'une condition que le sieur Dumas n'avoit pas eu droit d'apposer à ladite réunion; & considérant que rien n'est plus intéressant que de maintenir les anciennes loix fondamentales de notre Royaume, qui défendent indistinctement à tous nos sujets de recevoir, sans notre permission, des dons & présens des Princes étrangers, ont plus singuliérement leur application aux personnes des Gouverneurs & autres Officiers principaux; & voulant prévenir les abus d'une matiere si importante, nous avons, sur ce, expliqué nos intentions par l'Arrêt rendu en notre Conseil d'État le 6 Juin 1750, portant que, pour son exécution, toutes Lettres-patentes seroient expédiées. A CES CAUSES, de l'avis de notre Conseil qui a vû ledit Arrêt du 6 Juin 1750, ci-attaché sous le contrescel de notre Chancellerie, nous, conformément à icelui, sans nous arrêter à la réserve d'usufruit inférée par le sieur Dumas dans l'acte de réunion des Aldées dont il s'agit, au Domaine de la Compagnie des Indes, au legs par lui fait des mêmes Aldées, ni aux délibérations prises par les Directeurs de ladite Compagnie les 26 Juin, 7 Septembre 1742, & premier Août 1744, lesquelles réserve & délibérations nous avons déclaré nulles & de nul effet, & comme telles, nous les avons cassé & annullé, nous avons ordonné & par ces Présentes signées de notre main, ordonnons que le surplus de l'acte de ladite réunion sortira son plein & entier effet; ce faisant, que la Compagnie des

Indes propriétaire des Aldées d'Archioüac & de Thedouvanaton percevra les fruits desdites Aldées, ainsi qu'elle a fait ou dû faire par le passé, sauf à elle à reconnoître, ainsi qu'elle avisera, les services qui lui ont été rendus par ledit sieur Dumas; voulons & entendons que les Ordonnances de notre Royaume soient exécutées suivant leur forme & teneur ; & en conséquence, faisons très-expresses défenses & inhibitions à tous Gouverneurs, Officiers & Employés de ladite Compagnie dans l'Inde & dans ses autres Etablissemens, de recevoir aucuns dons & présens des Princes étrangers pour eux personnellement, & ne puissent les accepter qu'à la charge d'en faire aussi-tôt la réunion pure & simple au Domaine de ladite Compagnie; au défaut de quoi ladite réunion sera censée faite de plein droit, sans qu'il soit besoin de la faire prononcer. Ordonnons que ceux de nos sujets qui contreviendront aux dispositions de nos présentes Lettres, soient poursuivis extraordinairement, & punis suivant la rigueur des Ordonnances. Si vous mandons que ces Présentes vous ayez à faire lire, registrer, & le contenu en icelles exécuter de point en point selon leur forme & teneur, cessant & faisant cesser tous troubles & empêchemens contraires; car tel est notre plaisir. DONNE' à Versailles le trentiéme jour du mois de Décembre, l'an de grace mil sept cent cinquante-un, & de notre regne le trente-septiéme. *Signé* LOUIS. Par le Roi, ROUILLE'.

# ARREST
## DU CONSEIL D'ÉTAT
## DU ROY,

*QUI fixe à 35377 le nombre des Billets d'emprunt restans dans le Public.*

#### Du 21 Août 1750.

*Extrait des Regiſtres du Conſeil d'Etat.*

SUR ce qui a été repréſenté au Roi, étant en ſon Conſeil, que par Arrêt d'icelui du 5 Août 1749, Sa Majeſté auroit fixé le nombre d'actions de la Compagnie des Indes, reſtant dans le Public, à la quantité de trente-huit mille quatre cens trente-deux actions huit dixièmes ; qu'en conſéquence le nombre d'actions renouvellées a été réduit à la ſuſdite quantité : que la Compagnie des Indes ſe trouvant obligée de renouveller auſſi les billets d'emprunt, dont la fabrication fut ordonnée en conſéquence d'une délibération de ladite Compagnie du 23 Juin 1745, homologuée par Arrêt du 26 du même mois ; les mêmes motifs d'économie ſemblent autoriſer à réduire le nombre deſdits billets d'emprunt, ſans quoi la Compagnie ſeroit obligée d'en faire imprimer un bien plus grand nombre que celui qui eſt néceſſaire pour remplacer les billets d'emprunt qui reſtent dans le Public, qui au moyen de ceux appartenans à Sa Majeſté, dont il paroîtroit suffisant que le Roi fût crédité sur les livres généraux de la Compagnie des Indes, ainsi que de ceux dont les numéros sont sortis de la roue dans les tirages de la Loterie établie par Arrêt du 20 Mai 1749, se trouvent réduits à la quantité de trente-cinq mille trois cens soixante-dix-sept: mais que la Compagnie des Indes ne sçauroit faire cette opération sans être autorisée par Sa Majesté à la créditer dans ses livres, du montant des billets d'emprunt dont Sa Majesté est propriétaire, & des arrérages desdits billets à mesure qu'ils échéront, à quoi voulant pourvoir : oui le rapport du sieur de Machault, Conseiller ordinaire au Conseil royal, Contrôleur général des Finances, LE ROI E'TANT EN SON CONSEIL, a ordonné & ordonne que le nombre des billets d'emprunt restant dans le Public, demeurera actuellement fixé à la quantité de trente-cinq mille trois cens soixante-dix-sept; qu'il n'en sera fabriqué que le nombre nécessaire pour échanger ceux qui resteront après le prochain tirage de la Loterie, sans cependant intervertir l'ordre des numéros, & qu'à l'égard des onze mille huit cens trente-cinq billets d'emprunt six dixièmes, dont Sa Majesté est propriétaire, elle en sera créditée sur les livres généraux de la Compagnie, ensemble des arrérages desdits billets, à mesure qu'ils échéront. FAIT au Conseil d'Etat du Roi, Sa Majesté y étant, tenu à Versailles le vingt-unième jour d'Août mil sept cent cinquante. *Signé* DE VOYER D'ARGENSON.

# ARREST
## DU CONSEIL D'ÉTAT
# DU ROY,

QUI *déboute la Dame Harriffon & autres ayant droit en la fucceffion de Thomas Crawfort des demandes portées en leur requêtes pour raifon de 3000 Actions.*

### Du 15 Septembre 1750.

*Extrait des Regiftres du Confeil d'Etat.*

VU au Confeil d'Etat du Roi, la requête préfentée en icelui, par Dame Françoife Harriffon, veuve & adminiftratrice des biens d'Edouard Harriffon, Gentilhomme Anglois; contenant, qu'en 1720 Thomas Crawfort, aux droits duquel étoit le feu fieur Harriffon, avoit au dépôt de la Compagnie des Indes trois mille actions de ladite Compagnie, qui furent vifées & liquidées; mais ledit fieur Crawfort étoit décédé fans avoir retiré les nouvelles actions fur le pied de la liquidation; que fuivant les Arrêts du Confeil, tous dépofitaires tant publics que particuliers, ont été dans l'obligation de faire vifer les actions qu'ils avoient en dépôt, de retirer les liquidations des anciennes actions pour les convertir en nouvelles : que par l'Article VII de l'Edit du mois de Juin 1725, il eft ordonné que ceux qui faute d'avoir obéi auxdits Arrêts du Confeil auroient laiffé annuller des actions, foient tenus d'en payer la valeur : que par l'Article VIII du même

Edit, les dépositaires étoient bien & dûement déchargés des réductions, en représentant les extraits des feuilles de liquidation qu'ils ont dû retirer en exécution de l'Article IV. de l'Arrêt du Conseil du 14 Septembre 1722, & qu'en conséquence les Directeurs de la Compagnie des Indes soient tenus de justifier de la réduction qui a été faite de ces 3000 actions, & de l'usage qu'ils ont dû faire en qualité de dépositaires de la liquidation desdites actions, & que si, faute par eux d'avoir fait l'échange en nouvelles actions des anciennes dans le délai prescrit par l'Arrêt du Conseil du 22 Mars 1723, le certificat de liquidation a été annullé au profit & à la décharge de ladite Compagnie, elle soit condamnée à payer la valeur desdites actions, conformément à l'Article V de l'Arrêt du Conseil du 14 Septembre 1722, & de l'Article VII dudit Edit du mois de Juin 1725, ensemble les Dividendes desdites actions. Vû aussi les Arrêts & Edits énoncés dans la requête signée Bouvet, Avocat ès Conseils du Roi, & de ladite Dame Harrisson, & autres pieces y jointes, ensemble le mémoire des Syndics & Directeurs de la Compagnie des Indes servant de réponse à ladite requête ; contenant, qu'il est vrai que le feu sieur Thomas Crawfort avoit déposé trois mille actions au dépôt de la Compagnie ; mais que le sieur Nicolas chargé dudit dépôt avoit rempli toutes les obligations auxquelles il étoit tenu, puisqu'il a effectivement présenté au *Visa* toutes les actions dont il étoit chargé ; que sur ladite représentation il est intervenu une décision particuliere le 9 Juillet 1722, portant que des 14712 actions représentées par ledit sieur Nicolas 5229, dont il n'avoit point été fait de déclaration, & 221 non comprises dans les déclarations faites seroient annullées, & que les 9226 autres dans lesquelles étoient les 3000 dudit Thomas Crawfort seroient rendues aux propriétaires ; que c'étoit donc à eux à retirer leurs actions du dépôt pour, en vertu des déclarations qu'ils en avoient faites, retirer les liquidations des différens bureaux où elles avoient été faites, & que plusieurs ont exécuté ; qu'il y a lieu de croire que celles qui n'ont pas été retirées dudit

dépôt,

dépôt, ont été liquidées au néant; que ce qui le prouve parfaitement, c'est que Sa Majesté ayant par Arrêt du 22 Mars 1723 fixé le nombre des actions par rapport à celui des certificats de liquidations d'actions, elles ont été délivrées aux porteurs desdits certificats de liquidations; que c'est en vain que la veuve Harrisson voudroit mettre la Compagnie des Indes dans la même classe que tous les autres dépositaires, munis de titres & pieces relatives aux actions qu'ils pourroient avoir, & qui les mettroient dans le cas de faire toutes les opérations ordonnées; mais elle n'avoit que les noms de ceux qui avoient déposé leurs actions, elle ne pouvoit donc faire aucune déclaration, ni prouver d'origine, & encore moins retirer les certificats de liquidations; aussi les Commissaires du Conseil ont-ils décidé, que les actions seroient rendues aux proprietaires. C'est donc inutilement que la veuve Harrisson excipe de l'Arrêt du 14 Septembre 1722, de même que de l'Edit du mois de Juin 1725, qui ne fait que confirmer les dispositions dudit Arrêt : qu'elle n'est pas la seule qui soit dans le même cas, puisqu'il est resté 8120 actions des 9226 ci-dessus, qui devoient être retirées, en exécution de la décision du 9 Juillet 1722 : qu'enfin par toutes ces considérations ladite veuve Harrisson, & tous autres, étant aux droits dudit Thomas Crawfort devoient être déboutés de leurs demandes : oui le rapport du sieur de Machault, Conseiller ordinaire au Conseil royal, Contrôleur général des Finances, LE ROI ÉTANT EN SON CONSEIL, a débouté & déboute ladite Dame Harrisson, & autres ayant droit en la succession dudit Thomas Crawfort, des demandes portées en leur requête. FAIT au Conseil d'Etat du Roi, Sa Majesté y étant, tenu à Versailles le quinze Septembre mil sept cent cinquante. *Signé* DE VOYER D'ARGENSON.

*Le 30 Septembre 1750, signifié & laissé copie à Me. Bouvet, Avocat adverse, en son domicile, parlant à son Clerc, par nous Huissier ordinaire du Roi en sa grande Chancellerie, ledit jour trente Septembre mil sept cent cinquante.* Signé LOURDES.

*Le 3 Octobre 1750, à la requête des sieurs Syndics & Directeurs de la Compagnie des Indes, pour & au nom de ladite Compagnie, qui ont élû domicile à l'Hôtel de ladite Compagnie, sis à Paris, rue neuve des Petits-Champs, Paroisse S. Eustache, le présent Arrêt du Conseil a été signifié, & d'icelui laissé copie aux fins y contenues à la Dame Françoise Harrisson, & autres ayant droit à la succession dudit sieur Thomas Cravufort étrangers, absens du Royaume, au domicile de Monsieur le Procureur général du Parlement de Paris, en son Hôtel, rue S. Guillaume, parlant à son Portier, par nous Huissier ordinaire du Roi en ses Conseils.* Signé DE LA CROIX.

# ARREST
## DU CONSEIL D'ÉTAT
## DU ROY,

*QUI fait défenses au Sieur Perrault, faisant les fonctions de Maire de l'Orient, & à tous autres, de troubler les Sieurs Dondel en la possession & jouissance des droits, prérogatives à eux appartenant.*

Du 19 Décembre 1750.

*Extrait des Registres du Conseil d'Etat.*

VU par le Roi, étant en son Conseil, la requête présentée en icelui par les sieurs Jean-François Dondel, Evêque de Dol, & Pierre-François Dondel, Conseigneur du Faouedic; contenant entr'autres choses qu'à raison de cette Seigneurie qu'ils possedent conjointement, ils sont Fondateurs de l'Eglise paroissiale de S. Louis de l'Orient, le feu sieur Dondel leur pere ayant, non-seulement fait don du terrein sur lequel elle a été bâtie, & de celui qui a été nécessaire pour le Presbytere & le Cimetiere, mais ayant considérablement contribué à sa construction & dotation, soit en permettant qu'on enlevât de ses carrieres toute la pierre employée aux édifices, soit en cédant autour du Cimetiere un autre terrein, sur lequel la Fabrique a fait construire des boutiques, dont elle retire un revenu très-considérable; que cette qualité de Fondateurs, si légitimement acquise, a été d'abord reconnue

Ppppij

par un acte authentique du 27 Août 1702, passé entre le sieur de Mauclerc, Commissaire de la Marine & Ordonnateur du port de l'Orient, fondé du pouvoir du feu Roi, les habitans du lieu & le feu sieur Dondel pere des Supplians, lequel acte a été approuvé & souscrit par l'Evêque diocésain : que quelques années après, le feu sieur Prince de Guimenée ayant prétendu qu'en qualité de Seigneur de Fief, dans l'étendue duquel l'Eglise a été bâtie, & de Seigneur Haut-Justicier dans le même lieu, les droits honorifiques lui étoient dûs, & le pere des Supplians par déférence pour le nom de Rohan, ayant fait le sacrifice d'une partie de ses droits, Sa Majesté par Arrêt du 19 Septembre 1707, auroit réglé les droits honorifiques ; qu'il est ordonné entr'autres choses par cet Arrêt, que les honneurs de l'Eglise seront déférés d'abord au Prince de Guimenée, ses successeurs & ayans cause, présens en personne, après lui au Commandant pour Sa Majesté, & à l'Ordonnateur dans le port de l'Orient, & ensuite au sieur Dondel Fondateur, ses hoirs & ayans cause, & qu'ils marcheront aux processions, & iront à l'Offrande dans le même ordre, sans qu'aucuns autres Officiers de Sa Majesté, & inférieurs auxdits Commandant & Ordonnateur, puissent jouïr des mêmes honneurs ; qu'au préjudice néanmoins de ce réglement le sieur Perrault qui exerce l'Office de Maire pour la Compagnie des Indes, à laquelle cet Office appartient, se seroit placé à la droite du Commandant à la procession de l'Octave du S. Sacrement, de l'année derniere du Saint Sacrement 1749, & se seroit obstiné d'y demeurer malgré les représentations du sieur Faouedic présent ; ladite requête tendante à ce qu'il plût à Sa Majesté ordonner que l'Arrêt du Conseil d'Etat du 19 Septembre 1707, sera exécuté selon sa forme & teneur, en conséquence faire défenses au sieur Perrault exerçant les fonctions de Maire de l'Orient, & à tous autres, de troubler les Supplians en la possession & jouïssance des droits & prérogatives à eux appartenans, en qualité de Fondateurs de l'Eglise paroissiale de ladite Ville, & après l'avoir fait, le condamner en une somme de mille livres, applicable à l'Hôpital de la même Ville, avec défenses de récidiver, sous plus grande peine, & au surplus ordonner que l'Arrêt qui interviendra sera transcrit sur le regiſtre de l'Hôtel-de-Ville & sur celui de la Paroisse, desquels enregistremens les Maire & Marguilliers en charge seront tenus de délivrer des extraits aux Supplians. L'Arrêt du 20 Août 1750, par lequel Sa Majesté a ordonné que ladite requête sera communiquée aux sieurs Directeurs de la Compagnie des Indes, pour y faire de réponse dans le délai de l'Ordonnance; pour ce fait, ou faute de ce faire, être par Sa Majesté ordonné ce qu'il appartiendra. La réponse des Syndics & Directeurs de la Compagnie des Indes, pour & au nom de ladite Compagnie; contenant entr'autres choses que la prétention des sieurs Dondel dérive d'un fait qui est étranger à la Compagnie, laquelle n'entend point contester auxdits sieurs Dondel aucuns des droits qui peuvent leur appartenir légitimement dans la qualité qu'ils agissent; ladite réponse tendante à ce qu'il plaise à Sa Majesté de donner acte aux Supplians de ce que pour réponse à la requête des sieurs Dondel insérée en l'Arrêt du Conseil d'Etat du 20 Août 1750, signifié le premier Septembre suivant, ils s'en rapportent à ce qu'il plaira à Sa Majesté d'ordonner, sans préjudice des droits de la Compagnie des Indes. Ouï le rapport, tout considéré, SA MAJESTE' E'TANT EN SON CONSEIL, a ordonné & ordonne que l'Arrêt du Conseil d'Etat du 19 Septembre 1707, sera exécuté selon sa forme & teneur, en conséquence fait défenses au sieur Perrault exerçant les fonctions de Maire de l'Orient, & à tous autres, de troubler lesdits Dondel en la possession & joüissance des droits & prérogatives à eux appartenans, en qualité de Fondateurs de l'Eglise paroissiale de S. Louis de ladite Ville; ordonne au surplus Sa Majesté que le présent Arrêt sera transcrit sur le regiſtre de l'Hôtel-de-Ville & sur celui de la Paroisse, desquels enregistremens les Maire & les Marguilliers en charge seront tenus de délivrer auxdits sieurs Dondel des expéditions. Fait au Conseil d'Etat du Roi, Sa Majesté y étant, tenu à Versailles le dix-neuf Décembre mil sept cent cinquante. *Signé* PHELYPEAUX.

Signifié à Me Ausonne, Avocat adverse, & à Messieurs les Directeurs de la Compagnie des Indes, en leur Hôtel à Paris, les 15 & 20 de ce mois, par DE LA CROIX ET DE LESTRE.

LOUIS, PAR LA GRACE DE DIEU, ROI DE FRANCE ET DE NAVARRE; au premier notre Huissier ou Sergent sur ce requis. Nous te mandons par ces Présentes, signées de notre main, de signifier à tous ceux qu'il appartiendra, à ce qu'ils n'en ignorent, l'Arrêt ci-attaché sous le contre-scel de notre Chancellerie, ce jourd'hui rendu en notre Conseil d'Etat, nous y étant, pour les causes y mentionnées, de ce faire te donnons pouvoir, commission & commandement spécial, & de faire en outre pour l'entiere exécution dudit Arrêt tous exploits, significations & autres actes de Justice que besoin sera, sans pour ce demander autre permission; car tel est notre plaisir. DONNÉ à Versailles le dix-neuviéme jour du mois de Décembre, l'an de grace mil sept cent cinquante, & de notre regne le trente-sixiéme. *Signé* LOUIS. *Et plus bas*; par le Roi, PHELYPEAUX. Scellé le 18 de ce mois du grand Sceau y attaché en cire jaune.

*L'Arrêt du Conseil d'Etat, ensemble la commission sur icelui, dont copie est ci-dessus & de l'autre part, ont été par moi soussigné Olivier Dano, premier Huissier Audiencier au Siege Présidial de Vannes, y demeurant rue des Orfévres, Paroisse de S. Pierre, exploitant par tout le Royaume, sans congé, visa ni pareatis, à la requête de Monseigneur l'Illustrissime & Révérendissime Jean-François Dondel, Conseiller du Roi en ses Conseils, Evêque & Comte de Dol, y demeurant en son Palais Episcopal, & Messire Pierre-François Dondel, Chevalier de l'Ordre Militaire de S. Louis, Seigneur du Faouedic, Couaslé & Vaugiovan, & autres lieux, demeurant en sa Terre du Parc-Enger, près Redon, Paroisse dudit lieu, qui continuent* leur Avocat au Conseil, Me. de Gêne de Lamothe, & chez lui à Paris rue Dauphine, leurs élections de domicile, intimé & signifié au Général de la Paroisse de S. Louis de l'Orient, en la personne du sieur Duplessis, Juré, Marguillier en exercice, à Messieurs les Maire, Echevins & autres Officiers de l'Hôtel-de-Ville, dans la personne du sieur Marc le Gras, leur Greffier; & encore au sieur Perrault, exerçant les fonctions de Maire de ladite Ville, dénommés audit Arrêt, Défendeurs à ce qu'ils n'en ignorent, ayent à y obéir & porter état, sous les peines qui y échoient ; ce faisant, de se conformer audit Arrêt, de l'enregistrer, & d'en délivrer incessamment & de jour à autre des expéditions auxdits Seigneurs Dondel, réservant au surplus tous leurs autres dus droits, actions & prétentions exprimés ou non exprimés, avec toutes les protestations en tel cas requis. Fait sçavoir audit sieur Perrault pour lui avoir délivré cette copie, en parlant à un de ses domestiques, trouvé en sa demeure qu'il fait en ladite Ville de l'Orient, Paroisse S. Louis, avec injonction de lui en donner avis ce jour vingt-cinq Janvier mil sept cent cinquante-un, après midi. Signé DANO.

*LETTRE de M. de Montaran à Mrs. les Syndics & Directeurs concernant M. le Comte de Montmorency & M. le Comte du Châtelet.*

Du 29 Décembre 1750.

JE reçois dans l'instant, Messieurs, une Lettre de Monseigneur le Garde des Sceaux, par laquelle il me charge de vous faire part, que le Roi a fait choix de M. le Comte de Montmorency, & de M. le Comte du Châtelet, pour remplir les deux places de Syndics, qui étoient vacantes.

J'écris sur le champ à ces deux Messieurs, pour les en informer; je vous prie de vouloir bien me faire sçavoir l'adresse de M. le Comte du Châtelet.

J'ai l'honneur d'être, &c. *signé* DE MONTARAN,

*FIN DU TOME IV.*

# TABLE GÉNÉRALE
## ET ALPHABETIQUE,

Des Matieres contenues dans les quatre Tomes de la Collection des Priviléges de la Compagnie des Indes.

### A.

ABONNEMENT de 3000 l. Tom. IV. page 327
Actionnaires & Directeurs, Requête. Tom. II. 159
Idem, intérêts à eux dits, Tom. I. 506
Idem, 1691. 529
Idem, 1692. 557
Idem, état des intérêts à faire, 608
Idem, état présent. 677
Actions, délai prorogé pour le payement. Tom. I. 317
— Fixées à 56000 liv. Tom. III. 520
— Dividende fixé pour 1722. 528
— Commissaires nommés pour les négociations 557
— Dividende fixé à 150 livres. 600
— Commissaires nommés pour les contestations. 635
— Converties en rentes viageres. 659
— Emprunt de 500 liv. sur chacune. Tom. IV. 487 & 489
— Renouvellement. 653
— Crawford 3000. 664
Achat de mille piéces de huit. T. II. 50
— De 50000, idem. 75
Acquits à caution visés. T. III. 625
— Pour Dunkerque. Tom. IV. 401
— Pour l'Espagne, idem. 403
Administration du 30 Août 1723. Tom. III. 544

Affaires de Surate. Tom. I. page 363
Affiche pour les ouvriers. T. I. 97
Agrès & apparaux, entrée & sortie permise. Tom. I. 94
Aldées d'Archidouac, &c. T. IV. 656
Ambassadeurs nommés & envoyés par la Compagnie. Tom. I. 62
Amérique, prix des marchandises rendues à la Compagnie. Tom. IV. 127
Amiral de France. Tom. II. 261
— Dixiéme des prises en-deça du Cap de Bonne-Espérance. Tom. II. 627
— Dixiéme du Phœnix d'or. T. II. 649
Amnistie générale en faveur des déserteurs. Tom. III. 43
Amyeux, droit de Comptablie. T. I. 566
Ancienne Compagnie, Syndics nommés. Tom. III. 454
— Défaut des Syndics nommés, idem. 475
— Idem. Tom. IV. 392
Armes de la Compagnie, Tom. I. 64
Arrêt d'enregistrement du Parlement de Paris. Tom. I. 68
— Idem, de l'Edit premier. 72
— Idem, de la Chambre des Comptes. 73
— Idem, de la Cour des Aydes. 76
Articles & conditions présentés au Roi, Mai 1664. Tom. I. 37

*Tome IV.* Qqqq

Assemblée générale d'administration demandée à M. Colbert. Tom. I. page 158
Autre convoquée au 2 Mai 1667, id. 159
Autre confirmée, idem. 664
Autre pour le soutien de l'Isle Dauphine, idem. 193
Autre annuelle fixée au 2 Mai de chaque année, idem. 57
Autre tenue au Louvre, idem. 102
Autre tenue au château des Thuilleries en 1668, idem. 218
Autre indiquée audit lieu, idem. 236
Autre présent M. Colbert, idem. 250
Autre convoquée en 1684, idem. 369
Autre indiquée au 2 Mai 1684, idem. 390
Autre convoquée, idem. 401
Autre de Mrs les Commissaires, idem. 403
Autre générale, idem. 540
Autre convoquée, idem. 619
Autre fixée au 2 Juillet 1697, idem. 621
Autre convoquée, idem. 664
Autre extraordinaire, idem. 675
Autre générale, idem. 677
Autre convoquée. Tom. II. pag. 84, 86 & 88
Autres fixées à quatre par semaine. Tom. II. 155
Autre générale de 1708. Tom. II. 292
Autre chez M. Boucher Dorsay, idem. 337
Autre générale. Tom. III. 207
Autre pour nommer huit Syndics, id. 542
Assignations aux Directeurs pour Marcara, nulles. Tom. I. 324
— Idem, au Châtelet. 460
— Les Directeurs déchargés. T. II. 79
— Par Guibert, nulles, idem. 119
— Aux Requêtes de l'Hôtel, id. 615
Audifret & Oleanier, Tom. III. 8
Augmentation de 50 pour cent, T. II. 100 & 101
Auneurs de Paris, droits de 11 den. par aune. Tom. IV. 312
Avignon, Audifret & Oleanier, marchands. Tom. III. 8

B.

BAIL à féage de l'Isle S. Michel. Tome. IV. page 603 & 643
Balanciers pour les marques des Bulletins, idem. 587
Banque. Son établissement, Tom. III. 31 & 37
— Nommée Royale, idem. 181 & 191
— Directeurs & Inspecteurs nommés, idem. 202
— Commissaires nommés, idem. 204
— Réunie à la Compagnie, idem. 264 & 270
— Commissaires nommés pour les contestations, idem. 326
— La Compagnie tenue d'en compter, idem. 330
— La Compagnie déboutée de son opposition, idem. 335
— Comptes en Banque ouverts, id. 297
— Comptes en Banque supprimés, idem. 323
Baron nommé chef du Conseil de Surate. Tom. I. 279
Bayonne. Droits du Duc de Grammont. Tom. III. 451
Beauvais le Fer, pour signer les marques. Tom. I. 129
Behotte & Blandin. Tom. III. 52
Bercy, évocation au Conseil. Tom. II. 163
— Défenses de procéder ailleurs, id. 167
— Arrêt qui le concerne, idem. 173
— Nommé Directeur. Tom. I. 488 & 489
— Réponse à son Mémoire, id. 616
Bernard, articles confirmés, id. 587
— Traité approuvé, idem. 600
— Et Crozat. Traité, id. 634 & 638
Berthe & Gotting. Actions des Reines, idem. 531
Bignon, Prévôt des Marchands. T. II. 302
Bilan arrêté depuis 1675. T. I. 391
Bille, Guimont, Ducoudray, T. II. 457
Billet de M. Colbert. Tom. I. 343
Billets donnés en payement, id. 539
— De le Noir, idem. 569

Billets renouvellés, Tom. I. page 575
— De le Noir, idem. 580
— Renouvellés, idem. 581
— Idem. 585
— Rapportés, idem. Ibid.
— Renouvellés, idem. 608
— Idem. 614
— De 1696. renouvellés, idem. 597
— Idem. 598
— Au porteur payables en deux ans. Tom. II. 101
— Idem, pour les 50 pour cent, T. II. 125
— Payemens surfis, idem. 137
— Payables, idem. 201
— Nouveaux avec les intérêts à 10 pour cent, idem. 208
— Pour ceux qui fourniront des effets, idem. 211 & 212
— Au porteur avec les intérêts à 10 pour cent, idem. 247 & 248
— Des Marchands payables à leur écheance, idem. 348
Billets d'Emprunt de 500 liv. T. IV. 487 & 489
— Remboursement, idem. 608
— Idem. 645
— Fixés à 35377 dans le public, idem. 661
Blandin & Behotte. Tom. II. 52
Blot & Gueston. Mémoire, Tom. I. 229
— Lettre de Cachet qui les concerne. idem. 229
Blot choisi pour Directeur général aux Indes, idem. 251
— Rang qu'il doit tenir aux assemblées, idem. 259
— Payement de 16000 liv. idem. 260
Bordenave & la Mothe à Brest. T. III. 449
Boucherat, rapport du travail, T. I. 410
Bretagne, trois Etats condamnés. Tom. II. 255 & 286
Brevet de Chef perpétuel pour M. de Seignelay, Tom. I. 367
— En faveur du sieur Morel, id. 368
— En faveur du sieur Taulié, id. 450
— Pour M. de Pontchartrain, id. 516
— Idem, pour Président, idem. 569
— En faveur du sieur Berthe, id. 531

Brue à la place d'Estoupan, pour signer les marques. T. IV. page 462
Bulletins. Vérification. Tom. III. 620

C.

CAFFE's inventoriés & vendus. Tom. II. 549
— Vente de 1500 balles. T. III. 321
— Privilége accordé à la Compagnie, idem. 551
— Maniere d'en faire l'exploitation, idem. 561
— Prise de possession, idem. 576
— Remis sous deux clefs, idem. 595
— Du Levant entrant par Marseille, idem. 652
— Payement au Fermier de 25000 liv. pour tous droits, Tom. IV. 14
— Réglement pour Dunkerque, idem. 136 & 152
— Entrant par Marseille, idem. 184
— Vacquer subrogé à le Sueur, id. 192
— De l'Amérique, idem. 251
— Des Isles Françoises, idem. 369
— Suppression des 25000 liv. & payement de 50000 livres par les Fermiers, idem. 374
— Introduits à Marseille, idem. 382
— Commissaires nommés pour les contraventions, idem. 519
— Introduction défendue aux Négocians de Marseille, idem. 522
Camiaille & Cochois signature des marques. Tom. III. 375
Castors. Privilége accordé, idem. 105
— Remis à la Compagnie par les propriétaires, idem. 157
— Privilége accordé, idem. 161
— Converti en un droit d'entrée, id. 277
— Neuf sols 6 den. par livre d'entrée, idem. 277
— Privilége rétabli, idem. 373 & 459
— Ports désignés pour l'entrée, idem. 388
— Livraison par les particuliers, id. 478
Cavalier nommé Directeur. Tom. IV. 264
Cerberet député à Siam. Tom. I. 476
Cerberet & la Loubere, gratification, idem. 506

Chambre générale établie à Paris. Tom. I. page 54
— Des villes de Province, id. Ibid.
— Des comptes. Enregistrement de la Déclaration du Roi, idem. 313
Chamillart, état à lui remis, Tom. II. 131
Champigny, Guimont & Bille, idem. 457
Chaperon, idem. 165
Chezine, Contrat d'acquisition de maisons. Tom. I. 558
Chinois, pour le vaisseau la Cloche. Tom. III. 72
*Christianus quintus*, Vaisseau, Tom. I. 584
Cinquante & 75 liv. par tonneau accordés par le Roi, idem. 66
Cinquième de la dépense promise par le Roi, idem. Ibid.
Claessen nommé Directeur. Tom. IV. 525
Clerisseau & Duchemin. T. III. 435
Colons. Instruction pour leur engagement. Tom. I. 99
Commerce des Indes permis aux particuliers, idem. 355
— Défendu aux Officiers, Tom. II. 250
Commissaires nommés, idem. 514
— Idem, pour Contrat de ventes.
— Tom. III. 125
— Idem, pour la Banque. T. III. 204
— Idem, pour dresser procès-verbal. Tom. III. 363 & 366
— Idem, pour les contestations, Tom. III. 369, 371 & 533
— Idem, pour juger entre les particuliers. Tom. III. 748
— Idem, pour passer Contrat. T. IV. 544
Compagnie de la Chine, proposition. Tom. I. 645
— De la Mer du Sud. Tom. I. 650
— De la Chine, concordat. T. II. 29
— Idem, homologation. T. II. 41
— Idem, établissement. T. II. 229
— Idem. Tom. II. 511
Compagnie d'Occident établie en 1717. Tom. III. 103
Compagnie d'Infanterie, l'Orient. Tom. III. 462

Compagnie d'Infanterie, levée de quatre. Tom. III. page 518
Compagnie des Indes, sa libération. Tom. III. 729
Comptablie de Bordeaux. T. I. 566
Comptes des Chambres des Provinces envoyés tous les six mois à la Chambre de Paris. Tom. I. 57
— Idem, généraux & particuliers. Tom. I. 168
Compte à M. Colbert de la vente faite à Rouen. Tom. I. 337
Compte en Banque ouverts. T. III. 297
— Idem, supprimés. Tom. III. 323
Concordat avec Jourdan. T. I. 641
Concordat avec la Compagnie. T. II. 29
Concordat avec Crozat 1708. T. II. 298 & 303
Confirmation des Priviléges de la Compagnie. T. I. 470, 499 & 503
Conseil supérieur de l'Isle Dauphine, supprimé, idem. 252
Conseil supérieur de Surate, Baron, nommé Chef, idem. 279
Conseil de Surate, idem. 327
Conseil supérieur de Pondichery. Tom. II. 45
Conseil Provincial de l'Isle de Bourbon, idem. 413
Conseil supérieur, id. Tom. III. 586
Conseil supérieur de l'Isle de France. Tom. IV. 332
Contrat d'acquisition de maisons à Chezine. Tom. I. 558
Contrats à la grosse signés par quatre Directeurs. Tom. II. 78
Contrats, idem, représentés devant M. Dorsay.
Contrats de constitution de neuf millions de rente. Tom. IV. 552
Conventions avec Jourdan. T. II. 28
Corderie permise au Havre T. I. 91
Cordier nommé Directeur général. Tom. III. 410
— Comptes arrêtés par Blanchard, idem. 491
Cossigny, Maupin, S. Martin & Giblot. Tom. IV. 354
Courbesastre. Succession, idem. 636
Crawford 3000 Actions, idem. 664

# DES MATIERES. 677

Créanciers non compris dans le Bilan, représenteront leurs titres. Tom. I. page 436 & 445
Créanciers chirographaires. Tom. II. 362
Créanciers payés, *idem*. 432
— Payemens à faire, *idem*. 451
— Privilégiés, *idem*. 518
— Prétendus privilégiés, *idem*. 585
Crozat & Bernard, T. I. 634 & 638
Crozat & Consorts, concordat, T. II. 298 & 303
Crozat, homologation des Traités, *idem*. 31
Crozat & Consorts. Traité, *idem*. 422 & 433
Crozat, homologation du Traité, *id*. 493
Crozat, Louisianne à lui accordée, *idem*. 502
Crozat, suite du Traité ci-dessus, *idem*. 562
Crozat, payement de 40000 l. *idem*. 673

## D.

D'ARGENSON. Déclaration à lui faite des marchandises achetées. Tom. I. 611
David nommé Directeur. T. IV. 467
Déchargement de bord à bord. T. III. 492
Déchargement, *idem*. Tom. III. 535 & 695
Décision touchant le Dixiéme. T. IV. 518
Déclaration des Officiers de l'Hercule, le Jason & le Dauphin, *idem*. 504 & 508
Déclaration en faveur des Officiers des Cours souveraines. Tom. I. 70
Déclaration du Roi 1685. *idem*. 425
Déclaration des marchandises à M. d'Argenson, *idem*. 611
De Crevecœur & de Laistre, nommés Syndics. Tom. IV. 669
Défenses de charger sur les Vaisseaux de la Compagnie, *idem*. 216
Délai de six mois pour ceux qui voudront entrer en la Compagnie. T. I. 54
De Laistre & de Crevecœur nommés Syndics. Tom. IV. page 609
Délibérations homologuées. Tom. II. 1 & 23
Délibération de 1705, *idem*. Tom. II. 209
Délibération homologuée, *idem*. 213
Délibération sur plusieurs chefs, T. I. 397
Délibération de 1701 homologuée. Tom. II. 103
Délibération de 1704, *idem*. Tom. II. 157
Délibération du 27 Mars 1719. T. III. 211
Demande de l'argent dû par le Roi. Tom. I. 329
Demande à M. Colbert de 150000 liv. *idem*. 348
Demande, *idem*, des 75 liv. par tonneau. Tom. I. 338
Demande au Roi de céder les Priviléges. Tom. II. 189
Demandes contre la Compagnie, évoquées. Tom. III. 394
De Moras nommé Commissaire. T. IV. 211 & 227
Département des Directeurs. Tom. I. 440
Dépôt volontaire établi. T. IV. 559
Dépôt d'Actions établi, *idem*. 11
Dépôt volontaire établi, *idem*. 174 & 620
Depréaux Merée envoyé à l'Isle Dauphine, Tom. I. 242
Députation au Roi, de M. le Prévôt des Marchands, *idem*. 153
— Vers M. Colbert, *id*. 265 & 342
— Vers le Roi de Siam, *idem*. 475
— Du sieur Cerberet, *idem*. 476
Déserteurs de la Compagnie punis comme ceux des troupes du Roi. T. IV. 52 & 55
Destancheau & Joyeux. Don à eux fait par le Roi. Tom. I. 459
De Thou & autres pour composer un Mémoire, *idem*. 161
De Thou, sa retraite, *idem*. 224
Diamans & pierreries arrêtées, *idem*. 183
Discours d'un fidéle sujet, *idem*. 1
Directeurs non contraints en leurs propres personnes pour les affaires

Qqqq iij

de la Compagnie. Tom. I. page 53
Directeurs choisis du nombre des Marchands & Secrétaires du Roi, *idem.* 55
Directeurs présideront chacun à leur tour; *idem.* 56
Directeurs serviront pendant six années, *idem.* *ibid.*
Directeurs, nomination approuvée par le Roi, *idem.* 112
Directeurs nommés pour l'examen des Livres, *idem.* 167
Directeurs des Chambres particulieres, réduits à deux seulement, *id.* 315
Directeurs déchargés des assignations de Marcara, *idem.* 324
Directeurs, 3000 liv. à chacun, *idem.* 393
Directeurs ne pourront disposer de leurs qualités, *idem.* 571
Directeurs, nomination de plusieurs, *idem.* 432
Directeurs des assignations au Châtelet, *idem.* 460
Directeurs, nombre augmenté de huit, *idem.* 487
Directeurs, leurs noms, *idem.* 489
Directeurs non troublés dans leur commerce, *idem.* 503
Directeurs, droits de préséance, *idem.* 532 & 558
Directeurs remettront leur part de 16000 liv. Tom. II. 335
Directeurs. Requête communiquée, *idem.* 216
Directeurs de la Compagnie d'Occident nommés. Tom. III. 123 & 139
Directeurs pour signer les marques, *idem.* 235
Directeurs fixés à huit, Tom. IV. 415
Directeurs, prestation de serment, *idem.* 537
Direction fixée à deux Syndics & six Directeurs, *idem.* 225
Dividende fixé à 100 livres pour 1722. Tom. III. 528
Dividende fixé à 150 livres pour 1723. *idem.* 600
Dividendes du Roi. Tom. IV. 614
Dixiéme fixé pour la Compagnie, *idem.* 456

Dixiéme en faveur de la Compagnie, Tom. IV. page 518
Dixiéme des prises pour la Compagnie. Tom. II. 496
Dixiéme des prises en deça du Cap, *idem.* 627
Dodun à la place de Trudaine. T. III. 406 & 408
Domaine d'Occident, *idem.* 526
Don de 400 mille livres au Roi. T. I. 607
Dondel & Perrault, l'Orient. T. IV. 667
Dorsay, Contrats à lui représentés. Tom. II. 341
Drias nommé pour passer aux Indes. Tom. I. 366
Draps de Languedoc exempts de droits, *idem.* 524
Drogueries & Epiceries. Lyon. T. II. 651
Droit de Bourgeoisie acquis pour 8000 liv. de part. Tom. I. 53
Droit de grandes & petites Chancelleries, Greffes, &c. Exemption, *id.* 115
Droits d'entrée & de sortie, réglés, *idem.* 273
Droit d'un pour cent à la Rochelle, décharge, *idem.* 280
Droit de 50 & 75 liv. demandé au Roi, *idem.* 330
— *Idem*, à M. Colbert. Tom. I. 333 & 338
Droits des Fermes réglés, *idem.* 451
— *Idem*, sur les étoffes des Indes. Tom. I. 463
Droit de préséance payé aux Directeurs, *idem.* 532 & 558
Droit de 3 pour cent payé par la Compagnie, *idem.* 534
Droits de la Pancarte de Nantes, *id.* 592
Droits de lods & ventes, exemption comme les Secrétaires du Roi, *id.* 603
Droits de préséance de 1702. Tom. II. 144
— *Idem*, de 1705, Tom. II. 202
Droits de préséance distribués, *idem.* 111
Droits de tiers-surtaux, supprimés.

Tom. III. *page* 281 & 295
Droits sur les marchandises vendues. Tom. IV. 92
Droits du tarif de 1680 pour les pays conquis. Tom. IV. 527
Dubois. Bulletins. Tom. III. 397
Dubois & Pinson, marques, *id.* 752
Duc de Gramont, droits à Bayonne, *idem*. 451
Du Châtelet nommé Syndic. T. IV. 672
Duchemin & Clerisseau. Tom. III. 435
Du Coudray & Bille. Tom. II. 457
Dumesnil & Marion. Tom. IV. 288
Dumoulin & Delaye. Traité, T. II. 353
Dunkerque. Réglement pour le Caffé. Tom. IV. 136 & 152
— Acquits à caution. Tom. IV. 401
Duquesne, Escadre du Roi. T. I. 532
Duvelaer nommé Directeur. T. IV. 420

E.

ECCLESIASTIQUES établis par la Compagnie. Tom. I. 61
Ecusson pour les armes de la Compagnie. Tom. I. 64
Edit qui accorde 180 millions à la Compagnie. Tom. IV. 529
Effets de la Compagnie non saisissables, Tom. I. 58
Effets existans aux Indes, *idem*. 335
Employés, exempts de prison, *id.* 116
Emprunt de 100 mille livres fait aux Fermiers, *idem.* 270
Emprunt pour payer les répartitions, 532
Emprunt de 180 mille livres pour payer l'intérêt, *idem.* 555
Emprunt de 233 mille livres, *id.* 599
Emprunt de 275000 liv. Tom. I. 630
Emprunt de 1200 mille liv. Tom. IV. 566 & 570
Emprunt de 16000 liv. aux Directeurs. Tom. II. 335
Emprunt homologué, *idem.* 117
Emprunt à faire, *idem.* 1
Emprunt de 169450 liv. *idem.* 50
Emprunt à la grosse payé, *idem.* 151
Emprunt de 800000 liv. *idem.* 76

Enregistrement au Parlement de la Déclaration de 1664. T. I. *page* 308
— *Idem*, à la Chambre des Comptes. Tom. I. 313
— *Idem*. De l'Arrêt du 16 Novembre 1684. Tom. I. 423
— *Idem*. De l'Arrêt du 28 Février 1685. Tom. I. 434
— *Idem*. De la Déclaration du Roi du mois de Février 1685. Tom. I. *Ibid.*
Entrepôt accordé. Tom. I. 65
Entrepôt à Limoges & à Clermont-Ferrand. Tom. III. 698
Entrepôt des marchandises pour Guinée. Tom. IV. 85
Epiceries & Drogueries. Lyon. T. II. 651
Escadre de Duquesne. Tom. I. 532
Espagne, acquits à caution. Tom. IV. 403
Estoupan, signature des marques. Tom. IV. 70
Etablissement de la Compagnie de la Chine. Tom. II. 229
Etat de ceux qui ont payé les trois tiers. Tom. I. 307
Etat de la distribution des départemens, *idem.* 440
Etat de répartition à faire, *idem.* 485
Etat des Actionnaires & Intéressés, *idem.* 608
Etat des répartitions, *idem.* 682
Etat des dettes chirographaires. Tom. II. 418
Etat des dettes accepté, *idem.* 544
Etat de répartition de 1700, *idem.* 44
Etats fournis aux Commissaires. Tom. III. 383
Etoffes des Indes, de la Chine & du Levant, *idem.* 5
Etoffes saisies, *idem.* 14
Etoffes des Indes, introduction défendue, *idem.* 538
Etoffes des Indes. Réglement pour l'entrée, *idem.* 641
Etoffes des Indes défendues. Tom. IV. 47
Etrangers reçus pour entrer en la Compagnie. Tom. I. 53
Exemption des droits d'entrée pour Bois, Chanvres, &c. Tom. I. 65

Exemptions accordées à la Compagnie, comme aux Secrétaires du Roi, Tom. I. *page* 115
Exemption de toutes sortes de droits, *ibid.* 202
Examen des affaires par le Prévôt des Marchands, *idem*. 205
Exemption des droits de lods & ventes, *idem*. 603
Exemption des droits sur les soyes. Tom. II. 478
Exemption des Epiceries pour Lyon. Tom. II. 651
Exemption du droit de Grabeau à la Rochelle. Tom. IV. 87
Exemption des droits de la Prévôté de Nantes, *idem*. 5
Exemption des droits d'octrois, *id.* 583
Exemption des droits de 40 pour cent, & autres Priviléges confirmés, *id.* 27
Exécution de l'Arrêt du 30 Avril 1686. Tom. I. 453
Exécution de l'Arrêt du 29 Avril 1692, Tom. I. 550
Exécution de l'Arrêt du 21 Février 1702. Tom. II. 113
Exécution des Arrêts des 21 Février & 16 Mai, *idem*. 128
Exécution de la Délibération de 1702, *idem*. 142
Exécution de l'Arrêt du 12 Décembre 1702, *idem*. 204
Exécution de l'Arrêt du 23 Septembre 1704, *idem*. 242
Exécution de l'Arrêt du 12 Novembre 1708, *idem*. 295
Exécution de la Délibération de 1713, *idem*. 547
Exécution de l'Edit de 1719, qui réunit à la Compagnie d'Occident celles des Indes & de la Chine. T. III. 231
Evocation des contraventions de Flandres, Cambresis & Hainault. T. IV. 65
Evocation des demandes contre la Compagnie. Tom. III. 394

## F.

FAGON, &c. contre Rodolet Tom. III. 464

Fauconnet, Fermier général. Réglement des droits. Tom. I. *page* 451
Faouedick Magazins Tom. I. 242
Faouedick, concession faite à la Compagnie par le Roi, Tom. I. 132
Flamme des vaisseaux de la Compagnie. Tom IV. 379
Flamme, ordonnance de l'Amiral, *id.* 380
Flamme, lettre de Maurepas, *idem*. 381
Fonds de 200000 liv. fait par les particuliers. T. I. 362
Fonds envoyé aux Indes, fixé à 150000 livres. Tom. I. 365
Fonds de 50 pour cent sur le capital. Tom. II. 96 & 100
Fonds de la Compagnie d'Occident, fixé à 100 millions. Tom. II. 111
Fonds à employer à la pêche, &c. Tom. III. 260
Fontaines de l'Orient. Tom IV. 611
Foran, chef d'Escadre. Tom. I. 319
Fosse, pour en l'absence de Cordier. Tom. III. 442
Fraudes. Réglement. Tom. III. 701
Fulvy nommé Commissaire. Tom. IV. 298

## G.

GAGES & salaires écrits sur les Livres des Provinces. Tom. I. 58
Galliot & Consorts 25000 liv. T. IV. 478
Georget mal fondé. Tom. II. 448
Gilly nommé Directeur. T. IV. 564
Goa & Magellan accordés à la Compagnie. Tom. III. 275
Godeheu nommé Directeur. Tom. IV. 426
Gotting & Berthe. Actions des Reines. Tom. I. 531
Gramont, droits de Bayonne. T. III. 451
Gratification à la Loubere & Cerberet. Tom. I. 506
Grosse aventure. Emprunt de 800000 livres. Tom. II. 76
Gueston nommé Directeur général aux Indes. T. I. 254
Guibert, assignations nulles. T. II. 119

Guimont

## DES MATIERES.

Guimont & Ducoudray. Tom. II. page 457
Guinée. Entrepôt des marchandises. Tom. IV. 85
Guinée, Priviléges confirmés. T. IV. 590 & 597

### H.

Habitans des concessions. Priviléges. Tom. I. 65
Hardancourt député pour les Indes. Tom. II. 331
Hardancourt & Sandrier. T. II. 619
Harrisson pour Crawfort débouté pour 3000 Actions. Tome IV. 664
Hebert, payement de 10000 liv. à la veuve. Tom. II. 408
Homologation du procès-verbal. T. I. 628
Homologation du concordat avec Jourdan. Tom. I. 644
Homologation du procès-verbal de l'assemblée. Tom. I. 666
Homologation pour les marchandises fixées. Tom. II. 18
Homologation du concordat pour la Chine, idem. 41
Homologation du traité avec Crozat, idem. 311
Homologation du traité avec Dumoulin, idem. 357
Homologation du traité avec Dumont, idem. 491
Homologation de la Délibération du 15 Janvier 1714, idem. 565
Homologation du traité avec Messieurs de S. Malo. Tom. III. 211
Homologation de la Délibération du 27 Mars 1719. Tom. III. 223
Homologation. Emprunt de 500 liv. par Action. Tom. IV. 487
Homologation de la Loterie des Billets d'emprunt, idem. 645
Honoraires des Directeurs remis à 12000 liv. idem. 457
Hôtel-Dieu de l'Orient, idem. 464

### I.

Instruction pour l'enregistrement des Colons. Tom. I. 99
Intéressés exempts de contraintes. Tom. I. page 225
Intéressés, supplément accepté. T. I. 480
Intérêt qui doit être payé en 1668. Tom. I. 506
Intérêt de l'année 1696 retardé. T. II. 75
Intérêts payés aux Actionnaires. T. I. 515
Intérêts dûs aux Actionnaires, idem. 529
Intérêts des Actionnaires de 1672, idem. 557
Intérêts pour les Billets de le Noir, idem. 569
Intérêt de 1692, à payer, idem. 570
Intérêts payés en Billets, idem. 533
Introduction des mousselines défendue. Tom. IV. 585
Inventaire des marchandises. T. III. 59
Inventaire des marchandises de 1701. Tom. II. 60 & 64
Inventaire, idem, de 1702. Tom. II. 121
Inventaire, idem, de 1703. Tom. II. 145
Inventaire, idem, de 1704. Tom. II. 170
Inventaire, idem, de 1705. Tom. II. 239
Inventaire, idem, de 1710. T. II. 350
Inventaire, idem. Tom. III. 497
Inventaire, idem. Tom. III. 510
Inventaire, idem. Tom. I. 521
Inventaire, idem. Tom. I. 548
Inventaire, idem, à Rouen. Tom. II. 552
Inventaire des caffés. Tom. II. 549
Inventaire des marchandises. T. II. 557
Inventaire, idem. Tom. I. 572
Inventaire des mousselines. Tom. II. 621
Inventaire de 1715. Tom. II. 667
Inventaire à Bordeaux. Tom. II. 681
Inventaire des marchandises. T. III. 740
Jourdan, propositions. Tom. I. 630
Jourdan, concordat avec la Compagnie. Tom. I. 641
Jourdan, traité avec la Compagnie.

TABLE GÉNÉRALE

Tom. II. page 244 & 245
Jourdan, propositions, T. II. Ibid.
Jourdan, conventions, Tom. II. 28
Joyeux & Destancheau, Don. Tom. I. 459
Isle ou Baye de Saldaigne choisie pour relâche, idem. 239
Isle Dauphine, informations sur les divertissemens de 40000 liv. idem. 246
Isle de Bourbon, libelles. T. IV. 288
Isle de Bourbon, esclaves Nègres. Tom. III. 640
Isle S. Michel, bail à féage. T. III. 603 & 604
Isle S. Michel, informations de commodité, Tom. IV. 615 & 630
Isle S. Michel, prise de possession. Tom. IV. 650
Juges établis par la Compagnie. T. I. 61
Jugemens rendus suivant la coutume de Paris. Tom. I. 62

K.

Kinkaïd de Londres, Actions. Tom. III. 583

L.

La Barre nommé Caissier de la Compagnie d'Occident. T. III. 127
La Bourdonnaye. Plainte cassée. Tom. IV. 447
La Bruyere contre Rodolet. T. III. 381
La Bruyere, idem. Tom. III. 404
La Bruyere contre Clarisseau & Duchemin. Tom. III. 435
La Cloche, vaisseau déclaré de bonne prise. Tom. II. 678
L'Africa, vaisseau, main-levée accordée. Tom. IV. 559
Lagny nommé Directeur. Tom. I. 448
Lahaye, lettre de cachet, idem. 255
Lahaye, lettre du Roi, idem. 258
Lahaye, lettre de M. Colbert. T. I. Ibid.
Laigneau, Sénéchal d'Hennebon. T. III. 512

Laloubere & Cerberet, gratification. Tom. I. page 506
Lamarre de la Rochelle, Tom. III. 8
La Mothe & Bordenave, idem. 449
L'Amphitrite, convention. T. II. 43
La Princesse & l'Aurore, intéressées, idem. 472
La Reynie. Visites dans Paris. Tom. I. 491
La Rochelle, Lamarre, Tharreau & Perdriau. Tom. III. 8
La Rochelle, saisie faite de toiles. Tom. II. 55
La Rochelle, exemption de droits pour les munitions. Tom. IV. 87
La Rochelle, exemption du droit de Grabeau. Tom. IV. Ibid.
La Rochelle, procès-verbal par M. l'Intendant. Tom. III. 515
Law, contestation avec la Compagnie, idem. 369
Le Comte de Tessé, Armateurs déboutés. Tom. II. 11
Le Gendre fils, héritier, idem. 253
Le Gendre nommé Directeur à Rouen. Tom. I. 427
Le Roi. Encore deux millions, idem. 211
Le Roi. Demande de ce qu'il doit, idem. 329
Le saint Louis, 3000 liv. à ceux qui le rameneront. Tom. II. 318
L'Etoile, proposition. Tom. I. 344
L'Etoile, conférence, idem. 349
Lecture de l'Arrêt du 24 Avril 1697. idem. 621
Lettres d'Etat & de Répi non accordées à ceux qui auront acheté des effets de la Compagnie, idem. 58
Lettre de cachet du Roi, idem. 216
— Idem, pour l'assemblée du 2 Octobre 1668, idem. 200
— Idem. Tom. I. 243
Lettre du Roi au Grand Mogol, idem. 248
Lettre de cachet à M. Delahaye, id. 255
Lettre de M. Colbert, idem. Tom. I. 258
Lettre de cachet. Blot & Gueston, idem. 260
Lettre de cachet qui fixe la cargai-

son d'un navire. Tom. I. *page* 278
Lettre de cachet pour convoquer une assemblée. Tom. I. 182 & 369
Lettre écrite au Cardinal de Fleury & au Garde des Sceaux, touchant M. de Fulvy. Tom. IV. 338
Lettres-patentes sur les 3000 livres. Tom. I. 395
Lettre de cachet qui nomme M. de Bercy Directeur, *idem*. 481
Lettre de M. de Pontchartrain, *idem*. 608
Lettre, *idem*, au Prévôt des Marchands, *idem*. 631 & 635
Le Thomas de Londres. Tom. II. 575
Limoges & Clermont-Ferrand. Entrepôt. Tom. III. 698
Lieutenans généraux nommés par la Compagnie, & pourvus par le Roi, Tom. I. 62
Lieutenant de Police. Procès-verbaux. Tom. II. 571
Liste des Intéressés en la Compagnie. Tom. I. 84
Lods & ventes. Exemption, *id*. 603
L'Orient. Carrieres à ouvrir. T. IV. 229
L'Orient. Eaux de Pontiquiau, *idem*. 273
L'Orient. Ventes y transférées, *idem*. 318
L'Orient. Finance des Offices municipaux, *idem*. 361
L'Orient. Ventes des marchandises, Tom. IV. 344
L'Orient, *idem*. 385, 389 & 399
L'Orient. Eaux des fontaines, *idem*. 428
L'Orient. Fusiliers augmentés, *idem*. 433
L'Orient. Emprunt de 50000 livres, *idem*. 435
L'Orient. Offices levés, *idem*. 341
L'Orient. Carrieres visitées, *id*. 449
L'Orient. Justice rendue par le Sénéchal d'Hennebon, *idem*. 352
L'Orient. Police attribuée aux Maire & Echevins, *idem*. 453
L'Orient. Hôtel-Dieu, *idem*. 464
L'Orient. Mur d'enceinte, *idem*. 474
L'Orient érigé en Ville, *idem*. 405

L'Orient. Octrois perçus, Tom. IV. *page* 409
L'Orient. Provisions des offices, *id*. 412
L'Orient. Octrois, *idem*. 424
L'Orient. Octrois prorogés, *id*. 431
L'Orient. Deux marchés par semaine, *idem*. 435
L'Orient. Entrée des soyes écrues. Tom. III. 456
L'Orient. Perrault & Dondel. T. IV. 667
Loterie des rentes viagéres, Tom. III. 628
Loterie à 100 liv. le Billet, *idem*. 651
Loterie, Privilége exclusif, *id*. 655
Loterie, requête au Roi, *idem*. 662
Loterie viagére, plan proposé, *idem*. 666
Loterie, opérations à faire, *idem*. 668
Loterie, avis aux Actionnaires, *idem*. 669
Loterie composée. Billets, *idem*. 691
Loterie, délibération, *idem*. 670
Loterie pour faire monter les Actions à 3000 liv. Tom. IV. 156 & 161
Loterie suspendue, *idem*. 227
Loterie des Billets d'emprunt, *idem*. 645
Louisianne accordée à Crozat. T. II. 502
Louisianne, rétrocession au Roi, T. IV. 187
Louisianne, lettre de M. Orry, &c. *idem*. 201, 202, 204, 205 & 208
Louisianne, soumission de 1450 mille livres, *idem*. 212
Louisianne, solde du compte, *id*. 236
Louisianne, rétrocession homologuée, *idem*. 240
Louisianne, 300000 liv. pour les garnisons, *idem*. 258
Loyers de la maison de la Compagnie. Tom. II. 329
Lyon, épiceries & drogueries. T. II. 651
Lyon, Chambre composée de six Directeurs. Tom. I. 322
Lyon, permis d'y écrire au sujet des 300000 liv. de Lettres de change. Tom. I. 159

Rrrr ij

## M.

MACHAULT au lieu & place de Dorſay. Tom. II. *p.* 411
Madagaſcar concédé à la Compagnie. Tom. I. 60
Madagaſcar, ceſſion des anciens intéreſſés. Tom. I. 77 & 82
Madagaſcar abandonné par la Compagnie, *idem*. 443
Madagaſcar réuni à la couronne, *idem*. 457
Magaſins permis d'y faire entrer les marchandiſes, *idem*. 123
Magaſins au Faouedick, *idem*. 242
Maillard, ſignature des marques. Tom. IV. 445
Main-levée des marchandiſes du Lys-Brilhac. Tom. III. 141
Malouins. Priſe de marchandiſes. Tom. I. 597
Marchands choiſis pour Directeurs. Tom. I. 55
Marchandiſes, quantité fixée. T. II.
— En fraude. Tom. II. 69
— Priſes par les Malouins. Tom. I. 597
— Marques ordonnées. Tom. II. 463 & 469
— Des Indes défendues. Tom. II. 606
— Pour les pays conquis, droits du tarif de 1680. Tom. IV. 527
— Par entrepôt exemptes des droits d'entrée. Tom. I. 65
— Vendues à Nantes. Réglement. Tom. IV. 178
— Comptées par qualité & quantité. Tom. II. 516
— Défenſes aux Officiers d'en apporter aucunes. Tom. III. 81
Marques des marchandiſes. Tom. II. 29
Marques d'honneur promiſes aux Directeurs. Tom. I. 67
Marques, ſignature. Tom. III. 229
Marques ſur les toiles de coton. Tom. IV. 261
Marques, *idem*. Tom. III. 379
Marques des mouſſelines, &c. T. III. 432

Marques des marchandiſes. Tom. II. page 469
Marques, Sandrieu & Hardancourt. Tom. II. 619
Marques, *idem*. Tom. III. 752
Martin de la Chapelle. Tom. II. 259
Marſeille, commerce du Levant. T. III. 288
Marſeille, introduction du caffé défendue. Tom. IV. 522
Marſeille, caffé entrant du Levant. Tom. III. 622
Matelots, permis de les faire arrêter. Tom. I. 135
Matelots, permiſſion d'en engager. Tom. IV. 483
Matieres criminelles jugées par les Juges ordinaires. Tom. I. 59
Maurepas. Lettre ſur la flamme des vaiſſeaux. Tom. IV. 381
Mazarini, ceſſion par lui faite à la Compagnie. Tom. I. 82
Mémoire à M. Colbert au ſujet de 300000 liv. de lettres. T. I. 157
Mémoire pour être préſenté au Roi. Tom. I. 164
Mémoire préſenté à M. Colbert. T. I. 170
Mémoire dreſſé pour être envoyé à M. Colbert. Tom. I. 151, 155 & 178
Mémoire lû & approuvé par l'aſſemblée. Tom. I. 191
Mémoire à M. Colbert. Tom. I. *Ibid.*
Mémoire pour M. Colbert. Tom. I. 229
Mémoire à M. de Pontchartrain. T. I. 632
Michel & Eſtoupan, marques à ſigner. Tom. IV. 223
Michel nommé Directeur. Tom. IV. 562
Mondevergue arrêté priſonnier au Port-Louis (avertiſſement) T. I. cxvj
Mondevergue, dépêches pour lui. Tom. I. 236
Mondevergue; ſçavoir s'il reſtera à l'Iſle Dauphine, *idem*. 242
Mondevergue continué en l'Iſle, *idem*. 243
Mondevergue, la Compagnie déchar-

gée de ses appointemens, Tom. I. page 243
Mondevergue, requête contre lui, idem. 267
Mondevergue, requête changée, id. 269
Mondevergue. Lettre de ses domestiques, idem. Ibid.
Monnoie, prix auquel elle a cours à l'Isle de Bourbon. T. IV. 113
Monsieur, sere unique du Roi, payement de 7500 liv. Tom. I. 533
Montmorency nommé Syndic. T. IV. 672
Montaran nommé Adjoint à M. Rouillé, idem. 515
Montaran & S. Priest nommés Commissaires, idem. 625
Morel, 300000 livres à lui accordées par le Roi. Tom. I. 368 & 409
Morue, dix milliers par les Biscayens, idem. 190
Mouchoirs de coton & autres permis. Tom. III. 675
Moules servant à peindre, rompus. Tom. I. 509
Mousselines & toiles de coton blanches. Tom. II. 427 & 663
Moyens pour maintenir le commerce. Tom. I. 351
Munitions de guerre & vivres, exempts de droits. Tom. I. 128
Mur d'enceinte à l'Orient. Tom. IV. 474

### N.

NANTES. Réglement pour les ventes. Tom. IV. 178
Négocians choisis pour Directeurs. Tom. I. 484
Neret & Gayot, contestations. T. III. 153
Neuville, Adjudicataire des Fermes. Tom. III. 8
Noblesse admise sans déroger. T. I. 52
Nomination de huit Directeurs, idem. 484
Nouvelles de Surate, idem. 614

### O.

OCTROIS, droits locaux, péages, barrages, &c. Tom. III. 637
Octrois de la ville de Lyon. Tom. II. page 435
Octrois, exemption du doublement. Tom. IV. 583
Offices municipaux rétablis, id. 292
Offices, idem, interprétation. T. IV. 300
Offices, idem, vente. Réglement. T. IV. 303
Offices, idem, Acquereurs. Tom. IV. 324
Offices, idem, vente. Tom. IV. 385 & 389
Officiers pour la Caisse, les Livres & les comptes, nommés par la Chambre. Tom. I. 57
Officiers supérieurs pourront en établir de subalternes, idem. 62
Officiers intéressés, dispensés de résidence, idem. 53
Officiers du Conseil souverain de l'Isle Dauphine. Réglement, idem. 130
Officiers & matelots déserteurs, permis à la Compagnie de les faire arrêter, idem. 135
Officiers, commerce à eux défendu. Tom. II. 250
Officiers du S. Louis, payement, id. 359
Officiers intéressés dans les cargaisons. Tom. III. 471
Oleanier, Audifret, &c. Tom. III. 8
Ordonnance de l'Amiral sur la flamme. Tom. IV. 380
Ordre du Roi qui défend de convoquer l'assemblée de 1667. T. I. 162
Ordre, idem, aux Officiers militaires, Tom. I. 228

### P.

PACOTILLES. Procès-verbal. T. III. 423
Pacotilles, défense de les permettre. Tom. III. 77
Pays conquis, droits du tarif de 1680. Tom. IV. 527
Parent de Londres. Lettre. Tom. I. 198
Parlement. Enregistrement de la Déclaration de 1664. Tom. I. 310
Parlement. Remontrances. Tom. III. 171

Parts & portions non-saisissables. T. I. page 53
Pancarte de Nantes, 3 liv. 12 s. par charge de toiles, *idem*. 543
Pancarte, *idem*. Tom. I. 592
Payement pour les Actions, prorogé, *idem*. 317
Payement du quart en sus, *idem*. 413
Payement de 7500 liv. à Monsieur, frere unique du Roi, *idem*. 533
Payement de 1508000 liv. à Messieurs de S. Malo, Tom. III. 482
Pechevin, pour recevoir les neuf millions. Tom. IV. 547
Perdriau, Tharreau & le Maire de la Rochelle. Tom. III. 8
Permission aux François & Etrangers de passer aux Indes. Tom. I. 359
Perrault & Dondel, l'Orient. T. IV. 667
Phaulkon, succession. Tom. II. 4
Phaulkon veuve, pension alimentaire accordée. Tom. III. 85
Phœnix d'or, deniers en provenans. Tom. II. 315
Piéces de huit, achat de 20000. T. II. 50
Piéces, *idem*, de 50000. Tom. II. 75
Pierreries saisies. Tom. I. 183
Plombs & visites défendues aux Commis des Fermes. Tom. II. 34
Plombs nouveaux & marques. T. IV. 627
Pocquelin nommé Directeur à la place de son frere. Tom. I. 528
Poivre vendu à Bordeaux. T. II. 681
Pondichery. Conseil supérieur. T. II. 45
Pondichery, marchandises saisies, *id.* 676
Pondichery, siége d'Amirauté. T. III. 681
Pontchartrain. Lettre. Tom. II. 77
Pontchartrain nommé Président. T. I. 516
Pontchartrain. Lettre à la Compagnie, *idem*. 530
Pontchartrain le fils. Brevet de Président, *idem*. 569
Pontchartrain pere & fils, *idem*. 582
Pontchartrain. Lettre à la Compagnie, *idem*. 608

Pontchartrain. Lettre au Prévôt des Marchands. T. I. page 631 & 635
Pontchartrain. Mémoire de la Compagnie. Tom. I. 632
Porteurs de Contrats à la grosse. T. II. 665
Port-Louis concédé à la Compagnie. Tom. I. 132
Pouvoir d'établir des Juges. Tom. I. 61
Prestation de serment au Parlement. Tom. IV. 537
Prêt de 850000 liv. fait par le Roi. Tom. II. 81
Prévôt des Marchands instalé pour présider. Tom. I. 556
Prévôté de Nantes. Décharge. T. III. 412
Prévôté de Nantes, exemption de droits. Tom. IV. 5
Priviléges pour 50 années. T. I. 60
Prises au-delà de la Ligne pour la Compagnie, *idem*. 64
Priviléges des habitans des concessions, *idem*. 65
Priviléges confirmés au Parlement, *idem*. 310
Priviléges confirmés à la Compagnie, *idem*. 470
Priviléges, *idem*. Tom. I. 499
Priviléges, demande au Roi pour les céder. Tom. II. 289
Priviléges à perpétuité. Tom. III. 303 & 310
Priviléges confirmés en 1725, *idem*. 703
Prises, dixiéme à la Compagnie. T. II. 279
Prises, dixiéme, *idem*. Tom. II. 496
Prises faites par les Malouins. Tom. I. 597
Procès entre les Directeurs, terminés à l'amiable, *idem*. 58
Procès criminels jugés par les Juges ordinaires, *idem*. Ibid.
Procès entre les particuliers jugés par les Conseils, *idem*. 59
Procès-verbaux de l'assemblée générale, *idem*. 184
Procès-verbal de l'assemblée générale, *idem*. 371
Procès-verbal de Messieurs les Com-

missaires, Novembre 1684. T. I. page 416
Procès-verbaux des toiles peintes. Tom. II. 571
Procès-verbal de l'assemblée. Tom. I. 622
Propositions sur l'affaire de Jourdan. Tom. II. 28
Proposition du sieur Jourdan. T. I. 630
Proposition pour une Compagnie de la Chine, idem. 645
Prorogation de dix années pour le commerce des Indes en 1714. T. II. 629
Protection & vaisseaux accordés par le Roi en cas de guerre. T. I. 64

## Q.

QUART en sus. Délai d'un mois accordé pour le payement. Tom. I. 421
Quart en sus. Payement. T. I. 413

## R.

RAPPORT de la députation vers le Roi. Tom. I. 207
Rapport, idem, vers M. Colbert. Tom. I. 266
Rapport du Prevôt des Marchands, idem. 154
Rapport de l'ordre du Roi, idem. 163
Rapport du Prévôt des Marchands à l'assemblée, idem. 187
Rapport des Billets, idem. 585
Reaux envoyés au Port-Louis, idem. 188
Réclamation de 3 vaisseaux en Hollande. Tom. IV. 493
Réglement pour le Conseil de l'Isle Dauphine. 130
Réglement des dépenses. Tom. I. 181
Réglement pour l'administration. T. IV. 195
Réglement, idem, approuvé. T. IV. 574
Regnard, assignations nulles, T. II. 79
Relation ordonnée être dressée. T. I. 209

Renouvellement des Billets. Tom. I. page 575
Renouvellement, idem. Tom. I. 580, 581 & 585
Renouvellement, idem, pour 1696. Tom. I. 597
Renouvellement, idem. Tom. I. 608 & 614
Rentes viagéres, état assuré des Acquereurs. Tom. III. 689
Rentes constituées, Commissaires nommés pour passer Contrats, id. 125
Rentes viagéres. Tom. IV. 109
Répartition de 10 pour cent à tous les Intéressés. Tom. I. 303
Répartition à faire, idem. 485
Répartition. Emprunt, id. 532 & 682
Réponses du Cardinal de Fleury & du Garde des Sceaux. Fulvy. Tom. IV. 339 & 340
Réglement pour les toiles de coton peintes. Tom. II. 609
Requête des Directeurs communiquée aux Actionnaires. T. II. 216 & 235
Requête présentée au Roi. T. I. 439
Réunion des Compagnies des Indes & de la Chine à celle d'Occident. Tom. III. 220
Robes & vêtemens de toiles peintes défendus. Tom. II. 320
Robinot & Cochois, signature des marques. Tom. III. 262
Rodolet. Procès par la Bruyere. T. III. 381
Rodolet. Façon pour Commissaire, idem. 464
Roquemador. Traité. Tom. II. 444
Rouillé nommé Inspecteur de la Compagnie. Tom. IV. 514
Rouillé, appointemens de 12000 liv. Tom. IV. 515

## S.

SAINTARD. Fonctions de Directeur. Tom. IV. 418
Saint-Michel. Bail à féage. Tom. IV. 603
Saint-Michel. Informations de commodité. Tom. IV. 615 & 630
Saint-Michel. Bail à féage. Tom. IV. 643

Saint-Michel. Prise de possession. T. IV. page 650

Saint Priest & Montaran, Commissaires, idem. 625

Saint Priest nommé Commissaire, id. 652

Saint-Pierre, Ingénieur. Visite des carrieres. Tom. IV. 449

Sainte Catherine nommé Directeur, idem. 214

Saisie des toiles. Tom. II. 55

Saisies des parts & portions non-valables. Tom. I. 53

Saisies d'étoffes. Tom. III. 428

Scel ou Sceau remis ès mains de celui qui présidera. Tom. I. 62

Secrétaires du Roi choisis pour être Directeurs. Tom. I. pag. 55. Et en conséquence la Compagnie exempte de droits de Chancellerie, &c. Tom. I. 115

Secrétaires & Caissiers nommés à la pluralité des voix. Tom. I. 56

Secrétaires du Roi. Exemptions pareilles accordées à la Compagnie. Tom. IV. 115

Seignelay nommé chef de la Compagnie. Tom. I. 367

Seignelay, propositions, idem. 482

Seigneurie & Justice accordées à la Compagnie, idem. 60

Sel. Cent muids au prix coûtant pour salaisons de la Compagnie, idem. 64

Sel à 35 s. 11 den. par muid, id. 126

Siam. Députation vers le Roi, idem. 475

Syndics des Créanciers & Actionnaires. T. II. 568

Syndics, nomination de huit. T. III. 542

Société de Bernard confirmée. T. I. 589

Sommes une fois fournies non sujettes à supplément, idem. 52

Soumission en faveur des Intéressés, idem. 439

Soumission des Directeurs des Compagnie des Indes & de la Chine. Tom. III. 233

Soyes écrues, entrée par l'Orient, idem. 456

Soyes exemptes de droits. T. II. 478

Soyes étrangeres & de la Chine. T. II. page 577

Soyes étrangeres pour Lyon. T. III. 445

Soyes des Indes, six sols par livre pesant, idem. 503

Soyes, exemption de droits. T. IV. 67

Soyes. Réglement pour le transport, idem. 103

Succession de Courbesastre, idem. 636

Sucres exempts de la moitié des droits, idem. 29

Suppression des droits de tiers-surtaux & 40e. Tom. III. 281

Suite de l'Arrêt du 27 Août 1687. Tom. I. 490

Surate, personnes qui en doivent composer le Conseil, idem. 327

Surate, affaires du Conseil, id. 614

Surate, nouvelles, idem. Ibid.

Supplément des Intéressés accepté, idem. 480

Suppression des secondes marques. Tom. IV. 321

Statuts, Réglemens & Ordonnances. Tom. I. 56 & 88

T.

TABAC. Privilége accordé à la Compagnie. Tom. III. 524

Tabac, Contrat d'aliénation passé, id. 554

Tabac, caffé & toiles peintes visitées, idem. 596

Tabac, 180 millions accordés à la Compagnie. Tom. IV. 529

Tabac. Déclaration en interprétation de l'Edit de Juin 1747, idem. 538

Tabac. Pechevin pour recevoir les neuf millions, idem. 547

Taussé. Don de 15000 liv. à lui fait par le Roi. Tom. I. 450

Terme d'un mois pour le choix des Directeurs, idem. 55

Tharreau, Perdriau & le Maire. Tom. III. 8

Thé, dix sols de droits par livre pesant. Tom. IV. 9

Thé, six livres du cent pesant. T. IV. 234

Tiers-surtaux & 40e, supprimés. Tom. III. 281 & 295

Toiles

Toiles peintes & contrefaites dans le Royaume. Tom. I. page 466
Toiles peintes ; exécution de l'Arrêt du 8 Février 1687, idem. 477
Toiles peintes envoyées hors du Royaume, idem. 494
Toiles peintes, idem. 511
Toiles de coton & mousselines, idem. 517
Toiles blanches arrivées des Indes, idem. 519
Toiles peintes permises pour trois ans, idem. 576
Toiles de coton, peintes. T. II. 609
Toiles peintes confisquées & brûlées. Tom. III. 20
Toiles peintes & écorces d'arbres défendues, idem. 99
Toiles. Introduction défendue, idem. 247
Toiles peintes de la Compagnie, id. 291
Toiles & étoffes des Indes, idem. 377
Toiles peintes défendues, idem. 385 & 388
Toiles peintes, introduction défendue. Tom. IV. 31
Toiles peintes, contravention jugée par la Police, idem. 61
Toiles peintes, &c. défendues, idem. 115
Toiles peintes défendues, idem. 181
Toiles de coton 40 liv. du cent pesant, idem. 266
Toiles de coton. Droits d'entrée à Paris, idem. 278
Toiles peintes, entrée & port défendus, idem. 364
Toiles de coton, introduction défendue, idem. 516
Traité de Bernard approuvé, Tom. I. 600
Traité entre Jourdan & la Compagnie. Tom. I. 641
Traité avec Crozat, homologué. T. II. 493
Traité avec Messieurs de S. Malo. Tom. II. 637 & 646
Traité homologué, idem. 357
Traité avec Guimont, id. 457 & 491
Traité entre la Compagnie & Dumoulin, idem. 353

Traité entre Messieurs de S. Malo. Tom. III. page 67
Traité entre la Compagnie, id. T. III. 197
Traite Domaniale de Nantes. Tom. I. 543 & 592
Transit, Limoges, & Clermont-Ferrand. Tom. III. 628
Trésor-Royal, payement de 750 mille livres par mois. Tom. IV. 550
Trésor-Royal, quittance des 180 millions, idem. 548
Trésorier de la Marine, deniers du Phœnix d'or. Tom. II. 315

## V.

VAcquier, subrogé à le Sueur. Tom. IV. 192
Vaisseaux équippés par la Compagnie en tel nombre qu'elle voudra. T. I. 63
Vaisseaux fournis par le Roi en cas de guerre, idem. 64
Vaisseaux, permis d'en bâtir dans tous les Ports, idem. 106
Vaisseaux, leur départ, idem. 198
Vaisseau le Dauphin-couronné, son arrivée, idem. 272
Vaisseau le Blampignon, idem. 276 & 277
Vaisseau l'Heureux envoyé aux Indes, idem. 335
Vaisseau, le Thomas de Londres. T. II. 275
Vaisseau, le Comte de Tessé, idem. 629
Vaisseau, le Phœnix d'or, idem. 649
Vaisseau l'Amphitrite, idem. 43
Vaisseau, le S. Louis, idem. 318
Vaisseau, la Sirenne. Tom. III. 508
Vaisseau, le Comte de Toulouse, id. Ibid.
Vaisseau, les deux Couronnes, idem. Ibid.
Vaisseau, le Mercure, idem. 497
Vaisseau, la Galathée, idem. Ibid.
Vaisseau, le Conti, idem. 505
Vaisseau, l'Indien, idem. Ibid.
Vaisseau, la Paix, idem. 59
Vaisseau, les deux Couronnes, idem. Ibid.

*Tome IV.* Sfff

Vaisseau, le Brilhac. T. III. page 141
Vaisseau le Lys Brilhac. Tom. III. Ib.
Vaisseau, la Paix, Tom. III. 313
Vaisseau, la Cloche, idem. 72
Vaisseaux particuliers, défenses de commercer dans les concessions de la Compagnie. Tom. IV. 1
Vaisseaux pris par les Anglois, réclamés en Hollande. Tom. IV. 493
Velours vendus par la Compagnie. 510
Vente de 1701. Tom. II. 64
Vente de 1702, idem. 121
Vente de 1703, idem. 145
Vente de 1704, idem. 170
Vente de 1706, idem. 239
Vente à Bordeaux, idem. 681
Vente de 1710, idem. 350
Vente de 1715, idem. 667
Vente de 1727, Tom. IV. 77
Vente de 1728, idem. 95
Ventes de 1733, idem. 281
Ventes transférées à l'Orient, idem. 318
Vente des caffés, permise. Tom. II. 73
Vente des soyes, permise, idem. 506
Vente des marchandises, idem. 621
Vente de 8 navires. Tom. I. 341
Vente à Paris de 5799 piéces de toile de coton blanches. T. III. page 96
Vente des marchandises, permise. T. II. 333
Vente, idem. Tom. IV. 244
Vente de toiles. Tom. II. 126
Vente indiquée à Rouen. Tom. I. 319
Vente à Nantes. Tom. III. 239
Vente à Nantes par Messieurs de S. Malo. Tom. III. 440
Vente à Rouen. Tom. II. 352
Vente des marchandises. Tom. I. 271
Vente ordonnée dans Paris. Tom. I. 491
Vente des marchandises. Tom. IV. 119
Vente des marchandises, idem. 166
Vente, idem. Tom. IV. 39
Vente des marchandises. Réglement. Tom. III. 313
Vente des marchandises. T. II. 557
Vente, idem. Tom. I. 647 & 671
Visa, confirmation des opérations. Tom. III. 711
Visa, autres opérations confirmées. Tom. IV. 469
Voix délibérative moyennant 20000 l. de fonds pour Paris, & 10000 liv. en Province. Tom. I. 56
Voyage de M. de l'Etoile. Tom. I. 344

# RÉCAPITULATION

*Des premiers Ministres, Contrôleurs généraux des Finances, Commissaires, Syndics & Directeurs qui ont administré les affaires de la Compagnie des Indes, depuis l'année 1717 jusqu'en 1756.*

## Premiers Ministres.

| | | |
|---|---|---|
| Août 1717. | M. le Duc d'Orléans Régent, dès le mois de Septembre 1715. | |
| 22 Août 1722. | M. le Cardinal Dubois, mort au mois d'Août 1723. | pag. xiij |
| 11 Août 1723. | M. le Duc d'Orléans par commission, n'étant plus Régent, mort le 2 Décembre 1723. | xv |
| 2 Déc. 1723. | M. le Duc de Bourbon par commission, exilé en Juin 1726. | xix |
| 1726. | M. le Cardinal de Fleury en Septembre, sans lettres, mort en 1743. | xxj |

## Contrôleurs généraux des Finances.

| | | |
|---|---|---|
| Janvier 1720. | M. Jean Law, retiré en Mai 1720. | pag. vj |
| 12 Déc. 1720. | M. le Pelletier de la Houssaye, retiré en 1722. | viij |
| 21 Avril 1722. | M. Dodun, retiré en 1726. | xij |
| 16 Juin 1726. | M. le Pelletier Desforts, retiré en 1730. | xxj |
| 20 Mars 1730. | M. Orry, retiré le 19 Décembre 1745. | xxiij |
| 6 Déc. 1745. | M. Machault d'Arnouville, retiré en 1754. | xxix |
| 30 Juillet 1754. | M. de Sechelles, retiré le 12 Avril 1756. | xxx |
| 12 Avril 1756. | M. de Moras actuellement en place. | ibid. |

## Commissaires du Roi.

MESSIEURS,

7 Avril 1721.
{ Trudaine *.
  Fagon.
  Ferrand.
  De Machault. }
{ * Monsieur Dodun fut nommé à sa place le 23 Août 1723, & fut fait Contrôleur général le 21 Avril 1722. } . . . x

{ De Fortia.
  De Landivisiau.
  Angran. }
{ Supprimés par l'Arrêt du 23 Janvier 1731. } . . . xiij

|  |  |  |
|---|---|---|
|  | Peirenc de Moras . . . { Resta seul le 1er Avril 1731, sur une lettre de M. le Contrôleur général, & confirmé par Arrêt du 14 Mars 1732. } | xxv |
| 15 Déc. 1733. | M. Orry de Fulvy, mort le 3 Mai 1751. | pag. xxviij |
| 19 Déc. 1745. | M. Rouillé. | } xxix |
| 23 Janv. 1746. | M. de Montaran, Adjoint. |  |
| 21 Juin 1749. | { M. de Montaran. . . . M. de S. Priest. . . . } M. Rouillé ayant été fait Secrétaire d'Etat. | xxx |
| 1 Février 1751. | M. de Silhouette. . . . } A la place de M. de S. Priest, nommé Intendant de Languedoc. | ibid. |
| 10 Octob. 1754. | M. de Moras. . . . |  |

### Syndics des Actionnaires.

| 16 Mars 1724. | M. Paris Duverney, jusqu'en 1726. | xix |

### Syndics de la Compagnie.

| 17 Sept. 1723. | { MESSIEURS, Desmeuves, fils. Bertrand. D'Artaguette. Cavalier, fait Directeur le 10 Mars 1733. Morin Saintard, fait Directeur le 7 Avril 1739. } | xvij |
| 17 Juillet 1726. | { Le Cordier, fait Directeur le 30 Août 1723, & Syndic le 17 Juillet 1726. Desmeuves. Saintard. } | xxj |
| 23 Janv. 1731. | { Saintard. De Caligny, mort en 1739. } | xxiv |

### Douze nouveaux Syndics des Actionnaires.

| 30 Janv. 1745. | { MESSIEURS, Le Duc de Bethune. . . Saladin. Le Marquis de Lassay. De Lozieres. De S. Port. Verzure. De Fontpertuis. De Laistre. Fournier. Colabeau. Gilly. Narcis. } | xxviij |

### DES MATIERES.

#### Réduction des 12 Syndics à six.

Décemb. 1745.
{ M. le Duc de Bethune.  
M. le Marquis de Lassay.  
M. de Fontpertuis, — mort en 1748.  
M. de Saladin, — retiré en 1748.  
M. Colabeau.  
M. Verzure retiré en 1755, remplacé par M. Casaubon en Janvier 1756. } pag. xxix

23 Déc. 1748.
{ M. le Marquis de Crevecœur à la place de M. de Fontpertuis.  
M. de Laistre à la place de M. Saladin. } xxx

29 Nov. 1750.
{ M. le Comte de Montmorency à la place de M. de Crevecœur.  
M. le Comte du Châtelet à la place de M. de Lassay. } ibid.

#### Directeurs de la Compagnie, Régence.

MESSIEURS,

{ Law, Directeur général de la Banque.  
D'Artaguette, Receveur général des Finances d'Auch.  
Duché, Chevalier d'honneur au Bureau des Finances de la Rochelle.  
Moreau, député du commerce de S. Malo.  
Piou, autre député du commerce de Nantes.  
Castanier, Négociant.  
Mouchard, député du commerce de la Rochelle. } pag. ij

8 Février 1718.
{ Raudot.  
D'Hardancourt.  
Gilly de Montaud. } Ibid.

*Nota.* On ne fera point ici mention de Messieurs Paris du Verney, la Rochefery, &c. qui furent nommés Directeurs par Arrêt du 2 Août 1718; non plus que des 17 Fermiers généraux, nommés le 31 Mai 1719. *Voyez ci-devant*, page iv. & v.

2 Janvier 1721. Par délibération dudit jour, il fut nommé huit Directeurs honoraires, & huit tirés ou choisis des Actionnaires. *Voyez page* ix.

### Régie de Messieurs les Commissaires.

Baillon de Blampignon.  
Duché.  
Du Moulin.  
Moreau.  
} Pour faire rapport à Messieurs les Commissaires. } .. pag. xj

Le Cordier, commis Directeur général. . . . . . . . . . . ibid.

### Conseil des Indes.

24 Mars 1723.

MESSIEURS,

Premier Bureau.
{ Le Cardinal Dubois.  
Dodun.  
Fagon.  
De Fortia.  
Du Guay Trouin.  
Angran.  
De Moras.  
Fontanieu.  
Rouillé.  
De Camilly.  
De Fayet.  
Rochepierre. }

Second Bureau.
{ Baillon de Blampignon.  
Raudot.  
Castanier.  
Duché.  
De la Boullaye.  
Godeheu.  
Hardancourt.  
Le Cordier.  
Fromaget.  
Deshayes. }

} .. xiij

## DES MATIERES.

### Ministère de M. le Duc d'Orléans.
DIRECTEURS.

30 Août 1723.
- MESSIEURS,
- Baillon de Blampignon, } retirés en 1726.
- Raudot, 
- Castanier.
- Despremenil.
- Godeheu.
- Hardancourt. . . . . . . pag. xvij
- Le Cordier.
- Fromaget.
- Deshayes.
- Morin.
- La Franquerie, } retirés en 1726.
- Mouchard,

### Ministère de M. le Duc de Bourbon.

30 Mars 1724.
- MESSIEURS,
- L'Abbé Raguet. . . . . . . xx
- Hardancourt.
- Godeheu. . . . . . . xxj
- Le Cordier.
- L'Abbé Raguet.
- Morin.
- Despremenil.
- Castanier. . . . . . . xxij
- Fromaget.
- Deshayes.

31 Juillet 1726. De Fayet, Directeur général de l'Orient. . . . . . . xxiij

### Ministère de M. Orry.

9 Mai 1731.
- MESSIEURS,
- De sainte Catherine.
- Castanier.
- Depresmenil.
- Godeheu, mort en 1739. . . . . . . xxvj
- Hardancourt.
- Fromaget.
- Morin.

| | | |
|---|---|---|
| 10 Mars 1733. | Cavalier, au lieu & place du sieur Morin. | pag. xxvj |
| 7 Octob. 1738. | Le Noir, au lieu & place de M. Fromaget. | xxvij |
| 7 Avril 1739. | Duvelaer, à la place de M. de Caligny. | ibid. |
| 22 Sept. 1739. | Godeheu, à la place de M. son pere. | ibid. |
| 4 Mars 1743. | Dumas, à la place de M. le Noir, mort en 1742. | xxviij |
| 10 Juin 1743. | David, à la place de M. d'Hardancourt, retiré. | ibid. |
| 15 Nov. 1746. | Claeſſen, à la place de M. Dumas, mort en 1746. | xxix |
| 9 Mars 1748. | Michel, à la place de M. Despremenil, mort en 1748. | ibid. |
| 16 Mars 1748. | Gilly, à la place de M. Cavalier, mort en 1748. | ibid. |

*Ministère de M. de Machault, depuis le 6 Decembre 1745.*

MESSIEURS,

10 Mai 1751.

| | | |
|---|---|---|
| De Machault. | Garde des Sceaux de France, Contrôleur général des Finances. | xxviij |
| De Montaran. | Commiſſaires du Roi. | xxx |
| De Silhouette. | | |
| Le Duc de Bethune. | | xxviij |
| Le Comte de Montmorency. | | xxx |
| Le Comte du Châtelet. | | ibid. |
| Colabeau. | Syndics. | xxviij |
| Verzure. | | ibid. |
| De Laiſtre. | | ibid. |
| Caſtanier. | | xvij |
| Saintard. | | xxiv |
| Duvelaer, mort le 10 Novembre 1755. | | xxvij |
| Godeheu. | | ibid. |
| David. | | xxviij |
| Claeſſen. | | xxix |
| Michel. | | ibid. |
| Gilly. | | ibid. |
| M. Godeheu d'Igoville, nommé le 20 Juin 1751. | | xxx |

*Ministère de M. de Sechelles, du 30 Juillet 1754.*

Les mêmes Commiſſaires ci-deſſus.

M. de Moras par augmentation devenu le premier, à cauſe de ſa charge de Maître des Requêtes, antérieure à M. de Montaran.

M.

## DES MATIERES.

M. le Comte de Guercy nommé Syndic le 28 Décembre 1754 à la place de M. le Duc de Bethune, M. de Verzure s'étant retiré, M. Casaubon fut nommé à sa place le 20 Janvier 1756.

Les mêmes Directeurs ci-dessus, & M. Magon par augmentation le 22 Mars 1755, pour l'Isle de France.

### Ministère de M. de Moras, du 12 Avril 1756.

Les mêmes Commissaires Syndics & Directeurs, ce jour 25 Avril 1756.

*Nota.* L'avertissement historique de ce 4<sup>e</sup> tome, nous ayant obligé de faire mention jusqu'en l'année 1756 des premiers Ministres, Contrôleurs généraux, Commissaires ou Inspecteurs, Syndics & Directeurs de la Compagnie des Indes; il semble que par la même raison on auroit dû y insérer aussi la suite de la Collection des titres & priviléges jusqu'à cette époque; mais, outre que ce volume auroit été trop gros, c'est que l'on a crû devoir (en ce qui regarde les titres & priviléges) s'arrêter en 1750, afin de ne point couper la dixaine des années, & de pouvoir commencer le supplément, qui nécessairement doit suivre par l'année 1751 jusques en 1764, lorsqu'on y sera arrivé, pour avoir une Collection complette de cent années ou d'un siécle entier.

*F I N.*

www.ingramcontent.com/pod-product-compliance
Lightning Source LLC
Chambersburg PA
CBHW061734300426
44115CB00009B/1212